工程信息检索教程

王知津　主编
于晓燕　周贺来　副主编

机械工业出版社
China Machine Press

本书从工程技术角度，详细介绍信息检索的技术和使用方法，充分考虑了各种工程领域对信息检索的需要，在内容组织上进行了精心设计和安排，全书的体系结构体现了“整合中文，强化英文；突出综合，细化专业；加强训练，注重实战”的特点。全书分为四篇共10章，包括中文信息检索、综合数据库检索、专业数据库检索、特种文献检索、事实与数据检索、联机检索、因特网信息检索、综合检索实例、科研能力拓展训练等内容。

本书适合作为工程硕士“信息检索”课程的教材，也可供理工科本科生和研究生使用。对于从事工程技术领域的研究、设计和开发的专业人员来说，本书也是一本实用的参考书。

图书在版编目（CIP）数据

工程信息检索教程/王知津主编．—北京：机械工业出版社，2008.12

ISBN 978-7-111-25227-6

Ⅰ．工…　Ⅱ．王…　Ⅲ．情报检索－教材　Ⅳ．G252.7

中国版本图书馆 CIP 数据核字（2008）第152612号

机械工业出版社（北京市西城区百万庄大街22号　邮政编码　100037）
责任编辑：王春华
北京瑞德印刷有限公司印刷
2012年5月第1版第4次印刷
184mm×260mm・22印张
标准书号：ISBN 978-7-111-25227-6
定价：36.00元

凡购本书，如有倒页、脱页、缺页，由本社发行部调换
本社购书热线：（010）68326294

前　言

如果在20年前提起“信息检索”，恐怕没有多少人听说过，因为那个时候信息检索还远离广大最终用户，而只是信息检索专业工作者的专用术语。当然，这并不意味着广大最终用户不需要信息检索，事实恰恰相反，人们在学习、工作和生活的各个领域里，每时每刻都在需求信息和利用信息，只不过绝大多数的检索操作都不是用户亲自进行的，而是由专职人员代替完成的。然而，20年来，随着计算机技术、通信技术和网络技术的飞速发展，特别是Internet的触觉延伸到世界的各个角落，成为家喻户晓、人人皆知的大众工具，从而使信息检索也发生了翻天覆地的变化。今天再提起“信息检索”已经不是什么新鲜事了，变成了大多数人耳熟能详的常用术语。

在网络时代，信息数量急剧增长，大有“泛滥”、“污染”、“过剩”之势。如何从浩如烟海的信息海洋中寻找和获取自己所需要的信息，这是每个人都要经常面临的迫切任务。信息检索就是一门如何寻找和获取信息的学问和技艺。谁学会了信息检索的方法，谁就能够在信息海洋中遨游；谁拥有了信息检索的技巧，谁就掌握了能够打开人类知识宝库的钥匙。

对于科研工作者来说，信息检索尤为重要。科学技术的发展具有连续性和继承性的特点，任何一项研究成果的诞生都不可能不借鉴前人的成果，都不可能不受到已有成果的启发，即使是最伟大的科学家、发明家也不例外。通过信息检索可以了解和掌握国内外已有的成果，可以知道这个课题有没有人研究过，是成功了还是失败了，有哪些经验和教训，进而调整自己的研究方向和思路。只有这样，才能做到心中有数，稳操胜券，避免了重复劳动或者走弯路，节省了人力、物力、财力和时间，提高了科研效率和成功率。

2007年12月17日，全国工程硕士专业学位教育指导委员会发出《关于加强工程硕士“信息检索”课程建设的通知》（指导委［2007］13号），将“信息检索”课程增列为工程硕士的公共必修课，这充分体现了国家对信息素养教育的重视。工程硕士研究生具有其自身的特点，例如，他们当中的许多人有过几年工作经验，同时，一部分人在大学本科阶段已经学习过检索课，掌握了一些与检索相关的基本知识，这就与从来没有接触过检索课的学生有所不同。由此可见，为工程硕士开设的检索课在课程的性质、特点和方法等方面都应当与其他在校大学生有所不同。20多年来，尽管已经编写出版了很多有关信息检索方面的教材，其中也不乏优秀之作，但绝大多数都是面向在校本科生的，而适合于工程硕士使用的教材并不多见。

我曾于2003年编写过一本《科技信息检索》，2005年又翻译出版了《现代信息检索》，对信息检索有兴趣、也有一些经验，所以应出版社的邀请，组织编写了这本面向工程硕士的教材。我们在总结信息检索课程的教学实践和经验的基础上，对本书的大纲进行了充分讨论。特别强调了本书要突出三个特点：第一，主要针对工程技术领域，适当兼顾其他领域；第二，主要针对研究生层次，适当兼顾本科生；第三，主要针对有一定工作经验的工程硕士，适当兼顾工学硕士。为了体现这些特点，在章节的安排上，加大了实用性的篇幅，大大压缩理论性的篇幅，并单独设立了“综合检索实例”和“科研能力拓展训练”两章；在章节的内容上，尽可能把数据库涵盖全，检索举例分布均匀，尽可能照顾到各个工程学科。

全书分为四篇共10章，第一篇为基础篇（第1章），用尽可能少的文字简单介绍信息检索的初步知识；第二篇为中文篇（第2章），全面、系统地介绍中文信息检索，涵盖综合性和专业性数据库以及各种文献类型、检索类型和检索方式；第三篇为英文篇（第3~8章），分章详细、系统地介绍英文信息检索，其中，第4章各节的划分参考了学科分类和专业目录，设立15个大类，尽可能全面反映工程硕士的培养领域；第四篇为提高篇（第9~10章），旨在强化学生对信息检索的综合运用能力和科研拓展能力。

本书各章节的编写者及具体分工如下：王知津（第1章）、李凌杰（第2章）、刘云（第3章）、于晓燕（4.1~4.7节）、侯延香（4.8~4.15节）、龙霞（5.1节、5.5节）、陈婧（5.2节、5.3节和5.4节）、严贝妮（第6章）、褚金涛（第7章）、谢瑶（第8章）、李维云（第9章）、周贺来（第10章）。全书书稿的初审由于晓燕和周贺来完成，王知津负责终审和定稿。

本书得以顺利完成，是与许多人的大力支持分不开的。南京大学沈固朝教授和浙江大学叶鹰教授对本书的编写大纲提出了非常有益的修改建议；清华大学韩丽风和张喜来、东北林业大学张静、天津大学刘亚茹等为本书的检索实例提供了很多帮助；机械工业出版社华章分社的编辑们对本书的编写给予了许多鼓励和指导，并提出了许多细致的修改意见，在此，我们一并表示诚挚的谢意。

在本书的编写过程中，我们参考和借鉴了大量的中外文书刊和网站资料，在此对这些参考文献作者表示诚挚的谢意。由于篇幅所限，我们未能一一列出所有参考文献，在此对未能列出的参考文献作者表示深深的歉意和诚挚的谢意。此外，我们在编写过程中，还使用了大量的中外文数据库，在此，我们谨向这些数据库商表示由衷的敬意。

虽然我们尽了自己最大的努力争取把这本教材编好，但信息检索（特别是数据库）毕竟是一个快速发展和不断更新的领域，限于编者的学识、水平和能力，缺点、疏漏和错误在所难免，恳请各位专家、学者和广大读者不吝赐教、指正，以便在本书修订时加以补充、更正和完善。

王知津
2008年8月于南开大学

教学建议

教学内容	学习要点及教学要求	课时安排
第 1 章 绪论	重点讲授的内容包括：信息检索的概念、原理、类型和特点；常用信息源及其特点；检索工具的类型与特点；信息检索的途径及其选择；信息检索的基本步骤。信息检索在工程技术领域中的作用与意义以及工程技术领域信息用户及其需求这两部分要结合实例讲授，使学生提高对信息检索在工程技术领域重要性的认识。信息源、检索语言、检索工具以及信息检索的一般方法可以略讲，使学生能够初步了解即可。	2
第 2 章 中文信息检索	主要向学生全面介绍各类型中文数据库及相关资源的检索方法，结合具体实例或课后习题讲解各数据库及相关资源的使用，通过实际操作，使学生熟练掌握中文数据库检索。该章讲授重点是中文期刊、专利、标准和学位论文数据库以及中文搜索引擎的检索与利用，其他类型的数据库及相关资源可作简单介绍。	6
第 3 章 综合数据库检索	该章是本课程的重点之一，所涉及的数据库可面向各工程领域的学生。讲授的重点是：Ei Compendex、Scopus、CSA、ScienceDirect、WILEY InterScience、SCI 和 SpringerLink。建议在授课过程中结合具体实例，边演示、边讲解，并安排学生上机操作。上机时，可结合课后习题进行练习，或者结合本专业选题。其他数据库可根据实际情况选讲，如 EBSCOhost、Nature、Science 等。	9
第 4 章 专业数据库检索	根据学生的不同专业，选择该章的相应内容来讲授。除了使用该章所涉及的数据库讲授外，还可使用本校拥有的数字资源，安排相关数据库的上机实践。例如，当授课对象为“生物医学工程”专业的学生时，除了要选择与该专业直接相关的 4.13 节中相关数据库作为授课的主要内容外，考虑到 SciFinder Scholar 数据库对该专业也是非常有用的，因此，还可以把与该专业密切相关的 4.7 节也纳入授课内容。教学采用边演示、边讲解的方法，并安排学生上机操作。	8
第 5 章 特种文献检索	首先应当阐述各类特种文献的特点、作用及其对科学研究的重要意义，让学生认识到特种文献检索的重要性，以提高学生的学习兴趣。重点讲授的特种文献类型包括专利、科技报告、会议文献和学位论文，对于标准文献检索可作一般性介绍。因涉及数据库较多，可根据实际情况选择部分数据库重点讲授，例如，专利文献数据库可选择德温特创新索引数据库（DII）、欧洲专利库和美国专利库来详细讲授。教学方法以实例演示为主、上机操作为辅。	8

（续）

教学内容	学习要点及教学要求	课时安排
第 6 章 事实与数据检索	重点讲授百科全书、手册、名录、统计资料、年鉴、书刊题录类事实与数据检索的方法，可以围绕每节所列举的数据库操作展开教学。其中，对于各数据库的概况可以简单介绍，而对于有检索示例的数据库要详细讲解，还要结合检索示例的每一个步骤，向学生演示在数据库中查找事实与数据的检索方法与技巧。该章的习题可供学生上机练习使用，也可安排学生先编写检索方案，再上机实际操作。	6
第 7 章 联机信息检索	重点讲授两大联机检索系统（DIALOG 和 STN）的使用方法。在讲授 DIALOG 时，要让学生全面了解 DIALOG 的各种服务方式、常用功能以及基本检索指令等。如果有条件，可登录到 DIALOG 进行演示和讲解；如果没有条件，也可选择进入 Dialogweb 网站，讲解 Dialogweb 总索引文档（DIALINDX）的免费检索功能。STN 的讲解方式与 DIALOG 大体相同。对于联机检索的构成、检索方式、检索步骤、发展趋势等可作为次要内容简单介绍。	4
第 8 章 因特网信息检索	讲授各类型因特网检索工具的特点、使用和检索方法以及性能评价等，实践性较强。教学重点是搜索引擎、网络资源目录。该章特别强调实践性教学环节，通过上机检索贴近专业的典型实例，引导学生体验不同的因特网检索工具在准确性、全面性、时效性、便捷性和响应速度等方面的差异，并保证学生完成一定数量的作业和操作练习。教学方法可以采用讲授法、讨论法和实践法等。	8
第 9 章 综合检索实例	该章的教学思路是通过一个检索实例，讲授课题检索的全部过程，重点讲授：检索前准备工作中的课题内容特征分析及检索策略的制定，尤其是检索词与逻辑关系的确定；检索过程中可能出现的具体问题，尤其是如何进行扩检与缩检以及如何利用数据库的辅助功能；检索结果处理中的原文获取方法以及文献阅读与分析过程的注意事项。既可以利用该章的实例进行讲解，也可以根据学生的专业情况另选一例。课后最好能够结合本校拥有的资源情况安排上机实习。	6
第 10 章 科研能力拓展训练	教学重点是科研项目工作流程与研究报告的撰写以及学术论文和学位论文的写作。教学难点为科技查新、成果登记、专利申请与实施。教学中不应一味地按照书本进行条理性介绍，最好采用“实例法”进行内容的讲解，以增强直观性。例如，可以以教师本人参与的课题为例，介绍科研项目流程和科研报告的写作，学术论文的撰写，以及科技查新、成果登记、专利申请和实施等。	3

目　录

第四篇 提高篇

第一篇　基　础　篇

第1章　绪　　论

本章提示

本章简单介绍信息检索的基本概念和基本理论，重点是信息源、检索工具以及信息检索的途径、方法与步骤。通过本章的学习，学生应当初步了解信息检索的主要概念、原理、类型、特点，认识到信息检索在工程技术领域中的作用与意义，理解工程技术领域信息用户及其需求，初步掌握常用信息源及其特点、检索工具的类型、特点与选择以及信息检索的途径选择、一般方法和基本步骤。

1.1　信息检索的概念及意义

1.1.1　信息检索的概念与原理

20世纪90年代前，知道“信息检索”这个术语的人还不多。随着因特网的形成、发展和普及，信息检索才被越来越多的人所知所用。

就信息检索这个概念而言，不同的使用者有不同的理解和解释，大体上可以分为两类。

第一类是广义的，对于专门从事信息检索及其系统的研究、开发和设计的少数人来说，“信息检索”可以用英文Information Retrieval来表达，其完整的含义是“信息存储与检索”，即Information Storage and Retrieval。也就是说，所谓信息检索，是指将有用信息按照一定的方式组织存放起来，当用户需要这些信息时，再把它们从存放的地方查找和提取出来。因此，广义的信息检索包含存储和检索两个方面，缺一不可。

第二类是狭义的，对于广大信息用户来说，在大多数情况下，“信息检索”可以用英文Information Searching来表达，其准确含义是“信息查找”或“信息搜索”。也就是说，所谓信息检索，是指按照一定的方式从现有的信息集合或数据库中找出并提取所需要的信息。可见，狭义的信息检索仅指检索这一个阶段或过程。

除了专门从事信息检索及其系统的研究、开发和设计的少数人以外，其他绝大多数人使用信息检索这个术语都应该是狭义的。这就是说，包括工程技术人员在内的所有从事各行各业工作的研究、生产、服务、管理、教学等的各类人员甚至在校大学生都属于这个范围，即最广泛意义上的信息用户。

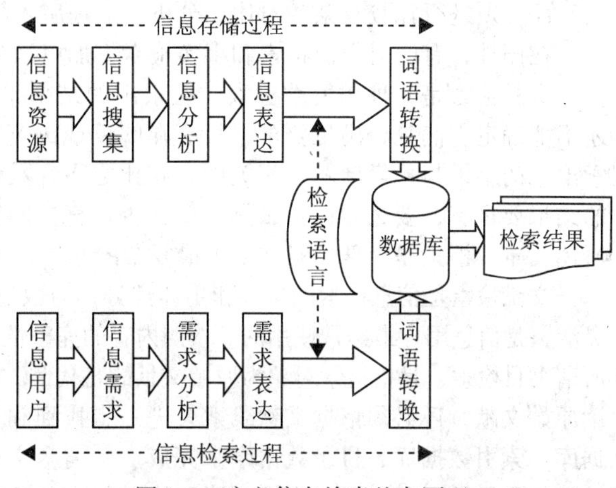

图1-1　广义信息检索基本原理

广义信息检索的基本原理如图1-1所示。在存储过程中，专门负责信息检索系统和数据库建立的人从各种各样的信息资源中，搜集有用信息，对有用信息进行主题内容的分析，找出能够全面、准确表达主题内容的概念，借助于检索语言（通常是检索词表）把分析出来的概念转换成检索系统所采用的词语，或者直接使用自然语言，再按照一定的规则和方式将这些有用信息组织成可供检索用的数据库，并存储在一定的介质上。

检索是存储的相似过程。信息用户在工作、学习和生活中产生了信息需求，为了检索并获取自己所需要的信息，用户必须对自己的需求进行主题内容的分析，找出能够全面、准确表达主题内容的概念，也要借助于检索语言（通常是检索词表）把分析出来的概念转换成检索系统所采用的词语，或者直接使用自然语言，再按照一定的检索规则和方式，制定检索策略，构造检索式，从数据库中查找并获取自己所需要的信息，最后，输出检索结果。当然，检索的全过程还应当包括对检索结果进行评价、反馈，或许还可以重新制定检索策略，重新构造检索式，反复进行检索，直至检索出满意的结果为止。

狭义信息检索的基本原理就是广义信息检索中信息检索过程的那部分原理。

信息检索基本原理中的核心部分是用户所使用的检索词或者由检索词和运算符所组成的检索式与数据库中的检索词及其逻辑关系之间的比较和匹配机理。两者相匹配的信息被检索出来（命中），不相匹配的信息被拒绝。

1.1.2 信息检索的类型与特点

1. 按照检索对象划分

(1) 文献检索

文献检索的对象是文献，例如，检索“太阳能电池”方面的文献。这里所说的“文献”是指文献单元，即包含一个完整内容的单元，如一篇论文、一本图书、一份报告等，而忽略其物理载体（如纸介质、磁介质、光介质）、出版形式（如图书、期刊、报纸）、加工深度（如一次文献、二次文献、三次文献）等。进一步讲，这里所说的“文献”可以是完整的原始文献，也可以是原始文献的替代品，如一条目录款目、一条文摘款目或一条索引款目。归根到底，文献检索的目标是检索出原始文献或原始文献的替代品。

(2) 数值检索

数值检索的对象是数值，数值的范围不限于数值本身，还包括图形、图表、数学表达式、化合物分子式、化学结构式等非数字型的数值。数值检索的目标是检索出可以直接使用的数值，例如，检索“尼罗河的长度是多少”，“喜马拉雅山的高度是多少”。数值检索有时也叫数据检索。

(3) 事实检索

事实检索的对象是事实，例如，检索“长江哪一年汛期的水位最高”，“克隆羊最早是由谁研制成功的”。与文献检索和数值检索不同，事实检索一般不能通过简单检索直接提供问题的答案，而必须进行比较复杂的对比、分析、推理后才能得出最终结果。

在国外，有时对数值检索和事实检索不加以区分，把两者概括在数据检索或事实检索之下。

文献检索是一种相关性检索，检索出的结果具有不确定性。也就是说，检索结果出来后，还不能确定它们是否满足要求，只有在阅读或浏览了原始文献之后才能确定。因此，只能说检索出来的结果与检索课题是相关的。相比之下，数值检索和事实检索是确定性检索，检索出来的结果要么有，要么无；要么是，要么否，直接回答用户的具体问题，毫不含糊。此外，如上所述，事实检索是3种检索类型中最复杂的。

文献检索是信息检索的核心和主体部分，与数值检索和事实检索相比，内容更丰富，方法更灵活，是信息用户最经常使用的。按照内容的完整性，文献检索又可以分为书目检索和全文检索。所谓书目检索，是指检索对象为原始文献的替代品，即文献线索，而不是原始文献本身，要想阅读原始文献，还必须依据文献线索去进一步找到和获取原始文献。书目检索通常借助于文摘数据库、索引数据库、目录数据库来完成。所谓全文检索，是指检索对象为原始文献本身，检索结果就是原始文献，可以直接阅读和使用原始文献。全文检索通常借助于全文数据库来完成。

2. 按照计算机检索技术划分

与联机检索相对应的是脱机检索，这是计算机检索的最早技术，作为计算机检索的一个发展阶段，脱机检索在计算机检索历史上仍然占有一席之地，但目前已经很少使用了。

（1）联机检索

联机检索以联机检索提供商为中心，提供商研制自己的检索软件，建立自己的联机检索系统，数据库则是从数据库生产商那里购买的。用户利用联机检索终端，通过专用的或公用的电话线路等数据通讯网络与联机检索系统相连，按照提供商所制定的各项检索规则进行检索。由于联机检索系统的功能较强、数据库的质量较好，所以联机检索的费用较高。联机检索的鼎盛时期是20世纪60年代中期到80年代中期，至今仍被使用。

（2）光盘检索

光盘检索分单机系统和联机系统两种，光盘单机检索系统自成系统，提供单个用户使用，通常由微机、光盘驱动器、光盘数据库及相应的检索软件和驱动软件组成。光盘联机检索系统是在光盘网络的环境下运行的，光盘网络受到光盘塔和局域网的支撑，在局域网内提供多个用户使用，由服务器管理。光盘数据库大多由联机检索提供商提供，因此两者的检索方法大体相同。光盘检索费用低，但数据更新慢。光盘检索的鼎盛时期是20世纪80年代中期到90年代初，至今仍被使用。

（3）网络检索

基于搜索引擎技术的网络检索是随着Internet的兴起和普及而出现的。Internet上的信息非常广泛、丰富，但又非常杂乱、无序，网络信息资源分布在世界各地的主机上，信息量巨大，动态更新，主要依靠搜索引擎获取。Web搜索引擎是当今网络检索工具的主流，不仅能够提供文本检索，还可以提供图形、图像、音频、视频、动画等多媒体检索。目前，网络信息检索已经成为信息检索的主要途径。

1.1.3 信息检索在工程技术领域中的作用与意义

“科学技术是第一生产力”。在知识经济兴起和经济全球化趋势迅速发展的今天，要把我国建设成伟大的社会主义强国，最主要的就是要坚持创新。国家创新体系包括3个方面：知识创新、技术创新和制度创新。知识创新体系的主要功能是把人类对自然界进行的基础研究和应用基础研究的成果扩散和传播到需要它们的技术创新体系中去，启发并产生新产品、新工艺、新材料领域；技术创新体系的主要功能是创造、革新、学习和传播新技术，开发研究高新技术，促进科学技术向现实生产力转化，实现综合国力和国际竞争力的增强；制度创新体系的主要功能是进行体制改革，制定新的政策，保证知识创新体系和技术创新体系的正常运转，并对各类创新资源进行合理配置，推动经济持续发展。其中，知识创新是基础，技术创新是目的，制度创新是纽带。

技术创新主要体现在工程领域，虽然工程领域也包括一部分知识创新和制度创新。从技术角度讲，工程领域同生产直接相关，主要从事产品设计开发、工艺制造、维护、业务管理等活动。工程领域的主体是工程技术人员，工程技术人员主要分布在两大部门：一个是研究、设计部门，承担较复杂项目的研究、设计工作，或者承担重要的研究课题或主持和组织重大工程项目设计，解决本专业领域的比较复杂的或关键性的技术问题；另一个是生产、技术管理部门，运用现代生产管理和技术管理方法，解决在生产过程或综合技术管理中本专业领域重要技术问题。为了完成好上述工作，工程技术人员必须及时了解和熟悉本专业领域国内外发展现状和趋势，及时掌握和采用国内外先进技术，提高研究、设计、生产、技术管理水平和经济效益，而要实现这些目标都与信息检索技能的培养和提高密切相关。

概括起来，信息检索在工程领域中的作用主要体现在以下几个方面。

1. 为提高科研效率提供有效途径

众所周知，任何科研工作都离不开4种资源：人力资源（科研队伍）、物力资源（材料设备)、财力资源（资金经费）和信息资源（情报资料），四者缺一不可。科学技术的发展具有连续性和继承性的特点，任何一项研究成果的诞生都不可能不借鉴前人的成果，都不可能不受到已有成果的启发，即使是最伟大的科学家、发明家也不例外。通过信息检索可以了解和掌握国内外已有的成果，可以知道这个项目有没有人搞过，是成功了还是失败了，有哪些经验和教训，进而调整自己的研究方向和思路。只有这样才能做到心中有数，稳操胜券，避免了重复劳动或者走弯路，节省了人力、物力、财力和时间，提高了科研效率和成功率。

2. 为科研立项和课题研究提供科学依据

科研立项不仅要避免重复，还要保证新颖性。一般地讲，任何科研工作都是从课题论证起步的，要想把课题论证好，必须进行信息检索。通过信息检索可以全面、准确地了解同类课题发展的来龙去脉，哪些问题已经解决，哪些问题正在研究，哪些问题尚未研究，目前的水平如何，将来的发展趋势是什么，等等。所有这些问题都必须通过信息检索来解决，然后才能做好科学的充分的论证，从而保证立项课题的高起点。课题论证阶段所进行的信息检索是科技查新的一部分。在课题研究展开过程中，还会遇到许多事先没有估计的新问题，解决这些问题也需要进行信息检索，对原有课题加以补充和完善，直至课题研究圆满成功。

3. 为科技成果的鉴定、评估、验收、转化、奖励提供客观依据

当研究课题完成后，通常也要进行信息检索，以便为科研管理部门或成果评审委员会对科技成果进行鉴定、评估、验收、转化、奖励等提供客观的参考依据，从而判定科研成果的创新性、在国内外的技术水平和地位、应用价值，证明其科学性和可靠性，以避免对科技成果评定的失真、失准，消除主观性。这属于另一种类型的科技查新。

4. 为自主知识产权的取得和保护提供保障

许多科技成果，特别是工程技术领域的成果，根据其经济价值，往往都要申请专利，取得知识产权保护，这对于企业和个人都具有十分重要的经济意义。从某种意义上讲，拥有自主知识产权的多少，是衡量一个国家经济竞争力的标准，也是衡量一个企业竞争力的标准。知识产权制度是促进技术创新、加速科技成果产业化、提高经济竞争力的一项重要的法律制度，许多国家和企业都把取得和保护自主知识产权提升到发展战略的高度予以重视。不管是发明专利还是实用新型专利、外观设计专利，不管是产品发明还是方法发明，都必须符合专利法要求的“三性”：新颖性、先进性、实用性。因此，在申请专利时，在发生专利纠纷时，都要进行信息检索，以便取得和保护自己的专利权。这又是一种科技查新。

5. 为提高自学能力、实现终身学习铸造“利剑”

信息检索不仅是一种方法，更是一种技能。我们所处的时代是信息爆炸的时代，随着社会网络化进程的加速，信息每时每刻都像潮水般涌来，我们已经陷入了信息的汪洋大海。在全球经济加速的大环境下，科技成果从发明到推广应用的周期大大缩短，知识的有效性也在逐步缩短。要想跟上时代的步伐，除了学习以外别无选择。对于科技人员来说，他们的绝大部分知识都是在实践中学习和积累的，如果他们能够熟练掌握和运用信息检索技能的话，他们就能够不断地补充知识，及时地更新知识，调整自己的知识结构，提高解决科技难题的能力，适应科技和生产的发展。“授人以鱼”只能享用一时，只有“授人以渔”才能受益终身。

1.1.4 工程技术领域信息用户及其需求

工程技术领域信息用户是指从事研究、设计、生产、技术管理的各级各类人员。这些人员虽然都具有工程技术领域信息用户的一般特征，但由于他们所从事的具体工作和所承担的具体任务不同，在信息需求方面也表现出不同的特征。为了叙述方便，我们把工程技术领域信息用户划分为4种类型：科学研究人员、设计开发人员、生产技术人员、技术管理人员。

1. 科学研究人员信息需求特点

科学研究人员包括从事自然科学基础研究、应用基础研究和技术科学研究活动的一切人员。

他们的信息需求特点主要表现为：

1）专业性。他们的研究工作主要是基础性的，研究领域相对狭窄，但研究难度较大，短期内不容易出成果，对信息内容的要求比较专深。

2）系统性。基础性的科学研究要求科研人员所掌握的知识必须是系统的、完整的，对信息的要求不能是分散的、零碎的。

3）连续性。基础性研究一般不能在短期内完成，需要持续一段时间，有时甚至需要相当长的时间，在这段时间内，必须连续地研究，往往不能中断或者时断时续。对信息的时间性要求不是很高。

4）多样性。正因为所从事的研究是基础性的，才要求信息类型和形式的多样性，除了最常用的期刊论文以外，还需要学位论文、会议论文，甚至科技报告。

2. 设计开发人员信息需求特点

设计开发人员属于技术创新人员，直接面向实际生产，从事产品和工艺的规划、设计、开发、试验、试制和发明创造活动，把基础研究的成果转化为产品和工艺，创造新技术、新方法、新产品、新材料。设计开发人员的信息需求特点主要表现为：

1）行业性。设计开发人员的工作直接关系到企业生产的产品和企业提供的服务在本行业中的竞争力，他们对信息的要求通常限制在本行业内，一般不怎么关心本行业外的信息。

2）广泛性。不仅需要本行业新工艺、新方法、新产品、新材料、新能源等方面的信息，也需要应用基础研究和技术科学研究成果方面的信息，还需要市场和消费者方面的信息。

3）可靠性。设计开发人员的工作是直接面向市场、面向产品的，与科学研究人员的探索性工作不同，不允许在技术上、产品上失败，所要求的信息必须是可靠的、有把握的。

4）实用性。他们获取信息的目的是解决生产实践中的具体问题，着眼于实际应用和经济效益，所需要信息的类型和形式是期刊、专利、标准、产品样本、手册和实物等。

5）时间性。受到产品生命周期、技术生命周期以及生产和市场需要的紧迫性影响，设计开发人员对技术信息和市场信息的要求是最新的，过时的信息毫无价值。

3. 生产技术人员信息需求特点

生产技术人员身处生产实际的第一线，负责把开发出来的新产品投入生产并把设计出来的新工艺的实际应用技术实现，还要负责产品质量检验和标准化管理，直接与生产流程、生产工艺、设备使用和维护、产品制造打交道，生产过程中可能出现的一切问题他们都会遇到，也都需要他们迅速加以解决。由于生产技术人员与设计开发人员联系非常紧密，但又直接联系到生产第一线，所以他们的信息需求与设计开发人员有一定的相似性。不同的是，生产技术人员对信息的要求更加可靠和实用，更加具体和有针对性，因为他们要立竿见影地解决问题，容不得拖延，否则将贻误生产和商机。

4. 技术管理人员信息需求特点

技术管理人员包括各级科技主管部门、各级各类研究设计单位、各级各类技术市场以及企业技术部门等的管理人员，这些人员在不同层次、不同类型的技术管理工作中形成了各自的信息需求，其信息需求特点主要表现为：

1）综合性。为了实现科学管理，技术管理人员除了需要本行业的科技信息以外，更多的是需要与本行业科学技术发展有关的方针政策、法律法规、自然资源、社会经济、交通运输、环境保护、文化教育、金融贸易、市场行情等的比较宏观的信息，从政府到行业，再到企业，从国内到国外，涉及面很广。

2）决策性。技术管理人员利用信息的目的不是解决具体的科学技术问题，而是进行管理决策，所需要的信息应当是比较宏观的、经验型和解决方案型的，有助于做出科学决策。

3）准确性。一旦管理决策失误，必将导致不可估量的损失，其后果是相当严重的。任何不符合客观实际的主观的或误传的信息都会给管理决策造成不良影响。技术管理人员对信息的要求是准确无误。

4）简洁性。做出正确的管理决策不需要长篇大论的冗长的论述性信息，信息只要准确、客观、简单明了即可，技术管理人员对信息形式的要求以报告、简报、消息、动态为主。

1.2 信息源

1.2.1 信息源的概念

人类对于自然界和社会的认识无不来源于社会实践。信息源就是信息的来源。人类在认识世界和改造世界的过程中所获得和产生的各种认识成果都是信息的来源，这些成果通常以一定的物质形态被记录下来。记录下来的原始信息和知识还可以被进一步加工处理成次生的信息和知识，不管信息和知识是原生的还是次生的，都可以被需要它们的人所利用。

由此说来，我们在上面所提及的工程技术领域中的科学研究人员、设计开发人员、生产技术人员、技术管理人员，他们既是信息和知识的生产者和创造者，也是信息和知识的加工者和使用者。工程技术人员在科研、生产和管理活动中源源不断地产生了大量的信息和知识，同时又每时每刻地需要、获取和利用信息。因此，可以把他们看成是广义的信息源。

然而，从信息检索的意义上说，由于检索的对象是信息，即信息的内容和形式，而信息又是可以被传递的，所以，在信息检索中，我们把承载信息的客体称为信息源。

1.2.2 信息源的类型与特点

1. 按照信息的表现形态划分

1）口语信息源。这是指人们以口头语言的表现方式所产生和传递的信息，如谈话、讲话、发言、报告、演讲、授课、讨论、歌唱等。这类信息源没有被记录下来，存在于人脑的记忆中。它们的特点是直接、及时、针对性强并有可能现场反馈和互动，缺点是稍纵即逝，不便于记录、积累、保存和重复，容易误传。

2）体语信息源。这是指通过人的肢体语言的表现形式所产生和传递的信息，如表情、手势、姿态、动作、舞蹈、杂技、服装表演、体育比赛等。这类信息源的特点与口语信息源相似，但直观性更强，生动活泼，极富感染力，印象深刻。

3）实物信息源。这是指通过实际物品本身原有的物理形态所展现出来的信息，如产品、商品、样品、物品、模型、标本等，既可以是人工制品，也可以是天然制品。实物信息源主要是通过展览、展销、展示、陈列以及反求工程来获得的。这类信息源的特点是真实、可靠、易分析、易模仿，而且直观性最强。

4）文献信息源。这是指通过文字、符号、图形、图像、音频、视频、代码等表现形式记录在各种物质载体上的信息，由此而形成的记录统称为文献。其形态多种多样，如手抄本、印刷本、缩微品、录音带、录像带、磁带、磁盘、光盘以及网络介质等。应当指出，文献的概念要从广义上理解，不限于纸制品。这类信息源的特点是数量巨大，应用广泛，历史悠久，便于保存、积累和反复使用，构成了信息源的主体，也是信息检索的主要对象。

2. 按照信息的记录手段划分

1）手写信息源。这是指采用手抄和刻写的记录手段的最古老的信息源，如古代的甲骨文、金石文、帛文、竹木文等，现代的如手稿、日记、笔记、书信、会议记录、设计草图、原始档案等。这类信息源的特点是原始性和稀缺性。

2）印刷信息源。这是指以纸张为载体、以印刷或手写为记录手段而产生的传统形式的信息，也叫书本型信息源，如图书、期刊、报纸等。这类信息源的特点是便于阅读和流通，符合人们获取信息的习惯，但存储密度小、体积大，存放和管理占用空间和人力。

3）缩微信息源。这是指以缩微平片或胶片等感光材料为载体、利用光学技术为记录手段而产生的信息形式。这类信息源的特点是存储密度大、体积小、寿命长，便于存放和管理，但借助于专门的缩微阅读机才能阅读。

4）声像信息源。这是指以磁介质和感光材料为载体、利用特殊装置直接把声音和图像记录下来的信息形式，也叫视听资料，如录音带、录像带、幻灯片、电影胶片、唱片、激光唱盘、激光视盘等。这类信息源的特点是能闻其声、观其形，生动、直观，便于理解。

5）数字信息源。这是指以磁、光、电介质为载体，以二进制代码为记录手段而产生的、并借助于计算机阅读的信息形式，如电子图书、电子期刊、电子报纸、光盘数据库、网络数据库、网站网页等。这类信息源的特点是存储量大、出版周期短、存取速度快、传递及时，便于复制和共享，还可以融文本、声音、图像等多种媒体为一体，是最有前途的信息源，也是本书的重点所在。

3. 按照信息的出版形式划分

对于工程技术领域来说，按信息的编辑、出版、发行形式，可以划分为图书、期刊、学位论文、科技报告、会议文献、专利文献、标准文献、产品文献、政府出版物和技术档案等信息源。这是广大科技工作者最为熟悉、使用最多的信息源，也是信息检索必须面对的，属于常规信息源，将在下一节详细介绍。

4. 按照信息的加工程度划分

1）零次信息源。这是指未经过任何加工处理、也未形成正式文本、仅供在一定范围内使用的信息源，如手稿、私人笔记、来往信件、试验记录、实验记录、观测记录、谈话记录、座谈记录、讨论记录、会议记录、设计草图等。

2）一次信息源。这是指对研究、设计、开发活动中所产生的成果加以归纳、总结并以正式文本的形式向外发布，如专著、教材、期刊论文、会议论文、学位论文、科技报告、专利说明书等。这类信息源的特点是内容详尽，出版分散。

3）二次信息源。这是指将一次信息源按照一定的规则和方法简化成若干条替代品并组织成有序系统而形成的信息源，供查找一次信息源的线索使用，如书本式目录、索引、文摘以及目录数据库、索引数据库、文摘数据库等。这类信息源的特点是信息量大，系统性、可检性强，但不能直接获取一次信息源。

4）三次信息源。这是指利用二次信息源对一次信息源的内容进行评价、筛选并经过分析、提炼和压缩而形成的信息源，如字典、词典、年鉴、手册、指南、百科全书以及综述、书评等。这类信息源的特点是参考性、浓缩性强，有利于直接解决问题，主要用于数值检索、事实检索以及了解科学技术的现状水平和发展趋势。

5. 按信息的公开范围划分

1）公开信息源。这是指可以公开发行、流通和传递并且人人都可以获取和使用的信息源，也叫白色信息源。这类信息源的特点是数量巨大、容易获取。

2）非公开信息源。这是指不允许公开发行、流通和传递并且处于保密状态的信息源，也叫黑色信息源，如技术档案、产品配方、技术诀窍、未解密的文件资料等。这类信息源的特点是价值巨大但很难获取，通常划入商业秘密或技术秘密范围。

3）半公开信息源。这是指不公开但可以在一定范围内发行、流通和传递的信息源，也叫灰色信息源，如内部资料、内部报刊、未解密的技术报告等。这类信息源的特点是发行量小，从常规渠道难以获得。

1.2.3 常用信息源及其特点

划分信息源的方法很多，但对于工程技术人员来说，最熟悉、最习惯的还是按照出版形式来划分，因此，本节介绍这些常用信息源及其特点。

（1）科技图书

科技图书通常是对已公开或已发表的科技成果、专业知识、工艺技术、操作方法、生产经验等加以归纳、概括、总结而成，如专著、教材、丛书、词典、手册、百科全书等。科技图书的特点是内容比较全面、系统、成熟、可靠，但出版周期较长，通常不能反映最新科技成果。科技图书一般不作为信息检索的重点，但各种参考工具书可供工程技术人员进行数值检索和事实检索。

（2）科技期刊

科技期刊是指有固定刊名、定期或不定期出版的连续出版物，期刊上发表的文章大多数是原始信息，包含许多最新的科技成果，并能反映最新的水平和趋势。科技期刊的特点是内容新颖、出版周期短、报道速度快、发行面广、影响力大，是工程技术人员了解科技动态、水平和趋势经常使用的信息源。

（3）专利文献

专利文献是指围绕专利的申请和保护所形成的一系列文献，包括专利申请书、权利要求书、专利说明书、专利局公告、专利检索工具等。专利文献有统一编号，称为专利号，它既是一种法律文件，又是一种技术资料，其特点是内容新颖、实用、可靠。专利按发明的类型可以分为发明专利、实用新型专利和外观设计专利。专利是工程技术人员从事发明创造活动所需要的最重要的信息源。

（4）会议文献

会议文献是指围绕各种学术研讨会、技术交流会等国内外重要会议所形成的一系列文献，包括会前文献（如论文预印本、论文摘要、会议通知等）和会后文献（如会议论文集、会议录等）。会议文献通常以图书或期刊的形式出版。会议文献的特点是内容集中、针对性强，能够反映本领域的最新成果、研究热点、水平和趋势，是工程技术人员了解本行业动向的重要信息源。

（5）科技报告

科技报告是指在取得某一科学技术课题或专题研究的最终成果或阶段性成果后而撰写的正式报告，通常有统一的编号，即报告号，一般单独成册。科技报告的特点是选题通常高、精、尖，内容专深、详尽，保密性强。目前，美国的科技报告最为发达，PB、AD、NASA、DOE是美国最重要的四大科技报告，也是需要工程技术人员密切关注的。

（6）学位论文

学位论文是指高等学校或科研机构的毕业生为取得各级学位所撰写的学术论文，包括博士论文、硕士论文、学士论文。学位论文的特点是偏重理论，内容专深，有一定的创造性，但不易获得。这类信息源对于工程技术人员有较大的参考价值。

（7）政府出版物

政府出版物是指各国政府部门及其所属的专门机构出版发行的文件，包括行政性文件（如政府法令法规、方针政策、调查统计资料等）和科技性文献（如科技规划、科技报告、科普资料等），其中科技文献比例较小。政府出版物的特点是有助于了解一个国家（地区、部门等）政治、经济、军事、文化、教育、科技等方面的方针、政策。

（8）技术标准

技术标准是指对工农业产品和工程建设的质量、规格及其检验方法等所做的技术规定和共同规范，作为研究、生产、开发及工程建设的一种共同技术依据，按批准机构和适用范围可分为国际标准、区域性标准、国家标准、行业标准和企业标准等；按内容可分为基础标准（包括术语、符号、单位、定义等）、产品特性标准（包括特性、尺寸、形状、成分、质量等）以及方法标准（包括生产方法、作业方法、试验和检测方法等）。标准文献的特点是具有一定的法律约束力和时效，随着技术的发展不断修订、补充或废除，更新比较频繁，是工程技术人员经常使用的信息源。

（9）科技档案

科技档案是指某一单位或部门在研究、设计和开发活动中所形成的技术文件、图纸、图片、试验（实验、观测、测试）原始记录，包括任务书、协议书、审批文件以及研究计划、方案、大纲、技术指标、技术措施、设计计算、工艺记录、调研资料等。科技档案的特点是保密性强，一般仅供内部使用，不对外公开，一般不易获得。

(10) 产品文献

产品文献是指生产商、经销商为了推销产品而印发的企业出版物，用来介绍本企业定型产品的品种、特点、性能、规格、结构、原理、用途以及使用和维修方法等，包括产品样本、产品目录、产品说明书等。产品文献的特点是图文并茂，形象直观，是工程技术人员进行技术革新、设备改造、试制新产品的重要信息源。

1.3 检索语言

1.3.1 检索语言的概念与功能

如上所述，信息源的类型是多种多样的，信息的内容也是千变万化的，要想把数量庞大、杂乱无章的信息组织成便于使用的有序系统，必须借助于一定的语言来把信息的内容特征和形式特征表达清楚。另一方面，用户是多种多样的，用户的需求也是千变万化的，要想检索出能够让用户满意的结果，也必须借助于一定的语言来把用户的需求表达清楚。因此，确保检索系统使用的语言与信息用户使用的语言的一致性是至关重要的。

检索语言是用来描述信息的内容特征和形式特征以及表达信息用户需求的语言。也就是说，检索语言是信息存储与检索这两个阶段或过程都必须共同使用的语言，唯此才能保证信息存储与检索的有效性。从信息检索的基本原理来看，比较和匹配机理的实现就是通过检索语言来完成的，以确保检全率和检准率，避免漏检和误检。因此，检索语言是沟通信息存储和信息检索的桥梁和纽带，也是信息用户获取所需信息全过程得以顺利实现的保证。

1.3.2 检索语言的类型与特点

检索语言的类型通常按3种方法来划分。

1. 按照规范化程度划分

1）受控语言。即对自然语言中的同义词、近义词、反义词、多义词、上位词、下位词、相关词等经过一系列规范化处理的语言，也叫规范化语言或人工语言，规范化处理的目的是确保一个词只能表达一个概念，一个概念只能用一个词表达，必要时还可以对概念进行扩大、缩小和延伸。标题词、单元词、叙词以及分类号都属于受控语言，它们分别取自于人工编制的标题表、单元词表、叙词表和分类表。受控语言的特点是保证信息存储与检索双方的用语一致，不会发生偏差，但要求用户在使用受控语言检索时，必须熟悉和掌握词语规范化的规则，从而大大增加了用户的额外负担。目前，受控语言较多地用于联机检索。

2）非控语言。即不经过任何规范化处理的自然语言，也叫自然语言，如关键词、自由词等。非控语言的特点是用户可以使用自己熟悉的词语进行检索，不必考虑是否规范化，没有额外负担，但不能保证信息存储与检索双方的用语一致，从而降低了检全率和检准率，目前，非控语言较多地用于网络检索。

2. 按照描述信息的特征划分

1）内容特征语言。即用来描述信息内容特征的语言，也叫内部特征语言，如主题词、分类号、代码等。代码直接取自于信息内容，如化合物分子式、化学结构式、化学物质登记号等。内容特征语言可以直接揭示信息的内容特征，从内容着手进行检索。

2）形式特征语言。即用来描述信息形式特征的语言，也叫外部特征语言，如作者、机构、编号、引文等。编号通常是唯一的，如专利号、报告号、标准号等。引文就是指参考文献。虽然形式特征语言不能揭示信息内容，但比较简便、直接。

3. 按照揭示信息内容的直接性划分

1）主题语言。即用词语直接揭示信息的概念和内容的语言，例如，用“液晶显示器”来检索。主题语言包括标题词、单元词、叙词、关键词、自由词、代码等，有时统称主题词。主题语言的特点是简单明了，专指性强，有利于提高检准率，但范围受限，容易造成漏检。

2）分类语言。即用分类号间接揭示信息的概念和内容的语言，例如，用国际专利分类号“B64C25/08”检索。该分类号所代表的内容含义是“直升机非固定式起落架”。分类语言的特点是泛指性强，有利于提高检全率，但容易造成误检，检索时还必须依赖于分类表。

1.4 检索工具

1.4.1 检索工具的概念与功能

检索工具是用来存储、报道和查找信息的工具，它是对信息进行搜集、整理、分析、加工、组织而形成的产物，同时，又是查找信息的前提条件和必需手段，如果没有检索工具，信息检索就无从谈起。

检索工具必须具备以下条件：必须有明确的收录范围和用途；必须存储原始信息或其替代品；必须有揭示信息内容特征和形式特征的检索标识，如主题词、分类号等；必须按照检索标识排序，建立索引系统；必须能够提供多种检索途径。

检索工具应当具备两个基本功能：一个是存储功能，既可以存储原始信息，也可以存储原始信息的替代品，并且通过一定的检索语言，描述信息的内容特征和形式特征，再按照一定分类体系或排检方法组织起来，从而完成信息存储过程。另一个是检索功能，即提供各种检索手段，便于人们在需要这些信息的时候，按照既定的检索方法，从中找出所需要的原始信息，或者至少是原始信息的替代品，从而完成信息检索过程。

1.4.2 检索工具的类型与特点

检索工具的类型可以从多种角度来划分。

1. 按照记录信息的技术划分

1）印刷型检索工具。印刷型检索工具包括印刷型的目录、索引、文摘、词典、手册、年鉴、指南、名录、百科全书等。随着数字化、网络化的发展，这类检索工具的利用率有所降低。

2）数字型检索工具。数字型检索工具主要是指数据库、网站、网页等。这类检索工具包括目录数据库，如国家工程技术数字图书馆馆藏目录；文摘索引数据库，如中国专利文摘数据库、全国报刊索引数据库；全文数据库，如中国期刊全文数据库；事实与数值数据库，如中国科学院科学数据库、中国企业、公司及产品数据库、中国科技统计数据概览、《中国大百科全书》（网络版）等。随着数字化、网络化的发展，这类检索工具日益增多，利用率越来越高，也是本书的讲授重点。

2. 按照记录信息的完备性划分

由于印刷型检索工具不具备全文检索的功能，所以这里只涉及数字型检索工具。

1）全文检索工具。全文检索工具主要是指全文数据库，它有两层含义：一个是可以为检索结果直接提供全文；另一个是可以对全文中的字、词、句进行检索。全文数据库不但包括一次信息或原始信息，还包括三次信息，如中国统计年鉴全文数据库等。

2）二次检索工具。二次检索工具主要是指目录、文摘、索引数据库，其优点是收录范围广，数量庞大，全面、系统，遗漏较少；缺点是不能直接提供全文，还需进一步寻找。

3. 按照记录信息的边界划分

1）数据库检索工具。在数据库检索工具里检索，只能检索和获取该数据库以内的信息，不能检索该数据库以外的信息。也就是说，检索被限制在特定数据库内进行。通常所说的数据库检索指的就是利用这种检索工具。

2）搜索引擎检索工具。搜索引擎也是一种检索工具，它可以根据用户的要求，对网上的绝大多数网站、网页进行搜索，而不限于某一特定数据库，并将搜索到的结果提供给用户。与数据库检索工具相比，用搜索引擎检索的结果数量十分庞大，但满足要求的不多，也就是说，广泛有余，精准不足。对于工程技术信息检索来说，最常用的是 Google Scholar（Google 学术搜索）。

1.4.3 检索工具的选择

检索工具的类型多种多样，特点各有千秋，为了完成我们的检索课题，应当选择哪个或哪些检索工具呢？检索工具的选择是否适当，将直接影响检索效果。这是动手检索前必须解决的问题。针对这个问题，我们应当考虑两个方面：一个是检索工具与检索课题相符合；另一个是检索工具自身条件。

选择检索工具首先必须考虑检索工具是否与检索课题相符合。具体地讲，应当明确：1）要检索中文（国内）信息，还是外文（国外）信息；2）要检索什么类型的信息，例如，是期刊论文，还是专利文献；3）要检索全文，还是二次信息；4）要检索文献信息，还是事实与数值；5）要检索什么专业领域的信息，等等。针对这些问题选择对口的检索工具。一般地说，选择检索工具应当是先中文（国内）后外文（国外），先专业后综合，先全文后二次，先数据库后搜索引擎。

根据检索工具的自身条件来选择检索工具，一般应当考虑：

1）收录范围。尽量选择涵盖国家多、专业面广、类型齐全、数据量大的检索工具。

2）报道量。报道量是指每年或每月报道信息的数量，报道量越大，信息密度越大，信息来源越广，有利于检全。

3）新颖性。新颖性是指信息的更新速度，更新越快，就越能检索到最新的信息。

4）编辑质量。编辑质量包括著录格式是否规范，检索标识是否准确，检索手段是否完备，检索功能是否强大等。

5）检索途径。检索途径越多，就越能够从不同角度来检索，用户越感到方便。

选择合适的检索工具要综合考虑、全面衡量上述各种因素。另外，鉴别一个检索工具的优劣，归根结底，还是要通过反复实践来检验，从而全面、准确地看待一个检索工具。

1.5 信息检索的途径、方法与步骤

1.5.1 信息检索的途径及其选择

检索前，除了要选择好检索工具以外，还要确定从哪里入手，这就涉及检索途径（路径）的选择问题。每个检索工具都提供了自己的检索途径，选择检索途径必须考虑：一个是我们打算从哪个或哪些途径入手；另一个是所选的检索工具能够提供哪些途径。

如上所述，信息检索与信息存储是一个互逆的过程，也就是说，如何存储决定了如何检索。信息在被存储的时候设立了多个项目或字段，如题名、作者、关键词、摘要等。在检索时，这些项目或字段就成为检索入口，即检索途径。归纳起来，检索途径包括两大类型。

1. 内容特征途径

这是指从信息的内容（内部）特征角度进行检索的途径，主要包括主题途径和分类途径。

1）主题途径。从主题途径检索，首先选择题名、主题词、关键词、摘要、全文等检索项或字段，然后在检索输入框里输入具体的词语或代码。题名包括书刊名、论文名、专利名、标准名、报告名等。对于科技信息来说，题名能够在很大程度上反映出信息的内容。

2）分类途径。从分类途径检索，首先选择分类号检索项或字段，然后查阅相应的分类表，找出检索课题所属的类目，再把对应的分类号输入到检索输入框。

2. 形式特征途径

这是指从信息的形式（外部）特征角度进行检索的途径，主要包括：

1）作者途径。既包括个人作者，也包括团体作者，还包括专利权人、专利发明人、专利申请人等。通过选择作者检索项，并输入作者名，即可实现作者途径检索。定期或不定期地检索

某一作者的信息，可以跟踪他的科研成果和动态。

2）机构途径。这里所说的机构不是指团体作者，而是指作者所属机构。选择机构检索项，并输入机构名，即可实现机构途径检索。连续定期或不定期地检索某一机构的信息，可以跟踪该机构的科研成果和动态，并做出评价。

3）号码途径。包括国际标准书号（ISBN）、国际标准刊号（ISSN）、科技报告号、技术标准号、专利申请号、专利号等。

4）引文途径。从科技文献之间的引用和被引用的角度来进行检索，工程技术人员最常用的引文检索工具是科学引文索引（SCI），有些检索工具也有引文检索功能，如中国期刊全文数据库、中文科技期刊全文数据库等。

1.5.2　信息检索的一般方法

信息检索的一般方法分为常规法、回溯法、交替法、搜索法4种。

- *常规法*。利用全文数据库、目录数据库、文摘数据库、索引数据库、事实与数值数据库等常规的检索工具，从常规的检索途径（如主题、分类、作者等）进行检索。根据需要可以对时间加以选择，例如，不分时间的通查法、划出时间段的断代法。
- *回溯法*。也叫引文法，包含两层含义：一是利用引文数据库（如SCI），从被引作者、被引文献和被引年代等角度进行检索，检索出来的结果是由远及近的；二是通过某一已知的最切题的最新文献后面的参考文献，去查找较早的文献，检索出来的结果是由近及远的。
- *交替法*。也叫综合法、分段法、循环法，是指交替使用常规法和回溯法，相互配合，取长补短，取得更好的检索效果。
- *搜索法*。这是指通过搜索引擎在网上搜索网站和网页，同时也充分利用网站和网页上的超链接，不断地扩大检索。

事实上，任何一个检索都不能单一使用某种方法，在大多数场合，要根据具体需要和遇到的各种情况及时地进行调整，变换各种方法，直到取得满意的结果。

1.5.3　信息检索的基本步骤

尽管任何成功的检索都不会是一模一样的，都有自己的不同于别人的做法和特色，因而也不可能有一个对任何人都适用的固定不变的检索模式，但是，从众多成功的检索中，我们可以总结出一些带有普遍性的规律，供读者参考。

信息检索通常按照以下步骤展开：

1）分析检索课题。分析检索课题的目的是要明确课题的性质和要求。为了取得满意的检索结果，必须对检索课题进行认真分析。分析课题通常要解决以下问题：课题的范围、类型及所属的专业领域；课题的主要内容和重点；课题的核心概念和术语；课题所需信息的时间范围和语种；课题对检全和检准的倾向性，等等。分析课题是检索过程中最重要的环节，直接影响检索结果与效果。

2）选择检索工具。在了解相关检索工具的性质、内容和特点的基础上，比较各种检索工具，针对检索课题的各种要求，选择一种或多种合适的检索工具。

3）选择检索方法。根据检索条件、检索要求，选择一种或多种合适的检索方法。

4）选择检索途径。检索途径的选择主要取决于两个方面：一是课题的范围、已知条件以及对检全和检准的要求；二是所选检索工具能够提供的检索途径。如果已知作者、专利权人、专利号、报告号、标准号等，则可选形式特征途径。如果只提出了内容上的要求，则使用主题、分类、代码等内容特征途径。如果倾向于检全，可采用分类途径，如果倾向于检准，可采用分类途径。

5）选择检索标识。对于分类途径来说，检索标识就是分类号，选择分类号就是通过查阅分类表来确定分类号。对于主题途径来说，检索标识就是检索词，选择检索词首先要搞清楚所选检索工具使用的是受控语言还是非控语言。如果使用受控语言还要通过查阅主题词表来确定检索词。

6）制定检索策略。检索策略是由检索标识和检索运算符组合而成的，检索运算符主要是指逻辑运算符，包括“与”（AND）、“或”（OR）、“非”（NOT）以及截断运算符、位置运算符、左右括号等。制定检索策略分初级检索、高级检索和专业检索 3 种类型。以中国期刊全文数据库为例，初级检索的策略是一步一步地制定和实施的，每一步都要选择检索项、检索词及其他检索条件，后续步骤是在前一步骤的检索结果中再进行检索；高级检索的检索策略是一次性制定和实施的，逻辑运算符、检索项、检索词以及括号内的逻辑关系都是系统事先布局好的，用户只需加以选择和往里填写即可，但参加运算的检索词的数目受到系统的限制；专业检索的检索策略也是一次性制定和实施的，但检索策略完全是由用户按照系统的规定自己制定的，这需要具有较高的信息检索专业水平。

7）实施和调整检索策略。每一次检索之后都要对检索结果进行检查和评价，如果与信息需求不符合，则需要修改和调整检索策略，重新进行检索，这个过程可能反复多次，直至获得满意的检索结果为止。对于较大型的检索课题来说，在正式检索之前，通常需要进行少量的、快速的试检，以此来检验所制定的检索策略是否合理、有效。如果检索结果不理想，则修改检索策略；如果对检索结果满意，则可开始正式检索。

8）获取全文。对于直接使用全文检索工具的检索来说，这一步可以省略。对于使用二次检索工具的检索来说，检索结果只是全文的替代品，而不是全文，在这种情况下，就要根据检索出来的文献线索找到全文，这通常需要使用各个图书情报信息单位的联合目录和馆藏目录，最后索取全文。

检索途径、检索方法和检索步骤并非一成不变的，需要根据检索过程展开的具体情况加以调整、变换和重组。只要掌握了基本的途径、方法和步骤，就可以举一反三，运用自如。

习题

1. 简述信息检索的含义。
2. 简述信息检索的基本原理。
3. 简述信息检索的类型与特点。
4. 简述常用信息源及其特点。
5. 简述检索工具的类型与选择。
6. 简述信息检索的途径及其选择。
7. 简述信息检索的基本步骤。

第二篇　中 文 篇

第 2 章　中文信息检索

本章提示

本章主要介绍常用中文期刊数据库、中国专利文献、中国标准文献、中国学位论文等数据资源及其检索等，另对中文科技报告、会议文献以及中国政府出版物等特种文献数据资源进行了相关介绍和检索。通过本章的学习，学生应该掌握这些文献数据资源的基本情况及具体的检索方式和方法。

2.1　常用中文期刊数据库检索

2.1.1　中文期刊全文数据库

1. 数据库概况

国家知识基础设施（China National Knowledge Infrastructure，CNKI）的概念，由世界银行于 1998 年提出。CNKI 工程是以实现全社会知识资源传播共享与增值利用为目标的信息化建设项目，由清华大学、清华同方发起，始建于 1999 年 6 月。中国期刊网由清华同方光盘股份有限公司、中国学术期刊（光盘版）电子杂志社、光盘国家工程研究中心等单位创建，是目前国内最大型的学术期刊数据库，收录 1994 年以后国内 6 600 余种期刊的题录、摘要以及 5 300 种学术类核心期刊与专业特色期刊全文。网上数据每日更新。

CNKI 的数据库产品包括中国期刊全文数据库、中国优秀硕士论文全文数据库、中国博士论文全文数据库、中国重要报纸全文数据库以及中国重要会议论文全文数据库等，本节主要介绍的是中国期刊全文数据库。

中国期刊全文数据库是目前世界上最大的连续动态更新的中国期刊全文数据库之一。收录 1994 年至今约 7 486 种期刊全文，并对其中部分重要刊物回溯至创刊。至 2008 年 5 月，累积期刊全文文献 2 700 万篇。

产品分为十大专辑：理工 A、理工 B、理工 C、农业、医药卫生、文史哲、政治军事与法律、教育与社会科学综合、电子技术与信息科学、经济与管理。

收录年限：1994 年至今（部分刊物回溯至 1979 年，部分刊物回溯至创刊）。

产品形式：Web 版（网上包库）、镜像站版、光盘版、流量计费。

更新频率：CNKI 中心网站及数据库交换服务中心每日更新，各镜像站点通过互联网或卫星传送数据可实现每日更新，专辑光盘每月更新，专题光盘年度更新。

全文阅读：CNKI 中的全文文献是以“CAJ”或“PDF”格式存档的，需要用专用的阅读软件 CAJ 阅读器或 Acrobat Reader 打开及阅读。

2. 数据库检索

登录网址 http://www.cnki.net 进入中国知网主页，如图 2-1 所示。

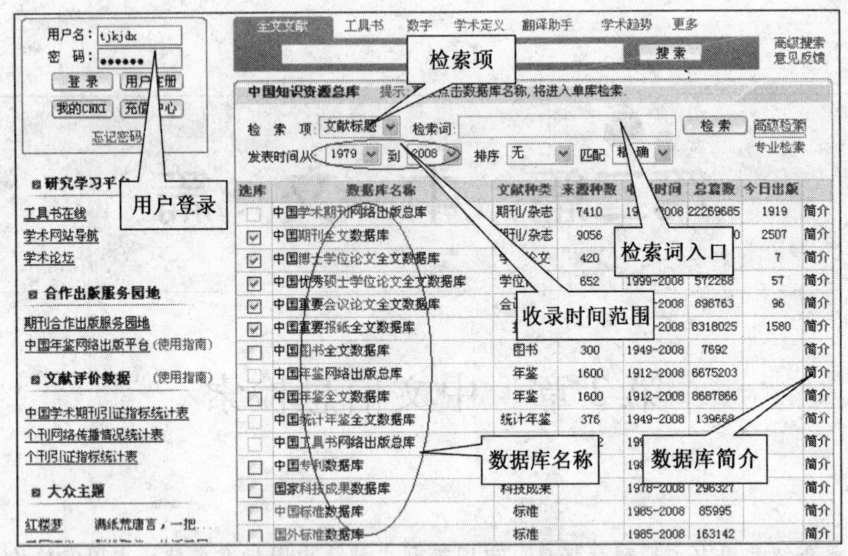

图 2-1　中国知网主页

以各图书馆用户的账号和密码登录进入中国知网（镜像版）界面，如图 2-2 所示。

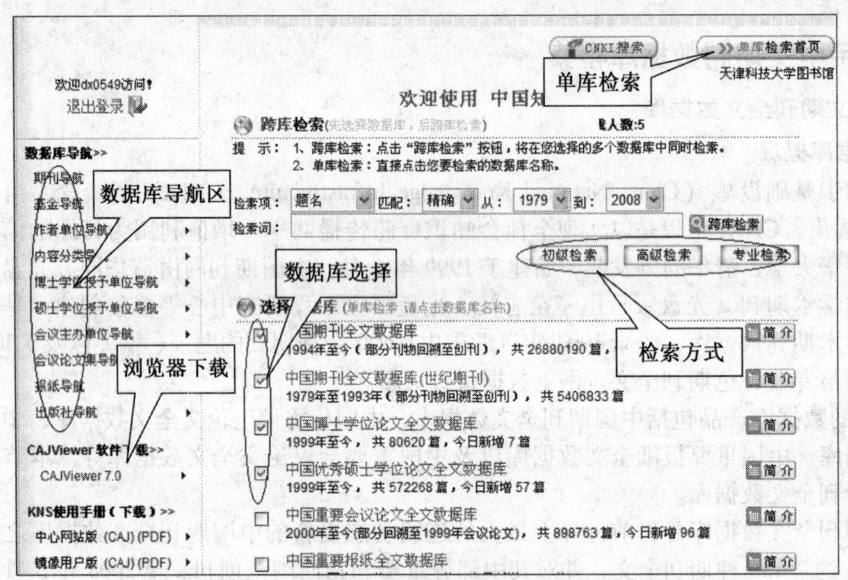

图 2-2　中国知网（镜像版）即单库检索界面

中国知网中的几种数据库的使用方法基本相似，在以后各节依次介绍和使用，现以中国期刊全文数据库为例介绍其基本使用方法。后面涉及中国知网中的其他数据库时不再赘述使用方法。

（1）初级检索

点击【中国期刊全文数据库】进入该数据库初级检索页面，如图 2-3 所示。

初级检索的功能是在指定的范围内，按照单一的检索项检索，这一功能不能实现多检索项的逻辑组配检索。初级检索的操作步骤如下：

1）选择查询范围即检索导航区。查询范围功能选项在左窗口下侧的检索导航栏中，如图 2-2 所示，通过它可指定检索进行的范围，这里分类列出了 10 个总目录，在每个总目录的下面又分别设有详细的子目录可供用户进一步缩小检索范围。

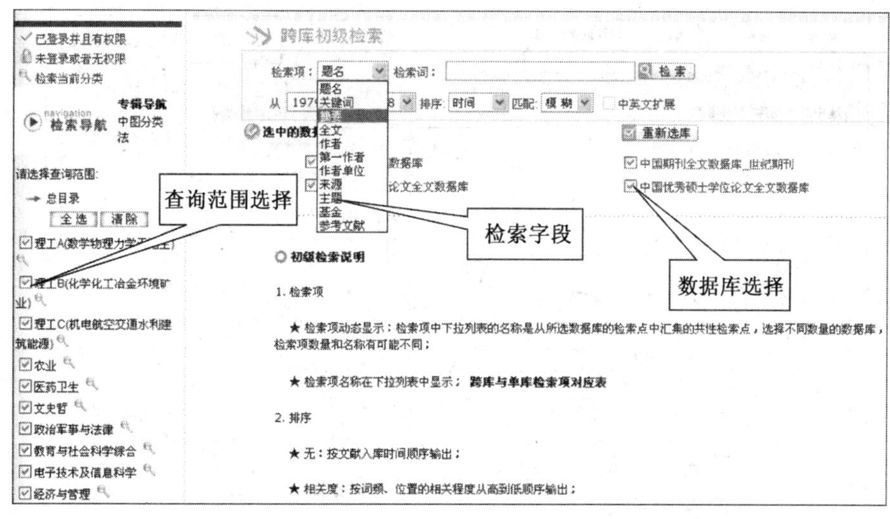

图 2-3 中国期刊全文数据库初级检索界面

2）选择检索项。用户可通过【检索项】右边的下拉列表选择一个将要检索的项目名。

3）输入检索词。用户直接在【检索词】输入框中进行手动输入。

4）匹配选择。匹配选择选项分为两种，即模糊匹配和精确匹配。

5）时间范围。用户可以根据自己的需要设定所要检索刊物的时间范围。

6）范围选择。检索范围指的是用户想要检索作品的来源，即全部、EI 来源刊、SCI 来源刊及核心期刊。

7）记录数和排序。记录数和排序这两个选择项是针对检索结果显示界面设定的，用户可以自定义选择设定每页显示多少条记录及按什么方式对检索结果进行排序。本系统为用户提供的每页显示记录条数最多为 50 条。排序“无”表示为无序排列，“日期”表示按数据日期最新排列，“相关度”表示按检索词在检索字段内容里出现的命中次数排列。

8）检索。用户单击【检索】按钮，服务器会返回结果至右侧上部的窗口中。默认每页显示 10 条记录，超过 10 条可翻页查看，如图 2-4 所示。

9）结果处理。

页面选择：检索后，会列出满足检索条件的所有记录，如果检索结果很多，可单击首页、上页、下页及末页分别进入相应页面，也可以直接在输入页码的文本框中输入要查看的页数。

查看及保存全文：可以通过两种方式查看及保存全文。一是在检索结果列表中直接单击篇名前的浅蓝色按钮，会弹出如图 2-5 所示的对话框，下载保存该文章。二是在检索结果概览区的检索结果列表中点击【篇名】文字链接，在列表的下方会生成一个浏览区的滚动窗口，如图 2-6 所示。任意单击篇名后的【CAJ 原文下载】或【PDF 原文下载】链接，会弹出同样的对话框，如图 2-5 所示。

点击【打开】显示原文，如图 2-7 所示。

（2）高级检索

高级检索是一种比初级检索要复杂一些的检索方式，但也可以进行简单检索。高级检索特有功能如下：多项双词逻辑组合检索、双词频控制。多项双词逻辑组合检索：多项是指可选择多个检索项；双词是指一个检索项中可输入两个检索词（在两个输入框中输入），每个检索项中的两个词之间可进行 5 种组合——并且、或者、不包含、同句、同段，每个检索项中的两个检索词可分别使用词频、最近词、扩展词；逻辑是指每一检索项之间可使用逻辑与、逻辑或、逻辑非进行项间组合。

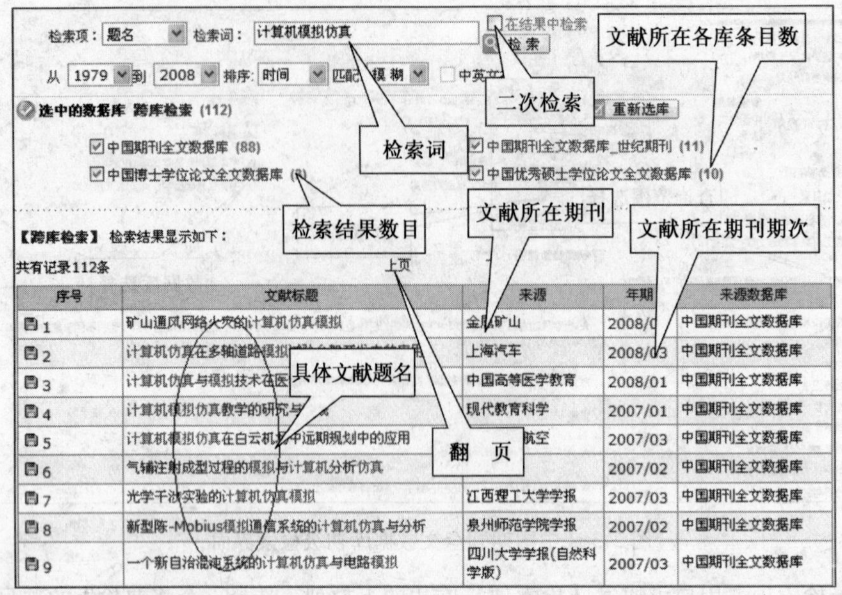

序号	文献标题	来源	年期	来源数据库
1	矿山通风网络火灾的计算机仿真模拟	金属矿山	2008/0	中国期刊全文数据库
2	计算机仿真在多轴道路模拟…	上海汽车	2008/03	中国期刊全文数据库
3	计算机仿真与模拟技术在医…	中国高等医学教育	2008/01	中国期刊全文数据库
4	计算机模拟仿真教学的研究与…	现代教育科学	2007/01	中国期刊全文数据库
5	计算机模拟仿真在白云机场中远期规划中的应用	…航空	2007/03	中国期刊全文数据库
6	气辅注射成型过程的模拟与计算机分析仿真		2007/02	中国期刊全文数据库
7	光学干涉实验的计算机仿真模拟	江西理工大学学报	2007/03	中国期刊全文数据库
8	新型陈-Mobius模拟通信系统的计算机仿真与分析	泉州师范学院学报	2007/02	中国期刊全文数据库
9	一个新自治混沌系统的计算机仿真与电路模拟	四川大学学报(自然科学版)	2007/03	中国期刊全文数据库

图 2-4　中国期刊全文数据库初级检索结果显示

【跨库检索】 检索结果显示如下：

共有记录110条　　上页　　下页

序号	文献标题	来源	年期	来源数据库
1	矿山通风网络火灾的计算机仿真模拟	金属矿山	2008/02	中国期刊全文数据库
2	计算机仿真在多轴道路模拟试验台架开发中的应用	上海汽车	2008/03	中国期刊全文数据库
3		…育	2008/01	中国期刊全文数据库
4			2007/01	中国期刊全文数据库
5			2007/03	中国期刊全文数据库
6			2007/02	中国期刊全文数据库
7		…报	2007/03	中国期刊全文数据库
8		…报	2007/02	中国期刊全文数据库
9		…自然科	2007/03	中国期刊全文数据库
10			2007/09	中国期刊全文数据库

共有记录110条

文件下载

浅蓝色按钮

您想打开或保存此文件吗？

名称：矿山通风网络火灾的计算机仿真模拟.caj

类型：未知文件类型，384 KB

发送者：1st.cnki.net

打开(O)　保存(S)　取消

来自 Internet 的文件可能对您有所帮助，但某些文件可能危害您的计算机。如果您不信任其来源，请不要打开或保存该文件。有何风险？

图 2-5　中国期刊全文数据库检索结果保存

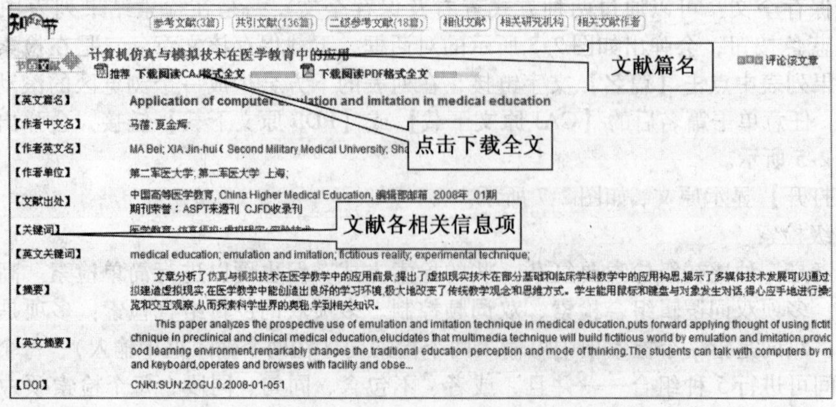

图 2-6　中国期刊全文数据库具体检索结果概览

图 2-7　中国期刊全文数据库检索结果原文显示

在指定的范围内，按一个以上（含一个）检索项表达式检索，这一功能可以实现多表达式的逻辑组配检索。高级检索界面有多个检索框可以同时使用，字段之间可以使用逻辑组配符（与、或、非）进行组配，选择检索范围，然后单击【检索】，如图 2-8 所示。其他同初级检索。

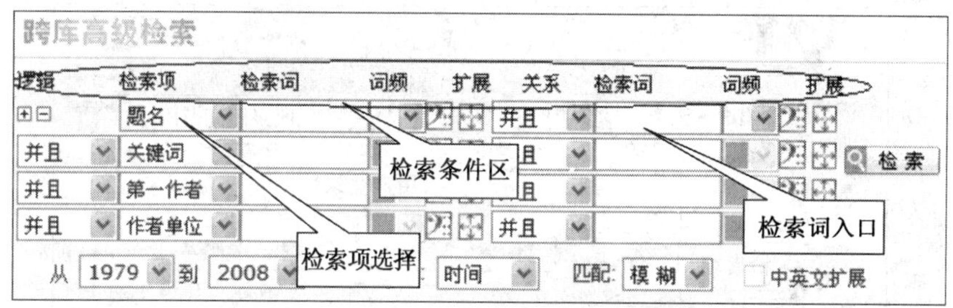

图 2-8　中国期刊全文数据库高级检索界面

（3）专业检索

专业检索提供一个按照自己需求来组合逻辑表达式以便进行精确检索的功能入口。

逻辑运算符：AND（与）、OR（或）、NOT（非），当在同一个字段检索时同时有两个或者两个以上的检索条件，就可以使用“ + ”表示逻辑或的关系，使用“ * ”就表示逻辑与的关系。混合使用时“ * ”会优先于“ + ”号，同时支持括号运算。

字段与代码对应关系为篇名：TI；作者：AU；关键词：KY；机构：AF；中文摘要：AB；引文：RF；基金：FU；中文刊名：JN；ISSN：SN；主题词：TO；篇名/关键词/摘要：TS。如检索式：TS = 机器人 and JN = 华中科技大学学报，检索界面如图 2-9 所示。

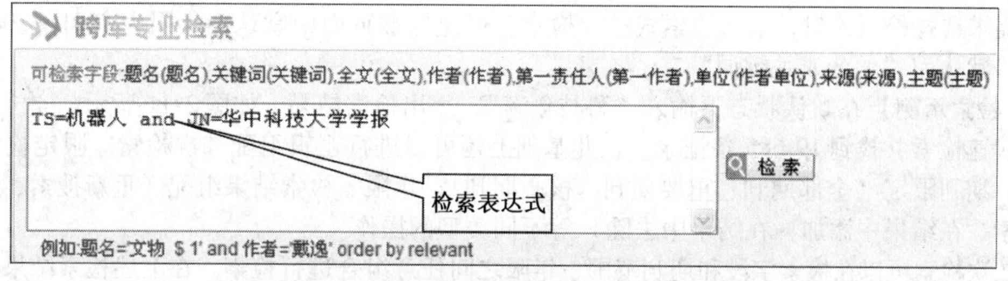

图 2-9　中国期刊全文数据库专业检索界面

通过简单检索、高级检索和专业检索之后，在这些检索结果上还可以继续进行操作，这就是提及的二次检索。

二次检索是指在前一次检索结果的范围内，继续进行检索，使用二次检索可以逐步缩小检索范围，最终找到所需的信息。此外，它还简化了检索表达式的书写，通过简单检索与二次检索完全可以满足复杂检索表达式达到的检索精度，在界面中体现的是“在结果中检索”，如图2-4所示。

2.1.2 中文科技期刊数据库

1. 数据库概况

中文科技期刊数据库由重庆维普资讯公司创建，该数据库是国内较早建设的大型数据库，也是使用频率最高的中文数据库之一。其全文和题录文摘版一一对应，经过多年的推广使用和完善，全面解决了文摘版收录量巨大但索取原文繁琐的问题。全文版的推出受到国内广泛赞誉，同时成为国内各省市高校文献保障系统的主要组成部分。收录范围包含了1989年至今8 000余种期刊，并以每年150万篇的速度递增，中文报纸400种，外文期刊5 000种。按照《中国图书馆分类法》进行分类，所有文献被分为8个专辑：社会科学、自然科学、工程技术、农业科学、医药卫生、经济管理、教育科学和图书情报。

2. 数据库检索

（1）登录

打开http://vip.calis.edu.cn/index.asp进入中文科技期刊数据库主页，如图2-10所示。

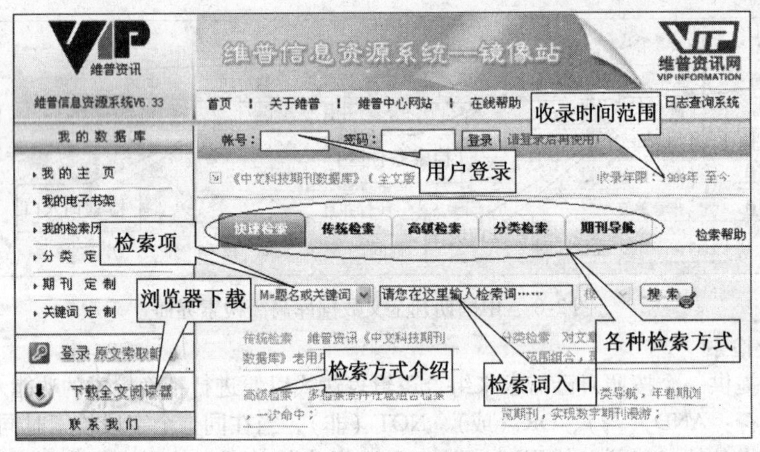

图2-10 中文科技期刊数据库主页

（2）检索方法

数据库提供的检索方法有快速检索、传统检索、高级检索、分类检索和期刊导航。

1）快速检索。中文科技期刊数据库提供11种检索字段供选择：关键词、作者、第一作者、刊名、任意字段、机构、题名、文摘、分类号、题名或关键词、参考文献，用户可根据自己的实际需求选择检索入口，输入检索式进行检索。快速检索页面中默认的年限为2001~2007，检索入口默认为“题名或关键词”。

【检索示例】在默认状态下输入“科技创新”，得出检索结果，如图2-11所示。

快速检索共找到19 685条记录。在此基础上还可以进行逻辑组配二次检索。限定检索范围包括：期刊限定（全部期刊、重要期刊、核心期刊）、年限、检索结果组配（重新搜索、在结果中搜索、在结果中添加、在结果中去除）等不同类型的操作。

二次检索可以在检索字段和期刊范围、年限之间任意组合进行检索。在上述检索结果中进一步检索“大学的科技创新”，在检索入口“题名或关键词”字段检索输入“大学”进行二次检索，检索结果缩小，如图2-12所示。

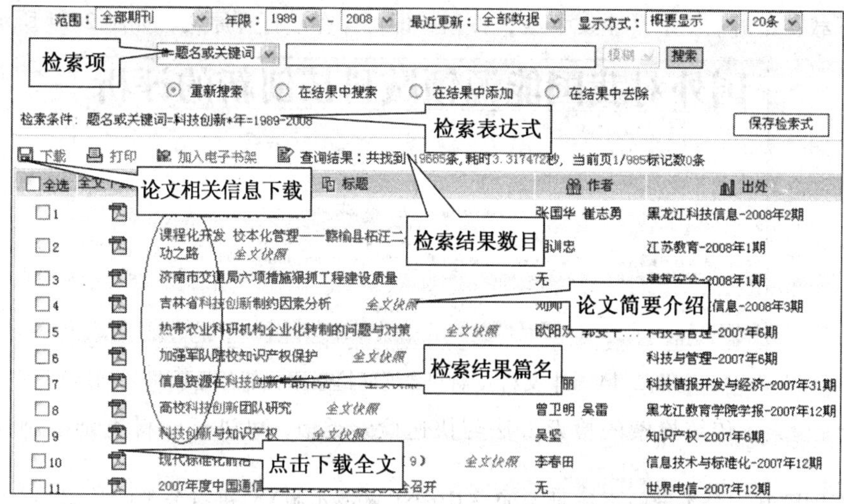

图 2-11 中文科技期刊数据库快速检索结果显示

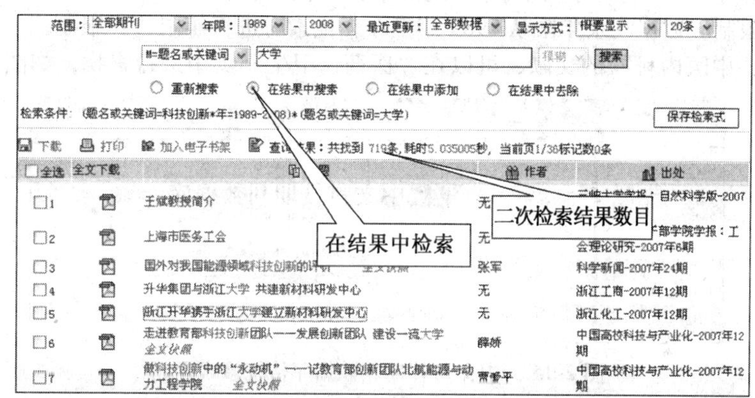

图 2-12 中文科技期刊数据库二次检索结果显示

同时可以进一步选择期刊范围、年限等为检索条件做进一步检索，得到的检索结果越来越少，用户点击文章题目查看题录信息，如图 2-13 所示。

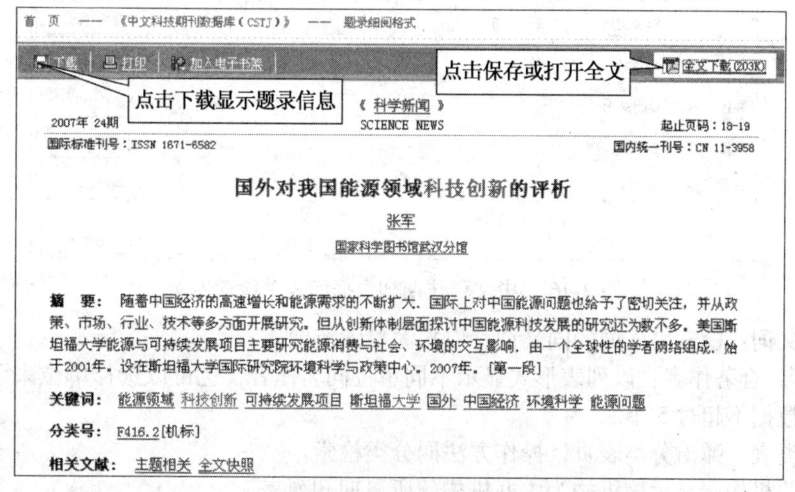

图 2-13 中文科技期刊数据库检索文章题录显示

原文下载：点击上图中【全文下载】按钮，即可保存或打开原文，如图2-14所示。

国外对我国能源领域科技创新的评析

□张军

效益，并向企业和服务供应商的角色转型。与这种转型的成功同等重要的是生产单元有效消化新技术的能力。这一过程更多地受益于R&D政策之外的一些激励因素，例如政府角色让位于市场控制的转化、增加透明度、减少腐败以及加强知识产权的保护等等。当然，这些还远远有待完善。

凭藉1978年以后出台的各项改革措施中国主要石油企业纷纷寻求建立国际合作伙伴关系，利用海外技术和专业技能以加大开发煤层气和油页岩边际储量。环境监管只是在最近趋于严格，还不能说对原始创新技术开发有什么强烈的影响。

影响技术采用的因素

的价格障碍。这种措施的效果因强制力较弱而受到干扰，部分是由于当地环保部门受当地政府管辖，人员和预算都受到控制，而不是直接对制定法规的国家级环保部门负责。

固定的天然气和电力价格同样抑制了对低成本、清洁和高效技术的需求。尽管中国的能源规划者热衷于鼓励大幅增加天然气、核电和可再生资源在

美国一项评估洁净煤技术转移的研究就提到日本国际贸易与工业部(MITI)在绿色援助计划下开展的洁净煤技术转移，该项目耗资3.38亿美元建立示范发电厂，设备由日本厂商提供，但后续的订单很少，主要原因是这些技术成本过高，并不适合中国市场的需要。总的来说，本地设计需要和进口产品成本过高限制了技术的扩大应用。到1999

图2-14　中文科技期刊数据库检索原文部分显示

2）传统检索。传统检索的检索方法与快速检索类似，可进行学科类别限制和数据年限限制。

学科类别限制。分类导航系统是参照《中图法（第4版）》进行分类的，每一个学科分类都可以按照树形结构展开，利用导航缩小检索范围，进而提高查准率。

数据年限限制。数据收录年限从1989年至今，检索时进行年限选择限制。

例：查找“中医内科”的文献，可以在“医药、卫生”类中进行查找，如图2-15所示。

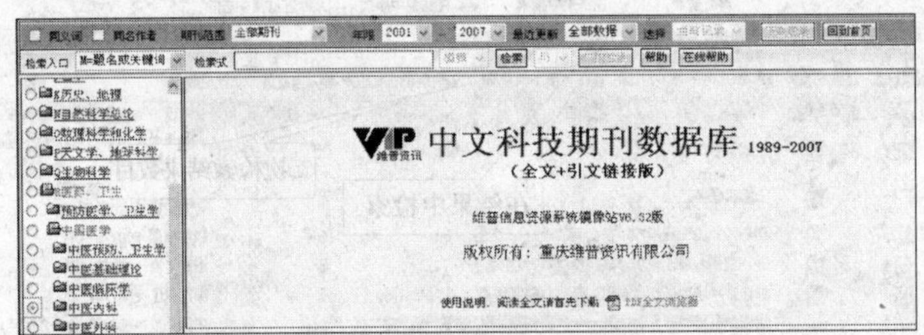

图2-15　中文科技期刊数据库传统检索界面

3）高级检索。高级检索提供了两种方式供用户选择使用：表单检索和命令检索。

- 表单检索。表单检索为读者提供一个检索表单，除可输入检索词外，还可以选择逻辑运算、检索项、匹配度，并进行相应字段扩展信息的限定等操作，如图2-16所示。

图2-16　中文科技期刊数据库表单检索界面

查看同义词：检索出该词的同义词，以扩大检索范围。

查看同名/合著作者：以列表形式显示不同单位同名作者，也可以选择单位来限定同名作者范围，选择数据不超过5个。

查看分类表：弹出分类表页，操作方法同分类检索。

查看相关机构：显示该机构为主办机构的所属期刊列表。

扩展检索条件：用户可以根据需要，点击【扩展检索条件】，以时间条件、专业限制、期刊

范围进一步限定，减小搜索范围，获得更符合需求的检索结果，如图 2-17 所示。

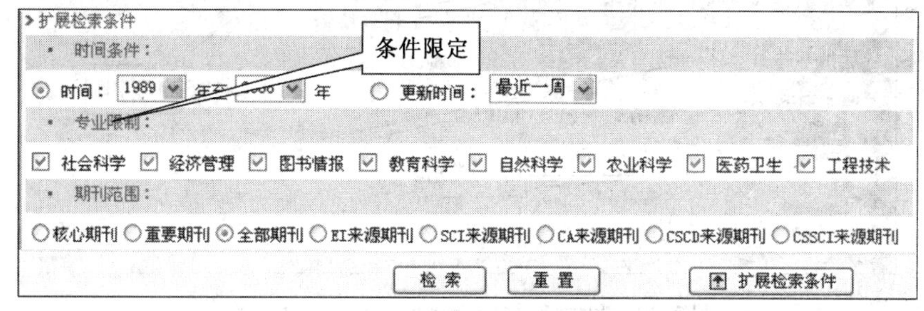

图 2-17　中文科技期刊数据库扩展检索条件界面

- 命令检索。在检索框可直接输入检索式进行检索，如图 2-18 所示。

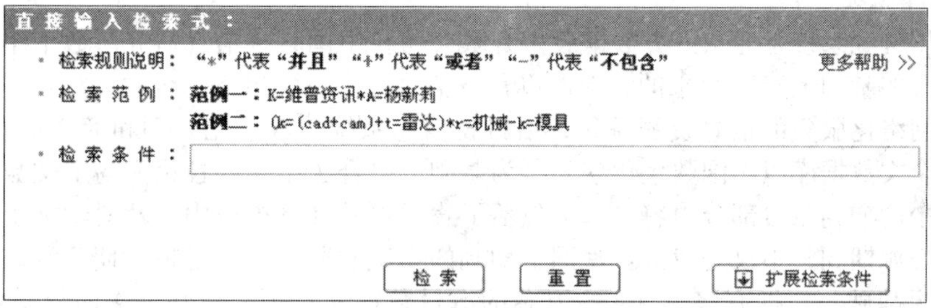

直接输入检索式：
检索规则说明："*"代表"并且" "+"代表"或者" "-"代表"不包含"　更多帮助 >>
检索范例：范例一：K=维普资讯*A=杨新莉
范例二：(k=(cad+cam)+t=雷达)*r=机械-k=模具
检索条件：
检索　重置　扩展检索条件

图 2-18　中文科技期刊数据库命令检索界面

4）分类检索。分类检索相当于对检索范围做了限制，用户在检索前可以对文章所属性质进行限制，比如用户选择工业技术类，则用户检索到的文章都是以工业技术类为基础的文章，如图2-19所示。如果不添加，则在所有文章中检索。

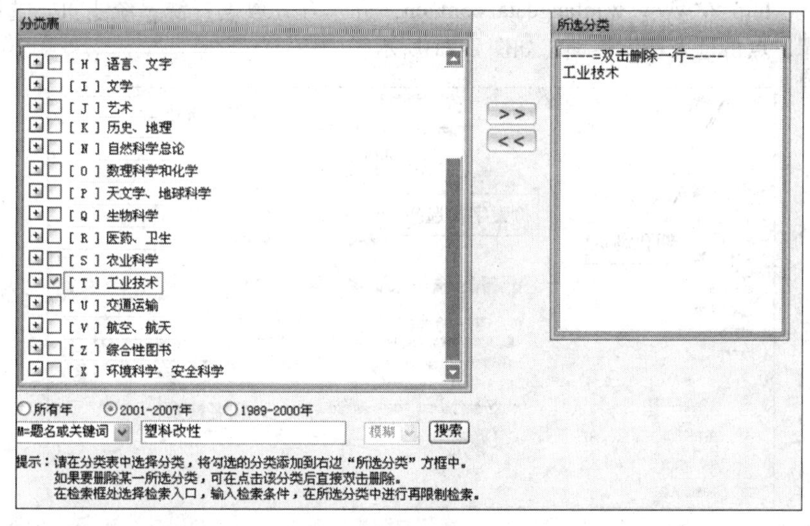

图 2-19　中文科技期刊数据库分类检索界面

5）期刊导航。期刊导航提供 3 种方式来查找所需要的期刊：刊名检索、字母顺序检索、学科分类检索，如图 2-20 所示。

根据期刊的名称可以检索到该期刊的相关信息；也可按照字母顺序来查找期刊；还可按照学科分类来查找所需期刊。

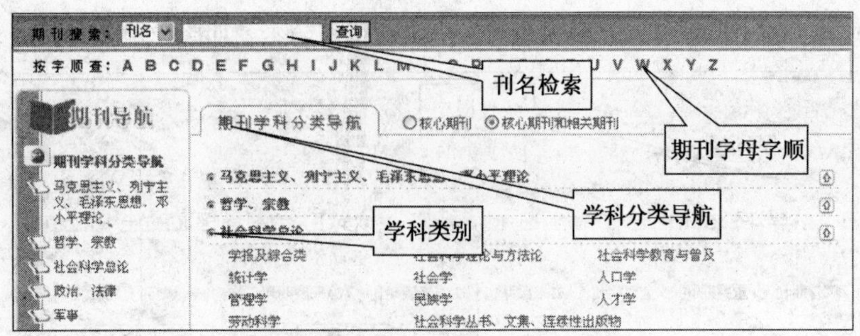

图 2-20 中文科技期刊数据库期刊导航界面

2.1.3 万方数字化期刊全文数据库

1. 数据库概况

万方数据资源系统是北京万方数据股份有限公司在中国科技信息研究所数十年积累的全部信息服务资源的基础上建立起来的，形成以科技信息为主，集经济、金融、社会、人文信息为一体，实现网络化服务的信息资源系统，由科技信息系统、数字化期刊和商务信息系统构成。数字化期刊全文数据库以中国数字化期刊群为基础，整合了中国科技论文与引文数据库及其他相关数据库中的期刊条目部分内容，基本包括了我国文献计量单位中自然科学类统计源刊和社会科学类核心源期刊，不仅是我国首家网上期刊的出版联盟，而且是核心期刊测评和论文统计分析的数据源基础。它拥有多达 2 833 万条的海量数据库资源，期刊全文内容采用 HTML 和 PDF 两种国际通用格式，方便用户随时阅读和引用。所有期刊按照理、工、农、医、哲学、人文、社会科学、经济管理与教科文艺等 8 大类划分，共集纳了 8 大类 100 多个类目的近 5 000 种期刊全文内容。

2. 数据库检索

打开网址：http://www.wanfangdata.com.cn，进入万方数据资源系统主页，选择数字化期刊全文数据库，点击进入检索界面，如图 2-21 所示。

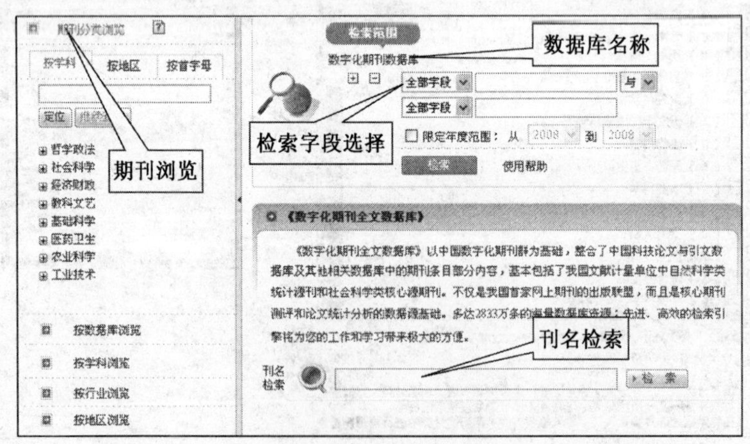

图 2-21 万方数字化期刊全文数据库基本浏览界面

(1) 基本浏览

期刊浏览又分 3 种浏览方式：按期刊的学科浏览、按期刊的地区浏览和按期刊首字母浏览。选中某学科类别后，任何检索都局限于此类别下的期刊，即显示的结果是包含在此类别下的期刊。快速检索入口区是在某个学科的基础上再次进行检索。在“字段选择区”选择，可选择全部字段、论文标题、作者、作者单位、刊名、年、期、关键词、摘要等检索字段进行组配检索。

基本浏览具体检索方式如下。

1）选择【按学科】浏览。进入【工业技术】类，选择【轻工业与手工业】，则显示刊物名称 133 种，如图 2-22 所示。

2）点击【包装与食品机械】则显示该刊的有关信息，如图 2-23 所示。

3）在此界面中，可以点击查看该刊物中的论文，按照期次浏览。如查看 2007 年第 1 期，如图 2-24 所示。

4）显示文摘或全文。点击具体某一标题后的【PDF 全文】则显示全文，如图 2-25 所示。

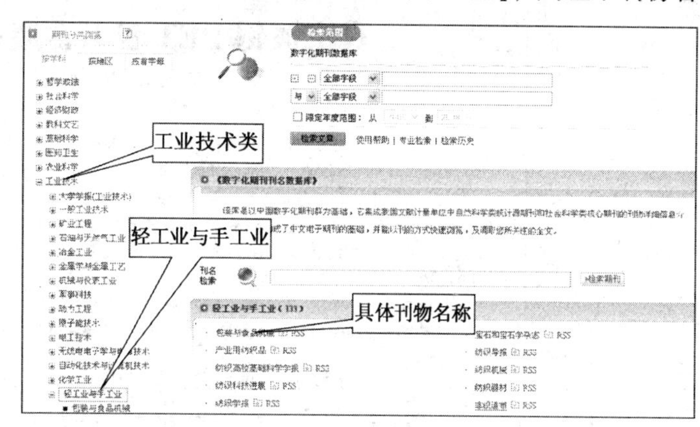

图 2-22 万方数字化期刊全文数据库学科浏览检索界面

（2）高级检索

在万方数据资源系统界面，点击【高级检索】进入高级检索界面，在检索输入框输入要检索的词。点击【检索】，得出检索结果，直接点击论文标题则显示论文的英文标题、作者、作者单位、刊名、英文刊名、栏目名称、分类号、关键词和摘要及本文引用的论文等信息内容，点击【详细摘要信息】显示论文的基本信息但不能看到摘要，点击【查看原文】即能看到原文，同时保存、打印等。

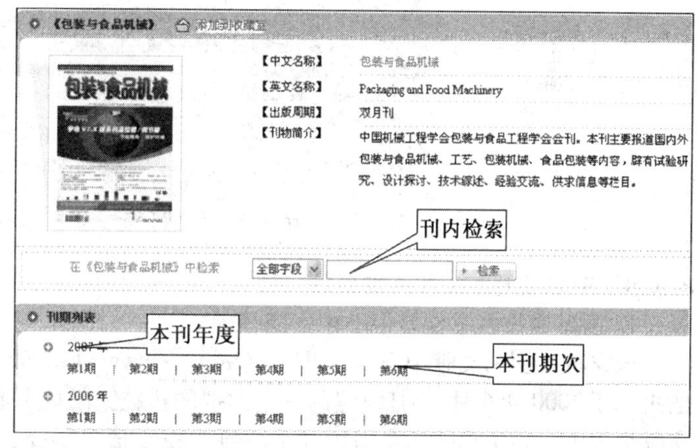

图 2-23 《包装与食品机械》的有关信息显示

（3）专业检索

万方数据资源系统还有专业检索功能，如图 2-26 所示。

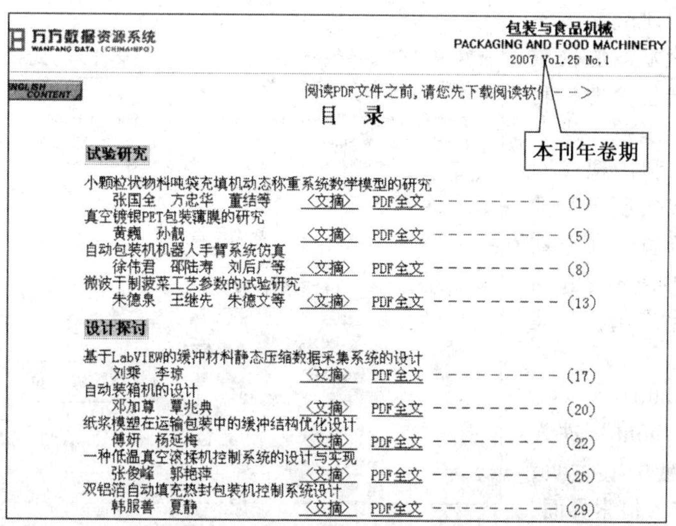
万方数据资源系统
WANFANG DATA (CHINAINFO)

包装与食品机械
PACKAGING AND FOOD MACHINERY
2007 Vol.25 No.1

ENGLISH CONTENT

阅读PDF文件之前，请您先下载阅读软件-->

目 录

本刊年卷期

试验研究

小颗粒状物料吨袋充填机动态称重系统数学模型的研究
张国全 方忠华 董结等 〈文摘〉 PDF全文 ---------- (1)
真空镀银PET包装薄膜的研究
黄巍 孙靓 〈文摘〉 PDF全文 ---------- (5)
自动包装机机器人手臂系统仿真
徐伟君 邵陆寿 刘后广等 〈文摘〉 PDF全文 ---------- (8)
微波干制蔬菜工艺参数的试验研究
朱德泉 王继先 朱德文等 〈文摘〉 PDF全文 ---------- (13)

设计探讨

基于LabVIEW的缓冲材料静态压缩数据采集系统的设计
刘乘 李琼 〈文摘〉 PDF全文 ---------- (17)
自动装箱机的设计
邓加尊 覃兆典 〈文摘〉 PDF全文 ---------- (20)
纸浆模塑在运输包装中的缓冲结构优化设计
傅妍 杨延梅 〈文摘〉 PDF全文 ---------- (22)
一种低温真空滚揉机控制系统的设计与实现
张俊峰 郭艳萍 〈文摘〉 PDF全文 ---------- (26)
双铝箔自动填充热封包装机控制系统设计
韩服善 夏静 〈文摘〉 PDF全文 ---------- (29)

图 2-24 《包装与食品机械》2007 年第 1 期目录显示

真空镀银 PET 包装薄膜的研究—黄 巍，孙 靓

真空镀银 PET 包装薄膜的研究*

黄 巍，孙 靓

（中国包装科研测试中心，天津 300457）

摘要：通过真空镀膜技术将 Ag 蒸镀在 PET 薄膜上，然后用于鲜牛肉包装，以此延长鲜牛肉的货架寿命。本文讨论了经该薄膜包装储存一段时间后的鲜牛肉挥发性盐基氮（TVB–N）的变化，研究了该抗菌薄膜的抗菌效果，并用气相色谱测（GC）测定其 H_2S 释放量，运用原子吸收光谱（AAS）测定该镀 Ag 材料的 Ag 含量。结果表明：经这种方法包装后的鲜牛肉的挥发性盐基氮（TVB–N）以及 H_2S 释放量随着镀 Ag 量增加明显下降。该抗菌薄膜的杀菌率达到 99.8%。

关键词：包装材料；鲜牛肉；真空镀膜；抗菌包装膜

中图分类号：TB484.3 **文献标识码**：A **文章编号**：1005–1295(2007)01–0005–03

图 2-25 万方数字化期刊全文数据库基本浏览检索结果全文显示

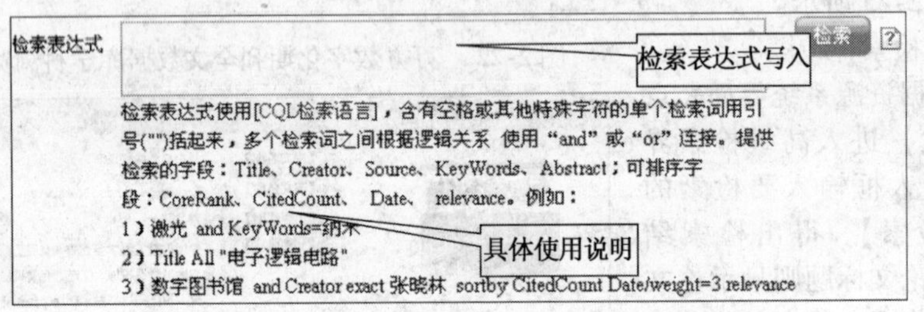

图 2-26 万方数字化期刊全文数据库专业检索界面

2.1.4 中文期刊数据库其他资源

1. 国家科技图书文献中心中文期刊库

国家科技图书文献中心（NSTL）（http://www. nstl. gov. cn/index. html）是根据国务院领导的批示于2000 年6 月12 日组建的一个虚拟的科技文献信息服务机构，成员单位包括中国科学院文献情报中心、工程技术图书馆（中国科学技术信息研究所、机械工业信息研究院、冶金工业信息标准研究院、中国化工信息中心）、中国农业科学院图书馆、中国医学科学院图书馆。网上共建单位包括中国标准化研究院和中国计量科学研究院。该中心统筹协调，较完整地收藏国内外科技文献信息资源，制定数据加工标准、规范，建立科技文献数据库，利用现代网络技术，提供多层次服务，推进科技文献信息资源的共建共享，组织科技文献信息资源的深度开发和数字化应用，开展国内外合作与交流。

输入网址 "http://www. nstl. gov. cn/index. html" 进入国家科技图书文献中心主页，选择中文期刊库进入检索界面，如图 2-27 所示。

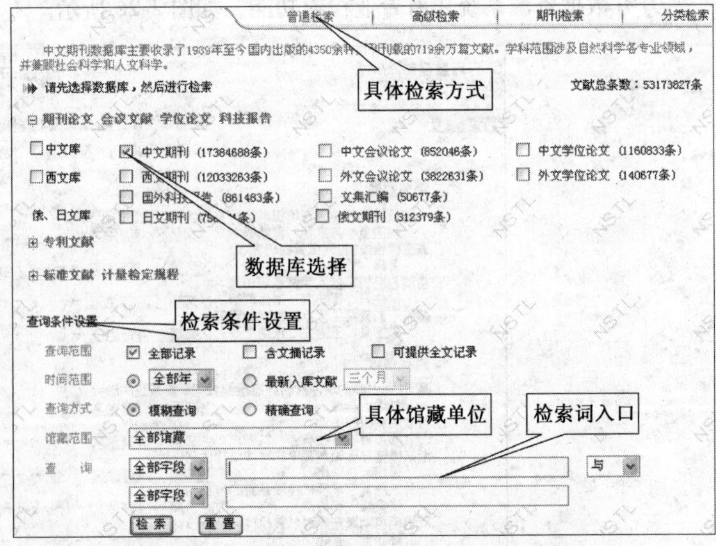

图 2-27 国家科技图书文献中心文献检索界面

2. 中国科学文献服务系统

中国科学文献服务系统（http://www.sciencechina.cn/）1985 年开始建库，收录国内出版的期刊 1 800 余种和 200 余种国外出版的期刊上发表的研究论文。经过 10 多年的发展，形成了数学、力学、化学、天文学、地学、生物、计算机等 13 个系列学科数据库，2002 年经过重整，形成了数理科学库、化学库、生命科学库、资源与环境科学库和高技术库 5 个学科数据库。数据起始年为 1985 年，基础数据量为 95 万条，年数据增量为 15 万条。数据著录专业，学科分类和深度标引比较科学，著录项目齐全完整，其中 90% 以上的数据以中、英双语种著录。“我的数据库”功能使用户可以方便地存储检索结果和进行信息过滤。有简单检索、高级检索和分类浏览，提供更多字段的检索，能满足各种检索需求；提供内部链接和开放外部链接功能，用户可以从单篇论文链接到全文或馆藏。

3. 中国科技论文在线

中国科技论文在线（http://www.paper.edu.cn/）是经教育部批准，由教育部科技发展中心主办，针对科研人员普遍反映的论文发表困难，学术交流渠道窄，不利于科研成果快速、高效地转化为现实生产力而创建的科技论文网站。根据文责自负的原则，只要作者所投论文遵守国家相关法律，为学术范围内的讨论，有一定学术水平，且符合中国科技论文在线的基本投稿要求，可在一周内发表。专业领域按自然科学国家标准学科分类与代码分为 39 类。论文仅仅代表作者个人的观点，不代表中国科技论文在线的观点。中国科技论文在线所发表论文的版权归作者本人所有。进入中国科技论文在线主页，点击右上角的【论文检索】进入检索界面。有论文快速检索和论文全文检索功能。

2.2 中国专利文献检索

2.2.1 中国专利文献概述

1. 中国专利制度

专利制度是通过立法形式，利用法律和经济的手段，保护和鼓励发明创造，推动科技发展和进步的制度。

我国于 1979 年成立专利局。1984 年 3 月 12 日正式通过《中华人民共和国专利法》，该法已于 1985 年 4 月 1 日生效。从 1993 年 1 月 1 日起，中国发明专利权的保护期为 20 年（原来为 15 年）。实用新型专利权和外观设计专利权的保护期为 10 年（原来实用新型专利为 5 年，可展延 3 年；外观设计 6 年，可展延 2 年），均自申请日起计算。

1988 年以前中国专利局只给每项发明一个申请号。1989 年以后中国专利局不但给每项专利一个申请号，还给每项专利一个公告号。例如，CN90108（申请号）、CN90108（公告号）。申请号中年份代码（90）后边的 1 和公告号的第一位数字 1 指发明专利，2 指实用新型，3 指外观设计。

2. 中国专利文献的类型

中国专利文献主要指各种专利申请文件、专利说明书、专利公报、专利分类表、专利索引和专利文摘等。我国专利有 3 种类型，即发明专利、实用新型专利和外观设计专利。因此，中国专利文献也就包括 3 种类型：发明专利文献、实用新型专利文献和外观设计专利文献。

3. 中国专利文献检索工具

（1）专利公报

专利公报是检索近期中国专利的有效检索工具。

（2）中国专利年度索引

中国专利年度索引自 1986 年由专利文献出版社出版，是按年度累积出版的题录型专利文献检索工具。该索引将当年在三种专利公报上发布的发明专利申请公开、发明专利权授予、实用新型专利权授予和外观设计专利权授予等有关内容汇集在一起，出版分类年度索引，申请人、专利权人年度索引，申请号、专利号索引三种。1986～1992 年，每年出版一次；1993～1996 年，改为每半年出版一次；从 1997 年改为每季度出版一次。

（3）中国专利分类文摘

该文摘刊物分两个分册出版，即《中国发明专利分类文摘》和《中国实用新型专利分类文摘》，均为年度累积本。其编排形式是按照 IPC 分类号顺序将全年公开的专利申请以题录加文摘形式予以报道，它是深度检索中国专利信息的重要工具。

（4）中国专利数据库（光盘版）

中国专利数据库光盘存储了从 1985 年 9 月至今的全部《中国专利公报》（发明专利、实用新型专利、外观设计专利）的文字信息。

2.2.2　国家知识产权局专利检索系统

国家知识产权局是国务院主管专利工作和统筹协调涉外知识产权事宜的直属机构。其网站所包含的内容非常丰富，报道了有关专利的新闻动态、政策法规、专利管理、专利数据统计、中国专利检索、港澳台专利检索及国外专利检索数据库的链接等。

国家知识产权局专利检索系统（http://www.sipo.gov.cn/sipo/zljs）收录了自 1985 年以来中国专利局公布的所有发明专利、实用新型专利和外观设计专利，数据权威可靠，可以免费下载专利说明书。

1. 检索方法

使用国家知识产权局专利检索系统有简单检索和高级检索两种途径，如图 2-28 所示。

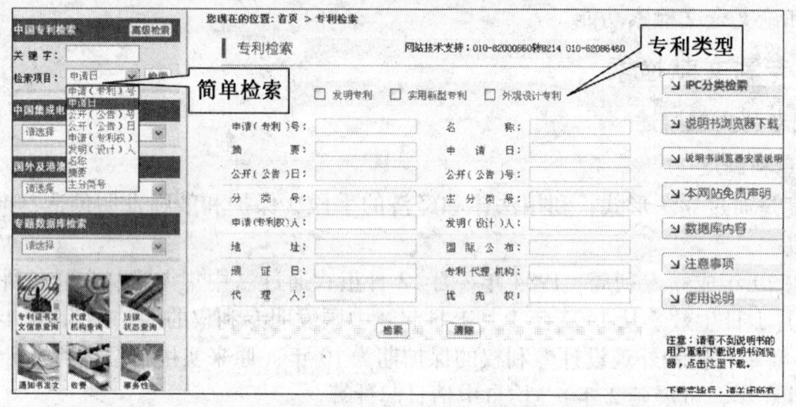

图 2-28　国家知识产权局专利检索系统检索界面

简单检索可在申请号、申请人、申请日、公开（公告）号、公开（公告）日、发明人、名称、摘要、主分类号这 9 个字段中进行检索，每次只能选择一个字段。

高级检索增加了分类号、地址、国际公布、颁证日、专利代理机构、代理人、优先权等 7 个检索字段，可在不同的字段之间进行组配检索。字段间逻辑关系默认为逻辑“与”。

逻辑组配符：“*”与，“+”或，“-”非。逻辑运算顺序“()”优先。

模糊运算符：“%”（任意位置），可代替一个或者多个字符。在申请号、公开（公告）号字段进行模糊检索时，模糊字符“%”可用于起首或中间位置，位于末尾时模糊字符可省略。检索时，用户还可以根据需要设定检索范围，默认状态下，系统将对全部专利进行检索。

2. 检索结果处理

输入检索词，点击【检索】按钮执行检索，系统显示符合检索要求的检索结果列表。

【检索示例】检索“远红外线用于涂料技术方面”的中国专利文献。

在高级检索界面输入关键词“涂料*远红外线”，如图 2-29 所示。

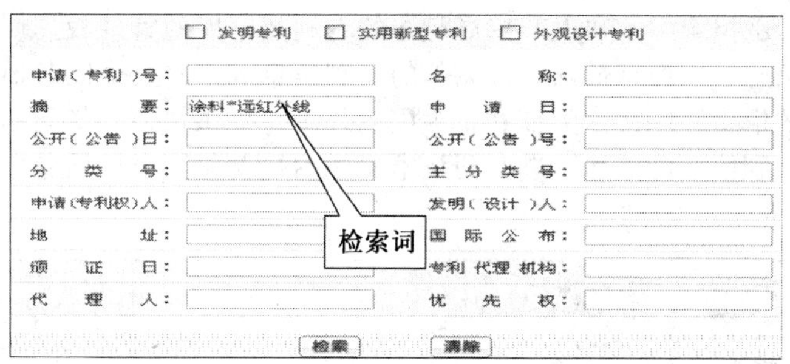

图 2-29　国家知识产权局专利检索系统高级检索界面

然后点击【检索】，检索出发明专利 25 条，实用新型专利 31 条，如图 2-30 所示。

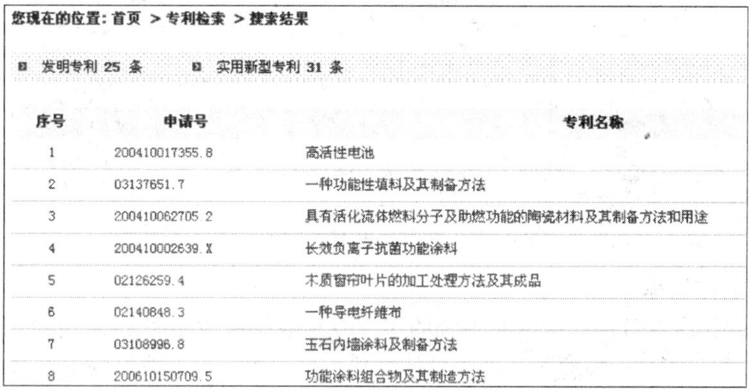

您现在的位置：首页 ＞专利检索 ＞搜索结果

发明专利 25 条　　实用新型专利 31 条

序号	申请号	专利名称
1	200410017355.8	高活性电池
2	03137651.7	一种功能性填料及其制备方法
3	200410062705.2	具有活化流体燃料分子及助燃功能的陶瓷材料及其制备方法和用途
4	200410002639.X	长效负离子抗菌功能涂料
5	02126259.4	木质窗帘叶片的加工处理方法及其成品
6	02140848.3	一种导电纤维布
7	03108996.8	玉石内墙涂料及制备方法
8	200610150709.5	功能涂料组合物及其制造方法

图 2-30　国家知识产权局专利检索系统检索结果

根据显示的专利名称标题逐条查看，双击每一题名查看摘要，确定密切相关的文献，如图 2-31 所示。

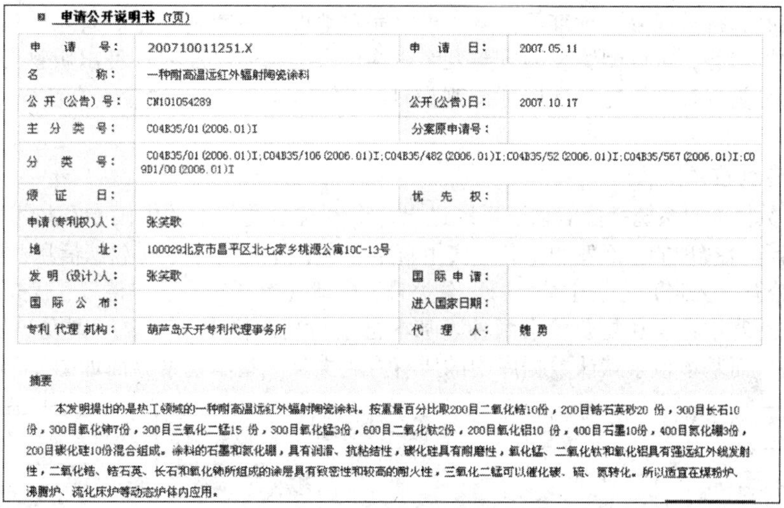

申请公开说明书（7页）

申 请 号：	200710011251.X	申 请 日：	2007.05.11
名 称：	一种耐高温远红外辐射陶瓷涂料		
公开（公告）号：	CN101054289	公开(公告)日：	2007.10.17
主 分 类 号：	C04B35/01 (2006.01)I	分案原申请号：	
分 类 号：	C04B35/01 (2006.01)I;C04B35/106 (2006.01)I;C04B35/482 (2006.01)I;C04B35/52 (2006.01)I;C04B35/567 (2006.01)I;C09D1/00 (2006.01)I		
颁 证 日：		优 先 权：	
申请(专利权)人：	张笑歌		
地 址：	100029北京市昌平区北七家乡桃源公寓10C-13号		
发 明 (设计)人：	张笑歌	国 际 申 请：	
国 际 公 布：		进入国家日期：	
专利 代理 机构：	葫芦岛天开专利代理事务所	代 理 人：	魏勇

摘要

本发明提出的是热工领域的一种耐高温远红外辐射陶瓷涂料。按重量百分比取200目二氧化锆10份，200目锆石英砂20 份，300目长石10份，300目氧化铈7份，300目三氧化二锰15 份，300目氧化锰3份，600目二氧化钛2份，200目氧化铝10 份，400目石墨10份，400目氮化硼3份，200目碳化硅10份混合组成。涂料的石墨和氮化硼，具有润滑、抗粘结性，碳化硅具有耐磨性，氧化锰、二氧化钛和氧化铝具有强远红外线发射性，二氧化锆、锆石英、长石和氧化铈所组成的涂层具有致密性和较高的耐火性，三氧化二锰可以催化碳、硫、氮转化。所以适宜在煤粉炉、沸腾炉、流化床炉等动态炉体内应用。

图 2-31　专利文献的文摘摘要

查看原文，需要点击左上边的专利说明书，进一步查看全文。专利全文为 Tiff 图形格式，可安装使用本站提供的 AlternaTIFF 专用浏览器，浏览、保存或下载说明书。

2.2.3　中国专利信息中心

中国专利信息中心（http://www.cnpat.com.cn/）是国家知识产权局直属的国家级大型综

合性信息服务机构，承担着国家知识产权局赋予的专利数据库的管理权、使用权和综合服务的经营权。中国专利信息中心拥有最新、最完整的专利信息源，遍及全国各地的专利信息收集网和服务网，以先进的信息处理技术为依托，为国内外用户提供快捷、优质的专利信息服务。该中心同时具有加速专利信息传播和促进专利技术实施的社会化综合性服务职能。中国专利信息中心主页如图 2-32 所示。

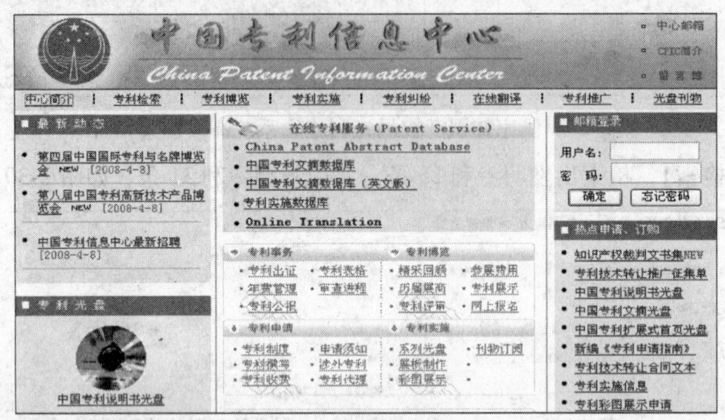

图 2-32　中国专利信息中心主页

2.2.4　中国专利数据库

基于中国知网（CNKI）数据资源系统的中国专利数据库收录了 1985 年 9 月以来的所有专利，包含发明专利、实用新型专利、外观设计专利 3 个子库，准确地反映中国最新的专利发明。专利的内容来源于国家知识产权局知识产权出版社，相关的文献、成果等信息来源于 CNKI 各大数据库。可以通过申请号、申请日、公开号、公开日、专利名称、摘要、分类号、申请人、发明人、地址、专利代理机构、代理人、优先权等检索项进行检索，并下载专利说明书全文。

与通常的专利库相比，CNKI 资源系统的中国专利数据库每条专利的知网节集成了与该专利相关的最新文献、科技成果、标准等信息，可以完整地展现该专利产生的背景、最新发展动态、相关领域的发展趋势，可以浏览发明人与发明机构更多的论述以及在各种出版物上发表的信息，根据国际专利分类（IPC 分类）和国际外观设计分类法分类。其具体检索方法同中国期刊全文数据库。

2.2.5　中国专利技术数据库

通过万方数据资源系统科技信息子系统进入“专利技术类”下的中国专利技术数据库，该库收录从 1985 年至今授理的全部发明专利、实用新型专利、外观设计专利数据信息，包含专利公开（公告）日、公开（公告）号、主分类号、分类号、申请（专利）号、申请日、优先权等数据项。

检索方式有基本检索和复杂检索两种。基本检索与复杂检索的主要区别在于复杂检索可以选择专利类型，而基本检索默认数据库中的所有专利文献。基本检索界面如图 2-33 所示。

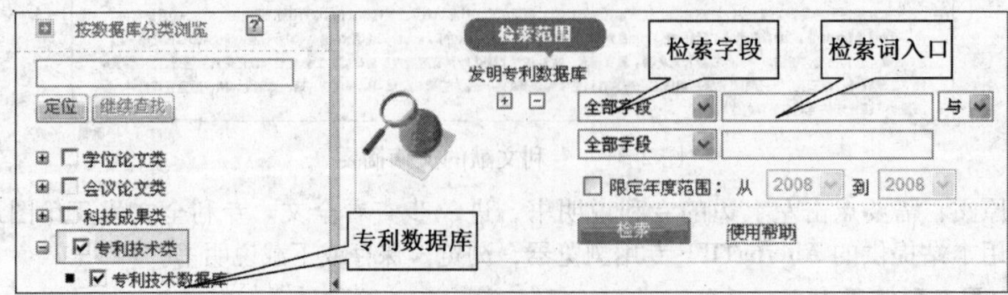

图 2-33　中国专利技术数据库基本检索界面

复杂检索在检索区最上方有“专利类型中”检索条目，条目包括专利文献的全部、发明专利、实用新型专利和外观设计专利，供用户选择使用。

2.2.6 中国专利文献其他相关资源

1. 中国专利信息网

中国专利信息网（http://www.patent.com.cn/）由中国专利局检索咨询中心与长通飞华信息技术有限公司共同开发创建于1997年10月，是国内最早的专利信息网站。该网站提供简单检索、逻辑组配检索和菜单检索3种检索方式，用户可根据自己的需要进行选择，免费注册会员只能检索中国专利文摘数据库，免费浏览专利说明书首页，付费可索取专利说明书全文。

（1）简单检索

简单检索仅提供一个检索入口，即关键词入口，但允许同一对话框中输入用空格连接的多个关键词，关键词之间“且”和“或”的逻辑关系任选，如图2-34所示。

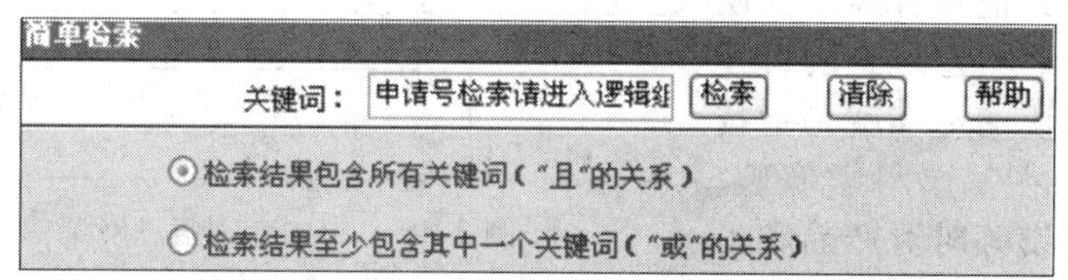

图2-34　中国专利信息网简单检索界面

（2）逻辑组配检索

逻辑组配检索提供两个检索式和一个检索时间对话框，每个检索式可以输入多个检索关键词，关键词的逻辑组配关系有“与”、“或”、“非”3种，还可以通过括号限定多个检索词之间关系的优先级。时间范围的确定可以精确到具体日期，因此可以更准确地检索出用户所需的专利，如图2-35所示。

逻辑组配检索　全部专利　发明专利　实用新型　外观设计
检索式1：
关键词1：　检索字段1：申请号
运算关系：AND
检索式2：
关键词2：　检索字段2：申请号
时间范围：
申请日期：1985 年 01 月 01 日 至 2007 年 10 月 10 日
检索　清除　帮助

图2-35　中国专利信息网逻辑组配检索界面

（3）菜单检索

菜单检索则进一步提供了申请号、公告号、公开号、IPC分类号、公开日、公告日、授权日、发明名称、申请人、发明人等16个检索入口，各检索入口之间的关系设计为“与”，在同一检索入口中也允许输入由逻辑符号组配或者分割符连接的多个关键词，如图2-36所示。

2. 中国知识产权网

中国知识产权网（http://www.cnipr.com/）是由中国知识产权出版社建立的网站，创建于1999年6月。中国知识产权网提供两种检索途径：一种是免费的基本检索，另一种是针对收费会员的高级检索。检索方式有表单检索、逻辑检索和IPC分类号检索。基本检索提供了申请号/专利号、申请人/专利人、公开日/公告日、公开号/公告号、IPC分类号、摘要、申请人/专利权人地址和专利名称等8个检索入口。高级检索则提供了包括基本的8个检索入口在内的18个检索入口，检索结果更丰富，并可下载专利说明书和外观设计专利。

3. 国家科技图书文献中心中国专利库

国家科技图书文献中心（http://www. nstl. gov. cn/index. html）中国专利库主要收录中国国家知识产权局从1985年以来的所有公开（告）的发明专利、实用新型专利和外观设计专利，每年增加专利23万多件。此数据库主要提供单位为北京恒和顿创新科技有限公司，每月更新。

菜单检索		
申 请 号：		(8位数或12位）例：98100001或200310120170
公 告 号：		(7位数）例：1109760
公 开 号：		(7位数）例：1197116
国际分类号：		例：A61K 35/78
公 开 日：		(8位数）例：1998年10月28日，输入为19981028
公 告 日：		(8位数）例：1998年10月28日，输入为19981028
授 权 日：		(8位数）例：2004年06月16日，输入为20040616
国家省市：		
发明名称：		
申 请 人：		
发 明 人：		
联 系 地 址：		

图2-36　中国专利信息网菜单检索界面

2.3　中国标准文献检索

2.3.1　标准文献概述

标准文献是指由技术标准、工作标准、管理标准及其他具有标准性质的文件所组成的一种特定形式的科技文献体系。通常所说的标准就是指技术标准，即是人们在从事科学实验、工程设计、生产建设等时对产品和工程建设质量、规格、检验方法等方面所做的统一规定，供人们共同遵守和使用。它是生产技术活动中经常利用的一种规范性技术文献。

我国标准化工作始于1956年，1978年5月国家标准总局成立，1979年7月颁布《中华人民共和国标准管理条例》。1988年12月我国颁布了《中华人民共和国标准化法》，从1989年4月1日起实施。该法把标准分为4级：国家标准、行业标准、地方标准和企业标准。目前，我国已成立了200多个专业标准化技术委员会、327个分标准化技术委员会，国家标准已达2万余种，专业（部）标准3万件，企业（地方）标准15万件。

（1）国家标准

用两个汉语拼音大写字母表示，编号由“标准代号 + 顺序号 + 批准年代”组成。其编号有3种：GBXXXX—XX为强制性标准；GB/TXXXX—XX为推荐性标准；GB/ * XXXX—XX为降为行业标准并尚未转化的原国家标准。

（2）行业标准

强制性行业标准由“行业主管部门名称的汉语拼音首字母 + 顺序号 + 批准年代”组成，如轻工行业标准用QBXXXX—XX表示。推荐性行业标准由“行业主管部门名称的汉语拼音首字母再加上‘T’ + 顺序号 + 批准年代”表示。如QB/TXXXX—XX。

（3）地方标准

强制性地方标准的编号由“DB（地方标准代号） + 省市代码 + 顺序号 + 标准颁布年代”组成，如DB42XXXX—XX为湖北地方标准。推荐性地方标准由“DB（地方标准代号） + 省市代码再加‘T’ + 顺序号 + 标准颁布年代”表示，如DB42/TXXXX—XX。

（4）企业标准

企业标准编号由“代号‘Q’前冠以省、市、自治区的简称汉字 + 企业名称代码 + 标准年代的年份”组成。

2.3.2　中外标准全文数据库

万方数据资源系统中的中外标准数据库，收录了国内外的大量标准，包括中国国家发布的全部标准、某些行业的行业标准以及电气和电子工程师技术标准；收录了国际标准数据库、美英德等的国家标准，以及国际电工标准；还收录了某些国家的行业标准，如美国保险商实验所数据库、美国专业协会标准数据库、美国材料实验协会数据库、日本工业标准数据库等。

中国标准全文数据库具有简单检索和复杂检索两种途径。简单检索就是进入数据库后系统默认状态下的检索模式，检索字段包含有标准编号、标准名称、发布单位、起草单位、发布日期、实施日期、中国标准分类号和国际标准分类号以及关键词等。

复杂检索就是在继续点击中外标准数据库后，出现新的检索界面，在检索词条中可以选择具体的标准类型。

2.3.3　中国标准数据库

中国知网（CNKI）中的中国标准数据库收录了所有的国家标准（GB）、国家建设标准（GBJ）、中国行业标准的题录信息，共计标准约 8 万条，标准的内容来源于中国标准化研究院标准馆，相关的文献、成果等信息来源于 CNKI 各大数据库。可以通过标准号、中文标题、英文标题、中文关键词、英文关键词、发布单位、摘要、被代替标准、采用关系等检索项进行检索。

中国标准数据库每条标准的知网节集成了与该标准相关的最新文献、科技成果、专利等信息，可以完整地展现该标准产生的背景、最新发展动态、相关领域的发展趋势，可以浏览发布单位更多的论述以及在各种出版物上发表的信息。

采用国际标准分类法（ICS 分类）和中国标准分类法（CCS 分类）。用户可以根据各级分类导航浏览。首先登录中国知网（CNKI）数据资源系统，在资源介绍模块下点击进入中国标准数据库，具体检索方式与中国知网（CNKI）其他数据库检索相同。

2.3.4　中国标准文献其他相关资源

1. 中国标准网

中国标准网（http://www.zgbzw.com/）是由北京北标科技发展有限公司和北京浩瀚角雅典书屋创办的检索中国标准信息的专业网站，网站设有在线查询、标准新书目、标准制式等栏目。可以进行国家及行业标准查询，提供的检索字段有标准编号、中文名称、英文名称、采标程度和分类号。同时可以进行国际及行业标准分类查询，该栏目提供起始分类号和结束分类号两个字段查询。还可以进行图书查询，检索字段有图书名称、出版社。可以查询部分国际标准，如 ISO、IEC、UL3 种标准。

2. 中国标准服务网

中国标准服务网（www.cssn.net.cn）是国家级标准信息服务门户，是世界标准服务网（www.wssn.net.cn）的中国站点。中国标准化研究院标准馆收藏有 60 多个国家、70 多个国际和区域性标准化组织、450 多个专业学（协）会的标准以及全部中国国家标准和行业标准共计约 60 多万件。可检索中国国家标准、国际标准、发达国家的标准数据库等 15 种。注册方可使用，全文付费。具有模糊检索和高级检索功能。

3. 中国标准咨询网

中国标准咨询网（http://www.chinastandard.com.cn/index.asp）是宣传、采集、发布有关标准信息的专业性网站。提供各种标准的查询，目前已经完成了自建国初期到目前为止国家出版发行的各类国家标准（含废止与修订）2.8 万余个、行业标准 9 万余个及国外颁布发行的 10 万余个标准的采集、分类、整编工作，并采用 Web 技术制成系统、全面的标准数据库资源。网站主页如图 2-37 所示。

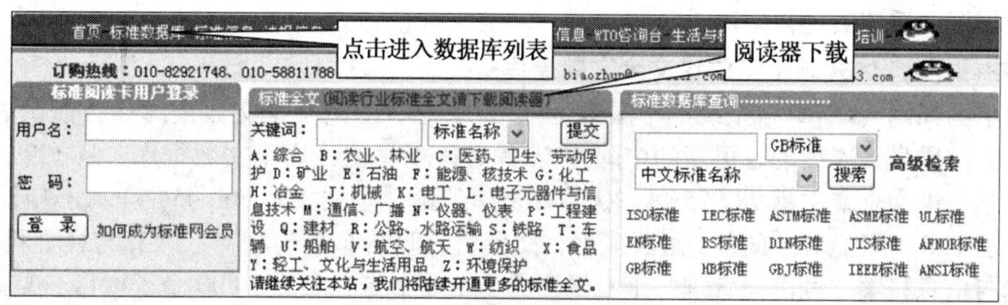

图 2-37　中国标准咨询网主页

该网站资源系统具有一般检索和高级检索功能。

4. 标准网

标准网（http://www. standardcn. com/）是由国家发展和改革委员会工业司主管，机械科学研究院中机联咨询中心维护的我国工业行业的标准化门户网站。实现行业标准管理与服务科学化、规范化、网络化，提高工作效率和工作质量，增加标准化工作的透明度，为社会各界能够广泛参与行业标准的制定和标准化活动搭建平台，并为行业提供及时准确的标准信息和咨询服务。国家发展和改革委员会负责管理的轻工、纺织、黑色冶金、有色金属、石油、石化、化工、建材、机械、汽车、锅炉压力容器、电力、煤炭、包装、制药装备、黄金、商业、物流和稀土等19个行业的行业标准管理与服务信息。

5. 中国国家标准咨询服务网

中国国家标准咨询服务网（http://www. chinagb. org/）是经国家权威部门批准，依法注册的国际互联网上最大的标准咨询服务门户网站，提供国家标准、行业标准、地方标准、国际标准等各类标准的咨询服务。与中国标准出版社合作，实现了32 800个国家标准、120 000个行业标准、500 000个地方标准的全部数字化并建立与其相配的网上出版和发行体制。

6. 国家科技图书文献中心标准文献检索系统

国家科技图书文献中心（http://www. nstl. gov. cn/index. html）标准文献检索系统，通过该数据库可以查找到国内外的标准文献。中国的标准来源于中国国家标准数据库（标准代码为GB），其内容涉及科学研究、社会管理以及工农业生产的各个领域。具体检索方式与国家科技图书文献中心中文期刊库检索方式相同。

2.4 中国学位论文检索

2.4.1 中国学位论文概述

中国学位论文是中国高等院校和科研院所的本科生、研究生为获得学位资格（博士、硕士和学士）而撰写的学术性研究论文。学位论文包括学士论文、硕士论文和博士论文，通常人们所谓的学位论文仅限于博士和硕士学位论文。学位论文一般分为两大类型，即理论研究型和调研综述型。学位论文具有学术性、科学性、创造性、专业性和规范性。学位论文一般不公开出版，一般以打印本的形式存储在规定的收藏地点，中国硕士以上学位论文可在国家图书馆查到原文，也可向颁发学位的院校研究生部或图书馆索取。

2.4.2 中国学位论文文摘/全文数据库

基于万方数据资源系统的中国学位论文文摘/全文数据库始建于1985年，收录了我国自然科学和社会科学各领域的硕士、博士及博士后研究生论文的文摘信息，内容包括：论文题名、作者、专业、授予学位、导师姓名、授予学位单位、馆藏号、分类号、论文页数、出版时间、主题词、文摘等字段信息。从侧面展示了中国研究生教育的庞大阵容以及中国科学研究的整体水平和巨大的发展潜力。目前，文摘已达110多万篇，最近3年每年增加论文全文10多万篇，年增加全文3万余篇，它是中国目前收录学位论文信息最多、最全的数据库。具体检索方法参见万方数据资源系统其他数据库。

2.4.3 中国博士/优秀硕士学位论文全文数据库

基于中国知网（CNKI）系统的中国博士/优秀硕士学位论文全文数据库是目前国内相关资源最完备、高质量、连续动态更新的中国博士/优秀硕士学位论文全文数据库，从1999年至今，累积博士学位论文全文文献78 995篇，优秀硕士学位论文全文文献560 456篇。分为十大专辑：理工A、理工B、理工C、农业、医药卫生、文史哲、政治军事与法律、教育与社会科学综合、电子技术与信息科学、经济与管理。十专辑下分为168个专题和近3 600个子栏目。文献来自全国652家硕士培养单位的优秀硕士学位论文和全国420家博士培养单位的博士学位论文。

其检索方式同中文期刊全文数据库。检索项中有主题、题名、关键词、摘要、作者、作者单位、导师、第一导师、导师单位、网络出版投稿人、论文级别、学科专业名称、学位授予单位、学位授予单位代码、目录、参考文献、全文、中图分类号、学位年度、论文提交日期、网络出版投稿日期等，供检索时组配使用。

2.4.4　CALIS 高校学位论文库

CALIS 高校学位论文库（http://www.gjj.cc/url/4974.htm）是由 CALIS 全国工程文献中心（清华大学图书馆）牵头组织负责，各高校合作建设，采用同一规范、分散加工、几种建库的运作模式。目前已有 97 所学校申请加入学位论文库建库工作，上网数据已达 97 000 余条。内容涵盖自然科学、社会科学、医学等各个学科领域。该库提供简单检索和高级检索两种检索方式，用户可以分别从题名、论文作者、导师、作者专业、作者单位、摘要、分类号、主题和全字段等不同角度进行检索，是用户获取我国高等学校学位论文重要的文献数据库之一。2000 年 4 月开始逐步向高校用户提供学位论文查询、文献索引浏览、最新文献报道、全文传递等配套服务。

目前有大约 25 万条学位论文文摘索引，已有约 80 家大学签订建设的协议，有 70 多家建立了本地学位论文提交和发布系统。有简单检索和高级检索方式。

2.4.5　中国学位论文其他相关资源

1. 中国国家图书馆学位论文中心

国家图书馆学位论文收藏中心是国务院学位委员会指定的全国惟一负责全面收藏和整理我国学位论文的专门机构，也是人事部专家司确定的惟一负责全面收藏博士后研究报告的专门机构。国家图书馆是国家规定的博士论文缴送本接收馆，是国内博士论文最大藏家。自 1981 年以来，国家图书馆收藏博士论文近 12 万种，此外，还收藏部分院校的硕士学位论文、台湾博士学位论文和部分海外华人华侨学位论文。为了便于永久保存，国家图书馆着手开始学位论文全文影像数据建设。博士论文全文影像资源库以书目数据、篇名数据、数字对象为内容，提供简单检索、高级检索、二次检索、关联检索和条件限定检索。现提供 6 万余种博士论文全文前 24 页的展示浏览。检索方式有一般检索和高级检索。

2. 国家科技图书文献中心中文学位论文库

国家科技图书文献中心（http://www.nstl.gov.cn/index.html）中文学位论文数据库主要收录了 1984 年至今我国高等院校、研究生院及研究院所发布的硕士、博士和博士后的论文。学科范围涉及自然科学各专业领域，并兼顾社会科学和人文科学，每年增加论文 6 万余篇。每季更新。检索字段包括：论文题名、关键字、作者、分类号、完成年、导师姓名、授予学位、学位授予单位、研究专业和研究方向。在检索的时候可以按照具体情况灵活设置，可进行两个检索条件的复合检索，并且自由选择逻辑运算关系。

3. 中国科学院学位论文检索系统

中国科学院学位论文检索系统（http://dpaper.csdl.ac.cn/xwlw/index.jsp）报道和揭示中国科学院培养毕业的硕士、博士论文和博士后报告的内容，著录内容有题名、论文作者、学位信息、中英文关键词、作者、中英文文摘、导师信息等，收录年代从 1980 年到 2001 年有数据 2 万多条。

4. 香港大学学位论文库

香港大学学位论文库（http://sunzi1.lib.hku.hk/hkuto/index.jsp）收录了香港大学 1941 年以来的博士和硕士论文，涉及人文、教育、社会、医学和自然科学等多学科，部分可以查到原文。

5. 台湾地区部分高校学位论文查询

台湾地区部分高校学位论文（http://ethesys.lib.nsysu.edu.tw/link.shtml）可通过 eThesys（Electronic Theses Harvestable and Extensible System）分散式学位论文共建共享受计划来查询我国台湾地区部分高校学位论文。这个计划包括台湾博硕士论文摘要检索系统和 CETD 中文学位论文服务系统。Ethesys 从 2000 年开始收录硕士论文，此系统免费提供给台湾地区高校使用。这是一个复合系统，包括论文交纳、审核、查询等功能，而且不同学校可以根据自己需求而修改系统。具有一般检索和进阶检索功能。

2.5 中文其他特种文献检索

2.5.1 中文科技报告

1. 中文科技报告概述

中文科技报告是中国科研成果的总结，是科研进展情况的实际记录，也是科研人员交流科技成果的重要手段。由于其往往涉及军事和科学技术的最新研究课题，为了国家安全和保护技术专有，其流通范围总是受到严格限制，多数报告属于保密和控制发行。据估计，全世界每年出版的科技报告高达73 万件以上，而公开发表的就有26 万件左右，约占世界文献总量的20%以上。科技报告的种类很多，单是中国科学院图书馆收藏的就有200 种左右。

(1) 科技报告的特点

在形式上，每份报告自成一册，有机构名称和统一编号，是独立的专题文献。在时间上，出版发行比较迅速，而且出版不定期，一般无固定出版时间，报告的页数多少不等。在报道的内容上，有较严格的著述形式，题目专深而具体，大多涉及尖端学科的最新研究课题，论述的内容较广，几乎涉及所有新兴的学科。报告内容包括研究的过程、数据、图表，甚至记载实验失败的典型事例分析。

报告发行的方式，除一部分技术报告可直接订购外，多数不公开发行。有的可通过交换得到，有的可直接获取，有的则无法得到。

(2) 科技报告的类型

科技报告的种类很多，可以按照不同的要求进行分门别类，以资区分选用。

1) 按研究阶段划分有初期报告（primary report)、进展报告（progress report)、中间报告（interim report）和总结报告或最终报告（summary report or final report)。

2) 按出版类型划分有技术报告（technical report)、技术札记（technical notes)、技术论文（technical papers)、技术备忘录（technical memorandum)、技术译文（technical translations）和技术通报（technical bulletin)。

2. 中文科技报告检索

中国的科技研究成果由国家科委成果管理局统一编辑报道，并于1981 年开始出版《科学技术研究成果公报》，以简介的形式报道国家科委登记的科研成果，这套报告分内部、秘密和绝密3 种，内部控制发行和使用。检索国内科技报告最有效的手段和途径是中国科技成果数据库。

(1) 中国科技成果/重大科技成果数据库

这是由中国科技信息所万方数据有限公司研建，万方数据资源系统科技信息子系统中的科技成果类数据库。中国科技成果数据库是国家科技部指定的新技术、新成果查新数据库。其收录范围包括新技术、新产品、新工艺、新材料、新设计，涉及自然科学各个学科领域。该库已成为我国最具权威的技术成果宝库。中国重大科技成果数据库主要介绍国家级重大科技成果和省部级重大科技成果。这些科技成果信息反映了我国的科技水平。所有成果均经过鉴定，由各省、自治区、直辖市和计划城市科委，国务院各有关部、委、局，总公司的科技司（局)，中国科学院审查推荐的具有国际领先水平、国内领先水平、省部先进水平和经济效益及社会效益显著重大科技成果。

(2) 国家科技成果数据库（知网版)

国家科技成果数据库收录了1978 年以来所有正式登记的中国科技成果，按行业、成果级别、学科领域分类。每条成果信息包含成果概括、立项情况、评价情况、知识产权状况及成果应用情况、成果完成单位情况、成果完成人情况、单位信息等成果基本信息。成果的内容来源于中国化工信息中心，相关的文献、专利、标准等信息来源于CNKI 各大数据库。可以通过成果名称、成果完成人、成果完成单位、关键词、课题来源等检索项进行检索。

与通常的科技成果数据库相比，CNKI－国家科技成果数据库每条成果的知网节集成了与该成果相关的最新文献、专利、标准等信息，可以完整地展现该成果产生的背景、最新发展动态、相关领域的发展趋势，可以浏览成果完成人与完成单位更多的论述以及在各种出版物上发表的信息。

（3）全国科技成果交易信息数据库（NDSTRTI）

该库由北京市情报所提供，收录了1985年以来自然科学领域内各地各行业的新技术、新工艺、新产品等国内可转让的适用新技术成果。含机电仪表、化工医药、轻工食品、农林牧渔等新产品，数据来自各省、直辖市、自治区、计划单列市情报所，是万方数据资源系统科技信息子系统中科技成果类数据库下的子系统。

2.5.2 中国政府出版物

1. 中国政府出版物概述

中国政府出版物是中国政府及其所属机构颁布的文件，包括图书、期刊、小册子、影片、磁带及其他声像资料等。如政府公报、会议文件和记录、法令汇编、条约集、公告、调查报告等。

2. 中国政府出版物的网上检索

目前很多大型的数据库中都包含了相当数量的政府出版物，政府的相关出版物一般在政府机构的主页上都可以找到相关的链接，因而通过相关的政府机构即可找到与之相应的一些政府出版物。例如要查找中华人民共和国教育部相关的教育法规这一政府出版物，只要登录教育部网站，与教育相关的政府出版物即可一目了然。

通过政府网站查询政府出版物的关键在于了解相关政府机构的网址。目前，我国政府正大力推进电子政务，很多政府机构都有自己的网站，具体参见政府网站导航。

2.5.3 中国会议文献

1. 中国会议文献概述

中国会议文献是指在各种学术会议上宣读的论文、产生的记录及发言、论述、总结等形式的文献。包含有大量的许多学科中的新发现、新进展、新成就、新设想及新的研究方向，这些新的信息均以会议论文的形式向公众作首次发布。

这种文献具有专业性强、内容新颖、学术水平高、信息量大、内容丰富、可靠性高、出版及发行方式灵活、速度快等特点。会议文献在目前的十大科技信息源中的重要性和利用率仅次于科技期刊。

（1）按照出版时间的先后划分会议文献

按照出版时间的先后，会议文献可分为会前、会间、会后3种类型。

会前文献（Preconference Literature），一般指在会议进行之前预先印发给与会代表的论文、论文摘要或论文目录。

会间文献（Literature Generated during the Conference），有些论文预印本和论文摘要在开会期间发给与会者，这样就使得会前文献成了会间文献。此外，还有会议的开幕词、讲演词、闭幕词、讨论记录、会议决议、行政事务和情况报道性文献，均属会间文献。

会后文献（Post Conference Literature），会后文献主要是指会议结束后正式出版的会议论文集，它是会议文献中的主要组成部分。会后文献经过了会议的讨论和作者的修改、补充，其内容比会前文献更准确、更成熟。会后文献的名称形形色色，常见的有：会议录（Proceeding）、会议论文集（Symposium）、学术讨论论文集（Colloquium Papers）、会议论文汇编（Transactions）、会议记录（Records）、会议报告集（Reports）、会议文集（Papers）、会议出版物（Publications）、会议辑要（Digest）。

（2）按出版形式划分会议文献

会议文献的出版形式很多，通常有图书、期刊、科技报告、试听资料。

(3)《中国学术会议文献通报》

《中国学术会议文献通报》是由中国科技信息研究所编辑出版，1982 年创刊，月刊，是目前全面报道我国各类专业学术会议文献的惟一检索类刊物。该刊以文摘、简介、题录形式报道国内学术会议论文，内容涉及社会科学和自然科学技术等各个领域，资料来自全国重点学会承办的各种专业会议。每期报道文献约 2 000 条，其中以文摘居多。为了征集论文，促进交流，它也预报一些即将召开的学术会议。

2. 中国会议文献检索

(1) 中国学术会议论文数据库

万方数据资源系统（http://www.wanfangdata.com.cn）中的中国学术会议论文数据库包括中国学术会议论文全文数据库、中国学术会议论文文摘数据库、中国医学学术会议论文文摘数据库等。该库由中国科技技术信息研究所提供，万方公司出品，收录国家级学会、协会、研究会组织召开的全国性学术会议论文，每年涉及 600 余个重要的学术会议，每年增补论文15 000 余篇，数据范围覆盖自然科学、工程技术、农林、医学等领域。数据库提供会议论文题目、作者、主题词、摘要、会议名称、主办单位、召开时间、会议地点、文摘等信息。除了全文库外，文摘库都可以通过万方数据资源系统的网站免费检索。

万方数据资源系统（镜像版）中国学术会议论文全文数据库检索界面如图 2-38 所示。

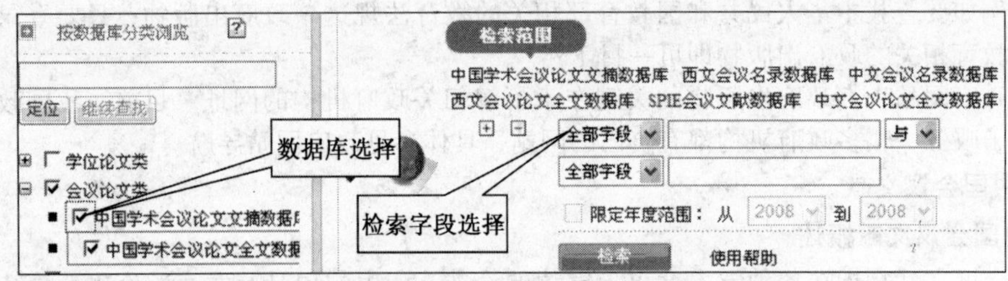

图 2-38 中国学术会议论文全文数据库检索界面

【检索示例】检索载人航天方面的会议论文。

1) 在检索入口区输入关键词“载人航天”，然后点击【检索】显示，如图 2-39 所示。

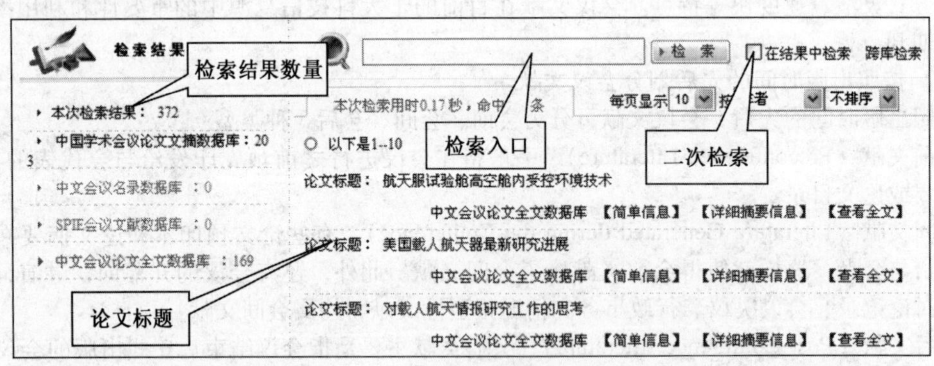

图 2-39 中国学术会议论文全文数据库检索“载人航天”方面的会议论文

2) 显示检索结果。每个论文后都有【简单信息】、【详细摘要信息】和【查看原文】按钮，都可以点击。点击【详细摘要信息】后显示摘要内容，如图 2-40 所示。点击【查看原文】后显示完整论文，如图 2-41 所示。

(2) 中国重要会议论文全文数据库

中国重要会议论文全文数据库是中国知网（CNKI，http://www.edu.cnki.net）的会议论文数据库，收录我国 2000 年以来国家二级以上学会、协会、高等院校、科研院所、学术机构等单位的论文集，年更新约 200 000 篇文章。至 2006 年 3 月 31 日，累积会议论文全文文献 43 万多篇，部分论文回溯至 1999 年。产品分为 10 大专辑，专辑下分为 168 个专题文献数据库。其检索方式方法见中国期刊全文数据库。

航空航天仪表展望

作者：	黄俊钦,航空航天大学自动控制系
会议名称：	第二届海峡两岸航空航天技术暨流固耦合学术研讨会 HotLink
会议时间：	19980703
会议地点：	北京
主办单位：	北京航空航天大学
母体文献：	第二届海峡两岸航空航天技术暨流固耦合学术研讨会论文集
出版单位：	北京航空航天大学
出版地：	北京
出版时间：	19980703
页码：	366~371
分类号：	V241-13 HotLink V441-13 HotLink
关键词：	航空仪表 HotLink 载人航天器仪表 HotLink 智能航空航天仪表 HotLink 微传感器 HotLink 微系统 HotLink
摘要：	该文选对航空航天仪表９０年代现状睫一个简要的论述，说明波音７７７型客机的仪表和现代航天飞机仪表的主要特点，并以现代航空航天仪表系统、图形化及其航空航天仪表中的应用和虚拟仪表三个主要问题做了简单的论述。其次以微型传感器与微系统为主要内容，展望航空航天仪表的发展。以作者提出的智能航空航天仪表的设计思想来结束该文，它解决了长期困扰航空航天仪表总体设计的重要问题。
馆藏号：	H043778 HotLink
数据库名：	中国学术会议论文文摘数据库

图 2-40　中国学术会议论文全文数据库检索结果摘要显示

第 18 届国际污染控制学术论坛　　航天服试验舱高空舱内受控环境技术

航天服试验舱高空舱内受控环境技术

航天服试验舱总设计师　华中令

（中国电子工程设计院，北京 100840）

摘　要　航天服试验舱是载人航天工程中的一台构成复杂、载人、多参数综合的环境模拟设备。文章对其用途作了概略性介绍、对航天服试验舱高空舱内的环境技术要求及如何全面达到这些要求的关键技术进行了分析与介绍。

主题词　航天服试验舱　环境技术

1992 年 9 月，中国载人航天工程正式启动。2003 年 10 月 15 日 9 时整，中国自主研制的“神州”5 号载人飞船成功升空，16 日 6 时 23 分返回舱载着航天员杨利伟顺利返回。

图 2-41　中国学术会议论文全文数据库检索结果原文

3. 中国会议文献其他相关资源

（1）国家科技图书文献中心中国会议论文数据库

国家科技图书文献中心（NSTL，http://www.nstl.gov.cn/index.html）的中国会议论文数据库收录了 1985 年以来我国国家级学会、协会、研究会以及各省、部委等组织召开的全国性学术会议论文。数据库的收藏重点为自然科学各专业领域，每年涉及 600 余个重要的学术会议，年增加论文 4 万余篇，每季或月更新。外文会议论文数据库主要收录了 1985 年以来世界各主要学会协会、出版机构出版的学术会议论文，部分文献有少量回溯。学科范围涉及工程技术和自然科学各专业领域。每年增加论文约 20 余万篇，每周更新。其检索方式和方法与检索国家科技图书文献中心中文期刊库相同。

在主页面中选择中文会议论文数据库，在查询框中输入检索词，通过下拉菜单选择好所需检索的字段及词与词之间的关系，点击【检索】即可得到检索结果——题名列表，再点击所需查看的题名即可阅览文摘页。

（2）中国学术会议在线

中国学术会议在线（http://www.meeting.edu.cn/）是经教育部批准，由教育部科技发展中心主办，面向广大科技人员的科学研究与学术交流信息服务平台。中国学术会议在线本着优化科研创新环境、优化创新人才培养环境的宗旨，针对当前我国学术会议资源分散、信息封闭、交流面窄的现状，通过实现学术会议资源的网络共享，为高校广大师生创造良好的学术交流环境，以利于开阔视野，拓宽学术交流渠道，促进跨学科融合，为国家培养创新型、高层次专业学术人才，创建世界一流大学做出积极贡献。

中国学术会议在线利用现代信息技术手段，将分阶段实施学术会议网上预报及在线服务、学术会议交互式直播、多路广播和会议资料点播三大功能。为用户提供学术会议信息预报、会议分类搜索、会议在线报名、会议论文征集、会议资料发布、会议视频点播、会议同步直播等服务。

中国学术会议在线还将组织高校定期开办“名家大师学术系列讲座”，并利用网络及视频等条件，组织高校师生与知名学者进行在线交流。

中国学术会议在线按各学科分类检索，并具有高级检索功能。

4. 会议论文全文的获取

（1）通过某些全文数据库获取

有些会议论文数据库直接提供了会议论文全文。如万方数据资源系统的中国学术会议论文全文数据库是国内为数很少的学术会议文献全文数据库之一。

（2）通过某些文献提供单位的文献传递服务获取

图书馆、情报所等单位收藏了大量的文献，会议文献也是它们重要的馆藏资源。它们收藏的会议文献大部分是正式出版的文献，也有少量的会前文献等非正式出版物。

例如：国家科技图书文献中心（http://www.nstl.gov.cn）提供馆藏文献的原文传递服务。任何人可在主页上申请成为其注册用户，并可随时向系统提出获取全文请求。

（3）通过其他方式获取

获得会议文献全文还可以借助于其他方式，如订购印刷型的全文会议文献。有些提供会议文献相关服务的网站上也提供了会议论文的全文。有的虽然没有在网上提供原文，但从网上能够获得会议主办单位和联系人，甚至论文作者的信息，通过联系也可以获取全文。

习题

1. 列举检索中国学位论文的主要途径。
2. 列举检索中国专利文献的主要途径。
3. 列举检索中国标准文献的主要途径。
4. 利用中国期刊全文数据库查找有关食品安全与卫生方面的文献。
5. 利用中文科技期刊全文数据库检索食品安全与卫生方面的文献。
6. 利用万方数字化期刊全文数据库检索关于包装，作者为韩永生的有关方面的文献。
7. 利用中国专利检索数据库查找关于“因特网无绳电话”的发明专利。
8. 利用中国标准全文数据库查找食用盐的标准。
9. 利用中国标准咨询网查找标准号为 GB/T 13909－1992 的标准。
10. 利用中国优秀硕士学位论文数据库查找有关造纸方面的学位论文。
11. 利用中国学术会议论文全文数据库查找有关地震方面的会议论文。
12. 利用中国学术会议在线查找有关“污水处理”方面的会议。

第三篇 英 文 篇

第3章 综合数据库检索

本章提示

本章介绍常用综合型外文数据库的检索，它们是工程技术领域各专业的公共应用检索平台，主要包括 Ei Compendex、Scopus、CSA、ScienceDirect、Wiley InterScience、SCI、SpringerLink、EBSCOhost 等。通过本章的学习，可熟练掌握这些数据库的检索方式、检索结果浏览与处理形式以及个性化功能设置。

3.1 Ei Compendex 数据库

3.1.1 概述

Ei Compendex 数据库是《工程索引》（Engineering Index）的网络版。《工程索引》由美国工程信息公司（Engineering Information Inc.，简称 Ei）编辑出版，创刊于1884年。

Ei Compendex 数据库是目前全球最全面的工程领域二次文献数据库，它收录了9 000 000多篇论文的参考文献和摘要。这些论文出自5 000多种工程类期刊、会议论文集和技术报告，涵盖了工程和应用科学领域的各学科。涉及核技术、生物工程、交通运输、化学和工艺工程、照明和光学技术、农业工程和食品技术、计算机和数据处理、应用物理、电了和通信、控制工程、土木工程、机械工程、材料工程、石油、宇航、汽车工程以及这些领域的子学科和其他主要工程领域。其中，化工和工艺的期刊文献最多，约占15%；计算机和数据处理占12%；应用物理占11%；电子和通信占12%；另外还有土木工程和机械工程各占6%。大约22%的数据是有主题词和摘要的会议论文，90%的文献是英文文献。

在 Ei Compendex 数据库中可检索到1969年至今的文献，每年增加选自190个学科和工程专业的大约50万条新记录，数据每周更新，以确保用户掌握其所在领域的最新进展。

Ei Compendex 目前的检索平台为2000年推出的 Ei Village 2（简称 EV2）。EV2 首次将文后参考文献列入数据库，并将世界范围内的工程信息资源组织、筛选、集成在一起，向用户提供“一步到位”的便捷式服务。

Ei 公司从1992年开始收录中国期刊，并于1998年在清华大学图书馆建立了 Ei 中国镜像站，2002年又开通了 Ei China 网站 http://www.ei.org.cn/。

访问网址：1）http://www.engineeringvillage2.com.cn/（清华大学图书馆镜像）。

2）http://www.engineeringvillage2.org/。

3.1.2 检索方式

Ei Compendex 提供3种检索方式：简单检索、快速检索和专家检索。单击界面上的页面转换导航条，即可在3种检索方式之间进行切换。

1. 简单检索（Easy Search）

在单个检索框中输入检索式（包含检索词及 AND/OR/NOT 等布尔逻辑运算符），检索范围为数据库中所有内容，如图3-1所示。

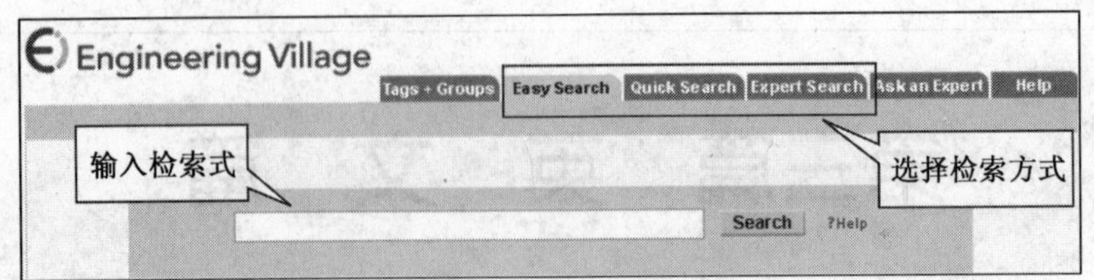

图 3-1 Ei Compendex 简单检索界面

2. 快速检索（Quick Search）

快速检索是系统默认的检索方式，如图 3-2 所示。

（1）检索框

快速检索界面有 3 个检索框，从【SEARCH IN】下拉式菜单中选定字段，在【SEARCH FOR】文本框中输入检索式，检索框之间可用布尔逻辑运算符 AND、OR 或 NOT 连接，进行联合检索。

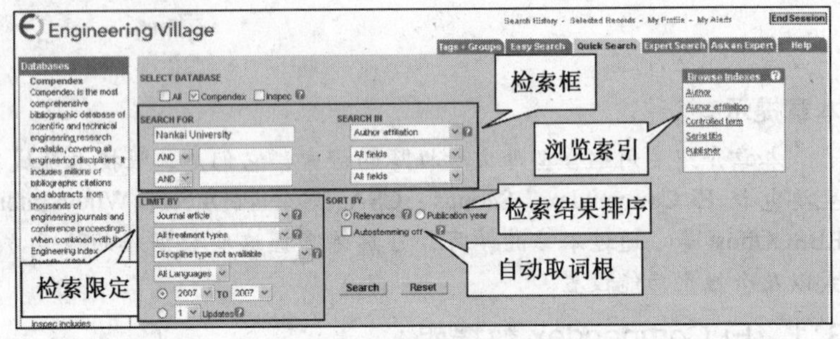

图 3-2 Ei Compendex 快速检索界面

注意：如果 3 个文本框中均有输入，快速检索总是先合并检索前两个文本框中的词，然后再检索第三个文本框中的词。

【SEARCH IN】下拉式菜单用于对【SEARCH FOR】文本框中的检索式的检索字段范围进行限制。提供的检索字段有：所有字段（All fields）、主题/题名/文摘（Subject/Title/Abstract）、文摘（Abstract）、作者（Author）、作者单位（Author affiliation）、题名（Title）、Ei 分类号（Ei Classification code）、期刊代码（CODEN）、会议信息（Conference information）、会议论文编号（Conference code）、国际标准刊号（ISSN）、Ei 主标题词（Ei main heading）、出版者（Publisher）、刊名（Serial title）、Ei 受控词（Ei controlled term）、原出版国（Country of origin）。

（2）检索限定（LIMIT BY）

系统提供 4 种检索限定选项：文献类型、处理类型、语种和时间。使用检索限定，可得到更为精确的检索结果。

注意：文献类型和处理类型字段是 Ei Compendex 数据库从 1985 年起增加的，因此，选择这两项限定，检索将仅限定在 1985 年以后的文献记录。

1）文献类型。文献类型指的是所检索的文献源自出版物的类型。可选择的文献类型有：全部文献类型（All document types，系统默认选项）、核心期刊（CORE）、期刊论文（Journal article）、会议论文（Conference article）、会议论文集（Conference proceeding）、专题论文（Monograph chapter）、专题综述（Monograph review）、专题报告（Report chapter）、综述报告（Report review）、学位论文（Dissertation）和专利（Patents）。

2）处理类型。处理类型用于说明文献的主要特征、研究方法及所探讨主题的类型。可选择的处理类型有：全部处理类型（All treatment types，系统默认选项）、应用（Applications）、传记（Biographical）、经济（Economic）、实验（Experimental）、一般性综述（General review）、历史（Historical）、文献综述（Literature review）、管理方面（Management aspects）、数值（Numerical）和理论（Theoretical）。一个记录可能有一个或几个处理类型，然而，并不是每个记录都有处理类型。

3）语种。快速检索界面可选择的语种有：全部语种（All Languages，系统默认选项）、英语（English）、汉语（Chinese）、法语（French）、德语（German）、意大利语（Italian）、日语（Japanese）、俄语（Russian）和西班牙语（Spanish）。

4）时间。检索时间既可以按年选择，也可以将检索时间限定在最近 4 次所更新（Updates）的内容中。这两种方法只能选择其一。

（3）检索结果排序（SORT BY）

1）按相关度（Relevance）排序。相关度是指与检索词的接近程度和检索词在文献中的频率，相关度高的文献排在前面。

2）按出版年（Publication year）排序。按记录的出版时间，最新的文献排在最前面。

（4）自动取词根

在快速检索中，系统将自动检索以所输入词的词根为基础的所有派生词（作者栏中的检索词除外）。例如，输入 management，结果为 managing、managed、manager、manage、managers 等。除非勾选关闭自动取词根（Autostemming off）。

（5）复位（Reset）

当需要在检索过程中开始一次新的检索时，单击【Reset】按钮，可清除前面的输入，并将所有选项复位到默认值。

（6）浏览索引（Browse Indexes）

浏览索引可帮助用户选择合适的检索词。快速检索界面提供了作者（Author）、作者单位（Author Affiliation）、受控词（Controlled Term）、刊名（Serial Title）和出版者（Publisher）5 个字段的索引词表。点击字段名可以到相应的索引词表中查看。在索引词表中，选择检索词的第一个字母或者在【Search for】栏中输入检索词的前几个字母，点击【Find】按钮进行浏览，也可通过点击每页的【Previous page】（上页）或【Next page】（下页）链接浏览索引。选定的检索词将自动被粘贴到检索框中进行检索。

（7）结束检索（End Session）

单击位于界面右上方的【End Session】按钮结束检索。如果一个检索处于非激活状态超过 20 分钟，则检索将自动结束。

3. 专家检索（Expert Search）

专家检索界面只有一个检索框，需要自行构建检索式，如图 3-3 所示。

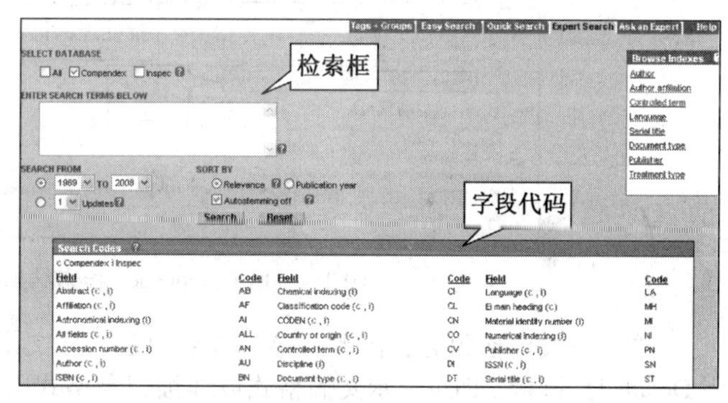

图 3-3　Ei Compendex 专家检索界面

在检索框内输入的检索表达式需要合理使用检索运算符，如表 3-1 所示，各字段的代码可参见检索框下面的【Search Codes】栏。专家检索包含更多的检索选项，可使用更复杂的检索运算符，进行更灵活、更准确的检索。

表 3-1　Ei Compendex 常用检索运算符

检索运算符	检索式构造方法	举例说明
AND（逻辑与）	car AND industry	检索结果中必须同时包含 car 和 industry 两个词
OR（逻辑或）	college OR university	检索结果中只要出现 college 或 university 其中一个词就符合检索条件
NOT（逻辑非）	television NOT cable	检索结果中出现 television，但不能出现 cable 才符合检索条件
wn（位置运算符）	overload wn AB	检索结果为文摘中（AB）包含 overload 词的文章
*（截词符）	optic *，sul * ate	可替代多个字母。如 optic * 检索出 optic、optics、optical 等词；sul * ate 检索出 sulphate、sulfate 等词
?（通配符）	wom? n	可替代一个字母。如 wom? n 检索出 woman、women 等词

（续）

检索运算符	检索式构造方法	举 例 说 明
$（词根运算符）	$ management	检索出与该词词根具有同样语意的词，如 $ management 检索出 manage、managed、manager、managing、management 等词
{} 或 “”（精确词组）	“international space station”	词间不能插词，词序不能颠倒

注：系统不区分大小写。

专家检索界面提供的浏览索引，还包括语言（Language）、文献类型（Document type）和处理类型（Treatment type）字段。

3.1.3　检索结果浏览和处理

在简单检索、快速检索和专家检索界面中单击【Search】按钮，均会进入检索结果界面。

1. 记录显示格式

检索结果的显示格式有 3 种：题录格式、文摘格式和详细记录格式。

（1）题录格式（Citation）

检索结果最初以题录格式显示，默认每页显示 25 条记录，界面上方还提供该检索策略的命中数、年代范围和检索式，如图 3-4 所示。

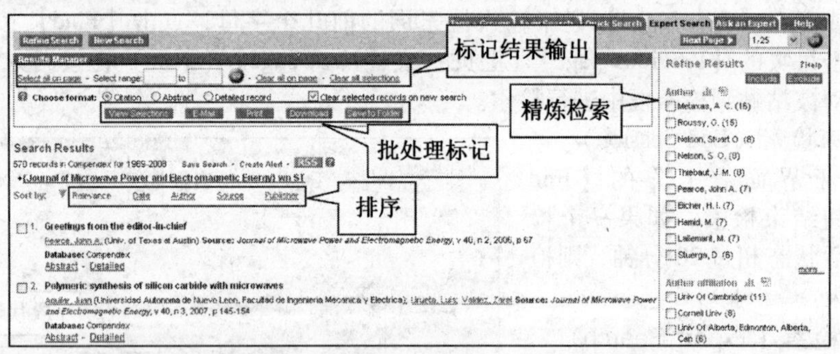

图 3-4　Ei Compendex 检索结果题录格式界面

题录格式包括题名、作者及第一作者单位、原文出处，点击某条题录下的【Abstract】或【Detailed】链接，即可显示文摘格式或详细记录格式。点击全文链接【FULL TEXT】，可以看到用户有权限访问的电子版全文。

（2）文摘格式（Abstract）

文摘格式除了包含题录信息外，还提供文摘、Ei 受控词及分类号等。点击 Ei 受控词链接，可查看该主题词下的相关文献，如图 3-5 所示。

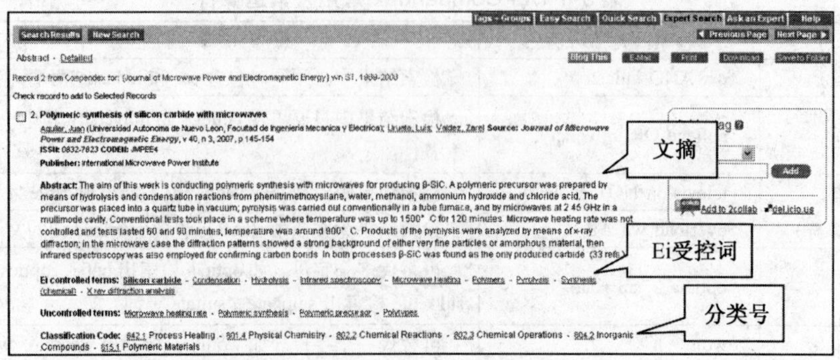

图 3-5　Ei Compendex 检索结果文摘格式界面

（3）详细记录格式（Detailed record）

详细记录显示全部书目信息。Ei 存取号（Accession number）的前两位数字表示文献被 Ei 收录的年代，Ei 的收录时间一般滞后于文献的出版时间，如图 3-6 所示。

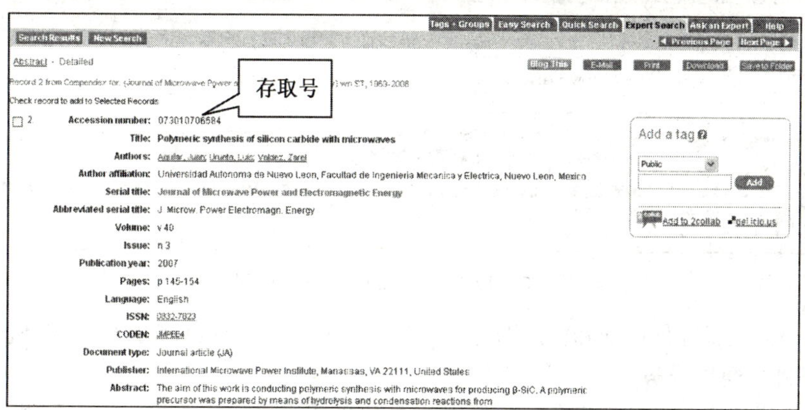

图 3-6 Ei Compendex 检索结果详细记录格式界面

2. 记录标记

在结果显示界面上，勾选每条记录前的复选框，可对记录进行标记。

在题录显示界面上，可采用批处理的方式（Results Manager）进行标记。点击【Select all on page】链接，可对当前页的全部记录进行标记；也可设定标记范围（Select range）。然后点击【go】，即可对相应的记录进行标记。对标记过的记录，可整页清除（Clear all on page），也可清除全部选定记录（Clear all selections）。还可一次选择对标记过记录的显示格式（Choose format）。

3. 记录排序（Sort by）

系统提供 5 种排序方式：相关度排序（Relevance）、出版年代排序（Date）、作者字顺排序（Author）、刊名字顺排序（Source）和出版者字顺排序（Publisher）。

4. 精炼检索（Refine Results）

在如图 3-4 所示题录显示界面的右栏【Refine Results】，可获取检索结果分布统计，包括作者（Author）、作者单位（Author affiliation）、受控词（Controlled vocabulary）、分类号（Classification code）、国家（Country）、文献类型（Document type）、语言（Language）、出版年（Year）、刊名（Serial title）、出版者（Publisher）等。勾选项目前的复选框，点击上方的【Include】或【Exclude】按钮，系统将限定或排除结果范围。

5. 标记结果输出

对标记过的记录可以进行浏览（View Selections）、发送电子邮件（E-mail）、打印（Print）、下载（Download）存盘或输入到个人书目文献管理系统，还可保存在系统服务器上（Save to Folder）。

6. 检索历史（Search History）

点击任何界面右上方的【Search History】链接，即可进入检索历史界面，如图 3-7 所示。检索历史显示当前所做过的检索过程，包括检索方式（Type）、检索式（Search）、命中记录数（Results）等。同时，在此界面上，还可以保存检索式（Save Search）、设置电子邮件通报服务（E-mail Alert）、对多个检索式进行逻辑组配检索（Combine Previous Searches），此时可用检索序号代替检索式进行检索。点击【My Profile】，可以查看自己账号中所存入的检索结果及检索过程，并可点击以往的检索策略重新进行检索。

3.1.4 个性化功能

保存检索式、保存检索结果和设置电子邮件通报，需要预先注册账号并登录。此时，按系

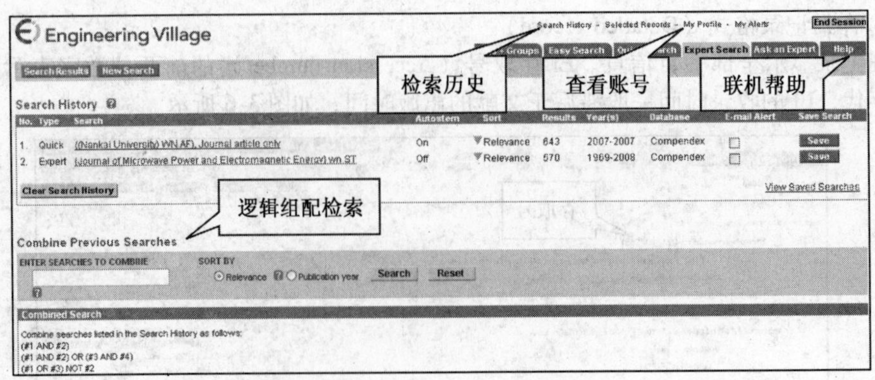

图 3-7　Ei Compendex 检索历史界面

统提示输入个人电子邮件地址和密码即可。此外，Ei Compendex 还提供 RSS 服务。

1. 电子邮件通报服务

电子邮件通报服务是指：当数据更新时，系统将按用户设定的检索需求自动检索，并将检索到的最新数据（包括文献题名、作者、文摘等），发送至用户的电子邮箱中。如保存作者检索，并设定 Alert 服务，可获得该作者的文章被 Ei Compendex 收录的最新信息通报；保存刊名检索，并设定 Alert 服务，可获得该刊的最新期目次页。

2. RSS 服务

RSS（Really Simple Syndication，真正简易聚合）是一种以 XML（Extensible Markup Language，可扩充标记语言）为格式的内容传送系统，是某一站点用来和其他站点之间共享内容的一种简易方式，也叫聚合内容。网络用户可以在客户端借助于支持 RSS 的新闻聚合工具软件（如 FeedDemon、RSSReader），在不打开网站页面的情况下阅读支持 RSS 输出的网站内容，包括标题、链接和全文。

说明： *在使用数据库遇到问题时，可以通过界面上如下 3 种途径获得联机帮助：*【Help】、?、【Ask an Expert】。

【检索示例】 利用快速检索方式检索南开大学 2007 年发表的期刊论文被 Ei Compendex 收录的情况。

选择快速检索方式（Quick Search），从【SEARCH IN】下拉式菜单中选择作者单位（Author Affiliation）字段，在【SEARCH FOR】文本框中输入“Nankai University”。在文献类型（Document type）检索限定中选择期刊论文（Journal article），将检索时间限定在 2007 年，如图 3-2 所示，点击【Search】按钮。检索结果为 643 条记录，如图 3-8 所示。

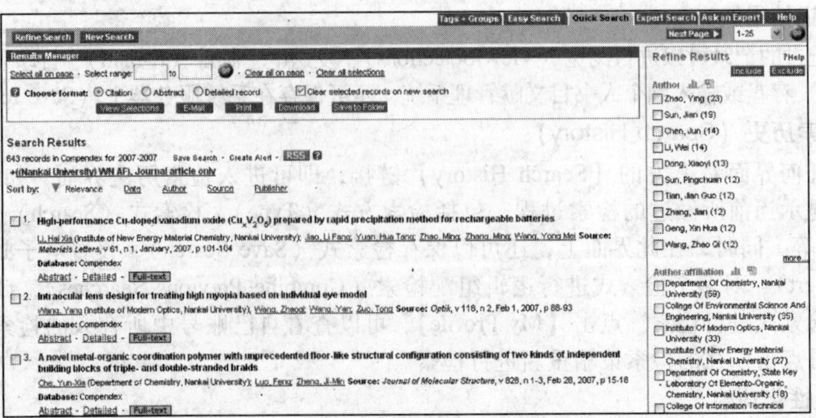

图 3-8　Ei Compendex 检索示例检索结果界面

3.2　Scopus 数据库

3.2.1　概述

Scopus 是荷兰爱思唯尔（Elsevier, http://www. Elsevier. com）出版社研发的文摘引文数据库。它收录了来自 4 000 个出版商 16 000 种同行评审出版物，主要为期刊。在所收录的出版物中，自然科学 5 500 种，医学 5 300 种（含 Medline 的所有期刊），生命科学 3 400 种，社会科学 2 850 种。数据最早回溯到 1823 年，每日更新。有些期刊提供早于官方出版日期 1 ~ 4 个月的在编文章（Articles in Press），用户可以对已收录但尚未正式出版的文章先睹为快。除提供文摘外，1996 年以后的记录还附有参考文献，可以检索论文被其他文献引用的情况。此外，Scopus 还整合了网络和专利检索。Scopus 全球英文信息网站 http://www. info. scopus. com/；中文网站 http://china. elsevier. com/scopus. htm。

访问网址 http://www. scopus. com/。

3.2.2　检索方式

Scopus 提供 4 种检索方式：基本检索、作者检索、机构检索和高级检索。单击界面上的页面转换导航条即可在 4 种检索方式之间进行切换。

1. 基本检索（Basic Search）

基本检索是系统默认的检索方式，如图 3-9 所示。检索界面有两个检索框，从下拉式菜单中选择字段，在文本框中输入检索式，检索框之间可用布尔逻辑运算符 AND、OR 或 NOT 连接，进行联合检索。检索时，可对数据的日期范围（Date Range）、文献类型（Document Type）及学科领域（Subject Areas）进行限定。

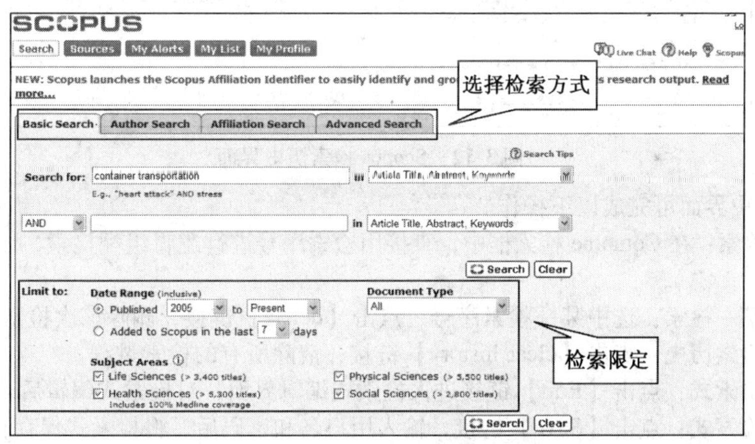

图 3-9　Scopus 基本检索界面

2. 作者检索（Author Search）

在作者检索中，可分别键入作者的姓（Last Name）、名（Initials or First Name）和所在机构（Affiliation）作为检索条件，如图 3-10 所示。

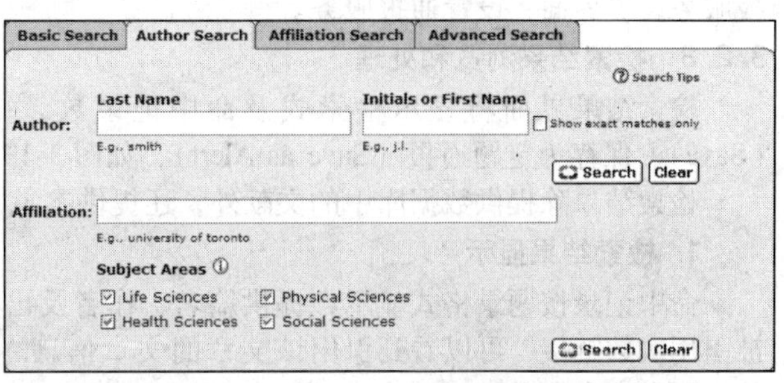

图 3-10　Scopus 作者检索界面

在执行作者检索后，检索结果页面将会自动显示作者的姓名及其各种变体形式、所在机构、地址和学科领域。基于上述信息，Scopus 可以准确识别特定作者，为每位作者提供惟一数字标识符（Author ID）。

3. 机构检索（Affiliation Search）

机构检索可以帮助用户对特定机构的科研成果进行全面了解。Scopus 也有机构识别功能，为每个机构提供惟一数字标识符（Affiliation ID）。

4. 高级检索（Advanced Search）

在高级检索界面，选择左下方运算符和字段代码，系统会自动将其键入文本框中，再输入相应的检索词，即可构建较复杂的检索式，如图 3-11 所示。

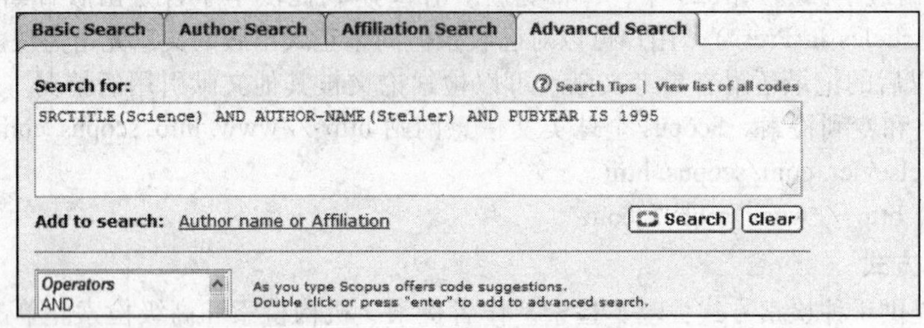

图 3-11 Scopus 高级检索界面

5. 查看检索历史

检索历史显示在检索界面的下方，如图 3-12 所示。在检索历史界面可看到本检索时段所做的各次检索，包括检索序号、检索式（Search）、命中记录数（Results）等。

Search History　　Combine [ ] Go　　close

delete　Select: All　clear history　　e.g. (#1 AND #2) AND NOT #3

	Search	Results	Source	Actions
3.	TITLE-ABS-KEY(*somatic complaint wom?n) AND PUBYEAR AFT 1993	223	Scopus	Edit | Save | Set Alert
2.	TITLE-ABS-KEY("lung cancer")	61693	Scopus	Edit | Save | Set Alert
1.	(TITLE("lung cancer") AND TITLE-ABS-KEY(stress)) AND DOCTYPE(ar) AND PUBYEAR AFT 1999	78	Scopus	Edit | Save | Set Alert

Back to Top

Note: This Search History will contain the latest 50 searches you perform in this session.

图 3-12 Scopus 检索历史界面

在检索历史界面可完成以下操作。

1）组配检索：在 Combine 检索框中，直接用检索序号进行逻辑组配检索，如（#1 AND #2）NOT #3。

2）删除某一检索：选中某一检索序号，点击【delete】链接，删除该次检索。

3）清除检索历史：点击【clear history】链接，清除所有的检索过程。

4）编辑检索式：点击【Edit】链接进入检索式编辑界面，对检索式编辑后，重新检索。

5）保存检索式：点击【Save】链接，输入用户名和密码后，将检索式保存在服务器上。

6）设置最新检索结果的通报服务：点击【Set Alert】链接，输入用户名和密码后，进入通报服务设置界面，设置通报服务。

3.2.3 检索结果浏览和处理

检索结果界面将显示检索式及命中记录数，并可以对检索式进行编辑（Edit）、保存（Save）、保存为定题通报（Save as Alert），如图 3-13 所示。

检索结果除提供数据库中的文献外，还提供参考文献、互联网络和专利信息。

1. 检索结果显示

命中记录按题录格式显示，提供篇名、作者及出处，并同时提供文章的被引用次数。点击被引用次数链接，可以看到引用该文章的文章信息。点击【Abstract + Refs】，可以看到该文章的摘要及参考文献。

用户如有访问电子全文的权限，点击【View at Publisher】链接可查看全文。点击【Show Abstract】，在题录下即可显示文摘，便于快速判断相关性。

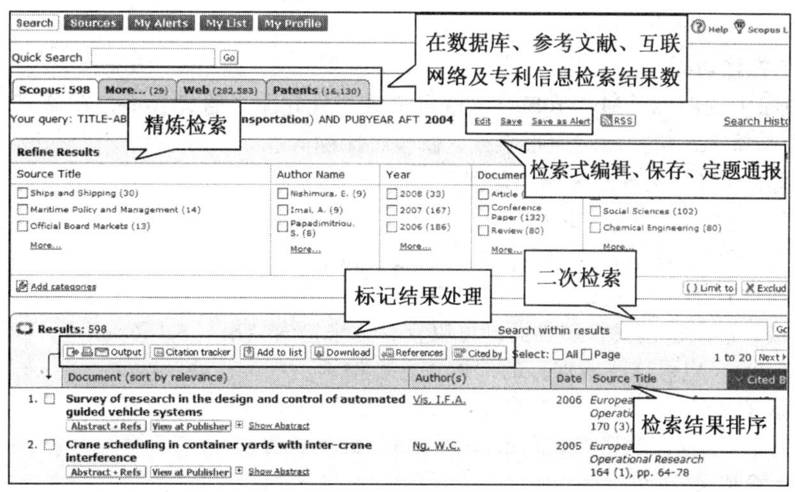

图 3-13 Scopus 检索结果题录格式界面

2. 检索结果排序

系统提供了 5 种排序方式：相关度（Relevance）、作者姓名字顺（Authors）、年代（Date）、出版物名称（Source Title）及被引用次数（Cited By）。点击某种排序链接，检索结果将按相应的方式显示。

3. 调整检索结果

在检索结果题录界面，系统提供调整检索结果的方法：一是精炼检索；二是二次检索。

1）精炼检索（Refine Results）。可获取检索结果分布统计，包括出版物题名（Source Title）、作者（Author Name）、年代（Year）、文献类型（Document Type）和学科领域（Subject Areas），点击【Add categories】链接，还可显示更多统计项：语种（Language）、机构（Affiliation）、关键词（Keyword）、来源文献类型（Source Type）。勾选项目前的复选框，点击【( ) limit to】或【×exclude】按钮，系统将限定或排除结果范围。

2）二次检索（Search with Results）。可以在结果界面的检索框中输入单词、词组，点击【go】，系统将在检索结果中进行检索。此时系统默认在所有字段中检索，也可输入带有字段标识符的检索式，指定在特定字段中检索。

4. 标记结果处理

标记的检索结果可以进行输出（Output）（包括导出、打印、发电子邮件）、引文追踪（Citation tracker）、加入到列表（Add to list）、显示参考文献（References）、查看被引情况（Cited by）。

下面以标记结果输出到 RefWorks 为例，说明如何将标记结果输出到个人书目文献管理系统中。

1）标记需要输出的记录，点击【Output】图标，进入结果输出设置界面。

2）点中【Export】输出方式，通过【Export Format】栏中的下拉菜单选择 RefWorks direct export 文件输出格式，并选择输出内容。

3）点击【Export】按钮，系统进入 RefWorks 的登录界面，用户登录后，就可完成输出。若输出成功，系统将显示成功信息。

3.2.4 浏览来源期刊索引

点击导航条上的【Sources】，进入来源期刊索引界面，可以查看系统所收录的期刊。系统提供了学科分类、刊名字顺表及查找功能。凡是用户已订购的电子期刊，点击刊名后，就进入该刊的卷期列表界面，点击某期可看到目次及全文。

3.2.5 个性化功能

Scopus 提供的个性化功能包括：保存检索式、最新检索结果通报、文章被引用通报、期刊目次通报。用户注册后，可免费获得个性化服务。使用个性化服务时需要登录，按系统提示输入用户名和密码。

1. 管理个性化功能

点击导航条上的图标【My Profile】，就可进入个性化服务管理界面，在该界面可对个性化服务进行设置与管理，包括设定通报服务、修改、删除等。

2. 检索式的保存、运行及最新文献通报

1）保存检索式。在检索历史界面上，点击需要保存的检索式的【Save】链接，输入用户名和密码登录后，即可将该检索式保存在系统的服务器上。

2）运行所保存的检索式。点击【My Profile】，进入个性化服务管理界面，通过【Saved Searches】链接，进入检索式管理界面，可以查看原来检索结果（All Results），或仅显示最新的数据（Only New），也可修改所保存的检索式重新检索。

3）设置最新文献通报。在检索式管理界面，点击【Set Alert】链接，进入检索式通报设置界面，设定通报周期及文献格式，点击【Submit】完成设置。

3. 保存检索结果

在题录显示界面，标记要保存的记录，点击图标【Add to list】，此时选中的记录将暂存在服务器上，然后点击导航条上的按钮【My Profile】，进入检索结果保存界面，点击按钮【Save】，将所选的记录保存在服务器上。

4. 文章被引用最新信息通报

在 Abstract + Refs 结果显示格式界面，点击链接【Alert me】，登录后，进入文章被引用最新信息通报界面，设定通报文件的名称、通报周期及 E-mail Format 格式，点击【Submit】完成设置。通报周期可按每周、每月通报。

5. 期刊目次通报

保存刊名检索，并设定通报服务，可获得该刊的最新期目次页。

6. 联机帮助

系统提供了完善的联机帮助。点击界面上的图标【？help】，即可进入联机帮助界面。帮助界面由目录区和内容显示区两部分组成。其中目录区有 3 种显示方式：①目录方式（Contents）；②索引条目方式（Index）；③检索方式（Search）。内容显示区所显示的内容与用户的操作过程相关联，即用户在某一操作过程中遇到困难，点击【？help】时，内容显示区将显示与该操作相关的帮助内容。

【检索示例】利用 Scopus 数据库，检索 2005 年以来“集装箱运输”方面的文章，找出被引次数最多的文章，并查看哪些文章引用了该文。

在基本检索界面，从下拉式菜单中选择系统默认的“Article Title，Abstract，Keywords”字段，在文本框中输入“container transportation”检索词，年代检索限定选择“2005”至今，如图 3-9 所示，点击【Search】按钮。检索结果为 598 条记录，点击【Cited by】选择按被引用次数排序，如图 3-13 所示。

检索结果列表中第一条记录即为被引次数最多的文章，点击其被引用次数【15】，即可查看引用了该文的 15 篇文章，如图 3-14 所示。

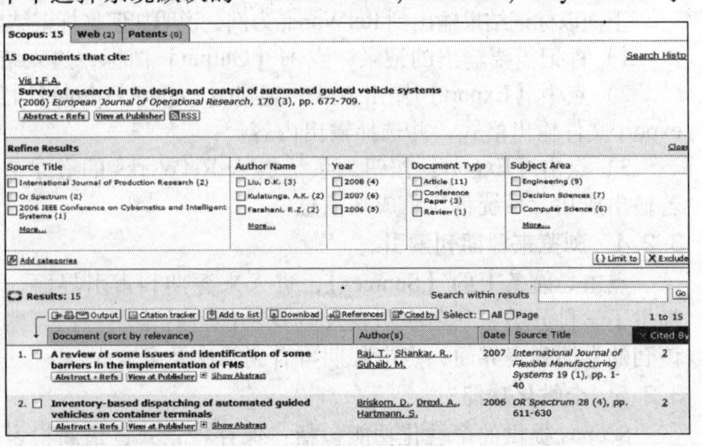

图 3-14　Scopus 检索示例检索结果界面

3.3　CSA 数据库

3.3.1　概述

CSA（Cambridge Scientific Abstracts）数据库由美国剑桥科学文摘公司出版，该公司组建 30 余年，主要编辑出版科学技术研究文献的文摘及索引，目前有 70 多个数据库，其中包括许多相关专业的著名数据库，覆盖的研究领域包括：材料科学、环境科学与污染管理、生物学、水科学与渔业、生物技术、工程、计算机科学、社会学、艺术历史学和语言学，数据回溯至 1960 年，每日更新。CSA 数据库在清华大学图书馆建立了中国镜像站，它的网络服务系统称为 ILLUMINA，提供简体中文检索界面（Interface）。访问网址为：

1）http://csa. tsinghua. edu. cn/（清华大学图书馆镜像）。

2）http://www. csa. com/。

3.3.2　检索方式

CSA 提供 3 种检索方式：快速检索、高级检索和检索工具。单击界面上的页面转换导航条即可在 3 种检索方式之间进行切换。

1. 快速检索

快速检索是系统默认的检索方式。首先选择主题领域或特定数据库（可选择跨主题领域的数据库），以及日期范围，然后在单个检索框中输入检索式。检索式可使用布尔逻辑运算符 and 或 or（但不能使用 NOT）、优先运算符（）、位置运算符 within X（X 为相隔单词数）、通配符?、截词符 *，运算符优先顺序是：( )→and→or，检索范围为全部字段，如图 3-15 所示。

图 3-15　CSA 快速检索界面

可选择的主题领域有艺术与人文、自然科学、社会科学、技术。

2. 高级检索

高级检索界面提供多个检索框，可根据需要增加行（Add Row）或删除行（Remove Row）。界面上方有文献类型导航条供选择，默认类型为“所有的”。点击【检索】之前，也需对主题领域或特定数据库以及日期范围进行选择，如图 3-16 所示。

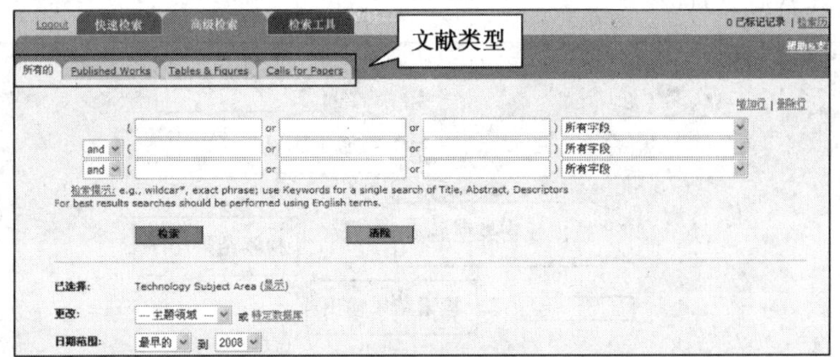

图 3-16　CSA 高级检索界面

3. 检索工具

1）命令行检索（Command Search）。命令行检索界面提供了一个检索命令输入框，可根据字段代码对照表（Insert field code）中给出的字段代码组配一个检索式，进行检索。除对主题领域或特定数据库以及日期范围进行选择外，还可选择检索结果显示格式，如图 3-17 所示。

2）词表（Thesaurus）。CSA 提供了叙词检索方式。叙词为规范词，检索某一主题的文献时针对性比较强，可以提高文献的查全率和查准率，如图 3-18 所示。首先通过下拉菜单选择要打开的叙词表，在【检索词表用于】文本框中输入关键词，选择叙词表显示方式。可选的方式有：按字母顺序索引、层次、轮排索引。点击【执行】（Go），系统即出现所需的词表，在词表中选择一个或多个，最后点击【检索】（Search），就可对选中的词进行检索。

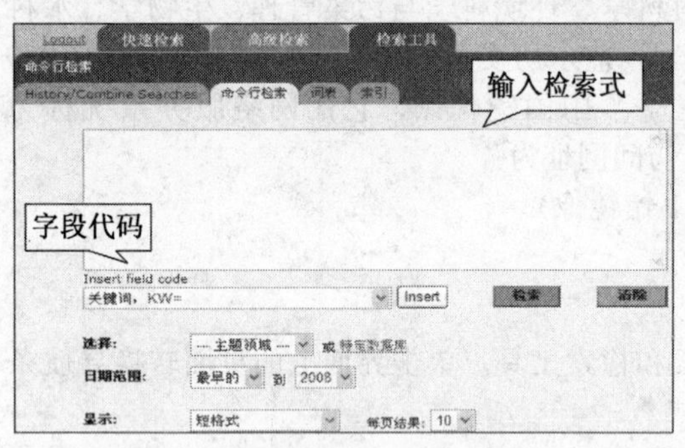

图 3-17　CSA 命令行检索界面

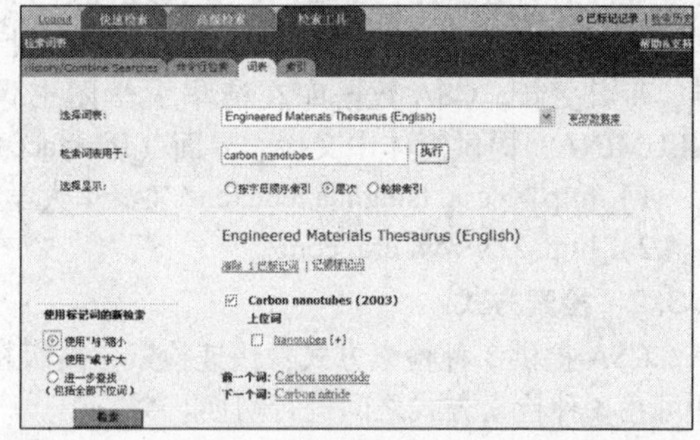

图 3-18　CSA 词表检索界面

3）索引（Indexes）。CSA 中的多个数据库都有各自的索引，如作者索引、刊名索引、叙词表等。各个数据库的索引不同，故系统将各个库中的索引集中在“索引”栏目中。索引按词条字顺排列，具有查找功能。在索引中找到所需的检索词后，可以提交检索。

4）检索历史和组合检索（History/Combine Searches）。检索历史显示登录后所有执行过的检索式，检索式可被编辑（Edit）、保存或设为定题通告（Save or Alert，最多 50 条）、查看检索结果（View Results）、删除（Delete）。可对多个检索式进行逻辑组配检索（Combine）。

定题通告的保存与检索策略保存相同，需要进入个人档案。点选检索策略上【Alert Me】（保存定题通告），输入电子邮件地址及密码后（新用户需要先创建），系统每周将符合条件的更新记录寄到邮箱中，每个邮件最多可发送 250 条记录。定题通告和已存检索策略到期前会以电子邮件通知，在邮件中提供更新、删除选项。

3.3.3　检索结果浏览和处理

通过任何一种检索方式输入检索式后，点击【检索】，均可显示题录文摘格式的检索结果，如图 3-19 所示。如果检索结果不理想，点击界面上方的【编辑检索式】（Edit Search），进入检索界面，修改检索式后重新检索。

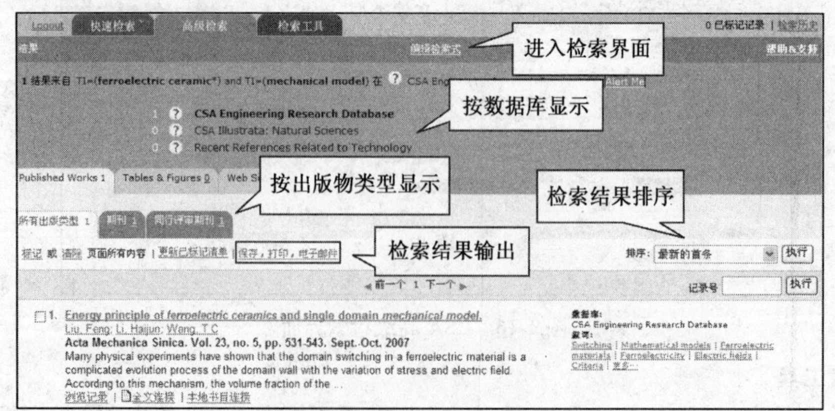

图 3-19　CSA 检索结果界面

1. 检索结果显示

界面上方显示检索记录按数据库、出版物类型划分的情况。在每篇文献的右方，提供与该文献相关的叙词，可对相关主题进行检索。点击每条题录下的【浏览记录】（View Record）可查看详细记录；点击【全文连接】（FULL TEXT），会链接到本地图书馆所购买的全文数据库；【本地书目连接】可查看馆藏书目。

2. 记录显示格式

在检索结果界面下方有4种记录显示格式。

1）短格式（Short format）。显示题录和部分文摘，题录包括篇名（TI）、作者（AU）、原文出处（SO），该显示方式为系统默认方式。

2）全记录格式（Full format）。显示记录中的所有字段。

3）全记录格式－无参考文献（Full format-no references）。显示除引文外的所有字段。

4）定制格式（Custom format）。按照用户设定的格式显示。

3. 检索结果排序

系统提供了两种排序方式：相关性排序（Relevance）、年代排序（Date）。

4. 标记结果输出

点击链接【Save，Print，E-mail】，进入输出方式选择界面。在该界面下，可设定输出范围及输出方式。CSA检索结果输出步骤为：①设定需要输出的记录范围。每次最多可输出500条记录。②选择输出方式。系统提供了4种输出方式：打印（Print）、E-mail发送、存盘（Save）及输出到个人书目文献管理系统（RefWorks）中。点击相应的按钮，就可完成输出。若将检索结果输出到RefWorks中时，需要登录RefWorks后才能完成。

3.3.4 个性化功能

用户预先注册后，可免费获得CSA的个性化服务：保存检索式、最新检索结果通报、期刊目次的通报。使用个性化服务时需登录，按系统提示输入个人电子邮件地址和密码。

1. 管理个性化功能

在检索结果界面点击【Alert Me】，就可进入个性化服务管理界面，在该界面可对个性化服务进行设置与管理，包括设定通报服务、修改、删除等。

2. 检索式的保存、运行

在检索历史界面上，点击需要保存的检索式的【Save or Alert】链接，即可将该检索式保存在系统的服务器上；点击【Run Search】，即可对所保存的检索式进行重新检索。

3. 最新检索结果通报

在检索结果界面点击【Alert Me】，进入最新检索结果通报设置界面（若此时没有登录，系统将显示登录界面）。在该界面，设定信息通报格式、文献的出版类型，选择检索数据库，然后点击【Save as Alert】按钮，设置完毕。

说明：CSA Illumina平台提供了【帮助 & 支持】（Help & Support）联机帮助。

【检索示例】在CSA的工程材料数据库中，用词表查找“碳钠米管力学性能”方面的文献。

在检索工具的词表检索界面，选择主题领域进入选择检索词界面。通过下拉菜单选择要打开的叙词表“Engineered Materials Thesaurus（English）”，在文本框中输入“carbon nanotubes”，选择按层次方式显示，如图3-18所示，点击【执行】。系统将显示相关叙词，从中选词，点击记忆标记词。同样，选择另一个检索词“mechanical properties”。

通过该页左侧【使用标记词的新检索】选项设定两个叙词间的逻辑关系（使用“与”缩小）。点击下面的【检索】按钮进行检索。用叙词检索时，系统仅命中在叙词字段中包含检索词的记录，如图3-20所示。

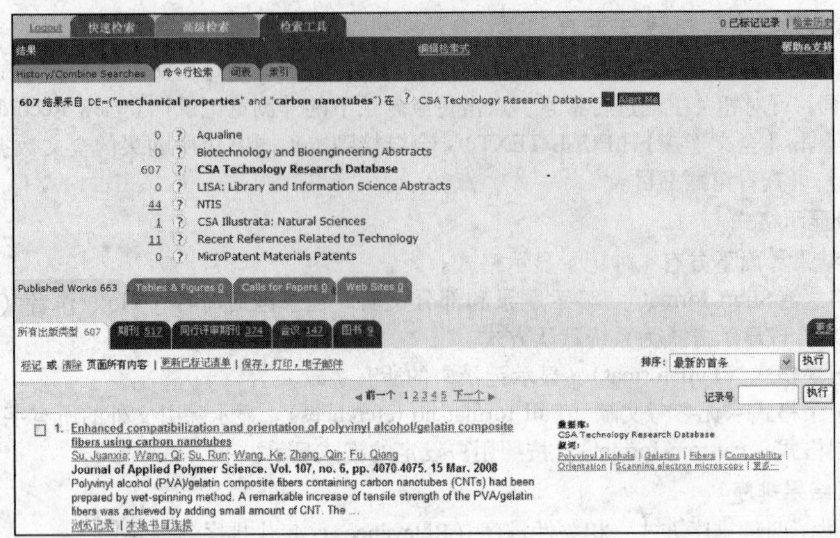

图 3-20 CSA 检索示例检索结果界面

3.4 ScienceDirect 数据库

3.4.1 概述

ScienceDirect（简称 SD）是荷兰著名的 Elsevier 公司出版的全文数据库，提供 1995 年以来 Elsevier 公司出版的 2 500 多种期刊全文检索及其他著名出版商的期刊检索，还有科技图书和参考书目，最早可回溯到 1823 年。所涉及的学科有物理学和工程、生命科学、医学、社会科学和人文科学等。

访问网址 http://www.sciencedirect.com/，如图 3-21 所示。

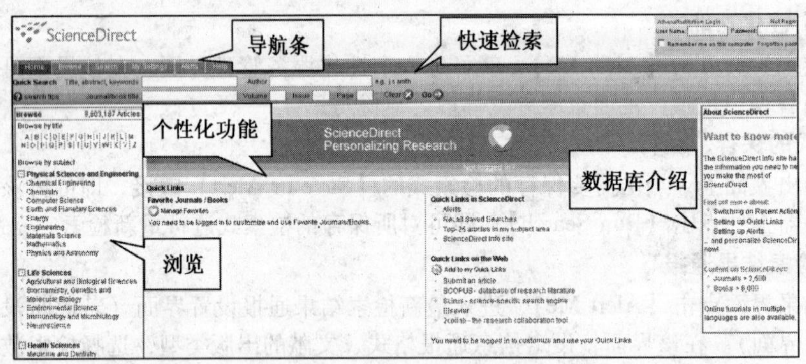

图 3-21 ScienceDirect 首页

3.4.2 使用方法

1. 浏览方式（Browse）

点击导航条上的【Browse】按钮，进入浏览界面。系统提供 3 种浏览方式：按题名字顺浏览、按学科主题浏览、按个人喜爱浏览。可对资源订购情况和文献类型限定浏览范围（include）。资源订购情况用两种不同颜色图标注明，绿色表示已订购，可以访问全文（Full-text available）；白色表示未订购，没有全文访问权限（Non-subscribed）。文献类型包括期刊和丛书（Journals and Books Series）、所有图书（All Books），也可限定为只浏览参考工具书（Reference Works only）。

（1）按题名字顺浏览（Journals/Books Alphabetically）

这是系统默认的浏览界面，如图 3-22 所示。按题名字顺列出所有期刊和图书，可选择不同字母进行浏览，也可以点击【All】浏览全部题名，上方显示当前浏览的所有题名数量。每种文献题名前标明该文献的订购情况，题名后注有文献类型（Content Type）、在编文章（Articles in Press）情况及个性化操作功能，便于用户在浏览过程中随时保存个人最喜爱的期刊（Favorites）及设定卷期通报服务（Volume Alert）。

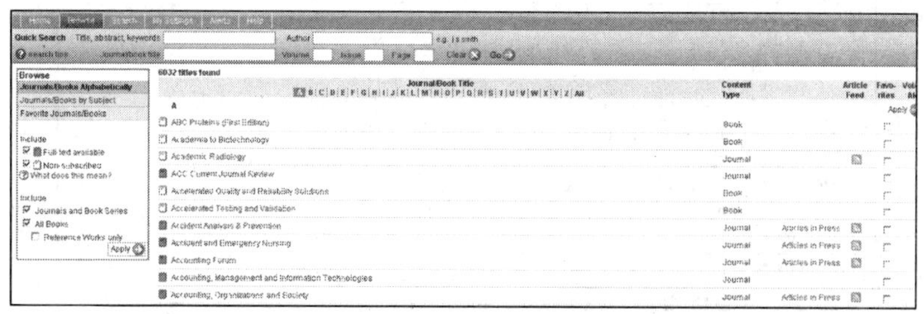

图 3-22 ScienceDirect 按题名字顺浏览界面

（2）按学科主题浏览（Journals/Books by Subject）

按学科主题浏览界面，如图 3-23 所示，列出 4 大类 24 个学科的树状结构目录，点击学科前的【⊞】可逐级查看该学科所包含的子学科，直至列出最末层子学科所包含的全部题名。相应地点击【⊟】可以将该层目录折叠起来。用户可同时勾选多个学科，进行跨学科浏览。

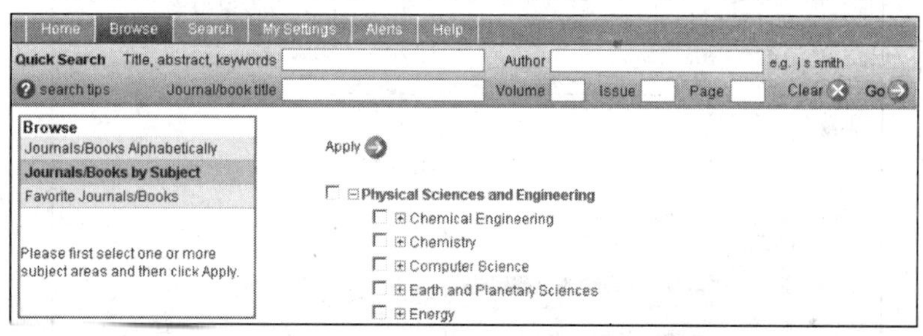

图 3-23 ScienceDirect 按学科主题浏览界面

（3）按个人喜爱浏览（Favorite Journals/Books）

这种浏览方式需在个人账号登录后方可使用，此时会列出个人已保存的常用期刊/图书列表，可以对已保存的期刊/图书列表进行个性化服务的相应操作。

此外，通过界面上方的快速检索可以利用题名查找某种特定期刊。

2. 检索方式（Search）

ScienceDirect 提供 3 种检索方式：快速检索、高级检索和专家检索。

1）快速检索（Quick Search）。在 ScienceDirect 导航条下方设有快速检索，并且在任何操作界面，快速检索的位置固定不变，方便用户随时进行较为常用的快速检索。快速检索可以在题名、文摘、关键词字段（Title，abstract，keywords）或作者字段（Author）进行检索，也可以检索期刊/图书的题名（Journal/book title）及卷（Volume）、期（Issue）、页码（Page），检索范围是所有期刊、丛书、手册及已订购的参考书。

2）高级检索（Advanced Search）。点击导航条上的【Search】按钮，进入检索界面，提供高级检索和专家检索两种方式，默认进入高级检索界面，如图 3-24 所示。高级检索界面有两个检索框，在检索框上方设有文献类型选项，默认为所有资源（All Sources），也可只选择期刊（Journals）或图书（Books）。在检索框下方可限定检索范围，包括来源（Source）、学科领域（Subject）、文献类型（Limit by document type）、时间范围（Dates）等，其中学科领域可按住 Ctrl 键选择多个学科。

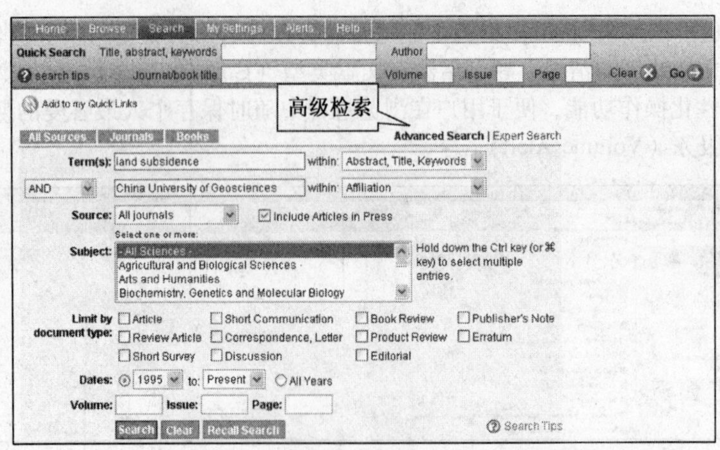

图 3-24 ScienceDirect 高级检索界面

3）专家检索（Expert Search）。在检索界面右侧点击【Expert Search】进入专家检索界面，如图3-25所示。专家检索需要自行构建检索式，检索范围限定和高级检索略有不同。

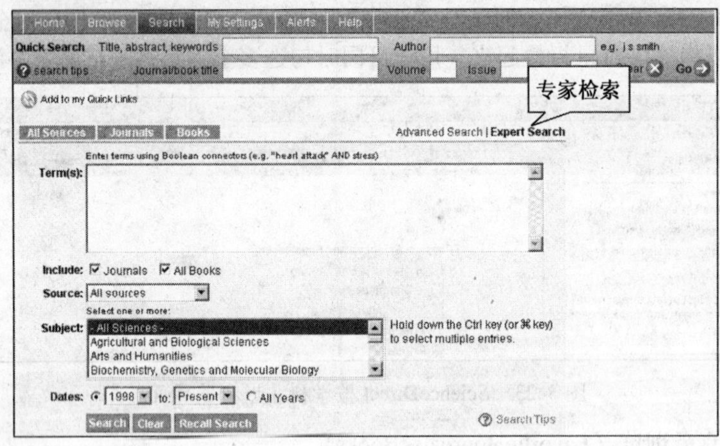

图 3-25 ScienceDirect 专家检索界面

3.4.3 检索结果浏览和处理

1. 检索结果显示

检索结果显示界面上方，列出检索命中的记录数以及完整的检索式。在记录列表中，对于有访问权限的期刊，除显示文章题名、期刊名、卷、期、页和作者等题录信息以及预览（Preview）和相关文章（Related Articles）链接外，还提供PDF格式全文链接。有些期刊提供在编文章（Articles in Press）。

2. 检索结果排序

检索结果默认按时间排序（Sort By Date），但也可在界面右侧通过下拉菜单选择按相关性（Relevance）排序。

3. 调整检索结果

界面左侧提供二次检索（Search Within Results）和精炼检索（Refine Results）功能。二次检索允许用户添加新的检索条件在已有的检索结果中再次进行检索。精炼检索可获取检索结果分布统计，包括文献类型（Content Type）、期刊/图书题名（Journal/Book title）、出版年（Year），勾选项目前的复选框，点击【limit to】或【exclude】按钮，系统将限定或排除结果范围。

4. 标记结果处理

系统提供【编辑检索式】（Edit Search）、【保存检索式】（Save Search）、【保存为检索通报】

（Save as Search Alert）链接；界面中间是对检索结果进行处理的一排功能按钮，包括通过电子邮件发送文章（Email Articles）、导出题录（Export Citations）和打开全部预览（Open All Previews）。

3.4.4　个性化功能

ScienceDirect 向用户提供了多角度、多层次的个性化服务功能，用户通过免费注册获得个人账号，登录后即可根据个人需求保存、查看和定制系统提供的各种个性化服务项目，这些项目包括定制个人喜爱期刊（Favorites）及相关目次通报（Volume/Issue Alerts）、保存检索式并获取检索通报（Search Alerts）、定制专题通报（Topic Alerts）、定制引文通报（Citation Alerts）、建立快速链接（Quick Links）等。

用户登录后，系统首页的中部即形成一个个性化服务区（如图 3-21 所示），该区由两部分组成：Recent Actions（近期操作）和 Quick Links（快速链接）。近期操作栏目下会详细记录用户最近的 100 次操作，包括已执行的检索、浏览过的期刊和论文等。快速链接栏目的功能是为用户最常用的期刊、论文、通报服务以及网站建立快速链接，有助于用户以最少的点击次数快捷地访问感兴趣的内容。

1. 注册及管理个人信息设置

在任何界面，用户均可通过右上角的区域进行注册（Register）或登录（Login）。点击【Register】链接即可进入用户注册界面，可根据提示信息填写登记表，系统会自动产生用户名。成功注册后，利用个人账号（用户名和密码）登录，界面右上角将出现用户已登录的提示信息，即可启动个性化服务。用户还可选择【Remember me】功能，这样每次访问时，系统会自动登录。用户若忘记个人账号，可点击【Forgotten password】链接，发邮件给系统，系统会自动将用户名和密码发到用户的电子邮箱中。

点击界面上方导航条中的【My Settings】（个人设置）按钮，进入个人设置界面，管理个人信息设置。可管理的项目包括：添加或删除通报服务项目（Add/Remove Alerts）、修改个人信息和偏好项目（Modify Personal Details and Preferences）、更改密码（Change Password）、查看 ScienceDirect 系统资源报告（ScienceDirect Electronic Holdings Reports）。其中修改个人信息和偏好项目，可以修改或增加个人信息，以及创建向 RefWorks 的自动数据导入功能；查看 ScienceDirect 系统资源报告，可查看 ScienceDirect 系统提供的期刊和图书信息，包括订购及未订购的资源，有 HTML、CSV、XML 几种不同格式的报告可供选择。

2. 定制个人喜爱期刊及相关目次通报服务

这两项功能使用户可根据个人的研究需求或使用喜爱把一些期刊设定为个人常用期刊，同时还可定期获得这些期刊的目次通报服务。用户可在期刊浏览界面或每种期刊的卷期/目次页上分别定制个人喜爱期刊和目次通报服务。修改定制要在 Alerts（通报）界面下进行。

1）在期刊浏览界面上，勾选刊名列表后【Favorites】和【Volume/Issue Alerts】栏下的复选框，而后点击 Apply ➔ 按钮，即可完成定制。

2）在每种期刊的卷期/目次页上，界面的右上方为定制区，勾选【Alert me about new Journal Issues】和【Add to Favorites】栏后的复选框，点击 Apply ➔ 按钮，即可完成定制。

用户选定这些期刊后，系统会自动将这些期刊列在系统首页的“Quick Links”（快速链接）栏中的“Favorite Journals/Books”子栏目中。用户登录个人账号后，即可直接浏览这些期刊，而不必再从众多的期刊目录中查找它们。每当这些期刊有新的一期出版时就会向用户的电子邮箱中发送目次页信息，发送频率按期刊的出版周期而定。

3. 定制及管理专题通报（Alerts）服务

除前面讲到的目次通报服务外，ScienceDirect 系统还提供其他几种通报服务。

（1）定制检索通报

可以保存使用过的检索式，每当检索式有新的检索结果出现时，系统就会向用户发送邮件通报。具体操作是：在检索结果显示界面上点击【Save as Search Alert】链接，进入检索通报保存界面。在该界面上输入检索通报名称（Name of Alert）、选择通报频率，点击【Save Alert】按钮，完成通报定制。

（2）定制专题通报

可按学科定制专题通报，每当新增加该专题文章时，系统会向用户发送邮件通报，发送频率可设定为每周。具体操作是：在 Alert 界面上点击上方导航条中的【Alert】按钮，进入通报管理界面。在该界面下，点击【Topic Alerts】栏目右侧的【Add/Delete Topic Alerts】链接，进入专题通报定制界面。在该界面中，用户要首先（Step 1）选择自己感兴趣的学科分类（category），然后勾选一个或多个专题（Alert Name），点击【Save Settings】按钮，完成通报定制。

（3）定制引文通报

可保存自己感兴趣的文章，当该文章被 ScienceDirect 系统上新出版的文章引用时，即会向用户发送通报。具体操作是：在【Preview】（预览）界面上点击右侧“Actions（操作）”栏目中的【Save as Citation Alert】链接，进入引文通报保存界面，在该界面上输入引文通报名称（Name of Alert）、选择通报频率，点击【Save Alert】按钮，完成通报定制。

（4）管理通报服务

ScienceDirect 系统上各种通报服务的管理（添加、修改、删除）等都要在 Alert 界面下进行。点击界面上方导航条中的【Alert】按钮，进入通报管理界面。用户可按照界面提示，进行相应操作。

4. 建立与管理快速链接

用户在任何界面中，点击【Add to my Quick Links】链接，即可建立相应的快速链接。

系统首页的快速链接栏目下设有 3 个子栏目，其中【Favorite Journals/Books】子栏目主要用于访问和管理个人喜爱期刊；【Quick Links in ScienceDirect】子栏目主要用于访问和管理 ScienceDirect 系统提供的各种服务，可以建立与期刊的目次页、论文页、通报页等的快速链接，尤其可以查看本学科下载量最高的 25 篇论文（Top-25 Articles），此项服务是向所有用户开放的，无需登录；【Quick Links on the Web】子栏目主要提供与各种网络资源的快速链接。

【检索示例】 利用 ScienceDirect 数据库，检索中国地质大学的作者发表有关“地面沉降”方面的期刊论文。

根据检索要求，确定用高级检索方式。进入检索界面（Search）中的高级检索（Advanced Search）界面。在检索框上方选择“Journals”文献类型；在第一个检索框中，选择“Abstract, Title, Keywords”检索字段，输入“land subsidence”检索词，在第二个检索框中，选择“Affiliation”检索字段，输入“China University of Geosciences”检索词，两个检索框之间用布尔逻辑运算符 AND 连接，如图 3-24 所示，点击界面下方的【Search】按钮。检索结果为 3 条记录，点击题名或 PDF 链接查看全文，如图 3-26 所示。

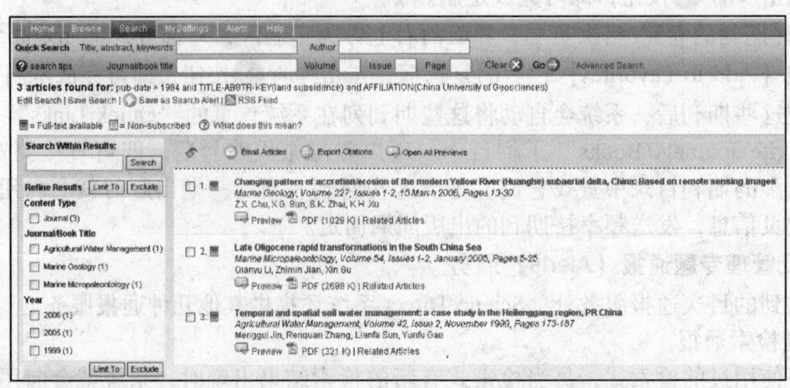

图 3-26 ScienceDirect 检索示例检索结果界面

3.5 WILEY InterScience 数据库

3.5.1 概述

WILEY InterScience 是由 John Wiley & Sons Inc. 出版公司提供的检索系统。John Wiley & Sons Inc. 成立于1807年，是一家有200年历史的国际知名专业出版机构，在化学、生命科学、医学和工程技术等领域的学术文献出版方面颇具权威性。WILEY InterScience 提供全文电子期刊、电子图书和电子参考工具书的服务。本节主要介绍其电子期刊的检索与利用。

访问网址 http://www3. interscience. wiley. com/，如图3-27所示。

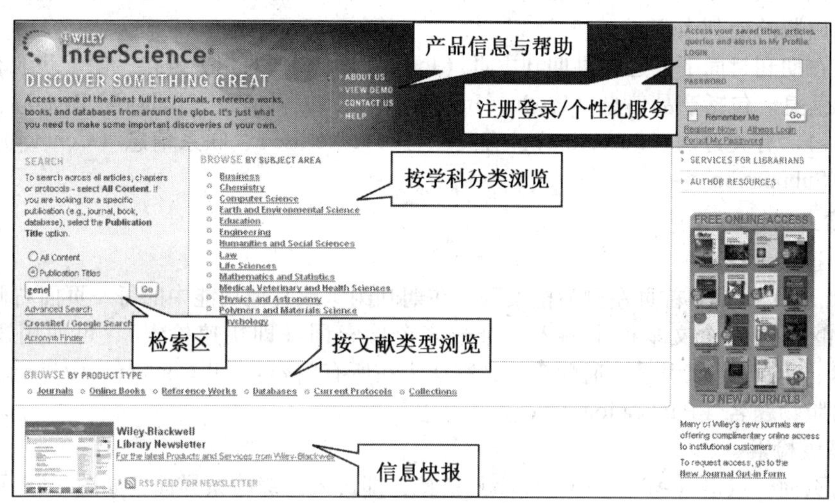

图3-27　WILEY InterScience 首页

3.5.2 使用方法

1. 浏览方式（BROWSE）

WILEY InterScience 首页中央位置是按学科分类浏览（BY SUBJECT AREA）各类出版物，点击每一学科的链接就会显示该学科所收录的出版物列表。

首页左下方是按文献类型进行浏览（BY PRODUCT TYPE）。点击【Journals】（期刊）进入浏览期刊的页面，可按刊名的字顺浏览，也可按学科分类浏览。在期刊浏览页面下方列出了近期使用频率最高，也就是当前最热门（TOP JOURNALS）的期刊，方便用户了解当前的研究热点。点击刊名链接，即可进入该刊首页，默认为该刊当前最新的一期，如图3-28所示。

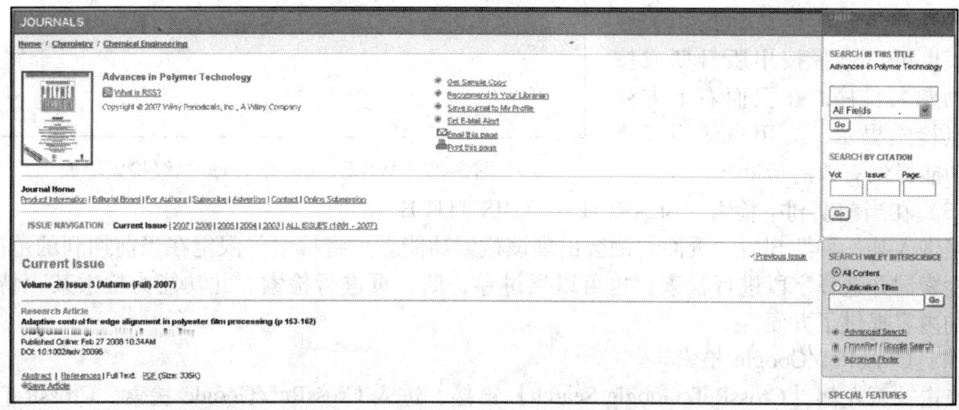

图3-28　Wiley InterScience 期刊浏览界面

期刊封面右侧列出以下链接：参见项（当该刊与其他刊有继承关系时会出现此项内容）；获取样本刊（Get Sample Copy，只需注册即可免费阅读电子版样本刊）；向图书馆人员推荐（Recommend to Your Librarian）；将此刊存入“我的文档”（Save Journal to My Profile）；设置通报服务（Set E-mail Alert）等。

点击期刊封面下方的卷期导航（ISSUE NAVIGATION），即可分年度查看该刊各卷期清单，也可点击【ALL ISSUES】（所有期），查看该刊提供的所有卷、期清单，按年度排列，可直观了解每一年度出版的卷期情况，点击链接即可进入相应卷期。在有些期刊首页，除“卷期”外还提供“先睹为快（Early View）”链接，可以查看该刊目前已经收录但尚未正式出版的内容，即优先上网出版的期刊内容。

此外，在期刊封面下方还提供期刊主页（Journal Home）的相关链接，便于获取有关投稿或其他方面的信息。包括产品信息（Product Information）、编辑信息（Editorial Board）、作者须知（For Authors）、有关订购（Subscribe）、有关广告（Advertise）、联系信息（Contact）和在线投稿（Online Submission）。

2. 检索方式

（1）快速检索

WILEY InterScience 首页左侧为检索区，在期刊浏览或其他功能中的每一页面右侧也都包含这样的检索区。在单个文本框中输入一个或多个检索词（即快速检索），可使用逻辑运算符（AND、OR、NOT）、双引号、通配符 *，默认为在所有内容（All Content）中进行检索，也可以只检索出版物题名（Publication Titles）。

（2）高级检索

在任何页面，点击【Advanced Search】链接，即进入高级检索界面，如图 3-29 所示。

高级检索界面除 3 个检索框外，还设有：文献类型（Product Type）选项，默认为所有（All）文献；可将检索范围锁定为已保存的出版物（Collections and Saved Items）；可根据需要选择学科领域（Subjects），默认为选择所有学科；可选择检索的年代范围，默认为所有年代，也可以选择在最近 1、3、6、9、12 个月范围内或指定年代范围进行检索；可选择排序方式，默认为按相关性排序，也可以选择按出版日期或按出版物题名排序。在页面右下方列出 6 点检索提示，为用户使用高级检索功能提供有效的帮助。

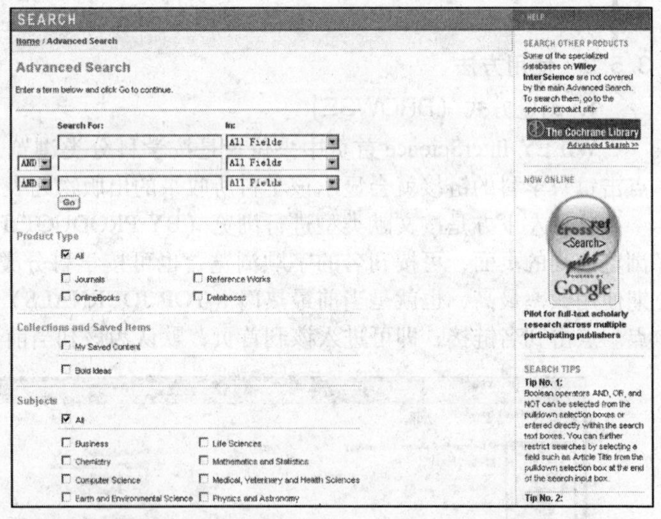

图 3-29　WILEY InterScience 高级检索界面

（3）在当前期刊中检索（SEARCH IN THIS TITLE）

当进入某一种期刊后，页面右侧会出现该检索功能。可将检索仅限定在当前期刊的范围内，输入检索词并选择字段进行检索；也可以通过卷、期、页进行检索。此功能为检索某一特定期刊中的内容提供了方便。

（4）CrossRef/Google 检索

点击首页左侧【CrossRef/Google Search】链接，进入 CrossRef/Google 检索。CrossRef 是一种协作参考链接服务，不直接提供全文内容，而是通过数字资源惟一标识符（DOI）建立有效的链接，使研究人员能够点击参考文献而直接找到并使用引文文章，其主要目的就在于通过合作使学术研究更加方便和快捷，目前已有几十家领先的学术期刊出版单位加入了这一实验计划，WILEY InterScience 是其创办成员之一，由 Google 提供技术支持，通过 Google 搜索引擎进行检索，如图 3-30 所示。

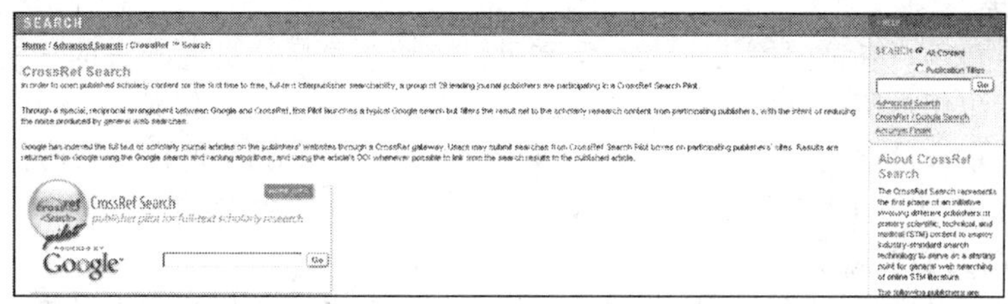

图 3-30 WILEY InterScience CrossRef/Google 检索界面

3.5.3 检索结果浏览和处理

系统默认每页显示 25 条记录，检索结果可以分别按相关性（Match%）、出版日期（Date）、出版物题名（Product）进行排序。每条记录包含题名、期刊刊名、卷期、出版日期、页码、作者，同时提供以下链接：文摘（Abstract）、参考文献（References）、全文（Full Text），如图 3-31 所示。

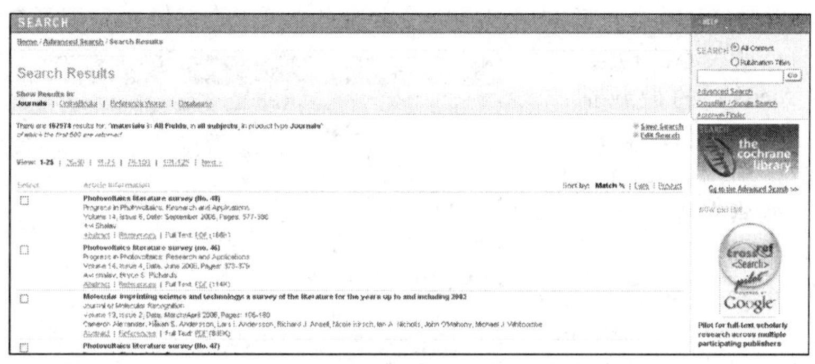

图 3-31 WILEY InterScience 检索结果界面

在所需文章前面的方框中勾选，然后点击页面下方的【View Selected Items】（查看所选记录），就可以看到所选文章的题录页。如果选中两篇以上文章，则先显示第一篇，在页面右上方点击【Next Item】（下一条记录）可依次查看其他文章的题录信息。

点击【Download Selected Citations】（下载选中的题录）链接，则出现题录输出页面。输出格式（Format）可选文本（Plain Text）或 EndNote 格式；输出类型（Export Type）可选题录（Citation）或文摘和题录（Abstract and Citation）；文件类型（File Type）可以选 PC、Macintosh 或 Unix or Linux。

直接点击某篇文章的【Abstract】链接，则显示该文章的详细记录信息。

点击某篇文章的【References】链接，显示该文章所引用的参考文献清单，如果参考文献有全文链接，可以选择通过 CrossRef 或 ChemPort 链接到该篇参考文献的全文，如果具有访问权限即可打开全文。

在执行完一次检索后，点击页面右上方的【Save Search】链接即可将检索式保存下来，以便将来再进行检索并设定检索通报，但使用该功能前需要用个人账号登录。

点击文献的全文链接查看全文，也可以进行存盘、打印等一系列操作。

3.5.4 个性化功能

WILEY InterScience 系统目前提供个人定制、通报服务等个性化服务功能。

1. 用户注册

注册个人账号可以利用 WILEY InterScience 的个性化服务功能，例如通报服务等。注册方法是直接点击首页右上方的【Register Now】（立即注册），就会出现新用户注册界面，按照界面提示填写完毕后，还要注意阅读和同意使用条款。注册完成后，系统会给用户发送账号启用通知，根据提示启动后账号即告生效。

2. 用户登录

在首页右上角用户登录区输入个人账号密码，成功登录后，页面上方的导航条会产生个性化的变化，显示出用户所保存的信息，可以利用导航条每一项的下拉菜单，链接到用户最经常使用的期刊、文章和检索式等。在页面右上角原本显示登录对话框的区域内，则会显示当前WILEY InterScience产品的数量清单。

3. 个人定制文档信息

通过点击导航条中每一项的下拉菜单，可以方便地获知当前用户保存的期刊、文章、检索式。也可以进入【我的文档】（My Profile），通过左上角的链接分别查看所保存的这些信息，可以重新进行编辑和设定。

4. 通报服务

系统提供以下两种通报服务：对于用户保存的期刊，每当有新的期刊出版后，系统会自动向用户发送期刊目次通报（Saved Titles Alerts）；对于用户保存的检索式，当新出版的某篇文章能够满足该检索式时，系统会自动向用户发送检索通报，可以直接链接到该篇文章，从而使用户能及时了解自己所关心的检索内容（Saved Search Alerts）的最新情况。对于通报服务，可以进行编辑设定。

【检索示例】利用WILEY InterScience数据库，检索有关“基因”方面的出版物。

在WILEY InterScience首页左侧检索区，选择出版物题名（Publication Titles）作为检索途径，在检索框中输入“gene”检索词，如图3-27所示，点击【Go】按钮。检索出16条有关基因的期刊和图书，如图3-32所示。点击出版物名称，即可浏览更详细的信息和全文。

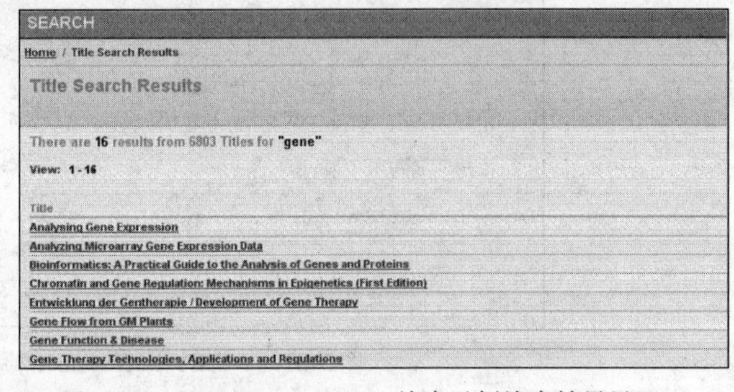

图3-32　WILEY InterScience检索示例检索结果界面

3.6　SCI数据库

3.6.1　概述

美国科学情报研究所（ISI-Institute for Scientific Information）挑选并标引自然科学、社会科学、艺术与人文科学诸领域中权威的期刊，形成《科学引文索引》（Science Citation Index，简称SCI）、《社会科学引文索引》（Social Science Citation Index，SSCI）和《艺术与人文引文索引》（Arts & Humanities Citation Index，A & HCI）3大引文系统。其中SCI是世界最权威的科学技术文献检索工具之一，能够提供科学技术领域最重要的研究成果。利用SCI独特的引文检索体系，不仅可以从文献引证的角度评估文献的学术价值，还可以迅速组建研究课题的参考文献网络。学术论文被SCI收录或引用的数量，已被世界上许多大学作为评价学术水平的一个重要标准。

Web of Science（WOS）是ISI基于Web开发的网络数据库服务系统，2002年升级为Web of Knowledge（WOK）。SCI网络数据库的名称为SCI-Expanded（SCIE），属于综合性学科数据库，包括图书、期刊论文、会议论文、专利和其他各种类型的文献，覆盖170余种学科，收录全球自然科学、工程技术领域内6 900余种最具影响力的学术刊物和书目信息、作者文摘、引用参考书目，用引文检索方式指出复杂的科技信息之间的联系。

访问网址：http://isiknowledge.com/wos。

3.6.2　检索方式

系统提供普通检索、引文检索、化学结构检索和高级检索 4 种检索方式。

1. 普通检索（Search）

普通检索是系统默认的检索方式，提供多个检索框，可根据需要增加检索框（Add Another Field），如图 3-33 所示。

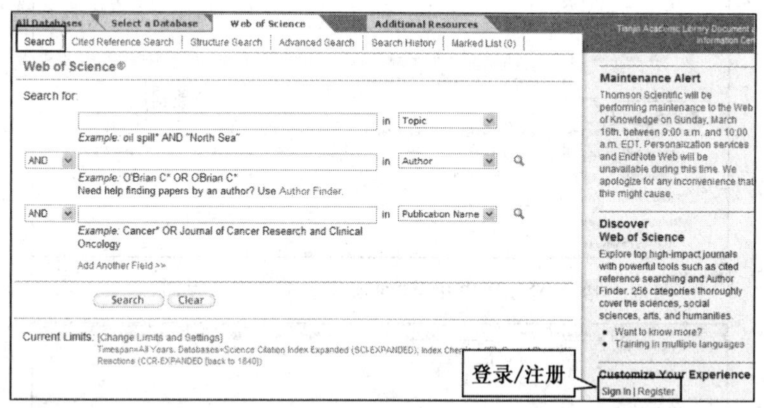

图 3-33　Web of Science 普通检索界面

2. 引文检索（Cited Reference Search）

引文检索将文章中的参考文献作为标引词或标引条目，利用作者自己建立起来的文献之间存在的关系链查找文献，是 SCI 特有的检索功能。Web of Science 的引文索引提供了被引作者（Cited Author）、被引文献来源（Cited Work）和被引年代（Cited Year）3 个检索字段，每个字段均可使用截词符 *、逻辑运算符 OR 进行组合，如图 3-34 所示。

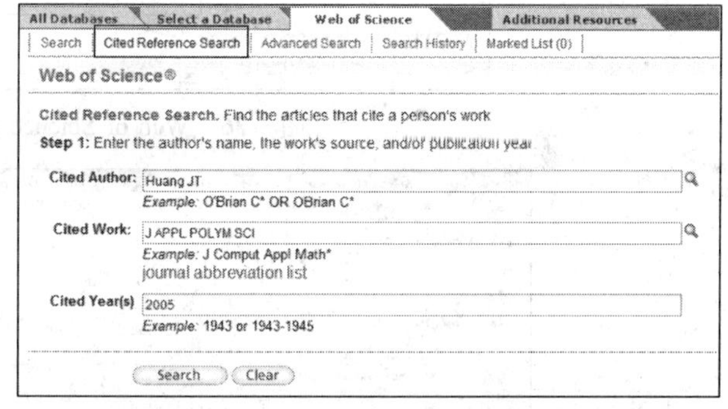

图 3-34　Web of Science 引文检索界面

3. 化学结构检索（Structure Search）

在使用化学结构检索之前，需下载 Chemistry plug-in 免费插件，才可使用绘图功能。化学结构检索提供绘制化学反应结构式、化合物数据和反映数据 3 种检索途径，如图 3-35 所示。

4. 高级检索（Advanced Search）

检索界面只有一个检索框，根据检索需要，创建一个复杂检索式进行检索。界面右侧显示了 ISI 支持的字段代码和布尔逻辑运算符，下方可限定语种和文献类型，如图 3-36 所示。

5. 检索历史（Search History）

点击导航条上的【Search History】，进入检索历史界面，如图 3-37 所示。可以看到当前所做过的检索过程，包括检索序号（Set）、命中记录数（Results）及检索式等。在检索历史界面，可完成以下操作：

1）保存检索式，点击【Save History/Create Alert】按钮，将检索历史界面上当前显示的各步检索统一保存在服务器上。

2）运行已保存的检索式，点击【Open Saved History】按钮，可重新执行已保存的检索式。

3）对多个检索式进行逻辑组配检索（Combine Sets），点选要组配的某检索集合，选择逻辑运算符（AND、OR），然后点击【Combine】按钮。

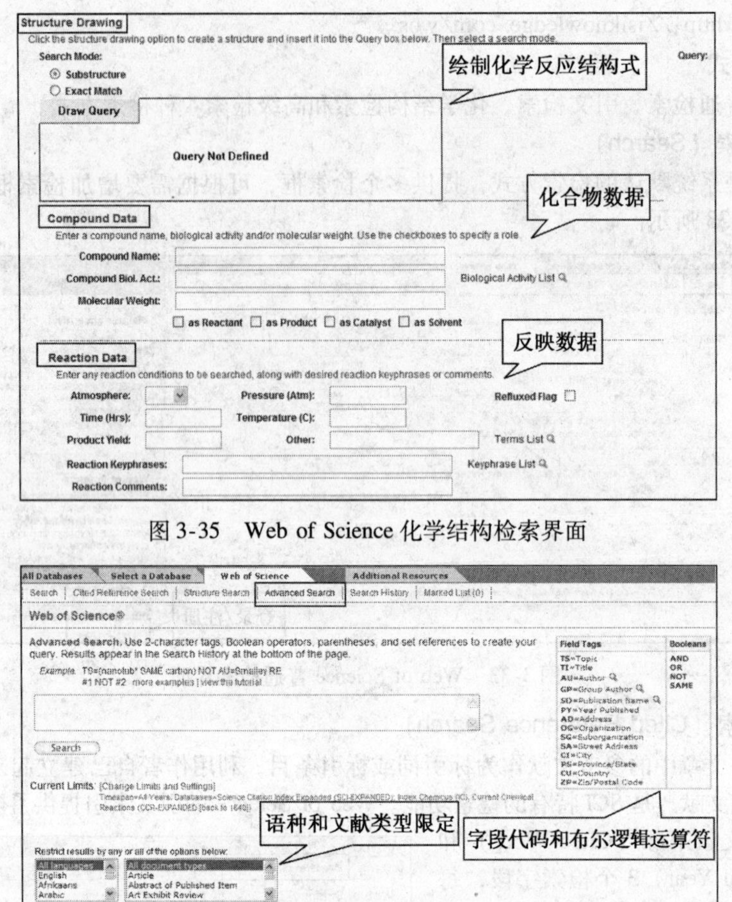

图 3-35　Web of Science 化学结构检索界面

图 3-36　Web of Science 高级检索界面

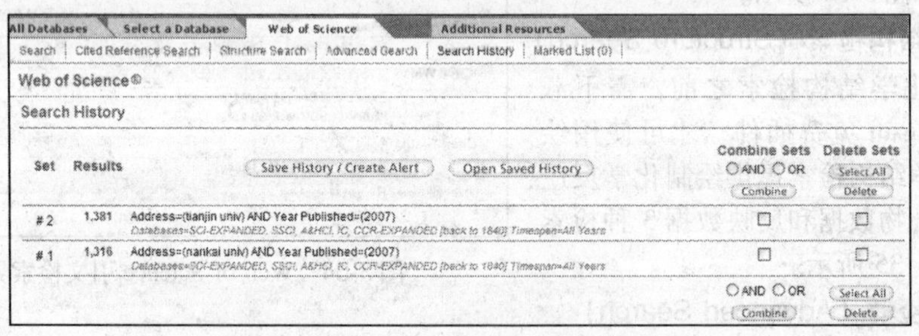

图 3-37　Web of Science 检索历史界面

4）删除某检索集合（Delete Sets），点选要删除的某检索集合，然后点击【Delete】按钮完成删除。

3.6.3　检索结果浏览和处理

1. 记录显示格式

检索结果以题录格式显示，如图 3-38 所示，包括文献篇名、作者、原文出处和被引次数。

点击篇名链接，可显示全记录（Full Record）格式。全记录格式除了包含题录信息外，还提供文献摘要（Abstract）、参考文献（References）、被引次数（Times Cited）及引用文献（Citing Articles）、设置被引用最新信息通报服务（Create Citation Alert）、相关文献（Related Records）、期刊影响因子（Journal's impact factor）等。

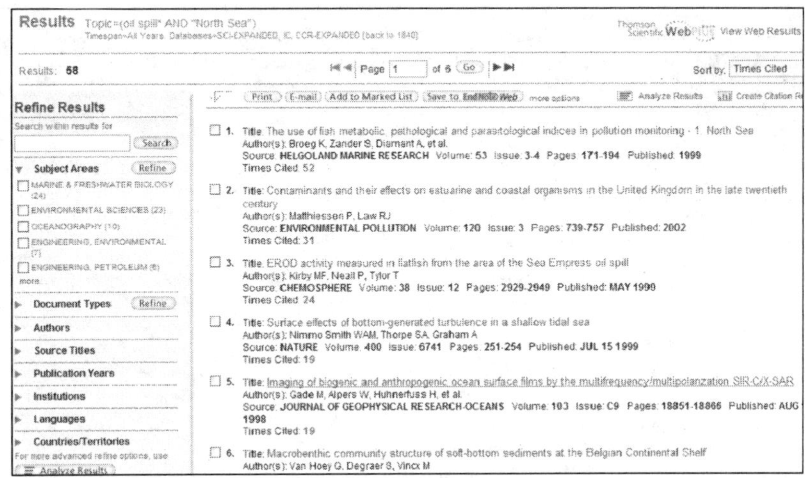

图 3-38　Web of Science 检索结果题录界面

2. 检索结果排序（Sort by）

系统提供了 6 种排序方式：最新日期（Latest Date，系统默认）、被引次数（Times Cited）、相关性（Relevance）、第一作者字顺（First Author）、刊名字顺（Source Title）以及出版年（Publication Year）排序。

3. 检索结果标记

在题录显示状态下，勾选记录前的复选框逐条标记记录，也可使用界面下方批处理的方式进行标记。对标记过的记录可以进行输出处理。

4. 精炼检索（Refine Results）

在题录显示界面的左栏【Refine Results】，可获取检索结果分布统计，包括主题领域（Subject Areas）、文献类型（Document Types）、作者（Authors）、刊名（Sources Title）、出版年（Publication Years）、作者单位（Institutions）、语言（Languages）、国别（Countries/Territories）、出版者（Publisher）等。通过该功能，用户可了解有哪些科研人员、哪些科研单位、哪些国家在从事相关专题的研究，相关的研究课题属于哪些学科分类等。勾选统计项前的复选框，点击【Refine】按钮，系统将限定结果范围。也可在该结果的基础上进行二次检索（Search within results for）。

5. 标记结果输出

在题录显示状态下，对需要输出的记录做好标记后，点击导航条上的【Marked List】图标，进入结果输出界面。此时标记过的记录将单独显示出来。

标记结果输出的具体步骤为：

1）选择需要输出的字段。

2）选择输出的方式。系统提供了 4 种输出方式：【打印】（Print）、【发送电子邮件】（E-Mail）、【加入列表】（Add to Marked List）及输出到个人书目文献管理系统中（Save to EndNote Web）。点击相应的输出按钮完成输出。

6. 检索结果分析

在题录显示状态下，点击按钮【Analyze Results】，进入结果分析界面，可对检索结果进行分析，如图 3-39 所示。

结果分析页面上各栏目说明如下：

1）Rank the records by this field：选择数据分析项目。系统提供 8 个分析项目：作者（Author）、国别（Country/Territory）、文献类型（Document Type）、机构名称（Institution Name）、语种（Language）、出版年代（Publication Year）、刊物名称（Source Title）及学科类别（Subject Category）。

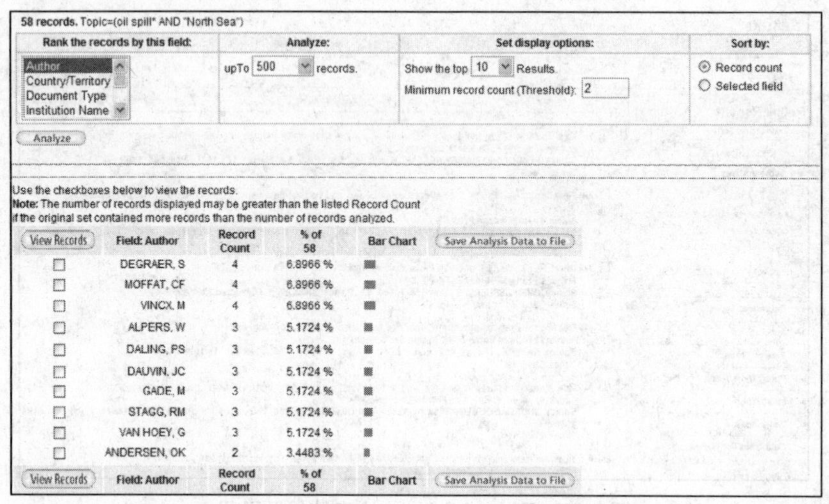

图 3-39　Web of Science 检索结果分析界面

2）Analyze：通过下拉菜单设定分析数量的上限。系统可分析的最大结果数为 10 万条记录，即当检索结果数超过 10 万条时，系统仅取前 10 万条记录进行分析。

3）Set display options：设置分析结果显示范围。第一项设定显示分析结果的个数，显示前 n 项（n = 10、25、50、100、250、500）；第二项为显示记录数的下限，当记录数小于某个数后，分析数据不显示。

4）Sort by：按记录数多少排序显示，或按所选字段的字顺显示。

图 3-39 所示是某一专题被 SCI 收录数据所做的作者分析，从图中可以看出哪些科研人员从事相关专题研究。

3.6.4　最新信息通报服务

通过在 WOS 首页（如图 3-33 所示）预先注册后，可免费获得 WOS 提供的最新信息通报服务，包括检索式最新信息通报和文献被引用最新信息通报。

1. 检索式最新信息通报

在检索历史界面，删除不需要通报的检索式，点击【Save History/Create Alert】按钮，登录进入检索历史保存及检索式通报设置页面。为检索历史命名，还可用几个词来说明检索过程。勾选【Send Me E-mail Alerts】，并设定通报周期。点击【Save】后设置完毕。

注意：如果检索历史中包含多个检索式，系统将按最后一步检索式来通报。

在 WOS 首页（如图 3-33 所示），通过链接【My Saved Searches】可查看检索式的最新信息通报设置。

2. 文献被引用最新信息通报

全记录显示状态下，可以设置某篇文献被引用最新信息的通报服务。点击按钮【Create Citation Alert】，进入个性化服务登录界面，输入个人 E-mail 地址和密码后，进入 Citation Alerts 信息提示界面，确认相关信息，点击按钮【Done】设置完毕。

在 WOS 首页（如图 3-33 所示），通过链接【My Citation Alerts】可查看被引文献列表。

说明：在使用数据库遇到问题时，可以查询联机帮助（Help）或查看公司中文网站“培训资料”（http://www.thomsonscientific.com.cn/training/Web of Science.htm）。

【检索示例】利用 SCI 数据库，检索天津理工大学作者黄积涛 2005 年发表在美国《应用聚合物科学杂志》的论文被引用情况。

进入 WOS 引文检索（Cited Reference Search）界面，在被引作者（Cited Author）文本框中输入“Huang JT”，在被引文献来源（Cited Work）文本框中输入“J APPL POLYM SCI”，在被引年

代（Cited Year）文本框中输入“2005”，如图 3-34 所示，点击【Search】按钮。选择引文，点击【Finish Search】按钮，即可显示有 13 篇文献引用该文，如图 3-40 所示。

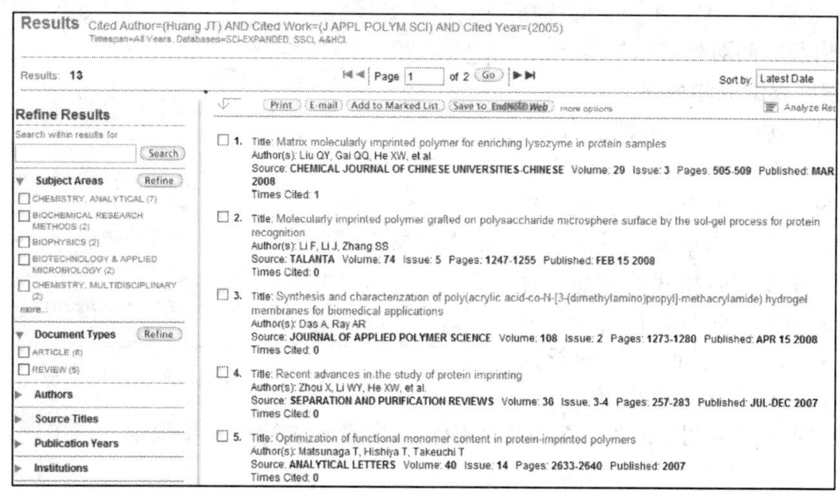

图 3-40 Web of Science 检索示例检索结果界面

3.7 SpringerLink 数据库

3.7.1 概述

SpringerLink 数据库由德国 Springer（施普林格）出版社出版。2004 年底，Springer 与荷兰 Kluwer Academic Publisher 合并，SpringerLink 数据库提供包括原 Springer 和原 Kluwer 出版的全文期刊、图书、科技丛书及参考书的在线服务。目前，SpringerLink 收录的期刊已近 2 千种，覆盖的学科有建筑与设计、行为科学、生物医学和生命科学、商业和经济、化学和材料科学、计算机科学、地球和环境科学、工程学、人文社科和法律、数学和统计学、医学、物理学和天文学以及专业电脑、万维网应用与设计。访问网址为：

1）http://springer. lib. tsinghua. edu. cn/（清华大学图书馆镜像）。

2）http://www. springerlink. com/。

SpringerLink 数据库提供简体中文检索界面，如图 3-41 所示。

3.7.2 使用方法

1. 浏览方式

在数据库首页，可以从内容类型、学科（Subject Collection）和特色图书馆 3 个途径浏览数据库资源。

2. 检索方式

（1）基本检索

在数据库主界面的上方有一检索框，在该检索框中直接输入检索词或利用 ... 构建检索表达式进行检索。

（2）高级检索

点击基本检索的检索框右上方【高级检索】按钮，进入高级检索界面，如图 3-42 所示。

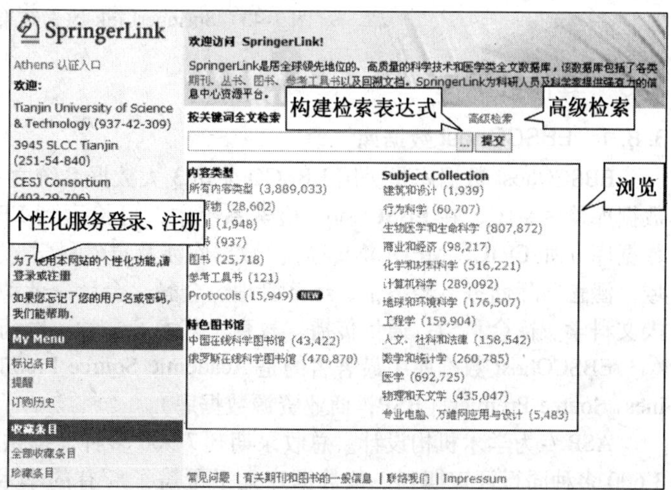

图 3-41 SpringerLink 首页

在一个或多个检索词输入框中键入检索词，对检索范围进行限定，以达到精炼检索的目的。多个检索条件（检索词输入框）之间的逻辑关系为“与”（AND）。也可选择按相关度和出版时间对检索结果排序。

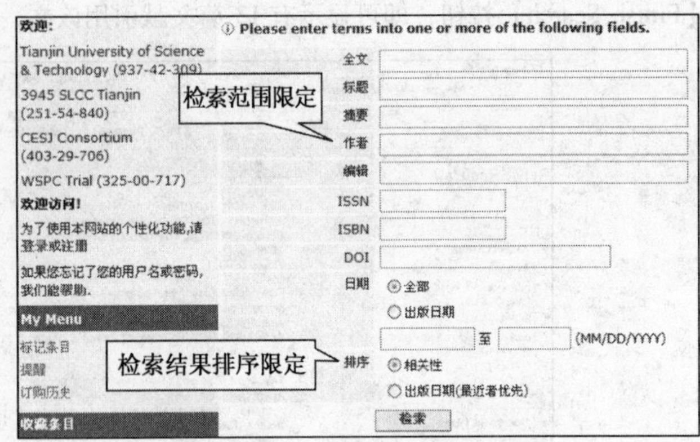

图 3-42　SpringerLink 高级检索界面

3.7.3　检索结果浏览和处理

通过浏览、基本检索和高级检索，均会进入检索结果界面，如图 3-43 所示。

检索结果信息有两种显示方式，简单列表和详细列表。简单列表显示论文标题、作者、全文文献格式等信息；详细列表增加显示论文的 DOI 信息和学科分类。利用检索结果界面右侧的导航栏，可进行重新检索或二次检索，还可对检索结果的入系统时间、语种、学科、出版年、作者等进行进一步限定。点击题名显示该文献的详细信息。

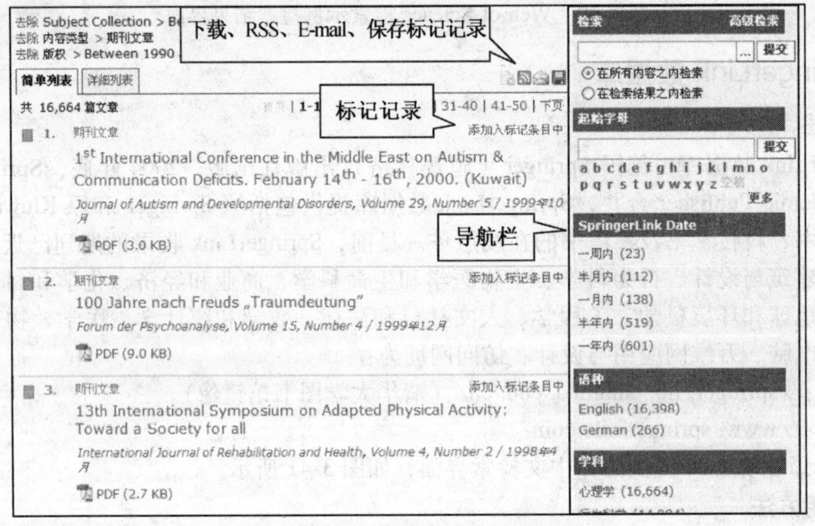

图 3-43　SpringerLink 检索结果界面

3.8　其他数据库

3.8.1　EBSCOhost 数据库

EBSCOhost 数据库是美国 EBSCO 公司 3 大数据系统之一，是一个多数据库、单引擎的在线数据库检索系统。在 EBSCOhost 检索系统中，可检索到 EBSCO 公司制作的全文数据库和其他数据库（如 ERIC、MEDLINE 等）。数据库涉及自然科学、社会科学、人文和艺术等多种学术领域。涵盖国际商务、经济学、经济管理、金融、会计、劳动人事、银行、工商经济、资讯科技、人文科学、社会科学、通信传播、教育、艺术、文学、医药、通信科学等领域，数据每日更新。

EBSCOhost 数据库中最著名的是 Academic Source Premier（ASP，学术资源数据库）和 Business Source Premier（BSP，商业资源数据库）。

ASP 专为学术机构设计。总收录期刊 7 900 多种，提供了近 4 700 种出版物全文，其中包括 3 600 多种同行评审期刊。该数据库几乎覆盖了所有的学术研究领域，包括社会科学、人文科学、教育学、计算机科学、工程学、物理学、化学、语言学、艺术、文学、医学、种族研究等。

它提供的100多种顶尖学术期刊PDF全文可回溯至1965年或期刊创刊年，很多PDF全文是可检索的PDF（Native PDF）或是彩色的。

BSP是行业中使用最多的商业研究数据库，它提供2 300多种期刊的全文，包括1 100多种同行评审期刊。与同类数据库相比，它的优势在于对所有商业学科（包括市场营销、管理、MIS、POM、会计、金融和经济）期刊都进行了全文收录。除收录管理和市场营销方面的世界顶尖期刊外，还收录了市场研究报告、行业报告、国家报告、世界一万家大公司的概况。BSP提供的350多种顶尖学术期刊PDF全文可回溯至1922年，且很多是可检索的或是彩色的。

访问网址：http://search. epnet. com/，提供简体中文检索界面。

3.8.2　Nature 数据库

英国著名杂志《自然》（Nature）是世界上最早的国际性科技期刊，自1869年创刊以来，始终如一地报道和评论全球科技领域中最重要的突破。Nature网站涵盖的内容相当丰富，不仅提供1997年6月到最新出版的《Nature》杂志的全部内容，而且可以查阅其姊妹刊物——Nature出版集团（The Nature Publishing Group）出版的8种研究月刊、6种评论月刊，以及3种重要的物理与医学方面的参考工具书。访问网址为：

1）http://nature. calis. edu. cn（CALIS国内镜像）。

2）http://www. nature. com。

3.8.3　Science 数据库

《科学》（Science）周刊是由Thomas Edison于1880年在美国创刊，自1900年起成为美国科学促进会（American Association for the Advancement of Science，AAAS）的官方刊物，是国际上享有很高声誉的综合性权威刊物，被各国科学家们视为世界一流的科技期刊，发表了千余篇诺贝尔奖获得者的论文。

《Science》周刊从1995年起一直领导在线科学出版的新潮流，Science Online（科学在线）就是从那时开始的，包括：《科学》周刊电子版（Science Magazine）、《科学此刻》（Science Now）、《科学特快》（Science Express）、《科学信号》（Science Signaling）、《科学职业》（Science Careers）等内容。其中，《科学》周刊电子版是Science Online最主要的组成部分，每周五与印刷版同步发行。访问网址为：

1）http://china. sciencemag. org/（中国网站）。

2）http://www. sciencemag. org/。

个人用户在网站免费注册后，可访问全部论文的摘要以及其他免费内容，包括发表了一年以上论文的全文。

习题

1. 在Ei Compendex数据库中，快速检索界面和专家检索界面都提供浏览索引吗？它们包含的检索字段相同吗？
2. 检索清华大学软件领域专家孙家广教授2006年以来发表的论文被EI数据库收录情况。
3. Hermann Steller于1995年在《Science》上发表一篇影响力极高的论文，请利用Scopus数据库检索出该篇文章及其被引情况。
4. 请在CSA数据库中检索报告编号为“DE2007919708”的科技报告，它是美国能源部2007年出版的有关美国华盛顿州南部原子能研究中心汉福德（Hanford）环境方面的科技报告，提供报告名称及作者。
5. 在ScienceDirect数据库中检索2006年“肾移植”方面的期刊论文，并利用精炼检索（Refine Results）功能对检索结果进行分析，了解该方面论文多发表在哪些期刊上。
6. 以期刊“Biometrical Journal”为例，说明如何利用WILEY InterScience数据库获得该期刊目次的通报。
7. 检索中国农业大学2007年发表论文被SCI数据库收录情况，并按被引次数排序。
8. 某作者在做“无线传感器”方面的研究，如何通过SCI数据库选择合适的期刊发表论文？
9. 在SpringerLINK数据库中检索“机器人”方面的期刊文章。

第 4 章　专业数据库检索

本章提示

本章根据学科类型划分，将现有的工程技术领域划分成了 15 个大类，然后分类型重点介绍分属以上各个类型的 30 多种数据库的使用方法。对于工程领域的研究者来说，了解并熟练掌握本专业及相关专业数据库的检索方法将对研究工作起到事半功倍的效果。通过本章的学习，学生应了解本学科专业数据库资源状况，熟练掌握本学科中重要专业数据库的检索方法、检索结果处理、个性化功能设置等知识。

第 3 章介绍了常用的综合性电子期刊数据库，它们的特点是包含领域广泛、内容丰富、使用量大，对于科研人员来说它们无疑是重要的参考信息源。除此之外，还有许多专业数据库对于工程技术人员也是不可或缺的。据统计，工程技术领域所涉及的专业数据库大概有六七十个之多，了解并掌握针对本专业领域开发的数据库资源，将对学术研究活动大有裨益。现将 40 个工程领域划分为 15 大类，见表 4-1。在每个大类中，将选择 1 ~ 2 种重要的数据库予以详细介绍。

表 4-1　工程领域分类表

序号	分类名称	包含工程领域名称	序号	分类名称	包含工程领域名称
1	数理科学类	光学工程	7	化学工程类	化学工程
2	地质与矿业工程类	地质工程	8	轻工纺织与食品工程类	轻工技术与工程
		矿业工程			纺织工程
		石油与天然气工程			食品工程
		测绘工程	9	土木建筑与水利工程类	建筑与土木工程
		安全工程			水利工程
3	冶金与材料工程类	冶金工程	10	交通运输与海洋工程类	交通运输工程
		材料工程			船舶与海洋工程
4	机械与仪器仪表工程类	机械工程	11	航空航天与兵器工程类	航空工程
		仪器仪表工程			航天工程
		车辆工程			兵器工程
		工业设计工程	12	环境工程类	环境工程
5	动力与核能工程类	动力工程	13	生物医学与制药工程类	生物工程
		核能与核技术工程			生物医学工程
6	电气电子与信息工程类	电气工程			制药工程
		电子与通信工程	14	农业与林业工程类	农业工程
		集成电路工程			林业工程
		控制工程	15	管理工程类	工业工程
		计算机技术			项目管理
		软件工程			物流工程

4.1　数理科学类

4.1.1　SPIE 数据库

1. SPIE 数据库简介

SPIE（International Society for Optical Engineering，国际光学工程学会）成立于1955年，是致力于光学、光子学、光电子学和成像领域的研究、工程及应用的著名专业学会。学会每年召开约80个学术会议，举办超过350次的国际性技术研讨会以及各种短期课程和教学活动，所形成的会议文献反映了相应专业领域的最新进展和动态，具有极高的学术价值。

SPIE 会议录收录了自从1963年以来由 SPIE 主办的或参与主办的、超过6 000卷的会议论文，汇集了光学工程、光学物理、光学测试仪器、遥控感应、激光器、机器人及其工业应用、光电子学、图像处理和计算机应用等领域的最新研究成果以及大量原始的、新颖的和先进的研究记录。具有信息量大、报道速度快、相关学科领域广泛等特点，已成为光学及其应用领域科技人员极为重视和欢迎的信息来源，是国际著名的会议文献出版物。

除会议录外，SPIE 还出版了4种著名的专业期刊和两种电子期刊，其中4种专业期刊均被 SCI 所收录。SPIE 数据库中收录的期刊和会议录的名称、范围及更新频率见表4-2。

表4-2　SPIE 数据库收录出版物一览

出版物名称	中文译名	收录范围及更新频率
Optical Engineering	《光学工程》	回溯至1990年，自第29卷起，每月更新一次
Journal of Electronic Imaging	《电子成像期刊》	回溯至1992年，自第1卷起，每季更新一次
Journal of Biomedical Optics	《生物光学期刊》	回溯至1996年，自第1卷起，每两个月更新一次
Journal of Microlithography, Microfabrication & Microsystems	《微平面印刷、微型制造及微系统技术期刊》	回溯至2002年，自第1卷起，每季更新一次
Journal of Applied Remote Sensing	《遥感应用杂志》	2007年创办的电子刊，不定期更新
Journal of Nanophotonics	《纳米光子学杂志》	2007年创办的电子刊，不定期更新
Proceedings of SPIE	《SPIE 会议录》	回溯至1990年，自第1 200卷起，每年约新增17 000篇会议论文

SPIE 数据库有两种访问方式，第一种是通过其主站点 SPIE Digital Library 进行访问，网址为 http://www.spiedl.org，第二种是通过登录 Scitation 平台进行访问，网址为 http://scitation.aip.org。下面只介绍 SPIE 主站点的检索方法，Scitation 平台的检索方法请参见4.1.2节的介绍。

2. 数据库检索方法

（1）浏览

如图4-1所示，在 SPIE Digital Library 首页左侧，有两个导航栏，其中 BROWSE PROCEEDINGS 栏是浏览会议录，BROWSE JOURNALS 栏是浏览期刊。点击期刊浏览栏目下面列出的期刊名称即可浏览该期刊的详细目次信息，包括题名、作者、卷号等信息，进一步点击页面上的超链接，还可以看到当前记录的文摘、引文等更加详细的信息。会议录则可以通过页面上提供的5种途径进行浏览：By Year（按年代）、By Symposium（按会议名称）、By Volume No（按卷号）、By Volume Title（按卷名）和 By Technology（按技术分类）。

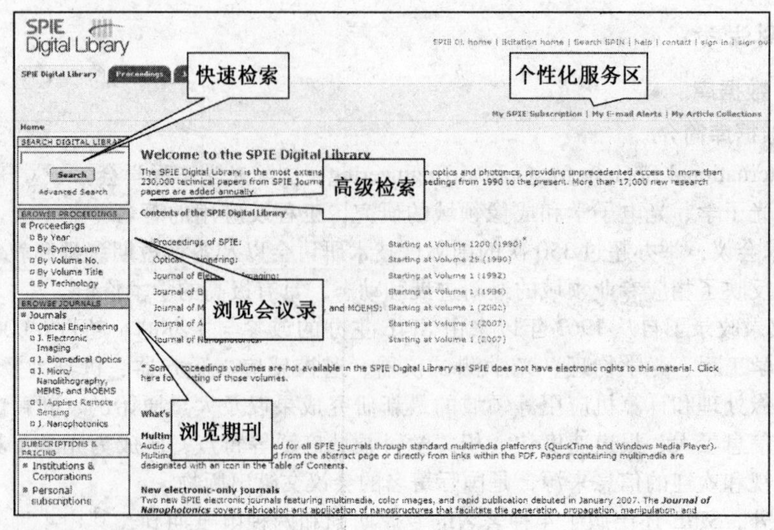

图 4-1　SPIE Digital Library 首页

（2）快速检索

如图 4-1 所示，在首页的左上方的 SEARCH DIGITAL LIBRARY 栏目可以提供 SPIE 期刊和会议录的一站式快速检索，首先在输入框中输入检索词，然后点击【Search】按钮即可。

【检索示例】检索“光学相干层析”技术的相关文献。

在输入框中输入“光学相干层析”对应的英文“optical coherence tomography”，点击【Search】按钮，就会得到 1 502 条检索结果。在这些检索结果中，既包括期刊论文，又包括会议论文，所有命中的结果按照相关度进行排序。在检索结果的页面中，系统还提供二次检索的功能，选择相关的字段，输入限定词，进一步对检索结果进行求精。

（3）高级检索

点击快速检索【Search】按钮下面的“Advanced Search”链接，即可进入高级检索界面，如图 4-2 所示。

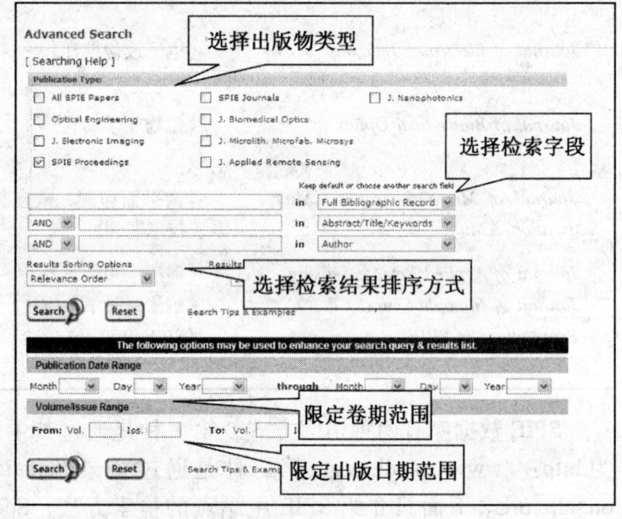

图 4-2　SPIE Digital Library 高级检索界面

在 SPIE 高级检索中，可以选择的检索字段与检索运算符及其含义分别见表 4-3 和表 4-4。

表 4-3　SPIE 高级检索字段及其含义

字段名称	字段含义	字段名称	字段含义
Full Bibliographic Record	任意字段	Keywords	关键词
Abstract/Title/Keywords	文摘/题名/关键词	Section Head	章节题目
Author	作者	Journal or CODEN	期刊名或期刊 coden 码
Affiliation	作者单位	PACS Code or Text	PACS 分类码或分类名
Abstract	文摘	Cited Author	被引作者
Title	题名	Collaboration	合作者

高级检索默认是模糊检索，例如当输入检索词 perturbation 时，系统将检索到任何以 perturb 为词根的单词，如 perturbs、perturbing、perturbation 等。如果要实现单词的精确匹配，则需要输入的时候，用双引号将检索词引起来。例如输入“perturbation”时，系统则只能检索到 perturbation。同时，在高级检索的界面上，用户还可以选择检索结果的排序方式，如可以按照相关度排序，也可以按照出版时间排序，另外，每屏显示记录数也可以改变。

表 4-4 SPIE 检索运算符及其含义

运算符名称	示 例	含 义
AND	A < AND > B	A 和 B 两词都出现
OR	A < OR > B	A 或 B 中的任意一词出现
NOT	A < NOT > B	检索 A 但是不出现 B
NEAR	A < NEAR > B	A 和 B 两词相邻，顺序任意

为了进一步提高检索精度，在高级检索页面上系统还提供给用户一些限制选项，如选择出版物类型（Publication Type），系统默认选项是所有会议录和期刊（All SPIE Papers），用户可以通过复选框选中任意 SPIE 出版物。此外，精确限定检索的出版日期范围（Publication Date Range）或卷期范围（Volume/Issue Range）也是提高检索精度的有效途径。

3. 检索结果处理

执行检索后，检索结果以题录列表的方式显示，如图 4-3 所示。显示内容包括文章的题名、作者、出处和全文链接。通过选择记录右上方【Results Sorting Options】下拉菜单的内容可以对检索结果重新排序。系统提供 3 种排序方式：先显示最新文献（Show Most Recent First）、先显示最早文献（Show Earliest First）、按相关性顺序显示（Relevance Order）。点击每条记录 Full Text：后面的 PDF 链接可以阅读或下载该记录的 PDF 格式全文。

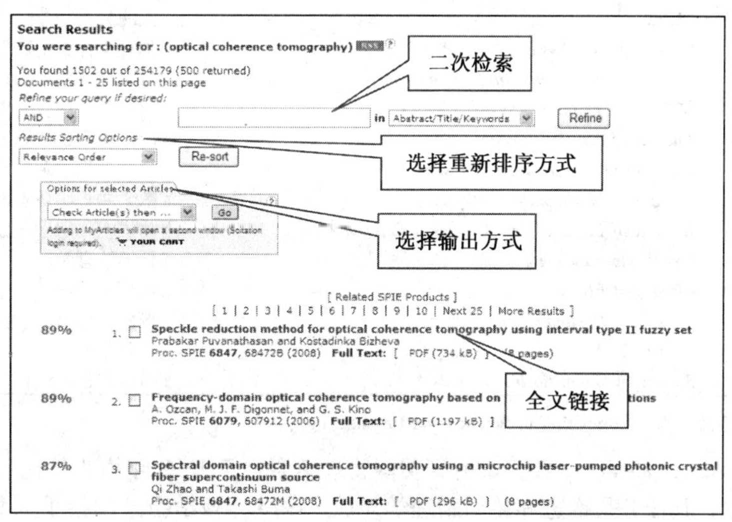

图 4-3 SPIE Digital Library 检索结果页面

系统可以对用户标记的记录进行输出处理。点击【Options for selected Articles】下拉菜单，选中文章便可以添加到“个人文件夹”（Add to myArticles），myArticles 是 Scitation 平台提供的个人存储空间，需要注册 Scitation 平台的个人账号才能登录使用；还可以下载或阅读题录，支持多种文件格式，如 BibTex、EndNote、Medline、PlainText、Refworks 等。

4. 个性化服务功能

SPIE Digital Library 提供 3 种个性化服务。

1）订购期刊列表（My SPIE Subscription）。显示用户订购的期刊。

2）电子邮件通报（My E-mail Alerts）。通过定制该服务，系统会把用户预先选定的研究方向的期刊或会议录中的相关目次信息发送到指定的电子信箱中。

3）个人文献收藏（My Article Collections）。用户可以自由创建多个收藏夹收藏感兴趣的文献，每个收藏夹中最多可以收藏50篇文献。可对收藏的文献进行浏览或编辑等，并可以与研究小组成员共享收藏夹中的内容。该功能由 Scitation 平台提供，用户需要预先注册 Scitation 平台个人账号，并使用该账号进行登录使用。

4.1.2 AIP/APS 数据库

1. AIP/APS 数据库简介

AIP（American Institute of Physics，美国物理研究所）成立于1931年，位于美国的纽约州，其主要任务是物理知识和应用的推广普及，主要的研究方向为物理学和天文物理学，并且为这一研究领域的科学家和教育工作者及学生服务。

它拥有包括美国物理学会、美国光学学会、美国声学学会、流变学学会、美国物理教师协会、美国结晶测验协会、美国天文学学会、美国医学物理学家协会、美国真空学科技学会、美国地球物理学联合会等10个物理学领域内的专业成员单位。该研究所每年都有在线的年度报告（Annual Reports），在年度报告中详细地介绍一年的主要工作，这是了解其性质及研究方向的最简洁的途径。AIP 出版的电子出版物见表4-5。

表4-5 AIP 电子出版物一览表

序 号	出版物名称	中文译名
1	*AIP Conference Proceedings*	《AIP 会议录》
2	*Applied Physics Letters*	《应用物理学快报》
3	*Applied Physics Reviews*	《应用物理评论》
4	*Biomicrofluidics*	《微流体生物》
5	*Chaos*	《混沌》
6	*Computers in Physics*	《物理学计算机》①
7	*Computing in Science and Engineering*	《科学与工程计算》
8	*JCP: BioChemical Physics*	《化学物理杂志：生物化学物理》
9	*Journal of Applied Physics*	《应用物理学杂志》
10	*The Journal of Chemical Physics*	《化学物理学杂志》
11	*Journal of Mathematical Physics*	《数学物理学杂志》
12	*Journal of Physical and Chemical Reference Data*	《物理与化学参考数据杂志》
13	*Low Temperature Physics*	《低温物理学》
14	*Physics of Fluids*	《流体物理学》
15	*Physics of Plasmas*	《等离子体物理学》
16	*Physics Today*	《今日物理》
17	*Review of Scientific Instruments*	《科学仪器评论》

① 1999年以后改名为《Computing in Science and Engineering》。

APS（The American Physical Society，美国物理学会）于1899年由哥伦比亚大学的36名物理学家发起成立，其任务是推进和传播物理学知识。1913年该学会开始接手《物理评论》的编辑出版工作，并于1929年和1958年分别推出了《现代物理评论》和《物理评论快报》，1970年和1993年先后将《物理评论》分成了A、B、C、D、E 5个专辑。目前它已经成立了8个分会，拥有全球4万多名会员，每年组织召开20余次全国性、国际性、地区性的专业会议。

APS 出版的期刊也颇具影响力，其出版的期刊如《Physical Review》、《Physical Review Letters》等都具有很高的引用率。APS 出版的电子出版物见表4-6。

表4-6 APS 电子出版物一览表

序 号	出版物名称	中文译名
1	*Physical Review A (Atomic, Molecular, and Optical Physics)*	《物理学评论A辑：原子、分子和光学物理学》
2	*Physical Review B (Condensed Matter and Materials Physics)*	《物理学评论B辑：凝聚态物质与材料物理学》

（续）

序 号	出版物名称	中文译名
3	*Physical Review C（Nuclear Physics）*	《物理学评论C辑：核物理学》
4	*Physical Review D（Particles，Fields，Gravitation，and Cosmology）*	《物理学评论D辑：粒子、场、重力与宇宙学》
5	*Physical Review E（Statistical，Nonlinear，and Soft Matter Physics）*	《物理学评论E辑：统计物理、等离子体、流体和相关跨学科论题》
6	*Physical Review Letters*	《物理评论快报》
7	*Reviews of Modern Physics*	《现代物理学评论》

AIP和APS出版的期刊是物理学科的权威期刊，历来受到物理学研究人员的广泛关注。

2. 数据库检索方法

AIP和APS是通过Scitation平台提供服务的。Scitation平台由AIP开发建立，于2004年全面运行。该平台的前身为OJPS（Online Journal Publishing Service）平台，建立于1996年。由于“Scitation”这个名称比“OJPS”更能准确揭示该平台的内容与服务，因而得到采用。Scitation一词包含两层意思：一是说明该平台的内容主要涉及科学和技术领域，必须指出的是Scitation平台并非AIP和APS的专用平台，目前，该平台包含24个专业学会（见表4-7），以及110多种科技期刊的上百万篇文献全文，每月新增文献6 000多篇，内容涉及15个学科领域，见表4-8；二是说明该平台采用了强大的引文处理技术，通过CrossRef可以实现多种信息资源的引文链接，如ISI's Web of Science、MEDLINE、ChemPort/Chemical Abstracts Service、SPIN、Inspec、arXiv、SLAC-SPIRES等。

表4-7 Scitation平台中包含的专业学会一览表

序 号	学会名称	中文译名
1	Acoustical Society of America	美国声学学会
2	American Association of Physicists in Medicine	美国医学物理学家学会
3	American Association of Physics Teachers	美国物理教师学会
4	American Institute of Physics	美国物理联合会
5	The American Physical Society	美国物理学会
6	American Society of Civil Engineers	美国土木工程师学会
7	American Society of Mechanical Engineers International	美国机械工程师学会
8	AVS The Science and Technology Society	美国真空学会
9	Earthquake Engineering Research Institute	地震工程学研究所
10	The Electrochemical Society	电化学学会
11	Geochemistry Division of the American Chemical Society	美国化学学会地球化学分会
12	International Centre for Diffraction Data	国际衍射数据中心
13	IEEE Computer Society	美国电子电器工程师学会计算机分会
14	The Institute of Electrical Engineering	电机工程学会
15	The Institute of Noise Control Engineering	噪音控制工程学会
16	IS&T-The Society for Imaging Science & Technology	影像科学和技术学会
17	Laser Institute of America	美国激光研究所
18	MAIK Nauka	俄罗斯科学院
19	National Institute of Standards and Technology	美国标准与技术研究院
20	The Society for Information Display	信息显示学会
21	The Society of Exploration Geophysicists	地球物理学家学会
22	The Society of Rheology	流变学学会
23	SPIE-The International Society for Optical Engineering	国际光学学会
24	The Tire Society	轮胎学会

表 4-8　Scitation 平台中包含的学科领域一览表

序　号	领域名称	中文译名
1	Acoustics and Acoustical Engineering	声学和声学工程
2	Application of Physics	应用物理学
3	Astronomy and Astrophysics	天文学和天体物理学
4	Biomedical Physics and Engineering	生物医学物理学和工程
5	Chemical Physics and Engineering	化学物理和工程
6	Civil Engineering	土木工程
7	Computational Physics and Engineering	计算物理学和工程
8	Fluids & Plasmas	流体和等离子体
9	General Science	普通科学
10	Geophysics & Geochemistry	地球物理学和地球化学
11	Materials Physics and Devices	材料物理和设备
12	Mechanical Engineering	机械工程学
13	Optics and Optical Engineering	光学和光学工程
14	Physics	物理
15	Physics Education	物理教育

数据访问网址是 http://scitation. aip. org/。其首页如图 4-4 所示。

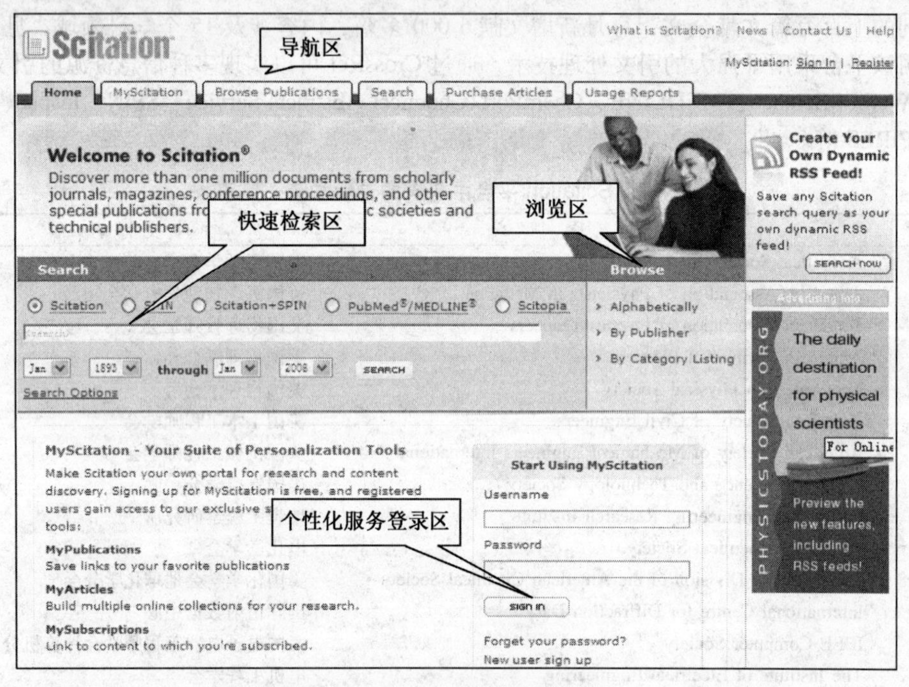

图 4-4　Scitation 检索平台首页

（1）浏览

点击首页上方导航区的【Browse Publications】按钮，或者直接点击首页浏览区提供的链接均可进入浏览界面。系统提供 3 种浏览方式：按字母顺序浏览（Alphabetically）、按出版社浏览（By Publisher）和按分类浏览（By Category Listing）。

在浏览界面中，每一种期刊名称前都有一个复选框，用户可以选中自己感兴趣的期刊，然后点击【Add Selected】按钮，将此刊加入 My Publications 收藏之中，以便随时调取阅读。点击期刊名称直接进入该刊的导航页面，点击期刊名称下面的【Current Issue】链接，进入该刊的最新目次页，点击【Browse Archives】链接可以浏览该期刊在线提供服务的所有目次列表，点击【Subscribe】链接将进入该刊的订购页面，而【Author Info】链接的是作者须知。

（2）快速检索

在平台首页的输入框中，直接输入检索词，这种类似 google 的检索方式称为快速检索。其特点是输入条件简单，缺点是检索精度较低。

（3）常规检索

点击首页上方导航区的【Search】按钮，即进入常规检索（Standard Search）页面，如图 4-5所示。在下拉菜单中选择检索字段，在输入框中输入检索词，并指定各检索词之间的逻辑关系。在常规检索中，还可以对检索日期范围或卷期范围进行限制。

（4）高级检索

点击常规检索右侧的 Advanced Search 链接，即可进入高级检索页面。高级检索是用检索运算符和检索字段进行组合构造检索式而进行的检索。Scitation 平台提供多个检索字段和多种检索运算符，分别见表 4-9 和表 4-10。输入检索式时，检索运算符需要用 < > 号括起来，圆括号可以用来改变运算次序。

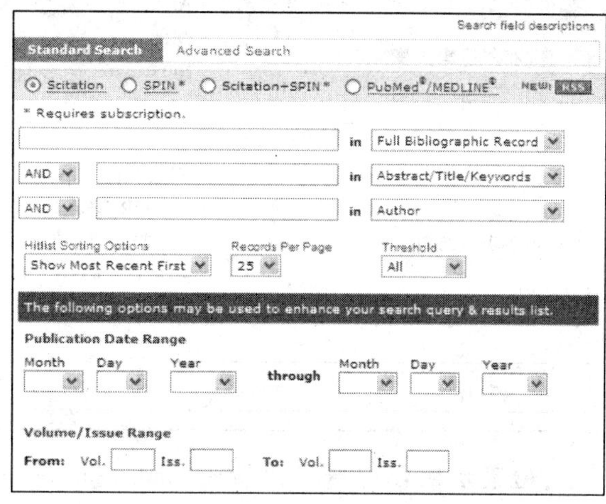

图 4-5　Scitation 平台常规检索界面

表 4-9　Scitation 检索平台检索字段及其检索式示例

字段代码	字段名称	字段说明	检索式示例
	Abstract/Title/Keywords (of article)	文摘、标题或关键词	dynamics < IN > abstract < OR > dynamics < IN > title < OR > dynamics < IN > keywords
au	Author (of article)	论文作者	jones < IN > author jones < IN > au
af	Affiliation (of author; generally location)	作者单位	"max planck" < IN > affiliation "max planck" < IN > af
	Abstract	文摘	gluon < IN > abstract
	Title	论文标题	Physics < IN > title
	Keywords	关键词	gluon < IN > keywords
sec1	Section Head (major heading)	主标题	optics < IN > sec1 < OR > optics < IN > sec2
sec2	Section Head (minor heading)	副标题	
	Country (of primary author)	国家	"united states" < IN > country
su	Subject (text of primary PACS code)	主题	lattice dynamics < IN > subject lattice dynamics < IN > su
jo	Journal (name of journal)	期刊名	chaos < IN > journal chaos < IN > jo
	Coden (coden of journal)	期刊编号	APPLAB < IN > coden
	Volume (of journal)	期刊卷号	105 < IN > volume
	Issue (of volume)	期刊期号	24 < IN > issue
	Issue Date	发行日期	December 22, 1996 < IN > issuedate
ftpage	Page (first page of abstract)	文摘第一页	2471 < IN > fpage
pacs	PACS Codes (numerical entries)	物理天文学分类代码（数值）	42. 55. Gp < IN > pacs
pacs-text	PACS Text (text entries)	物理天文学分类文本（文本）	"excimer lasers" < IN > pacstext
pacsyr	PACS Year	PACS 年份	1996 < IN > pacsyr
type	Document Type or Kind	文献类型①	experimental < IN > type

① 文献类型包括：abstract、apparatus、brief report、book review、comments、communications、computing、data、experimental、letter、method、note、patent、popular、review、special、theoretical、unspecified journal。

表 4-10 Scitation 平台检索运算符

检索运算符	运 算 符	说 明
布尔逻辑运算符	AND	检索记录中包含所有检索词
	OR	检索记录中包含任意一个检索词
	NOT	检索记录中不包含 NOT 后的检索词
	( )	改变检索顺序
邻近运算符	NEAR	检索记录中两词紧挨着出现，前后位置任意
	NEAR/n	检索记录中两个词之间间隔 n 个词
	ORDER NEAR	检索记录中两词以给定顺序紧挨着出现
	SENTENCE	检索记录中所有检索词在同一个句子中出现
	PARAGRAPH	检索记录中所有检索词在同一个段落中出现
	PHRASE	把几个检索词当成一个固定短语来检索
	“”	把几个检索词当成一个固定短语来检索
通配符	*	代表 0 个或多个字符，用在词中或词尾
	?	代表 1 个字符，用在词中或词尾

【检索示例】构造出“检索 Andersen Michael 在 2000 年以后发表的题名中含有 GRB 的论文”的检索式。

检索式构造为：（（Andersen，Michael < IN > author）< and >（GRB < IN > title））< AND > usdate > = 31-dec-2008 < AND > usdate < = 1-jan-2000。

3. 检索结果处理

实施检索后，系统首先给出检索结果的题录信息，如图 4-6 所示。每条记录前方的复选框用于用户作标记，被标记的记录可以收藏到 My Articles 中，或者直接输出保存在磁盘中，还可以直接保存到 RefWorks、EndNote 等书目管理软件中。点击题名可以看到论文的文摘信息。全文（Full Text）提供多种文件格式，如 PDF、HTML、Gzipped PS 等。需要提醒用户注意的是，并非所有的文章都能直接浏览到全文，只有购买了使用权的期刊才有浏览全文的权限，没有购买的期刊会直接跳转到订购页面。

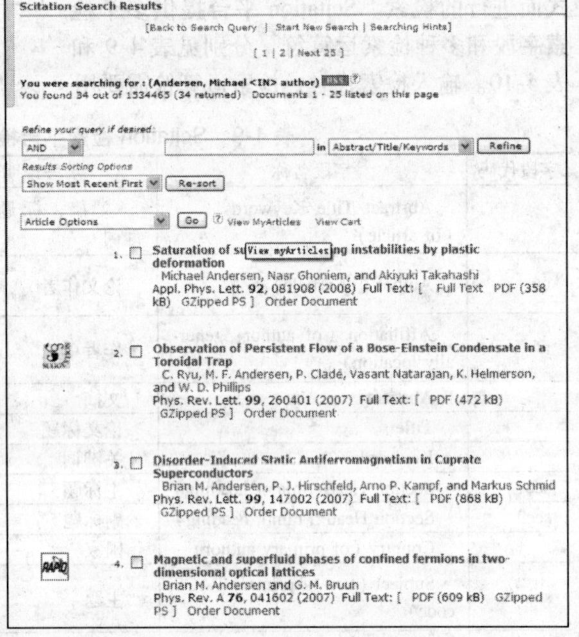

图 4-6 Scitation 平台的检索结果显示页面

在检索结果页面中，系统还提供了二次检索的功能，以便在检索结果中进一步缩小范围，提高检索精度。

4. 个性化服务功能

Scitation 平台提供 3 种个性化服务功能，用户初次登录时，点击首页【New user sign up】链接，进行免费账号注册。用户注册后，通过用户名和密码进行登录，即进入个性化服务页面。

1）收藏期刊列表（My Publications）。对收藏期刊进行检索和浏览操作，也可随意增加、删除期刊列表。

2）收藏文献列表（My Articles）。可根据需要创建多个收藏夹（Collection），每个收藏夹中最多可以收藏 50 篇文献。

3）订购期刊列表（My Subscriptions）。显示用户定购的期刊。

4.1.3　其他相关资源

（1）IOP 数据库

IOP（Institute of Physics，英国物理学会）成立于 1874 年，其主旨是促进物理学的发展并在全球范围内传播物理学知识。现今会员已遍布世界各地，达 34 000 名之多，所承担的任务内容非常广泛，涉及支持研究、推动教育，及促进更多的公众对物理学科的了解和认识。其下属的非营利性出版机构英国物理学会出版社（IOPP-Institute of Physics Publishing）是全球最大的物理及相关学科的信息传播机构之一。其出版物包括著名的《物理学报》系列在内的 30 多种学报、几百种书籍、参考文献，以及越来越多的期刊。

IOP 出版如下世界知名学/协会的期刊：英国物理学会、中国物理学会、欧洲物理学会、德国物理学会、欧洲光学学会、国际计量局、伦敦数学学会、国际原子能机构、瑞典皇家科学院、放射保护学会、医学物理和工程学会、中科院等离子所和中国力学学会、意大利里雅斯特国际高级研究生院、南京石油物探研究所等。其出版期刊的学科包括：应用物理、计算机科学、凝聚态和材料科学、物理总论、高能和核能物理、数学和应用数学、数学物理、测量科学和传感器、医学和生物学、光学、原子和分子物理、物理教育学、等离子物理等。

目前，IOP 在国内的访问方式有两种：第一，通过访问 IOP 主站点进行访问，网址为 http://journals. iop. org；第二，通过访问国内 CALIS 的 IOP 镜像站可以检索 1999 年以后的期刊数据，网址为 http://iop. calis. edu. cn。

（2）AMS 数据库

AMS（American Mathematical Society，美国数学学会）创建于 1888 年，多年来一直致力于促进全球数学研究的发展及其应用，也为数学教育服务。AMS 出版物包括数学评论（Mathematical Reviews）及多种专业期刊和图书。AMS 电子期刊数据库的访问网址为 http://zmath. lib. tsinghua. edu. cn/。

（3）MathSciNet 数据库

MathSciNet 是美国数学学会（AMS）出版的《数学评论》（Mathematical Reviews）的网络版，提供 200 多万条数学研究文献的书目数据及评论，数据回溯至 1864 年，每年增加书目数据 8 万条、评论 6 万个。MathSciNet 收录的文献涉及数学及数学在统计学、工程学、物理学、经济学、生物学、运筹学、计算机科学中的应用等，数据来源于期刊、图书、会议录、文集和预印本等。其访问网址是 http://www. ams. org/mathscinet。

（4）Zentralblatt MATH 数据库

Zentralblatt MATH 是德国《数学文摘》网络版，提供纯数学与应用数学领域文献查询及评论服务，该数据库收录世界各国 1868 年以来 200 多万条数学研究文献，包含 2 300 多种期刊、1 100 种连续出版物及相关图书、会议记录。目前中国有 100 多种刊物被 Zentralblatt MATH 收录。Zentralblatt MATH 由 European Mathematical Society（欧洲数学学会）、FIZ Karlsruhe 和 Heidelberg Academy of Sciences（海德堡科学院）编辑，Springer-Verlag 出版。

该数据库的国外主站点访问网址为 http://www. emis. de/ZMATH/，在清华大学的镜像站访问网址为 http://zmath. lib. tsinghua. edu. cn/。

（5）SIAM 数据库

SIAM（Society for Industrial and Applied Mathematics，美国工业与应用数学会）成立于 20 世纪 50 年代前期，出版发行应用与计算数学方面的 13 种期刊，这些同行评审的研究期刊涵盖了整个应用与计算数学领域，内容丰富而全面。

SIAM 数据库的访问入口有以下 3 种：①主站点访问，网址为 http://epubs. siam. org/。②Scitation平台访问，网址为 http://scitation. aip. org/publications/myBrowsePub. jsp#SIAM。③清华大学镜像站访问，SIAM 现刊数据库网址为 http://siam. lib. tsinghua. edu. cn/；LOCUS 过刊数据网址为 http://db. lib. tsinghua. edu. cn/siamlocus/。第①与第②站点均包含 SIAM 所有现刊和过

刊数据，第③站点需分别访问 SIAM 现刊库与 LOCUS 过刊库，现刊库提供 1997 年以来的数据，LOCUS 过刊库提供 1952 ~ 1996 年间的 14 000 篇过刊全文存档数据。

（6）CESJ 数据库

CESJ（Central European Science Journals，中欧科学杂志）创办于 2003 年 1 月，目的在于加强俄罗斯、波兰、匈牙利、捷克和其他中欧、东欧国家优秀科研团体间的交流。CESJ 注重出版这些国家当前最优秀的科研成果，主要涉及数学、物理、化学等领域，其论文只在网上以季刊发行，目前每年约有 50 ~ 70 篇研究论文，出版语言为英语，CESJ 已被多种检索系统收录。其数据库访问网址为 http://www.cesj.com/journals.html，另外，SpringerLink 数据库中也包含该刊的数据。

（7）OSA 数据库

OSA（The Optical Society of America，美国光学学会）成立于 1916 年，是为了增强和传播光学知识，包括纯理论和应用知识，维护光学研究人员、制图师以及各种光学仪器的使用者的共同利益，并且促进他们之间的合作而成立的。发展至今，OSA 已经拥有超过 14 000 位会员，遍及 81 个国家，包括光学和光子学领域的科学家、工程师、教育家、技术人员及企业领导者。

OSA 是一个科学的、技术性的和教育性的机构。OSA 通过专业的出版物、学术会议、各种活动及其他服务实现它的宗旨：促进光学和光子学知识的发展、应用和保存，并将这些知识传播到全世界。除了光学和光子学领域外，还为物理学、生物学、医学、电气工程、通信、天文学、气象学、材料科学、机械工程和计算等诸多领域的专家学者提供高水准的信息服务。

OSA 的主要出版物包括：8 种同行评审的专业期刊，具有很高的出版标准和权威性；每月出版的新闻杂志（Optics & Photonics News，OPN），及时传递行业的最新发展动态、研究成果、政策法规和会议信息；最新推出的 Trends in Optics and Photonics Series（TOPS），有助于专家、学生及业界人士及时把握光学技术的最新发展方向和进展。其数据库访问网址为 http://www.opticsinfobase.org。

（8）The Royal Society（英国皇家学会）网络版期刊数据库

英国皇家学会是英国并且是世界上存在时间最长的科学学术团体。始建于 1660 年，于 1662 年由国王查理二世授予皇家证书。皇家学会始终致力于科学发现与探索的最前沿，其核心是它的会员，包括了世界上最伟大的科学头脑。先后涌现出法拉第、牛顿、达尔文、卢瑟福、爱因斯坦、霍金等著名的科学家，当今的著名科学家 Francis Crick、James Watson、Stephen Hawking 等人也皆为皇家学会会员。目前约有 1 300 名英国国内外会员，其中有 65 位为诺贝尔奖获得者。该数据库的主站点访问网址为 http://www.journals.royalsoc.ac.uk，其在清华大学的镜像站访问网址为 http://royalsociety.lib.tsinghua.edu.cn。

4.2　地质与矿业工程类

4.2.1　GSW 数据库

1. GSW 数据库简介

GSW（GeoScienceWorld，地球科学世界）是由 7 家地球科学领域的顶尖协会共同建立的非营利性组织，旨在为研究人员提供最新的地球科学电子信息资源。GSW 包括的学/协会见表 4-11。

表 4-11　GSW 包括的学/协会一览

简　称	学/协会名称	中 文 译 名
AAPG	American Association of Petroleum Geologists	美国石油地质学家协会
AGI	American Geological Institute	美国地质学会
GSA	Geological Society of America	美国地质协会
GSL	Geological Society of London	伦敦地质学会
MSA	Mineralogical Society of America	美国矿物学会
SEPM	Society for Sedimentary Geology	美国沉积地质学协会
SEG	Society of Exploration Geophysicists	美国地球物理探矿工作者协会

GeoScienceWorld（GSW）现已出版32种地球科学领域相关的期刊文献，见表4-12，包括专题论文、地图和资料集等。主题涵盖：石油地质、地质学、地震学、地球科学的环境工程、地质的探测与采矿、地质化学、孔虫学、古生物学、地球物理学、孢粉学、地下水文学等，被多家国际著名检索工具书和数据库收录、索引。

表4-12 GSW出版的期刊及内容简介

序号	期刊名称	简介
1	*AAPG Bulletin*	《美国石油地质学家协会通报》是美国石油地质学家协会（AAPG）杂志。论述世界各国地质构造和石油沉积
2	*Environmental Geosciences*	《环境地球科学》是美国石油地质学家协会（AAPG）环境地球科学分会代表刊物，主要刊登从地质学角度出发解决环境问题的文章，是环境地球科学爱好者的必读之物
3	*Palynology*	《孢粉学》是美国地层孢粉学协会（American Association of Stratigraphic Palynologists）的会刊，该刊刊载有关花粉和孢子研究方面的论文，包含自1977年以来每届“第四纪与地层孢粉学年会”的论文
4	*Environmental and Engineering Geoscience*	《环境与工程地质科学》主要刊载工程地质领域的研究论文，是由美国工程地质学家协会（Association of Engineering Geologists）和美国地质协会（GSA）共同创办的季刊
5	*Geological Magazine*	《地质学杂志》历史悠久的高水平学术刊物，发表涉及地质学各领域的原始科研论文、图谱、书评和简讯。为双月刊
6	*Exploration and Mining Geology*	《勘探和采矿地质学》1864年创刊，加拿大采矿、冶金与石油协会（Canadian Institute of Mining，Metallurgy & Petroleum）刊物，是地球科学领域里最古老和最优秀的刊物之一，内容包括矿床地质学、地球化学、地球物理学、采矿地质学、矿物资源评估及评价方法、环境地质学以及成矿历史学等
7	*Bulletin of Canadian Petroleum Geology*	《加拿大石油地质通报》加拿大石油地质家协会（Canadian Society of Petroleum Geologists）刊物，刊载有关古生物学、结构地质学、地球化学、地质数学、岩石学、沉积学和煤炭地质学等方面的研究论文
8	*The Journal of Foraminiferal Research*	《有孔虫研究杂志》美国库什曼有孔虫研究基金会（Cushman Foundation for Foraminiferal Research）的官方刊物，刊载有孔虫及相关的地层学和有机体的生态研究方面的论文
9	*Geology*	《地质学》美国地质协会（GSA）刊物，刊载地球科学各个领域的论文，着重发表当前地质学和勘探中尚有争议的问题及其讨论和回答的简明文章
10	*GSA Bulletin*	《美国地质协会通报》美国地质协会（GSA）刊物，刊载世界范围地质学各个方面的科学报告，包括陆地、海洋和地球外的地质研究
11	*Geochemistry：Exploration，Environment，Analysis*	《地球化学：探测、环境、分析》伦敦地质学会（GSL）刊物，期刊主要是刊登有关探讨地球化学在探测、矿物资源研究及其相关领域的应用的文章
12	*Journal of the Geological Society*	《伦敦地质学会期刊》刊载冰川、河流、地震及普通地质学等方面的研究论文与评论
13	*Quarterly Journal of Engineering Geology & Hydrogeology*	《工程地质和水文地质学季刊》刊载地质学在土木工程、采矿及水资源开发等领域的应用论文与评论
14	*South African Journal of Geology*	《南非地理学期刊》南非地理学会（Geological Society of South Africa）出版的评鉴性期刊，1896年创刊。刊载地质与矿物学领域的论文、札记和问题讨论
15	*Micropaleontology*	《微体古生物学》1954年创刊。对微生物及其硬化石进行地层学、分类学、形态学、古生物学和古生态学的研究

（续）

序　号	期刊名称	简　介
16	*American Mineralogist*	《美国矿物学者》美国矿物学会（MSA）1916 年出版，刊载矿物学、结晶学和岩石学方面的研究论文
17	*Reviews in Mineralogy and Geochemistry*	《矿物学与地球化学回顾》是由美国矿物学协会（Mineralogical Society of America）与美国地球化学协会（The Geochemical Society）联合出版的著名专业期刊
18	*Paleobiology*	《古生物学》古生物学会（Paleontological Society）出版，主要刊登古生物学的研究文章，涉及物种形成、消失、个体或群体发展、自然选择、进化等方面的内容。在古生物学的核心刊物中排名第 4
19	*Journal of Paleontology*	《古生物学期刊》古生物学会出版，1927 年创刊。刊载古生物学领域的研究论文，包括古无脊椎动物学、古脊椎动物学、微体古生物学、古植物学、生物地层学、古生态学等，在学科核心刊物中排名第 18
20	*Bulletin of the Seismological Society of America*	《美国地震学通报》美国地震学会刊物，刊载地震学、地震工程及相关领域研究论文。在地震学核心刊物中排名第 18
21	*Journal of Sedimentary Research*	《美国沉积地质学期刊》美国沉积地质学协会（SEPM）刊物，1931 年出版，刊载沉积岩和地层学领域的基础研究，以及古生物学、沉积学和相关学科在油气地质学中的应用等方面的论文、札记和动态报道
22	*Palaios*	《古代》美国沉积地质学协会（SEPM）刊物，期刊为广大地质学者提供了有关地理、生物以及地球史方面的信息，涵盖领域包括：生物地球化学、化足古迹学、沉积学、地层学、古生态学、古气候学等
23	*Bulletin de la Société Géologique de France*	《法国地质学会通报》法国地质学会（Societe Geologique de France）刊物，刊载论文涉及古生物学、海洋地质学、地球物理学、地球化学和矿床学等方面的研究
24	*Economic Geology*	《经济地质学》美国经济地质学家学会（Society of Economic Geologists）刊物，1905 年创刊。刊载矿物、岩石、矿床和地球化学及其探矿、采矿和有关工业领域的应用的论文
25	*The Leading Edge*	《勘探前缘》地球物理学勘探协会（Society of Exploration Geophysicists）刊物，刊载地球物理学的研究论文，报道美国勘探地球物理学会的活动，介绍勘探设备的新产品
26	*Vadose Zone Journal*	《渗流区杂志》美国土壤学会（Soil Science Society of America）刊物，2002 年创刊。杂志涵盖了渗流带的物理、化学和生物学过程的跨学科研究
27	*Rocky Mountain Geology*	《落基山脉地质学》怀俄明州大学（The University of Wyoming）出版的学术刊，主要是刊载地质学和古生物学方面的论文
28	*Clay Minerals*	《黏土矿物》刊载黏土与黏土矿物分析、物理与化学性质、地质与土壤研究以及黏土矿的利用等方面的研究论文。在矿物学核心刊物中排名第 12 位
29	*Clays and Clay Minerals*	《黏土与黏土矿物》由美国黏土矿物学协会出版。内容涉及矿物学、结晶学、地球化学、沉积学、物理化学、胶体化学、制陶术、石油工程学以及土壤力学等内容
30	*Geosphere*	《岩石圈》美国地质协会（GSA）刊物，目前只有在线版，旨在给读者带来高质量的地球科学研究成果，其出版范围涉及了地球科学的所有学科
31	*Journal of Environmental & Engineering Geophysics*	《环境与工程地球物理学杂志》环境与工程地球物理学学会主办，探讨环境地球物理学和工程地球物理学的应用问题

（续）

序号	期刊名称	简介
32	*Mineralogical Magazine*	《矿物学杂志》为双月刊，主要刊载矿物学、地球化学和岩石学，包括矿物成因、结构、物理化学性质、矿物鉴定与分类等方面的研究论文，在矿物学核心刊物中排名第 7 位

GSW 数据库的访问网址为 http://www.geoscienceworld.org/，其首页如图 4-7 所示。

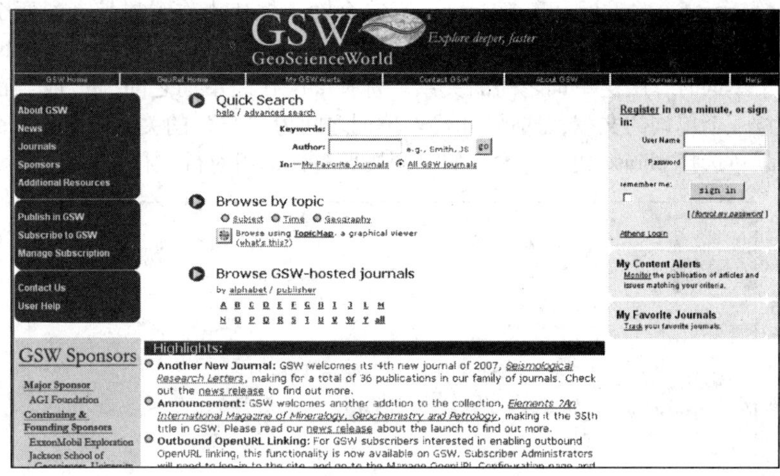

图 4-7　GSW 首页

2. 数据库检索方法

（1）浏览

如图 4-7 所示，在 GSW 数据库的首页中系统提供了多种浏览方式，除了常规的按期刊名称的字母顺序浏览以及按照出版单位进行浏览外，GSW 比较有特色的是按主题浏览，主题浏览有 3 个角度：按学科浏览（subject），如地球化学等；按地质年代浏览（time），如前寒武纪等；按地理特点浏览（Geography），如大陆、海洋等。为了使分类更加直观清晰，系统还运用了更加可视化的主题地图（TopicMap），如图 4-8 所示。

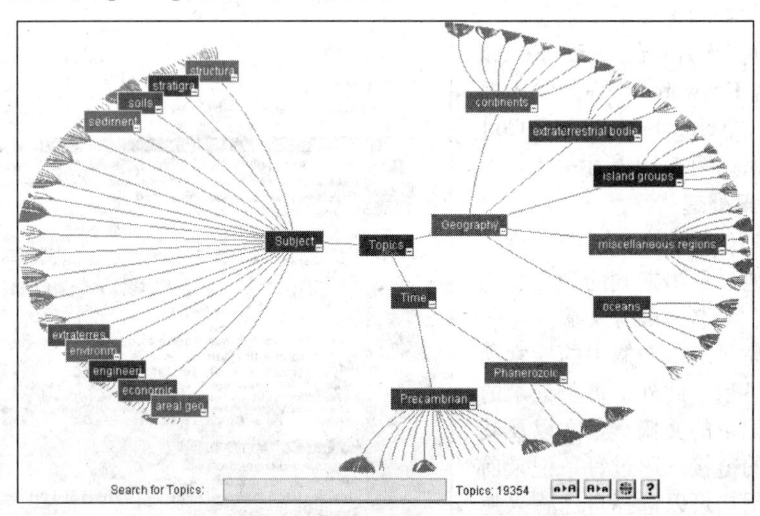

图 4-8　GSW 的可视化主题地图

（2）快速检索

快速检索（Quick Search）同样位于 GSW 的首页，系统提供了关键词和作者两个输入框，如果在两个输入框中都输入内容，则系统默认它们之间是“与”的关系。例如，在 Keywords 后面的输入框中输入 pollution，将有 1 702 条记录被命中，如果同时在 Author 后面的输入框中输入 Pattrick，那么仅剩下一条记录被检索到。

（3）高级检索

点击快速检索下面的【Advanced search】进入高级检索界面，如图 4-9 所示。与快速检索一样，高级检索也提供两个输入框，第一个输入框代表的字段有 3 种选择：题名（title）、题名与文摘（title & Abstract）、关键词（keyword）；第二个输入框代表作者或编者，两个输入框仍然是“与”的关系。在第一个输入框的后面，系统提供了 3 个选项：any、all、phrase。它们的作用是当输入多个单词时，限定单词之间的关系。选择 any 代表单词之间为“或”的关系，即检索命中出现任意一个单词的文献；选择 all 代表单词之间为“与”的关系，即检索命中同时出现所有单词的文献；选择 phrase 代表将输入的单词按照整体词组对待进行检索。

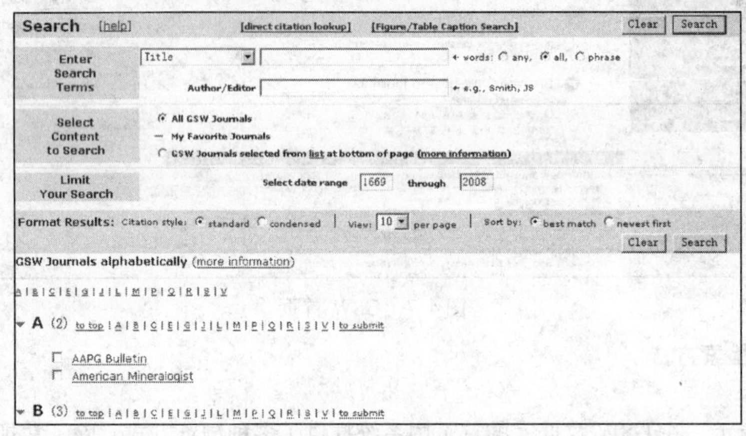

图 4-9　GSW 高级检索界面

在检索页面中还提供限定期刊范围和限定时间范围的功能，以提高检索精度。另外，还可对输出格式中的引文风格以及排序方式等进行设定。

【检索示例】在 GSW 数据库中检索关键词含有“变性土”的文献。

在 GSW 数据库首页的 Quick Search（快速检索）区 Keywords 后面的输入框中输入检索词“vertisol”，点击【Go】按钮，检索结果如图 4-10 所示。

3. 检索结果处理

在 GSW 的检索结果页面中，每一条记录都清晰地显示出期刊的刊名、期刊封面、作者、题名、部分文摘。题名中的检索词高亮显示，文摘中的检索词用黑体字突出显示。此外，每条记录的右侧提供了该记录的文摘、全文以及其出处期刊主页的链接。通过每条记录前方的复选框，用户可以选择自己感兴趣的文献，并将这些文献在新的浏览器窗口中打开，查看详细的文摘等信息（view abstracts in new window），或者下

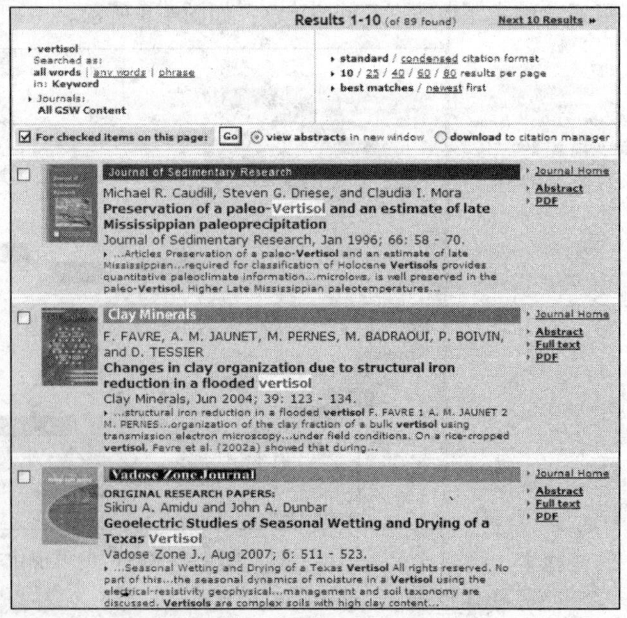

图 4-10　GSW 检索结果页面（局部）

载至引文管理器（download to citation manager）。

4. 个性化服务功能

免费注册用户账号后，用户可以使用其提供的两种个性化服务。

1）目次信息通报（My Content Alerts）。将用户预定主题的最新文章或者预选期刊的最新目次及时通报给用户。

2）我最喜爱的期刊（My Favorite Journals）。跟踪用户最喜爱期刊的内容。

4.2.2　SPE 数据库

1. SPE 数据库简介

SPE（Society of Petroleum Engineers，美国石油工程师协会）是石油科研工作者的组织，该组织每年举办石油行业各相关学科的学术会议，并把会议论文和该组织出版的期刊论文加工成电子文献，通过网络向全球用户提供服务。SPE 数据库内容涉及地质、应用地球物理、地球化学、钻井、测井、修井等石油行业各个领域。目前该库已收录了 40 000 多篇文献，且每年新增文献 1 000 多篇。SPE 数据库的访问网址是 http://www.spe.org。该数据库需要购买使用权限后方可下载阅读全文。

2. 数据库检索方法

首先打开 SPE 主页，点击页面右上方的 login 进行登录，如是第一次使用该数据库需要注册，然后在页面左侧快速连接（Quick Links）中找到 E-library，点击进入 SPE 学术论文数据库。

点击【eLibrary Search】进入 SPE 数据库检索页面，如图 4-11 所示，系统提供自由检索和字段限制检索两种检索方法。【Enter phrases or concepts】右侧的输入框为自由检索，自由检索的检索方式与常用搜索引擎的匹配方式相同，数据库系统自动进行词根扩展和逻辑运算。其他输入框为字段限定检索，系统提供 7 个检索字段，分别是论文题名（Title）、作者（Author）、作者单位（Company/Organization）、论文所提交的会议（Meeting）、论文所发表的期刊（Journal）、出版年（Year）以及 SPE 号（Paper Number）。

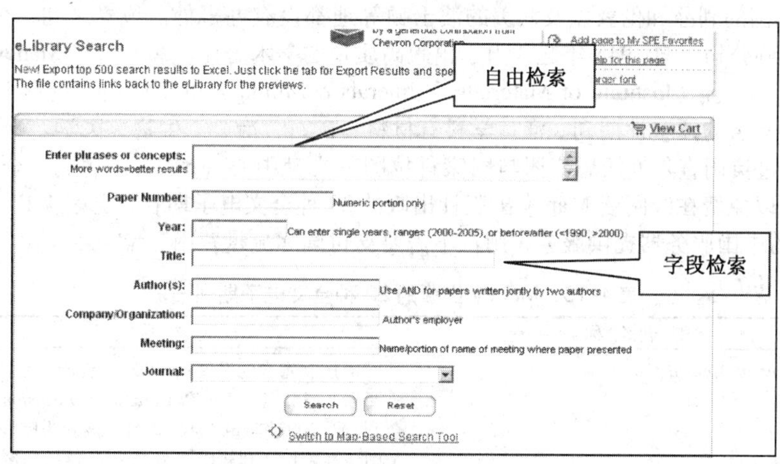

图 4-11　SPE 数据库检索页面

用户可以根据自己的需要选择自由检索还是字段限定检索，在输入框中输入检索词，执行检索。

【检索示例】在 SPE 数据库中检索题名中含有“pollution”的文献。

在字段检索页面的 Title 输入框中输入检索词：pollution。执行检索后，检索结果以题录列表方式显示，如图 4-12 所示。

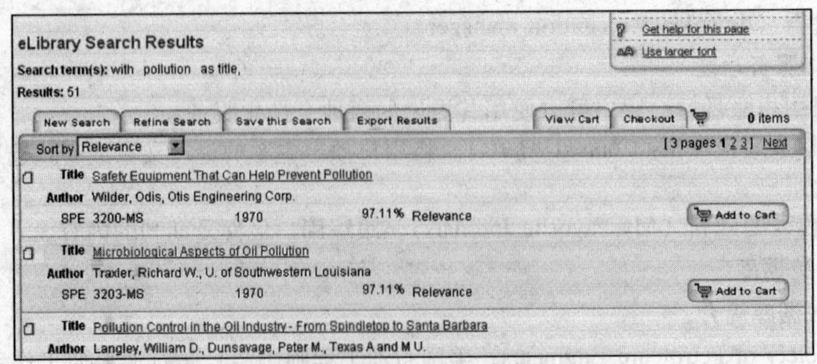

图 4-12 SPE 数据库检索结果页面（局部）

在题录显示页或详细信息显示页点击【Add to Cart】，把要下载的论文题名添加到 Cart；选择完毕后点击页面上方的【View Cart】，显示选中的文献。如果需要减少下载文献数量，则点击不想下载的文献对应的【Remove】按钮，确认要下载的文献后点击【Checkout】。填写正确的姓名和电子邮箱地址，点击【I acknowledge SPEs copyright and limitations on the use of downloaded papers】左侧的复选框，承诺遵守 SPE 的著作权保护限制规定，然后点击【complete order】按钮进行确认。需要注意的是，这一步并非完成论文的下载，系统发到邮箱的是论文的下载地址和传输码（transaction number）。如果需要立即下载全文，点击【download now】则系统显示下载地址，如果不想立即下载，可在一周内打开电子邮箱，接收 SPE 发送的信件，点击信件中提供的下载地址，进行全文下载。论文为 PDF 格式，用 Acrobat Reader 打开阅读即可。

4.3 冶金与材料工程类

4.3.1 Maney 数据库

1. Maney 数据库简介

Maney 是目前为数不多的独立出版商之一，致力于出版高质量的学术著作。公司成立于 1900 年，在英国的利兹和伦敦以及北美的波士顿等地都设有办事处。成立之初，公司是一个专业的排版、印刷公司。自 1945 年起致力于出版高质量的学术著作。2001 年，Maney 成为英国材料、矿物和采矿学会（Institute of Materials，Minerals & Mining）的出版商，负责出版 IMMM 旗下十几种国际知名的评鉴性期刊。涵盖学科有材料、矿石、冶金、生物、医学。

Maney 通过英国查尔斯沃思集团与国家科技图书文献中心（NSTL）达成了全国授权协议，中国的学者可以免费在线阅读 Maney 出版社出版的 29 种全文电子期刊，见表 4-13。网络版期刊通过 Ingenta 的中国服务器提供服务，用户不需要支付国际流量费用。

表 4-13 Maney 出版的 29 种全文电子期刊一览

序 号	期刊名称	内容简介
1	*Advances in Applied Ceramics*	《应用制陶术的发展》，1901 年创刊，系被 SCI 收入的核心期刊。原刊名为 *British Ceramic Transactions*（《英国陶瓷会刊》），2005 年起改为此刊名。该刊为陶瓷科技提供了一个国际性论坛，刊载陶瓷科技和材料的研究论文。内容包括：各种陶瓷的性能、特性和应用。诸如：工程和功能材料、生物材料、复合材料、建筑材料、电子材料、水泥和混凝土、耐火材料、玻璃陶瓷等
2	*Annals of Tropical Medicine and Parasitology*	《热带医学和寄生虫学年报》，此刊将分子生物学、微生物学和昆虫学与流行性和临床项目联系起来，并保持了众多与热带医学、全球寄生虫学和医学昆虫学相关的科学团体间的沟通和交流

（续）

序 号	期刊名称	内容简介
3	*Annals of Tropical Paediatrics*	《热带儿科学年报》，此刊为热带及亚热带儿科学和儿童健康的医学类问题、成就及研究提供了一个国际论坛。期刊发表同行评审性论文，包括儿童疾病的各个方面，及其产生的社会、文化、地理背景
4	*Applied Earth Science*	《应用地球科学：矿业冶金协会学报 B 部分》，致力于报道运用地球科学应用的各种形式矿物资源发现、探测、发展及开发
5	*British Ceramic Transactions*	《英国陶瓷会刊》，1901 年创刊，系被 SCI 收入的核心期刊。该刊于 2005 年改名为《应用制陶术的发展》（Advances in Applied Ceramics）
6	*British Corrosion Journal*	《英国腐蚀学报》，1965 年创刊，系被 SCIE 收入的核心期刊。该刊于 2003 年起改名为 *Corrosion Engineering, Science and Technology*（《腐蚀工程、科学与技术》）。系腐蚀科学与工程技术领域的国际性刊物。刊载腐蚀过程和腐蚀控制的理论与实践，包括环境与腐蚀的关系、防腐剂的性能、电极过程试验等方面的研究论文。涉及所有金属、非金属材料和各种复合材料，并有会议简讯和书评，以及专业消息报道
7	*Chronic Illness*	《慢性病》，此刊致力于为广大学科的研究者、临床医生、政策制定者及慢性病患者提供一个论坛。期刊发表原创调查、评论、讨论、信笺及新闻
8	*Corrosion Engineering, Science and Technology*	《腐蚀工程、科学与技术》，1965 年创刊，系被 SCIE 收入的核心期刊。原刊名为 *British Corrosion Journal*（《英国腐蚀学报》），于 2003 年起改为此刊名。系腐蚀科学与工程技术领域的国际性刊物
9	*Imaging Science Journal*	《成像学期刊》，此刊是英国皇家摄影学会（The Royal Photographic Society）的官方出版物，刊载成像基本原理和应用科学方面的内容
10	*Interdisciplinary Science Reviews*	《跨学科科学评论》，1976 年创刊，系被 SSCI 收入的核心期刊。刊载自然科学与应用科学、社会科学与经济科学之间跨学科的概念、方法与技术等方面的评论
11	*International Journal of Cast Metals Research*	《铸造金属研究国际期刊》，此刊致力于向读者传达铸造金属科学和工程、凝固和铸造过程方面的同行评审性信息
12	*International Materials Reviews*	《国际材料学评论》，1956 年创刊，系被 SCI 收入的核心期刊。刊载黑色和有色金属材料的提炼、生产、制造，以及特性与性能等方面的评论文章。内容包括金属和金属陶瓷复合物的热力学性能、不锈钢的疲劳韧性和焊接技术、金属熔化的热传导性等
13	*Ironmaking & Steelmaking*	《炼铁与炼钢》，1974 年创刊，系被 SCI 收入的核心期刊。刊载钢铁冶炼科学与技术方面的论文、专家分析报告及各国钢铁工业简讯。内容涉及流量传感器技术、在线检测技术，以及人工神经网络技术的应用等
14	*Journal of Bryology*	《苔藓学期刊》，该刊物刊载细胞生物学、解剖学、进化、遗传学、生理学、化学、生态学、古植物学、分类学、应用生物学等方面及苔藓类植物的生物地理学的原创研究论文
15	*Journal of Endotoxin Research*	《内毒素研究期刊》，此刊致力于为各个学科的研究者传达内毒素新信息提供一个专门的论坛。期刊发表文章包括内毒素研究的各个方面，包括基础和临床研究。关注领域包括（且不限于）以下几个方面：化学、微生物学、分子生物学、免疫学、细胞生物学、药理学、传染病及临床医学研究

（续）

序 号	期刊名称	内容简介
16	*Journal of the Energy Institute*	《能源协会期刊》，刊载能源工程和科技方面同行评审性原创研究。内容覆盖以下几个主要领域：燃烧工程学与之相关的工艺、光热散发和环境污染控制、清洁煤工艺、能源储藏和运输及能源转换等
17	*Materials Science and Technology*	《材料科学与技术》，1985 年创刊，系被 SCI 收入的核心期刊。刊载金属材料的研制和应用方面的研究论文，为相关科研人员提供一个交流的国际论坛。内容涉及：工程材料的性能、特性、加工、制造和应用，以及金属与非金属材料和复合材料。另有短讯和评论等
18	*Mineral Processing and Extractive Metallurgy*	《矿物处理和提取冶金：矿业冶金协会学报 C 部分》，致力于报道那些运用物理和化学方法对矿物、金属和矿物产品的配制、分离、提取和净化的科学、工程及经济方面的文章
19	*Mining Technology*（*TIMM A*）	《 采矿技术：矿业冶金协会学报 A 部分》，此同行评审性期刊涵盖地下、露天及近海矿业操作的各个方面：采矿财政、采矿经济和评估、矿藏资源管理、计划控制和矿业法、矿山设计和发展、可操作技术、采矿机械、环境问题，以及矿山管理和组织、生产、教育和培训
20	*Neurological Research*	《神经学研究》，此国际刊物报道神经学基础和临床调查研究。为那些乐于从相关领域的研究学者那里获取有关经验的专业人员提供了不可多得的出版物
21	*Physical Therapy Reviews*	《物理疗法评论》，该国际性刊物发表物理治疗领域的当代评论、讨论论文和编者按，以及与此相关的基础和临床科学，范围涉及肌骨骼复原、运动医学、电疗、补充疗法及其他领域
22	*Plastics，Rubber and Composites*	《塑料、橡胶及复合材料》，1981 年创刊，系被 SCIE 收入的核心期刊。该刊为塑料、橡胶和复合材料工业的科研提供了一个国际论坛，刊载该领域内最新原始研究论文。论题涉及：原材料的构成，成品和半成品的开发和利用，热塑性材料、弹性材料和聚合物材料的特性和应用，以及最新的进展。另有参考论文、评论、会议选集和短篇技术通讯等
23	*Powder Metallurgy*	《粉末冶金》，1958 年创刊，系被 SCI 收入的核心期刊。刊载粉末冶金科学与技术方面的研究论文及评论文章，以及相关的工业技术消息和商业开发信息。内容涉及硬质材料、陶瓷和其他复合材料等
24	*Progress in Palliative Care*	《缓和疗法的进展》，此跨学科国际性期刊为缓和医学团体的成员们提供了末期疾病问题的各个方面参考信息
25	*Redox Report*	《氧化还原报告》，此跨学科同行评审性期刊聚焦自由基、氧化应激、活性氧、过氧化物及氧化还原过程在人类环境和人类病理学方面起的作用。相关文章涉及范围还包括动物、植物环境、生物学和病理学
26	*Science and Technology of Welding & Joining*	《焊接科学技术》，1996 年创刊，系被 SCIE 收入的核心期刊。该刊覆盖焊接和连接技术的所有方面，探讨各种材料焊接与连接工艺的科学原理及技术、基础科学与应用技术的处理。论文涉及控制与自动化，神经网络应用，微结构、塑料和复合材料的连接，以及相关的评论、通讯和会议录等
27	*Surface Engineering*	《表面工程》，1985 年创刊，系被 SCIE 收入的核心期刊。刊载工程材料包括复合材料表面处理技术、理论与应用方面的研究论文和技术报告。主要针对工程部件的用户和设计者，报道最新的加工、技术及工业领域的应用情况。涉及摩擦学、防腐、高温涂层、表面技术，以及相关的工程和技术等

（续）

序　号	期刊名称	内容简介
28	*Transactions of the Institute of Metal Finishing*	《金属表面精整协会学报》，内容分通报和技术论文两部分。前者报道会务动态，后者发表金属表面精饰技术方面的论文
29	*Ultrasound*	《超声》，此刊是英国医学超声学会（British Medical Ultrasound Society）的官方出版物。原刊名为 *Society's Bulletin*，2004 年改为 *Ultrasound*。期刊涉及医学超声的理论研究到临床应用，及对工作人员和患者的影响

访问 Maney 数据库可以通过两个入口进入：

- Maney 出版社的中文网站，网址为 http://www.maneychina.com/。
- Ingenta 平台访问网址为 http://www.ingentaconnect.com/content/maney。

下面仅介绍 Ingenta 平台的检索方法。

2. 数据库检索方法

（1）浏览

打开 Ingenta 平台下 Maney 数据库的首页，如图 4-13 所示。点击页面右上角的【Browse】链接，进入浏览页面。系统提供 4 种浏览方式：按出版物名称字顺浏览（Publication title）、按学科领域浏览（Subject area）、按专题精选浏览（Connect collections）和按出版商名称字顺浏览（Publisher name）。

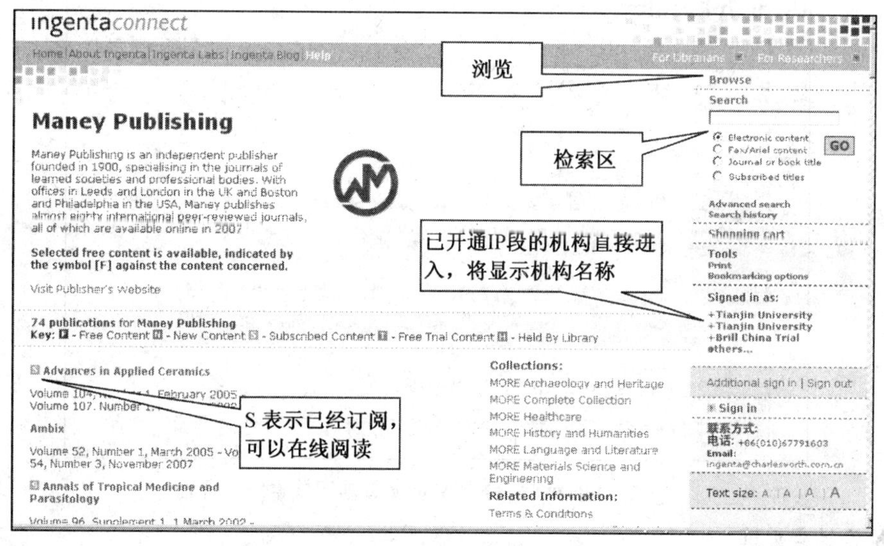

图 4-13　Ingenta 平台下 Maney 数据库首页（局部）

（2）快速检索

在首页的【Browse】链接下面是快速检索区域，用户可以在【Search】下面的输入框中输入检索词并点击【GO】按钮执行检索。在输入框的下面，系统还提供了 4 种限定条件，用户可以通过点击每种限定条件前的单选框对检索进行条件限定。可选的 4 种条件是：Electronic content、Fax/Ariel content、Journal or book title 与 Subscribed titles。

（3）高级检索

点击快速检索下面的【Advanced Search】链接进入 Maney 数据库的高级检索界面，如图 4-14所示。在【Search for】后面的输入框中，用户可以输入一个或多个检索词，检索词可以用逻辑运算符“AND”、“OR”或“NOT”连接，若要进行词组的精确检索，需要将输入的词组用双引号（" "）引起来。在输入框的下面，用户还可以限定“In article title, keywords or abstract（仅在题名、关键词和摘要中检索）”或“In article title（仅在题名中检索）”。【Author】后的输入框用来接收用户输入的作者姓名。【Publication】后的输入框用于接收出版物的信息，用户可以限定“Word(s) in title（出版物名称中包含该检索词）”、“Exact title（出版物名称与检索词精确匹配）”或“ISSN（按ISSN号检索）”。此外，【Volume】和【Issue】输入框分别用于接收用户输入的“卷号”和“期号”检索信息。用户输入完毕后，点击【Search】按钮执行检索任务。

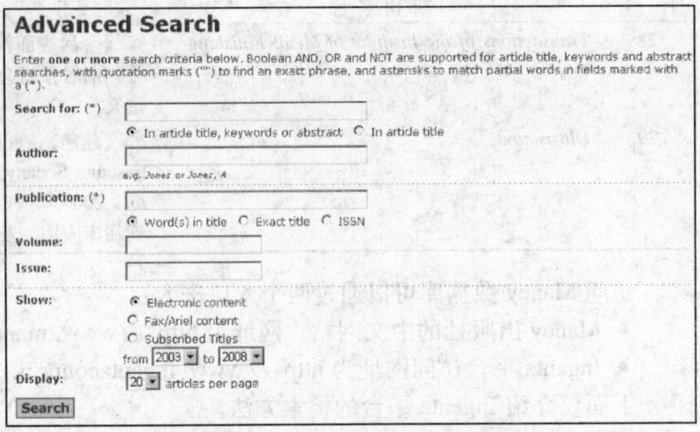

图4-14　Ingenta平台下Maney数据库高级检索界面

【检索示例】在Ingenta平台下，检索2003年以来Maney数据库中有关“生物降解泡沫塑料”的文献。

首先确定检索词为“Biodegradable Foam”，将该检索词连同双引号一起输入到【Search for】后面的文本框中，其他选项保持默认设置即可。点击【Search】按钮即可获得4条检索结果，如图4-15所示。

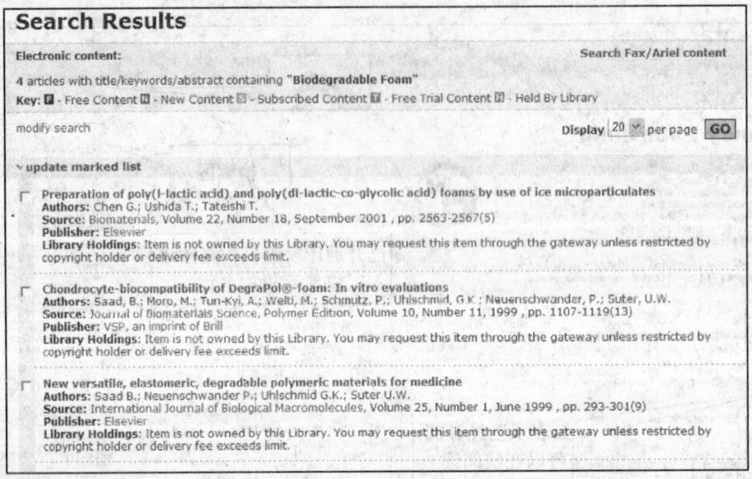

图4-15　Ingenta平台下Maney数据库检索结果界面

3. 检索结果处理

执行检索后，系统将以列表的形式将检索结果显示在页面上，如图4-15所示。系统会显示每条命中记录的题名、作者、来源、出版商以及Maney数据库使用单位的纸本馆藏信息。

点击记录的题名，将直接打开该记录的详细信息页面，除包括检索列表中已经显示的信息外，还提供详细的文摘、参考文献、引文信息、关键词、文献类型、文献DOI编号、作者单位以及PDF全文下载链接。如果用户不具备该篇文献的全文访问权限，系统将显示购买价格和购买链接。

如点击记录的来源或出版商链接，则分别打开来源出版物或出版商页面，进而将浏览到更多的信息。

4.3.2　其他相关资源

1. ASTM数据库

ASTM（American Society for Testing and Materials，美国实验与材料协会）是全球最早、最

大的非营利性的标准学术团体之一，主要任务是制定材料、产品、系统和服务等领域的特性及性能标准、试验方法、程序标准，促进有关知识的发展和推广。ASTM 成立于 1898 年，现有约 32 000 名会员是分别来自于 100 多个国家的生产者、用户、最终消费者、政府和学术代表。

除标准之外，ASTM 还出版 6 种期刊，刊登原创性研究文章以及评论综述文章，涉及物理、生命科学及工程技术领域。文章经过同行评议，与构成 ASTM 标准发展基础的科研主题相关。这 6 种期刊分别是：

- *Cement*, *Concrete*, *and Aggregates*《水泥、混凝土和聚合料》。
- *Geotechnical Testing*《地球测试》。
- *Journal of Composites Technology & Research*《合成物技术和研究》。
- *Journal of Forensic Sciences*《法医学》。
- *Journal of Testing and Evaluation*《测试和评价》。
- *Journal of ASTM International*《ASTM 国际期刊》。

目前，ASTM 数据库采用 eBridge 平台，其服务器设在清华大学图书馆，访问网址为 http://astm. lib. tsinghua. edu. cn/。关于 ASTM 更多详细信息可以访问 ASTM 官方网站 http://www. astm. org。

2. Woodhead Publishing Limited Journals 数据库

Woodhead Publishing Limited（伍德海地出版公司）成立于1989 年，作为一个独立的国际出版商，公司最初只出版了有关焊接、材料工程学的学术出版物，在取得了卓越成就后，伍德海地出版公司现在有 6 个主要的出版方向，分别是：食品学、食品工艺和营养学、材料工程学、焊接和冶金术、纺织学、环境科学、金融学和投资学。

NSTL（国家科技图书文献中心）购买了 Woodhead Publishing Limited 的 6 种网络版期刊的使用权，其中 *Welding International*（《国际焊接》，ISSN：0950-7116）译载俄罗斯、日本、中国、东欧及意大利等国出版的 12 种重要焊接期刊上发表的主要技术论文和近期目次。访问网址为 http://www. atypon-link. com/WHP/loi/weli。

4.4 机械与仪器仪表工程类

4.4.1 ASME 数据库

1. ASME 数据库简介

ASME（American Society of Mechanical Engineers，美国机械工程师学会）成立于 1880 年，是一家拥有全球超过 125 000 名会员的国际性非营利教育和技术组织，同时也是全球最大的技术出版机构之一。ASME 每年召开约 30 次大型技术研讨会议，举办 200 个专业发展课程，制定工业和制造业领域的 600 项标准，这些标准在全球 90 多个国家被采用。

ASME 数据库包含 22 种专业期刊（见表 4-14），涵盖的学科如下：

表 4-14 ASME 期刊一览

序 号	期刊名称	中文译名
1	*Journal of Applied Mechanics*	《应用力学评论》
2	*Journal of Biomechanical Engineering*	《生物机械工程学杂志》
3	*Journal of Computational & Nonlinear Dynamics*	《计算和非线性动力学杂志》
4	*Journal of Electronic Packaging*	《电子封装杂志》
5	*Journal of Energy Resources Technology*	《能源技术杂志》
6	*Journal of Fluids Engineering*	《流体工程学杂志》
7	*Journal of Fuel Cell Science and Technology*	《燃料电池科学和技术杂志》
8	*Journal of Heat Transfer*	《传热杂志》
9	*Journal of Mechanical Design*	《机械设计杂志》
10	*Journal of Pressure Vessel Technology*	《压力容器技术杂志》

（续）

序 号	期刊名称	中文译名
11	*Journal of Solar Energy Engineering*	《太阳能工程杂志》
12	*Journal of Computing and Information Science in Engineering*	《工程计算与信息科学杂志》
13	*Journal of Dynamic Systems, Measurement and Control*	《动力系统、测量与控制杂志》
14	*Journal of Engineering for Gas Turbines and Power*	《燃气轮机与动力工程杂志》
15	*Journal of Engineering Materials and Technology*	《工程材料与工艺杂志》
16	*Journal of Manufacturing Science and Engineering*	《制造科学与工程杂志》
17	*Journal of Offshore Mechanics and Arctic Engineering*	《海上机械与极地工程杂志》
18	*Journal of Tribology*	《摩擦学杂志》
19	*Journal of Turbomachinery*	《涡轮机械杂志》
20	*Journal of Vibration and Acoustics*	《振动与声学杂志》
21	*Journal of Medical Devices*	《医疗器械杂志》
22	*Applied Mechanics Reviews*	《应用力学杂志》

1）基础工程类，包括：能量转换、能量资源、环境和运输、一般工程学、材料和结构。

2）制造类，包括：材料处理工程、设备工程与维护、加工工业、制造工程、纺织工程。

3）系统和设计类，包括：计算机工程、设计工程、动力系统与控制、电气和电子包装、液压动力系统与技术、信息存储与加工系统。

访问 ASME 数据库有两种方法，第一种在 Scitation 平台下访问，网址为 http://scitation. aip. org/，详细的使用方法请参考 4. 1. 2 节中 AIP/APS 数据库的使用方法；第二种是通过 ASME 自己的平台：ASME Digital Library 进行访问，网址为 http://www. asmedl. org，下面就详细介绍该平台的检索方法。

2. 数据库检索方法

（1）浏览

打开 ASME 数据库的首页，如图 4-16 所示。用户可以分别通过页面上方和左方的导航栏中的期刊导航链接（即【Journals】链接）进入期刊浏览页面。还可以通过页面底部【BROWSE】栏目中的下拉菜单，选择想要浏览的期刊名称，亦可实现对该期刊的浏览，如图 4-17 所示。

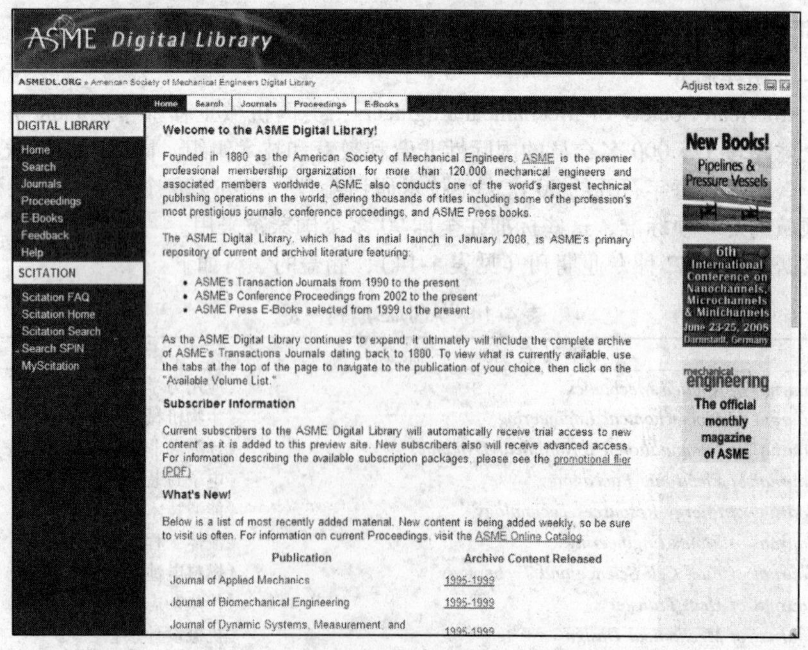

图 4-16 ASME Digital Library 首页（局部）

（2）快速检索

ASME Digital Library 的快速检索同样在首页上实现，它的位置位于首页的底部，如图4-17所示。在【SEARCH】下面的输入框中输入检索词，点击【GO】按钮即可。

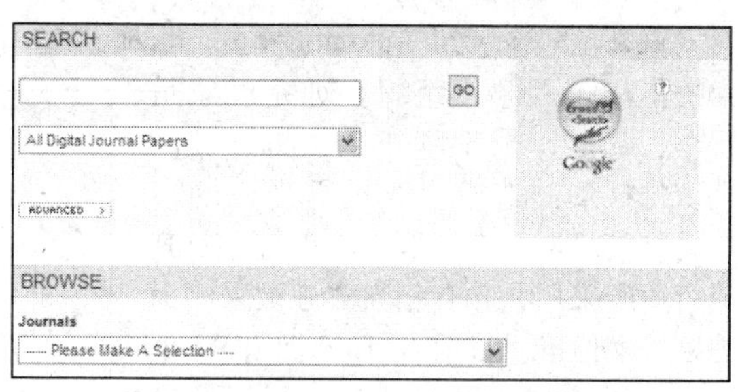

图4-17　ASME Digital Library 首页底部

（3）高级检索

点击快速检索下面的【ADVANCED】链接，或者点击导航栏中的【Search】链接进入高级检索界面，如图4-18所示。

在高级检索页面，系统提供3个文本输入框，可供选择的检索字段见表4-15，检索字段之间可选择AND、OR、NOT、NEAR 4种检索运算符，这4种运算符的含义及用法见表4-4，这里不再重复。此外，关于页面上的一些限制条件设定等均与4.1.1节SPIE数据库的高级检索用法一致，具体请参见前文介绍。

【检索示例】 检索题名中含有Shell Structures的论文。

用户只需在检索字段下拉菜单中选择【Title】，然后在输入框中输入检索词Shell Structures并回车，即可得到4条检索结果，如图4-19所示。

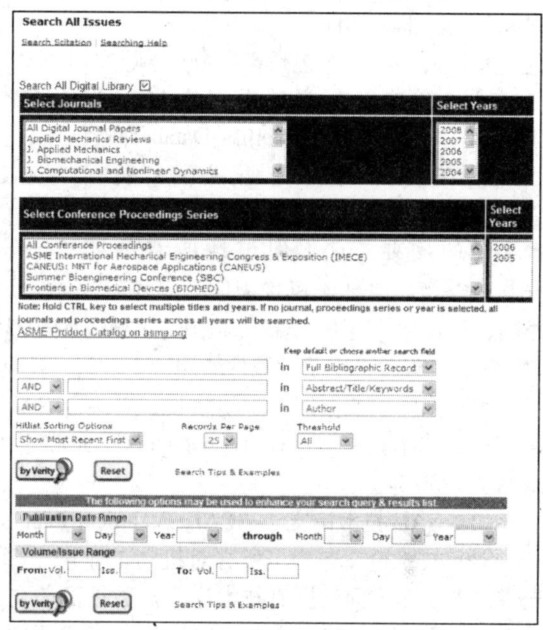

图4-18　ASME Digital Library 高级检索界面

3. 检索结果处理

检索结果列表以题录方式显示，显示的内容包括题名、作者和出处。

点击题名链接显示该记录的详细信息，点击作者链接显示该作者发表的所有文章，点击出处链接则显示该出版物的详细信息，如需阅读全文，则直接点击Full Text后面的【PDF】链接，当PDF链接后面出现一个【$ BUY THIS】按钮时，表示该文献需要付费方可阅读。

每条记录前方的复选框，用于标记感兴趣的文献，对于标记过的记录，系统提供以下3种操作：添加到"个人文件夹"或"购物车"、下载题录或阅读题录。

表4-15　ASME高级检索字段及其含义

字段名称	含　义	字段名称	含　义
Full Bibliographic Record	任意字段	Journal or CODEN	期刊名或期刊coden码
Abstract/Title/Keywords	文摘/题名/关键词	PACS Code or Text	PACS分类码或分类名
Author	作者	Cited Author	被引作者
Affiliation	作者单位	Collaboration	合作者
Abstract	文摘	ISBN	ISBN号
Title	题名	Conference Paper Number	会议论文编号
Keywords	关键词	DOI	数字对象标识符
Section Head	章节题目		

4.4.2　SAE 数据库

1. SAE 数据库简介

SAE（Society of Automotive Engineers，美国机动工程师协会）成立于1905 年，是国际上最大的汽车工程学术组织。研究对象是轿车、载重车及工程车、飞机、发动机、材料及制造等。SAE 所制订的标准具有权威性，广泛地为汽车行业及其他行业所采用，并有相当部分被采用为美国国家标准。目前 SAE 已拥有 97 个国家的超过 84 000 名成员，每年新增或修订600 余个汽车方面及航天航空工程方面的标准类文件。

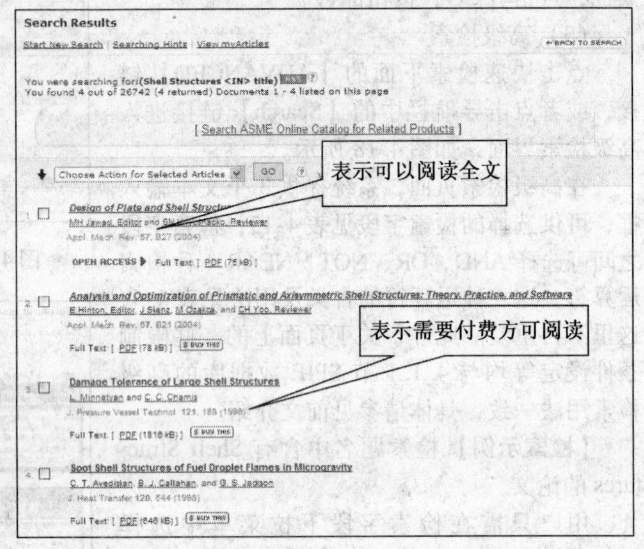

图 4-19　ASME Digital Library 检索结果界面

SAE 数字图书馆包括 3 部分内容。

（1）全球汽车主题索引数据库 GMD——SAE Global Mobility Database

该数据库含有关于陆地、海洋、航空和航天的机动工具超过 130 000 篇技术文章的摘要。它不但包括所有的 SAE 出版物，而且还包含美国、日本、德国、意大利、英国、瑞士、法国、朝鲜、加拿大及其他国家的相关学术著作。涉及的技术领域包括工程、设计、电子元器件的测试、材料、控制系统、燃料、安全、尾气排放以及自动控制等。

该数据库的数据回溯时间较长，其中非 SAE 技术论文（Non-SAE Tech Papers）回溯至 1959 年，SAE 技术论文（SAE Tech Papers）回溯至 1906 年，SAE 期刊文章（SAE Journal Articles）回溯至 1906 年。

（2）SAE 技术论文——SAE Technical Papers

SAE 技术论文包含了所有对机动工业产生影响的主题——从机动车的电压和远程遥控到最先进的电动车方面的所有技术论文。数据涵盖自 1998 年至今的超过 16 000 篇论文，每年大约新增 2 000 篇。SAE 技术论文经过相关专家的评估和认定，保证是对相关领域的技术是有建设性或有重大贡献的论题。SAE 技术论文提供一些在其他地方难以找到或已经不存在的历史性信息。这些论文为有关专家提供此领域内的相关主题的知识和经验。

（3）SAE 标准全集——SAE Standards Collections

SAE 标准全集包含有近 9 000 条的航空航天和陆地机动车的标准及规范，它分为以下 3 个部分：

- SAE 地面车辆标准——SAE Ground Vehicle Standards，已有超过 2 000 篇论文；
- SAE 航天材料规格——SAE Aerospace Materials Specifications，已有超过 2 800 个规范；
- SAE 航天标准——SAE Aerospace Standards，已有超过 3 900 个文件。

SAE 标准全集可以使用户随时了解有关陆上、海洋、航空航天机动车领域的最新科技，推动相关技术的创新，确保了产品的质量，提高了效率，对产品的设计、生产和制造起到了非常重要的作用。

SAE 数据库的访问网址为 http://www.elecpubs.sae.org。

2. 数据库检索方法

（1）浏览

在 SAE 数据库首页，点击导航条上的【Full Text Products】链接，在随后出现的页面中，点击【SAE Digital Library】链接，此时将出现要求输入用户名和密码的登录页面，只有输入正确的用户名和密码后方可进入 SAE 数据库进行浏览和检索。SAE 数据库浏览页面如图 4-20 所示。

图 4-20 SAE 数据库浏览页面

点击【Browse】下面的【Content】链接，将看到 SAE 数据库内容列表，共分 6 大类：技术论文、期刊、图书、报告、规章和标准。点击每类名称前面的“+”，将呈树状层层展开，用户可以根据自己的需要浏览相应的内容。

(2) 快速检索

在页面的左上角，系统提供关键词检索（Keyword Search）和文献号检索（Document No. Search）两个快速检索途径。在相应的文本框中输入检索内容，点击【Go!】按钮即可得到检索结果。

(3) 字段检索

点击 Search Forms 下面的【Field Search】链接进入字段检索页面，如图 4-21 所示。SAE 数据库提供的检索字段见表 4-16。在相应的字段中输入或选择，点击【Search】按钮进行检索。

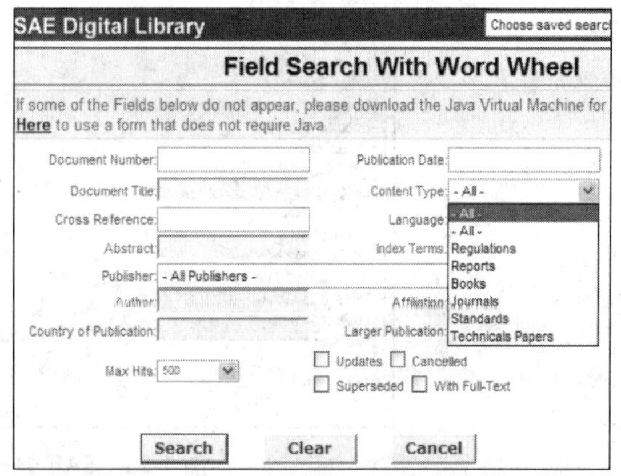

图 4-21 SAE 数据库字段检索页面

(4) 高级检索

点击 Search Forms 下面的【Advanced Search】链接进入高级检索页面，如图 4-22 所示。在高级检索页面中，系统提供 3 个输入框可以输入检索词，检索词 1 和检索词 2 之间可以选择 And 或 Or 的逻辑关系，检索词 3 与前面的检索词可以是 Not 或 Xor 的关系。

(5) 专家检索

点击 Search Forms 下面的【Expert Search】链接进入专家检索页面，如图 4-23所示。专家检索界面适于有经验的用户自行构成检索策略，以查找复杂的课题。专家检索界面只有一个文本框，用户可以在这个文本框中输入构造好的检索式，检索式可以运用截词、词组、逻辑、位置和字段等全部运算符。文本框下面还设有最大命中数量（Max Hits）选项。SAE 数据库的检索式示例见表 4-17。

表 4-16 SAE 数据库的检索字段

字段名称	含义	字段名称	含义
Document Number	文献号	Publication Date	出版日期
Document Title	文献题名	Content Type	内容类型①
Cross Reference	跨库检索	Language	语种
Abstract	文摘	Index Terms	索引词
Publisher	出版商	Affiliation	作者单位
Author	作者	Larger Publication	大出版商
Country of Publication	出版国家		

① 内容类型包括规章、报告、图书、期刊、标准、技术论文。

图 4-22　SAE 数据库高级检索页面

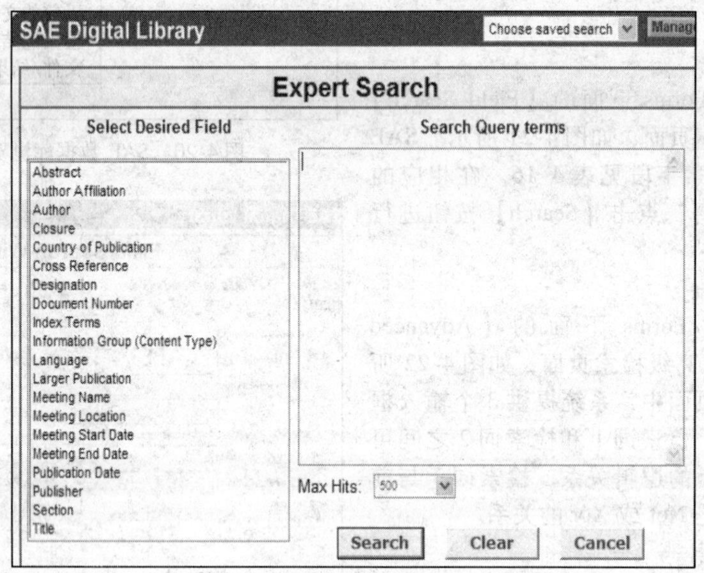

图 4-23　SAE 数据库专家检索页面

表 4-17　SAE 数据库的检索式示例

运 算 符	检索式示例	检索结果说明
And	cars airplanes cars & airplanes cars and airplanes	命中同时包含 cars 和 airplanes 的文献
Or	brakes | pads brakes or pads	既命中包含 brakes 的文献，又命中包含 pads 的文献
Not	crash not crash	命中不包含 crash 的文献
Xor	diesel ~ turbo diesel xor turbo	既命中包含 diesel 的文献，又命中包含 turbo 的文献，但不命中同时包含 diesel 和 turbo 的文献
“”	“to be or not”	命中精确含有词组“to be or not”的文献
?	wom? n	? 代表一个字母，命中包含“woman”或“women”的文献
*	work *	* 代表多个字母，命中包含“work”、“works”、“working”等的文献

（续）

运 算 符	检索式示例	检索结果说明
/	“corporate tax law” /10	以给定的顺序进行位置检索，“corporate”、“tax”、“law” 距离在10 个单词以内
@	“technical resource acquisition” @5	无顺序位置检索 “technical”、“resource”、“acquisition” 距离在 5 个单词以内
%	run%	命中包含以 run 为词根的如 “run”、“ran”、“running” 等的文献
$	alert $	命中包含与 alert 为同义词如 “alert”、“active”、“aware”、“quick” 等的文献

【检索示例】检索由清华大学编写的技术论文全文。

首先确定检索方式为字段检索，登录数据库首页后，点击【Field Search】进入字段检索页面，选择【Content Type】为 “Technicals Papers”，然后在字段【Affiliation】后面的输入框中输入检索词 “tsinghua university”。执行检索后，系统检索到 8 篇由清华大学编写的技术论文，以题名列表的形式显示，如图 4-24 所示。

SAE Digital Library　Choose saved search

1 - 8 of 8 results　Find Similar　Excerpts: Off

No.	Document No	Document Title	Pub Date	Group
1.	1999-01-3523	Operating characteristics and description of a dual-fuel engine for diesel-natural gas heavy-duty operation	10-25-1999	Technical Papers
2.	1999-01-2644	The influence of passive elements on STATCOM performance	09-02-1999	Technical Papers
3.	961164	Simultaneous reductions in diesel NO x and smoke emissions with aqueous metal-salt solutions directly injected into the combustion chamber	05-06-1996	Technical Papers
4.	861395	Stress analysis and fatigue life prediction	09-22-1986	Technical Papers
5.	861306	The application of a variable swirl device to a two-stroke engine of 200 mm Bore	09-08-1986	Technical Papers
6.	851459	Measurement of gear tooth deformation by laser speckles method	08-04-1985	Technical Papers
7.	830879	Automotive fuel economy practice in China	11-07-1983	Technical Papers
8.	830919	Application of finite element method to calculate the bending stress of gear teeth	11-07-1983	Technical Papers

Save search as:　save　Manage Saved Searches

图 4-24　SAE 数据库检索结果列表页面

3. 检索结果处理

执行检索后，检索结果以题名列表的形式显示，如图 4-24 所示，点击每篇文献的编号或题名链接可以打开该篇文献的详细信息页面，如图 4-25 所示，包括文献的题名、出版日期、文献类型、语种、索引词、作者姓名与单位以及出版商等信息。在详细信息页面中，点击【View Document】按钮，可以浏览该文献的全文。

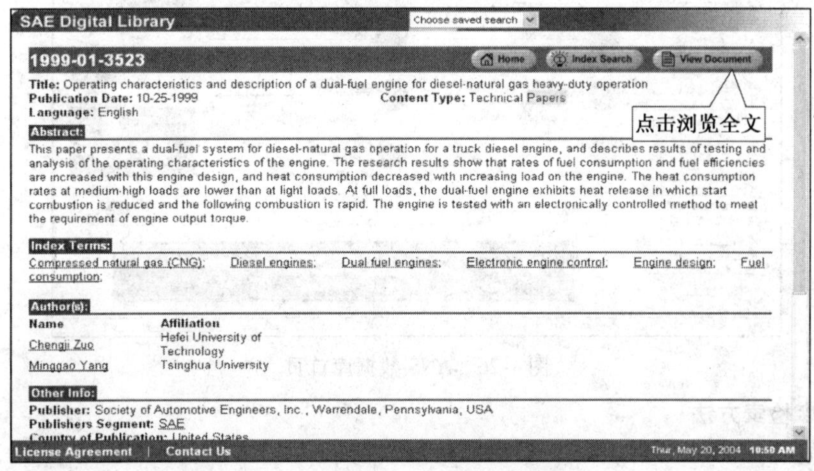

图 4-25　SAE 数据库检索结果详细信息页面

4.5　动力与核能工程类

4.5.1　ANS 数据库

1. ANS 数据库简介

ANS（American Nuclear Society，美国核学会）成立于 1954 年，是一个非营利性的、国际性的、学术性的工程与教育组织。目前 ANS 拥有来自 1 600 多家公司、教育组织和政府机构的约 10 500 名会员，其会员包括工程师、科学家、管理者和教育家。ANS 对社会公众提供核科技领域的各种信息，包括核动力、核医学、食品辐照处理等各种信息以及有关该学会各种活动的信息。此外，ANS 还是 ANSI（美国国家标准协会）认可的标准组织，负责核领域的标准制定工作，具体负责的技术领域如下。

- 核临界安全。
- 核领域使用的技术术语定义。
- 使用放射性同位素的设备和放射性物质的远程处理。
- 反应堆和危险设备研究。
- 反应堆物理学和放射性屏蔽。
- 核领域计算机程序的使用。
- 核设备的位置要求。
- 核电站工厂设计，包括安全要求和工厂系统准则。
- 反应堆操作及操作者培训及选择。
- 燃料设计、处理和储存。
- 放射性废料管理。
- 裂变产品性能。

需特别注意的是，ANS 不负责医用放射性应用标准的制定。ANS 数据库的访问网址为 http://www. ans. org/，其首页如图 4-26 所示。

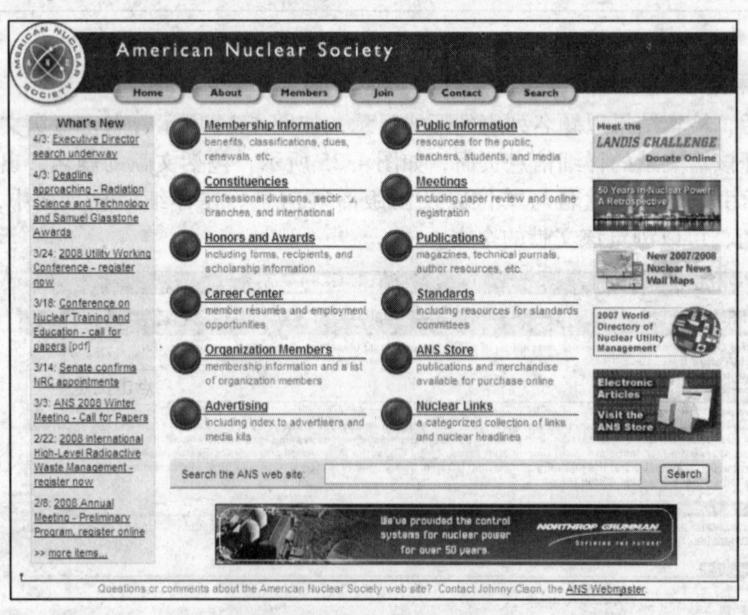

图 4-26　ANS 数据库首页

2. 数据库检索方法

（1）浏览

在 ANS 数据库的首页点击【Publications】链接，进入 ANS 出版物页面，如图 4-27 所示。

若用户是 ANS 的会员或是 ANS 出版物的订购者，则可凭 ANS 提供的用户名和密码从各自的入口进入相应的页面；若仅是一般用户，那么 ANS 提供了免费浏览其出版的三种期刊和两种杂志的目次权限。这些期刊和杂志分别是：

- *Fusion Science and Technology*《核聚变科学与技术》。
- *Nuclear Science and Engineering*《核科学与工程》。
- *Nuclear Technology*《核技术》。
- *Nuclear News*《核新闻报道》。
- *Radwaste Solutions*《放射性废物处理》。

图 4-27　ANS 出版物页面

点击以上出版物名称的链接，将得到各出版物的卷号列表，进而继续点击某一卷号，则可浏览到该卷的目次信息。

【检索示例】请浏览《核技术》第 162 卷的内容。

点击图 4-27 中的【Nuclear Technology】链接，即可看到该刊登卷号列表，找到并点击【Volume 162】链接，得到该卷的详细内容列表，如图 4-28 所示。

(2) 检索

ANS 网站中内嵌了 Google 检索工具，点击首页菜单中的【Search】按钮即可进入，如图 4-29 所示。其使用方法完全与 Google 相同，只是检索范围不同。在 ANS 中，通过检索框后面的下拉菜单，检索将被限定在以下 4 个范围内：

图 4-28　ANS 数据库中期刊详细内容列表页面

图 4-29　ANS 检索页面

- www. ans. org 网站内部（ANS Web site）。
- www. aboutnuclear. org 网站内部（AboutNuclear .org）。
- ANS 的各分会网站（Division Web sites）。
- 以上全部网站（all of the above）。

Google 提供的高级检索功能在这里也完全支持，只要点击【Search】按钮后面的【Advanced Search】链接即可。

4.5.2 其他相关资源

目前，有关动力与核能工程类的专门数据库还比较少，除了上面介绍的 ANS 数据库外，还可以在 Multi-science Publishing Co. Ltd. Journals（多科学出版有限公司电子期刊）数据库中找到一些。

多科学出版有限公司 Multi-science 成立于 1961 年，始终着眼于能量、声学、工程学科书籍的出版，并把各国的大学和相关机构作为它的核心市场。多科学出版有限公司出版的期刊的切入点成功地填补了科学文献领域的空白，响应了科技的发展并促进新学科的产生。公司在期刊领域独树一帜，出版的期刊内容与现有期刊并不雷同。Multi-science 是社会和学术出版商协会的成员，也是科学技术和医药出版商的国际机构的成员。其旗下期刊被多家国际著名检索工具书和数据库收录、索引，例如，*Congressional Information Service*、*Cambridge Scientific Abstracts*、*Progress in Environmental Science*、*Fuel & Energy Abstracts*、*Journal of Energy Literature*、*Engineering Index*、*Applied Mechanics Reviews*。

其数据库的访问网址为 http://www. ingentaconnect. com/content/mscp/。

目前，NSTL 购买了多科学出版有限公司的 11 种网络版期刊的使用权，用户可以直接浏览到这些期刊的全文信息。这 11 种期刊的名称及内容简介见表 4-18。

表 4-18 Multi-science 数据库中 11 种可访问全文的期刊一览

序 号	期刊名称	内容简介
1	*Adsorption Science & technology* （ISSN：0263-6174）	《吸附科学与技术》，1983 年创刊，刊载吸附和解吸现象及其在工业领域的应用方面的论文、评论和简报，并不定期出版相关主题的特辑
2	*Advances in Structural Engineering* （ISSN：1369-4332）	《结构工程进展》，1997 年创刊，主要发表结构工程的分析、性能、设计与建筑等方面的论文、技术札记、书评、会议报告等，涉及空间结构、斜拉桥、混凝土和地震工程等
3	*Building Acoustics* （ISSN：1351-010X）	《建筑声学》，1994 年创刊，主要研究建筑环境中的声学问题，内容涉及室内声学、工业噪声、建筑设施噪声、运输噪声以及建筑中的振动等
4	*Energy & Environment* （ISSN：0958-305X）	《能源与环境》，1990 年创刊，刊载能源的开发、运输、生产和利用，以及对环境的直接、间接影响等方面的文章。读者对象为自然科学家、技术专家、国际社会科学和相关团体
5	*Energy Exploration & Exploitation* （ISSN：0114-5987）	《能源勘查与开发》，1981 年创刊，系被 SCIE 收入的核心期刊。本刊主要刊载各国能源形势分析以及能源开发技术与经济问题等方面的论文，涉及矿物及其派生燃料、核能、再生核能、电能，以及能源开发利用的最新理念
6	*International Journal of Aeroacoustics* （ISSN：1475-472X）	《国际空气声学杂志》，2002 年创刊，主要刊载基础与应用航空声学方面的论文、评论和综述文章，专题包括研究航空声学现象的进展，应用航空声学包含民用与军用飞机、汽车与高速火车空气声学、声学对结构的影响。内容涉及喷射混合噪声、啸叫音频、宽带冲击伴生噪声和抑制方法、武器舱空气声学、空腔声学、高保真度数值模拟的计算航空声学、分析声学等
7	*International Journal of Architectural Computing* （ISSN：1478-0771）	《国际建筑计算杂志》，是新出的同行评审性杂志，致力于推动合作研究和计算机辅助的建筑设计发展，加深对建筑设计数字系统的基础以及促使其发展和应用的科技的理解

（续）

序 号	期刊名称	内容简介
8	*International Journal of Space Structures* （ISSN：0266-3511）	《国际空间结构杂志》，1985 年创刊，为交流空间结构的分析、设计及建造等信息提供了一个国际论坛，主要刊载空间系统、结构的设计理论与实践方面的文章、技术报告和简讯。范围包括：单层、双层和多层栅格，圆柱形拱顶，圆屋顶，可折叠金属板，雷达抛物面，不规则结构，压缩空气系统和绳索排列等。结构材料不限，包括钢材、铝材、木材、混凝土、塑料、纸板和布匹等
9	*Journal of Low Frequency Noise, Vibration & Active Control* （ISSN：0263-0923）	《低频噪声、振动与有效控制杂志》，1982 年创刊，系被 SCIE 收入的核心期刊。本刊主要刊载低频噪声与振动的检测、分析、控制，以及对人类、动物和环境的强大影响和与之交叉的学科的研究论文，涉及声学、地球物理学、建筑学、土木和机械工程、心理学和动物学等
10	*Noise and Vibration Worldwide* （ISSN：0957-4565）	《世界噪声与振动》，1970 年创刊。本刊在噪声与振动的起因、结果、测量、可接受度和控制方法方面居世界领先地位，主要刊载研究工业噪声与振动控制方面的最新技术文章，并报道新产品的研制、应用以及行业新闻
11	*Wind Engineering* （ISSN：0309-524X）	《风力工程》，1977 年创刊。本刊系风能技术领域最古老、最具权威的刊物，刊载风力理论、风能开发与应用等方面的研究论文和札记。论文涉及：转子和叶片的空气动力学、机械系统和元器件、设计、测试程序、发电和输电、测量和记录技术、安装和应用及经济、环境和法规等

4.6 电气电子与信息工程类

4.6.1 IEL 数据库

1. IEL 数据库简介

IEL 是 IEEE/IEE Electronic Library 的简称，IEL 数据库收录 IEEE 和 IEE 所有出版物的电子版全文数据库，包括 IEEE 和 IEE 编辑出版的全部学术期刊 200 多种，科技会议录 8 000 多种和 1 000 多种工业标准。

IEEE（Institute of Electrical & Electronics Engineers，美国电气电子工程师学会）和 IEE（Institute of Electrical Engineers，英国电气工程师学会）是国际公认的电气电子、计算机、信息技术等领域内两大学术机构。由它们编辑出版或由它们与其他学/协会合作出版的各类文献要占世界各国出版的有关电气电子和计算机文献的 32% 以上，它们的出版物几乎都是相关领域的核心文献，是科技工作者的主要参考源。

IEEE 的前身是成立于 1884 年的 AIEE（American Institute of Electrical Engineers，美国电气工程师协会）和 IRE（Institute of Radio Engineers，无线电工程师协会）。1963 年初 AIEE 和 IRE 正式合并为 IEEE。目前它是世界上最大的非营利性专业技术学会，拥有分布于 175 个国家的 36 万多名会员，下设多个专业学会及技术委员会。

IEE 创建于 1871 年，最初名称为电报工程师协会（Society of Telegraph Engineers），1880 年改为电报工程师和电机师协会（Society of Telegraph Engineers and Elec-tricians），1888 年改为电气工程师学会。它是欧洲最大的专业工程学会，在全世界拥有 12 万名会员，旨在推进电力、电子和制造科学与工程的发展。

IEL 数据库中大多数出版物只提供 1988 年之后的全文信息，大约共提供全文 120 万篇，只有很少量的出版物全文数据回溯年代较长，有些已经回溯至 20 世纪 50 年代。目前，IEEE 正计划将其所有期刊从创刊号开始全部数字化，并计划将早年间的会议论文也数字化，因此今后 IEL 数据库将可以检索到年限更长的文献信息。

在 IEL 数据库中，除了能检索到出版物的文摘及全文信息外，部分期刊还可以看到预印本（Forthcoming Articles）的全文。此外，通过 IEL 还可以检索到期刊及其所属分会的网址、期刊投稿信息、编委会信息、最新学术会议通告等。

IEL 数据库的访问网址是 http://ieeexplore.ieee.org/，首页如图 4-30 所示。该数据库有并发用户数限制，一般为 15 个，当并发用户数满时，首页显示"All available online seats are currently being occupied"，并提示输入用户名和密码。因此用户检索之后应该尽快退出，以便他人能正常访问。

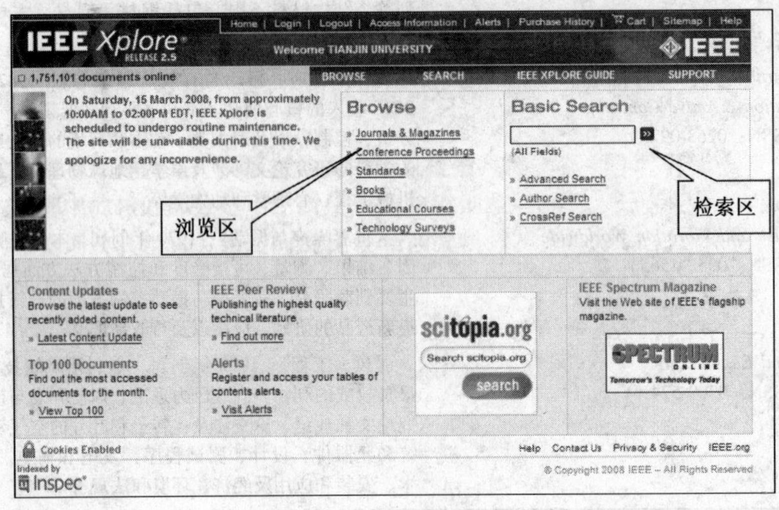

图 4-30　IEL 数据库首页

2. 数据库检索方法

（1）浏览

如图 4-30 所示，在 IEL 数据库的首页 Browse 区，系统将文献划分为 6 种类型提供浏览，这 6 种类型分别是：期刊（Journals & Magazines）、会议录（Conference Proceedings）、标准（Standards）、图书（Books）、课程（Educational Courses）和技术调查（Technology Surveys）。

下面以期刊浏览为例，具体进行说明。点击【Journals & Magazines】链接进入期刊浏览页面，如图 4-31 所示。系统提供了按关键词浏览（Browse by keyword）和字顺浏览（Browse alphabetically）两种方式。

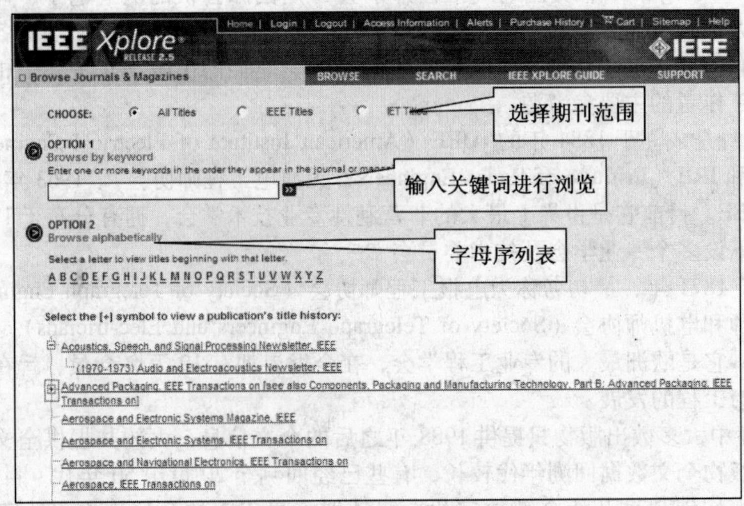

图 4-31　IEL 期刊浏览页面

在进行按关键词浏览时，用户只需在输入框中输入刊名所包含的任意关键词，然后点击【>>】按钮，系统就会显示出相应的期刊列表。在进行字顺浏览时，用户可以根据网页上 A ~ Z 链接，迅速转换到相应字母开头的期刊列表。点击所需期刊的刊名即可看到该刊所有卷期的列表，点击卷期号进入相应的目次页，进而浏览文献的文摘或全文。

其他类型的文献浏览方式与期刊浏览类似，这里不再重复叙述。

需要注意两点：一是 IEEE Transactions 系列期刊的字顺浏览方法比较特殊。例如，IEEE Transactions on Aerospace and Electronic Systems 在字顺列表中写为 Aerospace and Electronic systems，IEEE Transactions on，因此该刊属于字母 A 开头的期刊；二是 IEL 图书浏览途径中查到的是 Wiley-IEEE Press 和 Wiley-IEEE Computer Society Press 出版的电气、计算机和软件工程类图书，只能看到文摘和订购信息，没有电子版全文。

IEL 提供 4 种检索方式：基本检索（Basic Search）、高级检索（Advanced Search）、作者检索（Author Search）和联合参考检索（CrossRef Search）。下面就一一详细说明。

（2）基本检索

在 IEL 首页 Basic Search 下面的输入框中直接输入检索词检索，可以输入单词、词组或布尔表达式，支持逻辑运算符（and、or、not），系统默认在全字段中进行匹配检索。

（3）高级检索

在 IEL 首页点击【Advanced Search】链接进入高级检索界面，如图 4-32 所示。界面的左上方为字段检索区；左下方为高级检索式输入区；界面的右侧可以进行多种检索条件限定，例如出版物类型与年代等，还可以对检索结果的输出样式进行设定，例如每屏显示数量与排序方式等。

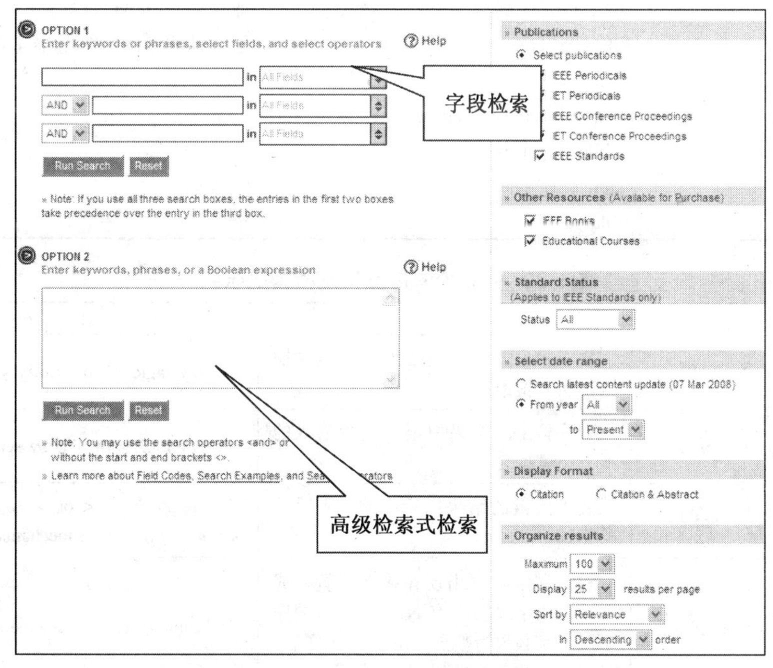

图 4-32　IEL 高级检索界面

在字段检索区中，系统提供了 3 个输入框，它们之间的逻辑运算符可以是“与（And）”、“或（Or）”和“非（Not）”的关系。输入框的右侧是检索字段下拉菜单，可选的检索字段包括：全部字段（All Fields）、全文与全部字段（Full Text & All Fields）、题名（Document Title）、作者（Author）、出版物名称（Publication Title）、文摘（Abstract）、索引词（Index Terms）和作者单位（Affiliation）。用户只需根据自己的检索要求，在输入框中输入单词或词组，并选择相应的字段与逻辑运算符，然后点击【Run Search】按钮即可。

在高级检索式输入区中，系统提供了一个输入框，接收用户自行构造的高级检索式。由于构造高级检索式需要用户掌握数据库的检索字段、检索运算符、语法规则等，因此对于初学者来说具有一定的难度。高级检索式的优越之处在于它不受输入框个数的限制，检索词之间可以进行逻辑嵌套，表达更复杂的逻辑关系，此外在检索式中可以使用位置运算符，使检索更精确。

检索式的基本语法形式为：检索词 < in > 字段名。例如，virtual reality < in > ti。注意，检索运算符必须以“ < > ”括起来，否则系统会将其作为检索词加以检索。

IEL 检索字段的代码、名称及含义见表 4-19，IEL 数据库构造高级检索式使用的逻辑运算符、位置运算符、截词符和通配符的种类、含义及其使用方法见表 4-20。

表 4-19　IEL 字段代码、名称及含义一览表

字段代码	名　称	含　义
ab	Abstract	文摘
cs	Affiliation	作者单位
metadata	All fields	所有字段
au	Author/Editor	作者或编者
ca	Catalog number	编目号
cn	CODEN	CODEN 代码
cy	Conference date/Meeting date	会议日期
ti	Document title/Title	题名
pdfdata	Full text	全文
de	Index term/Subject term	索引词/主题词
in	ISBN/ISSN	国际标准书号/国际标准连续出版物号
is	Issue number	期号
pt	Issue part number/Part number	分册号
jn	Publication name	出版物名称
pyr	Publication year	出版年
vo	Volume	卷号

表 4-20　IEL 检索运算符及检索式示例

检索运算符名称		含　义	示　例
逻辑运算符	and	要求检出的结果中必须同时包含输入的所有检索词	fuzzy logic < and > fuzzy set theory
	or	要求检出的结果中至少包含输入的所有检索词之一	fuzzy logic < or > fuzzy set theory
	not	要求检出的结果中应排除 not 后的检索词	(fuzzy logic < or > fuzzy set theory) < not > (inference mechanisms)
位置运算符	< near/N >	检索词语必须出现在接近位置，或两个检索字之间含有 N 个字，但词序不限，N 必须为整数，位于 near 之后，且与 near 之间必须以“/”隔开	(cable < near/4 > television) < in > ab
	< paragraph >	检索词语必须出现在同一段落	(optical < or > fiber < or > fibre) < paragraph > network
	< phrase >	检索词语必须出现在同一词组	cable < phrase > (television < or > TV)
	< sentence >	检索词语必须出现在同一句子	(optical < or > fiber < or > fibre) < sentence > network

（续）

检索运算符名称		含　义	示　例
截词符	?	一个? 代表一个英文字符，可用于词尾或词中	Fib?? 可检索到以 fib 打头，后头跟两个英文字符的词，如 fiber、fibre 等
	*	表示任意个字符（0 ~ n 个字符）	electro * 可检索出含 electron、electrons、electronic、electronics、electromagnetic、electromechanical 及 electrolyte 的文献
通配符	< wildcard >	指定其他的变化，检索词应用一对反单引号（' '）括起来，检索时不进行词干的检索	< wildcard > ' resist ［eo］ r' 可以检索到 resister 和 resistor
同义词运算符	< thesaurus >	检索与检索词意思相似的词	< thesaurus > optical networks
其他	括号	用括号对检索词进行逻辑分组，然后用逻辑运算符进行连接	（Sample data holds < in > ti） < and >（Leonard < in > au）
	< in >	与字段代码结合指定在某个确切字段中进行检索	Leonard F. < in > au

（4）作者检索

在 IEL 首页点击【Author Search】链接进入作者检索界面，用户在输入框中输入作者姓名，系统就会显示相应作者的文献列表。

需要注意的是 IEL 没有对作者姓名进行统一的规范处理，数据库中保持了原始文献中作者姓名的写法。因此在输入时要保证姓在前，名在后，中间用空格隔开，姓要拼写完整，而名则尽量模糊（只输入一个首字母），待系统给出检索结果列表后再仔细选择较好，以免漏检。

（5）跨库检索（CrossRef search）

用户通过 Google 搜索引擎检索可以检索到包括 IEEE 在内的 45 家重要期刊出版商提供的学术论文的全文。

此外，在【Search】下拉菜单中选择【Search History】可以查看本时段进行的每步检索历史（CrossRef 检索除外）。系统以高级检索式的形式列出检索过程及命中数目，此外系统还可以对检索历史进行逻辑组合或删除清空检索历史等。

【检索示例】检索题名中包含“artificial intelligence”同时刊名中带有“system”的文献。

在 IEL 的高级检索界面中，第一个文本框输入检索词“artificial intelligence”，检索字段选择“Document Title”；第二个文本框输入检索词“system”，检索字段选择“Publication Title”；两个检索条件为“AND”关系。执行检索后，得到 52 条检索结果，如图 4-33 所示。

3. 检索结果处理

执行检索后，系统返回检索结果列表页面，如图 4-33 所示。内容包括题名、作者、出处、文献 DOI 以及全记录与全文链接等。

在结果列表的上方【Modify Search】输入框中，用户可以输入修改后的检索式并进行新的检索或二次检索。通过【Display Format】后面的单选框可以在“题录”与“题录 + 文摘”显示模式中切换。点击【Full Text】后面的【PDF】链接可以浏览下载全文。点击【AbstractPlus】链接可以看到该记录的详细信息，除包括完整题录与文摘信息外，还包括索引词（Index Terms）、参考文献（References）和被引文献（Citing Documents）。

索引词包括 INSPEC 词表标引的关键词与作者提供的关键词两种。

参考文献除了显示出该文献引用的参考文献信息外，还提供每一篇参考文献的链接。共分以下 3 种情况：①若该篇参考文献被 IEL 数据库收录，则直接链接到 IEL 的该条记录中；②若该篇参考文献被 CrossRef 其他成员收录，点击【CrossRef】链接可进入相应数据库浏览该记录；③其他不属于上两类的参考文献，点击【Buy Via Ask ＊IEEE】链接可通过文献传递服务进行购买。

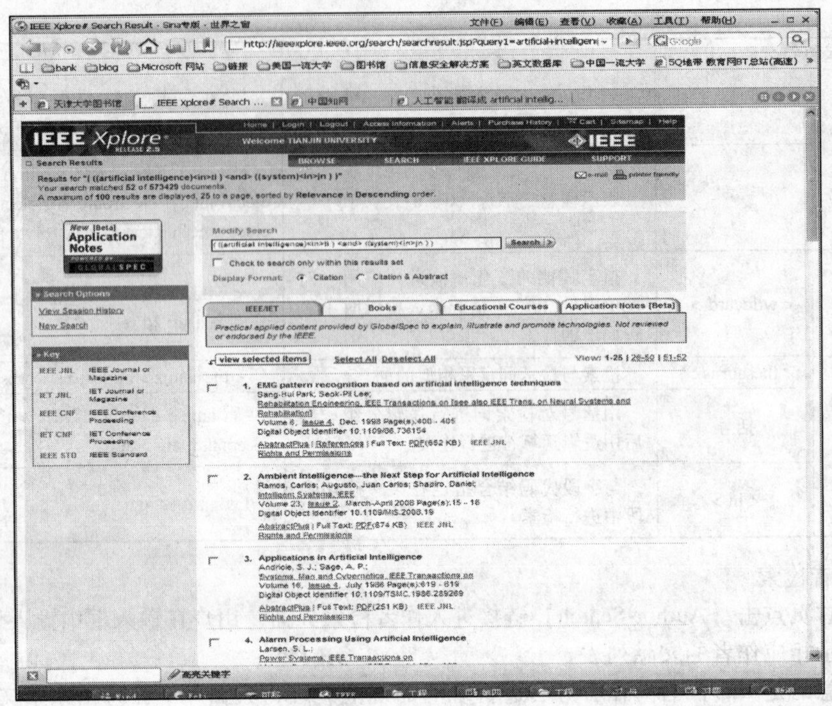

图 4-33　IEL 数据库检索结果界面（局部）

被引文献则显示该文献被 IEL 中其他文献的引用情况。点击链接可以查看施引文献的全记录。

在每条记录的详细信息页面或者在选中记录的查看页面左上方都有一个“Download Citations”栏目，可以将选中记录导出到“EndNote”、“ProCite”或“RefMan”书目文献管理软件中，若选择“ASCII Text”，还可以把记录输出为含全文链接的文本格式。

点击屏幕右上方的【E-mail】图标，可以把检索结果发送到指定的电子信箱中。点击它旁边的【Printer Friendly】图标，可以把当前显示的记录以适合于打印的形式显示，然后再打印即可。

4. 个性化服务功能

IEL 提供个性化推送服务。在每页的上方的菜单条上都有【Alerts】链接。用户注册登录后，选择期刊就可以从电子邮件定期获得 IEL 期刊的目次通报，也可以随时取消推送服务。

4.6.2　INSPEC 数据库

1. INSPEC 数据库简介

INSPEC 的英文全称为 Information Service in Physics，Electro-Technology，Computer and Control，即 IEE 的物理、电子电机工程学、计算机和控制工程学、信息技术、生产和制造工程学的科学文摘。其前身为英国《科学文摘》（Scinece Abstracts），其印刷版创刊于 1898 年，1969 年开始建立数据库，1973 年进入 Dialog 检索系统。目前它以印刷版、光盘版、网络版、联机检索 4 种方式并行出版。

在 INSPEC 数据库中，用户可以检索到全球 80 个国家出版的 4 000 种期刊、2 200 多种会议录及部分图书、科技报告、学位论文等，每年新增文献近 45 万条。INSPEC 涵盖的学科领域范围很广，包括物理科学、电子电机工程学、计算机与控制工程学、信息技术、通信、机械与制造工程学、材料科学、核能工程、动力与能源、航空航天工程学、生物物理学、生物医学工程、纳米生物技术、环境与工程学、人工智能、雷达、地球物理学、海洋学等。

INSPEC 数据库在 EI Village 平台下的访问网址为 http://www. engineeringvillage2. org. cn，

首页如图 4-34 所示。由于 INSPEC 数据库与 EI Compendex 数据库同在一个平台下，因此在 SELECT DATABASE 下面【Inspec】复选框里打勾，表明选中 INSPEC 数据库。

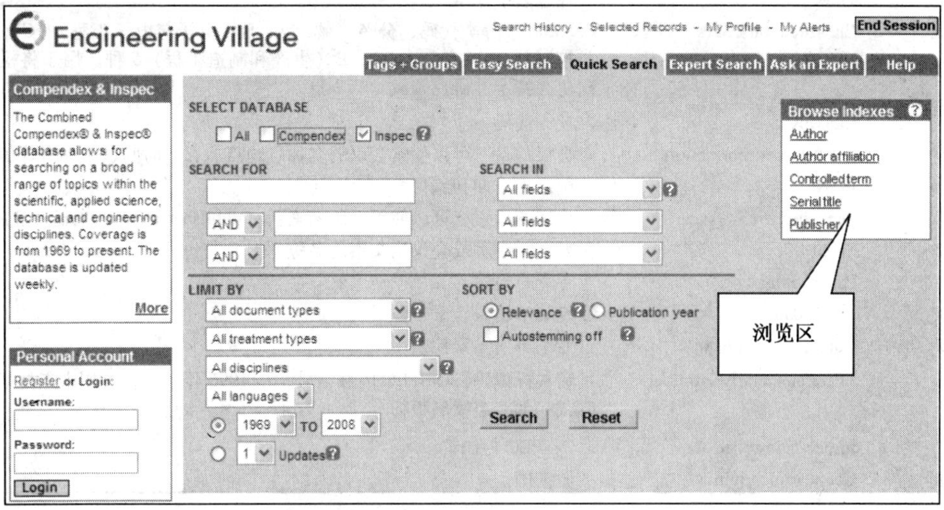

图 4-34　INSPEC 数据库在 EI Village 平台下的首页

2. 数据库检索方法

（1）浏览

通过点击浏览指南（Browse Indexes）下相应的分类项目链接可直接进行分类浏览，共分 5 类，分别是作者（Author）、作者单位（Author affiliation）、规范词表（Controlled term）、期刊名（Serial title）、出版商（Publisher）。

（2）简易检索

点击导航条上的【Easy Search】链接，可以进入简易检索界面。它是为简单的关键词检索而设计的，使用方法与 Google 类似。把检索词输入到惟一的文本框中，然后点击【Search】按钮，系统便会把命中的记录返回给用户。

（3）快速检索

点击导航条上的【Quick Search】链接，可以进入快速检索界面，快速检索界面也是 INSPEC 数据库的默认检索界面。系统提供了 3 个输入框，通过下拉式菜单选择检索字段，同时还可以使用“AND”、“OR”和“NOT”进行逻辑组合。18 个检索字段的名称、含义及详细说明见表 4-21。

表 4-21　INSPEC 数据库检索字段的名称、含义及说明

序　号	字 段 名 称	含义及说明
1	All fields	在所有字段中进行检索。默认选项
2	Subject/Title/Abstract	在摘要（Abstract）、标题（Title）、受控词（Controlled terms）或自由词（Uncontrolled terms）字段检索。用户可以在检索框中输入单词或短语，但是不能带有标点、冠词或介词
3	Abstract	在摘要中检索
4	Author	要检索一位作者的姓名，一般不输入作者的全名，而只用名的首字母。通常先输入姓、逗号和空格，然后输入名字的首字母（如果包含后缀也可输入）。可用截词符（*）截断；可使用浏览索引框（browser index）中的作者索引（author index）辅助确定作者姓名著录格式
5	Author affiliation	如果第一作者或编辑单位的信息可以从原文件中得到，则提供第一作者（编辑）单位。也可以使用作者单位索引来辅助确定

（续）

序　号	字段名称	含义及说明
6	Title	在题名中检索
7	Classification codes	INSPEC 分类代码，分 A（物理）、B（电子与电子工程）、C（计算机与控制）、D（信息技术）、E（生产和制造工程）5 种。用于将检索范围限定在特定的研究领域
8	CODEN	期刊代码
9	Conference information	会议信息，可以检索会议的名称、地点、召开时间、主办者等信息
10	ISSN	国际标准期刊编号
11	Publisher	出版商检索。可以使用出版商索引（publisher index）来辅助确定
12	Serial title	期刊、专著或会议论文集的名称
13	Patent number	专利号检索
14	Filing date	专利申请日检索
15	Country of application	专利申请国家检索
16	Material Identify Number	资料标识码，INSPEC 内部编号，于 1996 年创建，可用来查找某一期期刊或一部非连续出版物
17	Inspec Controlled term	INSPEC 控制词
18	Country of origin	原产国

在快速检索界面上还提供了文件类型、处理类型、语种和学科等几个检索限定选项。选择恰当的限定条件，可得到更为精确的检索。

文件类型（Document type）是指所检索的文献源自出版物的类型。INSPEC 数据库可以选择的文件类型包括：全部文件类型（All document types）、期刊论文（Journal article）、会议论文（Conference article）、会议论文集（Conference proceeding）、专题论文（Monograph chapter）、专题综述（Monograph review）、专题报告（Report chapter）、综述报告（Report review）、学位论文（Dissertation）、未出版文献（Unpublished paper）、专利（Patents 1969-1976）。

处理类型（Treatment type）用于说明文献的倾向性、定位或研究方法及所探讨主题的观点。INSPEC 数据库可以选择的处理类型包括：全部处理类型（All treatment types）、应用（Applications）、传记（Biographical）、经济（Economic）、实验（Experimental）、一般性综述（General review）、新进展（New developments）、实用（Practical）、产品评述（Product review）、理论（Theoretical）。需要注意的是，一条记录可能有一个或几个处理类型，然而，并不是每个记录均具有处理类型。

INSPEC 数据库可以选择的学科（discipline）包括：全部学科（All disciplines）、物理（Physics）、电子与电子工程（Electrical & Electronics Engineering）、计算机与控制工程（Computer & Control Engineering）、信息技术（Information Technology）、生产和制造工程（Production & Manufacturing）。

INSPEC 数据库可以选择的语种（language）包括：全部语种（All languages）、英语（English）、汉语（Chinese）、法语（French）、德语（German）、意大利语（Italian）、日语（Japanese）、俄语（Russian）和西班牙语（Spanish）。如果要检索更多的语种，或要检索上述未列出的语种，请使用高级检索（Expert Search）。INSPEC 数据库所使用的全部语言的列表可由高级检索中的语言索引查找。

此外，还可以限制检索的年限，或通过下拉菜单将检索范围限定在最近 1 ~ 4 次所更新的内容中。

由于 INSPEC 数据库与 Ei Compendex 数据库同在 Ei Village 平台下，两者的使用方法完全相同，因此，INSPEC 数据库的高级检索、检索结果的处理以及个性化服务等功能，请读者参见 3.1 节的内容。

4.7　化学工程类

4.7.1　SciFinder Scholar 数据库

1. SciFinder Schola 数据库简介

SciFinder 是美国化学文摘社（CAS）自行设计开发的先进的科技文献检索和研究工具软件，SciFinder Scholar 是 SciFinder 的学术版本。SciFinder 数据库收录的文献资料来自全球 200 多个国家和地区，语言涉及 60 多种，种类超过 10 000 种，内容包括期刊、专利、评论、会议录、论文、技术报告和图书中的各种化学研究成果。

SciFinder Scholar 数据库包含 5 类 6 大子数据库，见表 4-22。

表 4-22　SciFinder Scholar 数据库内容

类　型	数据库名称	内　容
Reference Database（文献数据库）	CAplus^{SM}	包含来自 150 多个国家、9 000 多种期刊的文献，覆盖 1907 年到现在的所有文献以及部分 1907 年以前的文献，包括有期刊、专利、会议录、论文、技术报告、图书等，涵盖化学、生化、化学工程以及相关学科，还有尚未完全编目收录的最新文献（目前有 2 430 万多条参考书目记录，每天更新 3 000 条以上）
	MEDLINE®	包含来自 70 多个国家、3 900 多种期刊的生物医学文献，覆盖 1951 年到现在的所有文献，以及尚未完全编目收录的最新文献（目前有 1 300 万多参考书目记录，每周更新 4 次）
Structure Database（结构数据库）	REGISTRY^{SM}	涵盖从 1957 年到现在的特定的化学物质，包括有机化合物、生物序列、配位化合物、聚合物、合金、片状无机物。REGISTRY 包括了在 CASM 中引用的物质以及特定的注册。例如：管制化学品列表如 TSCA 和 EINECS 中的注册（目前有 7 400 万多条物质记录，每天更新约 7 万条，每种化学物质有惟一对应的 CAS 注册号）
Reaction Database（反应数据库）	CASREACT®	包括从 1907 年到现在的单步或多步反应信息。CASREACT 中的反应包括 CAS 编目的反应以及下列来源：ZIC/VINITI 数据库（1974～1991，by InfoChem GmbH）、INPI（Institute National de la Propriete Insutrielle，法国）1986 年以前的数据，以及由教授 Klaus Kieslich 博士指导编辑的生物转化数据库（目前有 800 万多条反应记录和 403 000 条文献记录，每周更新约 700～1300 条）
Commercial Sources Database（商业来源数据库）	CHEMCATS®	化学品的来源信息，包括化学品目录手册以及图书馆等内的供应商的地址、价格等信息（目前有 740 万多条商业化学物质记录，来自 655 家供应商的 793 种目录）
Regulatory Database（管制数据库）	CHEMLIST®	1979 年到现在的管制化学品的信息，包括物质的特征、详细目录、来源以及许可信息等（有 22.8 万多种化合物的详细清单，来自 13 个国家和国际性组织，每周更新 50 多条新记录）

SciFinder Scholar 2006 是一种桌面研究工具，用来查找和处理广泛的化学及相关学科课题信息。利用 SciFinder Scholar 2006 可以查找如下信息：

1）文献信息。包括标题、作者、发明者、公司名称、集团资源、专利权人、出版年份、来源、出版物、日期、出版商、卷号、期号、分页、CODEN、ISSN、专利标识（包括专利、申请、优先权和同族专利信息）、摘要、索引、补充条款、引文、文献中所述的物质和反应。

2）物质信息。包括化学名称、CAS 注册号、分子式、结构图、序列信息（包括 GenBank 和专利备注）、属性数据、来自化学物质供应商目录的商业来源信息、法规信息、编辑注释、物质参考文献、物质参与的反应、STN 在线服务中的其他公众可用数据库列表，在此可以查找与物质相关的其他附加信息。

3）反应信息。包括化学反应图（包括反应物、试剂、产物、催化剂、溶剂和条件）、反应参考文献、有关所有反应参与物的附加反应、参考文献、物质详情、商业信息源和法规信息。

2. 数据库检索方法

首先，用户需要正确安装 SciFinder Scholar 2006。安装后，双击安装过程中所创建的 SciFinder Scholar 图标，或者逐步点击【开始】菜单【程序】中的【SciFinder Scholar】即出现许可协议，如果用户接受这些条款，那么单击【Accept（接受）】进入 SciFinder Scholar 主窗口，该窗口包含【主菜单】、【主工具栏】和【新任务】（New Task）对话框。点击【新任务】进入任务菜单，如图 4-35 所示。

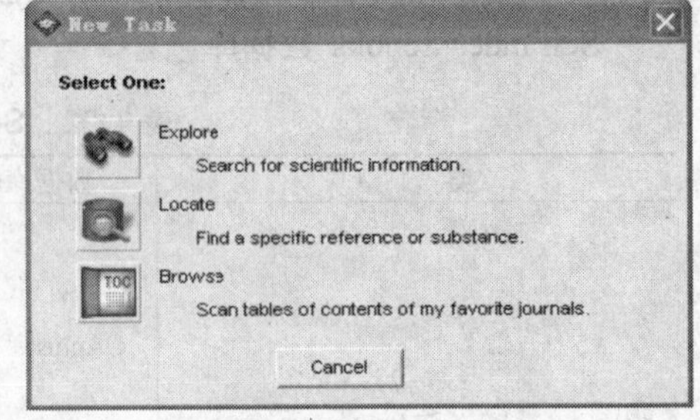

图 4-35　SciFinder Scholar 2006 任务菜单界面

任务菜单提供 3 个功能选项。

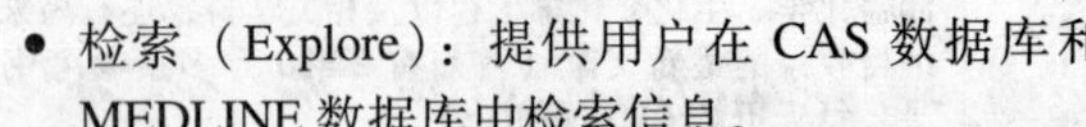

- 检索（Explore）：提供用户在 CAS 数据库和 MEDLINE 数据库中检索信息。
- 定位（Locate）：可以快速找到基于一个或多个书目信息或文档标识符的特定参考资料。通过使用名称或 CAS 登记号也可以找到特定的物质。
- 浏览（Browse）：可以浏览到 CAS 数据库所囊括的 1 900 多种核心科学期刊列表。还可以查看目录，并通过链接至所选期刊的全文选项。

下面就分别详细介绍每个选项的使用方法。

(1) 检索（Explore）

点击任务菜单中的第一项，即望远镜图标，即进入检索界面，如图 4-36 所示。在该界面中，系统提供了 3 类检索途径共 6 种检索入口，下面一一介绍。

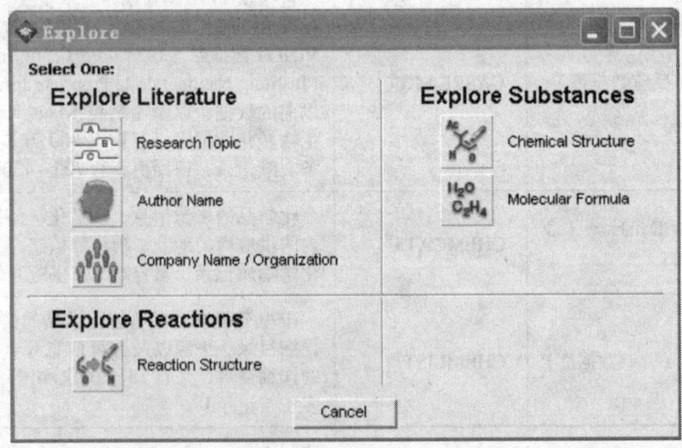

图 4-36　SciFinder Scholar 2006 检索菜单界面

1）文献信息检索（Explore Literature）。

①主题检索（Research Topic）。点击【Research Topic】进入主题检索界面，如图 4-37 所示。在检索框中直接输入所要查找主题的关键词、短语或句子，点击【OK】按钮，即可检索出相关主题的文献。【Filters】按钮用于显示或隐藏检索限制条件。可以限定的条件包括：出版时间、文献类型（如临床试验、期刊、会议、专利、综述）、语种、作者和机构名称。

②作者检索（Author Name）。点击【Author Name】进入作者检索界面。输入作者姓名可以检索出该作者发表的相关文献。在作者姓名检索菜单对应输入框中分别输入作者的姓和名，然后点击【OK】按钮，系统将返回作者名单列表，从名单中选出相应的作者姓名，点击【Get References】按钮，就会显示出该作者发表的文献。为了区分同名作者，系统还提供了【Analyze/Refine】按钮，用于对作者所在机构（company Name）进行限定。

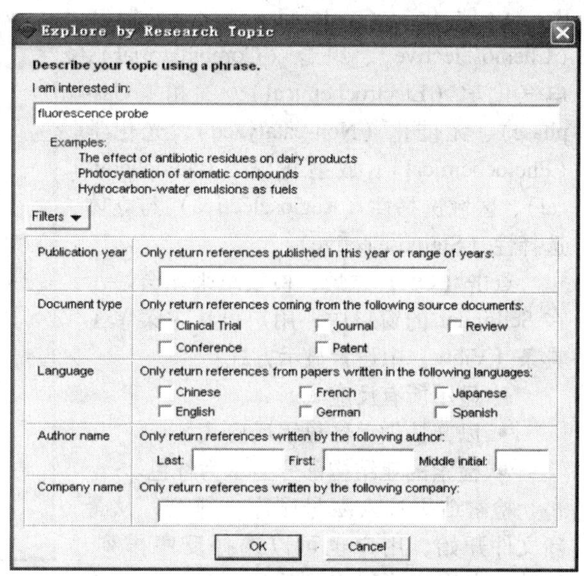

图4-37 SciFinder Scholar 2006 主题检索界面

③公司/机构名称检索（Company Name/Organization）。点击【Company Name/Organization】进入公司/机构名称检索界面。输入公司或机构名称，可以检索出该公司或机构发表的文献。

2）化学反应检索（Explore Reactions）。

在SciFinder中，用户可用化学结构图标来检索化学反应，并设定物质在反应式中的角色（如反应物、试剂、产物或任何角色）。用户也可以用反应位置工具和原子绘图工具作精确的反应检索。点击【Reaction Structure】左侧的图标，进入系统内嵌的结构式绘图工具，绘制化学反应中物质的结构进行检索，如图4-38所示。

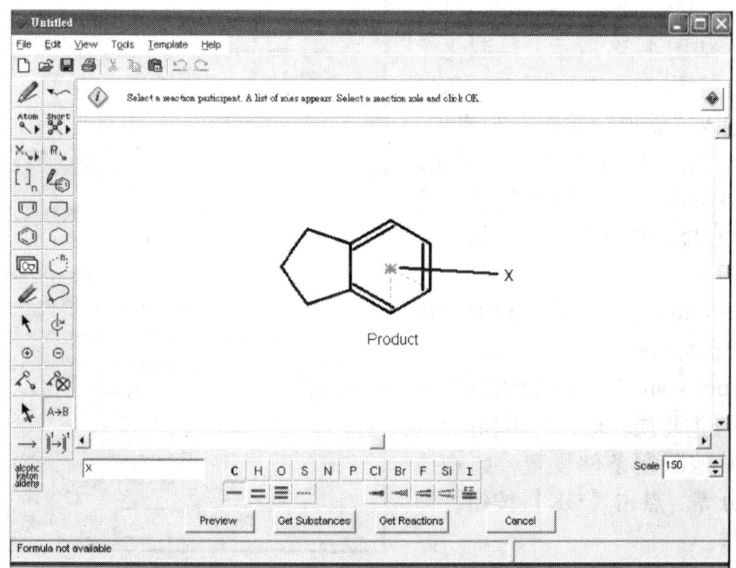

图4-38 SciFinder Scholar 2006 绘图界面

在绘制结构之后，点击反应角色工具设定物质在反应式中的角色，如产物、反应物、试剂、反应物或试剂或任何角色。然后在绘图板中点击【Get Reaction】来获取反应信息，如图4-39所示。首先选择一个检索方法“变化只适用于指定的结构的位置（variable only at the specified positions）”或“为复杂结构中的亚结构（substructures of more complex structures）”，然后设定限制条件，如反应步骤（Reaction steps）、反应类型（Reaction classification）、是否为专利（Patents）以及出版年份（Publication year）。其中可选的反应类型有：生物转化（Biotransformation）、催化（Catalyzed）、化学选择（Chemoselective）、组合（Combinatorial）、电气化学（Electrochemical）、气相（Gas-phase）、无催化（Non-catalyzed）、光化学（Photochemical）、放射化学（Radiochemical）、区域选择性（Regioselective）与立体选择性（Stereoselective）。

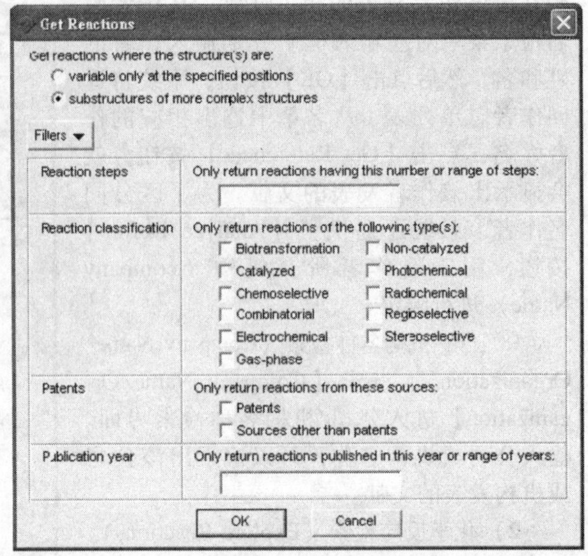

图 4-39　SciFinder Scholar 2006 获取反应信息界面

点击【OK】之后，检索结果便会显示在 SciFinder 的窗口中，用户可从主菜单工具条【View】中设置显示方式：

- 显示所有反应式。
- 以文摘做单位显示反应式。
- 检索的亚结构部分显示为红色。

检索结果按入藏号顺序来排列，从最新文件开始，用户也可以选择反序排列。从结果中用户可以看到反应式、详细反应条件、CAS 的编者写下的重点（NOTE）和文摘链接。除此之外，以鼠标右键点击反应式中的任何物质，便可取得有关资料。

3）化学物质检索（Explore Substances）。

①化学结构式（Chemical Structure）检索。点击 Chemical Structure 前面的图标，进入绘图系统，如图 4-38 所示，绘制化学物质结构式进行检索。点击【Get Substances】按钮进入“获取物质信息”界面，如图 4-40 所示。首先选择检索的匹配策略。

- “Exact search”表示精确检索，得到物质的盐、同位素、混合物、聚合物。
- “Substructure search”表示检索的物质是目标物质的一部分。
- “Similarity search”表示检索结果的结构与查询物质相似，但不相同。

然后进行其他限制条件设置，如物质类型、结构成分等。点击【OK】按钮，即可得到检索结果。

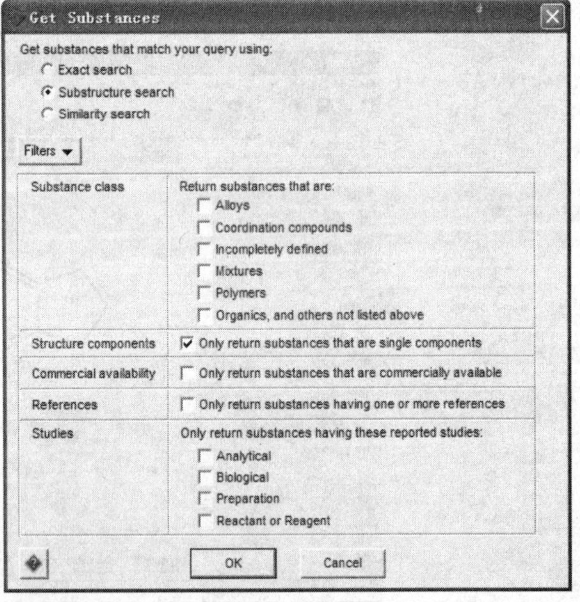

图 4-40　SciFinder Scholar 2006 获取物质信息界面

②分子式（Molecular Formular）检索，点击 Molecular Formular 前面的图标，进入分子式检索界面，输入分子式即可检索到相匹配的文献和物质信息。

（2）定位（Locate）

点击任务菜单中的第二项，即放大镜图标，即进入定位界面，如图 4-41 所示。该界面提供了两种定位途径：文献信息定位（Locate Literature）和物质信息定位（Locate Substances）。

1）文献信息定位（Locate Literature）。系统提供两条途径进行文献信息定位。

①根据书目信息定位文献（Bibliographic Information）。点击【Bibliographic Information】左

边的图书图标，进入书目信息定位界面，如图 4-42 所示。通过输入所需的书目信息，SciFinder 可查找到特定的期刊或专利参考文献。

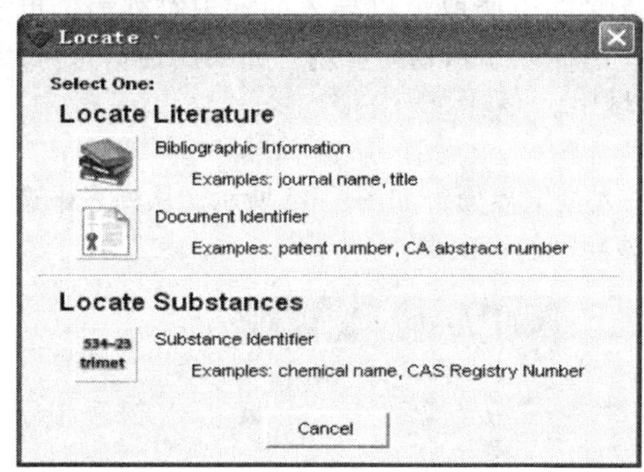

图 4-41　SciFinder Scholar 2006 定位界面

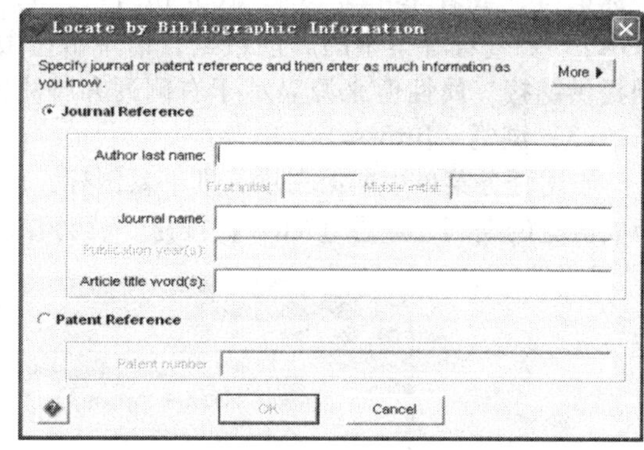

图 4-42　SciFinder Scholar 2006 书目信息定位界面

查找期刊文献时，选择【Journal Reference】，输入相关的期刊文献信息，单击【OK】按钮进行查找。系统提供 3 个检索点：作者姓名、期刊名称、文章篇名，此外通过点击【More】按钮还可以更加具体地指明作者的姓氏、首字母、中间名或期刊的卷期等。

查找专利文献时，选择【Patent Reference】，输入相关的专利参考文献信息如专利号、专利应用号、优先顺序应用号等，还可选择高级选项【More】输入发明家或专利权人，单击【OK】按钮进行查找。

②根据文献标识符定位文献（Document Identifier）。点击【Document Identifier】左边的文件图标，进入书目信息定位界面，如图 4-43 所示。键入专利号或 CAS 物质登记号进行查找。每行输入一个标识符，一次可搜索 25 个标识符，或者单击【Read from file】按钮，从文件中调取可以导入的标识符列表。

2）物质信息定位（Locate Substances）。点击【Locate Substances】左边的图标，进入物质信息定位界面，如图 4-44 所示。使用“物质标识符”及化学名称或 CAS 登记号查找特定物质或物质组，具有以下功能：

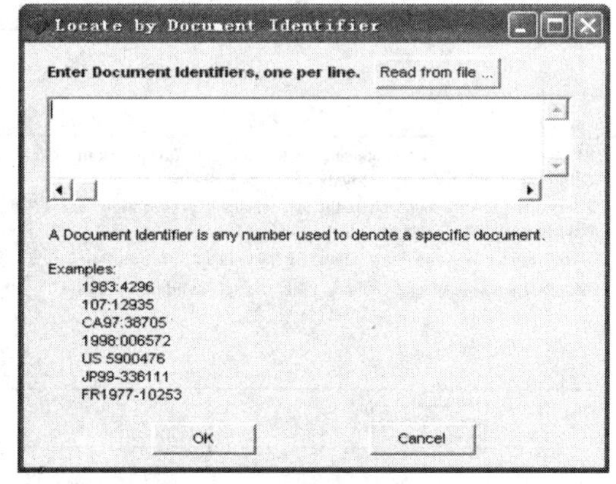

图 4-43　SciFinder Scholar 2006 文献标识符定位界面

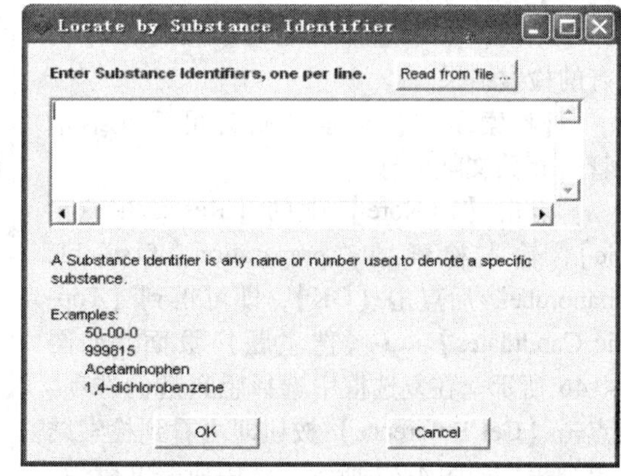

图 4-44　SciFinder Scholar 2006 物质信息定位界面

- 查找和验证化学名称、CAS 登记号、分子式和其他物质信息。
- 获取计算和实验属性数据。
- 识别商业来源。
- 检索法规遵循信息。

● 获取讨论物质的文章和专利。

键入化学名称、商标名称或 CAS 登记号进行查找。每行输入一个标识符，一次可搜索 25 个标识符，或者单击【Read from file】按钮，从文件中调取可以导入的标识符列表。单击【OK】。要查看答案中的属性数据，请单击显微镜图标以显示物质详情。如果属性信息可用，则提供链接。属性值来源显示于右侧列和脚注区域中。

(3) 浏览（Browse）

点击任务菜单中的第三项，即书籍图标，即进入浏览界面，如图 4-45 所示。从列表中选择所要浏览的期刊，点击【View】按钮，就会看到该期刊的目次页。

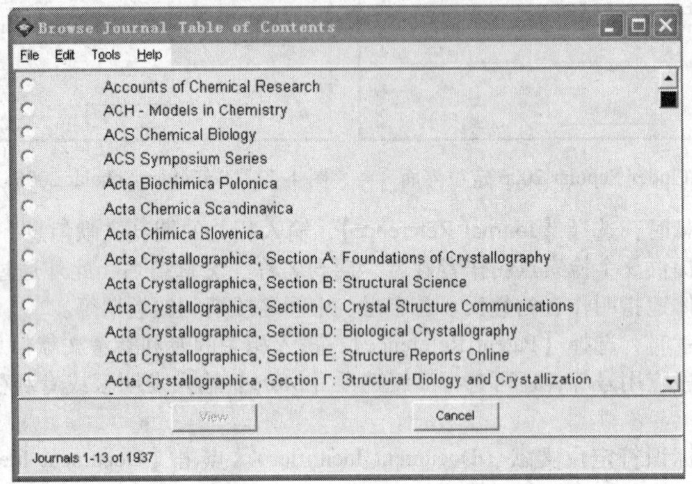

图 4-45　SciFinder Scholar 2006 浏览界面

3. 检索结果处理

SciFinder Scholar 允许用户打印参考文献或物质和反应的结果，还允许将检索结果保存至用户计算机上的文件中。若要打印结果，首先选中对应条目前的复选框，然后选择【File】菜单中的【Print】指令，如未选择特定的条目那么将打印出所有的检索结果。若要保存结果，则选择【File】菜单中的【Save As】指令，同打印命令相同，如未选择特定的条目将保存所有的检索结果。

【检索示例】检索“制备可溶性纳米管”相关文献信息。

点击【Explore】中的【Research Topic】，输入检索词“preparation of soluble nanotube”后点击【OK】，即可得到【Topic Candidates】（候选主题）页面，如图 4-46 所示。在复选框中选择感兴趣的选项，点击【Get Reference】按钮即可看到检索结果列表，如图 4-47 所示。选中所需文献后，点击【Save As】按钮进行保存，或用鼠标选择所需文字或者化学结构，点击右键进行复制，然后粘贴到写字板或者 Word 程序中进行保存。此外，点击【Analyze/Refine】按钮进行二次检索，或对检索结果进行分析。

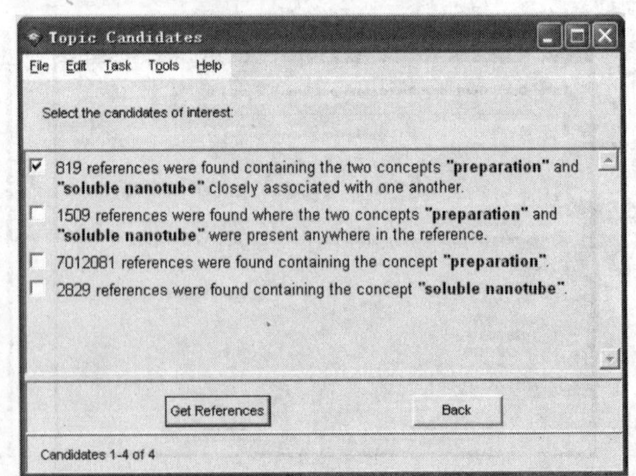

图 4-46　SciFinder Scholar 2006 候选主题界面

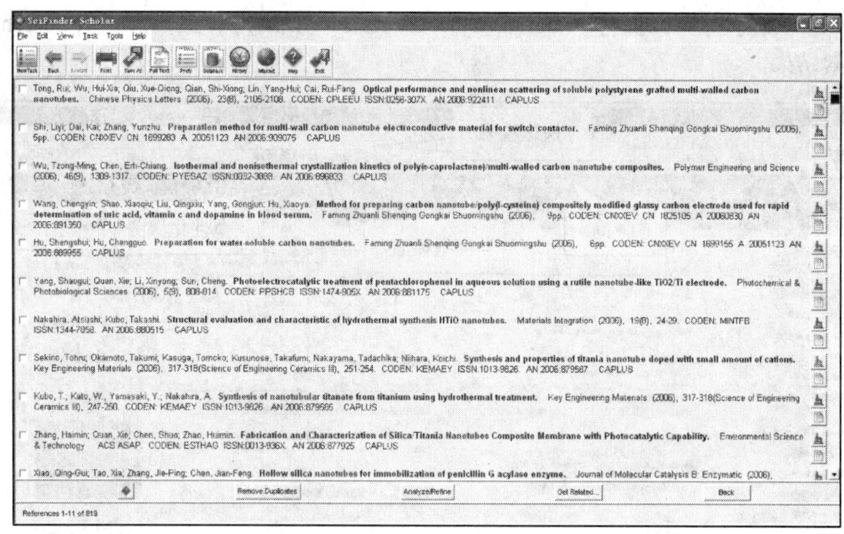

图 4-47　SciFinder Scholar 2006 检索结果界面

4.7.2　ACS 数据库

1. ACS 数据库简介

ACS（AmericanChemical Society，美国化学学会）成立于 1876 年，现已成为世界上最大的科技协会之一，其会员数超过 16.3 万。多年以来，ACS 一直致力于为全球化学研究机构、企业及个人提供高品质的文献资讯及服务，在科学、教育、政策等领域提供了多方位的专业支持，成为享誉全球的科技出版机构。ACS 的期刊被 ISI 的“Journal Citation Reports”（JCR）评为：化学领域中被引用次数最多之化学期刊。

ACS 出版 35 种 Web 版期刊，内容涵盖以下领域：生化研究方法、药物化学、有机化学、普通化学、环境科学、材料学、植物学、毒物学、食品科学、物理化学、环境工程学、工程化学、应用化学、分子生物化学、分析化学、无机与原子能化学、资料系统计算机科学、学科应用、科学训练、燃料与能源、药理与制药学、微生物应用生物科技、聚合物、农业学。

ACS 数据库除具有一般的检索、浏览等功能外，还可在第一时间内查阅到被作者授权发布、尚未正式出版的最新文章（Articles ASAP），用户也可定制 E-mail 通知服务，以了解最新的文章收录情况；还具有增强图形功能，含 3D 彩色分子结构图、动画、图表等；全文具有 HTML 和 PDF 格式可供选择。

ACS 数据库的访问网址为 http://pubs. acs. org。

2. 数据库检索方法

（1）浏览

在地址栏输入网址，打开 ACS 数据库的首页，如图 4-48 所示。点击导航条或左栏的【Journals A-Z】标签，就可以看到 ACS 所有期刊和杂志的名称。点击所需要查看的出版物名称，能看到该刊的最新一期目录。点击您所需要的文章条目下的【Abstract】链接能够看到该文章的摘要，点击【HTML】或【PDF】则能够分别以 html 或 pdf 形式查看全文。

期刊浏览页面默认按照字母顺序进行排序，若要按主题分类对期刊进行浏览，则需要点击页面右侧的【Subject Areas】链接。

（2）快速检索

在 ACS 数据库首页右上方，系统提供了一个快速检索输入框，默认显示为：Article Quick Search，用鼠标单击输入框并输入检索词，然后根据自己需要选择检索字段，可选的字段有：题名（title）、作者（author）、文摘（abstract）、题名或文摘（title or abstract）、全文检索（anywhere in article)、数字对象标识符（digital object identifier（DOI）），最后点击【Search】按钮就可以得到检索结果。

图 4-48　ACS 数据库首页（局部）

（3）高级检索

点击导航栏中的【Advanced Artice Search】链接，进入高级检索界面，如图 4-49 所示。分为引文检索和全文检索两种方式。

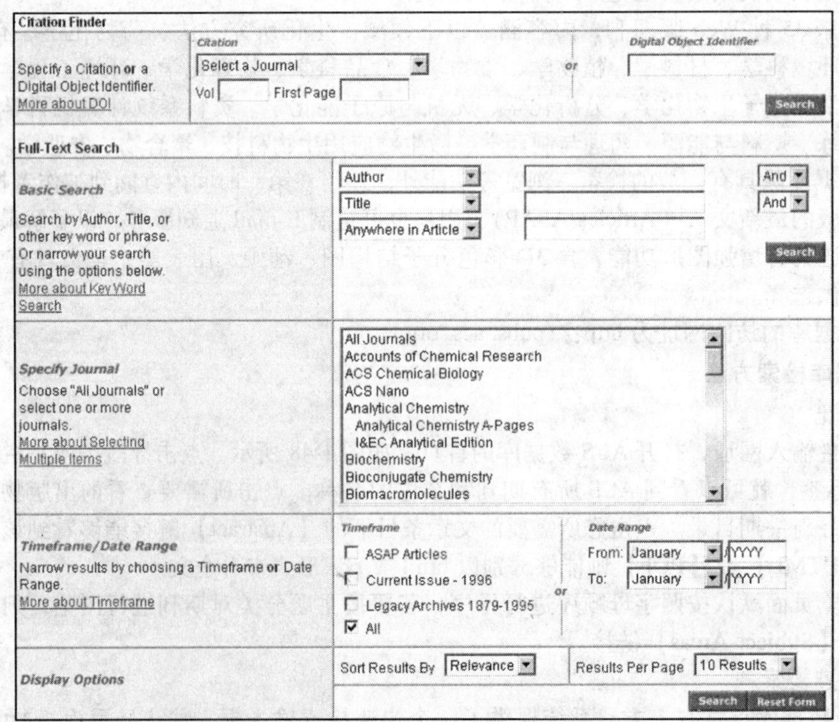

图 4-49　ACS 数据库高级检索界面

1）引文检索（Citation Finder）。如果知道原文的信息，可以使用引文检索功能来快速找到该篇原文。引文检索功能在高级检索页面的上部 Citation Finder 区域。

使用引文检索功能有以下两种途径：

- 如果知道原文的期刊名、卷号和开始页，可使用下拉菜单选择期刊名称，然后将原文的卷号和开始页输入到相对应的栏目内，点击【Search】按钮即可进行检索。
- 如果知道原文的数字对象标识符（DOI），则将 DOI 号码输入到对应栏目内，然后点击【Search】按钮进行检索。

2）全文检索（Full-Text Search）。在全文检索区域，系统提供了 3 个输入框输入检索词，可选择的检索字段与首页的快速检索相同，可以使用“And”、“Or”或“Not”3 个逻辑运算符对检索词进行逻辑组合。

在期刊列表中进行选择可以将检索限定在特定的期刊中，点击相应的期刊名进行单选或者按住键盘上的【Control】键进行多选。

若要将检索限定在特定的时间范围内，用户可以在时间段栏目中作出相应选择，系统提供了 4 种时间段供任意组合选择：ASAP Articles、Current Issue-1996、Legacy Archives 1879-1995、All，或者在日期范围栏目中输入希望检索的日期范围。

利用下拉菜单选定检索结果的显示方式。左边的栏目允许选择按照日期、期刊名称或相关度对检索结果进行排序；右边的栏目允许选择每页显示的条目数量。

3. 检索结果处理

提交检索要求后，系统将显示出检索结果列表，如图 4-50 所示。默认的显示方式为：与检索要求最匹配的文章显示在前面。用户可以利用下拉菜单选择其他检索结果排序方式：日期、相关度、期刊名称。

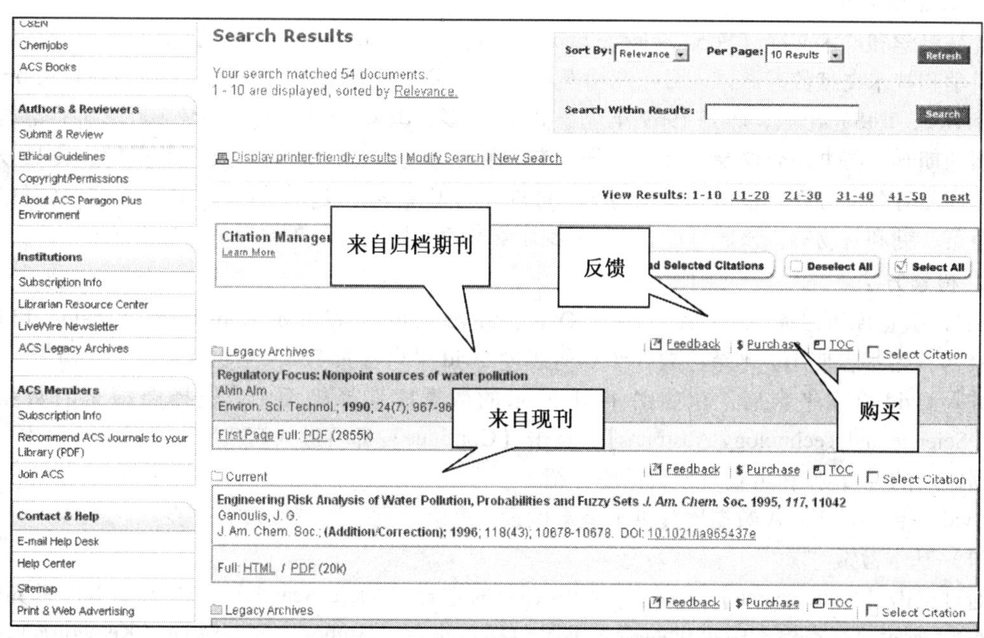

图 4-50　ACS 数据库检索结果界面

浅黄色框中显示的文献来自 ACS 网络版的现刊内容（网络版现刊内容包括当年和前 4 年），浅蓝色框中显示的文献来自归档期刊（即于网络版现刊之前出版的期刊）。点击【HTML】或者【PDF】链接即可访问原文。

在每条检索结果上部有指定格式的提交反馈链接【Feedback】，若用户还没有定购该期刊，则显示购买原文的链接【Purchase】。

4.8　轻工纺织与食品工程类

4.8.1　TTI 数据库

1. 数据库简介

纺织技术文摘数据库（Textile Technology Index，TTI）提供大量的纺织品生产及工艺文献。其前身是美国纺织技术学院（The Institute Textile Technology）的《纺织技术文摘》（Textile Technology Digest），该文摘创刊于 1944 年，由美国纺织技术研究所编辑出版，是检索纺织类文献的权威文摘之一。TTI 数据库收录了 1970 年以来世界范围纺织工业领域内的 400 多种期刊、会议文献、技术报告和专著等，约有 290 000 多条数据，其中纺织科学技术文献最早回溯至 1800 年。该数据库收录的文献主要侧重纺织技术的进展、新的科学技术和研究在纺织生产中的应用情况等方面，内容涉及纺织工业生产方法、生产过程和自动化管理系统多个领域，同时收录了有关服饰、家具、地板以及聚合物工业等相关行业的文献资源。

2. 检索方法

TTI 数据库可以通过 Ebscohost 检索平台使用。进入 EBSCO 平台后，在数据库选择界面选择【Textile Technology Index】后，点击上方或下方的【Continue】即可进入该数据库的检索界面。TTI 数据库提供基本检索【Basic Search】、高级检索【Advanced Search】和可视化检索【Visual Search】等检索服务，具体检索方法与 EBSCO 数据库基本一致，请参见 3.7.2 节。

4.8.2　FSTA 数据库

1. 数据库简介

食品科学和技术文摘（Food Science and Technology Abstract，FSTA）数据库是国际公认的食品科学和技术文献数据库。该数据库由英国国际食品信息服务社（International Food Information Service，IFIS）出版，收录 1969 年至今世界 90 多个国家 40 多种语言的 1 800 多种食品与科技方面的期刊、图书、会议录、会议报告、专利和法规等，内容广泛涉及食品科学、食品技术和食品商品等各个方面，包括：微生物学、毒理学与卫生学、包装、食谱、酒精与非酒精饮料、水果蔬菜、糖和谷物等。该数据库含有 70 多万条参考书目记录，数据最早回溯至 1969 年。

2. 检索方法

FSTA 数据库可以通过 FSTA Direct、Ovid、Silverplatter、Web of Knowledge、Dialog 和 Ebscohost 等检索平台使用。本节主要介绍如何通过 Ovid 平台检索 FSTA 数据库。

进入 Ovid 检索平台后，在如图 4-51 所示的数据库选择界面中，选择要检索的数据库【Food Science and Technology Abstracts】，点击【Continue】即可进入 FSTA 数据库进行检索。点击数据库前的【i】按钮可查看该数据库介绍。

Ovid 平台中的 FSTA 数据库提供了基本检索、高级检索、题录检索等功能。

（1）基本检索

通过点击【Basic search】图标或在检索登录时选择【Basic Search】可进入基本检索界面，如图 4-52 所示。基本检索中提供的检索字段包括：作者（Author）和关键词（Keywords）。检索词输入框下方是检索条件限制选择项，根据数据库的不同而有不同的选择内容，主要有：最新记录（Lasted Update）、全文（Full Text）、出版年（Publication Year）等。在关键词或著者对应的检索词输入框中输入检索词，点击【Search】即可完成基本检索。

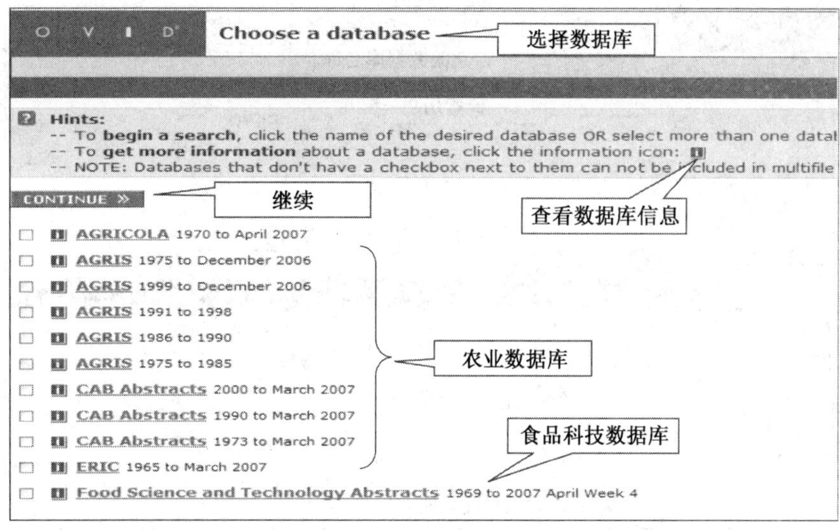

图 4-51 Ovid 平台数据库选择界面

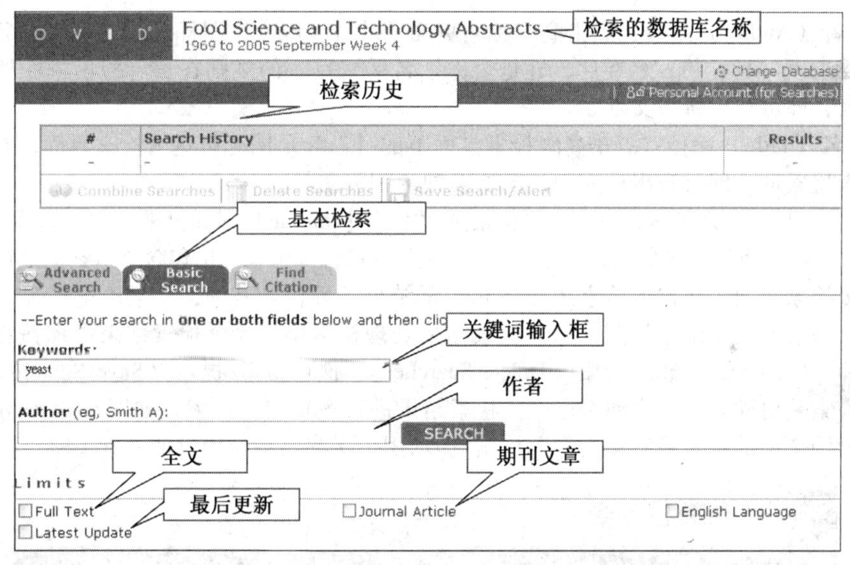

图 4-52 Ovid 平台 FSTA 数据库基本检索界面

（2）高级检索

高级检索界面是 Ovid 平台默认的检索界面，当用户进入时，若不选择检索方式【Mode】，则直接进入高级检索界面，如图 4-53 所示。高级检索提供关键词检索（默认）、作者检索、文章篇名检索、刊名检索等多种途径。

1）关键词（Keyword）途径：系统默认的检索方式。所谓“关键词”，实际包括了篇名词、文摘词及文本词等。使用该途径检索文献，范围广泛，检索全面，不易漏检。Ovid 系统还支持带有操作运算符的命令检索，其支持的操作运算符有：布尔逻辑运算符（AND、OR、NOT）、截词符（$）和位置符（ADJ）。在【Keyword】检索方式下，如选择检索框右方的匹配到主题词【Map Term to Subject Heading】，提交检索后，系统将列出与输入的检索词最接近的主题词及原来输入的检索词供用户选择。

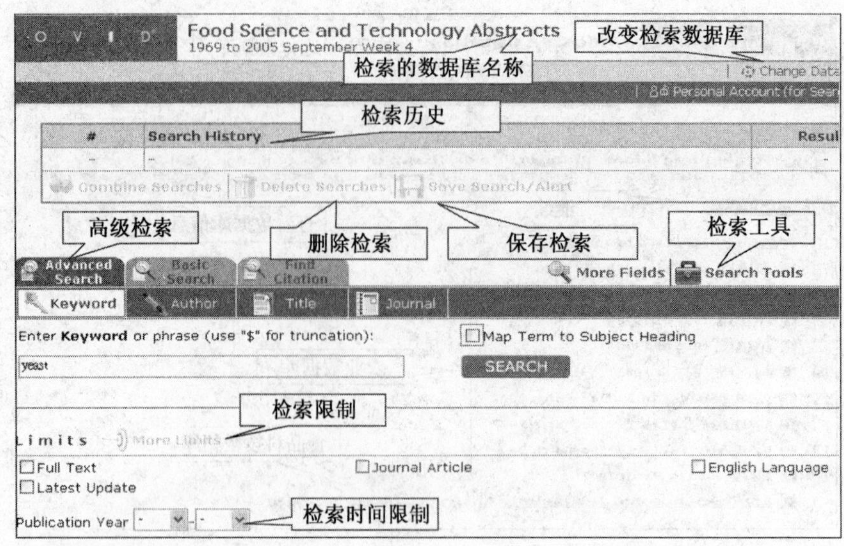

图 4-53 Ovid 平台 FSTA 数据库高级检索界面

2）作者（Author）途径：点击高级检索页面下的【Author】图标可进入著者途径检索。只需按系统要求以“姓在前，名在后，姓是全称，名是缩写”的规则在著者检索框中输入欲检索的著者姓名，即可查出所需文献。

3）篇名（Title）途径：点击高级检索界面下的【Title】图标可进入检索界面。在检索词输入框中输入检索词，即可查出标题中包含检索词的相关文献。

4）刊名（Journal）检索：点击高级检索页面下的【Journal】图标可进入刊名途径检索。在检索词输入框中输入期刊名称全称或关键词（但不用缩写），即可检索出包含该检索词的期刊文献。

在高级检索界面，还包括检索历史栏和检索结果处理栏。其中，检索历史栏显示了检索序号、检索策略、检索结果等相关信息。检索结果处理栏提供了 3 个检索结果处理按钮：组合检索（Combine Searches）、删除检索（Delete Searches）、保存检索/提示（Save Search/Alert）。其中，组合检索是对检索历史中两个以上的检索结果进行逻辑组合检索，如图 4-54 所示。删除检索用于检索历史中的特定检索项，保存检索/提示用于保存已经使用过的检索策略。

Combine Searches 组合检索

Combine a search using: AND (AND / OR) CONTINUE » 检索历史 检索结果

Select	#	Search History	Results
☐	1	yeast.mp. [mp=title, abstract, subject heading]	21223
☐	2	yeast$.mp. [mp=title, abstract, subject heading]	28279
☑	3	YEASTS.sh.	10286
☐	4	saccharomyces.sh.	4680
☑	5	beer?.m_titl.	6835

图 4-54 Ovid 平台 FSTA 数据库组合检索界面

（3）题录检索

通过点击检索页面中的【Find Citation】图标可进入题录检索界面，如图 4-55 所示。题录检索【Find Citation】模式能提供多种检索入口的组合检索，例如，篇名（Article Title）、期刊名称（Journal Name）、作者（Author Surname）、卷（Volume）、出版年（Publication Year）检索等。

【检索示例】在 FSTA 数据库中检索有关“发酵粉”方面的文献资料。

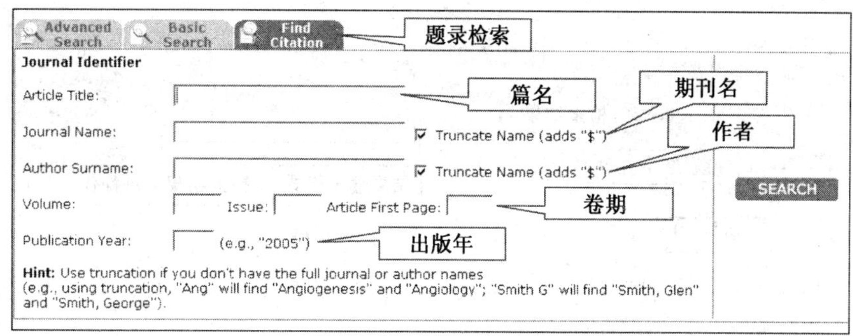

图 4-55　Ovid 平台 FSTA 数据库题录检索界面

该课题的具体检索步骤如下：

1）确定检索词。该课题的检索词为发酵粉，其对应的英文检索词为“Yeast”。

2）选择检索方式。由于该课题仅要求检索发酵粉方面的资料，对作者、检索时间等均无限制，因此，选择基本检索即可。具体操作是：进入 Ovid 平台后，选择 FSTA 数据库，点击【Continue】进入 FSTA 数据库检索界面，点击【Basic Search】进入基本检索界面。

3）输入检索词进行检索。在基本检索界面中，在【Keywords】下方的关键词输入框中输入检索词“Yeast”，如图 4-52 所示，点击【Search】即可完成检索。本次检索对应的检索结果界面如图 4-56 所示。

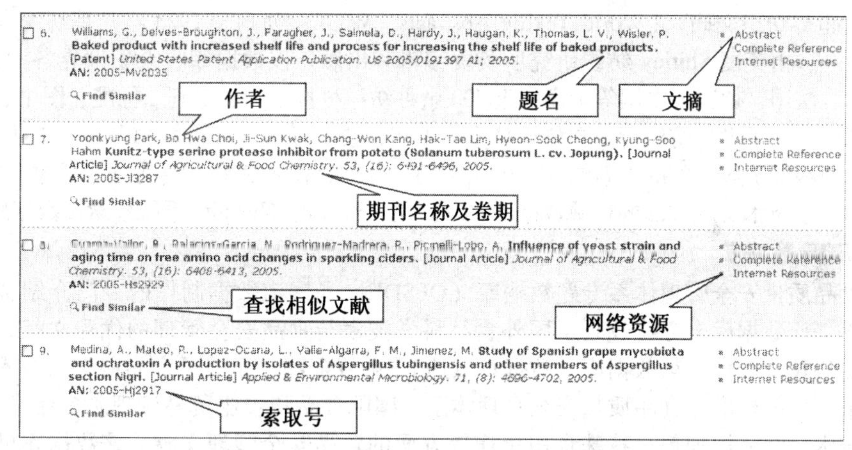

图 4-56　Ovid 平台 FSTA 数据库检索结果界面

3. 检索结果处理

在检索结果界面，如图 4-56 所示，显示了命中检索记录的详细情况，包括每篇文献的作者、篇名、刊名、卷期、出版日期、索取号等信息，并在右侧提供该记录文摘（Abstract）、浏览全记录（Complete Reference）、馆藏信息页（Library Holding）、文件传送（Ovid Doc Delivery）、网络资源（Internet Resource）等链接。文献原文采用 SGML、PDF 文件格式。检索结果页面上方还有检索结果管理器（Results Manager）、显示模式设置（Reset Display）等按钮，用于处理检索结果。

检索结果页面下方是检索结果处理器的具体选项，如图 4-57 所示。在检索结果处理器中，主要包括检索结果处理范围选择（Results）、检索字段选择（Fields）、检索结果输出格式（Results Format）、检索结果处理操作（Action）等选项。检索结果的显示（Display）、打印（Print Preview）、保存（Save）和发送电子邮件（E-mail）均可通过（Result Manager）实现。

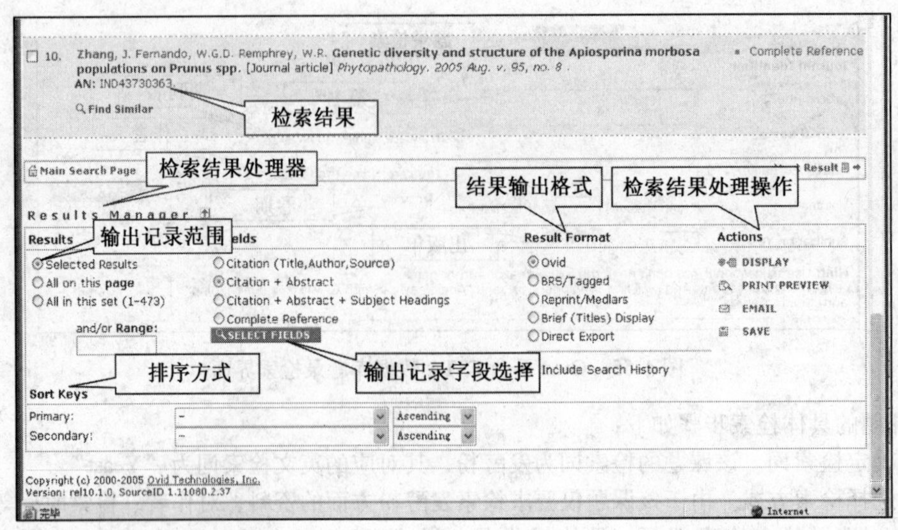

图 4-57　Ovid 平台 FSTA 数据库检索结果处理器

4.8.3　其他相关资源

轻工纺织与食品工程类的相关资料，还可以在以下数据库中检索。

1. WTA 数据库

英国《世界纺织文摘》（World Textile Abstracts，WTA）创刊于 1923 年，是纺织专业主要的检索工具之一，由英国 Shirley 纺织研究所负责编辑和出版。该数据库收录了世界各国包括英国、美国、日本、法国、德国、中国等国家的近 700 余种纺织科技期刊、专利、标准、图书、科技报告等文献资料，反映了世界纺织行业在科学技术、工艺、技术经济、纤维材料开发、纺织工程教育、管理工程、环境保护等方面的最新情况，可从主题、分类、作者和专利号等途径检索，方便快捷，是检索纺织科学技术文献方面的权威数据库之一。用户可通过 Winspirs 系统检索该数据库。

2. OFSDE 数据库

国外食品质量安全管理体系专题数据库（OFSDE）是国道数据制作的专门介绍国外食品特色的数据库。该数据库全方位收录了国外食品科学技术与食品安全管理的优秀文献，是国外最前沿的食品科技、管理文献数据库，数据总量达 12.4 万余篇。涵盖了食品科学与技术创新、各国食品政策、食品标准、食品质量安全管理体系、国际食品和农业贸易管理、食品生产和消费、食品生物技术、食品添加剂、特殊食用用途等方面的食品安全管理文献。该数据库可以通过国道数据库平台访问。

4.9　土木建筑与水利工程类

4.9.1　ASCE 数据库

1. 数据库简介

美国土木工程师学会（The American Society of Civil Engineers，ASCE）成立于 1852 年，是全球最大的土木工程出版机构，每年有 5 万多页出版物面世，目前有 30 种技术和专业期刊，以及各种图书、会议录、委员会报告、实践手册、标准和专论等。ASCE Online Research Library 是全球最大的土木工程全文文献资料库。它收录了美国土木工程师学会的所有专业期刊（回溯至 1993 年）和会议录（回溯至 2003 年，及 1998 ~ 2002 年间的部分会议录），总计超过 33 000 篇全文、300 000 页资料，每年新增文献约 4 000 篇。ASCE 出版的 30 种专业期刊大部分被 SCI、EI 收录，是土木工程学科的重要核心期刊。全文提供 PDF 和 Gzipped PS 两种格式。其收录的期刊如表 4-23 所示。ASCE 会议记录可在线访问 2003 年至今全部会议文献，少量文献自 1998 年开始，可以检索或按专业方向、会议录题名、年代进行浏览。大约包含 8 700 篇会议论文，每年增加 2 000 篇。全文为 PDF 格式。

表 4-23　ASCE 数据库收录的期刊列表

序　号	期刊名称（英文）	期刊名称（中文）	ISSN	内 容 简 介
1	*International Journal of Geomechanics*	《国际地质力学杂志》	1532-3641	2001 年创刊，双月刊，介绍地质力学理论与应用研究的最新进展
2	*Journal of Aerospace Engineering*	《航天工程杂志》	0893-1321	1988 年创刊，季刊。侧重刊载土木工程在空间与地面工程中应用方面的研究论文。SCI、EI 收录期刊
3	*Journal of Architectural Engineering*	《建筑工程杂志》	1076-0431	1995 年创刊，季刊，刊载建筑设计科学的最新进展、与建筑设计有关的工程技术问题的信息。EI 收录期刊
4	*Journal of Bridge Engineering*	《桥梁工程杂志》	1084-0702	1988 年创刊，双月刊，刊载所有有关桥梁工程艺术与科学以及推动桥梁工程实践和职业发展的研究和论文。EI 收录期刊
5	*Journal of Cold Regions Engineering*	《寒区工程杂志》	0887-388*X*	1987 年创刊，季刊，刊载寒冷地区土木工程研究与应用论文。SCI、EI 收录期刊
6	*Journal of Composites For Construction*	《建筑复合材料杂志》	1090-0268	1997 年创刊，季刊，刊载有关建筑用合成纤维增强复合材料的研究论文。SCI、EI 收录期刊
7	*Journal of Computing in Civil Engineering*	《土木工程计算杂志》	0887-3801	1987 年创刊，季刊，刊载计算技术在土木工程领域应用方面的研究论文
8	*Journal of Construction Engineering and Management*	《建筑工程与管理杂志》	0733-9364	1956 年创刊，双月刊，刊载建筑工程与管理领域高质量研究论文。SCI、EI 收录期刊
9	*Journal of Energy Engineering*	《能源工程杂志》	0733-9402	1956 年创刊，出版不定期，刊载电力工程的规划、管理与生产方面的研究论文和工程技术进展报道。SCI、EI 收录期刊
10	*Journal of Engineering Mechanics*	《工程力学杂志》	0733-9399	1956 年创刊，月刊，刊载与土木工程相关的应用力学研究论文和进展报道。SCI、EI 收录期刊
11	*Journal of Environmental Engineering*	《环境工程杂志》	0733-9372	1956 年创刊，月刊，刊载环境卫生方面的论文。SCI、EI 收录期刊
12	*Journal of Geotechnical and Geoenvironmental Engineering*	《土工技术与地质环境工程杂志》	1090-0241	1956 年创刊，月刊，刊载土壤力学与基础方面的研究论文。SCI、EI 收录期刊
13	*Journal of Hydraulic Engineering*	《水力工程杂志》	0733-9429	1873 年创刊，月刊，分析和解决水力工程、水文学和水资源问题。SCI、EI 收录期刊
14	*Journal of Hydrologic Engineering*	《水文工程杂志》	1084-0699	1996 年创刊，双月刊，刊载用于水文过程调查和建模的分析、数值和实验方法方面的论文。EI 收录期刊
15	*Journal of Infrastructure Systems*	《基础设施系统杂志》	1076-0342	1995 年创刊，季刊，出版有关监测、评估、修理、资助基础设施系统方法论的跨学科论文。EI 收录期刊
16	*Journal of Irrigation and Drainage Engineering*	《灌溉与排水工程杂志》	0733-9437	1956 年创刊，双月刊，刊载工程水文学、灌溉与排水工程和相关的水源管理方面的技术论文。SCI、EI 收录期刊

（续）

序　号	期刊名称（英文）	期刊名称（中文）	ISSN	内 容 简 介
17	*Journal of Management in Engineering*	《工程管理杂志》	0742-597*X*	1985 年创刊，季刊，论述土木工程设计、研究、施工和养护方面的管理与组织。SCI、EI 收录期刊
18	*Journal of Materials in Civil Engineering*	《土木工程材料杂志》	0899-1561	1989 年创刊，双月刊，刊载土建材料的开发、加工与现场生产、特性评价、应用和性能等方面的研究论文。SCI、EI 收录期刊
19	*Journal of Performance of Constructed Facilities*	《竣工设施性能杂志》	0887-3828	1987 年创刊，季刊。刊载竣工设施损坏的原因和损失，以及其他性能问题的分析和研究方面的文章。EI 收录期刊
20	*Journal of Professional Issues in Engineering Education and Practise*	《工程教育与实践专业问题杂志》	1052-3928	1956 年创刊，季刊，论述土木工程管理、专业活动和技术，兼及人工智能在土木工程中的应用和土木工程教育进展报道。SCI、EI 收录期刊
21	*Journal of Structural Engineering*	《结构工程杂志》	0733-9445	1956 年创刊，月刊，刊载土木工程结构设计的科学与实践论文。SCI、EI 收录期刊
22	*Journal of Surveying Engineering*	《测量工程杂志》	0733-9453	1956 年创刊，季刊，论述土木工程测绘、制图与星际测量、卫星与空间技术及计算机在测绘中的应用等。SCI、EI 收录期刊
23	*Journal of Transportation Engineering*	《运输工程杂志》	0733-947*X*	1956 年创刊，双月刊，刊载运输工程与管理领域的研究论文。SCI、EI 收录期刊
24	*Journal of Urban Planning and Development*	《城市规划与发展杂志》	0733-9488	1956 年创刊，季刊，刊载土木工程在城市规划与发展方面应用的研究论文。SCI、EI 收录期刊
25	*Journal of Water Resources Planning and Management*	《水资源规划管理杂志》	0733-9496	1983 年创刊，双月刊，刊载与水资源利用与保护相关的社会、经济环境及管理方面的文章。SCI、EI 收录期刊
26	*Journal of Waterway, Port, Coastal, and Ocean Engineering*	《航道、港口、海岸与海洋工程杂志》	0733-950*X*	1956 年创刊，双月刊，刊载对海岸线、航道与港口有影响的工程管理研究论文。SCI、EI 收录期刊
27	*Leadership and Management in Engineering*	《工程领导与管理》	1532-6748	2001 年创刊，季刊，刊载土木工程领域的管理和领导实践与艺术等方面的文章
28	*Natural Hazards Review*	《自然公害评论》	1527-6988	2000 年创刊，季刊，刊载由于客观物质世界、环境、社会与人之间的相互作用而导致的自然灾害损失方面的文章
29	*Practice Periodical of Hazardous, Toxic & Radioactive Waste Management*	《危险性、毒性、放射性废物管理实用期刊》	1090-025*X*	1997 年创刊，季刊，刊载与危险性、毒性和放射性废物相关的环境管理方面的论文。EI 收录期刊
30	*Practice Periodical On Structural Design and Construction*	《结构设计与施工实用期刊》	1084-0680	1996 年创刊，季刊，刊载关于结构设计问题实际解决方法的论文。EI 收录期刊

2. **检索方法**

ASCE 数据库有两种进入方法：

1）通过 Scitation 平台进入 ASCE 服务平台，即点击进入 Http://scitation. aip. org/后，点击浏览【Browse】，选择按出版者浏览【By Publisher】，即可进入 ASCE 数据库期刊列表界面，点击对应的期刊名即可查阅。有关 Scitation 平台的检索方法参见 4. 1. 2 节内容，此处不再详述。

2）直接进入 Http://ascelibrary. org/检索查询，检索方法与 Scitation 平台类似。

【检索示例】 在 ASCE 数据库中检索近 5 年来钢筋混凝土在桥梁建设中的应用的相关论文。

该课题的具体检索步骤如下：

1）确定检索词。本检索课题的关键词包括两个："钢筋混凝土"、"桥梁"。钢筋混凝土对应的英文短语为"Armoured Concrete"、"Ferroconcrete"、"Reinforced Concrete"。为了确定其对应的英文检索词，可以以这些短语进行简单检索。事实表明，以"Armoured Concrete"、"Ferroconcrete"为检索词进行检索，返回的检索结果均为 0，以"Reinforced Concrete"返回了 1 241 条检索结果，因此，应选用"Reinforced Concrete"作为钢筋混凝土的英文检索词。桥梁对应的英文检索词为"Bridge"。

2）进行检索字段组合。由于该课题较为复杂，因此选用高级检索。在检索字段【Abstract/Title/Subject Headings】对应的检索词输入框中输入"reinforced concrete"，在检索字段【Subject Headings】对应的检索词输入框中输入"bridge"，即可对两个检索词进行检索字段组合检索。

3）限制检索时间范围。由于课题要求检索近 5 年来的研究论文，因此，将检索年限设置为 2003 ~ 2008 年，即在对应的【Publication Date Range】栏目下边，选择对应的起讫年即可。

4）限定检索结果输出方式。为了将较为相关的研究论文排在前面，可在【Hitlist Sorting Options】栏目下选用按【Relevance Order】，即按照相关度排序。上述步骤完成后检索界面如图 4-58所示。

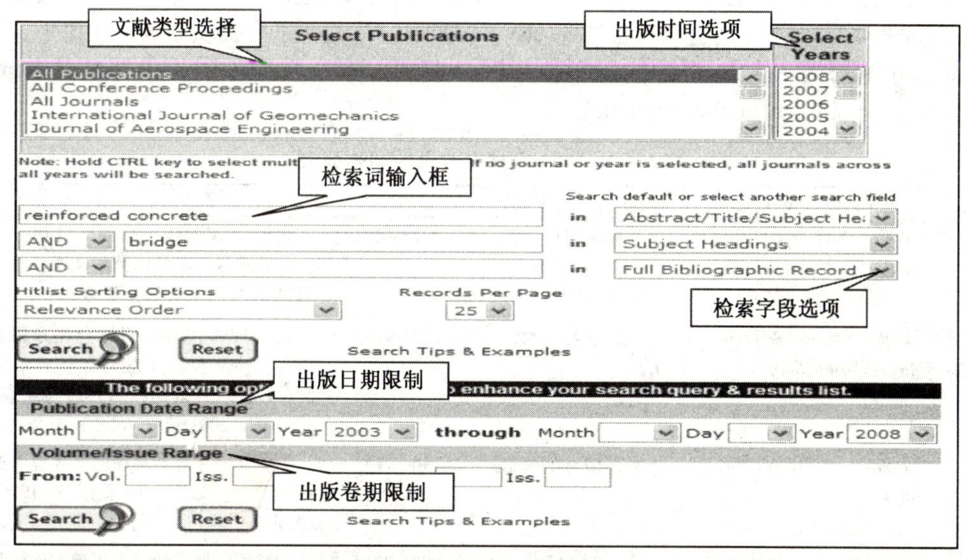

图 4-58　ASCE 数据库高级检索实例

5）进行检索。在上述信息输入完毕后，点击【Search】即可完成高级检索。另外，还可以根据需要将检索的数据类型设定为 All Conference Proceedings、All Journals、Journal of Architectural Engineering 或 Journal of Bridge Engineering 等。本次检索结果如图 4-59 所示。

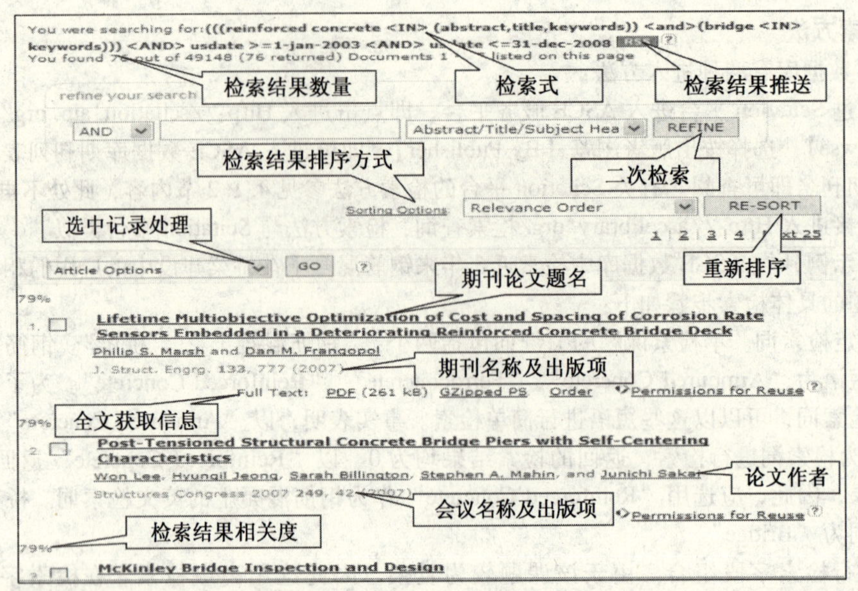

图 4-59　ASCE 数据库检索结果界面

4.9.2　IWA 数据库

1. 数据库简介

IWA 数据库是由国际水协会（The International Water Association，IWA）主办的水资源专题数据库。国际水协会是一个全球水资源专业机构，主要从事水资源研究、处理以及水循环等方面的工作，实现全球水资源的可持续利用，以解决水供应问题。其研究范围包括饮用水、废水和雪水等多个方面。该协会是世界水资源委员会的创建者，每年举办多场关于水处理问题的专门会议，其出版物包括协会成员杂志和一系列期刊、书籍、科技报告和指南等。IWA 数据库收录的期刊如表 4-24 所示。这些期刊通过 Swetswise Online Content 平台提供服务，在该平台上还有 Swets 公司精选的 19 000 余种核心科技和医学期刊。IWA 数据库的检索地址是 https://www.swetswise.com.cn/public/login.do。

表 4-24　IWA 数据库收录的期刊列表

序　号	期刊名称（英文）	期刊名称（中文）	ISSN	内 容 简 介
1	*Water Science & Technology*	《水科学与技术》	0273-1223	刊载 IWA 两年一届的区域和专门会议上的水科学与技术精华文章。收录范围 1994 年（Vol. 29）至今
2	*Water Science & Technology：Water Supply*	《水科学与技术：供水》	1606-9749	刊载 IWA 主办的研讨会和专题会议论文，涉及水源开发与保护、水质检测，以及水处理的技术发展与革新等。收录范围 2001 年（Vol. 1）至今
3	*Journal of Hydroinformatics*	《水文信息学杂志》	1464-7141	侧重刊载信息技术在水文环境中的应用方面的文章。收录范围 1999 年（Vol. 1）至今。同行评审期刊
4	*AQUA Journal of Water Supply：Research & Technology*	《水：供水研究和技术杂志》	0003-7214	刊载同行评审的供水工程方面的技术论文和科技进展。收录范围 1998 年（Vol. 47）至今
5	*Journal of Water and Health*	《水与健康杂志》	1477-8920	刊载与健康密切相关的水中微生物和化学物质的控制方面的资讯。收录范围为 2003 年（Vol. 1）至今

（续）

序　号	期刊名称（英文）	期刊名称（中文）	ISSN	内 容 简 介
6	*Water Policy*	《水政策》	1366-7017	刊载各个团体对水政策的观点和见解。收录范围 2003 年（Vol. 5）至今
7	*Nordic Hydrology*	《北欧水文学》	0029-1277	重点刊载水利用方面的文章。收录范围为 2004 年（Vol. 35）至今。同行评审期刊。2008 年更名为水文学研究（*Hydrology Research*）
8	*Water 21*	《21 世纪的水》	1561-9508	主要刊载影响水领域的重要商业、技术和环境问题的发展方面的文章
9	*Water Asset Management International*	《国际水务资产管理》	（Print）：1814-5434（Online）：1814-5442	印本和电子版分别计价，主要刊载水利用方面的国际新闻通讯，旨在为水利用提供基础建设规划及维护等方面的国际视角

2. 检索方法

IWA 数据库有两种进入方法：

1）通过 Swetswise 平台进入 IWA 数据库，具体进入方法是：在 https://www.swetswise.com.cn/public/login.do 页面登录后，点击【Content Search】/【publisher search】，在【search for】后的检索词输入框中输入 IWA，如图 4-60 所示。点击【search】，即可找到 IWA 数据库入口，点击链接【IWA Publishing】，可进入 IWA 数据库检索界面进行期刊浏览与检索，如图 4-61 所示。

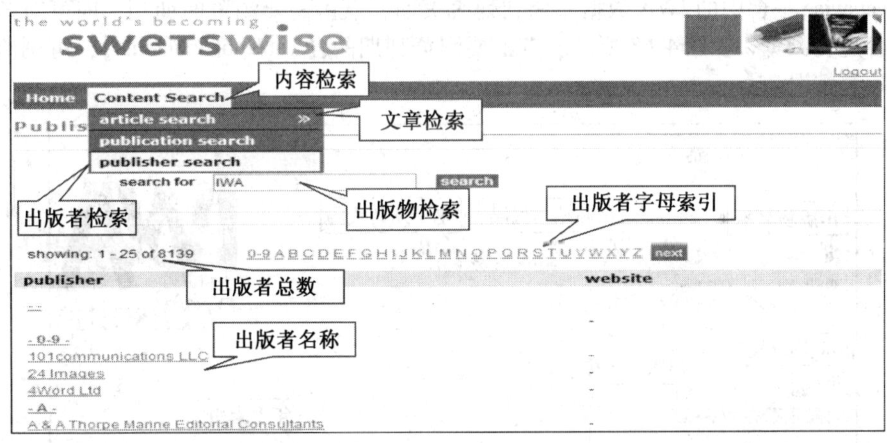

图 4-60　通过 Swetswise 平台进入 IWA 数据库

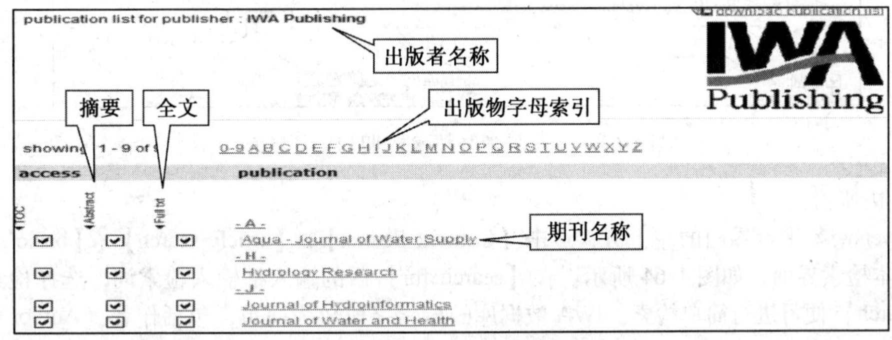

图 4-61　Swetswise 平台中的 IWA 数据库期刊列表

2）直接进入 http://www. iwapublishing. com/检索查询。该站点为 IWA 出版社网站，用户点击该网站首页中的【Journals】，可查阅到该出版社出版的期刊列表，免费浏览和检索 IWA 出版社出版的各种期刊各期刊载的论文题名、作者、摘要等信息，如图 4-62 所示。

图 4-62 IWA 出版社网站中的期刊列表

IWA 数据库提供浏览、快速检索、高级检索等基本功能。本节中主要讲解如何通过 Swetswise 平台进行 IWA 数据库浏览检索。

（1）浏览

在 Swetswise 平台中的 IWA 数据库期刊列表页面，点击需要浏览的期刊，即可对该期刊各卷期的内容进行浏览，如图 4-63 所示。点击要浏览刊期的【Table of Contents】，可浏览该刊期中发表的论文情况。

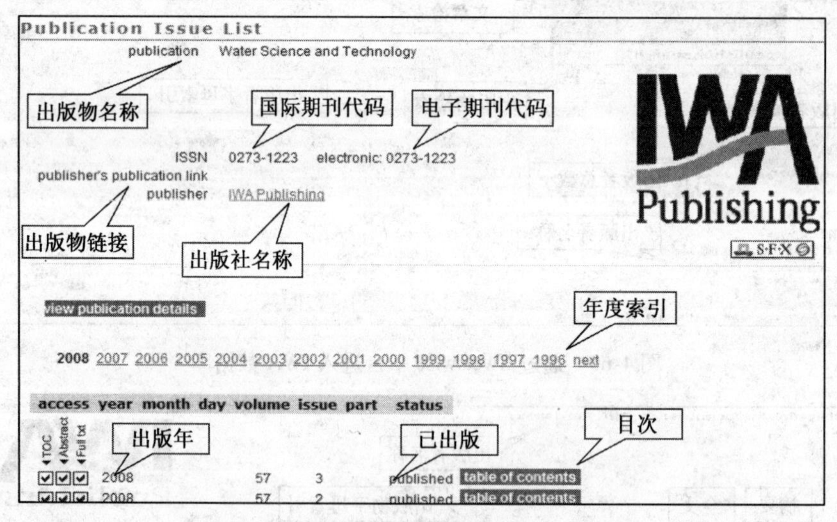

图 4-63 《水科学与技术》期刊浏览界面

（2）快速检索

在 Swetswise 平台界面的左上方，点击【Content Search】/【article search】/【basic search】，可进入基本检索界面，如图 4-64 所示。在【search for】后的输入框输入检索词，选择检索字段，点击【search】便可进行简单检索。IWA 数据库的检索字段较为简单，包括作者（Author）、摘要（Article Abstract）、关键词（Article Keywords）、题名（Article Name）、所有字段（All Field）等。界面中的【subject category】是指 Swetswise 平台对其收录的论文进行的主题分类，默认为 all。在快速检索中还可以对数据类型（在【show】中选择全文期刊或所有订购期刊）、出版年进行限制。界面的下方是检索历史信息，其中记录了检索词、检索字段、检索结果命中记录数等信息。

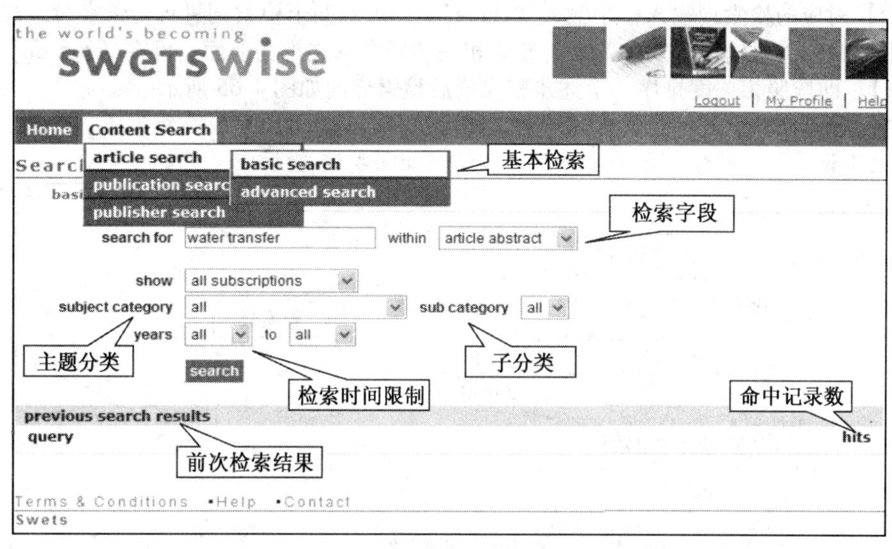

图 4-64　IWA 数据库快速检索界面

（3）高级检索

在 Swetswise 平台界面的左上方，点击【Content Search】/【article search】/【advanced search】，可进入高级检索界面，如图 4-65 所示。在 IWA 数据库高级检索中，检索字段增添了出版物（Publication）、出版社（Publisher）、国际期刊代码（ISSN）等字段，各检索字段之间可以使用 And、Or、Not 等逻辑运算符进行组合检索。高级检索中，还可以选择检索结果的排序方式（出版时间、相关度）、最大命中记录数（50、100、500）。

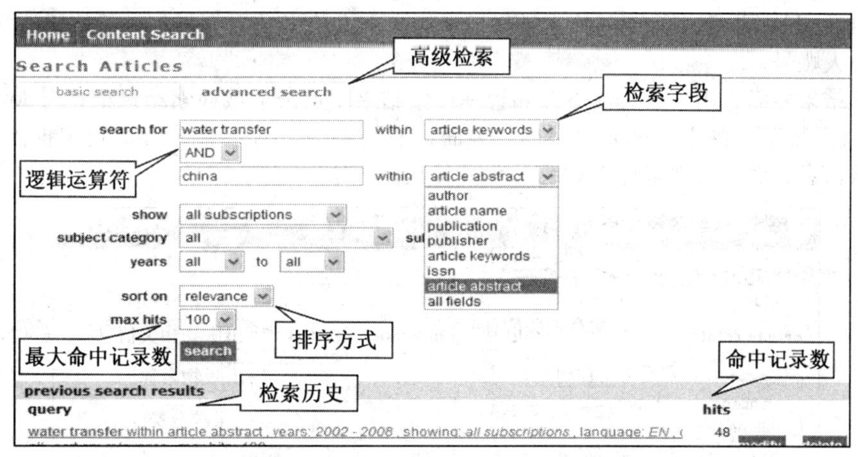

图 4-65　IWA 数据库的高级检索界面

下面结合具体的检索实例进行检索方法演示。

【检索示例】 在 IWA 数据库中检索有关中国调水方面的研究论文。

该课题的具体检索步骤如下：

1）确定检索词。该课题的检索词应包括两个：中国、调水，其对应的英文检索词分别为“China”、“Water Transfer”。

2）进行检索字段组合。由于该课题需要对两个检索词进行组合检索，因此选用高级检索。在检索字段【article keywords】对应的检索词输入框中输入“water transfer”，在检索字段【article abstract】对应的检索词输入框中输入“china”，即可对两个检索词进行检索字段组合检索。

3）限定检索结果输出方式。为了将较为相关的研究论文排在前面，可在【sort on】中选用【relevance】，即按照相关度排序。上述步骤完成后检索界面如图4-65所示。

4）进行检索。在上述信息输入完毕后，即可点击【search】完成高级检索。另外，还可以限定最大命中记录数、检索年限等。本次检索结果如图4-66所示。

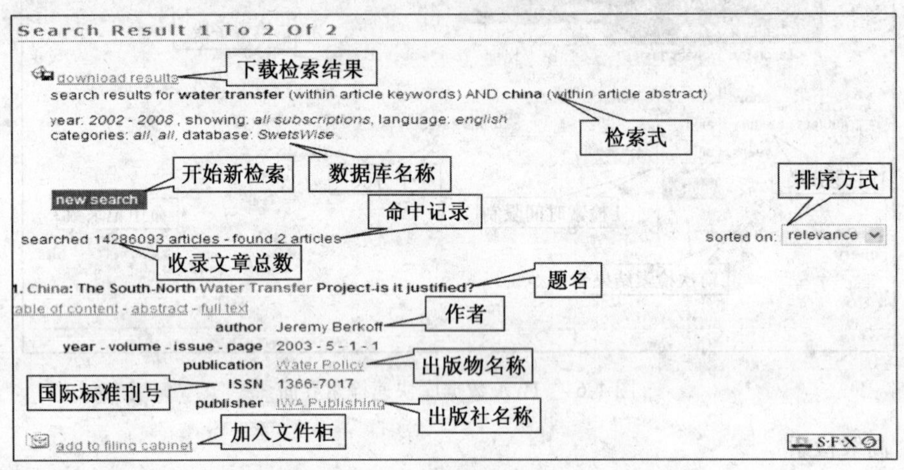

图4-66　IWA数据库检索结果界面

3. 检索结果处理

在检索结果界面，显示了检索结果总数、检索式、命中记录等信息。用户可以直接在该界面了解到相关论文的作者、刊名、刊期、出版社、ISSN等信息。查看论文摘要、全文、所在期刊目次等信息，分别需要点击【table of content】、【abstract】、【full text】等相关超链接。点击【add to filing cabinet】可将需要的检索结果记录加入个人检索结果文件柜，但使用该文件柜时，需要申请个人账号。

在检索结果界面，用户还可以下载和管理检索结果。点击下载检索结果链接【download results】，将打开数据下载【Download Data】界面，如图4-67所示。用户在此可根据需要选择要保存的字段信息，然后实现本地下载或E-mail传送。

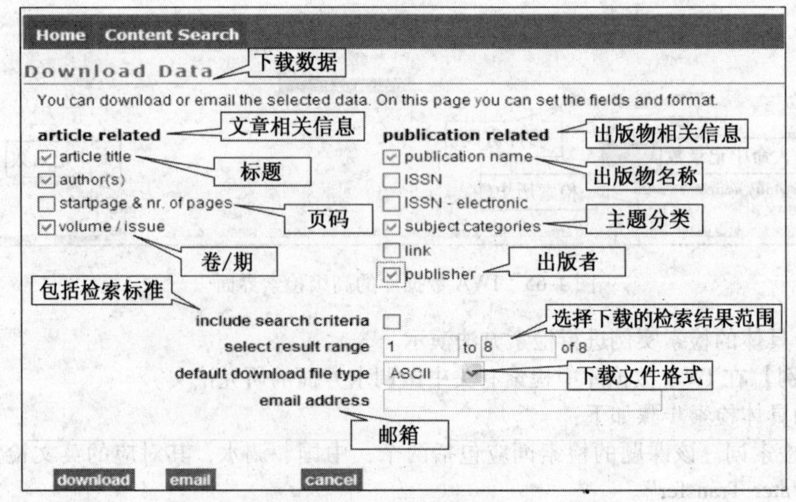

图4-67　IWA数据库检索结果数据下载界面

4.9.3 其他相关资源

土木建筑与水利工程类相关资料，还可以在以下数据库中检索。

1. ICONDA 数据库

ICONDA 国际建筑学数据库（The International Construction Database）全方位地涵盖了 23 个国家建筑学及规划方面的文献，信息量超过 40 万条。主要内容涉及：建筑设计及规划、建筑结构、材料属性及检测、公共设施、各个国家重要的建筑项目、区域性及市政规划、项目规划及管理、土壤及地质结构、建筑物的修缮及维护技术、施工设备及方法、计算机辅助设计等多个方面。该数据库可以在 Ovid 平台上进行检索。

2. ICE 数据库

ICE 数据库收录了英国土木工程师学会（Institution of Civil Engineers，ICE）近 200 年来出版的土木工程实践及研究方面的论文，堪称目前全球最完整的土木工程全文资料源。该数据库收录了自 1836 年至今出版的所有同行评审文章，共收录文章 2 万多篇，约 20 万篇幅，包括报告、制图及照片等。该数据库检索便捷，检索字段包括文章题名、主题词、作者、地点等。主要内容涉及：市政工程、岩土工程、结构与建筑、交通运输、水和海洋工程、土木工程、桥梁工程、可持续发展工程学等方面。用户可以通过以下网址免费获得该数据库期刊的目次、文摘、关键词等信息：http://www. ice. org. uk/homepage/index. asp。下载全文需要购买账号。

3. CSA-Aqualine 数据库

CSA-Aqualine 水情数据库主要提供水资源的科技和商务信息。该数据库收录 300 种期刊、图书、科技报告、会议论文等出版物中有关水资源方面的文摘记录。主要涵盖以下主题：水资源供应与管理、水资源立法、水质检验、饮用水配给、污水排放、水处理技术、污水与工业废水处理等。该数据库可以通过 CSA 平台进行检索。

4.10 交通运输与海洋工程类

4.10.1 TRIS 数据库

1. 数据库简介

TRIS（Transportation Research Information Services）数据库是世界上最大的交通运输书目数据库。其主要提供者为美国国家科学院（National Academies of Sciences）的交通研究会，其目的是通过知识与信息共享，促进交通研究、安全及运营。TRIS 数据库提供航空运输、公路运输、铁路运输、海上运输、公共交通等方面的研究信息，具体主题范围包括：政策、规划和管理，能源、环境和安全，设备、车辆和船只的材料、设计、结构和维修技术，操纵、交通控制和通信等。TRIS Online 将 TRIS 绝大部分数据直接送上因特网供人们检索使用。TRIS Online 是在美国交通研究会（Transportation Research Board，简称 TRB）、国家研究理事会（National Research Council）、国家研究院（National Academies）、交通统计局（The Bureau of Transportation Statistics）、美国交通部（U. S. Department of Transportation）的通力合作下，作为美国国家交通图书馆的一部分而建设的向公众开放的网络版 TRIS 书目数据库。到 2003 年，TRIS Online 收录了自 20 世纪 60 年代至今的约 50 万条交通研究信息，且以每年新增约 20 000 条的速度更新。用户可在其主页上免费获取题录、文摘及部分全文。不能获取全文的文献，TRIS Online 将提供其全文获取线索。TRIS Online 在内容上涵盖了交通科学的各个门类和学科，在地域上涵盖了联邦、州、地方和协会的出版物。

2. 检索方法

TRIS 数据库的网络检索地址是：http://ntlsearch. bts. gov/tris/index. do。TRIS 数据库提供浏览、快速检索、高级检索等基本功能。

（1）浏览

TRIS 数据库提供多种浏览途径。用户可根据自己的需要，选择按题名（TRIS Title）、期刊名称（TRIS Journal Title）、会议名称（TRIS Conference Title）、团体著者/出版社（TRIS Corporate Author/Publisher）、个人著者（TRIS Personal Name Author）、主题（TRIS Subject Area）、运输研究词表术语（TRT Term）、NTL 题名（NTL Title，NTL 为美国交通运输图书馆的缩写）、NTL 作者（NTL Author）、NTL 出版社（NTL Publisher）、NTL 分类（NTL Classification）等途径进行浏览，且可以在【Begin With】下的输入框中输入词首字母或题名的首个单词加以限制，从而加快浏览速度。TRIS 数据库的浏览界面如图 4-68 所示。

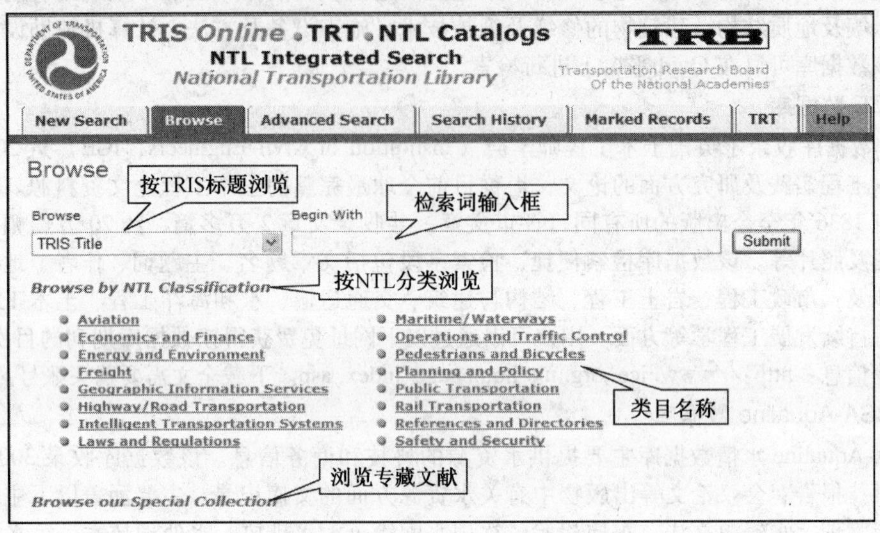

图 4-68　TRIS 数据库的浏览界面

（2）快速检索

在 TRIS 数据库浏览界面的上方，点击【New Search】，可进入基本检索界面，如图 4-69 所示。在【Search in】后选择“TRIS Online”，在【for】后的输入框输入检索词，选择检索字段，点击【Search】便可进行简单快速检索。该数据库提供的检索字段包括：所有作者关键词（All Author Keywords）、所有题名关键词（All Title Keywords）、所有主题关键词（All Subject Keywords）、运输研究词表术语（TRT Terms）、所有关键词（All Keywords）等。另外，在该检索界面还可以在【Search in】后选择其他检索范围，例如，交通运输图书馆馆藏目录（NTL Catalog）、交通运输数字图书馆（NTL Digital Repository）、其他交通运输网站（Other Transportation Web Sites）、上述所有资源（Search All）等。

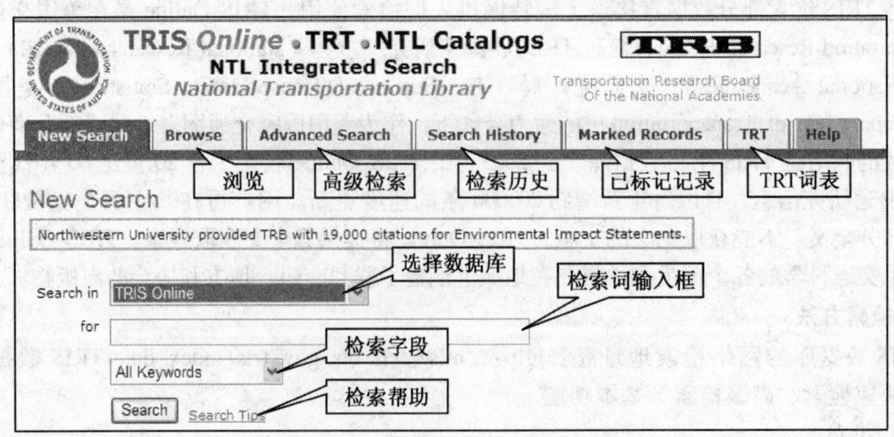

图 4-69　TRIS 数据库的快速检索界面

（3）高级检索

在 TRIS 数据库界面的上方，点击【Advanced Search】，可进入高级检索界面，如图 4-70 所示。在高级检索中提供的检索字段如表 4-25 所示，各检索字段之间可以使用 And、Or、Not 等逻辑运算符进行组合检索。在高级检索中，还可以对检索结果的时间范围、排序方式（出版时间、相关度、数据库）、是否有全文链接、页显示记录数（10、25、50）等进行限制。

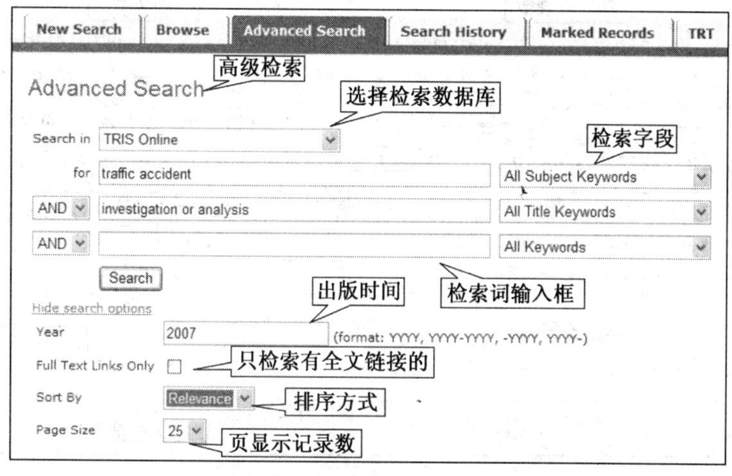

图 4-70　TRIS 数据库的高级检索界面

表 4-25　TRIS 数据库高级检索中使用的检索字段列表

检索字段	含　义	检索字段	含　义
All Keywords	所有关键词	All Subject Keywords	所有主题词
All Title Keywords	所有题名关键词	TRT Terms	TRT 术语
Title	文章题名	Abstract	摘要
Journal Title	刊名	Conference Date	会议时间
Conference Title	会议名称	Conference Location	会议地点
All Author Keywords	所有作者关键词	Contract Number	合同号
Personal Name Author	个人著者	TRIS Online Accession	TRIS 网络获取号
Corporate Author/Publisher	团体著者	Report Number	报告编号
Conference Sponsor	会议主办方	ISBN	国际标准图书编号
URL-Resource Identifier	资源定位符	ISSN	国际标准期刊编号
TRIS File	TRIS 文件	Availability	可用性

下面结合具体的检索实例进行检索方法演示。

【检索示例】在 TRIS 数据库中查询 2007 年发表的交通事故调查分析方面的研究信息。

该课题的具体检索步骤如下：

1）确定检索词。该课题的检索词应包括 3 个：交通事故、调查、分析，其对应的英文检索词分别为“Traffic Accident”、“Investigation”、“Analysis”。

2）进行检索字段组合。由于该课题较为复杂，因此需要使用高级检索对 3 个检索词进行组合检索。以“Traffic Accident”为主题关键字，在检索字段【All Title Keywords】对应的检索词输入框中输入“Investigation or Analysis”，即可检索出数据库中主题为交通事故，题名中包含“调查”或“分析”的检索记录。

3）限定出版时间和检索结果输出方式。课题要求查询 2007 年的研究信息，因此，需要在【Year】后的输入框中输入“2007”，以排除其他年限出版的论文。为了快速获得较为相关的论文，可在【Sort By】中选用“Relevance”，即按照相关度排序。为了便于浏览检索结果，可在【Page Size】中选择页显示记录数为 25。上述步骤完成后检索界面如图 4-70 所示。

4）进行检索。在上述信息输入完毕后，即可点击【Search】完成高级检索。本次检索结果如图4-71所示。

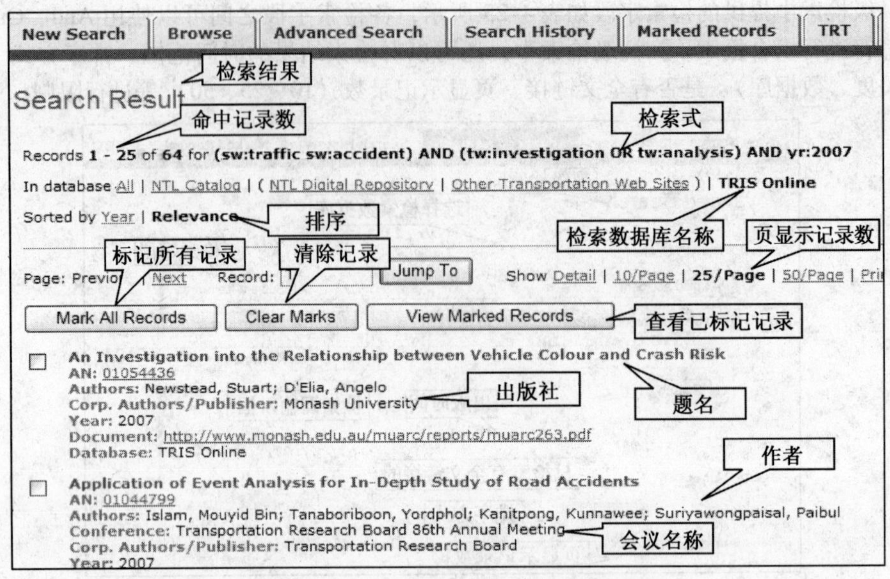

图4-71　TRIS数据库的检索结果界面

3. 检索结果处理

在检索结果页面，用户可进行二次检索（Refine search），并可对检索结果进行标记（Mark All The Records）、查看标记记录（View Marked Records）等，还可以对检索结果重新排序。每条检索记录均揭示了文章题名、馆藏获取号、作者、团体著者/出版社、出版年、所属数据库等信息。收录全文的还附有全文链接。点击题名超链接，可查看该文献的文摘、载体类型、TRT术语等详细信息，点击作者名超链接，系统将自动检索该作者的其他论文。

对于用户标记的检索结果记录，该数据库还提供专门的查看和下载服务，如图4-72所示。用户可根据需要，选择需要下载的记录格式，例如，按书目记录格式（General Bibliographic）或按尾注（Endnote）等格式进行下载。用户还可以选择下载文献的类型，例如，文本（Text）、网页（Html）、Excel表格（Excel）。下载的记录可以包括全部字段信息“Full”，也可以较为简略“Brief”，还可以进行字段定制“Custom”。

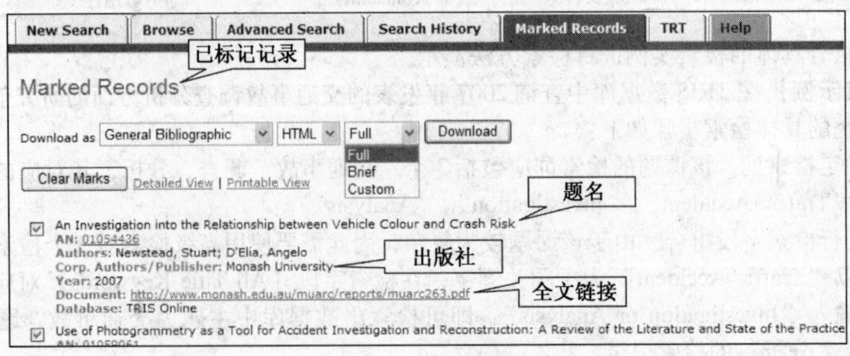

图4-72　TRIS数据库选中检索结果下载界面

4. 个性化服务

TRIS数据库提供检索历史查看和TRT词表服务等个性化服务。

点击TRIS数据库界面上方的【Search History】，即可见到用户前几次检索的检索式、检索数据库、命中检索记录数等信息，用户可以点击需要查看的检索记录，浏览前几次的检索结果，也可以选择在前几次的检索结果中进行二次检索，还可以开始一项新的检索，如图4-73所示。

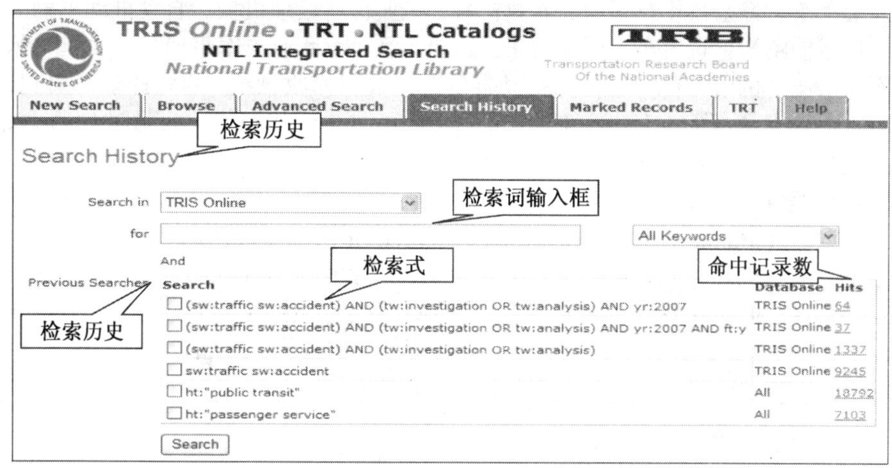

图 4-73 TRIS 数据库选中检索历史查看界面

TRT 术语表服务使用户可以快速地查看规范的检索词。用户可以直接在该界面中进行 TRT 关键词检索，还可以根据页面左侧提供的顶级类目（Top Terms）进行分层浏览。另外，该界面还提供了按分类等级结构（Hierarchical View）、按字顺（Alphabetical view）等术语表浏览方式。用户还可以直接进行术语表下载（Download）。

4.10.2 其他相关资源

交通运输与海洋工程类相关资料，还可以在以下数据库中检索。

1. ASFA 数据库

ASFA（Aquatic Sciences and Fisheries Abstracts）水生科学和渔业文摘数据库是目前世界上海洋和水产领域最权威的文献数据库之一，它提供了世界水环境（海洋、半咸水和淡水）及水生有机体的科学、技术和管理方面的文献。其数据取自 5 000 多种期刊、专著、会议录，以及技术报告和数据资料。其中海洋和半咸水文献约占 75%、淡水文献约占 25%。ASFA 数据库已收录 1971 年至今的文献记录 100 多万条，年增长约 4 万条。

ASFA 数据库涉及学科包括：水产养殖、海洋学、海洋技术和工程、渔业、湖沼学、资源和经济、污染、生物技术、生物学、生态学等。主要包括以下资源：

1）ASFA-1：Biological Sciences & Living Resources（1971-Present）水生科学和生物资源。该库收录了水生生物的理论和应用研究成果，涉及海洋、半咸水和淡水环境的水生生物学、生态学、生存环境和相关的法律、政策和经济问题。

2）ASFA-2：Ocean Technology，Policy and Non-Living Resources（1971-Present）海洋技术和政策及非生物资源。该库收录了有关物理海洋学、化学海洋学、湖沼学、海洋地球物理学、地球化学、地球物理、地质学、海洋技术、海洋政策和非生物资源等方面的研究成果。

3）ASFA-3：Aquatic Pollution and Environmental Quality（1978-Present）水污染和环境质量。该库收录了有关污染检测和特征，多生物和环境的影响以及环境、控制、人造和自然环境改变，野生动植物管理和公共健康等方面的研究成果。

用户可通过 CSA 平台检索 ASFA 数据库的内容。

2. CSA-Mechanical & Transportation Engineering Abstracts

CSA-Mechanical & Transportation Engineering Abstracts 是机械与交通工程文摘库。此数据库主要提供世界上有关机械和交通运输工程及其相关领域方面的文献记录，包括鉴识工程、工程服务的管理及市场推广、工程教育、机械与动力理论以及数学及计算器等领域。覆盖主题包括：飞机与宇宙飞船、火箭与导弹、卫星探测器与太空站车辆、货车、客车、摩托车、电子及混合车、坦克与装甲车、推土与建筑车辆、农业机械、工业材料处理机械、自动推动车辆、油罐车、高速火车、捷运铁路与单轨火车、磁浮列车、造船、客/货/商业与军事船只、放艇与休闲船只、潜艇与非军事潜艇、机械工程、燃料与推动器等。该数据库收录约3 000种学术期刊，拥有约50万条记录，每半月更新约1 150篇新增文章，记录可回溯至1966年，可通过CSA数据库平台进行检索。

3. MOFR数据库

MOFR数据库（Marine，Oceanographic & Freshwater Resources）由美国NISC公司出版，是每季度更新的光盘单机版海洋和淡水资源文摘数据库。该库囊括了世界上比较先进的一些书目数据库中关于海洋、海洋学和淡水资源方面的内容，例如，ASFA、OA、OCEANIS。所收条目超过885 000条，主要取自科技期刊、会议、政府报告、图书、学位论文及其他相关文献。中国海洋大学图书馆、国家海洋信息中心文献馆等机构均购买了该数据库。

4.11　航空航天与兵器工程类

4.11.1　Jane's数据库

1. 数据库简介

Jane's数据库由英国Jane's Information Group创建，并通过其全球独家的分析师网络向用户提供信息服务。目前，Jane's共提供100多个专题服务，主要面向国防、交通、安全等领域提供信息资源与解决方案。根据这些专题内容的不同，组成了多个数据库。目前，国内高校主要购买了军用装备与技术数据库、国家风险与安全预警数据库、防务杂志数据库、交通专业数据库，其收录内容分别如下：

1）Jane's军事装备与技术数据库。提供军用装备技术信息、新闻、分析等，并滚动提供最近5年全球最新资料。主要内容包括：航空发动机、机载武器、全球军用与民用飞机、弹药产品与技术、装甲与火炮系统、机载电子设备、C4I系统、全球军用光电系统、爆炸物与处理、步兵武器、防空系统、军事通信系统、军车与后勤装备、地雷与排雷、各国军舰、全球海军武器装备、核生化防务、雷达与电子战系统、战略性武器系统、水下战争系统、无人驾驶飞机等。

2）Jane's防务杂志数据库。收录最具代表性的10种防务杂志，内容涉及全球各个国家与地区的信息，并滚动提供最近5年的回溯信息。其中包括：《防务周刊》、《国防工业》、《外国报告》、《情报文摘》、《情报评论》、《国际防务评论》、《伊斯兰事务分析》、《导弹与火箭》、《国际海军》、《恐怖主义与安全监控》。

3）Jane's国家安全与风险预警数据库。提供全球政治、安全、经济领域中最新事件与趋势的有关数据和分析。主要内容包括：恐怖主义、有组织犯罪、边界与边界安全、军队、政权稳定、内部争端、政治极端主义、分裂主义与派别主义、国际关系等。

4）Jane's交通专业数据库。提供准确权威的铁路、城市交通、空运与海运信息资源。主要内容包括：交通系统、航空发动机、飞机升级改造、航空电子、空中交通管制、机场与代理机构、全球航空公司、高速海上交通、船用推进系统、仿真与训练系统等。

2. 检索方法

进入http://www.janes.com，用IP地址或账号登录，点击网页上部导航栏或左侧的【Client Area】，即可看到已经开通的数据库内容。Jane's数据库提供数据库浏览、检索等服务。

（1）浏览

进入Jane's数据库后，将进入数据库产品列表页面，如图4-74所示。在Jane's数据库页面的左侧是客户区工具栏，右侧是所订购的数据库产品链接。点击要查看的数据组或主题的对应链接，可到达其对应的网站进行数据组内出版物的浏览。具体操作是：先选择一个数据组或主题分类，再选择数据组里的出版物，而后选择分类中的出版物组成部分（如公司、国家、日期与部分等），最后选择条目列表中的一篇文章进行阅读。

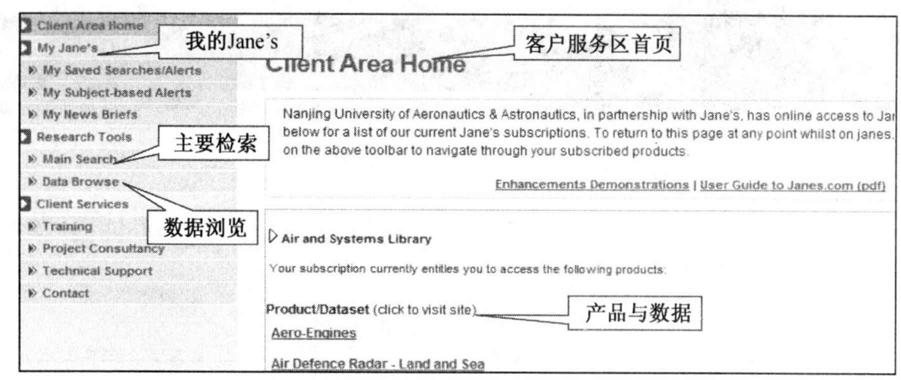

图4-74 Jane's数据库客户区界面

当用户当前处于非数据库产品列表页面时，也可以通过点击网页左侧的【Data Browse】进行数据浏览。点击【Data Browse】，即可进入浏览方式选择界面，如图4-75所示。Jane's数据库提供了多种数据浏览方式，主要有：国家（Countries）、图像（Images）、市场（Markets）、新闻/评论（News/Analysis）、操作指南（Operational Guides）、组织（Organizations）、系统与装备（Systems and Equiments）等方式。在数据浏览界面下方还可以直接输入某一数据组的具体名称，点击【Search】直接进入该数据组的浏览界面。

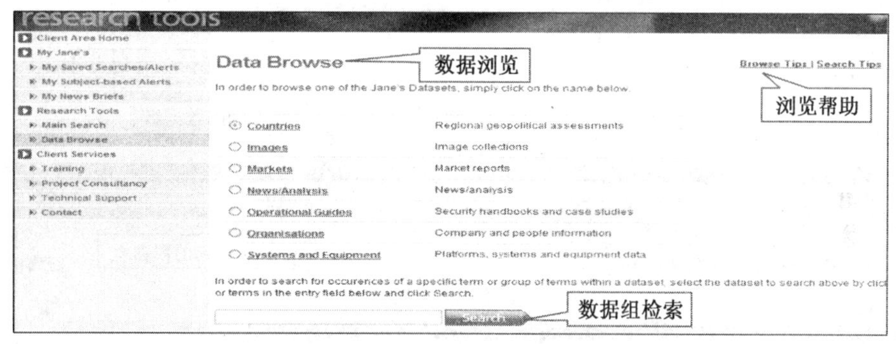

图4-75 Jane's数据库数据浏览界面

（2）快速检索

点击上部导航栏的【Research Tools】或左侧的【Main Search】，将进入快速检索页面，如图4-76所示。选择检索的数据类型后，在检索栏里输入关键词，选择“检索字段全文”或“题名”，点击【Search】按钮，即可完成快速检索。快速检索中提供的数据类型包括：所有数据类型、参考文献、新闻/分析、图像、其他新闻资源等。当检索范围选择【All Content】时，将检索Jane's收录的所有出版物，但只有正式用户才能看到检索结果全文。因此，需要时可选择仅在订阅内容中检索以缩小检索范围。

（3）高级检索

点击页面上部导航栏的【Research Tool】后，选择【Advanced Search】，即进入高级检索页面，如图4-77所示。在高级检索中，用户可以选择按国家/地区或某个具体的公司进行检索。用户还可以根据需要，选择具体的出版物以设定检索范围。在高级检索中，用户可以限制检索的时间范围，设定页显示记录数（20、30、40、50），还可以选择检索结果的排列方式。默认状态的检索结果将按照相关度得分排列，也可以按产品、日期等方式排列。

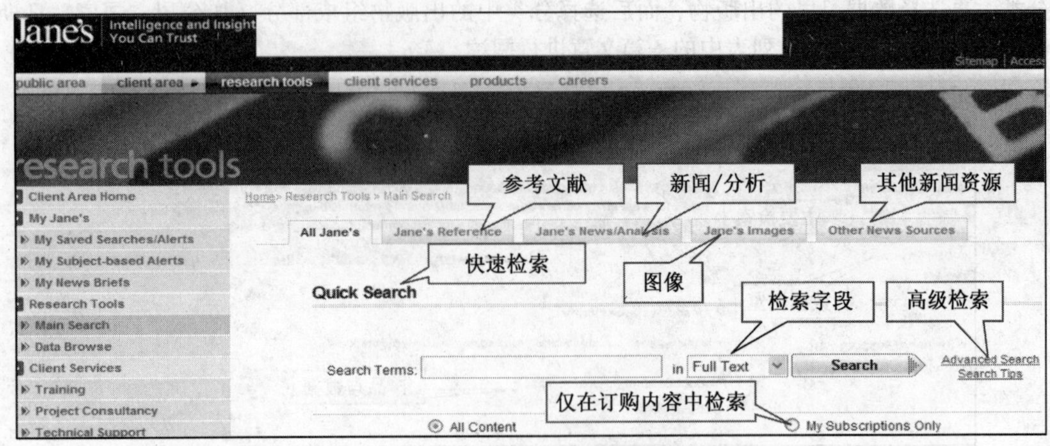

图 4-76　Jane's 数据库快速检索界面

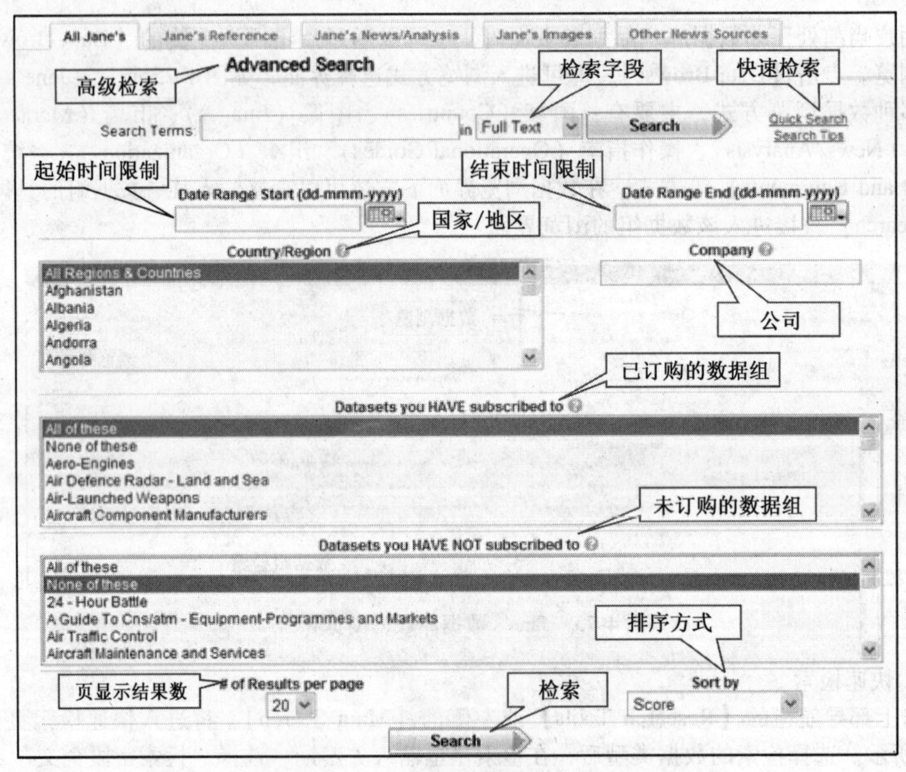

图 4-77　Jane's 数据库高级检索界面

下面结合具体的检索实例进行检索方法演示。

【检索示例】在 Jane's 数据库中检索有关潜艇方面的图像资料。

该课题的具体检索步骤如下：

1）确定检索数据类型。由于该课题要求检索潜艇方面的图像资料，对作者、期刊名称、发表时间等均无明确要求，因此，使用快速检索中的图像检索快捷方便。具体操作是点击上部导航栏的【Research Tools】或左侧的【Main Search】，进入快速检索页面，而后在【Quick Search】上方选择“Jane's Image”。

2）确定检索词。该课题的检索词为潜艇，其对应的英文检索词为“Submarine”。

3）输入检索词进行检索。由于在图像快速检索界面不提供检索字段选择项，因此，具体操作是：在【Quick Search】下方的【Search Terms】的检索词输入框内，输入检索词“Submarine”，点击【Search】，即可完成快速检索。本次检索共检索到1 162条记录，对应的检索结果界面如图4-78所示。

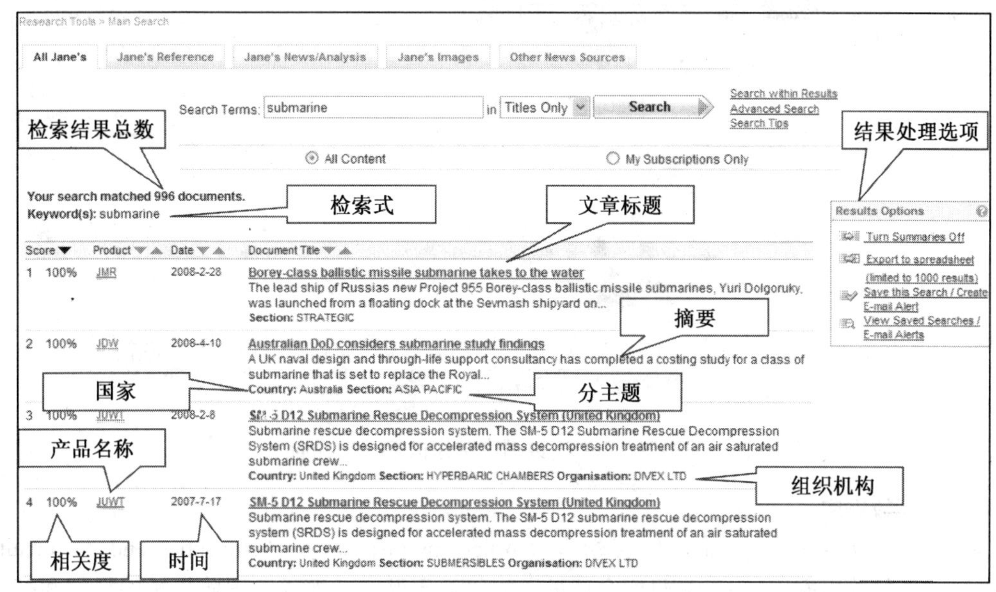

图4-78　Jane's数据库检索结果界面

3. 检索结果处理

Jane's检索结果页面主要显示了检索结果总数、具体的检索记录、检索结果处理选项等信息。每一条检索结果均显示了其所在的产品数据库、发表日期等信息。当检索记录按照相关度进行排序时，记录中会显示该记录的相关度得分。当检索的记录为文章时，记录中会显示该文章的题名、文摘、对应的国家或地区、在数据库中的分主题名称，如图4-78所示。题名附有链接，供正式用户查看、下载全文，下载的全文为.rtf格式，可用Word打开。当检索结果为图片时，将显示图片说明而不是题名摘要等信息，如图4-79所示。在检索结果处理选项中，提供了关闭摘要（Turn Summaries off）、将检索结果输出到表单（Export To Spreadsheet）、保存本次检索/发送E-mail提示（Save The Search/Create E-mail Alert）、查看已保存的检索/E-mail提示（View Saved Searches/E-mail Alert）等选项。

应当注意的是，无论使用快速检索还是高级检索，若不选择具体的数据类型，将对所有的数据类型进行检索。因此，在查看检索结果时，可以直接点击要查看的数据类型，即可看到本类型对应的检索结果。

4. 个性化服务

Jane's数据库为用户提供主题化邮件提示服务。该服务面向正式用户，具体使用方法是：在【Client Area】（用户区）页面中，选择【My Subject-based Alerts】（主题化邮件提示）即可链接到注册页面，选择并确认所需要的提示。在其产品网站中也提供【E-mail Alerts】链接并可按相同的步骤操作。

4.11.2　其他相关资源

航空航天与兵器工程的相关资料，主要还有以下资源。

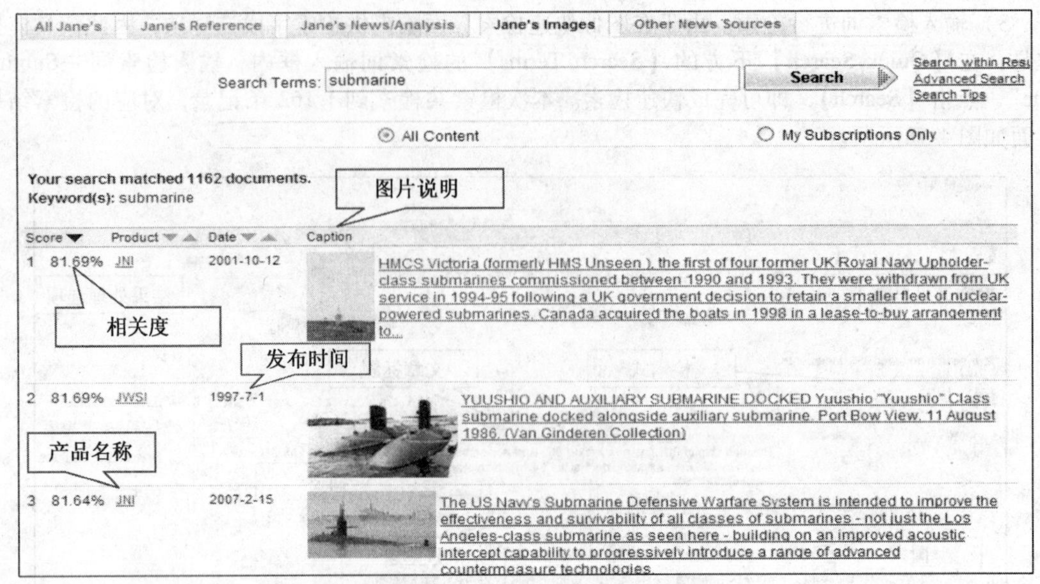

图 4-79　Jane's 数据库图像检索结果界面

1. AIAA 数据库

AIAA 数据库是由美国航空航天学会（American Institute of Aeronautics and Astronautics, AIAA）主办的数据库。AIAA 是目前全球最大的致力于航空、航天、国防领域的科学和技术进步和发展的专业性非营利学会，也是世界上最大的航空航天出版机构之一。在 70 多年的发展中，AIAA 出版了 1 000 多种出版物和 300 000 篇会议论文，包括期刊、杂志、系列图书、美国和国际标准。AIAA 出版物在世界范围内赢得崇高声誉，成为了解航空航天历史变革、科研成果和未来发展的重要信息来源。AIAA 在线数据库包括会议论文和期刊。每年 AIAA 出版来自 20～30 个会议的约 6 000 篇会议论文，涵盖航天航空领域的各个方面。AIAA 在线数据库最早回溯至 1963 年。

2. CSA-Aerospace & High Technology Database

该数据库主要收集航空学、宇宙航行学和航天学方面的基础研究和应用研究。该数据库最早回溯至 1962 年，可通过 CSA 数据库平台访问。

3. MLF 数据库

MLF（Military Library Fulltext）军事期刊全文数据库，它针对军事图书馆提供最新相关期刊信息。该数据库收录了 420 多种期刊索引摘要和 230 多种期刊全文。该数据库可以通过 EBSCO 数据库平台进行检索。

4.12　环境工程类

4.12.1　ESA 数据库

1. 数据库简介

ESA 数据库由美国生态学会（Ecological Society of America）创办，该数据库收录内容广泛，主要包括：生态技术、自然资源管理、生态恢复、臭氧和全球气候变化、生态系统管理、物种灭绝和生物多样性的丧失、栖息地的变化和破坏等。ESA 数据库提供 5 种网络期刊，各期刊的详细信息如表 4-26 所示。

表 4-26 ESA 数据库收录的期刊列表

序 号	期刊名称（英文）	期刊名称（中文）	ISSN	内容简介
1	*Frontiers in Ecology and the Environment*	《生态与环境前沿》	1540-9295	2003 年创刊，全年 10 期，报道各种环境问题的新处理方法及生态科学的实际应用。SCI 收录期刊，2005 年影响因子 4.745
2	*Ecology*	《生态学》	0012-9658	1920 年创刊，全年 8 期，刊载生态学各个方面的研究与综合性论文。SCI 收录期刊，2005 年影响因子 4.506
3	*Ecological Applications*	《生态应用》	1051-0761	1991 年创刊，全年 4 期，刊载生态学和其相关概念的研究文章。SCI 收录期刊，2005 年影响因子 3.804
4	*Ecological Monographs*	《生态学论丛》	0012-9615	1931 年创刊，全年 4 期，刊载篇幅较长的、综合性、多层面的研究论文。SCI 收录期刊，2005 年影响因子 4.855
5	*Bulletin of the Ecological Society of America*	《美国生态学会通报》	0012-9623	1917 年创刊，全年 4 期，主要刊载生态学方面的信函、注释、会议通知及回顾、生态学软件和工具、官方报告及公告

2. 检索方法

用户可以登录 ESA 协会主页 http://www.esa.org/，在【Journals & Publications】栏目下点击【Publications Home】或【Current Issues】，可到达期刊列表页面浏览或检索 ESA 数据库收录的网络期刊，如图 4-80 所示。

图 4-80 ESA 数据库期刊列表与快速检索界面

（1）浏览

在期刊浏览界面，展示了每种期刊的封面、期刊名称、现刊链接（Current Issue）、过刊链接（Back Issues）、其他信息（More Information）等。点击【Current Issue】可浏览现刊的目次信息，主要包括专栏、文章题名、摘要、作者、全文链接等信息。点击【Back Issues】，将链接到过刊浏览界面。在该界面中，按出版时间的顺序提供了卷次列表、期刊卷次链接和作者索引，如：Volume 6（2008）［Author Index］。点击要浏览的卷链接后，将出现本卷的刊期链接，点击要浏览的刊期，最终将展示附有全文链接的目次信息，如图4-81所示。

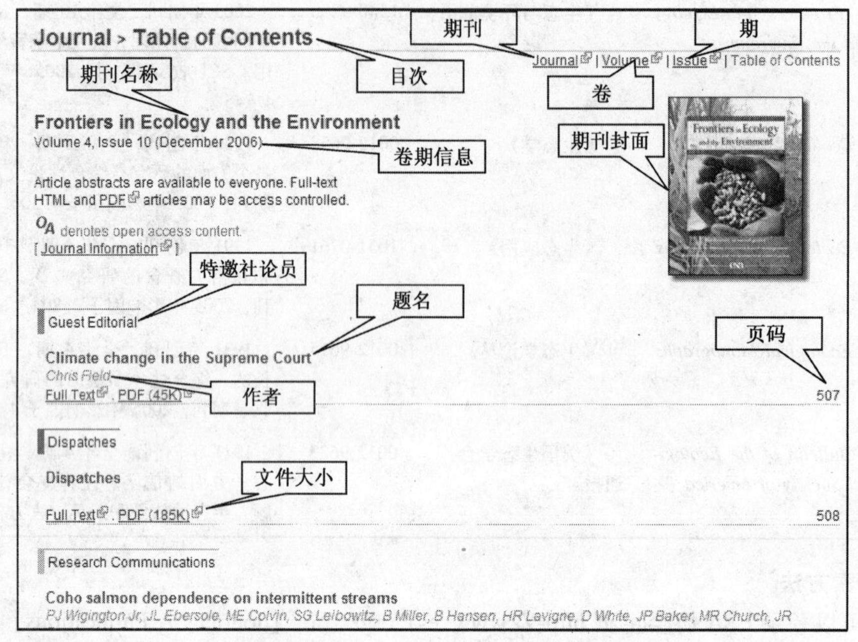

图4-81　ESA数据库期刊目次界面

（2）快速检索

通常，在期刊浏览界面的右上方，附有标明【Search ESA Journals】的快速检索输入框，在该框内输入检索词，点击【Go】，便可完成快速检索，转入检索结果显示页面及高级检索界面。该数据库提供的快速检索无任何字段和检索范围限制，方便快捷，简单明了。

（3）高级检索

在高级检索界面，用户可对作者姓（Author Last Name）、作者名（Author First Name）、机构（Institution）、全文（Anywhere in Article）、题名（Title）、文摘（Abstract）、参考文献（References）等多个字段进行检索，如图4-82所示。但与别的数据库不同的是，该数据库将检索字段置于检索框前，且按上述顺序固定排列，当用户在多个检索框中输入检索词时，即对这些检索词前面对应的字段进行逻辑“与”检索。高级检索还提供了检索词匹配方式的选择，例如，只包含其中某个词（With Any of The Words）、包含其中所有词（With All The Words）、短语精确匹配（With The Exact Phase）等。在检索范围限制方面，该数据库提供时间范围（Select Date Range）和卷期范围限制（Select Volume/Issue Range）两种方式，用户在下拉菜单中选择适合检索需求的项目即可。在命中检索结果页显示数量方面，也可以进行限制，具体操作方法是在【Show】与【Closest Matches】之间选择适当的页显示数量（10、20、30、40、50）。在检索结果排序方面，用户可在【Sort By】后选择按相关度“Relevance”和出版时间降序“Reverse Chronological Order”排列。上述信息输入完毕后，点击【Submit Search】即可完成高级检索。

【检索示例】在ESA数据库中检索有关气候变化方面的期刊论文。

该课题的具体检索步骤如下：

1）确定检索词。该课题的检索词为气候变化，其对应的英文检索词为“Climate Change”。

2）输入检索词进行检索。由于该检索课题较为简单，仅要求检索气候变化方面的期刊论文，对作者、期刊名称、发表时间等均无明确要求，因此，使用快速检索快捷方便。具体操作是：在期刊浏览界面的右上方标明【Search ESA Journals】的快速检索输入框内，输入检索词 "Climate Change"，点击【Go】，即可完成快速检索。本次检索结果如图 4-83 所示。

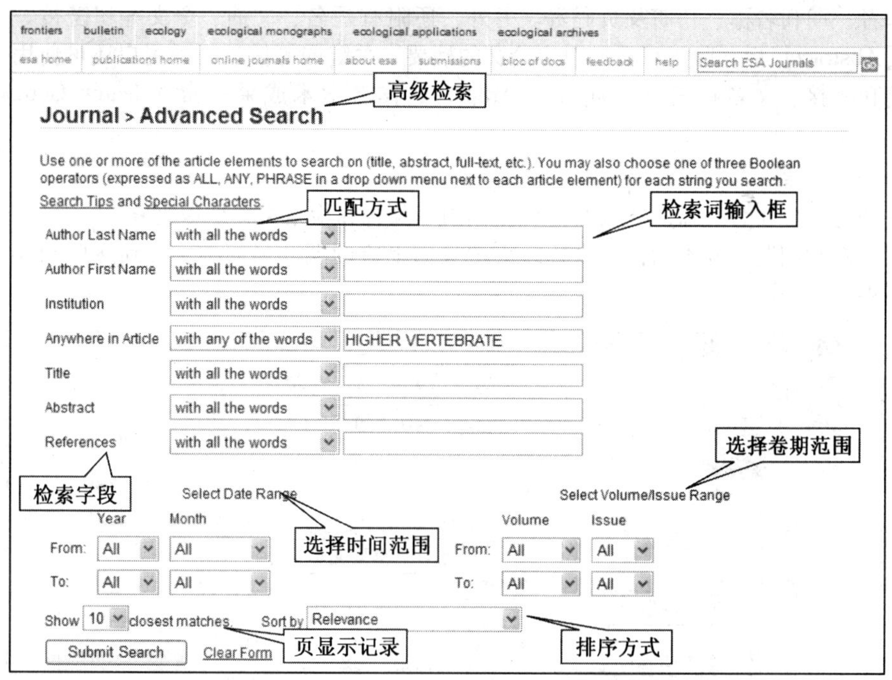

图 4-82　ESA 数据库高级检索界面

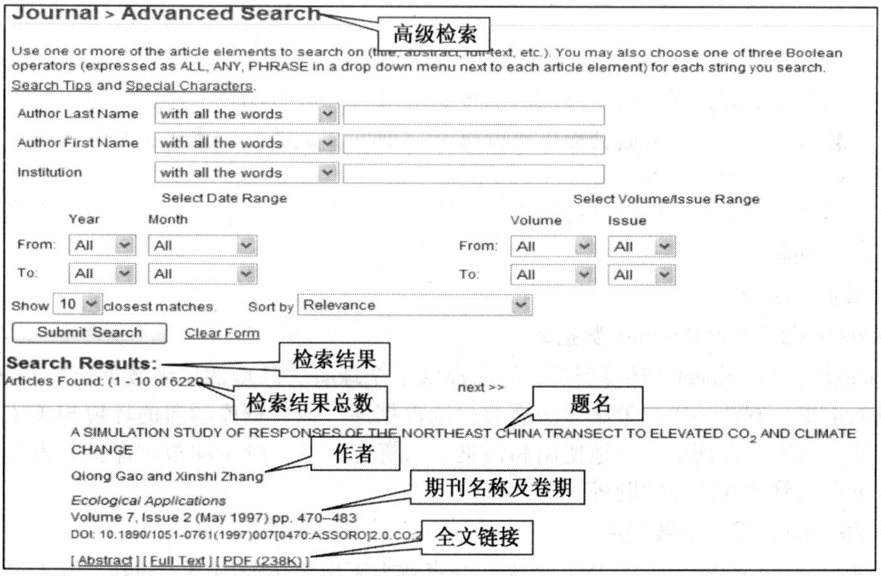

Journal > Advanced Search
高级检索
Use one or more of the article elements to search on (title, abstract, full-text, etc.). You may also choose one of three Boolean operators (expressed as ALL, ANY, PHRASE in a drop down menu next to each article element) for each string you search.
Search Tips and Special Characters.
Author Last Name with all the words
Author First Name with all the words
Institution with all the words
Select Date Range　Select Volume/Issue Range
Year Month　Volume Issue
From: All All　From: All All
To: All All　To: All All
Show 10 closest matches. Sort by Relevance
Submit Search　Clear Form
Search Results: 检索结果
Articles Found: (1 - 10 of 6220) 检索结果总数　next >>
题名
A SIMULATION STUDY OF RESPONSES OF THE NORTHEAST CHINA TRANSECT TO ELEVATED CO_2 AND CLIMATE CHANGE
作者
Qiong Gao and Xinshi Zhang
期刊名称及卷期
Ecological Applications
Volume 7, Issue 2 (May 1997) pp. 470–483
DOI: 10.1890/1051-0761(1997)007[0470:ASSORO]2.0.CO;2
全文链接
[Abstract] [Full Text] [PDF (238K)]

图 4-83　ESA 数据库检索结果界面

应当注意的是，使用快速检索时，实际执行的检索式是：（检索词）In（Anywhere In Article），因此，检索结果较多，检全率较高，但要获得较为准确的检索结果，还有待于依据检索结果反馈情况，进行检索策略调整。

3. 检索结果处理

在检索结果页面，用户可以看到高级检索提问表单和命中检索记录的相关信息，主要包括：题名、作者、期刊名称、刊期及页码等。另外，还附有题名、文摘、全文等超链接。点击文摘超链接【Abstract】后，除了可看到对应论文的摘要、关键词等信息外，用户还可使用全文下载链接、期刊链接、文章推送（Email this Article）、作者学术成果检索（Search Google Scholar for）等服务。

4. 个性化服务

ESA 数据库的个性化服务主要是提供期刊内容预告和检索文章推送服务。

在网络期刊浏览或检索的任一页面，点击页面上方的期刊名简称，可到达期刊详细信息页面，如图 4-84 所示。

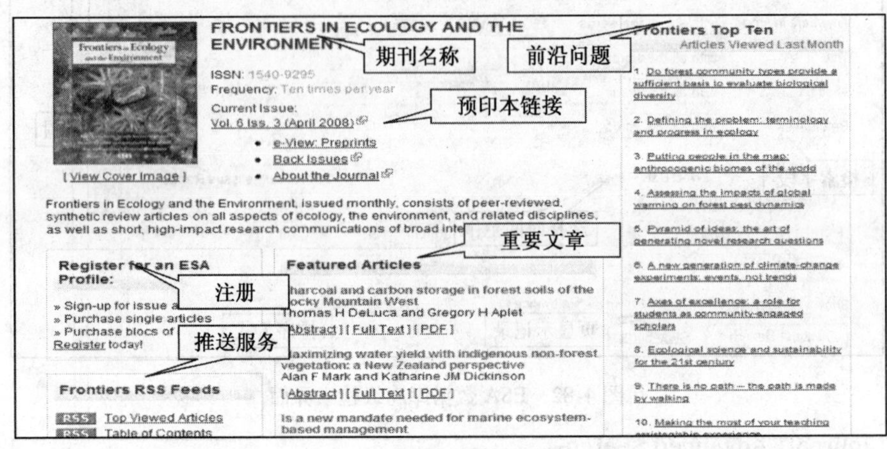

图 4-84 ESA 数据库个性化服务界面

在该页面的左下方，可以选择该期刊的推送服务【RSS Feeds】。推送内容包括：最受欢迎的文章、期刊目录。并且该页面会提供阅读排行靠前的文章链接、重要文章等信息。目前，可通过免费注册账号使用该服务。

在论文摘要显示页面，均提供文章推送链接，点击该链接，输入 E-mail 及个人信息，点击【Send】，系统便将用户需要的文章发送到指定邮箱。

4.12.2 其他相关资源

1. Lexisnexis Environmental 数据库

Lexisnexis Environmental 环境资源数据库提供了全球有关环境的详细数据资料和法律法规，是目前世界上惟一有关环境政策法律法规的权威数据库。该数据库涵盖的环境相关主题有：能源问题、空气污染、毒理学、土地使用和污染、水资源污染、野生动植物保护、人口增长、全球变暖、废弃物管理和农业问题等。

2. White Horse Press 数据库

英国 White Horse Press 成立 25 年以来，一直致力于出版优秀图书和期刊，且主要针对环境方面的问题。迄今为止已出版 4 种期刊，被国际上著名检索工具和数据库收录索引。

3. Sapiens 出版公司

Sapiens 出版公司一直致力于提供环境科学和其他相关学科的出版物，编辑出版原创性研究论文、社论、解说、短讯、论文回顾、书评、会议消息以及会议报告、特刊等。迄今为止出版了两种顶级评鉴性期刊——《国际发展与全球生态学杂志》（The International Journal of Sustainable Development and World Ecology）和《国际生物多样性科学与管理杂志》（The International

Journal of Biodiversity Science and Management)。

4.13 生物医学与制药工程类

4.13.1 Medline 数据库

1. 数据库简介

美国 Medline 数据库是当今世界上最具权威的临床医学文献数据库，也是国内医学用户获取国外医学信息使用最频繁的数据库。美国国立医学图书馆的 Medline 数据库收录了 1966 年以来 70 多个国家 4 300 多种生物医学期刊的题录和文摘，其中 88% 的资料用英文发表，76% 的文献附有文摘，其数据主要来源于 3 个印刷本索引：《医学索引》（Index Medicus）、《牙科文献索引》（Index to Dental Literature）和《国际护理索引》（International Nursing Index）。Medline 数据库收录的专业范围包括人类医学、兽医学和其他学科，内容涉及基础医学、临床医学、环境医学、营养卫生、职业病学、卫生管理、医学保健和医学情报科学等多个学科领域，目前已有 1 100 多万条记录，年递增达 30 万条以上。

2. 检索方法

Medline 数据库可以通过 Ovid、CSA、EBSCO 等多个数据库访问，其检索方法与这些平台中的其他数据库检索相同，因此，在此不再详细介绍。

4.13.2 BIOSIS Previews 数据库

1. 数据库简介

BIOSIS Previews（简称 BP）由美国生物科学信息服务社（BIOSIS）出版，是世界上最大的、最重要的生命科学文摘索引数据库，其对应的印刷型出版物是《生物学文摘》（Biological Abstracts）、《生物学文摘 - 综述、报告、会议》（Biological Abstracts/RRM）和《生物研究索引》（Bioresearch Index）。该数据库收录世界上 100 多个国家和地区的 5 500 多种期刊和 1 650 多个会议的会议录、图书和专利说明书等出版物，数据最早回溯至 1926 年，每年大约新增 60 万条记录。其涵盖的学科领域主要有：生物学、生物化学、生物技术、植物学、临床医学、药理学、动物学、农业科学、兽医学等。

2. 检索方法

用户可以通过 ISI Web of Knowledge 平台访问 BP 数据库。进入 ISI 平台后，点击界面上方的【Select a Database】，在数据库选择界面点击【BIOSIS Previews】，可到达 BP 数据库基本检索界面，如图 4-85 所示。

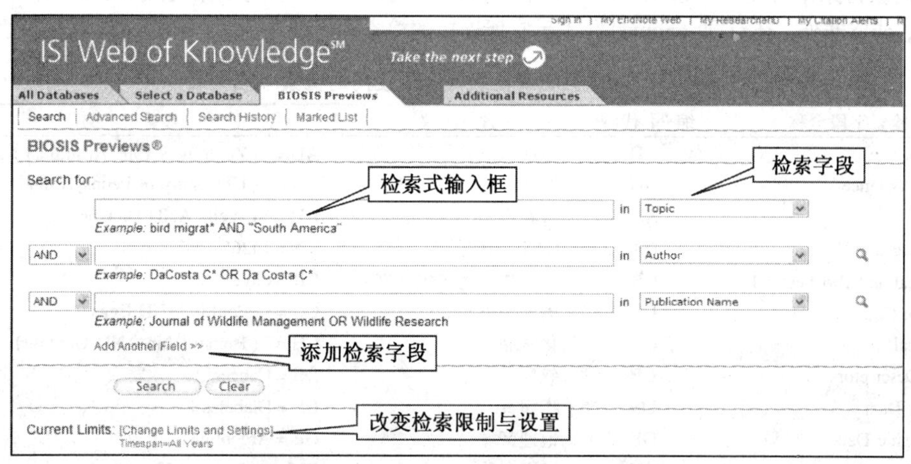

图 4-85 ISI 平台 BP 数据库基本检索界面

（1）基本检索

在基本检索界面，用户可以进行检索字段组合检索。在【Search For】下方的检索词输入框中输入检索词，选择检索字段，然后选择检索字段间的逻辑运算符，点击【Search】即可完成基本检索。BP 数据库基本检索中提供的检索字段包括：主题、作者、出版物名称等。在基本检索中，用户可根据需要增加检索行或检索字段，具体操作方法是：点击【Search】上方的【Add Another Field】。另外，用户还可以通过点击【Change Limits and Setting】设置检索限制条件。值得注意的是，对文件类型、语种、文献类型等方面的限制，ISI 平台 BP 数据库采用了在检索词输入行中设置下拉菜单的形式提供，要限制上述某一方面的内容，首先要在【In】后面的检索字段下拉菜单中进行选择，然后在【In】前面弹出的下拉菜单中选择需要的选项。

（2）高级检索

在 BP 数据库检索页面的上方点击【Advanced Search】，可到达高级检索页面，如图 4-86 所示。在高级检索界面，用户可以在【Search】上方的检索式输入框中直接输入检索式进行检索。由于检索式的表达要用到一些逻辑运算符和检索字段缩写代码，因此，高级检索主要适用于专业检索人员和检索经验丰富的研究者使用。

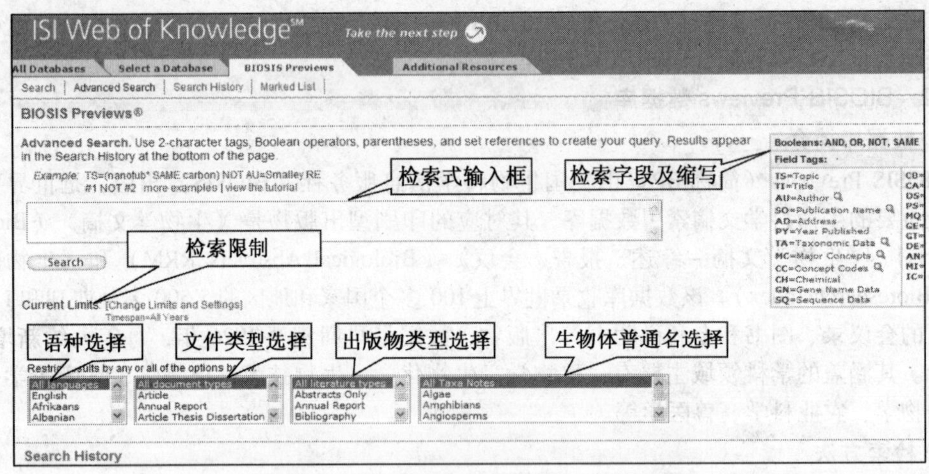

图 4-86　ISI 平台 BP 数据库高级检索界面

在高级检索界面的右侧，提供检索式中可以使用的检索字段缩写代码和逻辑运算符。表 4-27 列出了高级检索中可使用的检索字段及其缩写代码。逻辑运算符用于组配检索词和检索结果集合，除了与、或、非外，还有同（Same）（表示它所连接的检索词出现在同一个句子或同一个短语中）。

表 4-27　BP 数据库高级检索中使用的检索字段列表

检索字段全称	缩写代码	含　义	举　例
Address*	AD	地址	AD = (Zoology SAME Australian Nat*)
Patent Assignee	AN	专利	AN = (University of Pennsylvania)
Author*	AU	著者	AU = (Wells AND Dickinson)
CAS Registry No.	CA	CAS 登记号	CA = 14265-44-2
Chemical and Biochemical*	CB	化合物和生物化合物名	CB = Glycine
Concept Code*	CC	概念代码	CC = (Poultry AND Eggs)
Chemical	CH	化学品	CH = (Hemoglobin AND Glucose)
Misc. Descriptors	DE	叙词	DE = Cancer
Disease Data	DS	疾病	DS = Diabetes
Geographic Data	GE	地理区域	GE = Argentina
Gene Name Data	GN	基因名称	GN = (Frizzled Homolog)
Geological Time Data	GT	地质时代	GT = (Early Eocene)

（续）

检索字段全称	缩写代码	含　义	举　例
Identifying Codes *	IC	识别码	IC = 173 *
Major Concepts *	MC	主概念	MC = Biogeography
Meeting Information *	MI	会议信息	MI = （Zoological AND Japan AND 2002）
Methods & Equipment Data	MQ	方法与仪器	MQ = （Neon Laser）
Parts & Structure Data	PS	组成部分与结构	PS = Organelles
Year Published *	PY	出版年	PY = 2007
Publication Name *	SO	出版物名称	SO = Journal of Cell Science
Sequence Data	SQ	序列	SQ = DQ456865
Taxonomic Data *	TA	生物学分类	TA = Parrot
Title *	TI	题名	TI = Mutation
Topic *	TS	主题	TS = Chick

注：有 * 标记的为基本检索和高级检索共有检索字段。

在高级检索界面的下方是检索结果限制和检索历史区。用户可以限制检索结果的语种、文件类型、文献类型、生物体普通名等项目。

下面结合具体的检索课题介绍该数据库的检索方法。

【检索示例】 在 BP 数据库中检索近 3 年来有关肺癌方面的论文。

该课题的具体检索步骤如下：

1）确定检索词。该课题的检索词为肺癌，其对应的英文检索词为“Lung Cancer”。

2）选择检索字段。由于该检索课题要求检索肺癌方面的资料，因此，在检索词输入框中输入检索词“Lung Cancer”后，选择主题检索字段“Topic”。

3）限定检索时间和文献类型。由于该检索课题要求检索近 3 年来的论文，因此需将检索时间设定为“2005 ~ 2008”，具体操作是：点击【Change Limits and Setting】，在【Timespan】下边选择检索时间起讫年。而对于文献类型的限制，需要在【Search】上方的检索字段中进行选择。具体操作是：先在检索词输入框后的下拉菜单中选择文件类型【Document Type】字段，然后在该检索行【in】前选择【Article】。

4）进行检索。上述信息输入完毕后，界面如图 4-87 所示。点击【Search】，即可完成本次检索。本次检索结果如图 4-88 所示。

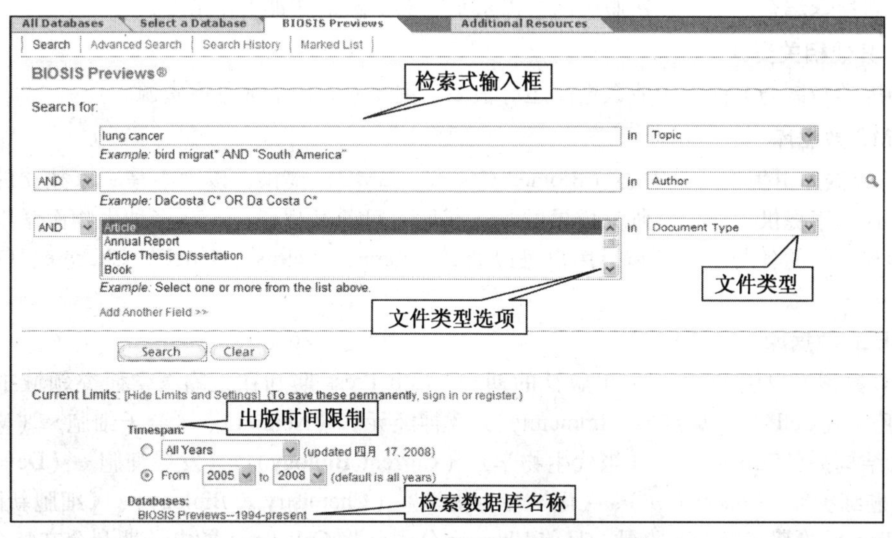

图 4-87　ISI 平台 BP 数据库检索示例界面

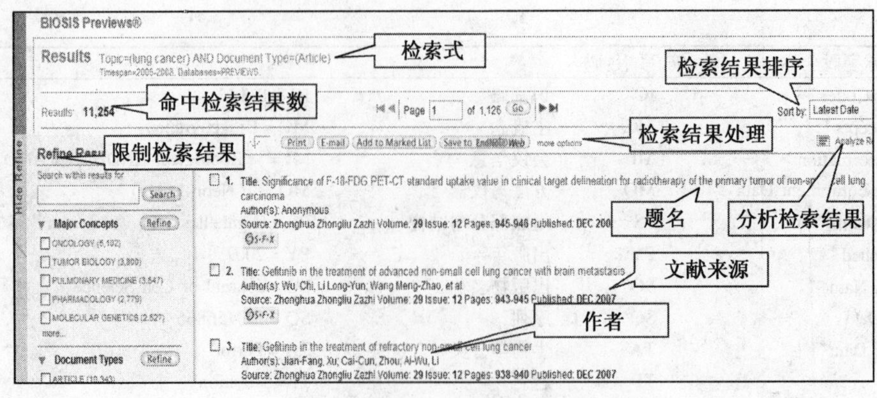

图 4-88 ISI 平台 BP 数据库检索结果界面

3. 检索结果处理

在检索结果处理界面，提供了二次检索、检索结果处理、检索结果排序、检索结果分析等服务，如图 4-88 所示。

用户可以在左侧的【Refine Results】区域中，对主概念、文件类型、作者、资源题名、主题领域、出版年等项目进行限定。在页面中部，显示检索结果详细信息，每一条命中的检索记录均显示题名、作者、来源等详细信息，其中题名附有超链接。另外，用户还可以对检索结果进行标记，具体操作是在检索记录序号前的复选框中选中要处理的检索结果，然后点击检索结果列表上方的按钮，例如，【Print】、【Email】等选项，即可对标记的检索结果进行打印、发送电子邮件等。另外，用户还可以通过页面的右上方【Sort By】重新进行检索结果排序。点击页面右上方的检索结果分析【Analyze Results】，系统将对检索结果进行具体的字段分析。

4. 个性化服务

用户可以通过注册使用 ISI 平台 BP 数据库的个性化服务。该平台提供的个性化服务主要包括：检索定题推送服务（Search Alerts）和引文推送服务（Citation Alerts）。定题推送服务基于用户输入的最后一个检索式而建立。在检索历史页面或高级检索页面点击【Save History】按钮即可创建定题推送服务。若用户希望定题推送服务包括以前输入的检索式，可通过组配检索创建一个最新检索集合。引文推送服务用于提示某一篇文献最新被引用情况。

4.13.3 其他相关资源

生物医学与制药方面的专业数据库还有很多，主要还有以下数据库资源。

1. BMC 数据库

BMC 数据库由生物医学中心（Biomed Central，BMC）提供，该中心是一家独立的学术出版机构，致力于提供生物医学研究成果的开放获取。目前共出版了 170 多种生物医学期刊，涵盖生物学和医学的各个主要领域。用户可以通过 Pubmed、Scirus、Google、Citebase、Oaister 等检索系统检索该数据库。

2. CELL 数据库

CELL 数据库提供 Cell Press 出版社的期刊。Cell Press 期刊在生物医学研究领域中享誉甚高，《细胞》（Cell）、《免疫》（Immunity）、《神经元》（Neuron）、《分子细胞》（Molecular Cell）、《结构》（Structure）、《当代生物学》（Current Biology）、《发展细胞》（Development Cell）、《癌细胞》（Cancer Cell）、《化学与生物学》（Chemistry & Biology）、《细胞新陈代谢》（Cell Bolism）等期刊被 SCI 收录。目前 Elsevier 公司已将 Cell Press 的电子期刊全文整合到 Sciencedirect 的平台上，在 CSA 数据库中也可以检索到该数据库。

3. High Wire Press 数据库

High Wire Press 数据库是生命科学领域涵盖范围最广的一个免费全文检索库。到目前为止，High Wire Press 承办的 335 种期刊包括了自然科学领域中引用频率较高的前 100 种期刊中的 45 种，例如：《科学》（Science）、《生物化学杂志》（Journal of Biological Chemistry）、《美国国家科学院院刊》（Proceedings of The National Academy of Sciences，PNAS）等，High Wire Press 还提供 158 种免费期刊的 554 832 篇全文文章。除此以外，还能跨库检索到 Medline 的 4 500 多种期刊的 12 538 107 篇文章。

4. Health & Medical Complete 数据库

Health & Medical Complete 是由美国 Bell&Howell Information and Learning 公司出版的医学全文数据库，收录了 1 201 种重要的专业期刊，其中 959 种是带有完整全文或图像的全文刊。其全文以 PDF 或文本加图像格式存储，涵盖范围包括：护理学、内科学、儿科学、神经学、药理学、心脏病学、物理治疗以及新增的公共卫生和卫生管理等学科。该数据库可通过 Proquest 检索平台使用。

4. 14　农业与林业工程类

4. 14. 1　ASABE 数据库

1. 数据库简介

ASABE 数据库由美国农业生物工程师学会（ASABE）创办，该学会成立于 1907 年，致力于农业、食品与生物系统的工程应用，拥有 100 多个国家的 9 000 多名成员。该数据库涉及的专业领域包括：生物工程、食品与加工技术、信息与电工技术、动力与机械、土壤与水、结构与环境、人机工程学、安全与健康等。该数据库收录的出版物类型包括：标准、期刊、会议论文、传记、专藏等。

2. 检索方法

用户可以通过国家科技文献中心 NSTL 访问 ASABE 数据库。该数据库提供浏览、快速检索等功能。

（1）浏览

进入 ASABE 数据库后，点击页面左侧的【Publications Included】，将显示该数据库收录的出版物列表页面，如图 4-89 所示。该页面显示了 ABASE 收录的多种出版物资源的链接，包括以下类型：标准、期刊、年度会议论文、分主题会议论文、会议论文集、图书、传记、专门出版物等。对于期刊论文，点击需要查看刊物的对应卷期，层层点击，最后可到达某一刊期的目次页。在目次页面中，显示了该期刊的栏目、文章题名、作者、卷期及页码、免费文摘链接、下载链接等信息。对于标准、会议论文等，点击对应的链接，最终也可以浏览到题名、作者、文摘等详细信息。

（2）快速检索

在 ASABE 数据库页面的左侧点击【Search】，可进入快速检索界面，如图 4-90 所示。用户可在【Category】后的下拉菜单中选择文献类型，主要包括：会议论文、期刊、标准、专藏、技术图书、技术会议等。快速检索中提供的检索字段包括：全文、关键词、文章编号、题名、作者、参考文献等。选择检索的文献类型和检索字段后，在检索词输入框中输入检索词，点击【Go】，即可完成快速检索。

下面结合具体的检索课题介绍该数据库的检索方法。

【检索示例】 在 ASABE 数据库中检索作者“Anthony”发表的会议论文。

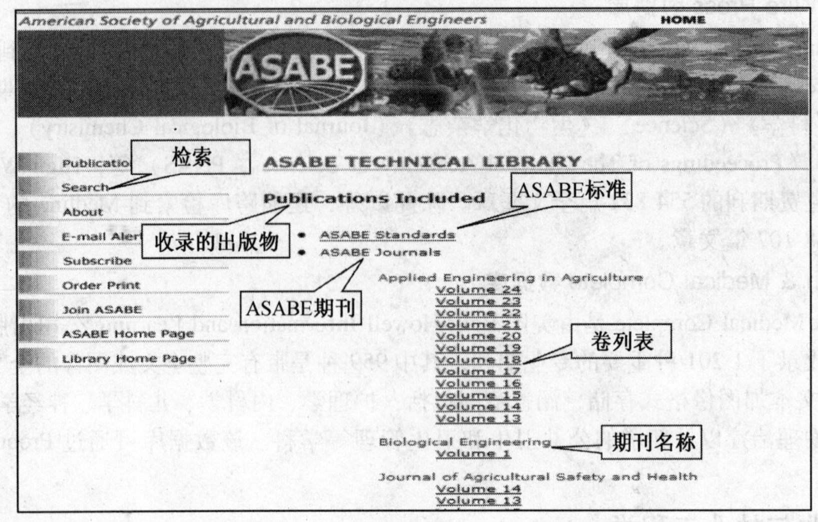

图 4-89　ABASE 数据库期刊浏览界面

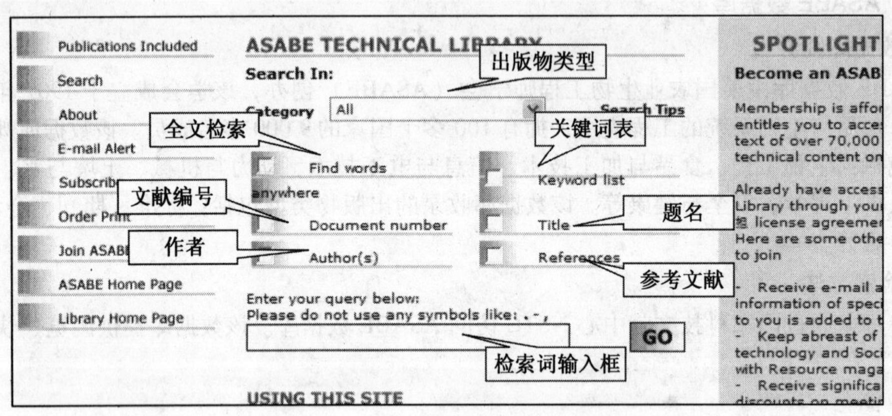

图 4-90　ABASE 数据库快速检索界面

该课题的具体检索步骤如下：

1）选择数据类型。由于该检索课题要求检索会议论文，因此，在【Category】中选择"Conference Proceedings"。

2）选择检索字段。由于该检索课题要求检索作者"Anthony"发表的论文，因此，选择检索字段"Author"。

3）确定检索词。该课题的检索词即为作者名"Anthony"。

4）进行检索。上述信息输入完毕后，点击【Go】，即可完成本次检索。本次检索结果如图 4-91 所示。

3. 检索结果处理

在检索结果界面，显示了命中检索记录的详细信息，主要包括：题名、文献出处、作者、关键词、免费文摘链接、下载链接等信息，如图 4-91 所示。正式用户点击【Email Alert】可以将检索结果推送到个人邮箱中。

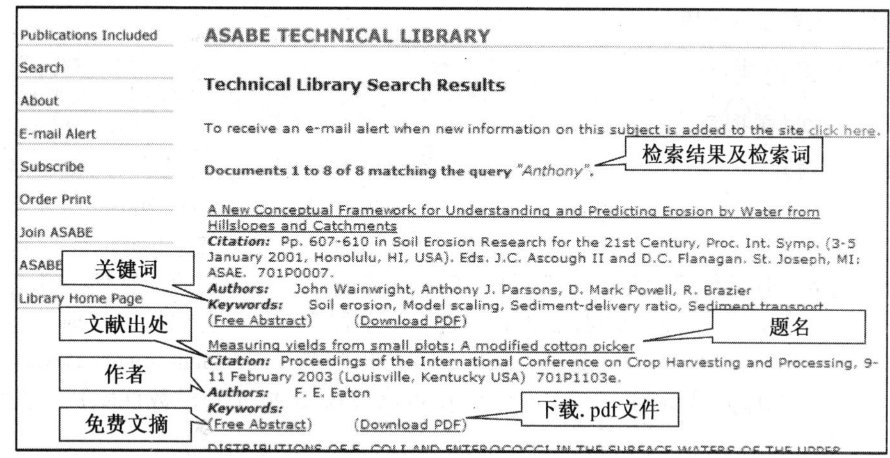

图4-91　ASABE数据库检索结果页面

4.14.2　AGRIS数据库

1. 数据库简介

AGRIS数据库是由AGRIS协调中心和联合国食品和农业组织（FAO）联合出版的题录型数据库，它收录了联合国粮农组织（FAO）下属的136个国家中心和23个地区及国际组织的农业文献。该数据库内容侧重农业科技应用及农村发展，包括农业科技研究、农村教育与推广、农业经济、发展和农村社会学、植保自然资源、食品加工、人类营养、环境污染及其他辅助科学等方面的内容。AGRIS数据库收录的文献类型有：期刊、图书、科技报告、专论、学会论文、政府出版物等。其数据最早回溯至1975年，收录记录约320万条，年增记录13万条，并配有英文、法文和西班牙文的关键词汇。

2. 检索方法

用户可以通过Ovid平台、ISI平台访问AGRIS。由于在同一个平台中检索方法基本类似，因此具体的检索方法请参见4.8.2节和4.13.2节。

4.14.3　其他相关资源

农业与林业工程类的相关资料还可以通过以下数据库获得。

1. CAB数据库

CAB数据库是农业学科最大的专业数据库，资料来源于11 000种期刊、图书、会议录、报告及其他文献。学科范围涵盖农业、农艺学、动植物学、生物、林学、植物基因、土壤、食品、营养和环境等。该数据库最早回溯至1973年，可通过Ovid、ISI平台访问。

2. AGRICOLA数据库

AGRICOLA美国农业文献数据库是由美国农业图书馆（NAL）、食品与营养信息中心（FN-IC）、美国农业经济文献中心（AAEDC）等机构联合编辑的题录型数据库。AGRICOLA收录了美国、加拿大等世界上40多个文种380余万条与农业相关的期刊论文、学位论文、专著、专利、软件、视听材料和技术报告的引文。其主题范围包括：农、林、牧、水产、兽医、园艺、土壤等整个农业科学领域，动物、植物、微生物、昆虫、生态等生命基础科学，环境科学和食品科学等。其数据最早回溯至1970年，可通过Ovid、ISI平台访问。

3. CIF数据库

CIF数据库由加拿大林业学会（The Canadian Institute of Forestry，CIF）创办，主要收录了该协会的官方刊物《林业纪事》（The Forestry Chronicle）1925年创刊以来的论文资料。用户可以通过 NSTL 浏览该数据库。

4.15　管理工程类

4.15.1　Emerald 数据库

1. 数据库简介

Emerald 数据库主要出版管理学、图书馆学、工程学等专业领域的近 200 种期刊。其期刊全文数据库覆盖以下学科范围：会计金融和法律、经济和社会政策、健康护理、工业管理、企业创新、国际商务、管理科学、人力管理、质量管理、市场学、运营与后勤管理、组织发展与变革管理、财产与不动产、培训与发展、教育管理、图书馆管理、信息和知识管理、自动化、电子制造和包装、材料科学与工程。另外，该数据库还出版 Emerald Management Reviews（Emerald 管理学评论数据库）、Emerald Engineering Database（Emerald 工程学数据库）等其他数据库产品。

2. 检索方法

Emerald 数据库提供浏览、快速检索、高级检索等基本功能。

（1）浏览

Emerald 数据库提供的浏览服务包括期刊、评论及摘要。

浏览期刊时，点击页面左侧的【Search & Browse】/【Browse】/【Journals】，可进入期刊浏览界面。用户可按期刊名称和主题两种方式浏览，如图 4-92 所示。用户既可以浏览该数据库出版的所有期刊，也可以只浏览订阅的期刊。按期刊名称浏览时，用户可以使用期刊名称的首字母索引快速浏览已知的某种期刊，因此，适合于对该数据库收录期刊较为熟悉的用户使用。按主题类别进行浏览时，用户可以快速查找到与某主题密切相关的期刊，因此，比较适合于对该数据库收录期刊不太熟悉的新用户使用。在每个所列的主题前，均附有【+】或【-】，当主题名称前为【+】时，表示用户点击主题名称链接可以浏览到该主题对应的期刊列表信息；当主题名称前为【-】时，表示用户点击主题名称链接可以返回至主题名称列表。

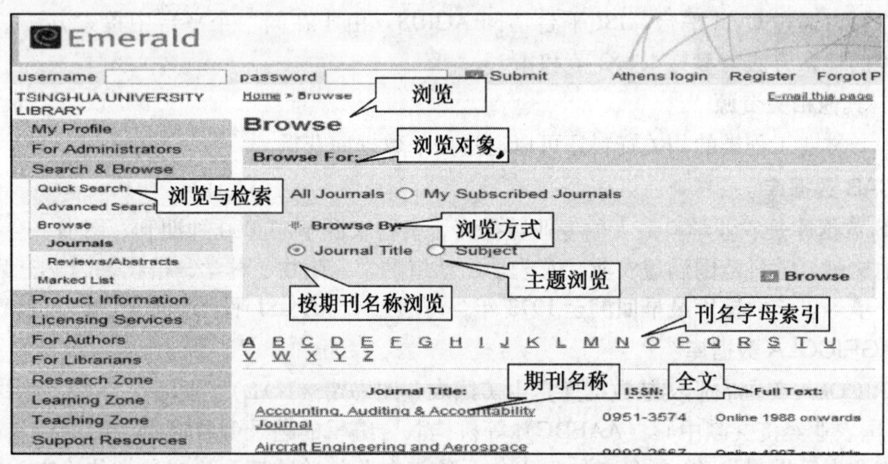

图 4-92　Emerald 数据库期刊浏览界面

浏览评论及摘要期刊时，点击页面左侧的【Search & Browse】/【Browse】/【Reviews / Abstracts】，可进入评论及摘要浏览界面。Emerald 数据库按主题组织评论和摘要，并采用树状结构展示每个主题的分主题、出版年及相关摘要或评论，如图 4-93 所示。在每个主题前，均附有【+】或【-】，用于展开下级内容或返回上级内容。因此，用户可以快速查看某一主题在某一年内相关评论记录，每一条记录中均显示文摘题名、作者、期刊名称、刊期等信息。点击题名超链接，可以查看其摘要、关键词、参考文献等详细信息。

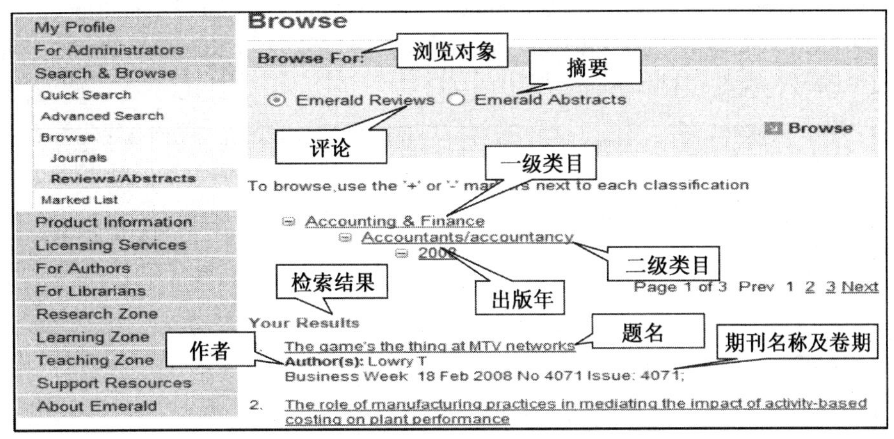

图 4-93 Emerald 数据库摘要与评论浏览界面

（2）快速检索

在 Emerald 数据库中，点击页面左侧的【Search & Browse】/【Quick Search】，可进入快速检索界面，如图 4-94 所示。用户可以直接在【Search For】下的输入框内输入检索词，点击【Search】进行检索。另外，用户既可以限定在所有字段中检索，也可以选择对特定字段检索。在特定字段检索时，点击【In These Fields】/【Select Fields】，选择需要检索的字段即可，供选择的检索字段有：文摘、作者、期刊名称、文章题名、关键词、公司名称等。用户还可以限定在订购内容中检索或在全部内容中检索。

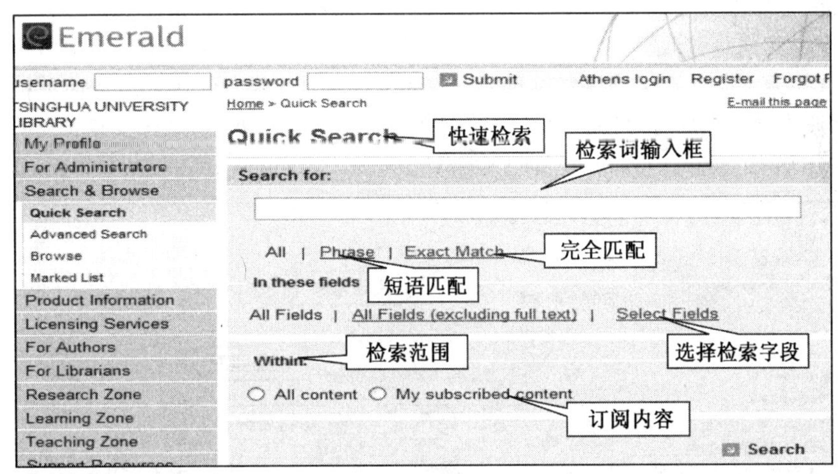

图 4-94 Emerald 数据库快速检索界面

（3）高级检索

在 Emerald 数据库中，点击页面左侧的【Search & Browse】/【Advanced Search】，可进入高级检索界面，如图 4-95 所示。用户可以在【Search For】下的多个输入框中输入检索词，进行检索字段组合检索。高级检索支持的检索字段较多，主要包括：所有字段、除全文外的所有字段、文摘、文章题名、作者、公司名称、国家、国际标准期刊代号、刊期、期刊名称、关键词、页码、参考文献代码、卷号等。各检索字段之间可以使用 And、Or、Not 等逻辑运算符进行组合检索。在检索词匹配方面，与快速检索相同。另外，用户可以进行更为详尽的检索范围限定。

在【Limit The Search To】下方，用户可以选择出版起讫年和数据类型。数据类型选择项包括：所有类型（All Types）、案例研究（Case Study）、概念性论文（Conceptual Paper）、一般评论（General Review）、文学评论（Literature Review）、研究论文（Research Paper）、科技论文（Technical Paper）、观点（Viewpoint）等。

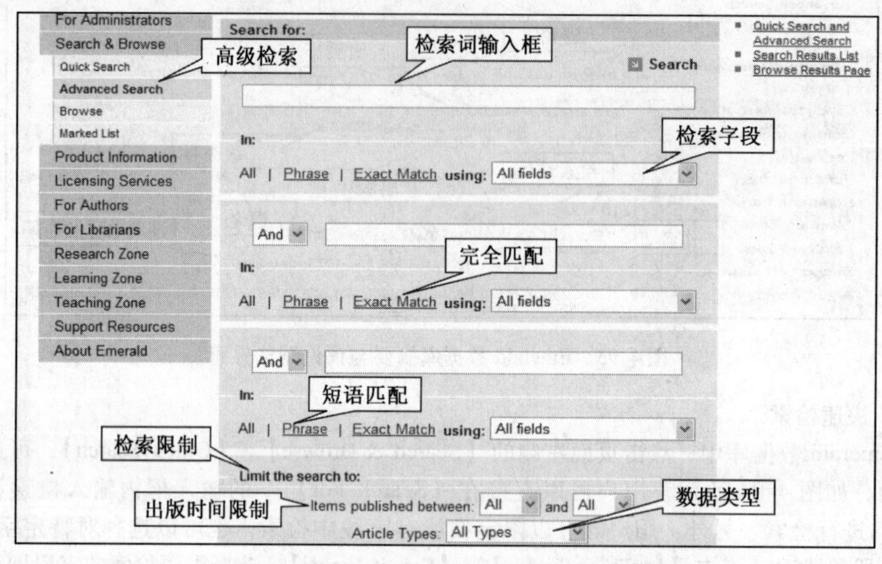

图 4-95　Emerald 数据库高级检索界面

【**检索示例**】在 Emerald 数据库中检索有关“竞争对手”方面的文献资料。

该课题的具体检索步骤如下：

1）确定检索词。该课题的检索词为：竞争对手，其对应的英文检索词为“Competitor”。

2）选择检索字段。由于该课题仅对检索主题进行了具体要求，因此选择简单检索即可。为了加快检索速度和检索的针对性，可选择检索字段为“Keywords”。上述步骤完成后检索界面如图 4-96 所示。

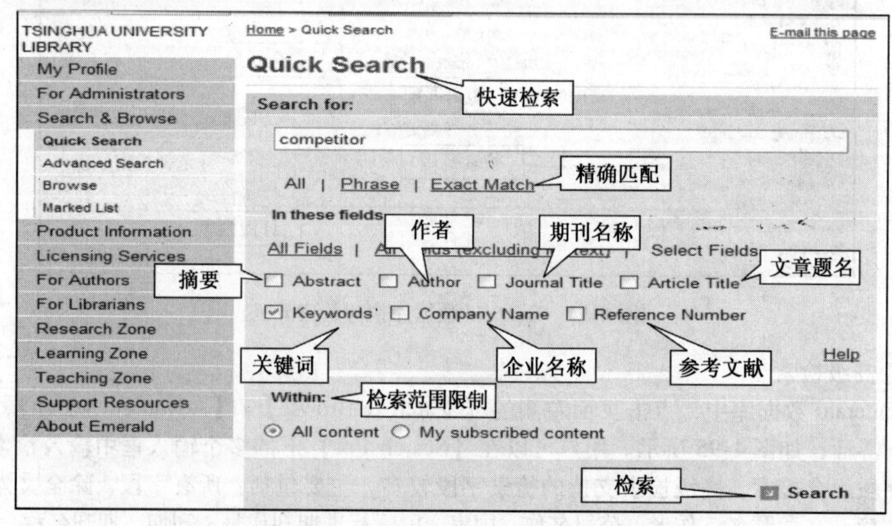

图 4-96　Emerald 数据库检索示例

3）进行检索。点击【Search】，完成检索。其检索结果如图 4-97 所示。

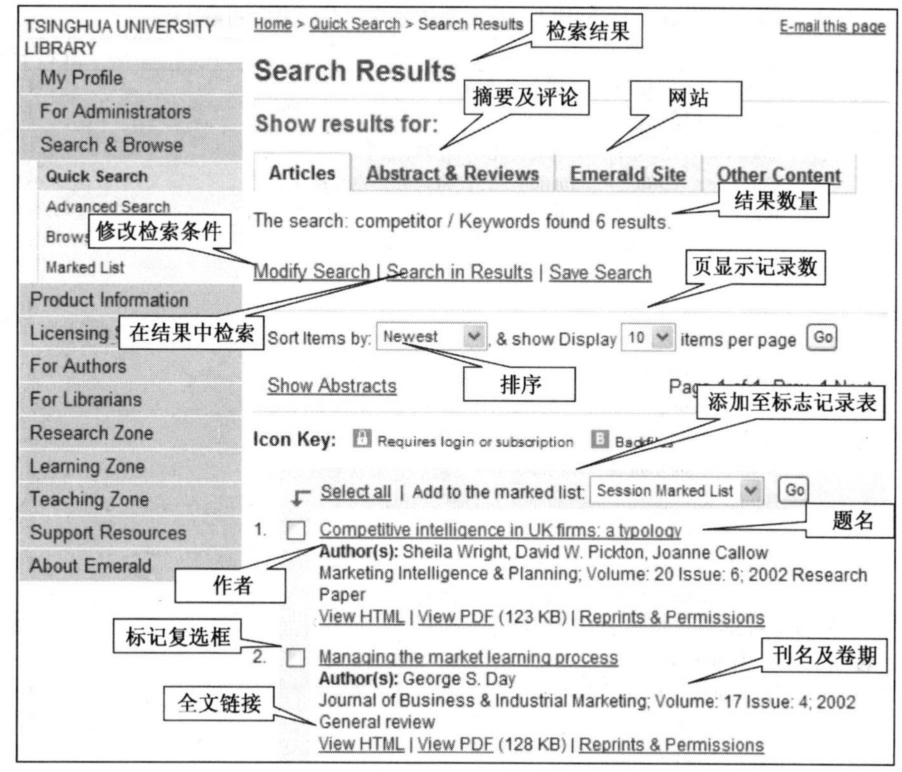

图 4-97　Emerald 数据库检索结果界面

3. 检索结果处理

Emerald 检索结果界面显示检索式、命中检索记录等信息。将检索结果进行分类显示是该数据库的特色。主要包括 4 个分类：①文章类（Articles），即显示 Emerald 全文期刊内容；②文摘评论类（Abstracts & Reviews），即显示 Emerald 管理学评论和 4 个文摘数据库中的相关信息；③Emerald 网站类（Emerald Site），即显示 Emerald 网站上符合检索条件的链接；④其他内容（Other Content），即显示 Emerald 网站上其他符合检索条件的内容，如书评、编者评论、访谈和新闻等内容。在文章类和文摘评论类检索结果中，每条检索记录均显示题名、作者、期刊名称、卷期及页码、全文链接（HTML 和 PDF 格式）等信息。其中，题名附有超链接，点击后将显示摘要、参考文献等详细信息。在此页面用户还可以进行二次检索、排序、标记记录等操作。

4. 个性化功能

要使用平台的个性化功能，需要进行免费注册，设定自己的用户名和密码。选择页面左侧的【My Profile】，然后点击“Click Here To Register”就可以进行注册。Emerald 数据库提供的个性化服务主要包括：①保存检索条件，并每周获得最新的检索结果；②保存自己喜爱的文章并收藏，或者发送给其他研究人员；③定期获得关注期刊的最新目录；④获得 Emerald 时事通讯信息。

4.15.2　ABI/INFORM 数据库

1. 数据库简介

ABI/INFORM（Abstracts of Business Information）是 Proquest 公司（原名 UMI/Bell&Howell）开发的世界著名的商业与经济管理数据库。其主题覆盖以下领域：财会、银行、商业、计算机、经济、能源、环境、金融、国际贸易、保险、法律、管理、市场、税收、电信等，包括各个行业的市场、企业文化、企业案例分析、公司新闻、国际贸易与投资、经济状况和预测等。该数据库共收录期刊 3 000 多种，其中全文刊 2 330 多种，SSCI 和 SCI 收录期刊 285 种，表 4-28 所示是 ABI 所覆盖的学科分类及其收刊量所占比例。ABI 数据库最早回溯至 1905 年，数据库信息每天更新。

表 4-28 ABI/INFORM 数据库覆盖的学科范围及收刊量比例

序 号	学科范围	比例（%）
1	Accounting & Auditing（财会与审计）	4
2	Banking（银行业）	3
3	Chemical & Plastics Industries（化学与塑料工业）	1
4	Computers &Office Automation（计算机与办公室自动化）	6
5	Economic Conditions-International（经济环境 – 国际）	5
6	Economic Conditions-US（经济环境 – 美国国内）	3
7	Economic Theory（经济理论）	11
8	Engineering（工程）	3
9	Environment（环境）	1
10	Finance & Investments（金融与投资）	8
11	General Management（全面管理）	11
12	Health Care Industry（健康护理业）	4
13	Hotel, Restaurant & Food Industries（酒店、餐饮与食品行业）	2
14	Human Resource Management（人力资源管理）	5
15	Insurance（保险业）	2
16	Law & Taxation（法律与税务）	6
17	Library & Information Sciences（图书馆与信息科学）	1
18	Management Science（管理科学）	2
19	Marketing, Advertising & Sales（市场、广告与销售）	6
20	Petroleum, Energy & Mining（石油、能源与采矿）	1
21	Production & Logistics（生产与后勤）	2
22	Public Administration（公共管理）	2
23	Real Estate（房地产）	2
24	Retailing（零售业）	1
25	Telecommunications（通信行业）	2
26	Varied Industries & Special Interests（其他行业与专题）	6

ABI/INFORM 数据库提供多个版本供不同的用户群使用。Complete 版为顶级商业管理期刊全文数据库，它由 ABI/INFORM Global、Business Dateline 和 ABI/INFORM Trade & Industry 3 个数据库组成，内容涵盖世界性的经济与商业管理、贸易、行业信息等诸多领域。Global 版收录全球性的商业经济与管理信息，适用于综合性大学、重点商学院、企业图书馆及大型公共图书馆。Research 版收录北美地区主要的商业经济与管理信息，适用于中型科研机构、公共图书馆及学院图书馆。

2. 检索方法

ABI/INFORM 数据库可通过 Proquest 平台使用。点击 Proquest 链接（http://proquest.umi.com/login），即可进入 Proquest 检索平台。该平台的默认界面为基本检索界面。在该界面中点击【Select Multiple Databases】，到达数据库选择界面，如图 4-98 所示。选择要检索的数据库，例如，ABI/INFORM Archive Complete、ABI/INFORM Dateline、ABI/INFORM Global、ABI/INFORM Trade & Industry 等点击【Continue】，即可在 ABI/INFORM 数据库中进行出版物浏览、检索。

（1）浏览

选择检索数据库后，将进入基本检索界面。点击该界面上方的出版物【Publication】，即可进入出版物检索浏览界面按出版物名称检索和浏览，如图 4-99 所示。该页面的上方是出版物检索区，用户可以快速检索到已知刊名或关键词的出版物。在检索区的下方是刊名首字母索引，也可以引导用户快速找到已知刊物。在索引的下方是所选数据库收录的出版物列表，该列表中显示了出版物的名称、收录年限等信息。点击题名链接，可进入该出版物检索及浏览界面，此界面与上述界面类似，不同的是，下方为出版物的卷期链接，点击要查看的卷期，可以浏览其目次、论文题名、论文摘要、论文作者及全文链接。在基本检索界面的右上方，点击【Browse Topics】，即可进行主题浏览。在主题检索界面，用户也可以进行主题检索，点击

【Add To Search】，将感兴趣的主题加入检索。

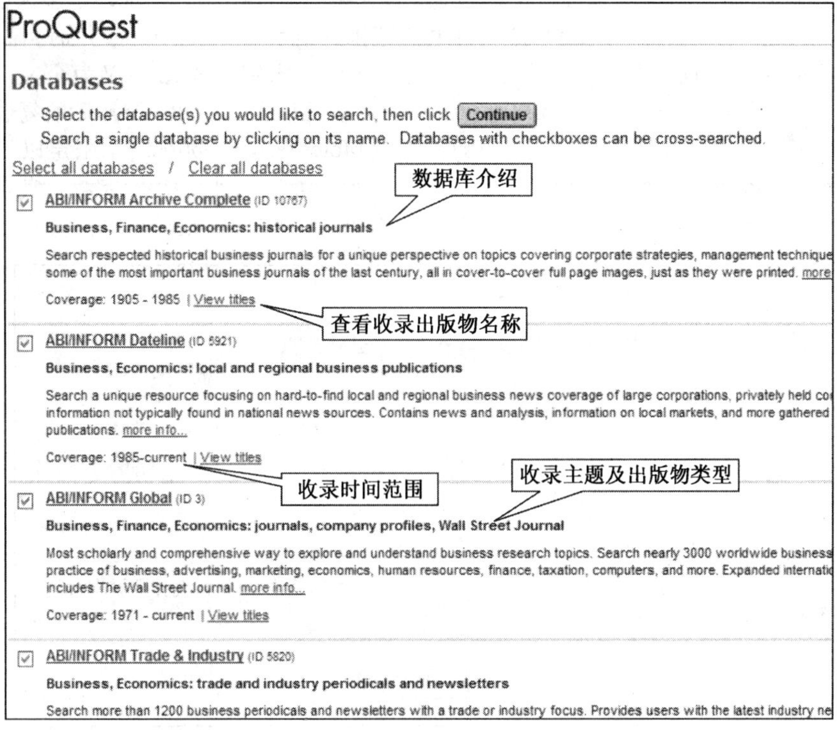

图 4-98 Proquest 平台 ABI/INFORM 数据库选择界面

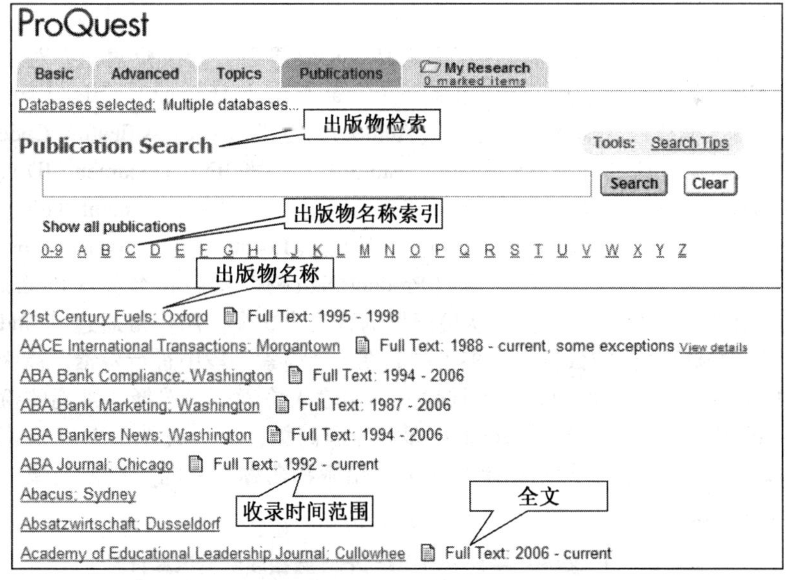

图 4-99 Proquest 平台 ABI/INFORM 数据库出版物浏览界面

（2）基本检索

基本检索界面为该数据库的默认界面，如图 4-100 所示。在检索输入框输入检索词或词组后，点击【Search】即可进行基本检索。在基本检索中，用户还可以限定检索的数据库范围、时间范围等。在【Database】后的下拉菜单中，用户可以选择要检索的数据库，当要检索多个数据库时，可点击【Select Multiple Databases】进行数据库选择。点击【Date Range】后的下拉菜单，可进行检索时间范围的具体设置，当要将检索的时间范围设置在某一天（On This Date）、某天前（Before This Date）、某天后（After This Date）或具体时间范围（Specific Date Range）时，需要在下拉菜单后弹出的输入框中输入具体日期。另外，用户还可以限定检索结果仅为全文（Full Text Documents Only）或学术期刊（Scholarly Journals），即在【Limit Results To】后的复选框中选择需要的选项即可。若还要进行其他限定，可以点击【More Search Options】，限定以下内容：出版物名称、作者、检索词出现的位置、文献类型、出版物类型、排除检索结果、结果排序方式等。其中检索词出现的位置、文献类型、出版物类型可通过下拉列表选择。

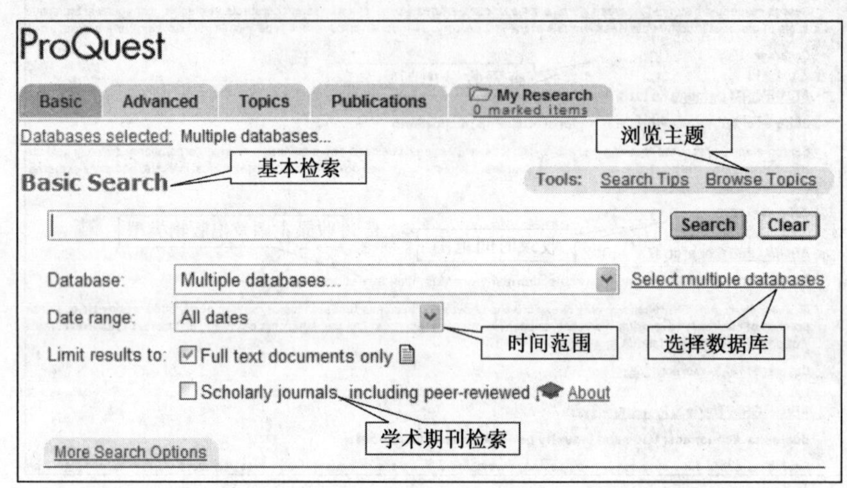

图 4-100 Proquest 平台 ABI/INFORM 数据库基本检索界面

（3）高级检索

点击数据库界面中的【Advanced】即可进入高级检索界面。高级检索允许对多个检索字段进行组合检索。主要检索字段包括：引文和摘要（Citation and Abstract）、引文和全文（Citation and Document Text）、摘要（Abstract）、作者（Author）、分类号（Classification Code）、公司/机构（Company /Org）、文档特征（Document Feature）、文档 ID（Document ID）、文档语言（Document Language）、文档内容（Document Text）、文档标题（Document Title）、文档类型（Document Type）、图片说明（Image Caption）、地点（Location）、北美产业分类体系代码（NAICS code）、人物（Person）、产品名称（Product Name）、出版物名称（Publication Title）、部分（Section）、主题（Subject）等。默认检索框的数目为 3 个，用户可通过【Add a Row】或【Remove a Row】增删检索框的数目，最多可同时在 7 个检索字段中进行检索。高级检索中提供的逻辑运算符如表 4-29 所示。用户在检索词输入框中输入检索词，选择检索词的检索字段，然后设定检索词间的逻辑关系，点击【Search】即可完成高级检索。另外，用户在【More Search Options】还可以进行检索时间、检索结果、检索的出版物名称、主题、数据类型、检索结果排序、页显示检索结果数等限制。

表 4-29 Proquest 平台 ABI/INFORM 数据库逻辑运算符表

逻辑符号	含 义	举 例
AND	表示逻辑“与”，检索结果必须与所有单词匹配	*Internet* AND *Education*
OR	表示逻辑“或”，检索结果只需匹配其中一个单词	*Internet* OR *Intranet*
AND NOT	表示逻辑“非”，排除包含第二个单词的文章	*Internet* AND NOT *Html*
WITHIN 3	两个单词之间最多间隔 3 个单词，两词顺序不限	*Computer* W/3 *Careers*
PRE 1	第一个检索词在第二个检索词之前，且它们之间最多有一个单词	*World* Pre/1 *Web*

(4) 主题检索

在Proquest平台的ABI/INFORM数据库中，还提供主题检索。点击数据库页面中的【Topic】，可进入主题检索界面，如图4-101所示。在检索词输入框中输入要检索的主题词，点击【Find Term】，即可完成主题词检索。另外，用户也可以在该页面下方点击【Browse The Subject Directory】浏览主题目录。

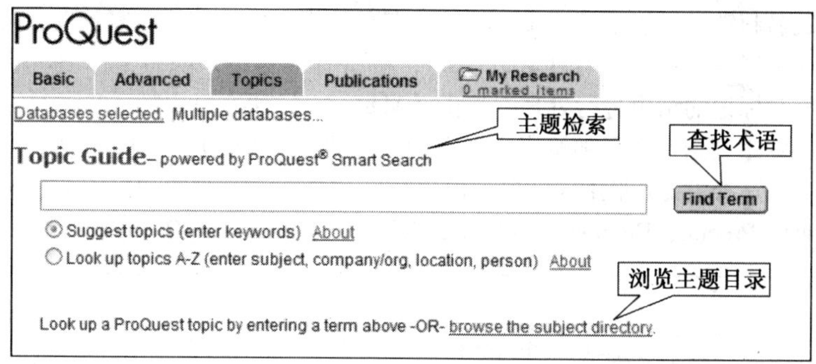

图4-101 Proquest平台ABI/INFORM数据库主题检索界面

【检索示例】在ABI/INFORM数据库中检索市场竞争战略方面的学术期刊论文。

该课题的具体检索步骤如下：

1) 选择数据库。在Proquest平台中选择ABI/INFORM Archive Complete、ABI/INFORM Dateline等相关数据库。

2) 确定检索词。该课题的检索词包括3个：市场、战略、竞争，其对应的英文检索词为"Market"、"Competition"、"Strategy"，并将"Strategy"确定为核心检索词。

3) 设定组合检索。由于要对这3个检索词进行组合检索，因此选择高级检索。将3个检索词输入检索框，选择【Subject】作为"Strategy"的检索字段，其他两个检索词的检索字段都设为"Citation and Abstract"，并将3个检索词之间的逻辑关系设定为逻辑"与"。

4) 选择出版物类型。由于该课题要求检索学术期刊论文，因此，在【More Search Options】/【Publication Type】中选择"Schorly Journal"。

5) 进行检索。上述信息输入完毕后，点击【Search】，完成检索。本次检索结果如图4-102所示。

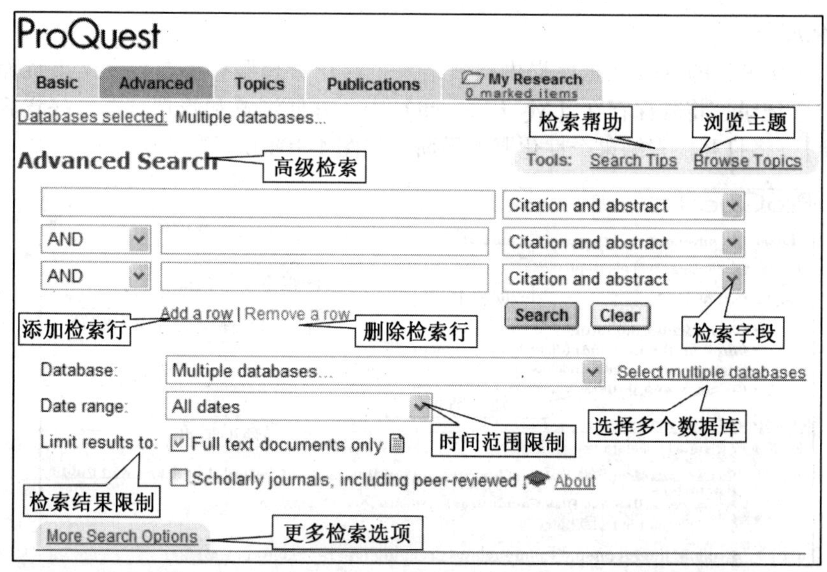

图4-102 Proquest平台ABI/INFORM数据库高级检索界面

3. 检索结果处理

在检索结果界面（如图4-103所示），用户可以看到推荐主题（Suggested Topics）、检索结果（Search Result）等内容。推荐主题均与本次检索主题相关，并附有链接，点击该链接后将直接显示链接主题的全部数据类型的检索结果。在检索结果中，显示检索结果总数、检索记录的具体信息。其中，每条检索记录均显示了题名、作者、出版物名称、卷期、页码、摘要链接、全文链接等详细信息。点击题名超链接可以下载全文。另外，在每条检索结果前均有复选框，可选中该框为该条结果做标记。也可以点击标记所有【Mark All】，将所有检索结果均做上标记。点击页面上方的【My Research】可对标记的结果进行处理。点击【Mark All】所在行中的【Email】，可以将标记检索结果以电子邮件发送到指定电子邮箱中。点击同一行中的【Cite】，可将标记过的检索结果以指定引文格式导出。可选择的导出操作有：Email、保存、打印。点击同一行中的【Export】，可直接将标记的检索结果以Procite、Endnote、Reference Manager、Refworks等格式下载。

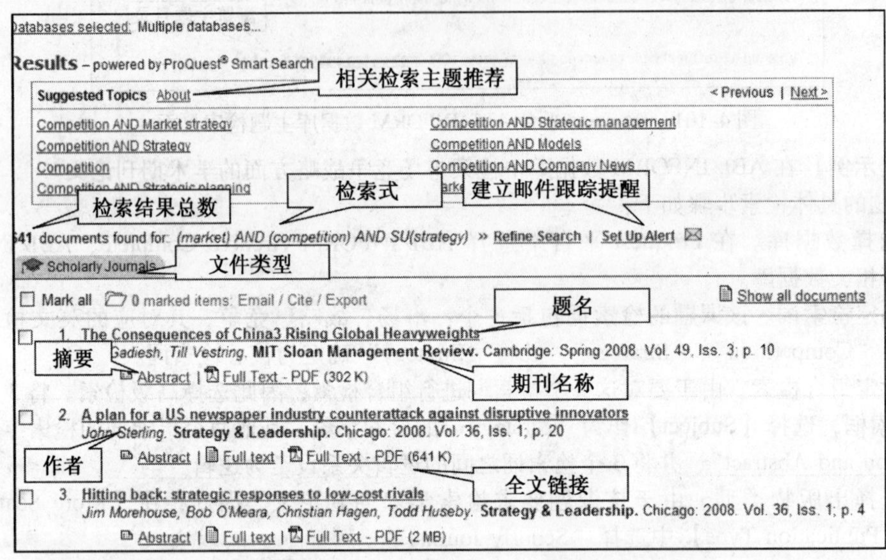

图4-103 Proquest平台ABI/INFORM数据库检索结果界面

4. 个性化服务

基于Proquest平台的ABI数据库提供检索结果个性化管理服务。在检索结果页面，用户可标记需要的检索记录，将其保存在【My Research】中，方便浏览和管理。点击任意界面上方的【My Research】，将打开检索结果个性化服务界面，如图4-104所示。

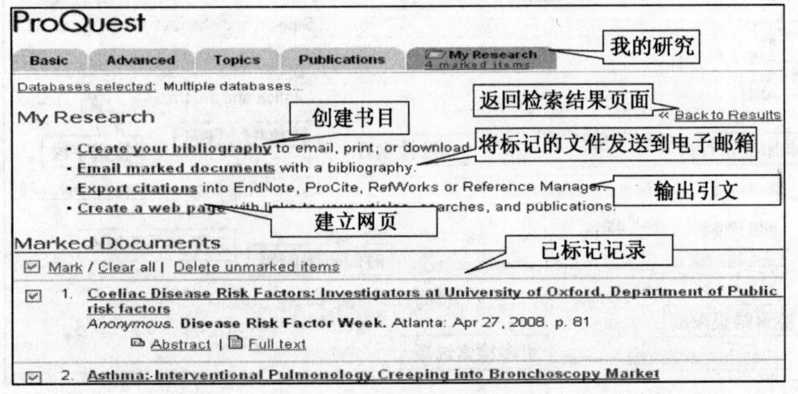

图4-104 Proquest平台ABI/INFORM数据库个性化服务界面

在【My Research】界面，用户可以创建书目（Create Your Bibliography）、将标记的文件发送到电子邮箱（Email Marked Documents）、输出引文（Export Citations）、创建网页链接（Create A Web Page）等，还可以查看近期检索（Recent Searches）、已浏览的出版物（Visited Publications）等。

习题

1. 在 spie 主站中检索《光学工程》期刊中题名包含“fiber”与“sensor”的论文。
2. 《科学与工程计算》是 AIP 出版的期刊，请浏览它最新一期的内容。
3. 请一次性检索出 GSW 数据库中《美国石油地质学家协会通报》、《加拿大石油地质通报》与《勘探和采矿地质学》3 种期刊中有关“生物降解”方面的文章。
4. 在 SPE 主站中检索题名为“Coalbed-and Shale-Gas Reservoirs”的文献，指出它发表于何种期刊，发表日期、卷期号以及页码分别是多少。
5. 《材料科学与技术》是被 SCI 收入的核心期刊，主要刊载金属材料的研制和应用方面的研究论文。该刊是中国学者可以免费在线阅读的 Maney 出版社出版的全文电子期刊之一，请浏览它 2008 年第一期的内容。
6. 在 ASME digital Library 中检索 2000 年以来发表的有关“发动机液压悬置”的文献。
7. 在 SAE 数字图书馆中，检索索引词中含有专有名词 Hybrid 的文献。
8. 在 ANS 数据库中，浏览《核科学与工程》第 159 卷的内容。
9. 运用检索式与条件限定相结合的方式，在 IEL 数据库高级检索界面中完成如下条件的检索。
   条件 1：文章题名中含有“Internet”与“Wireless”。
   条件 2：1996 年至今，但不要 1999 年的资料。
   条件 3：限定在 IEEE 期刊杂志与会议记录中。
10. 选择一种平台，检索 INSPEC 数据库中有关“image retrieval”的文献。
11. 利用 SciFinder Scholar 数据库的分析功能，检索有关“治疗胸部癌症的靶向药物”的文献。
12. 在 ACS 数据库中下载文献 DOI 为 10. 1021/ic025895q 的 pdf 原文。
13. 在 TTD 数据库中检索题名中包含轧棉的论文。
14. 在 FSTA 数据库中检索有关奶酪方面的文献资料。
15. 在 ASCE 数据库中检索近 5 年来有关绿色建筑方面的会议论文资料。
16. 在 IWA 数据库中检索 2000 年以来有关中国供水方面的研究论文。
17. 在 TRIS 数据库中查询能下载全文的铁路安全管理研究信息。
18. 在 Jane's 数据库中检索题名中包括防空雷达方面的研究成果。
19. 在 ESA 数据库中检索有关温室效应方面的期刊论文。
20. 在 Medline 数据库中检索 2000 年以来发表的用药物治疗哮喘病方面的文献。
21. 在 BP 数据库中检索近 3 年来有关阿尔茨海默氏病方面的论文。
22. 在 ASABE 数据库中检索作者 Smith 发表的会议论文。
23. 在 AGRIS 数据库中检索 2006 年以来有关水稻种植方面的文献资料。
24. 在 Emerald 数据库中检索有关变革管理方面的案例研究资料。
25. 在 ABI/INFORM 数据库中检索有关电子支付方面的学术期刊论文。

第 5 章　特种文献检索

本章提示

特种文献是专利文献、科技报告、会议文献、学位论文、标准文献、产品资料、政府出版物等非书非刊文献类型的总称，能及时反映国内外科技发展的最新水平和未来发展趋势，具有其他文献所不能取代的特殊价值。本章重点介绍特种文献常用数据库的使用方法，通过本章学习，学生应该熟练掌握这些数据库的检索方式、检索结果浏览与输出形式以及个性化设置功能等。

5.1　专利文献检索

专利文献包含着技术、市场等多方面的大量信息，属首选的竞争情报资源，对这类文献的检索、分析和利用已成为科研单位和企业必不可少的重要工作。本节从实践的角度出发，简述国外专利文献的概况，重点讲述如何利用网络进行国外专利文献的检索。

5.1.1　国外专利文献概述

1. 国外专利文献的起源、发展及重要性

专利文献起源于 17 世纪的英国。1611 年，英国专利申请人斯特蒂文特自愿在专利申请书中附了一份描述其发明的文件，这可以说是专利文献的起源。而第一份成为印刷体的专利文献是英国 1617 年的第 1 号专利说明书，不过这件专利说明书被正式印刷出版是在 1852 年，英国建立了现代意义的专利局之后，该专利文献成为现存第一份英国专利文献，即 1/1617 号（1617 年的第一件专利）。从此，专利文献正式诞生，具有现代特点的专利制度也最终形成。

世界上许多对人类文明产生重要影响的发明都以专利文献的形式予以公开并被授予专利权，如 1752 年富兰克林发明的避雷针、1812 年斯蒂芬森发明的火车、1867 年诺贝尔发明的炸药、1887 年爱迪生发明的留声机以及 1893 年狄塞尔发明的内燃机；现代的发明有约翰·贝尔德的电视、惠特尔的喷气式推进器、切斯特·卡尔森的施乐静电复印技术、豪斯菲尔德的 CT 扫描仪以及冯·诺伊曼的电子计算机、美国雷声公司的微波炉等。

自专利制度诞生以来，其在世界范围内发展迅速，世界各国陆续建立起了现代专利制度，专利文献也相继在各国产生。据世界知识产权组织（WIPO）统计，目前有 90 多个国家、地区及组织用大约 30 种官方文字出版专利文献，每年出版的专利文献大约有 100 多万件，其数量占世界每年 400 万件科技出版物的 1/4。其中，以美国、日本、德国、俄罗斯、法国、英国、加拿大、澳大利亚、欧洲专利局和世界知识产权组织出版量最大，约占世界每年专利文献出版量的 80%。这些统计数字主要是就专利说明书而言的。

专利文献是最重要的国家科技基础资源之一，它不仅含有新技术信息和法律信息，而且还含有经济信息、商业信息，甚至文化信息。据统计，世界上 90% 以上的最新技术信息是由专利文献首先披露的。借助专利文献提供的技术情报，可以缩短科研时间 40%，节省科研经费 60%。迄今，WIPO 及世界各国政府都在致力于将如此丰富和宝贵的技术资源尽快传播出去，加快新技术的流通，使之尽快转化成生产力，转换成经济财富，促进全球科技的发展。近年来，我国的专利事业发展得很快，科技部已经把“专利战略”列为中国发展的三大战略之一，专利情报的利用必将日益重要。专利文献是体现专利制度根本目的的媒介，是科技创新中不可或缺的重要信息资源。

2. 国外专利文献检索

国外专利文献的检索工具多种多样，有印刷型的专利公报、专利索引、专利公开说明书、申请审定说明书等；专利光盘数据库；DIALOG、STN 等著名的国际联机检索系统也提供专利文献服务，通过这些联机检索系统，可以快速地、全面地进行专利检索，但使用的费用高昂。此外，一些国家的专利机构、与专利有关的国际组织及提供专利服务的机构都有自己的网站，通过这些网站不但可以查找到专利文献，还可以了解与专利有关的基础知识、相关法规及各种动态信息。除个别商业性网站外，大多数通过网站检索的专利数据库是免费的。一般情况下，进行国外专利文献检索时，可首选这些免费的专利数据库。

5.1.2　专利文献数据库检索

1. DII 数据库

（1）概况

Derwent（德温特公司）是全球最权威的专利情报和科技情报机构之一，1948 年由化学家 Monty Hyams 在英国创建，Derwent 隶属于全球最大的专业信息集团——Thomson 集团，并与姐妹公司 ISI、Delphion、Techstreet、Current Drugs、Wila 等著名情报机构共同组成 Thomson 科技信息集团（Thomson Scientific），目前全球的科研人员、全球 500 强企业的研发人员、世界各国几乎所有主要的专利机构（知识产权局）、情报专家、业务发展人员都在使用 Derwent 所提供的情报资源。

德温特创新索引（Derwent Innovations Index，DII）数据库是德温特公司（Derwent Publication Ltd.）与美国科学情报研究所（Institute for Scientific Information，ISI）合作开发的专利数据库。该数据库将德温特公司的《世界专利索引》（World Patents Index，WPI）和《专利引文索引》（Patent Citation Index，PCI）的内容整合在一起，利用 ISI 的"ISI Web of Knowledge"平台提供网络检索服务，是检索全球专利的最权威的数据库。

DII 数据库收录了 1 460 多万项基本发明和 3 000 多万条专利，其数据可回溯至 1963 年，并且每周新增来自全球 40 多个专利机构授权的、经德温特专利专家深度加工的 25 000 多条专利文献和来自 6 个主要专利版权组织的 45 000 条专利引用信息。它分为 Chemical Section、Electrical & Electronic Section、Engineering Section 3 部分，为研究人员提供世界范围内的化学、电子电气以及工程技术领域内综合全面的发明信息。

（2）检索方法

DII 提供快速检索、一般检索、被引专利检索、化合物检索、高级检索 5 种检索方式。进入 ISI Web of Knowledge 平台（http://isiknowledge.com/），选择"Derwent Innovations Index"即可进入 DII 的快速检索界面，如图 5-1 所示。

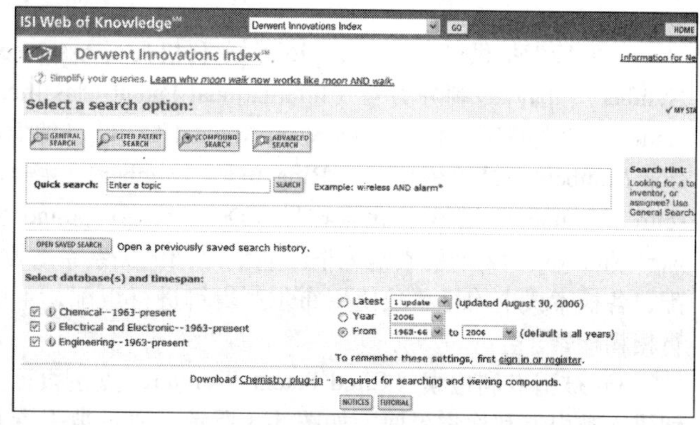

图 5-1　DII 快速检索界面

1）快速检索（Quick Search）。检索前先在 Chemical、Electrical and Electronic 和 Engineering 3 个数据库中选择所要检索的数据库，然后选择想要检索的时间段，包括 Latest（最近几次更新数据）、Year（可选择 1963 年至今的任一年）、From to（从 1963 年到现在的任一时间段）。

快速检索可以检索专利标题、摘要、关键词、发明人、专利权人等字段。用户可以使用AND、OR、NOT等逻辑运算符连接词或者词组。一次性可检索最多达50个词或词组。

在此界面上，用户可以点击【TUTORIAL】按钮使用检索教程。

2）一般检索（General Search）。点击页面上方的按钮【GENERAL SEARCH】进入一般检索界面，如图5-2所示。

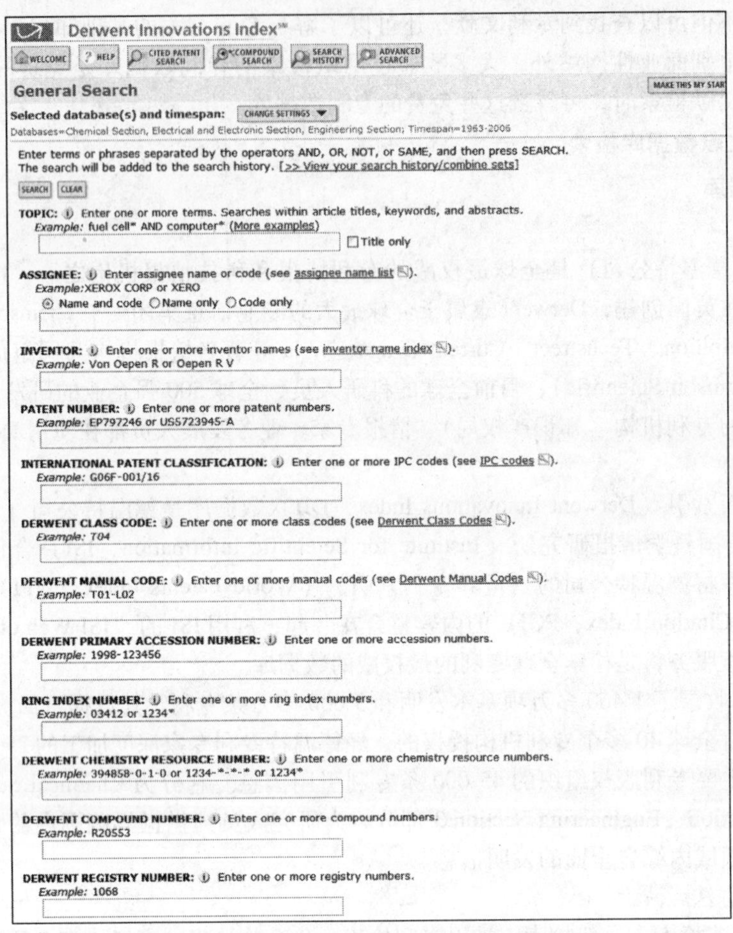

图5-2　DII一般检索界面

一般检索提供了主题（Topic）、专利权人（Assignee）、发明人（Inventor）、专利号（Patent Number）、国际专利分类号（International Patent Classification）、德温特分类代码（Derwent Class Code）、德温特手工代码（Derwent Manual Code）、德温特入藏登记号（Derwent Primary Accession Number）、环系索引号（Ring Index Number）、德温特化学资源号（Derwent Chemistry Resource Number）、德温特化合物号（Derwent Compound Number）、德温特注册号（Derwent Registry Number）12个检索输入框。它们之间的关系系统默认使用布尔逻辑中的“and”来进行组配，各检索式中均可单独使用布尔逻辑符进行组配，不区分大小写，还可使用通配符“*”进行模糊检索。

3）被引专利检索（Cited Patent Search）。点击页面上方的【CITED PATENT SEARCH】按钮进入被引专利检索界面，如图5-3所示。通过被引专利检索可了解某专利是否曾被引用，某个公司的专利是否曾被其他竞争伙伴引用，与本专利相关的其他专利有哪些，某专利自从申请以来，该领域又有哪些新的发展等。

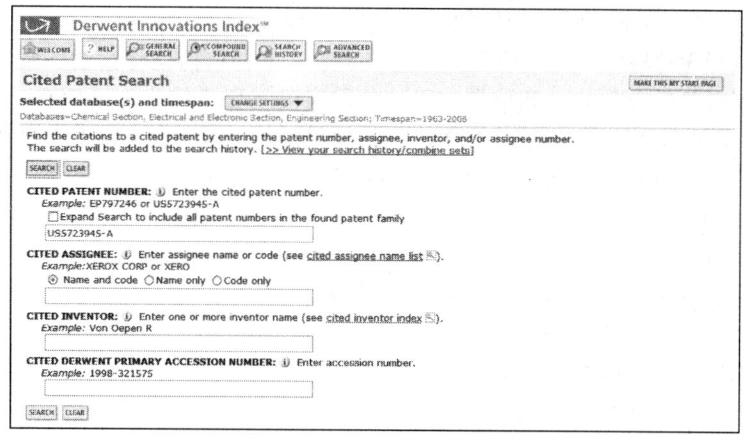

图 5-3　DII 被引专利检索界面

被引专利检索提供被引专利号（CITED PATENT NUMBER）、被引专利权人（CITED ASSIGNEE）、被引专利发明人（CITED INVENTOR）、被引专利德温特入藏号（CITED DERWENT PRIMARY ACCESSION NUMBER）4 个检索字段，各字段之间默认为逻辑与“and”的关系。检索式中可使用“and”、“or”、“not”进行组配，不区分大小写。可使用通配符“＊”进行模糊检索。

4）化合物检索（Compound Search）。点击页面上方的【COMPOUND SEARCH】按钮进入化合物检索界面，如图 5-4 所示。

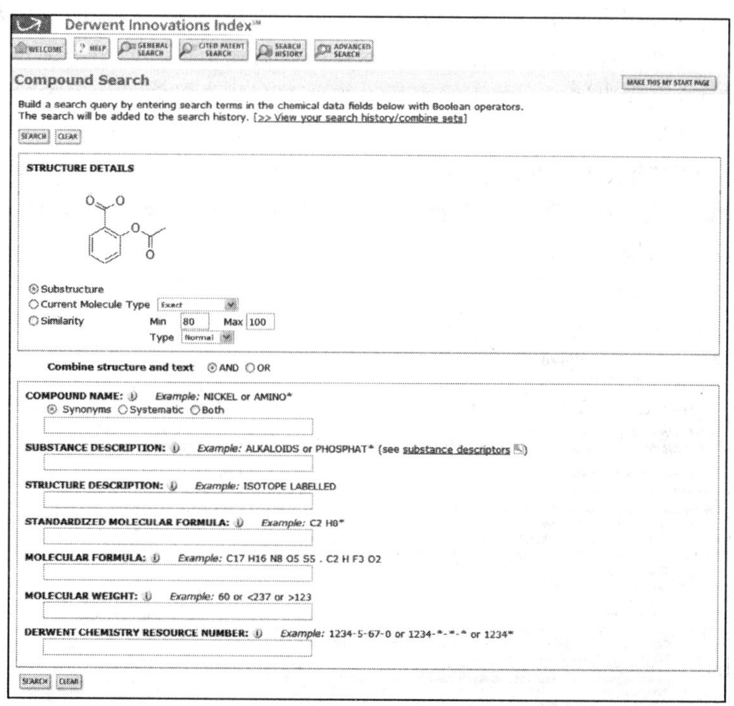

图 5-4　DII 化合物检索界面

该界面允许用户检索 Derwent Chemistry Resource（DCR）数据库以找到化合物的专利信息，DCR 是一个基于网络的数据库，可以让用户通过化学结构轻松检索 DWPI（Derwent World Patents Index，Derwent 世界专利索引）专利数据。它涵盖的内容超过在德温特资源 B、C 和 E

（制药、农业化学以及一般化学）领域的一百多万个专利中的化学结构。

用户可以进行3种检索：文本检索、结构检索、文本和结构组合检索。用户可以单独使用文本检索来检索有关化合物的专利信息。可使用的字段有化合物名称（COMPOUND NAME）、物质描述词（SUBSTANCE DESCRIPTION）、结构描述词（STRUCTURE DESCRIPTION）、标准分子式（STANDARDIZED MOLECULAR FORMULA）、分子式（MOLECULAR FORMULA）、分子量（MOLECULAR WEIGHT）、德温特化学资源登记号（DERWENT CHEMISTRY RESOURCE NUMBER）等。还可使用页面中间的布尔逻辑将结构检索与文本检索结合使用。

如果要检索和浏览化合物结构，必须下载和安装 MDL Chime 插件，可以从 MDL 的主页（http://www.mdli.com/）上免费下载此插件。

5）高级检索（Advanced Search）。点击页面上方的【ADVANCED SEARCH】按钮进入高级检索界面，如图5-5所示。

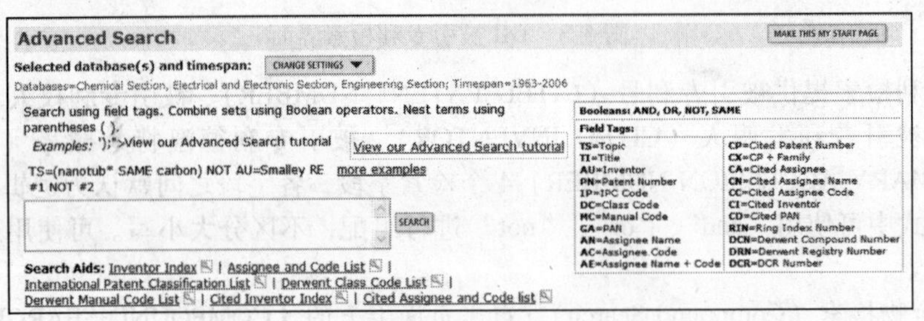

图5-5　DII 高级检索界面

高级检索适合熟练用户使用，高级检索页面允许用户利用两个字母的字段标识符和检索集合号进行组配创建复杂的检索式。但注意不要在一个检索式中混合使用检索集合号和字段标识符。如果想查找日立公司申请的有关于等离子电视的专利，可以创建如下的检索式：TS = plasma TV and AE = HITA。

【检索示例】检索有关平板等离子显示器的相关专利。

选用一般检索方式，在主题字段 Topic 中输入“flat panel plasma display”，点击【Search】得到如图5-6所示的结果。

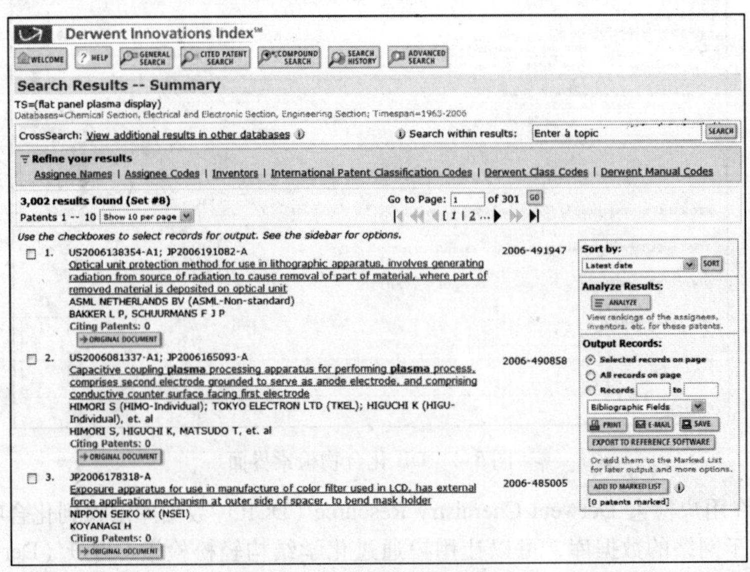

图5-6　DII 检索结果页面

2. Delphion 数据库

（1）概况

Delphion 网站是 Thomson 科技信息集团提供的基于因特网的专利信息服务系统，网址为 www. delphion. com，首页如图 5-7 所示。Delphion 的前身是 IBM 公司于 1997 年建立的“Intellectual Property Network”（IPN）免费数据库，2000 年 5 月，成为 Delphion 知识产权网商业数据库，2002 年 12 月，Thomson 科技信息集团收购了 Delphion，并对 Delphion 系统进行了升级。

Delphion 是全球最大的专利信息平台，收集了来自全球 80 多个国家和地区的 5 000 万份专利以及全球最权威的深加工数据库 Derwent 世界专利索引数据库（Derwent World Patents Index，DWPI），确保用户能够随时了解到全球范围内最新的专利技术。通过 Delphion 平台，用户可以快速准确地检索到所需要的专利，也可以方便地对检索结果进行深入分析，充分挖掘隐藏在专利背后的情报。同时 Delphion 也提供了专利管理、专利预警、专利下载等功能，以支持用户在日常工作中的专利信息需要。

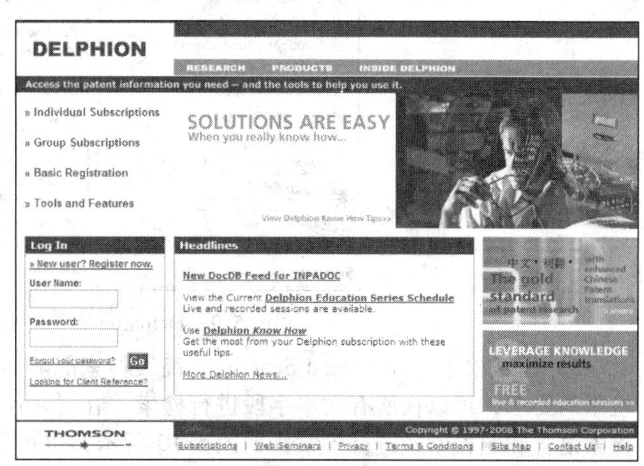

图 5-7 Delphion 网站首页

通过 Delphion，用户能够检索到美国申请与授权专利、欧洲申请与授权专利、世界知识产权组织 PCT 专利、德国申请与授权专利、日本专利申请、INPADOC 数据库及法律状态、德温特世界专利索引。Delphion 的多数数据库检索结果可以得到专利全文文本或全文图像。

用户进入 Delphion 系统，必须首先进行注册。基本用户可免费注册，但只能使用网站提供的基本产品和服务，其他类型注册用户均需要根据服务内容支付相应费用。

（2）检索方法

Delphion 系统提供的检索方法主要包括快速/专利号检索、布尔逻辑检索和高级检索以及公司树检索功能。

1）文本/专利号检索（Quick/Number Search）。文本/专利号检索是指通过专利号码、词或短语快速找到所需专利。检索时，可根据检索需要，在美国、欧洲和 PCT 等专利数据库，公开时间范围，检索结果显示的著录项目及排序选项中做出选择，然后，在所选择的内容及范围内进行检索。检索界面如图 5-8 所示。美国授权专利可免费检索。

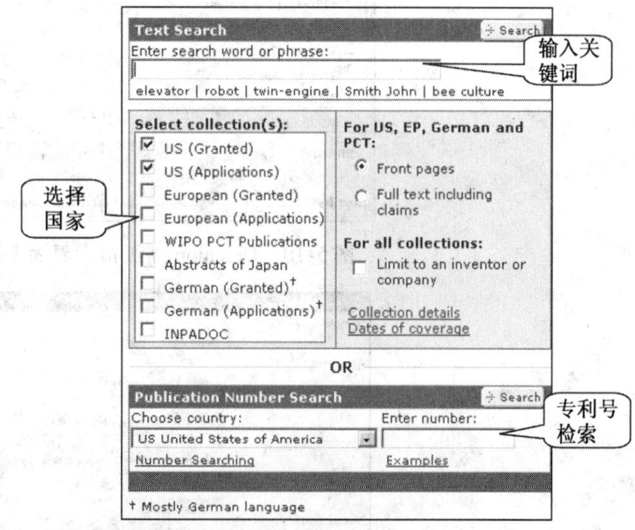

图 5-8 Delphion 快速/专利号检索界面

2）布尔逻辑检索（Boolean Search）。布尔逻辑检索能检索含有某些词或词组的专利，最多能同时在 4 个文本字段中运用逻辑运算符进行逻辑组配检索。该检索方式可供用户在所有文本字段进行检索，也可以在所选择的文本字段进行检索。如图 5-9 所示，此检索功能限 Full subscriber 用户使用。

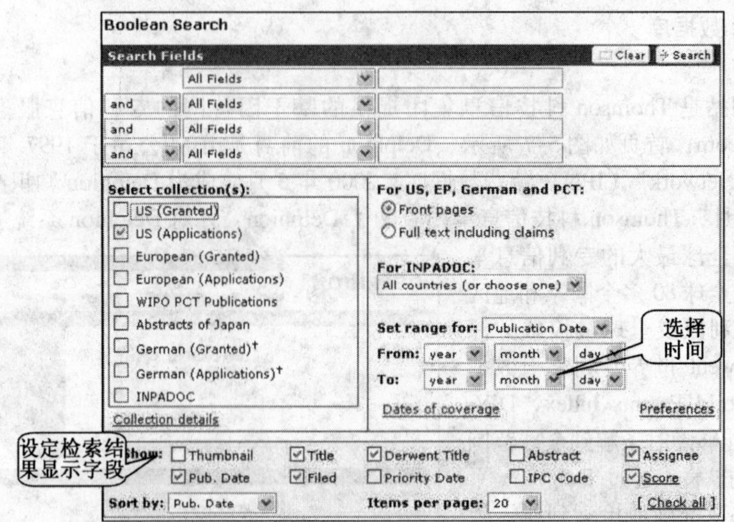

图 5-9 Delphion 布尔逻辑检索界面

3）高级检索（Advanced Search）。高级检索能够自由地创建更加复杂的检索式以满足精确检索的要求，可以在所有文本字段进行检索。在【Any Field】（任意字段）的文本输入框使用检索语言确定检索式进行检索，如图 5-10 所示，也可以选择检索界面中的一个或多个检索项，输入检索式，进行检索，各检索项之间是“逻辑”与关系，如图5-10 与图5-11 所示。高级检索功能限 Full subscriber 用户使用。

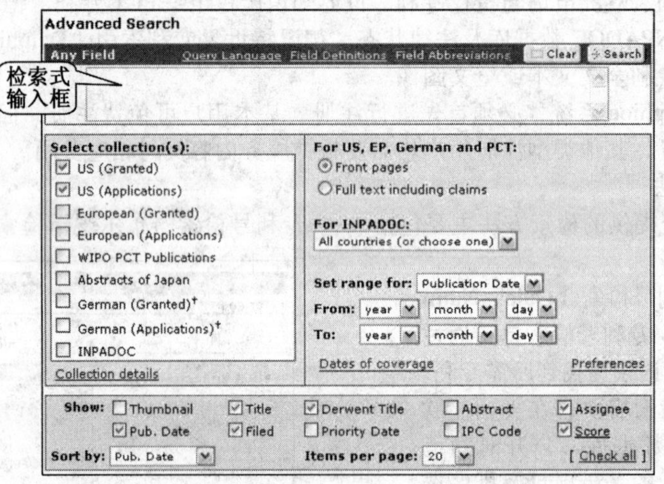

图 5-10 Delphion 高级检索界面 I——任意字段检索

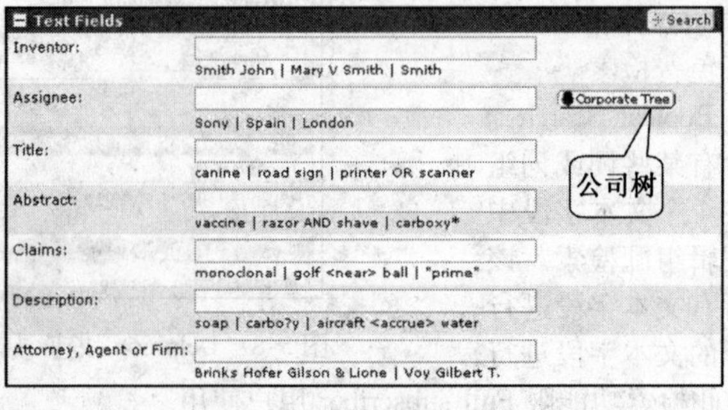

图 5-11 Delphion 高级检索界面 II——文本字段检索

Delphion 提供各种代码的查询，帮助用户快速找到所需要的分类或是代码。例如美国分类、Derwent 分类、Derwent 手工代码、Derwent 公司代码、INPADOC 法律状态代码、各国专利类型代码，如图 5-12 所示。

4）公司树（Corporate Tree）。公司树是为了避免公司之间并购引起名称上的混乱，帮助用户快速找到所需要的专利。

使用公司树中的 Hierarchy 功能，用户可以快速地了解到一个集团下属公司不同的名称情况，可以选择所需要查询的公司进行检索。

Original Assignee 功能帮助用户快速发现所有的属于目标公司的美国专利。有时可以发现输入的公司名有不同的写法，或是处于不同的集团下，这样就可以选择所需要的公司进行检索，无需手动输入不同的公司名称。

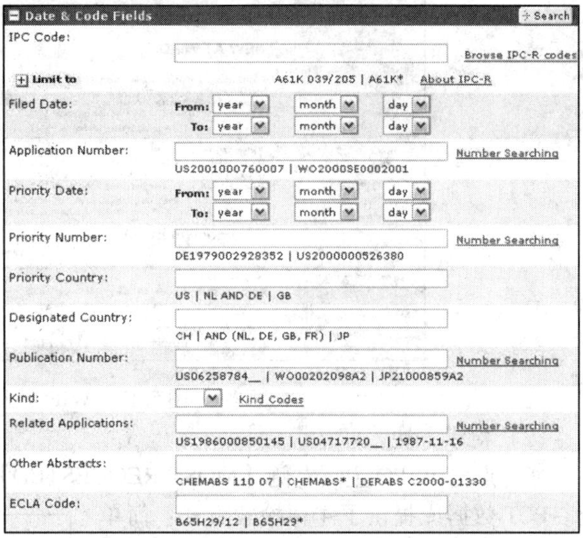

图 5-12　Delphion 高级检索界面 III——日期与代码检索

Hierarchy 模块包含了专利申请排名前 1 000 的公司，由 Thomson 科技集团的合作伙伴 1790 Analytics 公司制作。Hierarchy 数据包含了美国授权、EP 申请专利和授权专利，以及 PCT 专利。

Original Assignee 模块包含了美国授权和美国申请的公司信息。

（3）专利下载

Delphion 系统的数据下载（Data Extract）可以同时导出 DWPI 数据和专利局的免费信息。Delphion 平台提供了多达 50 多个字段的信息下载，例如，专利号、标题、文摘、主权项、独立权利要求、被引证次数等。用户也可下载特定软件格式的数据，例如，分析软件 Thomson Data Analyzer、ISI ReasearchSoft's EndNote、Reference Manager、ProCite 或微软公司的 Excel 格式、传统的文本格式和 xml 格式。PDF 全文下载（PDF Express）可打包下载 500 篇专利，大大提高了下载效率。

5.1.3　国际及区域组织专利文献检索

1. WIPO 数据库

（1）概况

世界知识产权组织（World Intellectual Property Organization，WIPO）是世界各国政府间的国际组织机构，也是联合国的专门机构，总部设在日内瓦，其网址为 http://www.wipo.int/portal/index.html.en，首页如图 5-13 所示。该网站提供多语言界面，包括中文界面。世界知识产权组织与国际保护工业产权联盟和国际保护文学艺术作品联盟的关系极为紧密，其任务是促进全世界有效地保护和使用知识产权。

世界知识产权组织鼓励制定保护知识产权的国际条约及各国的国内立法，鼓励发达国家先进技术向发展中国家转移，并向发展中国家提供知识产权方面的技术援助和咨询服务，办理国际知识产权注册登记，促进文件和专利程序的标准化，管理国际专利证件中心，为各成员国提供检索服务。

WIPO 网站的专利数据库收录了 1997 年以来的 PCT 专利申请信息。PCT 是专利合作条约（Patent Cooperation Treaty）的简称，签订于 1970 年，并于 1978 年生效，我国于 1994 年 1 月 1 日加入 PCT，成为其正式成员国。

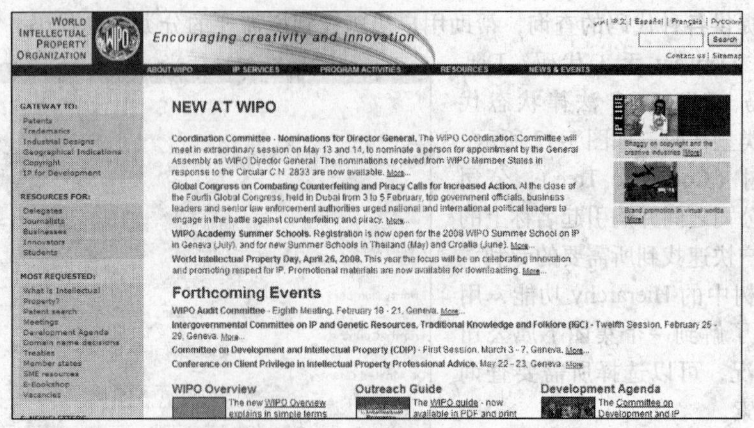

图5-13 WIPO网站首页

（2）检索方法

通过点击WIPO主页左侧【MOST REQUESTED】下的【Patent Search】进入PCT的检索界面。PCT数据库提供了4种检索方式：简单检索、高级检索、菜单检索和浏览每周公布的专利文献，默认进入菜单检索。

1）简单检索（Simple Search）。通过点击【Options】/【Simple Search】进入简单检索界面，如图5-14所示。

2）高级检索（Advanced Search）。通过点击【Options】/【Advanced Search】进入高级检索界面，如图5-15所示。

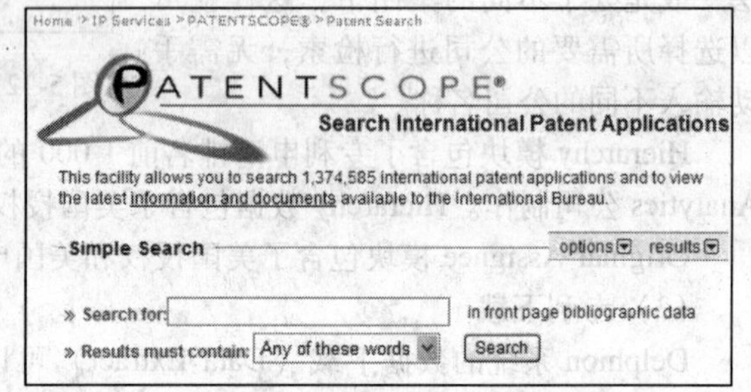

图5-14 PCT简单检索界面

图5-15 PCT高级检索界面

高级检索允许在输入框内输入复杂的检索式，其基本输入格式为：字段代码/字段内容。字段代码参照SHORTCUTS下的Field Codes。

3）菜单检索（Structured Search）。菜单检索是PCT的默认检索方式，也可通过点击【Options】/【Structured Search】进入菜单检索界面，如图5-16所示。

在菜单检索方式下，可以在所需字段右侧输入检索内容进行检索，而不需使用字段代码。在菜单检索方式下，不能在输入框中输入以逻辑运算符连接的表达式，若需表达逻辑关系，只能通过选择输入框之间的关系来表达。

简单检索、高级检索和菜单检索均支持检索结果显示方式的设定，可以通过“Results”的下拉菜单进行相关设定。

4）浏览每周公布的 PCT 专利申请（Browse by week）。通过点击【Options】/【Browse by week】进入每周申请公布浏览界面，在页面上方的时间输入框内选择时间范围，可以浏览相应时间段（以周为单位）公布的 PCT 专利申请。

（3）检索结果显示

以简单检索、高级检索或菜单检索方式输入检索条件，点击【Search】按钮，进入检索结果显示状态，在检索结果列表状态下，点击某文献的公开号和标题，即进入该文献详细信息显示页面。详细信息显示页面的默认页面中显示了该文献的著录数据，如图 5-17 所示。

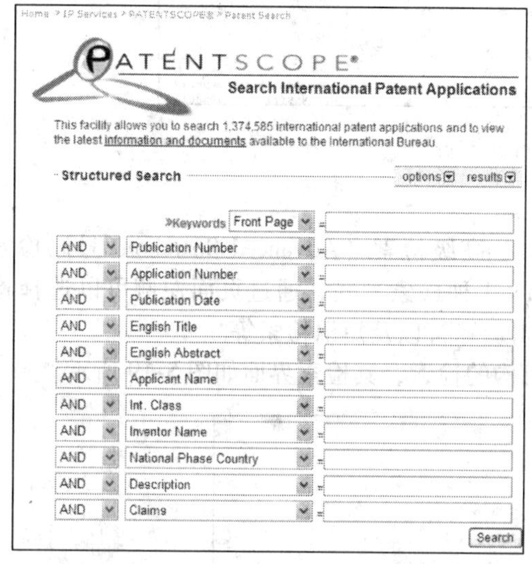

图 5-16　PCT 菜单检索界面

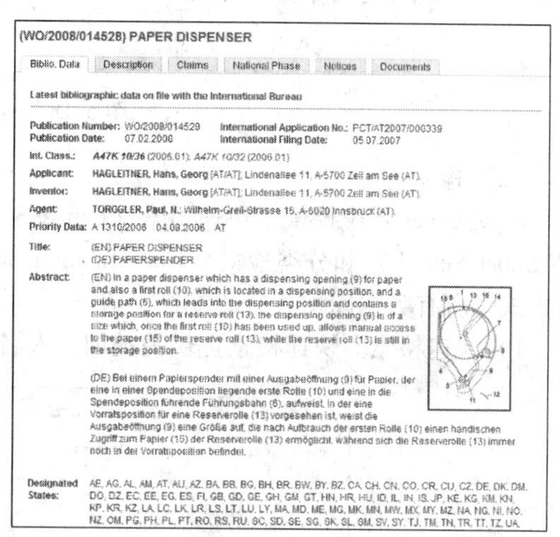

图 5-17　PCT 著录数据显示

通过逐个点击图 5-17 页面上部分的一组选项卡按钮，可以依次显示著录项目数据、文本格式说明书、文本格式权利要求书、国家阶段情况、相关的通报及国际初审报告、国际检索报告等文献。

2. EPO 数据库

（1）概况

欧洲专利局（The European Patent Organization，EPO）的 esp@ cenet 专利检索系统是综合性的检索网站，也是目前经常使用的免费专利检索数据库，其网址为 http://ep. espacenet. com，支持英文、德文和法文 3 种语言界面，首页如图 5-18 所示。该检索系统提供了包括欧洲专利局和欧洲专利组织成员国出版的欧洲专利数据库、世界知识产权组织 WIPO 出版的 PCT 专利数据库、世界专利数据库等。可在线检索 6 000 多万件专利文献。

esp@ cenet 系统包含 EP-esp@ cenet、Worldwide 和 WIPO-esp@ cenet 数据库。

esp@ cenet 中的 EP 数据库可检索由欧洲专利局提供的最近两年的公开专利申请，可检索专利的著录信息，并可下载和显示专利全文的扫描图像，图像格式为 PDF，该数据库每周三更新一次。

esp@ cenet 中的 Worldwide 数据库可检索欧洲专利局收集的世界各国的专利信息，包括 63 个国家或地区最近 30 年来的专利文献著录数据，20 个国家自 1920 年以来的专利扫描图像以及 10 个专利机构的专利的英文摘要和全文。

esp@ cenet 中的 WIPO 数据库可检索由世界知识产权组织 WIPO 出版的 PCT 专利，专利的扫描图像由 WIPO 提供，该数据库每周更新一次。

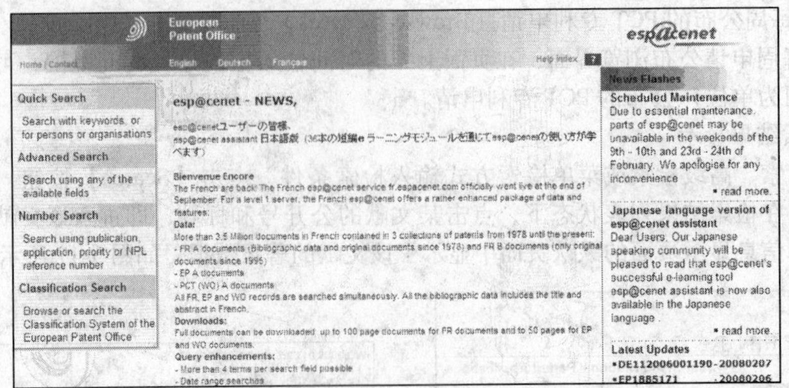

图 5-18　esp@ cenet 首页

（2）检索方法

esp@ cenet 系统提供了快速检索（Quick Search）、高级检索（Advanced Search）、号码检索（Number Search）和分类检索（Classification Search）4 种检索方式，通过页面左侧可以选择检索方式。所有数据库均支持通配符、括号、布尔逻辑运算符以及短语检索等。

1）快速检索。快速检索提供关键词、人名与机构的检索，其检索界面如图 5-19 所示。

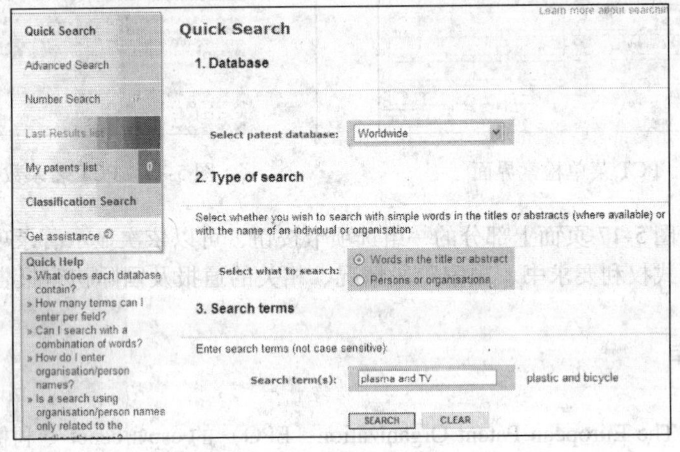

图 5-19　esp@ cenet 快速检索界面

快速检索的界面分为数据库选择区（Database）、检索类型选择区（Type of search）和检索项输入区（Search terms）。在快速检索方式下，系统只提供了两个检索类型选项，即发明名称或文摘以及申请人或发明人，只能在这两个字段中进行检索。例如要检索有关等离子电视的专利，可选择“Type of search”中的“Words in the title or abstract”，在检索项输入框中输入“plasma AND TV”，数据库可任选，然后点击【SEARCH】按钮进行检索。

2）高级检索。高级检索界面如图 5-20 所示。

该界面分为数据库选择区（Database）和检索项输入区（Search terms）。系统提供了 10 个检索字段，包括 Keyword(s) in title（题名中的关键词）、Keyword(s) in title or abstract（题名或文摘中的关键词）、Publication number（公开号）、Application number（申请号）、Priority number（优先权号）、Publication date（公开日）、Applicant(s)（申请人）、Inventor(s)（发明人）、European Classification（欧洲专利分类号，ECLA）、International Patent Classification（国际专利分类号，IPC）。用户可以只在一个字段中检索，也可在多个字段中进行组配检索。

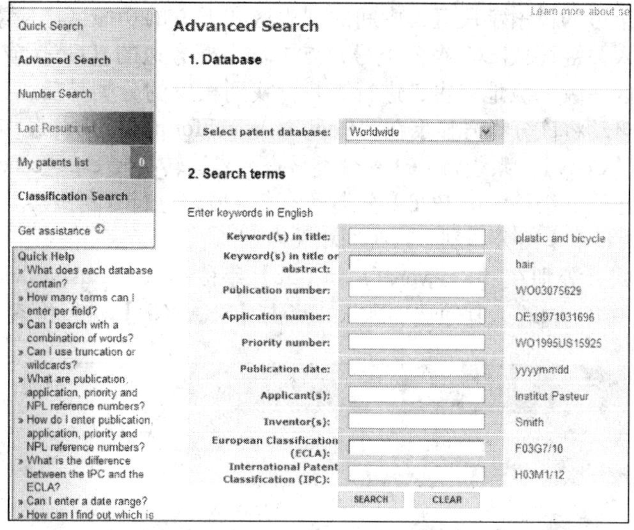

图 5-20 esp@ cenet 高级检索界面

3）号码检索。号码检索界面分为数据库选择区（Database）和号码输入区（Enter Number），号码输入区可以输入申请号、公开号、优先权号或非专文献（Non-Patent Literature，NPL）参考号，如图 5-21 所示。

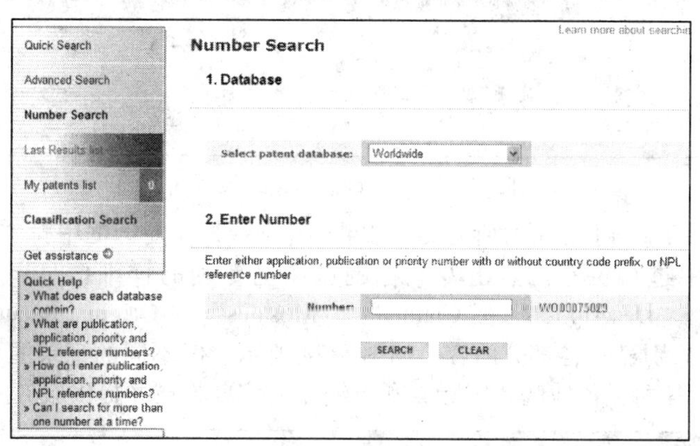

图 5-21 esp@ cenet 号码检索界面

4）分类检索。分类检索提供欧洲专利分类号（ECLA）检索，ECLA 基于 IPC，但比 IPC 更详细，它的一级类目及检索界面如图 5-22 所示。

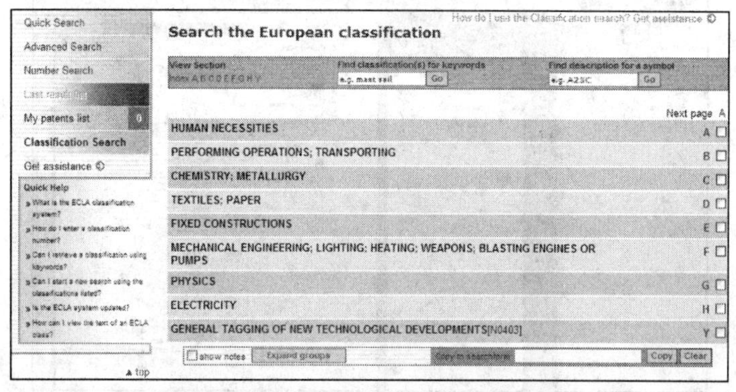

图 5-22 esp@ cenet 分类检索界面

该检索界面分为上方的检索字段区，中间的列表区和下方的功能区。检索时，可以在上方的两个输入框中分别输入关键词或 ECLA 分类号，点击输入框旁边的【Go】或回车即可进行检索；也可以在中间的列表区一级一级地点击，进行查找，找到相应的分类号后，选中 ECLA 分类号右边的复选框，系统会自动将该分类号显示在“Copy to searchform”框内，最多可选择 4 个分类号，选好后，点击旁边的【Copy】，系统将 ECLA 分类号查询界面转换到 esp@ cenet 高级检索界面，并将所选分类号直接传送到高级检索的 ECLA 分类号检索字段，进行专利检索。

【检索示例】检索日本丰田公司刹车系统的相关专利。

选用高级检索方式，分别在【Keyword(s)in title】字段输入“braking and system”，在【Applicant(s)】字段输入“Toyota”，其他选项默认，点击【SEARCH】进行检索，得到如图5-23所示的检索结果。

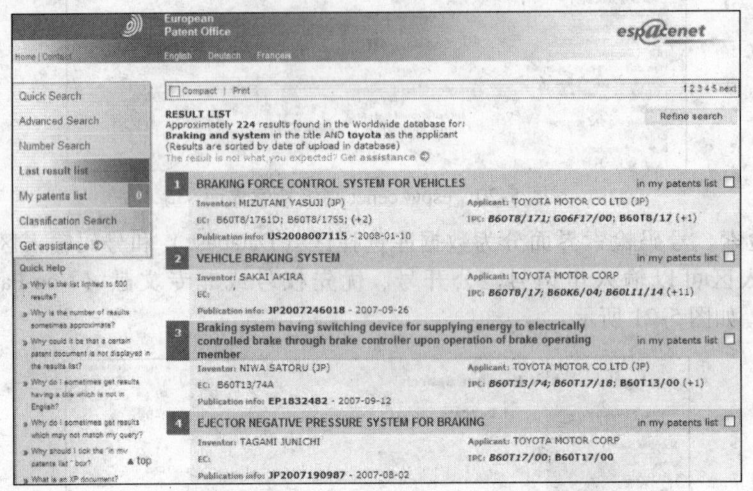

图 5-23　esp@ cenet 检索结果页面

在浏览专利标题的基础上，可对所需要的结果进行选择，在复选框中打“√”将该专利信息添加到个人收藏夹中进行保存。点击专利标题可浏览专利的详细信息。点击详细信息中的“Bibliographic data”、“Description”、“Claims”、“Mosaics”、“Original document”、“INPADOC legal status”等按钮分别显示各部分内容，如图 5-24 所示。但不同的记录的详细程度有所不同，取决于 esp@ cenet 对各国、各地区和国际专利组织专利信息收录并提供服务的详细程度。

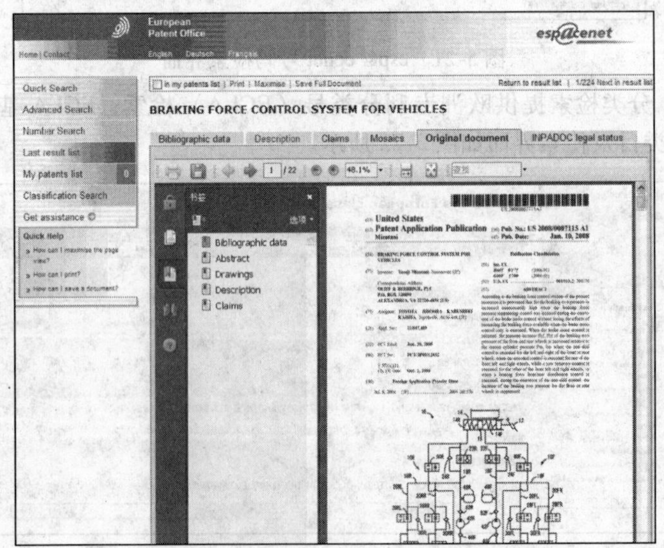

图 5-24　esp@ cenet 专利原文

5.1.4 主要国家专利文献检索

目前，世界上许多国家的专利都可以通过因特网进行检索并获取，下面主要讲述美国和日本的专利检索，并简单介绍其他国家的专利检索。

1. 美国专利

（1）概况

美国专利与商标局（United States Patents and Trademark Office，USPTO）网站免费提供美国专利的检索。USPTO专利数据库包括授权专利数据库和公开专利申请数据库两部分。授权专利数据库（Issued Patents（PatFT））可检索1790年以来已授权的美国专利，全部免费提供说明书全文，其中1975年前的专利只提供图像格式（TIFF格式）专利说明书，1976年后还提供了文本格式专利全文（full-text）；公开专利申请数据库（Published Applications（AppFT））可检索2001年3月15日以来公开的专利申请，全部免费提供图像格式和文本格式全文。专利类型包括：实用专利（Utility Patent）、外观设计专利（Design Patent）、植物专利（Plant Patent）、再公告专利（Reissued Patent）、防卫性公告（Defensive Publication）和法定发明登记（SIR）。USPTO专利数据库每周更新。

通过网址http://www.uspto.gov/进入USPTO的主页，点击主页左侧【Patents】/【Search Patents】即可进入专利数据库检索界面；或通过网址http://www.uspto.gov/patft/index.html直接进入专利数据库检索界面，如图5-25所示。

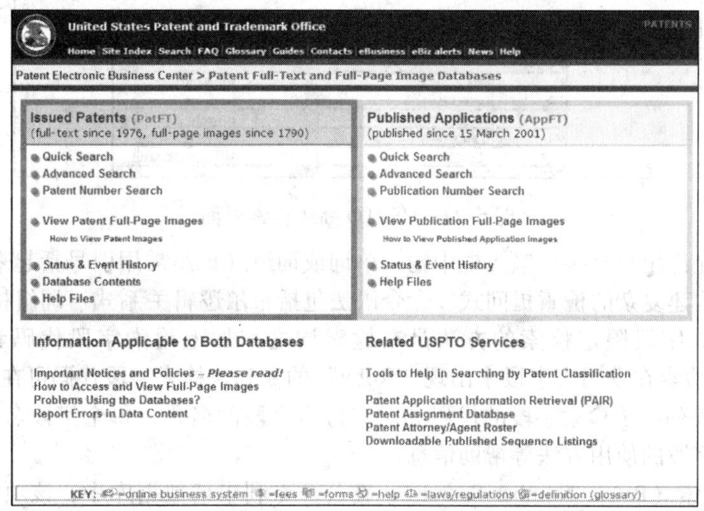

图5-25 USPTO专利数据库检索界面

（2）检索方法

该数据库提供快速检索、高级检索和专利号检索3种检索方式，但1790年至1975年的专利只能通过专利号或美国专利分类号来检索。

1）快速检索（Quick Search）。快速检索又称布尔（Boolean）检索，适用于较简单的检索。其检索界面设有两个检索框（Term1、Term2），以及两个对应的检索字段选项下拉列表框（Field1、Field2），如图5-26所示。

检索时，在“Term1”框中输入检索词，并在对应的“Field1”下拉列表中选择所要检索的字段（包括所有字段、专利名称、文摘、授权日、专利号等31个），然后点击【Search】按钮即可。需要进行多词检索时，可在“Term2”中输入第二个检索词，并选择对应的检索字段，同时在布尔逻辑运算符下拉列表中选择适当的运算符（AND、OR、ANDNOT）。另外，在输入框下方设有检索年代范围选择（Select years），可根据需要选择时间范围。

USPTO PATENT FULL-TEXT AND IMAGE DATABASE

Home　Quick　Advanced　Pat Num　Help

View Cart

Data current through February 12, 2008.

Query [Help]

Term 1: 　in Field 1: All Fields

AND

Term 2: 　in Field 2: All Fields

Select years [Help]

1976 to present [full-text]　Search　重置

Patents from 1790 through 1975 are searchable only by Issue Date, Patent Number, and Current US Classification.

When searching for specific numbers in the Patent Number field, patent numbers must be seven characters in length, excluding commas, which are optional.

图 5-26　USPTO 快速检索界面

2）高级检索（Advanced Search）。高级检索界面包括检索式输入框和下方的字段代码表两部分，如图 5-27 所示。

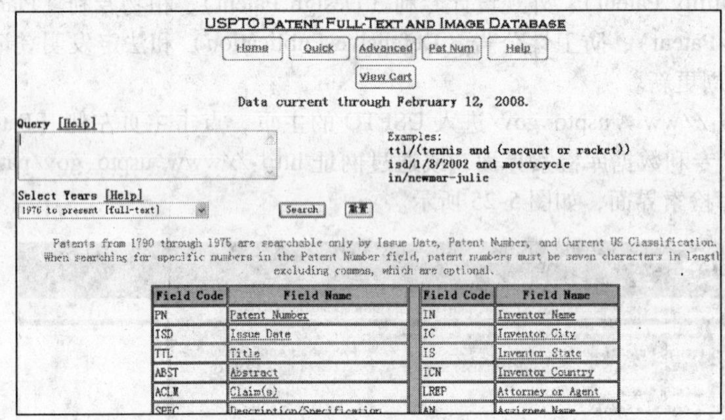

图 5-27　USPTO 高级检索界面

该检索方式允许用户直接在输入框中输入单词或词组（词组需用引号括起来），也可以利用命令行检索语法构建复杂的检索提问式。命令语法包括布尔逻辑关系式、词组检索、截词检索、字段限定检索等。字段限定检索的方法是在检索词之前加上检索字段代码和符号“/”，如“IN/Roby”表示检索在发明人字段中出现“Roby”的专利。检索字段代码可在“检索字段代码表”中查得，该表列出了检索字段的代码和对应检索字段的名称，每个字段名称均有链接，点击它们可显示该字段的使用方法等帮助信息。

3）专利号检索（Patent Number Search）。在公开专利申请数据库中，该项检索为公开号检索（Publication Number Search），方法与授权专利数据库中专利号检索相同，如图 5-28 所示。

USPTO PATENT FULL-TEXT AND IMAGE DATABASE

Home　Quick　Advanced　Pat Num　Help

View Cart

Data current through February 12, 2008.

Enter the patent numbers you are searching for in the box below.

Query [Help]

Search　Reset

All patent numbers must be seven characters in length, excluding commas, which are optional. Examples:

Utility -- 5,146,634 6923014 0000001

Design -- D339,456 D321987 D000152

Plant -- PP08,901 PP07514 PP00003

Reissue -- RE35,312 RE12345 RE00007

Defensive Publication -- T109,201 T855019 T100001

Statutory Invention Registration -- H001,523 H001234 H000001

Re-examination -- RX29,194 RE29183 RE00125

Additional Improvement -- AI00,002 AI000318 AI00007

图 5-28　USPTO 专利号检索界面

【检索示例】检索摩托罗拉 2006 年 1 月到 2008 年 2 月被授权的有关通信设备的专利。

由于该检索课题的检索条件多于两个，宜采用高级检索方式，使用命令语法构建检索提问式为：TTL/“communication device” and AN/Motorola and ISD/Jan/$/2006 -> Feb/$/2008，在输入框中输入此检索提问式，点击【Search】得到如图 5-29 所示的检索结果。

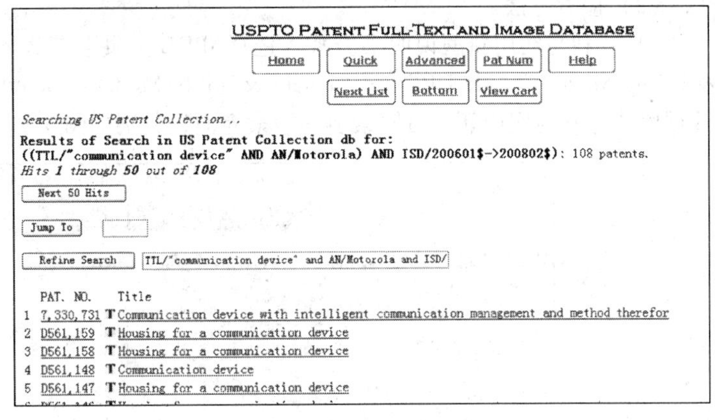

图 5-29　USPTO 检索结果列表页面

该结果列表包括专利号和专利名称，其顺序按专利文献公布日期由后向前排列。每页最多显示 50 条记录，通过点击【Next 50 Hits】可以继续浏览，如不足 50 条记录，则不显示该按钮。专利号和专利名称之间的“T”表示该文献有专利全文文本。

点击专利号或专利名称，就进入文本型专利全文显示页面，1790 年至 1975 年的专利只显示专利号和 US 专利分类号，1976 年以后的专利文献显示专利题录数据、文摘、权利要求、说明书。该页面提供“参考专利文献”和“引文检索”的链接。通过“References Cited”，给出该专利所引用过的美国专利文献和外国专利文献列表，其中对美国专利提供了全文链接；通过“Referenced By”，给出该专利被美国的其他专利文献引用的信息，为读者进行深入检索提供了条件。在文本型专利全文显示页面中，点击“Image”（图像）的超链接按钮，可进入到图像型专利全文页面。为了显示图像页面，需安装 TIFF 浏览器插件。

2. 日本专利

（1）概况

日本专利可通过日本专利局的网站进行检索。日本专利局将自 1885 年以来公布的所有日本专利、实用新型和外观设计电子文献及其检索系统通过其网站上的工业产权数字图书馆（IPDL）在因特网上免费提供给全世界的公众，可便捷、有效地得到日本各种工业产权文献及相关信息。IPDL 提供日文版和英文版两种版面，日文版和英文版的内容有所不同，英文版的网址为 http://www.ipdl.inpit.go.jp/homepg_e.ipdl，界面如图 5-30 所示。

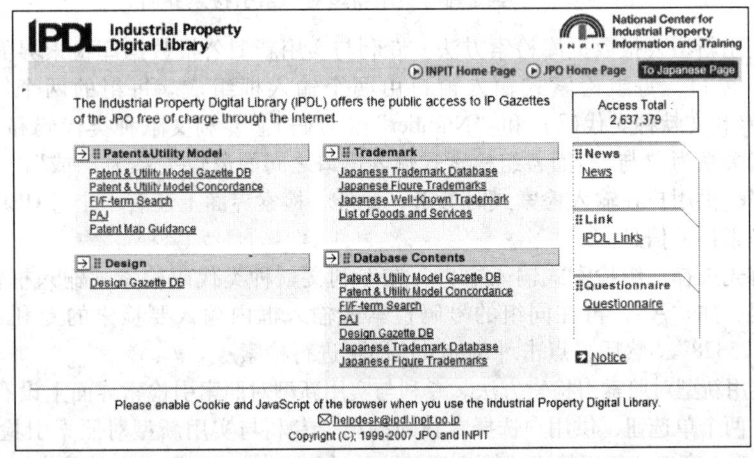

图 5-30　英文版工业产权数字图书馆主页

英文版工业产权数字图书馆网页上的专利、实用新型与外观设计的检索项有：专利与实用新型公报数据库（Patent & Utility Model Gazette DB）、专利与实用新型对照索引（Patent & Utility Model Concordance）、FI/F-Term 分类检索、日本专利英文文摘（PAJ）、FI/F-Term 分类表指南、外观设计公报数据库（Design Gazette DB）。

（2）检索方法

1）专利与实用新型说明书查找。选择 IPDL 主页上“Patent & Utility Model”下的“Patent & Utility Model Gazette DB”或“Patent & Utility Model Concordance”，进入专利与实用新型公报数据库或专利与实用新型对照索引的检索界面，分别如图 5-31 和图 5-32 所示。

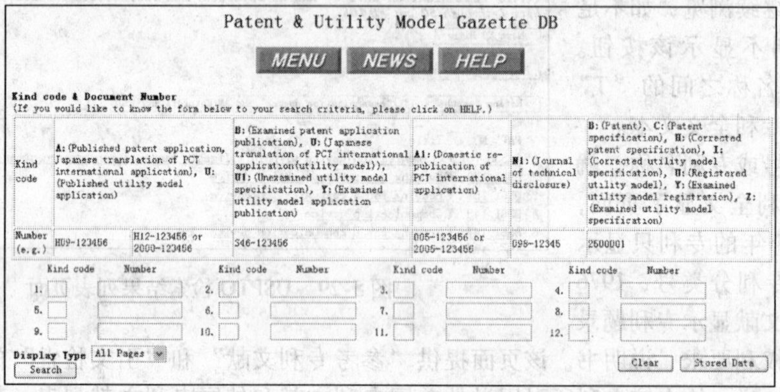

Patent & Utility Model Gazette DB

MENU　NEWS　HELP

Kind code & Document Number
(If you would like to know the form below to your search criteria, please click on HELP.)

Kind code	A: (Published patent application, Japanese translation of PCT international application), U: (Published utility model application)		B: (Examined patent application publication), U: (Japanese translation of PCT international application(utility model)), U1: (Unexamined utility model specification), Y: (Examined utility model application publication)	A1: (Domestic re-publication of PCT international application)	N1: (Journal of technical disclosure)	B: (Patent), C: (Patent specification), H: (Corrected patent specification), I: (Corrected utility model specification), U: (Registered utility model), Y: (Examined utility model registration), Z: (Examined utility model specification)
Number (e.g.)	H09-123456	H12-123456 or 2000-123456	S46-123456	005-123456 or 2005-123456	098-12345	2500001

Kind code　Number　Kind code　Number　Kind code　Number　Kind code　Number

1.　2.　3.　4.

5.　6.　7.　8.

9.　10.　11.　12.

Display Type　All Pages

Search　Clear　Stored Data

图 5-31　日本专利与实用新型公报数据库检索界面

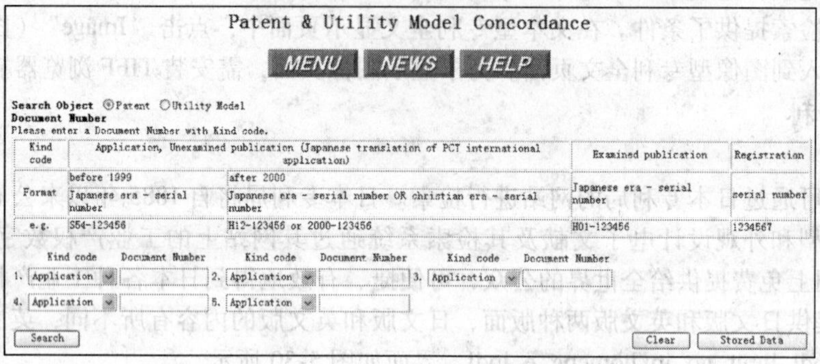

Patent & Utility Model Concordance

MENU　NEWS　HELP

Search Object ◉Patent ○Utility Model
Document Number
Please enter a Document Number with Kind code.

Kind code	Application, Unexamined publication (Japanese translation of PCT international application)		Examined publication	Registration
Format	before 1999 Japanese era - serial number	after 2000 Japanese era - serial number OR christian era - serial number	Japanese era - serial number	serial number
e.g.	S54-123456	H12-123456 or 2000-123456	H01-123456	1234567

Kind code　Document Number　Kind code　Document Number　Kind code　Document Number

1. Application　2. Application　3. Application

4. Application　5. Application

Search　Clear　Stored Data

图 5-32　日本专利与实用新型对照索引检索界面

①专利与实用新型公报数据库检索方法。专利与实用新型公报数据库检索界面上有 12 组相同的检索式输入窗口，每组检索式输入窗口由两个输入框组成。每组的两个输入框分别是“Kind code”（专利文献种类代码）和“Number”（号码）。专利文献种类代码和号码检索式输入框之间的逻辑关系为“与”，而各组检索式输入窗口之间的逻辑关系为“或”。界面上有一个简单的帮助表格，供用户在输入检索式时参考，此外，检索界面上还有一个【HELP】按钮，供用户随时浏览检索帮助信息。

检索时，首先选择一组检索式输入窗口，在专利文献种类代码检索式输入框输入要检索的专利文献的代码，如“A”，再在同组的号码检索式输入框内输入要检索的专利文献的完整号码，如“2004-125328”，然后，点击【Search】即可进行检索。

②专利与实用新型对照索引检索方法。专利与实用新型对照索引检索界面上设有“Patent”和“Utility Model”两个单选钮，供用户选择专利的种类。专利与实用新型对照索引检索界面上有 5 组相同的检索式输入窗口，每组检索式输入窗口由一个“Kind code”（文献种类）下拉选项和一个“Document Number”（文献号）输入框组成。各组检索式输入窗口之间的逻辑关系为“或”。

检索时，首先在“Patent”和“Utility Model”两个单项钮中选择专利种类，然后选择一组或多组检索式输入窗口，选择文献类型，如“Application”，再在同组的号码检索式输入框中输入要检索的专利文献的完整号码，如“2003-123476”，点击【Search】进行检索。

③检索结果。专利与实用新型公报数据库检索结果和专利与实用新型对照索引检索结果的输出方式完全相同。输入检索式后，点击【Search】进行检索，直接进入“检索结果的号码目录显示”状态。点击目录中的文献号，进入“检索结果的英文文摘及主图显示”状态，再点击页面上的“DETAIL”进入到“检索结果的英译全文及附图显示”状态，如图 5-33 所示。

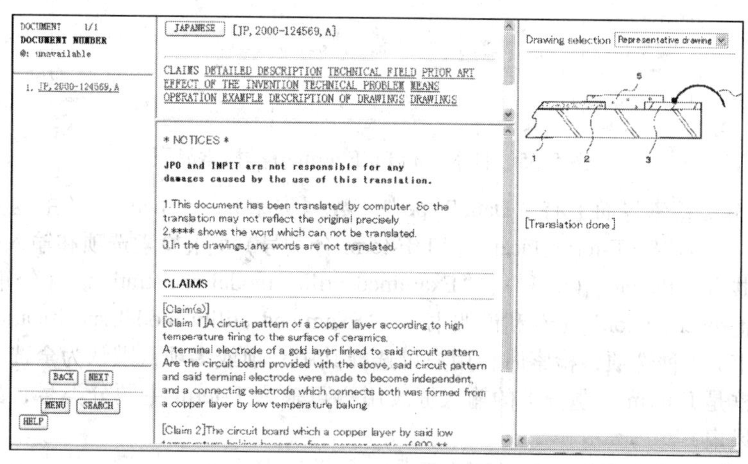

图 5-33　日本专利与实用新型公报数据库检索结果的英译全文及附图显示

点击页面上的【JAPANESE】按钮进入“检索结果的日文原文显示”状态，显示日本专利或实用新型说明书的扫描图形显示，其下方有翻页、放大缩小、旋转等功能，供用户浏览。

2）按日本专利分类检索日本专利。按日本专利分类检索日本专利，首先需确定检索主题的日本专利分类号，然后再选择可供从日本专利分类号检索日本专利的数据库。

①日本专利分类号的确定。点击 IPDL 主页上的“Patent & Utility Model”下的“Patent Map Guidance（FI/F-Term 分类表）”，进入分类表检索界面，如图 5-34 所示。

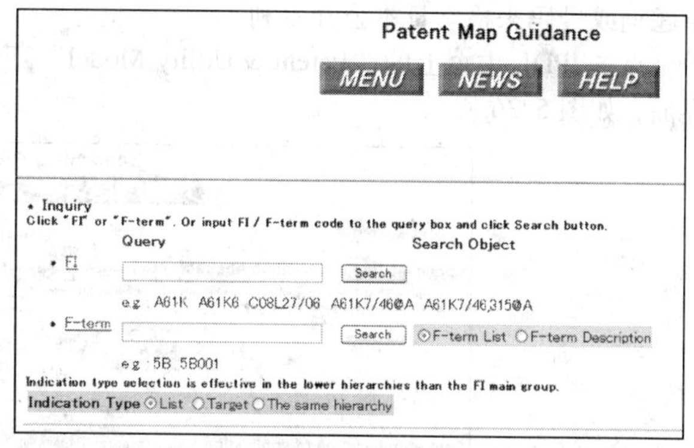

图 5-34　日本专利 FI/F-term 分类表检索界面

FI（File Index）分类表是对国际专利分类表（IPC）的进一步细分而形成的分类系统，而 F-term（File Forming Term）分类表则是专门用于计算机检索的分类系统，两者共同构成检索日本专利和实用新型的分类系统。

FI/F-term 分类表检索界面有两个检索式输入框：FI 和 F-term。FI 输入框供用户从国际专利分类号查找 FI 分类号、FI 细分类号、FI 方面分类号及对照 F-term 主题。检索时，输入一个国际专利分类号即可，如“A45B25/16”。F-term 输入框供用户从 F-term 主题分类号查找该 F-term 主题的细分类号。检索时输入一个 F-term 主题分类号即可，如“3B102”。也可以使用浏览方式查询 FI/F-term 分类表，直接点击“FI”和“F-term”就进入到分类号的选择页面。

②按日本专利分类号检索日本专利。点击 IPDL 主页上的“Patent & Utility Model”下的“FI/F-term Search”（FI/F-term 分类检索）进入分类检索界面，如图 5-35 所示。

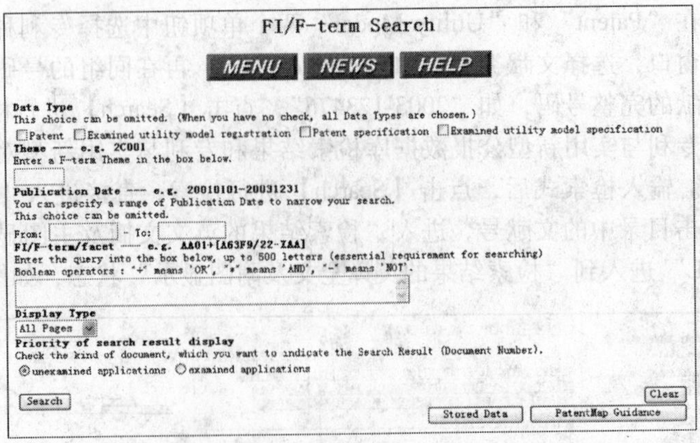

图 5-35 日本专利 FI/F-term 分类检索界面

FI/F-term 分类检索界面上有 "Data Type" （数据类型）、"Theme" （主题）、"Publication Date"（公开日）和 "FI/F-term/facet"（FI/F-term 分类号）4 组检索选项和输入框。

数据类型共有 "Patent"（专利）、"Examined utility model registration" （经审查的实用新型注册）、"Patent specification"（专利说明书）、"Examined utility model specification" （经审查的实用新型说明书）4 种选项，检索时，用户可选择其中一项或多项，默认为全选。

主题输入框是 F-term 主题分类的输入框。用户可输入 F-term 主题分类号，如 "3B104（行走拐杖、伞及风扇）"。

公开日输入框用来限定检索的时间范围。

FI/F-term 分类号检索式输入框是通过 FI 分类号、F-term 分类号检索日本专利与实用新型的重要途径，该输入框支持逻辑运算符。

FI/F-term 分类检索的最终检索结果同专利与实用新型公报数据库的检索结果。

3）PAJ 检索。通过 "PAJ" （Patent Abstracts of Japan，日本专利英文文摘）可实现用英文主题词或号码来检索日本公开专利。

点击 IPDL 主页上的 "Patent & Utility Model" 下的 "PAJ" 进入日本专利英文文摘文本检索界面，如图 5-36 所示。

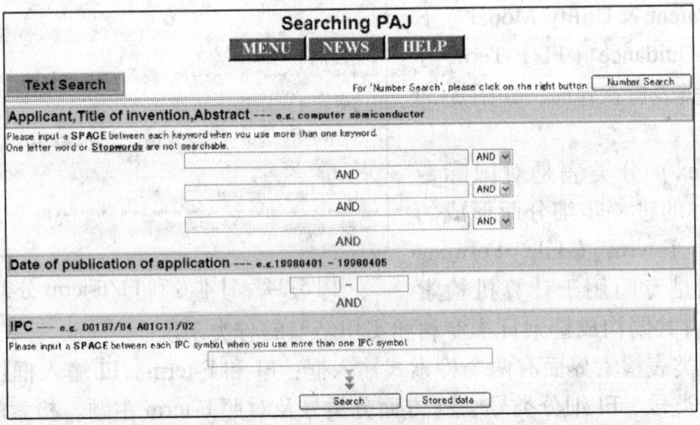

图 5-36 PAJ 文本检索界面

PAJ 文本检索界面可供用户从专利或实用新型的申请人、发明名称、申请公开日和国际专利分类号角度进行检索。该界面有 3 组检索式输入窗口："Applicant，Title of invention，Abstract" （申请人、发明名称、文摘）、"Date of publication of application" （申请公开日）和 "IPC"（国际专利分类号）。

点击 PAJ 文本检索界面右上方的【Number Search】进入 PAJ 号码检索界面，如图 5-37 所示。

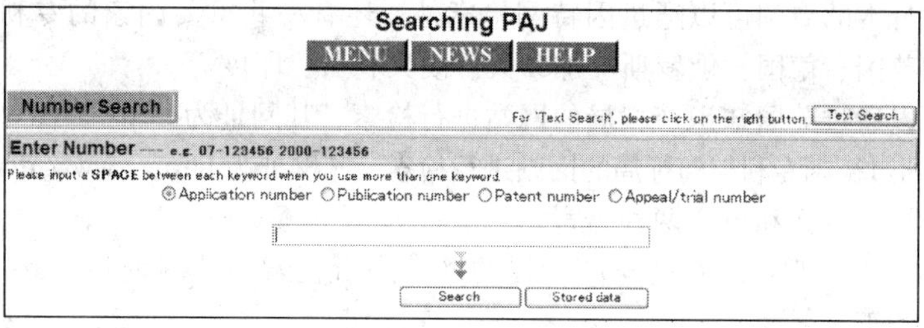

图 5-37 PAJ 号码检索界面

PAJ 号码检索界面设有号码种类选项和号码检索式输入框。号码种类选项为单选，共分“Application number”（申请号）、“Publication number”（公开号）、“Patent number”（专利号）、“Appeal/trial number”（诉讼/审判号）4 种选项。检索时，用户先选择欲检索的号码种类，然后在号码输入框内输入一个对应的号码，如“2001-145269”，即可找到该号码的专利或实用新型。

在 PAJ 文本检索界面输入检索式后进行检索，可直接在该检索界面的左上方显示命中的记录数，如果超过 1 000 条记录，系统会提示修改检索条件重新检索，如果不超过 1 000 条，可点击界面上的“Index Indication”（索引指示）按钮，进入到 PAJ 检索结果的目录列表，如图 5-38 所示。

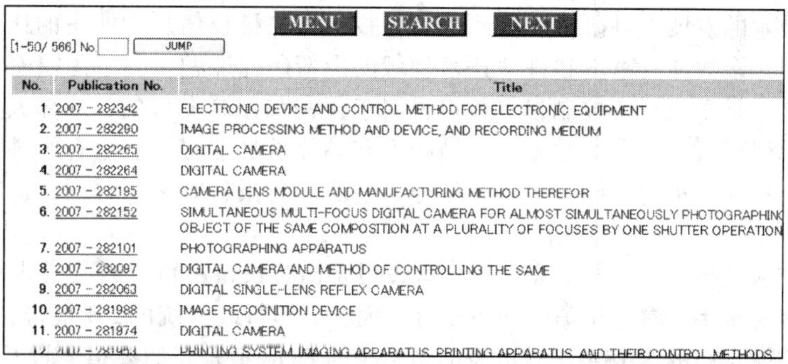

图 5-38 PAJ 检索结果目录列表

点击公开号，可显示专利的文摘信息，如图 5-39 所示。点击文摘页面上的【DETAIL】、【JAPANESE】、【LEGAL STATUS】按钮可显示该专利的详细信息、专利的日文原文和法律状态。

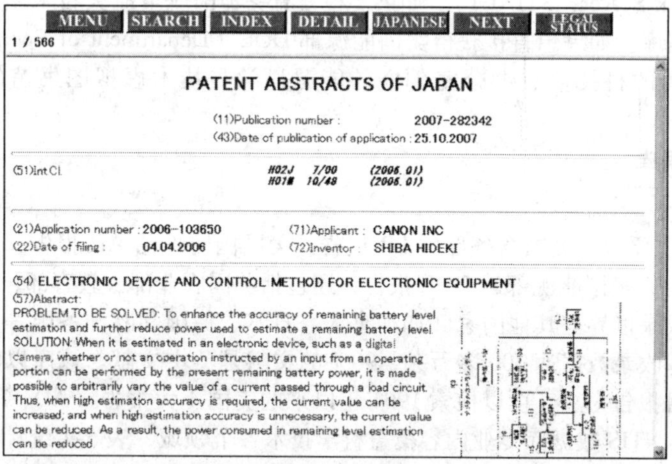

图 5-39 PAJ 文摘显示

3. 其他国家专利

除了美国和日本的专利可以通过因特网检索外，还有一些重要国家的专利也可以通过因特网进行检索，如英国、德国、俄罗斯、加拿大、澳大利亚、印度等。

英国专利可以通过英国知识产权局的网站进行检索，其网址为 http://www. ipo. gov. uk/。

德国专利可通过德国专利与商标局的网站进行检索，其网址为 http://www. dpma. de/index. htm，其专利检索界面提供德文和英文两种语言。

俄罗斯专利可通过俄罗斯专利与商标局的网站进行检索，其网址为 http://www. fips. ru/，该网站提供俄文和英文界面。

加拿大专利可通过加拿大知识产权局网站进行检索，其首页网址为 http://www. opic. gc. ca/，该页面有法文和英文两种语言。选择英文，进入加拿大知识产权局数据库界面。

澳大利亚专利可通过澳大利亚知识产权局的网站进行检索，网址为 http://www. ipaustralia. gov. au/。

印度专利可通过印度国家信息中心的专利部网站检索，网址为 http://patinfo. nic. in/。

5.2　科技报告检索

5.2.1　国外科技报告概述

随着科学技术的发展，科研活动的频繁，科技报告在科技信息中所占的比例越来越大。但是，由于科技报告多数涉及军事和科学技术领域的最新研究课题。为了国家安全和保护技术专有，其流通范围总是受到严格控制，多数报告属于保密和控制发行的，外部人员不易查阅。科技报告一般以单册形式出版，册数不等，篇幅不定，数量难掌握，甚至有的科技报告从编写到正式出版，每经过一个机构就能产生一个编号，造成一份报告有多个号码，这些都给科技报告的检索带来困难。

美国是生产科技报告的主要国家，美国科技报告出版数量占世界科技报告总量的80%。其中历史较久、报告量多、参考价值大的主要有 4 大类，即行政系统的 PB 报告、军事系统的 AD 报告、航空与宇航系统的 NASA 报告以及能源系统的 DOE 报告。如果想全面了解这 4 大报告的情况，可以检索美国商务部下属的全国技术信息服务处（National Technical Information Services，NTIS）的 NTIS 数据库。如果想直接获得美国国防部 AD 报告，可以访问国防技术情报中心（Defense Technical Information Center，DTIC）科学技术信息网络服务器（Scientific and Technical Information Network Server，STINET）。如果要检索有关美国航空航天技术领域的科技报告，优先选择 NTRS 数据库。如果想直接获得美国能源部 DOE（Department of Energy）报告，可以通过访问能源部所属的科技信息办公室创立的能源科学与技术虚拟图书馆的 DOE information Bridge 获得。

5.2.2　NTIS 数据库

1. 概况

NTIS 数据库主要包括美国商务部的 PB 报告、美国国防部的 AD 报告、美国国家航空与航天局的 NASA 报告、美国能源部的 DOE 报告，还包括美国农业部、教育部、环保局等部门的科技报告；同时也收录世界上其他国家（如加拿大、日本、德国和欧洲各国等）以及一些国际组织等的报告。该库收录数据达 300 多万条，90% 的文献是英文文献。该库以收录美国政府立项研究及开发的项目报告为主，可以检索 1964 年以来的美国 4 大报告（AD、PB、NASA、DOE）的文摘索引信息。NTIS 数据库专业内容覆盖科学技术各个领域，表 5-1 统计了 2005 年 NTIS 中各主题所占的比例。

表5-1 2005年NTIS中各个主题分布比例

主题	比例	主题	比例
经营&管理	7.6	环境污染及控制	10.5
航空学与空气动力学	3.8	政府特许发明	0.2
农学&食品	3.2	卫生保健	3.8
天文学&天体物理学	2.0	工业&机械工程学	2.2
大气科学	2.1	图书馆&情报学	2.5
行为&社会	16.0	制造技术	1.6
生物技术&人体工程学	2.8	材料科学	4.6
建筑工业技术	1.7	数学	2.9
商业&经济	5.8	医学&生物学	18.0
化学	5.3	军事学	12.1
土木工程	3.4	导弹技术	0.2
燃烧、发动机&推进物	2.2	天然资源&地球科学	9.8
通讯	2.9	航海指挥及控制	0.4
计算机、控制&信息论	6.5	核科学及技术	6.7
侦查&反侦查	2.5	海洋技术与工程	2.6
电工学	2.4	军火	2.6
能源	7.6	摄影与录音设备	0.4
物理学	13.0	空间技术	3.3
中央及地方政府的问题解决报告	8.5	交通运输	5.6
城市及地方技术与发展	9.6		

NTIS收集了各种类型的出版物如技术报告、会议录、期刊、学位论文、书目、计算机产品、视听材料等。表5-2提供了2005年NTIS收集的各文献类型的数量情况。

2. 检索方法

许多数据库供应商如Data Star、The DIALOG Corporation、EBSCO Publishing、Elsevier Engineering Information Inc、Gov. Research_Center（GRC）、Silver Platter Information Inc等都提供NTIS数据库，但需要支付一定的费用。如果想免费检索NTIS数据库，可访问美国国家技术信息服务处网站，此网站提供了科技报告的题录数据库。下面详细介绍此网站的检索方法。输入美国国家技术信息服务处的网址：http://www.ntis.gov/，进入NTIS的检索界面，系统提供了快速检索和高级检索两种检索方式。

表5-2 2005年NTIS收集的各种文献类型

国家	文献类型	数量
美国	技术报告	25 740
	会议录	368
	期刊	1 056
	学位论文	1 216
	书目	7
	计算机产品	169
	视听材料等	39
其他国家	技术报告	534
	会议录	0
	学位论文	1
	书目	0

（1）快速检索

NTIS数据库的快速检索界面如图5-40所示。首先在输入框中输入检索词，然后点击下拉菜单选择检索系统提供的产品号（Product No）、关键词（Keyword）、题名（Title）、摘要（Abstract）、作者（Author）等字段中任意一个选项。然后点击【Search】按钮即可获得检索结果。

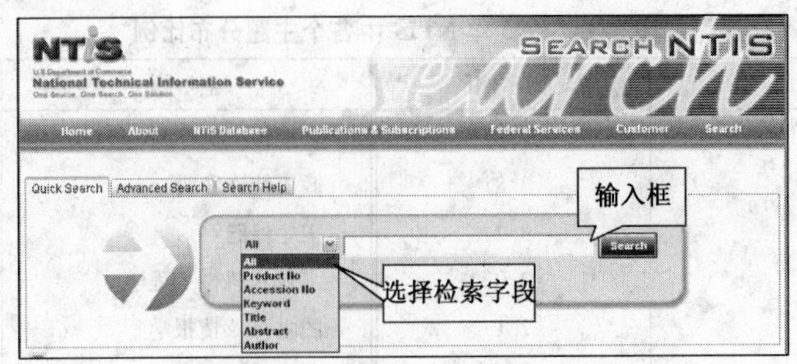

图 5-40　NTIS 数据库快速检索界面

（2）高级检索

NTIS 数据库的高级检索界面如图 5-41 所示。高级检索提供了产品号（Product No）、关键词（Keyword）、Title（题名）、Abstract（摘要）、Author（作者）等检索选项。可以在包括的所有的单词（with all of the words）检索框中输入检索主题，或者在精确短语（with the exact phrase）检索框中进行检索词的精确匹配，或者在至少包含某个单词（with at least one of the words）检索框中输入检索词以扩大检索范围，或者在排除某些单词（exclude words）检索框中输入避免出现的某些检索词，然后点击【Search】按钮即可获得检索结果。

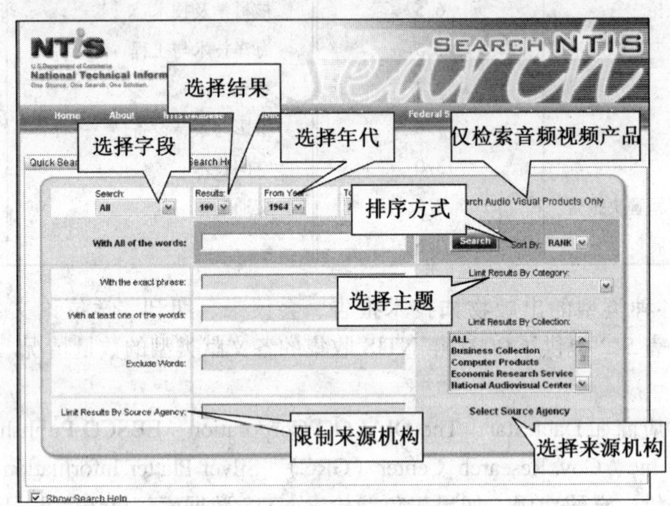

图 5-41　NTIS 数据库高级检索界面

如果仅检索某一主题的文献，点击【Limit results by category】下拉菜单，选择航空学与空气动力学（Aeronautics & Aerodynamics）、天文学与天体物理学（Astronomy & Astrophysics）、大气科学（Atmospheric Sciences）、生物技术与人体工程学（Biomedical Technology & Human Factors Engineering）、化学（Chemistry）、电工学（Electrotechnology）、材料科学（Materials Science）、数学（Mathematical Sciences）、医学与生物学（Medicine & Biology）、军事学（Military Sciences）等 39 个主题中的某一特定主题。

如果仅检索某一来源的文献，点击【Limit results by collection】菜单，选择 Business Collection（商业捐赠）、电脑产品（Computer Products）、经济研究服务（Economic Research Service）、国家视听中心（National Audiovisual Center）、有毒物质办公室（Office of Toxic Substances）、捐赠品（Subscription）中的某一来源。

如果仅检索特定机构的文献，点击【Select Source Agency】选择来源机构链接，进入如图 5-42 所示的界面。所有相关机构按机构名称首字母顺序排列。点击机构名称后的复选框，当复选框中出现“对勾”表示该机构被选中。可以点击多个复选框，同时检索多个机构的科技报告。

【**检索示例**】在 NTIS 数据库中查询 1997 年到 2004 年关键词为物理的研究报告。

该课题的具体检索步骤如下：

1）输入检索词“physics”。

2）点击下拉菜单，选择“Keyword”。

3）限定检索结果。课题要求得到 1997 年至 2004 年的研究报告，需要在【From year】下拉框中选择 1997，在【To year】下拉框中选择 2004，以排除其他时间出版的报告。

4）点击【Search】按钮执行检索，获得 91 条检索结果，如图 5-43 所示。

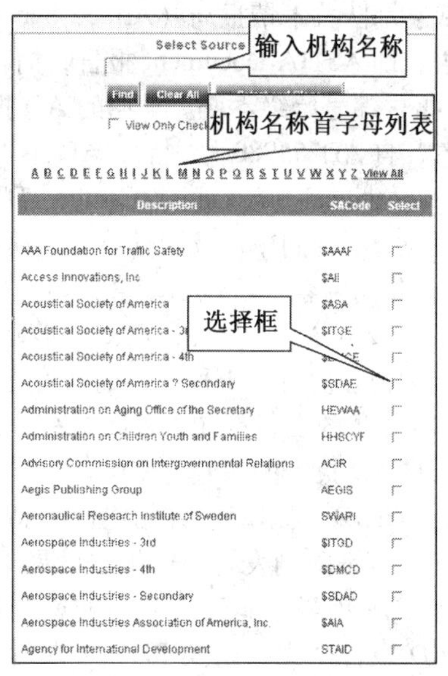

图 5-42　NTIS 数据库来源机构列表界面

3. 检索结果处理

检索策略及检索结果的排序方式将直接影响检索结果，因此可以根据检索主题的实际需要选择检索结果的排序方式，点击【Sort by】下拉菜单可以将检索结果按年代顺序或者按标题的字母顺序排序。如果仅检索某个特定时间段的文献，可点击【From Year】下拉菜单选择起始年代，点击【To Year】下拉菜单选择终止年代，来限定检索结果的时间范围。检索结果页面如图 5-43 所示。

Results 1 - 10 of about 91 records found

Product Code	Title/Abstract
PB2000106116	Proceedings of the Annual Conference of the Finnish Physical Society (34th). Held in Espoo, Finland on March 9-11, 2000. more details...
PB2006108377	Computation As a Tool for Discovery in Physics: A Report to the National Science Foundation by the Steering Committee on Computational Physics. more details...
ADA377773	Heavy Quarkonium Hadroproduction in the Color Evaporation Model. more details...
DE2005838256	High Energy Physics Division Semiannual Report of Research Activities, Report for January 1-June 30, 2004. more details...
DE2001764702	UVA experimental and high energy physics. Final grant report. more details...
DE2001785150	Distributed processing and analysis of physics data in the D0 SAM system at Fermilab. more details...
DE2004820115	Physics of Substorm Growth Phase, Onset, and Dipolarization. more details...
DE2004821663	High Energy Physics Division Semiannual Report of Research Activities. January 1, 2003-June 30, 2003. more details...
DE200515014098	Improved Operation and Modeling of the SSPX Spheromak. more details...
DE2004834695	High Energy Physics Division Semiannual Report of Research Activities. July 1, 2003-December 31, 2003.

图 5-43　NTIS 数据库检索结果界面

页面左侧显示【Product Code】产品编号，页面的右侧显示报告的标题、文摘等信息。如果想获得更多的资料，点击【more details】选项可以浏览到更为详细的信息，包括科技报告的报告号、摘要、作者、时间、来源机构等内容。

5.2.3　STINET 数据库

1. 概况

国防技术情报中心（Defense Technical Information Center，DTIC）科学技术网络服务器（Scientific and Technical Information Network Server，STINET）提供了美国国防部 AD 报告的免费检索服务。

AD 报告是美国国防部委托各科研机构完成的科研成果的记录，自 1953 年开始发行，由美国武装部队技术情报局（Armed Services Technology Information Agency，ASTIA）收集、出版的报告，即 ASTIA Document 报告，简称为 AD 报告。50 多年来，尽管编辑发行机构几经变化，但 AD 报告编号始终不变。早期的 AD 报告，由于保密往往加 PB 字样发行，致使两种报告有交叉现象，自 AD254980 号之后，AD 不再以 PB 字样出现。目前 AD 报告由国防科技信息中心（Defense Technical Information Center—DTIC）编辑出版。AD 报告主要来源于美国三军的研究机构、实验中心、合同单位及国外有关科研机构和国际组织的研究成果及一些译自前苏联等国的文献。AD 报告的内容不仅包括军事方面，也广泛涉及许多民用技术，包括航空、军事、电子、通讯、农业等 22 个领域。现在 DTIC 仅收藏绝密级以下的报告，包括机密、秘密、非密限制发行（内部）和公开发行的 4 种级别的研究报告。公开报告约占其总数的 45%，由 NTIS 公开发行。每年 AD 报告的发行量在 2 万件左右。AD 报告的编号采用“AD + 密级 + 流水号”的形式。表 5-3 所示是 AD 报告的编号与密级。

STINET 数据库的数据组成包括：1974 年至今非公开与非密类 AD 技术报告的文摘题录、1985 年以来限制发行 AD 报告的题录文摘、所有 1998 年至今非密公开与非密限制发行的 AD 报告全文，以及 1999 年以后非公开限制发行的 AD 报告全文。内容涉及生物医学、环境污染和控制、行为科学以及社会科学等，并有简要说明和订购价格。其网址为 http://stinet.dtic.mil/。

表 5-3　AD 报告编号与密级

AD 编号范围	报告密级
ADA000001 –	A 表示公开报告
ADB000001 –	B 表示非密限制报告
ADC000001 –	C 表示秘密报告
ADD000001 –	D 表示美军专利文献

2. **检索方法**

STINET 数据库提供的检索界面设计比较简洁，易于操作。该系统设有快速检索（Quick Search）、向导检索（Guided Search）和高级检索（Advanced Search）3 种检索方式。

（1）快速检索

STINET 数据库的快速检索界面如图 5-44 所示。快速检索界面提供了多种检索方式，可以在检索框中输入检索主题的所有字段（All Fields），或者输入报告的题名进行检索。如果想检索某个作者创作的科技报告，可在检索框中输入个人作者（Personal Author）的姓名。如果知道报告的访问号，在检索框中输入 AD 报告入藏号（Accession Number）便可直接得到结果。STINET 数据库提供了部分 AD 报告的原文，点击【Full Text Link Available】后的复选框，当复选框中出现“对勾”表示仅检索有全文的报告。

图 5-44　STINET 数据库的快速检索界面

在编辑检索表达式中，恰当地运用检索算符，将会得到比较满意的结果。例如，检索题名中包含信息战方面的研究报告可在 Title 框中输入 information warfare。如果想检索 information 或 warfare 方面的报告，可以采用逻辑运算符 OR，输入 information OR warfare 进行检索，也可以在中间加入英文字符的逗号，输入 information，warfare 进行检索。注意：输入框中只能使用英文格式的逗号，如果使用中文字符的逗号，系统会发生运行错误。

系统默认的排序方式是按照报告日期的降序（Descending）排列，也就是由新到旧排列。点击【Report Date Range】的下拉菜单限定报告的时间，分别获得最近 2 年、5 年、10 年、20 年的 AD 报告。点击【Report Date Range】的下拉菜单可任意选择按照 AD 报告的题名（Title）、个人作者（Personal Author）或集体作者（Corporate Author）首字母的降序（Descending）(Z-A) 或升序（Ascending）(A-Z)，或者选择按照 AD 报告的 AD 号（AD Number）、来源码（Source Code）的降序（Descending）(9-0) 或升序（Ascending）(0-9) 排序。此外，还可选择按分值 (Score) 排序。系统默认每屏显示 30 条检索结果，点击【Number of hits per page】的下拉菜单任意选择按每屏 5、10、20、30、40、50 条显示检索结果。

（2）向导检索

STINET 数据库的向导检索界面如图 5-45 所示。向导检索模式除了提供题名（Title）、个人作者（Personal Author）检索方式以外，还提供了合作作者（Corporate Author）、关键词 (Key Word)、报告号（Report Number）、摘要（Abstract）、描述符（descriptors）、文档位置 (Document Location)、标识符（Identifiers）、媒体类型代码（Media Type Code）、项目号 (Project Number) 等检索方式。检索表达式可采用逻辑运算符、邻近位置算符及截词符进行组配。如果要检索具体时间段的 AD 报告，选择【Report Date is on or after】和【Report Date is before】下拉菜单，指定具体的年份和月份的区间。输入检索词、选择运算符、限定检索时间后，点击【Submit Query】按钮，系统便执行检索。系统提供了部分 AD 报告的原文，点击【Full Text Link Available】后的复选框，当复选框中出现“对勾”表示仅检索有全文的报告。

系统提供了描述符（Descriptor）检索。描述符是 DTIC 指定的专门的学科术语来识别报告主题。点击【Find a descriptor from the thesaurus】链接进入描述符检索界面，如图 5-46 所示。输入描述符，点击【Submit Query】按钮即可获得检索结果。点击【Browse descriptors Alphabetically】下面的 A～Z 的超链接，选择按首字母浏览描述符。系统还提供了 Broader Terms 表示含义更宽泛的术语、Narrower Terms 表示更特指的术语、Used Alone For 代表同义字。Use 表示被系统采用，用来描述概念的描述符。Used in Combination For 表示系统用两个或者更多的描述符来描述概念。Use in Combination 指出了某些描述符能与其他描述符组合在一起表示概念。

图 5-45　STINET 数据库的向导检索界面

图 5-46　STINET 数据库的描述符的检索界面

系统提供了来源码（Source Code）检索，检索界面如图 5-47 所示。在来源码 Source Code 检索平台中，输入机构的名称或者来源码，点击【Submit Query】按钮，即可获得检索结果。点击【Browse Corporate Source Names】下面的 A ~ Z 的超链接，按首字母浏览公司名称。Root Codes 提供了最高级机构的代码，Parent Codes 提供了次高级机构的代码。Sub organizations 提供了分支机构或子公司的名称。例如输入来源码 395659，可以检索到团体作者（Corporate Author）为 A I CYBERNETICS SYSTEMS UNIVERSITY PARK NM。

（3）高级检索

当需要进行更加准确而又复杂的检索时，可点击【Advanced Search】，便进到高级检索界面。国防技术情报中心（Defense Technical Information Center，简称 DTIC）科学技术网络服务器中 STINET 数据库的高级检索界面如图 5-48 所示。

图 5-47　STINET 数据库的来源码检索界面

高级检索可以采用运算符 in 将检索范围限定在题名（Title）、报告的个人作者（Personal Author）中。此外，系统还提供了合作作者（Corporate Author）、关键词（Key Word）、报告号（Report Number）、摘要（Abstract）、描述符（descriptors）、项目号（Project Number）等检索字段，可以使用 AND、OR、NOT 进行字段的组配。如果要限定报告的时间范围，可以指定具体年份和月份的区间。例如，在检索框中输入 rd > =01 oct 1992，仅检索 1992 年 10 月 1 号以后的报告。再如，在检索框中输入 rd > = 01 oct 1994 < and > rd < 01 oct 2004，仅检索 1994 年 10 月 1 号到 2004 年 10 月 1 号之间的报告。

图 5-48　STINET 数据库的高级检索界面

【检索示例】在 STINET 数据库中查询最近几年题名和关键词中包括 3D 的 AD 报告。

该课题的具体检索步骤如下：

1）确定检索词。该课题的检索词应包括 3d、3-d、3 dimensional 或 three dimensional。

2）进行检索字段组合。由于该课题较为复杂，因此需要使用高级检索对 4 个检索词进行组合检索。在检索框中输入（3d，3-d，3 dimensional，three dimensional）< in >（ti，key）的命令，可以检索到标题或关键词中包含 3d、3-d、3 dimensional 或 three dimensional 的报告。

3）限定检索结果出版时间和输出方式。为了获得最近的研究报告，可在【Sort By】中选用【Report Date】，即按照时间排序。为了便于快速浏览检索结果，可在【Number of Hits per page】菜单中选择每页显示 30 条记录。

4）点击【Search】按钮执行检索，如图 5-49 所示。

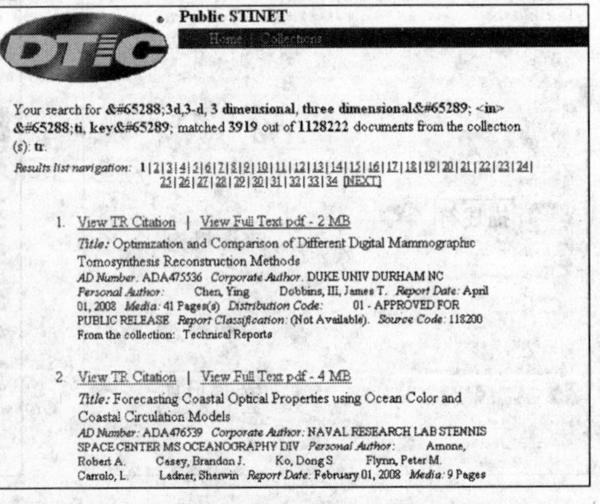

图 5-49　STINET 数据库的检索结果界面

3. 检索结果处理

STINET 数据库的检索结果界面如图 5-49 所示。可浏览到 AD 报告的题目、作者、时间、描述符、来源码等信息。

在检索结果界面中点击【View TR citation】链接，进入详细结果界面，可获得如下信息：全文获取（Full Text（pdf）Availability）、引用状态（Citation Status）、题名（Title）、个人作者（Personal Author（s））、Report Date（报告日期）、Organization Type（组织类型）、合同号（Contract Number（s））、报告号（Report Number（s））、描述注释（Descriptive Note）、描述符（Descriptors）、标识符（Identifiers）、来源码（Source Code）、文档位置（Document Location）等信息。如果有全文，系统会注明文件的大小和格式，点击【View full text】链接即可获得原文。

5.2.4　NTRS 数据库

1. 概况

NTRS 数据库为综合性网站，全称为 NASA Technical Report Server，可提供 NASA 报告的检索，其网址为 http://ntrs.nasa.gov/search.jsp。在其检索界面可选择一个或多个研究中心的数据库进行检索 NASA 报告。

NASA 报告是美国航天局（National Aeronautics and Space Administration）整理出版的科技报告。其前身是 NACA 报告。NACA 是美国国家航空咨询委员会（National Advisory Committee for Aeronautics）的简称，它成立于 1915 年，1958 年改组为 NASA。在 NACA 和 NASA 报告的编号上分别冠有 NACA 或 NASA 的字样。NASA 报告的主要内容范围是航空学、空气动力学、飞行器的指导及测量仪器等，是航空与航天研究的重要参考；同时也收录机械、化工、冶金、电子、气象等与航空、航天有密切关系的其他许多领域的文献。NASA 报告号采用“NASA—报告类型—顺序号”的表示法，报告类型按内容分为技术报告、技术札记、技术备忘录、合同报告、会议出版物等多种形式。NASA 报告按其形式在其报告号上以字母标识：NASA—TR—R（技术报告）、NASA—TN—D（技术札记）、NASA—TM—X（技术备忘录）、NASA—CR（合同报告）、NASA—Case（专利说明书）、NASA—TT—F（技术译文）、NASA—SP（特种出版物）、NASA—TB（技术简讯）、NASA—EP（教学用出版物）、NASA—CP（会议出版物）、NASA—TR（技术出版物）。在 NASA 数据库中的 NASA 文献一律冠以字母 N，其编号为：N + 年代号 + 顺序号。

2. 检索方法

NTRS 数据库包括术语检索（Term Search）和导航检索（Navigation Search）两种检索方式，如图 5-50 所示。

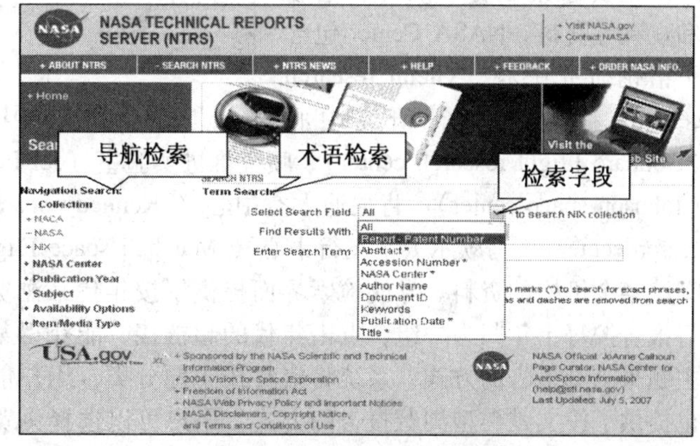

图 5-50　NTRS 数据库检索界面

(1) 术语检索（Term Search）

术语检索方式提供了摘要（abstract）、访问号（Accession Number）、作者姓名（Author Name）、文件 ID（Document ID）、关键词（Keywords）、出版日期（Publication Date）、题名（Title）等检索字段。系统支持多种方式进行作者检索。如输入姓的首字母和名的全称进行检索，如 m nelson，也可以输入姓的全称和名的全称进行检索，如 michael nelson。如果是多个作者，可以只使用名，如 yang hill。

系统支持“AND”、“OR”、“NOT”逻辑运算，因此在检索框中可输入简单的主题检索，也可进行复杂的组配检索。检索词可运用截词符“＊”进行同义词的扩检，如在检索框中输入 comput＊可以检索到包括 computation、computational、computer、computers、computerization 等的文献。将输入的检索词用引号括起来能提高检索的精度。NTRS 数据库可以对输入的检索词自动纠正其拼写错误。注意：使用题目、摘要、关键词检索时，不能出现连字符，如 x-ray。同样使用报告号或专利号进行检索时，要去掉报告号或检索词中出现的连字符、分隔符或斜杆。如检索报告-AIAA Paper 2006-0069 应去掉连线用空格代替为 AIAA Paper 2006 0069 进行检索。如专利-NASA-Case-KSC-12246-2 应去掉连线用空格代替为 NASA Case KSC 12246 2，否则检索系统将出现运行错误。另外，输入的检索词的字体不能为斜体，如 *NASA Case KSC 12246 2*，否则也会出错。

【检索示例】在 NTRS 数据库检索中查询报告号为 AIAA Paper 2006 0069 的研究报告。

该课题的具体检索步骤如下：

1）在检索框中输入报告号 AIAA Paper 2006 0069。

2）选择检索字段。Find Results with【report number】。

3）进行检索。在上述信息输入完毕后，即可点击【Search】完成检索。上述步骤完成后检索界面如图 5-51 所示。

（2）导航检索（Navigation Search）

导航检索位于检索界面的左侧，它提供了一个树形的资源目录，点击前面的“+”就可以将目录展开。在其初始界面，导航检索提供了出版年（Publication Year）、主题（Subject）、款目/媒体类型（Item/Media Type）等检索字段。NTRS 数据库主要提供 3 类资源：NASA（时间从 1958 年起到现在）、NACA（时间从 1915 年到 1958 年）、NASA Image 交流（NIX）（时间从 1900 年起到现在）。NASA 和 NACA 提供文件、报告、文章、电影视频等资料，NIX 主要收集图像、照片、电影和视频等资料。NASA Center 包含了格伦研究中心（Glenn research center）、戈达德飞行研究中心（Goddard Flight research center）、喷气推进实验室（Jet Propulsion Laboratory）、约翰逊太空中心（Johnson space center）、肯尼迪太空中心（Kennedy space center）、兰利研究中心（Langley research center）、马歇尔太空飞行中心（Marshall space Flight center）等机构资料，可以选择单独浏览某个机构的资料。导航检索界面提供了按年代来浏览报告的方式，从 1901 年的报告开始，将报告按每十年归为一组，点击年代的超链接，能获得某个时间段的报告。导航检索提供了按主题来浏览报告的方式，系统将资料按主题分类，用户能直接浏览某一主题的报告。导航检索也提供了按文献类型浏览报告的方式，用户可以选择浏览某一专门类型的文献。检索系统还提供了按文档格式浏览报告的方式，用户能专门浏览 PDF、GIF、JPEG、MPEG 等某一类型格式的文件。

图 5-51　NTRS 数据库检索结果

3. 检索结果处理

NTRS 数据库检索系统的检索结果界面如图 5-51 所示。界面提供了报告的题名、作者、摘要、出版时间、NASA 中心等方面的信息。

点击题目的链接，可以获得记录的详细结果，包括题名（Title）、作者（Author（s））、摘要（Abstract）、出版时间（Publication Date）、文件来源（Document Source）、文件 ID（Document ID）、出版信息（Publication Information）、关键词（Keywords）等方面的信息。

5.2.5 DOE information Bridge 数据库

1. 概况

美国能源部 DOE（Department of Energy）所属的科技信息办公室创立并维护的能源科学与技术虚拟图书馆，提供了经过整合的综合性科技信息资源，其网址为 http://www.osti.gov。该虚拟图书馆的 DOE information Bridge 为题录和全文混合型技术报告数据库，其中由国家能源实验室提交的 1994 年以前的 DOE 研究和开发项目报告全文约 65 000 篇。内容涉及物理、化学、材料、生物、环境科学、能源技术、工程、计算机、信息科学等相关学科。

DOE 报告是美国能源部（U. S. Department of Energy）整理发行的研究报告，它原是美国原子能委员会（Atomic Energy Commission，AEC）出版的科技报告，称 AEC 报告。AEC 组织成立于 1946 年，1974 年撤销。后来成立了能源研究与发展署（Energy Research and Development Administration，EKDA）。它除了继续执行前原子能委员会的有关职能外，还广泛开展能源的开发研究活动，并出版 ERDA 报告，取代原 AEC 报告。1977 年，ERDA 改组扩大为能源部。1978 年 7 月起，它所产生的能源研究报告多以 DOE 编号出现。DOE 报告不像 PB 报告和 AD 报告、NASA 报告那样有统一的编号，而是由提供能源研究报告的机构缩写字母加数字代码组成。例如，PPPL—TM—5160 是指普林斯顿大学的粒子物理实验室所编写的技术备忘录。DOE 报告的文献主要来自美国能源部所属的技术中心、实验室、管理处及信息中心，另外也有一些其他国家的能源部门的文献。报告的内容已由核能扩展到整个能源领域，核能与非核能文献各占 50% 左右。

2. 检索方法

DOE information Bridge 数据库的检索系统，设有基本检索（Basic Search）和字段检索（Fielded Search）两种检索方式。

（1）基本检索（Basic Search）

DOE information Bridge 数据库的基本界面如图 5-52 所示。系统仅提供一个检索框，可在检索框中输入报告的题目、作者、报告号等任意一个字段，进行检索。系统支持的布尔运算符包括 AND、OR、NOT、NEAR。系统默认的布尔运算符的优先级为 NEAR、NOT、AND、OR，优先级高的运算符优先执行，使用圆括号可改变布尔运算符的优先顺序。

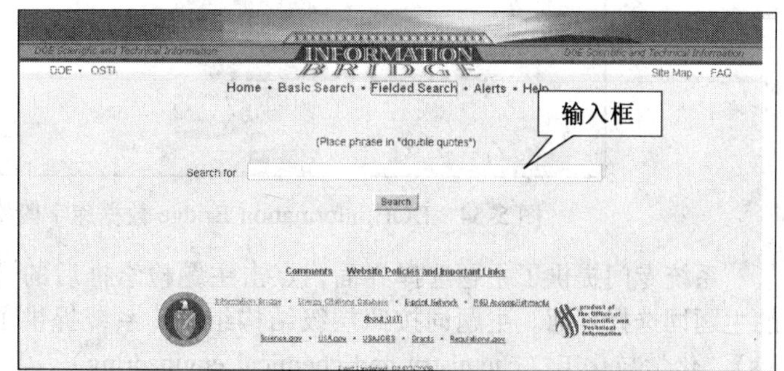

图 5-52 DOE information Bridge 数据库基本检索界面

系统默认空格符为逻辑运算符 AND，例如输入 DOG CAT，等同于输入 DOG AND CAT，检索结果中必须既包含 DOG 又包含 CAT，结果中 DOG 与 CAT 可以不毗邻。检索系统不区分大小写，输入 DOG、dog、Dog 等形式，将会得到同样的结果。值得注意的是：系统不像某些搜索引擎如 ALTA VISTA 那样支持特定的前缀。例如，输入检索词 + DOG，系统将发生运行错误，检索不到任何记录。

（2）字段检索（Fielded Search）

DOE information Bridge 数据库的字段检索界面如图 5-53 所示。系统提供了全文（Full Text）、标题（Title）、创造者/作者（Creator/Author）、主题（Subject）、会议信息（Conference information）、专利信息（Patent information）、研究机构（Research Organization）等检索方式。

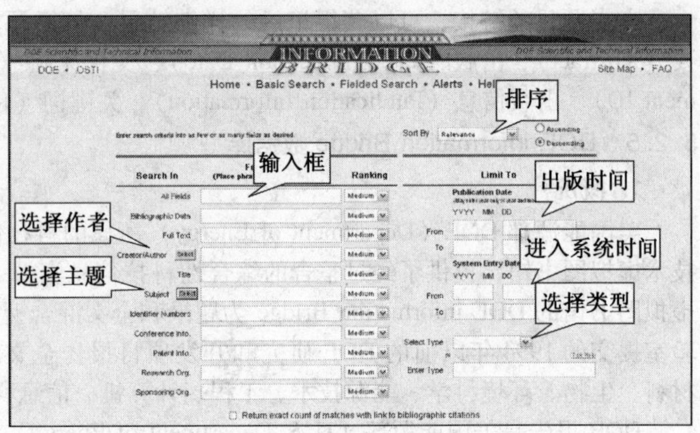

图 5-53 DOE information Bridge 数据库字段检索界面

系统专门提供了作者选择界面，点击作者检索框后的【Select】，进入如图 5-54 所示的界面。在【Last Name】框中输入作者的姓或者在【First Name】框中输入作者的名，点击【Go】按钮，即可获得检索结果。例如，输入姓为 Willen 的作者，可获得姓 Willen 的作者姓名列表，在列表中用户可根据需要点击【Add】按钮添加作者，系统能同时添加多个作者。选择作者后，点击【Submit】按钮将被选作者提交给系统执行作者检索。

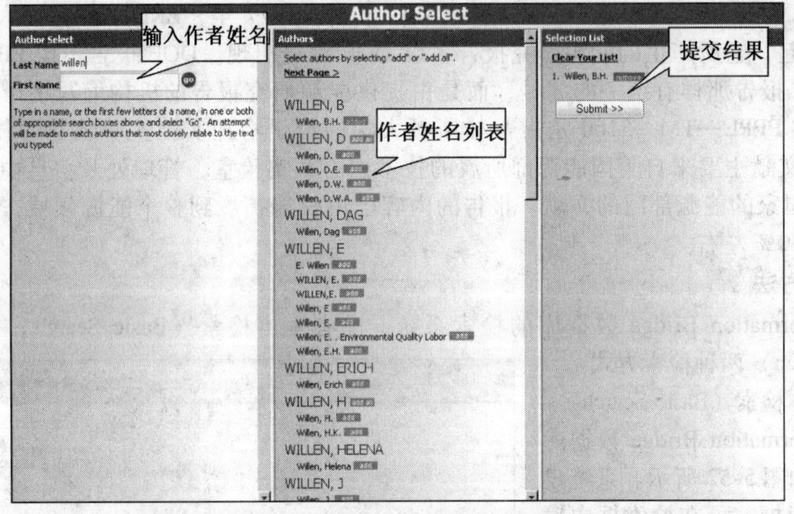

图 5-54 DOE information Bridge 数据库字段检索的作者选择界面

系统专门提供了主题选择界面，点击主题检索框后的【Select】按钮，进入如图 5-55 所示的主题词选择界面。主题词按照层级结构组织，系统提供了数学（Mathematics）、物理（Physics）、化学与化工（chemistry and chemical engineering）、生物医学（biomedical sciences）、环境科学（Environmental sciences）、地球科学（Earth sciences）、地理（Geography）、工程与技术（engineering and Technology）、经济（Economics）、管理（Management）、法律（Law）、国防/军事（National Defense /Military）等主题大类。

选择所需的主题词系统会自动提供宽泛的术语（Broader Terms）、精确的术语（Narrower Terms）、相关的术语（Related Terms）、首选术语（Preferred Terms）、非优先的术语（Non-Preferred Terms）。可以一次添加多个主题词，被选的主题词将提交给系统进行检索。例如，选择 Modifications 作为主题词时，系统会提供 Construction、Corrections、Maintenance、Mitigation、Optimization、Retrofitting、Specifications、Variations 作为相关词。

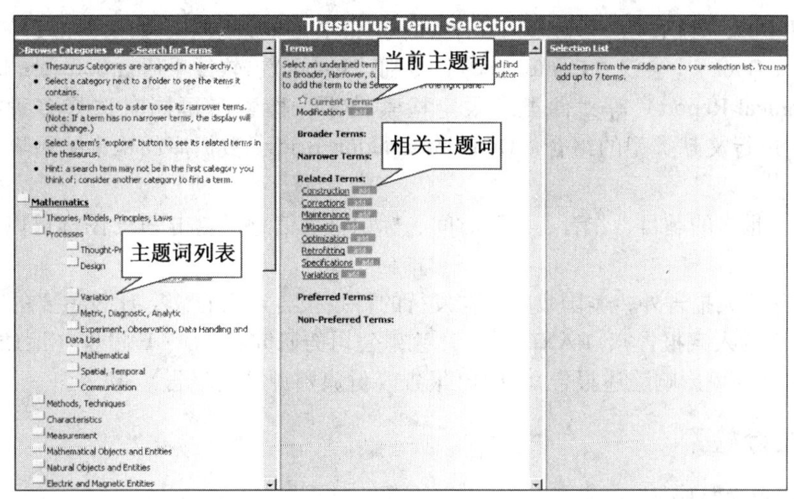

图5-55 DOE information Bridge 数据库字段检索的主题词选择界面

字段检索方式支持通配符“*”与“?”。“*”为无限截词；“?”仅代表一个字符，可在词尾或词中加“*”或“?”进行模糊检索，系统不允许在词首加“*”或“?”进行检索。当进行短语（邻近位置）检索时，使用双引号“”将短语括起来，可得到短语邻近运算的结果。在短语检索时，如果将布尔运算符 NEAR 用双引号括起来，表示词语 NEAR，而不代表布尔运算符 NEAR，检索时不采用布尔运算。例如，采用“DOG NEAR CAT”进行检索时，将得到 A dog near a cat 的检索结果。在进行短语检索时，也可以使用通配符“*”和“?”，如输入“Circus train *”能检索到包含 Circus training、Circus trainer、Circus train、Circus trainers 的短语。系统支持采用布尔运算符进行短语检索，如“DOG HOUSE” OR “CAT HOUSE”可以检索到包含“DOG HOUSE”或“CAT HOUSE”的短语。

值得注意的是，在使用标识符检索时，输入的数字中不允许有空格或标点符号。例如，检索报告 DOE/EH-0601，要在检索框中输入 DOEEH0601，才能得到检索结果。在全文检索中，由于通常没有将数字专门做索引，因此在全文检索中尽量不要使用数字作为检索词。

【检索示例】 在 DOE information Bridge 数据库检索中查询全文中包含预燃室的报告。

该课题的具体检索步骤如下：

1）在 Full text 检索框中输入预燃室的英文“energy cell”。

2）进行检索。在上述信息输入完毕后，即可点击【Search】完成高级检索。

3）上述步骤完成后检索界面如图5-56所示。

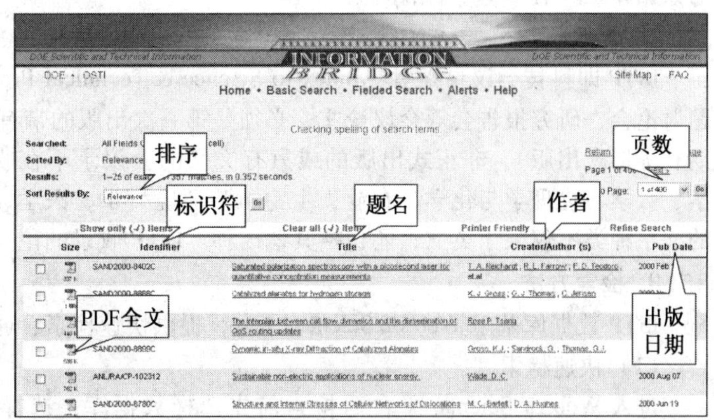

图5-56 DOE information Bridge 数据库的检索结果界面

3. 检索结果处理

检索结果可以按照相关性（Relevance）、出版日期（Publication Date）、进入系统日期（System Entry Date）、资源/文档类型（Resource/Doc Type）、题名（Title）、研究机构（Research Org）等方式排序，依据升序或降序排列。如果仅检索某一时期内的报告，输入具体的出版日期（Publication Date）和进入系统日期（System Entry Date）将限定检索结果。如果仅检索某一类型的报告，可选择书（Book）、会议（Conference）、专利（Patent）、软件手册（Software Manual）、技术报告（Technical Report）等文件类型限定检索结果，检索时可同时选择多种类型，使用AND或者OR进行文献类型的组合。DOE information Bridge数据库的检索结果界面如图5-56所示。

系统提供了报告的题目、作者、出版时间、标识符等信息，点击PDF图标可以获得PDF的全文。

在美国，除4大报告外，美国政府机构发行的科技报告还有很多，比较重要的有：COM报告（美国商务部的入藏报告）、RAND报告（兰德公司的研究报告）、E报告（地球资源调查报告）、EIS报告（环境影响陈述报告）、HRP报告（健康资源规划报告）等。

5.3　会议文献检索

5.3.1　国外会议文献概述

学术会议是传递学术信息的重要方式之一。目前，全世界每年举办的学术会议不计其数，这些会议名称多种多样，中文名称有会议、大会、研讨会、专题讨论会、座谈会等；英文名称有Conference、Congress、Convention、Seminars、Symposia、Workshop、Colloquia等。会议文献主要以图书和期刊形式出版，有的科技报告中也编入了部分会议文献。会议文献有的采用图书形式出版。这些图书通常以会议名称作为书名或副书名，并按会议届次编号。会议文献也有些发表在相关学会的期刊上，还有不少期刊通过出版专辑或增刊来报道有关会议的重要信息。期刊的报道速度比图书快，但内容不如图书形式的会议录集中、系统和完整。学术会议文献能及时反映科学技术的发展趋势，是报道科学技术研究成果的一种主要形式。但由于学术会议的分散性和不规律性，导致学术会议文献的检索并非易事。

要检索会议文献，首先要了解有关学术会议召开的信息，这些信息一般散见在各种期刊中，不易掌握。要了解会议召开的时间和地点、主办单位、参加条件等信息，可以借助于专门的检索工具——会历，会历是一种记录或预报各种学术会议的工具，一般都能预报一、二年内将要举行的会议，有的会历还能预报更长时间将举办会议的情况。了解会议录的出版情况，主要利用会议录书目或指南。

5.3.2　ISTP数据库

许多综合性、专业性的数据库都收集了大量的会议文献。其中专门收集科技方面会议文献的数据库主要有ISTP数据库。

1. 概况

ISTP即科技会议录索引“Index to Science & Technical Proceedings”的简称。ISTP收录的专题讨论会、研究报告会等会议论文，必须是第一次出版的带有全文的会议录（会议录通常以书、期刊等形式出版），非正式出版的或只有文摘的会议录不在收录范围之内。其内容涵盖生命科学、数学、物理学与化学、农业、生物学与环境科学、医学、工程科学及应用科学等。会议录的文字种类不仅限于英文，还包括其他语种。ISTP收录的论文学科范围广泛，数量大且质量高。

2. 检索方法

ISTP数据库基于Web of Science平台，提供快速检索、通用检索、高级检索方式。

（1）快速检索

进入Web of Science平台后检索前先选择数据库，选择科学技术会议录索引（Science & Technical Proceedings）数据库，直接进入快速检索界面，如图5-57所示。

在Quick Search框中输入检索词，若检索词不止一个，可用逻辑运算符（AND、OR、

NOT）连接，然后点击【Search】按钮，执行检索。如果检索结果太多，可限定年代范围，选择某年或最近几周上载的数据，默认为 All year。

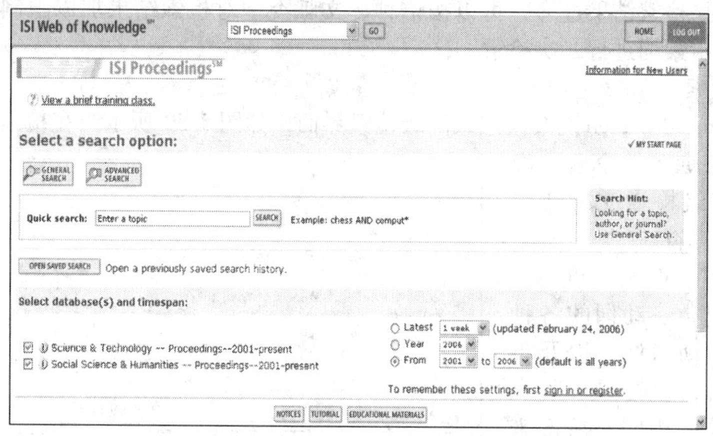

图 5-57　ISTP 数据库的快速检索界面

（2）通用检索

点击【General Search】进入通用检索界面，其界面如图 5-58 所示。通用检索界面提供了许多检索入口，有主题（Topic）、作者（Author）、集体作者（Group Author）、来源文献的题名（Source title）、出版年（Publication Year）、会议（Conference）、地址（Address）等检索方式。基本满足了会议文献的主要检索要求。检索时还可限定检索结果的语种、文献类型、排序方式。

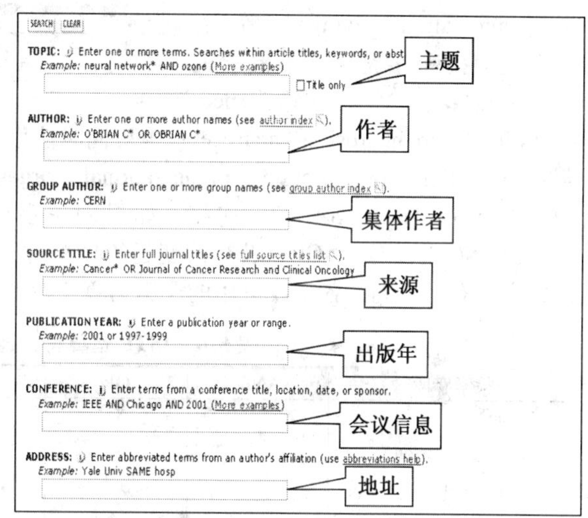

图 5-58　ISTP 数据库的通用检索界面

- 主题检索：在【TOPIC】框输入检索词，系统将在文献篇名、文摘及关键词字段检索，也可选定【Tiltle only】前的选择框，仅在文献篇名（Title）中检索。
- 作者：若选择在【Author】检索框输入检索词，应先输入作者的姓，然后输入空格，再输入作者的名。点击【author index】的超链接可以从作者索引中查询作者的姓名。若在【AUTHOR】框输入作者姓名，标准写法为：姓氏全拼 + 名的缩写。如检索张小东就输入 zhang，xd。
- 团体作者：若选择在【GROUP AUTHOR】检索框输入检索词，应输入团体作者可能的各种写法。可以点击【Group author index】的超链接从团体作者索引中查询团体作者的姓名。
- 来源文献：若选择在 Source Title 框中输入检索词，应输入来源出版物全称，或者利用通配符。可以点击【full Source titles list】的超链接查询所有来源文献的清单。
- 地址：若选择在【ADDRESS】检索框输入检索词，则输入作者单位名称或地址。作者单位名称常常用缩写，例如 Univ Sci&Technol Bejing。如果不能确定缩写名称，可以用 Univ* and Bejing and tech* 等来检索。
- 会议信息：若选择在【CONFERENCE】检索框输入检索词，可输入会议名称、地点、日期、主办者，如 AMA and Chicago and 1994。

输入检索词后，点击【SEARCH】按钮开始检索。点击【CLEAR】按钮清除原有检索词，即可开始新的检索。通过入库时间、被引频次、相关度、第一作者以及出版物名称能对检索结果进行排序。如果检索结果过多，可以按语种、文献类型对检索结果加以限制，还可以在检索结果中输入新的检索词进行二次检索。

（3）高级检索

点击【Advanced Search】按钮进入高级检索界面，如图 5-59 所示。在检索框中创建一个复杂的检索式，能使文献检索更准确、更完备。高级检索支持通配符和布尔逻辑运算符。

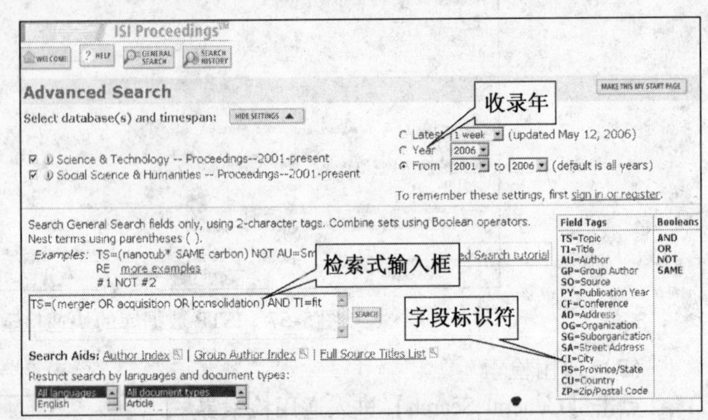

图 5-59　ISTP 数据库的高级检索界面

通配符“＊”和“?”可用于检索名词的单复数、动词的各种形式（如分词、动名词）以及英美的不同拼法等，常把“＊”和“?”用在检索词的中间和后部来代替部分字母。“＊”代表O～N个字符，如输入 automat＊可以检索到 automation、automatic 等词；“?”代表 1 个字符，一个检索词中可使用多个“?”，如输入 neuros?s 可检索到 neurosis 和 neuroses；也可同时使用“＊”和“?”，如输入 organi?ation＊可检索到 organization、organisation、organizational、organisational 等。检索词间可用逻辑运算符（AND、OR、NOT、SAME）连接。如果同一字段运用了多个运算符，则按下列顺序优先：SAME，NOT，AND，OR，若想改变运算的顺序，可使用圆括号（）。但每个运算符所适用的检索字段有所不同，各字段可用的逻辑运算符及通配符如表 5-4 所示。

表 5-4　ISTP 运算符、通配符所使用的字段

检索字段	AND	OR	NOT	SAME	＊	?
Topic	√	√	√	√	√	√
Authors（Person）	√	√	√		√	√
Source Title		√			√	√
Conference	√	√	√		√	√
Address（Place）	√	√	√	√	√	√

其中的 SAME 用于检索同一句话中的词，词与词之间的顺序可变，用 SAME 运算符来代替 AND 运算符是限定检索的有效方法。因为对于某些相关联词的检索，若用 AND 运算符来连接，可能词与词之间的关联性得不到体现，查准率较低；若作为一个词组来检索，可能遗漏一些有用的信息，降低查全率，使用 SAME 运算符则能弥补这一不足。例如，输入 soil SAME drain＊可检索到包含 soil drainage 或 drainage of soil 或 well—drained soil 等的论文，只要 soil 和 drain＊在一句话中，无论词与词的顺序如何，均能被检中；再如：输入的 soil SAME ph 可检索到包含 soil ph、ph of soil、ph in the soil 等的论文。

Advanced Search 方式还在输入框下方提供3 组限定选项（可以进行多项选择）。其中文献语种选项，默认为所有语种“All Languages”；文献类型选项，默认为所有文献类型“All document Types”。检索结果排序选项，可以根据收录日期、相关性、第一作者姓名字顺、来源出版物名称字顺、会议名称字顺排序，默认为“Latest Date”即根据文献的收录日期排序。

输入检索式后，点击【search】按钮执行检索。如果输入有误，可点击【clear】按钮清除输入框中所有内容。如果想储存检索策略，点击屏幕下方的【Save Query】按钮，可以存储检索策略，以备后用。点击【Using Saved Query】下面的【浏览】按钮可调入先前已存储的检索策略，再点击【Open Query】按钮就可以用调入的检索策略进行检索了。

【检索示例】在 ISTP 数据库检索收录年代为 2001 年至 2006 年主题包含格栅逻辑网络的会议文献。

该课题的具体检索步骤如下：

1）确定检索词。该课题的检索词为格栅逻辑网络，其对应的英文检索词为“Grid and logistic networks”。

2）选择数据库检索方式。具体操作是：进入 Web of Science 平台后，选择科学技术会议录索引（Science & Technical Proceedings）数据库。点击【Advanced Search】按钮进入高级检索界面。在检索框中输入 TS =（Grid and logistic networks），选择收录的起始年代为 2001 年，截止年代为 2006 年。

3）点击【Search】即可完成检索。本次检索对应的检索结果界面如图 5-60 所示。

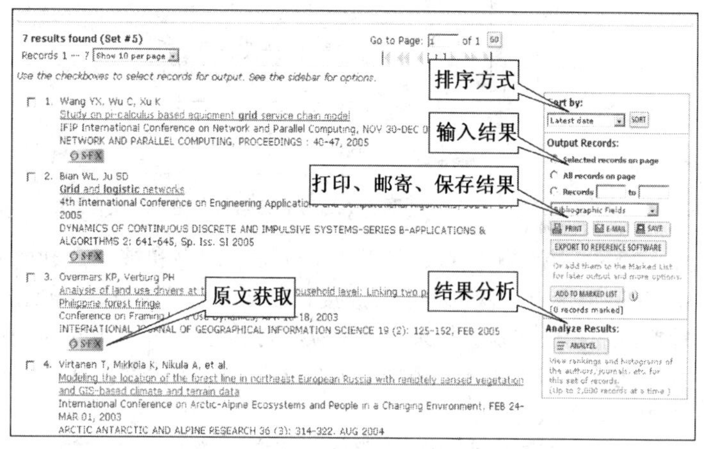

图 5-60　ISTP 数据库的检索结果界面

3. 检索结果处理

ISTP 数据库检索结果显示界面如图 5-60 所示。检索结果记录的显示方式有以简要格式的方式显示和以全记录格式的方式显示两种。

（1）简要格式的显示与标记

检索后命中记录默认以简要格式显示，包括题目、作者、会议信息、来源出版物信息。如果想获取原文，可以点击【SFX】按钮，通过 SFX 链接获取电子全文或纸质文献的馆藏位置。

（2）全记录格式的显示与标记

在简要格式下点击文献题目的链接即可看到全记录，包括文摘、作者单位、会议主办者等信息。进入如图 5-61 所示的界面。

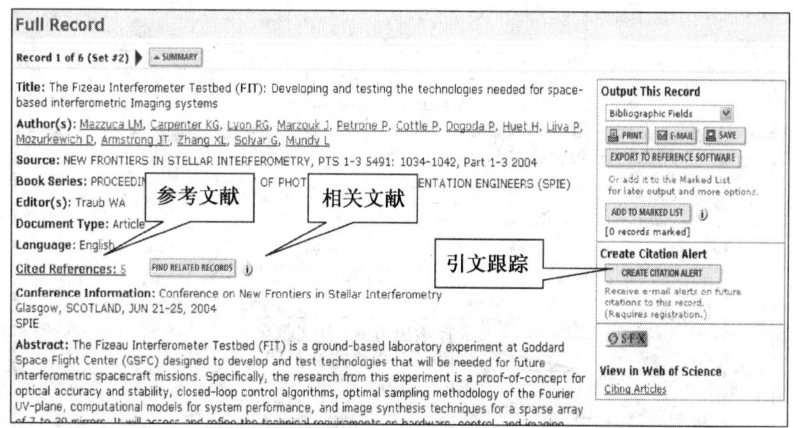

图 5-61　ISTP 数据库的检索结果全记录显示界面

ISTP 包括了 1999 年以来的参考文献，通过超链接到相应的 ISTP 记录上。参考文献包括期刊论文、专利、图书、团体作者、报告等类型，每种类型的格式不同。例如：被引报告中的被引作者为报告的责任人或负责机构；被引著作中的报告号通常含有机构名称缩写；被引年为文献发表年。点击【参考文献】的超链接可以进入如图 5-62 所示的界面。

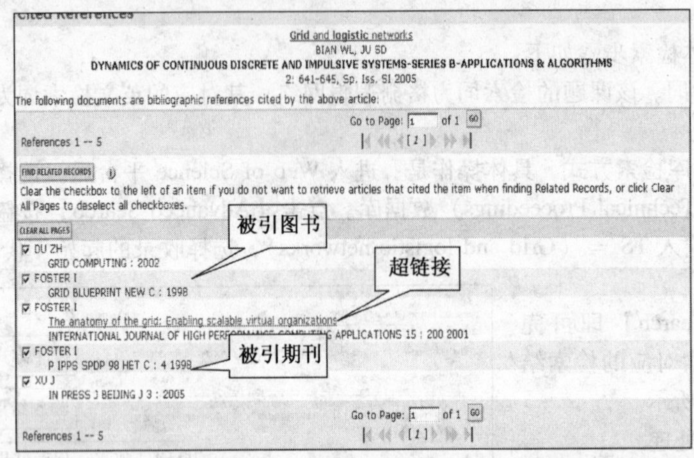

图 5-62 ISTP 数据库的检索结果的参考文献界面

通过参考文献链接，可以检索到被引图书和被引期刊的有关信息。通过超链接连接到相应的 ISTP 记录上，蓝色表示可连接到数据库查看该记录。点击【相关文献】按钮，可以检索到此篇文献的相关文献。如果一篇文献与母记录引用了相同的一篇或几篇参考文献，则判定该文献为母记录的相关文献。相关记录文献不需要在检索提问式中增加提问词就可以找到一大批与研究相关的文献。

系统还能提供引文跟踪服务，跟踪这篇文章未来被引用的情况。点击【引文跟踪】按钮，通过设置引文跟踪服务来追踪某一篇文献的最新被引用情况，关注最新的科研动态。如果该文献被新加入到 WEB OF SCIENCE 中的一条记录引用，将收到一封包含了该记录的电子邮件，使用这个服务的前提是要在 ISTP 上注册邮箱和密码。

（3）下载

将需要的记录做标记后，点击屏幕上方的【Marked List】按钮后，显示所有标记记录的简要列表，在屏幕下方选择输出字段和排序方式，再选择【Format for Print】进行显示，然后利用浏览器的存盘和打印功能下载，如图 5-63 所示。

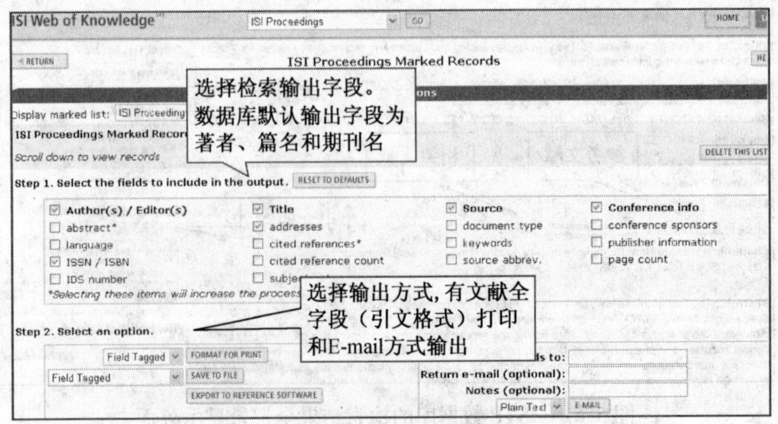

图 5-63 ISTP 数据库的检索结果下载界面

选择【EMAIL】按钮，将检索结果发至电子邮箱。Save 和 Export 方式用于输出到专门接口软件。

(4) 结果分析

ISTP 数据库中最重要的特色应用就是能显示参考文献、相关记录、结果分析、与 SFX 的全文链接以及结果的批处理。点击【Analyze】按钮就可以进行结果分析，其界面如图 5-64 所示。

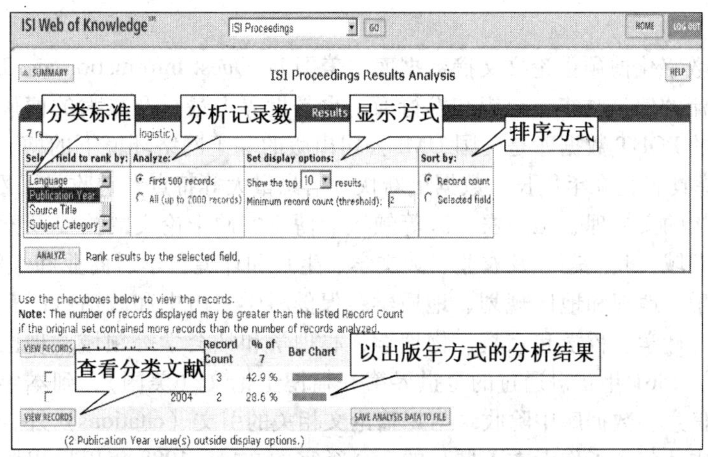

图 5-64　ISTP 数据库的检索结果分析界面

分析检索结果功能可以选择作者、会议标题、来源刊名、主题分类、出版年、文献类型、国家区域和语种等作为分类标准。系统最多可以分析 2 000 条记录。可选择希望了解的记录，并点击【VIEW RECORD】按钮进行浏览。

另外，由美国剑桥科学文摘社（Cambridge Scientific Abstracts）创建出版的 CPI 数据库是 Conference Paper Index 数据库的简称，CPI 数据库是一种题录数据库，提供世界范围内的主要科学会议论文、引文和会议预告。SPIE Digital Library 收录了国际光学工程学会（SPIE）的所有会议录全文。IEEE（电气电子工程师学会）和 IEE（英国电气工程师学会）出版的数据库 IEL（IEEE/IEE Electronic Library），收录 IEEE 和 IEE 主办的所有会议录。此外检索会议论文也可以使用一些专业性数据库。许多专业数据库中都收录多种类型文献，包括会议文献。例如，物理学、电子工程、电子学、计算机科学及信息技术领域的权威性数据库 INSPEC 收录 1 000 多种会议录；ACM Digital Library 收录了美国计算机协会（Association for Computing Machinery）的会议录全文；ASCE Proceedings 提供了 ASCE 美国土木工程师学会（The American Society of Civil Engineers）的会议录全文；AIP Conference proceedings 提供了 American Institute of Physics（AIP）的会议录全文。

5.4　学位论文检索

5.4.1　国外学位论文概述

学位论文，英文为 Dissertation、Thesis。论文的研究主题大多数是某学科的新课题。学位论文的出版形式多种多样，优秀的博士论文往往全文刊载于学科期刊中，也有的硕士、博士论文以摘要的形式发表在学科杂志上，还有的并没有发表，不易获得。世界各国对学位论文的管理方法并不相同。美国的学位论文主要由美国国际大学缩微品公司（UMI）提供服务，UMI 专门从事学位论文的报道、检索和缩微复制，在美国有博士授予权的大学 90% 以上都与 UMI 合作，向 UMI 提供博士论文原件，UMI 根据博士论文原件复制，同时把收到的博士论文做成文摘，编制检索工具，供用户检索使用。在美国，研究图书馆协会（ARL）也开展了与 UMI 类似的业务。加拿大的学位论文由国家图书馆统一管理。英国的学位论文由英国图书馆出借部（BLLD）统一收藏和管理，BLLD 已收藏约 40 多万篇学位论文。日本学位管理办法是：由国立国会图书馆收藏和管理国立或公立大学的学位论文，私立大学的学位论文由本校图书馆收藏。

5.4.2　PQDT 数据库

1. 概况

即 ProQuest 数字化博硕士论文文摘数据库。美国 ProQuest Information and Learning（原 UMI 公司）是世界一流的信息收集、组织和发行商，也是世界上最早及最大的博硕士论文收藏者和供应商。该公司的 PQDT 数据库是美国 UMI 公司出版的基于网络环境下的博士、硕士论文数据库。PQDT 数据库具有收录年代长、数据更新快、信息量大等特点。它收录了欧美 1 000 余所大学和著名研究机构的文、理、工、农、医等领域的博士、硕士论文的摘要及索引。内容覆盖理工和人文社科等领域，其主题涉及农业、天文学、生物和环境科学、商业和经济、化学、教育、工程、美术和音乐、地理和地区规划、地质学、保健科学、历史和政治、语言和文学、图书信息科学、数学和统计学、哲学和宗教、物理学、心理学和社会学等领域。现已收录超过 200 万条记录，涵盖了从 1861 年获得通过的全世界第一篇博士论文（美国），到本年度本学期获得通过的博硕士论文信息。数据库中除收录与每篇论文相关的引文（citations）外，1980 年以后出版的博士论文信息中还包含了作者本人撰写的 350 个字的文摘，1988 年以后出版的硕士论文信息中含有的 150 个字的文摘。每年约增加 4.7 万篇博士论文，1.2 万篇其他论文，5.5 万篇论文摘要，利用该数据库可免费检索最近两年的学位论文文摘数据库（包括 22 万篇题录和文摘），同时可获得 1997 年以来的学位论文全文的前 24 页（PDF 格式和 TIFF 格式）。它是目前世界上最大和使用最广泛的学位论文数据库。

2. 检索方法

（1）基本检索

在浏览器中输入 PQDT 网址进入主页后，点击【Continue】就可直接进入基本检索界面，如图 5-65 所示。输入检索词，选定逻辑运算符，确定年代范围后，点击【Search】按钮，开始检索。

PQDT 数据库检索式的一般格式为：字段名（检索词），如 title（biology）。系统还支持字段内及不同字段之间的逻辑组配，亦可用检索结果列表中的步号作为逻辑组配的一部分，例如，#2 and la（French）。选择字段，在基本检索中可以对检索条件进行逻辑组合，来确定检索字段的组合，也可以限定检索年代。点击【More Search Options】链接，系统提供了更多的选择，通过输入文献的标题、作者、学校名称更精确地查找文献，点击【Browse authors】链接和【Browse schools】链接能集中查阅到相关作者和学校的论文情况。点击【Look up subjects】链接能集中查阅到检索主题的文

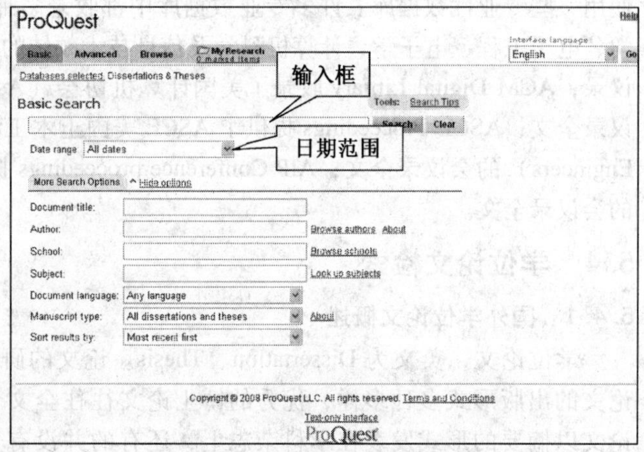

图 5-65　PQDT 的基本检索界面

献资料。

【检索示例】在 PQDT 数据库检索中查询关于发动机方面的学位论文。

该课题的具体检索步骤如下：

1）确定检索词。该课题的检索词为发动机，其对应的英文检索词为“engine”。

2）选择数据库检索方式。由于该课题仅要求检索发动机方面的资料，对作者、检索时间等均无限制，因此，可以选择基本检索。具体操作是：进入基本检索界面。在检索框中输入检索词“engine”。

3）点击【Search】按钮即可完成检索，可以检索到 6195 条记录。

（2）高级检索

如果需要进行更为复杂的检索，可以点击【Advance】按钮进入高级检索界面，如图 5-66 所示。高级检索可以进行更多字段的检索或进行更多主题概念的逻辑组配。

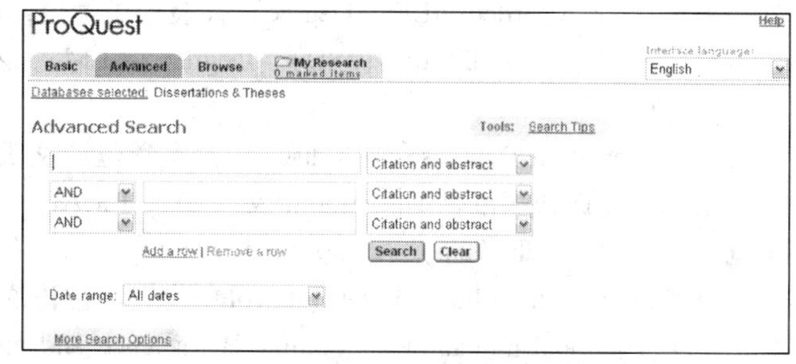

图 5-66 PQDT 的高级检索界面

将检索条件加入检索式输入框中来辅助构成检索式，如果不够，可以点击【ADD A ROW】增加一行。在输入正确的检索式后，点击右边的【search】按钮即可进行高级检索。在构造检索式时，PQDT 系统支持布尔逻辑检索、位置检索、字段限定检索、截词检索、词组/短语检索以及自动忽略噪音词等功能。

PQDT 共提供 14 个字段的检索，分别如下：

- Author（AU）代表作者字段，作者检索可用 Author（第一个名字）、Author（最后一个名字）或 Author（最后一个名字，第一个名字）。如 Author（Smith）、Author（Smith，Robert），若不确定作者姓名，可用截断检索，如 Author（Smit?）。
- Adviser（AD）代表指导教师字段，指导教师检索可用 Adviser（第一个名字）、Adviser（最后一个名字）或 Adviser（最后一个名字，第一个名字）。如 Adviser（Smith）、Adviser（Smith，Robert），若不确定指导教师姓名，可用截断检索，如 Adviser（Smit?）。
- Language（LA）代表语言字段，学位论文的标题与文摘均译成英文。假若检索非英语撰写的学位论文，用 LA（语种）标识，如 LA（French）。检索非英语撰写的学位论文的标题，用 TI（语种 text）表示，如 TI（Russian text），如果用 TI（English）将没有检索结果。
- Title（TI）代表标题字段，假若标题很长，可用关键词和短语检索。用关键词和布尔逻辑运算符、相邻符号组成检索式，例如，TI（Biology and Chemistry）。检索时注意不要把标题检索限定在某个狭小的主题范围内，这样将极大地影响检索效果。
- school（sc）代表学校字段，如果知道某个学校的名称，可用该字段检索。其形式为：sc（校名），如 sc（Michigan）、sc（University of Michigan）。若不知道学校的确切名称，可查询高级检索页面的 school index tab。美国以外的大学都有 4 位数字的代码，假如要查找瑞典某学校的学位论文，可先输入 SC（Sweden），检索出该国家的学校索引表，再输入那个学校的代码进行检索。
- Subject（Su）代表主题字段，主题检索可采用主题类目名称，也可用主题类目代码。主题类目代码由 4 位数字组成，在高级检索页面查检主题索引表（Subject index tab）可查到。

- Abstract（AB）代表文摘字段，文摘由作者用英语提供，一般只有几百字，可用布尔逻辑检索、相邻检索、关键词检索和主题检索。对于其他语种论文，数据库提供原语种的标题和文摘。
- Keyword（Key）代表关键词字段，关键词字段可用于标题检索和文摘检索，这是个默认形式，输入关键词时不用加字段符号。在基本检索时可用布尔逻辑检索、相邻检索。
- Degree Date（DA、Date、Yr）代表学位授予时间，学位授予时间用年代检索。如 Date（1980：1999），表示 1980 ~ 1999 年之间；date（ > 1995），表示从 1995 年以后；date（ < 1995）表示 1995 年以前。
- Degree Awarded（DG、Degree）代表授予学位，用学位名称的首字母缩写或缩略语检索授予学位，如 Degree（JSD）、Degree（LLM），不同学校学位名称的缩略语是经常变化的。
- Dissertation Database ID（disdb）代表学位论文数据库 ID，系统分为“国际学位论文文摘”（DAI）和“国际硕士论文文摘”（MAI）数据库，该字段对数据库的检索进行限定，如 disdb（dai）、disdb（mai）。
- Dissertation Volume/Issue（disvol）代表学位论文卷期号，该系统分为 Volume A：social science and humanities，Volume B：science and engineering，每卷又分为数期。用户若查找数据库的某部分，可用如下方式表示：disvol（dai-a），查找 DAI A 卷，disvol（dai—b52）查找 DAI B 卷 52 期，disvol（dai—b52/04）查找 DAI B 卷 52 期第 4 册。
- Publication order number（PN）代表出版号，可用出版号检索某篇学位论文。
- ISBN（ISBN）代表国际标准书号，用国际标准书号亦可检索到某篇学位论文。

系统的常用的运算符包括逻辑运算符 AND、OR、NOT，分别代表逻辑与、逻辑或、逻辑非。邻近检索 w/n：表示两个检索词之间可有 n 以内（包括 n）个字母，词序可变，如 intelligent w/10 buildings 将检索出“intelligent buildings”与“buildings that are intelligent”的论文。Pre/n：表示前一个检索词与后一个检索词之间相隔 n 个字母，词序不变，如 military Pre/1 weapons 只检索出“military weapons”的论文。为了检索出检索词的不同形式（动词的进行时、过去时和名词的单复数形式）和不确定单词的拼写形式时可使用截词符“?”。如 Biolog? 表示 Biology 和 Biological。系统列出的噪音词如表所示。若以表 5-5 中的单词作为检索词时，系统将自动忽略并用空格取代进行检索。

系统支持用（）将多个检索项组配成一个检索式，如 KY（cross country or Nordic and skiing）。词组检索：用空格将单词隔开进行精确的词组检索。例如以 ti（cross country skiing），将仅反馈含“cross country skiing”的记录，key（nordic or cross country）and key（skiing）将只反馈含“Nordic skiing”和“cross country skiing”的记录。

表 5-5　PQDT 的噪音词表

BY	SOME	THIS
DID	SUCH	THOSE
FROM	THAN	THROUGH
HAS	THAT	TO
HAVE	THE	USING
INTO	THEIR	WERE
NOT	THEM	WHEN
OF	THEMSELVES	WHICH
OR	THESE	WITH
SHOULD	THEY	WOULD

（3）论文分类浏览

除基本检索和高级检索模式外，系统还提供了按学科分类浏览论文的模式。点击【Browse】按钮，即可进入分类浏览界面，如图 5-67 所示。系统页面出现学科分类导航树，按 A ~ Z 的顺序排列。点击某学科名称的首字母，系统即进一步显示其学科子类，此时用户可点击所需求的某一子类名称，系统即显示该子类检索结果。

3. 检索结果处理

PQDT 数据库的检索结果界面如图 5-68 所示。PQDT 检索结果包括题名、作者、授予学位学校、出版时间、论文页码、出版号、指导教师、授予学位、来源代码、数字化版本信息、文摘等信息。1997 年以后的论文，可以通过“24page preview”浏览前 24 页的内容。系统提供多种结果保存方式，可以联机打印（Print）、电子邮件传递（E-mail）和下载存盘（Download）。系统支持对检索结果做标记（mark），在检索完成时进行批量处理。

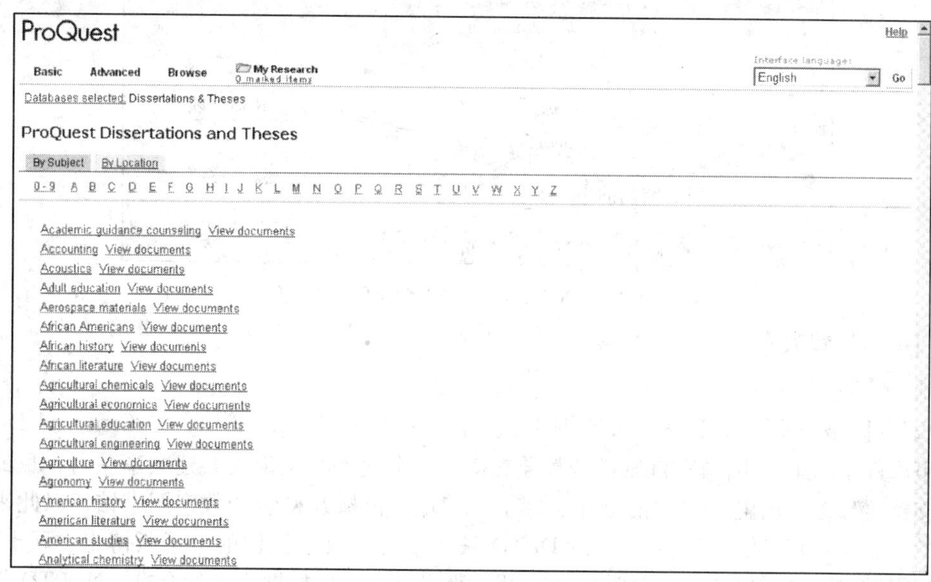

图 5-67 PQDT 数据库的浏览页面

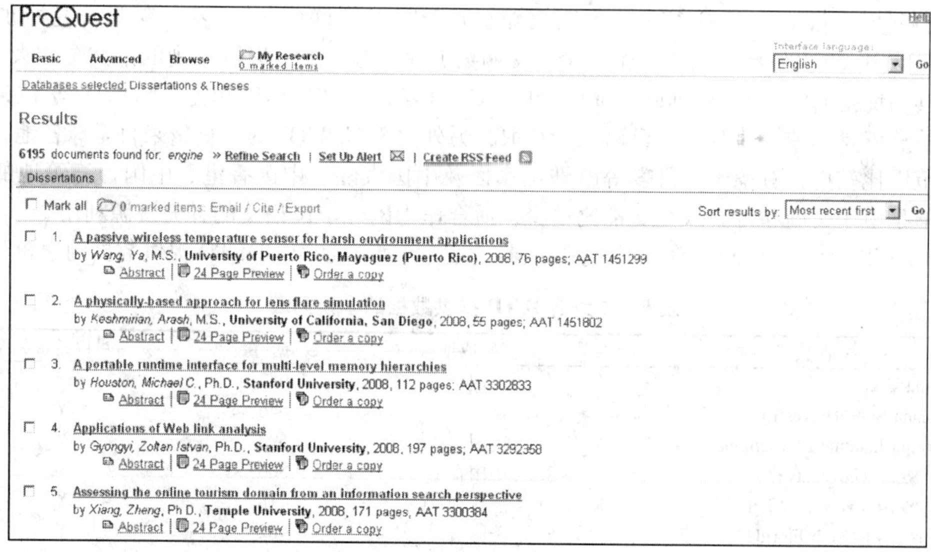

图 5-68 PQDT 数据库检索结果界面

4. 个性化服务

PQDT 数据库对检索结果提供个性化服务。在检索结果页面，用户可以标记需要的检索记录，而这些标记的检索记录将被保存在【My research】中，用户可以对这些记录进行管理。点击任意界面上方的【My search】，将打开检索结果个性化服务界面，如图 5-69 所示。在该界面，用户可以创建网页链接【Create a web page】和创建 RSS 反馈【Create RSS Feed】等，还可以查看最近的检索【Recent Searches】、已访问的出版物【Visited Publications】等。

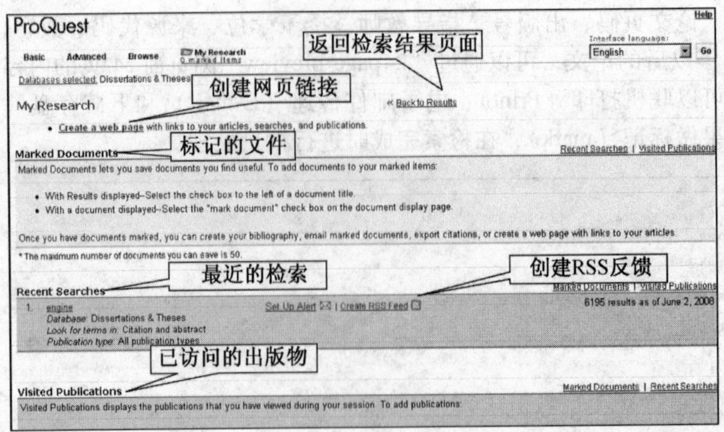

图 5-69　PQDT 数据库个性化服务界面

5.4.3　NDLTD 数据库

1. 概况

NDLTD 网络博士、硕士论文数字图书馆（Networked Digital Library of thesis and Dissertations，NDLTD）是由美国国家自然科学基金支持的一个网上学位论文共建共享项目，目的是创建一个支持全球范围内电子论文的创作、标引、储存、传播及检索的数字图书馆，以此来促进研究生教育。NDLTD 数据库可以查询 NDLTD 联盟中所有成员机构的电子版博士、硕士论文，可免费获得题录和详细摘要，部分学位论文可免费获得全文（根据作者的要求，NDLTD 文摘数据库链接到的部分全文分为无限制下载、有限制下载、不能下载几种方式），以便加速研究生研究成果的利用。目前全球有 170 多家图书馆、7 个图书馆联盟、20 多个专业研究所加入了 NDLTD，其中 20 多位成员已提供学位论文文摘数据库 7 万条，可以链接到的论文全文大约有 3 万篇。其网址是 http://www. ndntd. org。和 ProQuest 学位论文数据库相比，NDLTD 学位论文库的主要特点就是学校共建共享，可以免费获取，另外由于 NDLTD 的成员馆来自全球各地，所以覆盖的范围比较广，有德国、丹麦等欧洲国家以及中国大陆、中国香港、中国台湾等地的学位论文。但是由于文摘和可获取全文都比较少，适合作为国外学位论文的补充资源利用。

在 CALIS 上建立了 NDLTD 的镜像服务器。表 5-6 所示是为 NDLTD 提供数据的学校列表。

表 5-6　为 NDLTD 提供数据的学校列表

学校名称	国家或地区	数据量	是否可以链接到全文
Virginia Tech	美国	7 082	N
Louisiana State University	美国	646	Y
California Institute of Technology	美国	590	Y
Hong Kong University	中国香港	9 566	Y
Wirtschaftsuniversitat Wien	澳大利亚	18	Y
University of South Florida	美国	82	Y
Massachusetts Institute of Technology	美国	8 149	N
Waterloo University Canada	加拿大	154	Y
North Carolina State University	美国	553	Y
Uppsala University	瑞典	7	N
Humboldt-University zu Berlin	德国	1 001	Y
National Sun Yat-sen University Taiwan	中国台湾	2 955	Y
University of Pittsburgh	美国	123	N
University of British Columbia Canada	加拿大	3	Y
Technische University Dresden	德国	1	Y
University of Munich，Germany	德国	645	Y

（续）

学校名称	国家或地区	数据量	是否可以链接到全文
Gerhard-Mercator-University Duisburg	德国	461	Y
Universidad de las Americas-Puebla	巴西	0	
Forskningcenter Risoe	丹麦	9	Y
University of Nebraska-Lincoln	美国	6	N
West Virginia University	美国	0	
University of Cincinnati	美国	145	Y
Aarhus Universitet Danmark	丹麦	4	Y
University of Virginia	美国	15	N
Other		2 277	

2. 检索方法

NDLTD 提供联合目录查询（NDLTD Union Catalog）、基于 OAI 的联合目录试验系统（OAI-based Union Catalog）、试验联合查询系统（Federated Search Demonstration）、浏览成员站点查询（Official NDLTD Members）、浏览 Virginir Tech 等 5 种途径。NDLTD 联合目录的目标是创建一个包括 NDLTD 成员单位和其他组织提供的博硕士学位论文的全球联合目录，以此提供一个查找电子版博硕士论文的统一入口。使用联合查询系统时，用户只需提交一次检索词，就可以同时检索众多电子版博硕士学位论文项目组成员单位的站点。可按题名、作者、文摘、主题、机构、发布年、语种等途径检索，免费获得论文的题录和详细摘要，有相当部分的论文可以得到 PDF 格式或 SGML 格式的全文。

国内在 CALIS 上建立了 NDLTD 数据库的镜像服务器。在浏览器的地址栏输入网址 http://ndltd. calis. edu. cn，即可访问 CALIS 上的 NDLTD 数据库的镜像服务器。其检索界面是中文的，检索方法也与网络访问 NDLTD 数据库主网站相似，这里就不做介绍了。NDLTD 主网站的数据库可以免费访问，但需支付国际流量费，其网址为 http://oai. dlib. vt. edu/ ~ etdunion/cgi-bin/OCLCUnion/UI/index. pl。其检索界面为英文的，下面介绍 NDLTD 主网站的数据库的检索方法。

NDLTD 数据库检索系统提供了快速浏览（Quick Browse）和快速检索（Quick Search）两种检索方式，页面如图 5-70 所示。在 Query 后的输入框中输入检索词，点击【GO】按钮，即可进行快速检索。

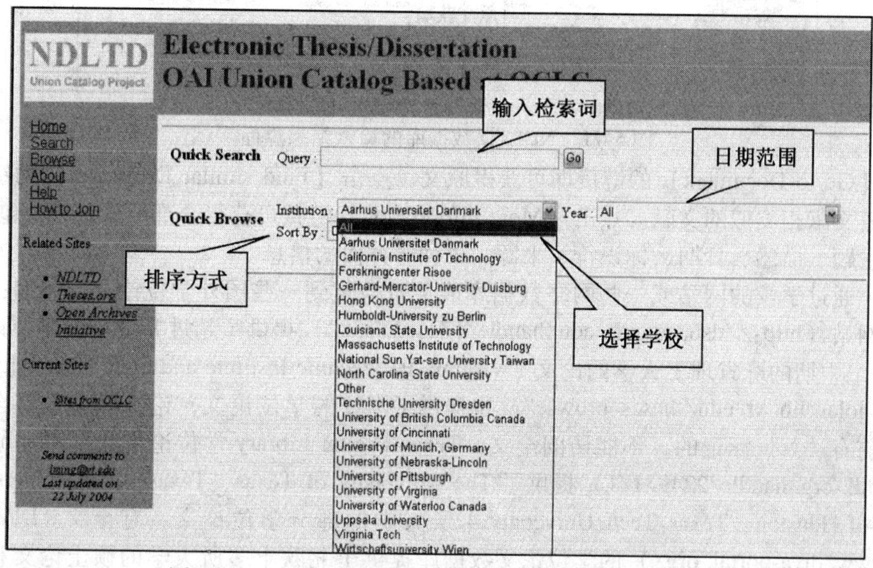

图 5-70 NDLTD 数据库的快速检索与快速浏览界面

NDLTD数据库还可以根据论文数据的来源机构浏览特定学校的学位论文。点击【Institution】的下拉菜单可选中全部学校或部分学校。如选择美国学校中的匹兹堡大学University of Pittsburgh，或者选择加拿大的某些学校如沃特卢大学（University of Waterloo Canada），或者选择德国的某些学校如慕尼黑大学University of Munich Germany，或者选择北欧的一些学校如丹麦的奥尔胡斯大学（Aarhus Universitet Danmark）、瑞典乌普萨拉大学（Uppsala University）。另外还可以检索到中国的香港大学（Hong Kong University）、中国的台湾中山大学（National Sun Yat-sen University Taiwan）中的学校的学位论文。

【检索示例】在NDLTD数据库中查询关于太空舱方面的学位论文。

该课题的具体检索步骤如下。

1）确定检索词。该课题的检索词为太空舱，其对应的英文检索词为"space capsule"。

2）选择数据库检索方式。由于该课题仅要求检索太空舱方面的资料，对作者、检索时间等均无限制，可以选择基本检索。具体操作是：进入NDLTD数据库，在【Quick Search】框中输入检索词"space capsule"。

3）点击【GO】按钮即可完成检索。本次检索对应的检索结果界面如图5-71所示。

3. 检索结果处理

NDLTD数据库检索结果界面如图5-71所示。系统提供的检索结果的排序方式有按学校名称的首字母排序、题名的首字母排序、作者的首字母排序、年代排序等方式。检索结果界面直接显示命中论文的题目列表，包括题目、作者、摘要、日期等简单信息。

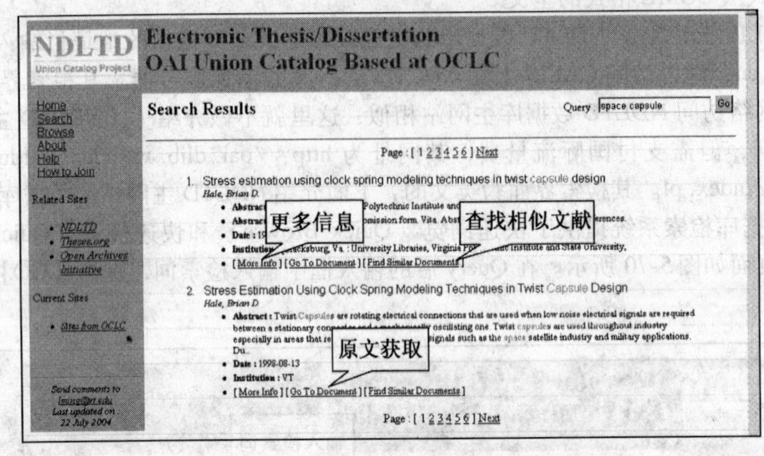

图5-71　NDLTD数据库的检索结果界面

点击【Go to Document】的链接即可获得原文，点击【Find similar Document】的链接能检索出与这篇文献相类似的文献。点击【More information】链接可获得全部数据记录，包括题名、创建者、主题、描述、日期、标识符、来源、语种等方面的信息。

此外，通过学校的网站或一些网络数据库能免费检索到一些国外学位论文，例如：麻省理工大学的网站（http://dspace.mit.edu/handle/1721.1/7582）提供了超过15 000篇学位论文，回溯到19世纪中期的麻省理工大学的论文。Virginia Polytechnic Institute and State University的网站（http://scholar.lib.vt.edu/theses/browse/）也提供了本校的学位论文，论文库多数有全文，但论文列表前有"vt"标记的，不能访问全文。Texas Digital Library学位论文数据库（http://repositories.tdl.org/handle/2249.1/1）提供了The University of Texas、Texas A&M University、The University of Houston、Texas Tech University 4所大学的部分学位论文，有全文。DIVA Portal（http://www.diva-portal.org/）的学位论文数据库提供了北欧十多所大学的硕士论文和本科论文15 606篇，部分有全文。Digital Scientific Publications from Swedish Universities（http://

svep. epc. ub. uu. se/testbed/start. xml? lang = en）学位论文数据库提供了瑞典学位论文，有全文。ETH 学位论文库数据库（http://e-collection. ethbib. ethz. ch/diss/index_e. html）收录 1999 年以来的一些瑞士学位论文，有全文。Theses Canada（http://www. collectionscanada. gc. ca/theses-canada/index-e. html）是加拿大学位论文门户，提供加拿大学位论文的保存和检索服务，有英语和法语两种检索界面，可在线检索 1965 年至今的加拿大部分大学的学位论文，1998 年之后的学位论文部分提供全文。OhioLINK ETDs Center（http://www. ohiolink. edu/etd/r）俄亥俄数字化学位论文数据库，集成了 OhioLINK 成员单位（俄亥俄州 74 所大学和学院）图书馆的电子学位论文记录，ADT 数据库（http://adt. caul. edu. au/）是澳大利亚数字论文项目，整合了澳大利亚 40 所高校的数字硕、博论文，可以免费浏览全部学位论文的文摘。根据论文作者授权的不同，还可以免费阅读学位论文的前两章或全文。

5.5 标准文献检索

标准能够增进社会的整体福利，提升企业的核心竞争力，规范市场主体的行为，因而受到各方面的重视，加强标准文献的管理与利用能促进企业乃至国家竞争力的提高。本节内容主要讲述如何通过网络进行国外标准文献的检索。

5.5.1 国外标准文献概述

标准文献是指与标准化活动有关的一切文献，是反映标准的技术文献。它既具有一般科技文献的作用，又具有法律效力，不仅是从事生产、建设工作的共同依据，而且是国际贸易合作、商品质量检验的依据。标准文献是了解世界各国工业发展情况的重要科技情报源之一。科技人员可以从标准文献中了解有关专业领域的技术水平和发展趋势，为科研中的正确决策提供有力依据。标准文献除了以标准命名外，还常以规范、规程、建议等名称出现。国外标准文献常以 Standard（标准）、Specification（规格、规范）、Rules（规则）、Instruction（规程）、Practice（工艺）、Bulletin（公报）等命名。

随着标准化事业的日益发展，世界上的标准文献不断增多，目前已有 100 多个国家制定了国家标准，600 多个国际和区域组织从事或参与标准化活动。

1. 标准文献类型

标准文献按其使用范围分为国际标准、区域标准、国家标准、专业（部、学会协会）标准、地方标准和企业标准；按标准内容分为基础标准、产品标准、方法标准、卫生标准、安全与环境标准、辅助产品标准、原材料标准、管理标准和服务标准；按标准成熟程度分为法定标准和事实标准；按标准法规性分为强制性标准和非强制性标准。

2. 国外标准文献检索

国外标准文献的检索方法有很多种：一是手工检索，如通过印刷型的《ISO 标准目录》等检索工具检索标准文献；二是国际联机检索，如通过 DIALOG 系统的“国际标准规范数据库”检索标准文献；三是光盘检索，通过标准数据库光盘检索标准文献；四是网络检索，通过网络版的检索工具检索标准文献，随着因特网的发展，各国出现了大量的标准网络信息系统，这种检索方式在检索途径、获取全文和标准信息的新颖性、及时性等方面具有更大的优势，应优先选择通过网络来检索标准文献。

3. 标准文献的获取

标准文献原文的获取一般有 3 种途径：一是与所查找的网站直接联系；二是与中国标准化研究院的标准馆联系，50% 以上的国际/区域标准和国外发达国家的国家标准都有收藏，是获取国内外标准文献的重要机构；三是与某些地方的标准化研究院联系，如上海市标准化研究院、浙江省标准化研究院文献研究中心、哈尔滨标准情报研究所等都有较丰富的标准文献馆藏，可就近与这些机构联系获取原文。

网络标准文献的全文一般不能免费获取，但可通过原文传递、付费下载或订购方式获得。

5.5.2　标准文献数据库检索

1. NSSN 数据库

全球标准化资料库（A National Resource for Global Standards，NSSN）是一个搜索引擎，由美国国家标准协会（ANSI）管理维护，可通过 NSSN 在线免费查询全球600 多家标准组织与专业协会制订的30 多万条标准的目录，提供获取全文的途径，如联系电话或标准化组织的网站。其网址为 http://www.nssn.org/，界面如图 5-72 所示。

图 5-72　NSSN 首页（简单检索界面）

NSSN 提供简单检索（simple search）和高级检索（advanced search）两种检索方式。

（1）简单检索

NSSN 默认为简单检索方式，如图 5-72 所示。该界面简洁，只有一个检索式输入框，在输入框下方有两个检索选项，分别为“Find Title，Abstract or Keyword”和“Find Document Number”，在输入检索式之前，需先进行选择。选择“Find Title，Abstract or Keyword”选项，检索将在标准名称、摘要或关键词字段进行，输入的检索词不区分大小写。输入框可输入单个或多个检索词或用布尔逻辑运算符连接的检索式，检索词之间默认为逻辑与的关系。支持精确短语检索，使用引号将检索词括起来即可。选择“Find Document Number”选项则可以输入完整的文献号或文献号的一部分进行检索，为得到最佳的检索效果，推荐使用文献核心号，即不带前缀的文献号的主体部分，例如完整文献号“ANSI/SAAMI Z299.4-1992”的核心号是“Z99.4”。

【检索示例】检索有关“面向对象程序设计”的标准。

可选择“Find Title，Abstract or Keyword”选项，在检索框中输入“object oriented programming”，点击【GO FIND IT】即可，显示结果如图 5-73 所示。点击文献号可显示该标准的详细信息和全文订购信息。

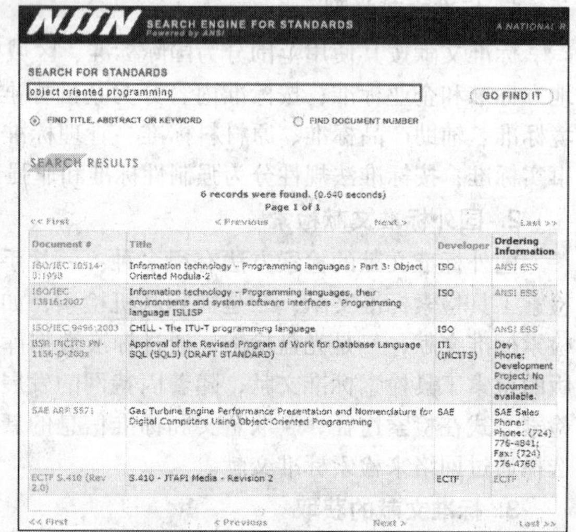

图 5-73　NSSN 简单检索结果显示页面

（2）高级检索

点击界面右上方的【advanced search】可进入高级检索方式，如图 5-74 所示。

该界面提供了多项检索限制条件，包括检索字段限制（文献号、标准名称、全记录）、检索词的匹配限制（同时包含所输入检索词、包含输入检索词的任一词、精确短语、布尔运算）、标准制定者限定、返回结果的记录最大数量、每页显示的记录条数。检索界面右侧的多选项为标准范围的限定，通过选择可扩大或缩小所检索标准的范围。

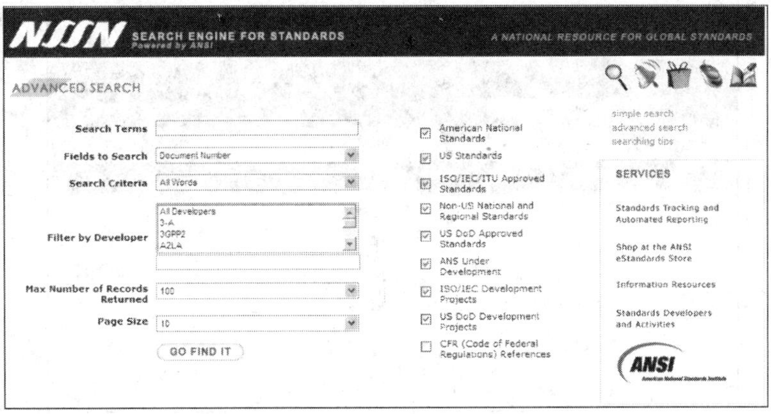

图 5-74　NSSN 高级检索界面

2. Techstreet 工业标准库

Techstreet 工业标准库隶属于汤姆森科技集团，Techstreet 提供基于网络的标准检索服务，可在线检索全世界 350 多个标准制定机构的标准信息，另外还提供 25 万多份书籍和文献资料。部分标准有 PDF 格式的全文，可直接进行下载，但免费用户只能进行简单的检索，可查看标准的题录信息及全文订购信息。Techstreet 的网址为 http://www.techstreet.com/，网站首页如图 5-75 所示。

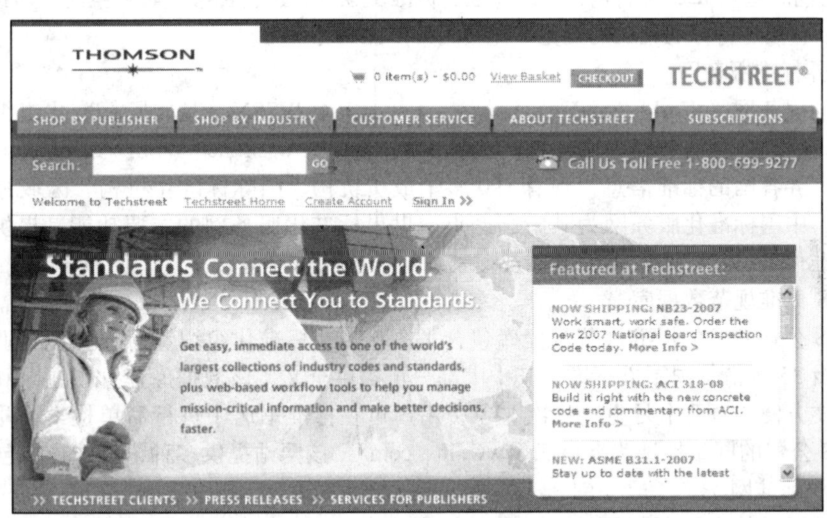

图 5-75　Techstreet 网站首页

在该网站的页面上方提供了快速检索。可以在检索框内输入关键词、题名、国际标准书号、标准号等进行检索。

在主页上方“Shop by publisher”下拉菜单中点击其中任一标准出版者的名称，就可显示该出版者的标准页面，可进行单独浏览和检索。

点击主页上方“Shop by industry”下拉菜单中的行业名称，就可显示该行业的标准页面，可进行单独浏览和检索。

【检索示例】检索有关家用摄像机的标准。

在网站页面上方的检索框内直接输入“home video cameras”，点击【GO】即可。检索结果如图 5-76 所示。在该题录列表显示页面上点击标准号可进入详细题录显示信息。

图 5-76　Techstreet 检索结果题录列表显示

3. 其他标准数据库

除了上述的两个数据库外，还有一些比较有代表性的标准文献数据库，如 IEL 标准全文库、世界标准服务网、IHS 标准数据库、开放标准网等。

（1）IEL 标准全文库

IEL 是 IEEE/IEE Electronic Library 的简称，IEL 标准全文库是指由美国电气电子工程师学会（IEEE）和英国电气工程师学会（IEE）出版的标准全文信息，网址为 http：//ieeexplore. ieee. org/。该库可同时检索 IEL 的期刊、会议文献、标准文献等，进行标准文献检索时，需进行相应的选择。还可以直接进行标准文献的浏览。免费用户不能浏览全文。

（2）世界标准服务网

世界标准服务网（World Standards Services Networks，WSSN）是国际标准化组织推出的全世界标准化组织的公共服务门户网，其网址为 http://www. wssn. net/WSSN/index. html。通过它可以查到全世界各国的标准信息。现有 190 多个成员机构、国际标准化机构、区域标准化机构的网站链接，中国标准化服务网为其中国站点。世界标准化服务网的主要功能是提供国际、国家、地区标准化组织和标准主体的链接及搜索，但不提供标准检索。

（3）IHS 标准规范数据库

美国 IHS 公司开发的标准规范数据库包含了 370 多个标准化组织和行业领先企业的 100 多万份标准以及 35 万份美国军方标准，其中大部分可提供全文。该数据库建立了题录和全文的链接，索取全文方便，每两个月更新一次。免费用户可在标准书店中进行简单检索，并可进行全文订购。IHS 公司的网站地址为 http://www. ihs. com/，该网站提供多种语言选择，包括中文。

（4）开放标准网

开放标准网目前主要包括了 ISO（国际标准化组织）和 IEC（国际电工委员会）的 JTC1（联合技术委员会）发布的信息技术相关标准（ISO/IEC JTC 1）全文，内容涉及编码字符集、编程语言、操作系统、用户界面等，其网址为 http://www. open-std. org/。可对该网站列出的标准进行免费浏览并查看 PDF 格式的全文。

5.5.3　国际及区域组织标准文献检索

目前，世界上有许多国际和区域性组织制定标准和技术规范，其中最具权威的国际组织是 ISO、IEC 和 ITU，称为世界三大标准化机构，它们制定的标准称为国际标准，一些区域性组织制定的标准影响也较大，如 CEN 制定的标准。

1. ISO 标准检索

（1）ISO 概况

国际标准化组织（International Organization for Standardization，ISO），是一个全球性的非政

府组织，是制定国际标准的机构，成立于 1947 年 2 月，总部设在瑞士的日内瓦。ISO 于 1951 年发布了第一个标准“工业长度测量用标准参考温度”。国际标准化组织的目的和宗旨是：“在全世界范围内促进标准化工作的发展，以便于国际物资交流和服务，并扩大在知识、科学、技术和经济方面的合作”。其主要活动是制定国际标准，协调世界范围的标准化工作。其制定标准范围是除电气和电子领域外的其他学科。到目前，该组织已有 157 个成员国，制定了 17 000 多个国际标准，每年新颁布标准约 1 100 个。

ISO 网站可检索 ISO 的所有已颁布标准，并提供在线订购全文的服务。ISO 标准每 5 年修订一次，使用时应注意该标准是否有效。ISO 网站网址为 http://www. iso. org/iso/home. htm，首页如图 5-77 所示。

图 5-77　ISO 网站首页

点击首页上的【Products】/【ISO standards】进入 ISO 的标准检索界面，如图 5-78 所示。

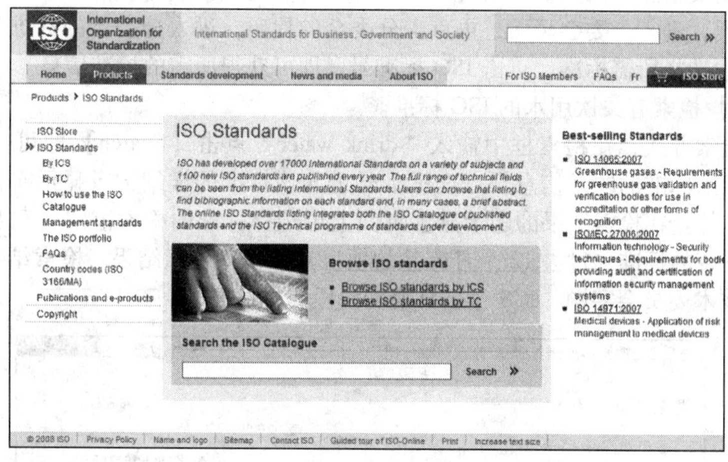

图 5-78　ISO 标准检索界面

（2）检索方法

ISO 网站上的标准检索分为快速检索、高级检索和浏览检索。

1）快速检索。每个页面右上方的输入框是快速检索输入框，图 5-78 中，中下方【Search the ISO Catalogue】下的输入框亦为快速检索的输入框，可输入关键词或短语，在标准名称和摘要字段进行检索。

2）高级检索。可以点击检索框下方的【Advanced Search】进入高级检索界面，如图 5-79 所示。

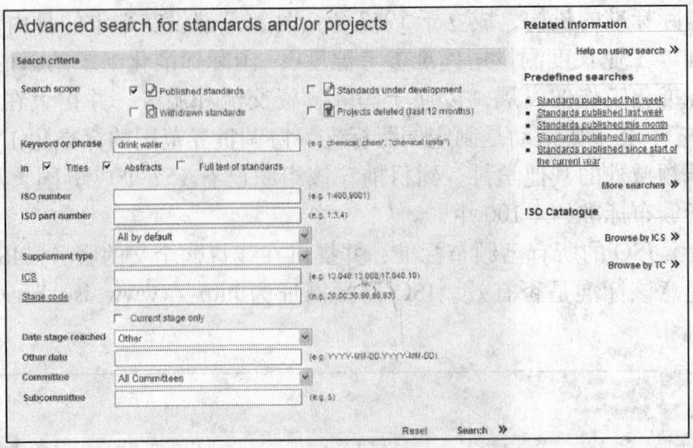

图 5-79　ISO 高级检索界面

ISO 高级检索可通过关键词或短语（可在标准名称、摘要、标准全文字段检索）、ISO 号码、ISO 分号、ICS 号、阶段码、时间范围、技术委员会或分委会的编号进行检索，可单独使用，也可组合起来进行检索。该检索方式支持逻辑运算符、截词符和短语检索等。

3）浏览检索。浏览检索提供两种浏览方式，一是“Browse by ICS”（按国际标准分类进行浏览），二是“Browse by TC”（按技术委员会进行浏览）。

- 按国际标准分类进行浏览。点击【Browse by ICS】，即可进入国际标准分类浏览页面，该页面主要是国际标准分类表（ICS）的一级类目及类号表，可逐级点击类目及类号，进入三级类目下的标准目录，然后在标准目录中选择所需标准，点击 ISO 标准号，即可获得所需的标准信息。
- 按技术委员会进行浏览。点击【Browse by TC】进入按技术委员会浏览页面，点击委员会的代码，进入分委会页面，再点击分委会的代码，进入分委会的标准目录，然后在标准目录中选择所需标准，点击 ISO 标准号，即可获得所需的标准信息。

【检索示例】检索有关饮用水的 ISO 标准。

选用快速检索方式，在检索框中输入“drink water”点击【Search】即可，结果如图 5-80 所示。该页面显示标准的题录信息，点击标准号进入该标准的详细记录显示页面，包含标准的摘要、修订信息等。在检索结果的题录显示页面上可选择标准的检索范围（已出版的标准、未出版的标准、作废的标准、过去 12 个月废除的项目）以修正检索结果。检索结果的显示可以选择按 ISO 号、技术委员会字顺、ICS 号、日期和阶段码排序。

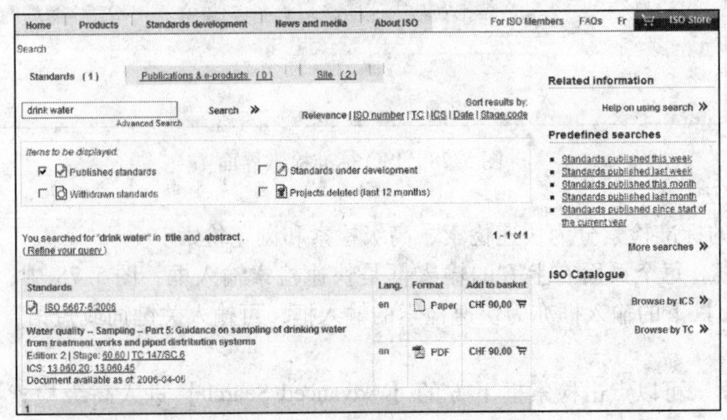

图 5-80　ISO 快速检索结果页面

2. IEC 标准检索

国际电工委员会（International Electrotechnical Commission，IEC）成立于 1906 年，是世界上最早的国际性电工标准化机构，总部设在日内瓦。1947 年 ISO 成立后，IEC 曾作为电工部门并入 ISO，但在技术上、财务上仍保持其独立性。根据 1976 年 ISO 与 IEC 的新协议，两组织都是法律上独立的组织，IEC 负责有关电气工程、电子工程领域的国际标准化工作，其他领域则由 ISO 负责。IEC 的宗旨是促进电工、电子领域中标准化及有关方面问题的国际合作，增进相互了解。目前 IEC 成员国包括了绝大多数的工业发达国家及一部分发展中国家，中国于 1957 年成为 IEC 的成员。IEC 网址为 http://www.iec.ch/，其首页如图 5-81 所示。

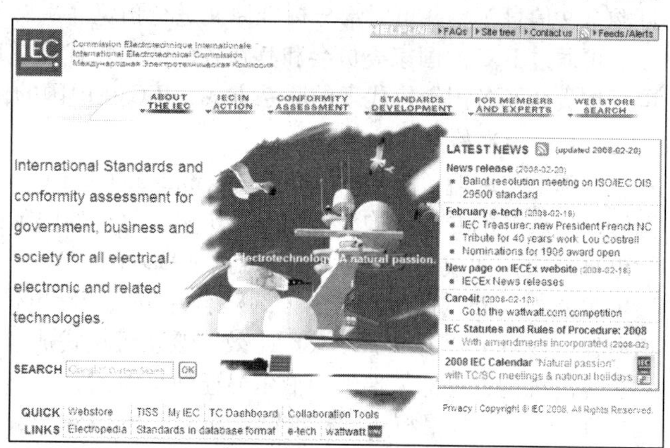

图 5-81 IEC 网站首页

在 IEC 网站主页上点击【WEB STORE SEARCH】/【Search & buy standards online】即可进入 IEC 的标准检索界面，如图 5-82 所示。

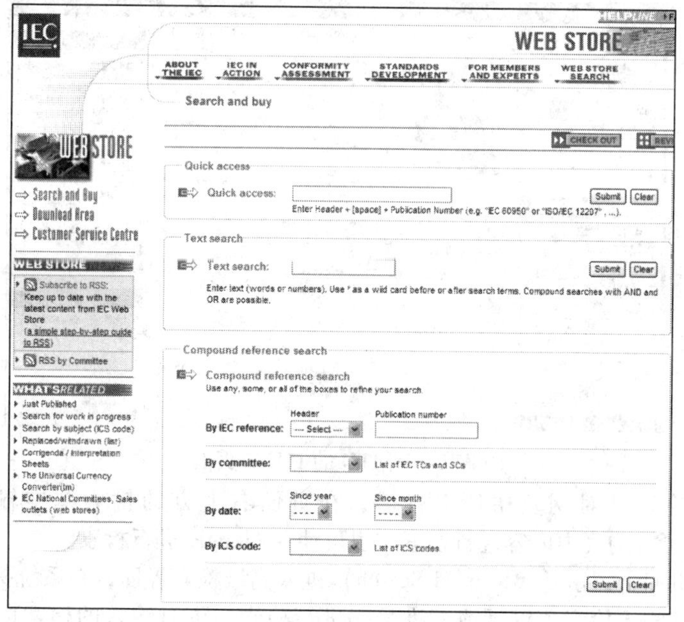

图 5-82 IEC 标准检索界面

IEC 标准检索界面上提供了快速获取（Quick access）、文本检索（Text search）与复合检索（Compound reference search）3 种检索方式。

- 快速获取可输入公开号进行检索，例如“IEC 60950”or“ISO/IEC 12207”等。
- 文本检索支持截词检索、逻辑与、逻辑或的检索，可使用关键词、IEC 标准号、出版号、委员会编号、出版日期等进行检索。
- 复合检索可对标准组织和委员会进行选择，可设定检索日期，各检索项可单独使用，也可组合起来进行检索。

IEC 标准的检索结果首先显示命中记录条数、标准号码、标准名称、版次、语种、全文文本格式，继续点击 IEC 标准号码，可以显示标准文摘、所属技术委员会小组、价格、ICS 类号、订购全文信息等，并可对部分标准原文进行预览。

可通过 IEC 的国家委员会和其在各国的销售代理获取标准全文。IEC 网站为用户提供了 IEC 国家委员会及各国销售代理的联系方式，IEC 在中国的销售代理是中国标准信息中心。

3. ITU 标准检索

国际电信联盟（International Telecommunication Union，ITU，简称国际电联）是联合国负责国际电信事务的专门机构，是世界上历史最悠久的国际组织。其前身为根据 1865 年签订的《国际电报公约》而成立的国际电报联盟。1932 年，70 多个国家的代表在马德里开会，决定把《国际电报公约》和《国际无线电公约》合并为《国际电信公约》并将国际电报联盟改名为国际电信联盟。1934 年 1 月 1 日新公约生效，该联盟正式成立。1947 年，国际电信联盟成为联合国的一个专门机构，总部从瑞士的伯尔尼迁到日内瓦。

ITU 是电信界最权威的标准制定机构，电信标准部、无线电通信部和电信发展部承担着实质性标准制定工作。我国由信息产业部代表中国参加国际电信联盟的各项活动。ITU 网址为 http://www.itu.int/，在其页面上点击【ITU Sectors】/【Standardization（ITU）】进入 ITU 的电信标准部页面，如图 5-83 所示。

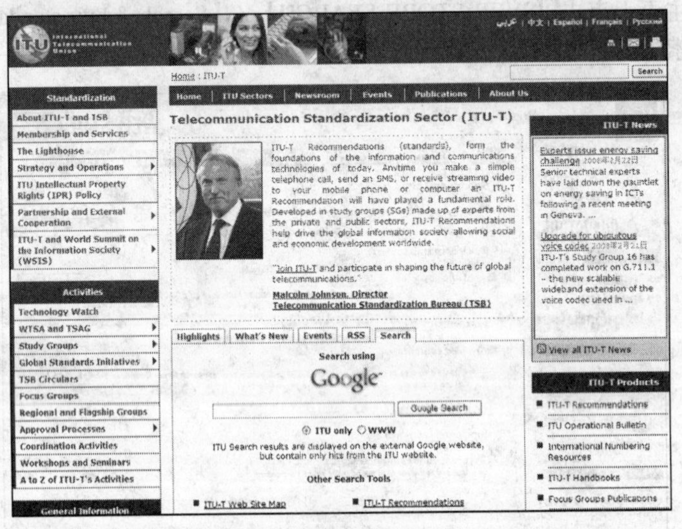

图 5-83　ITU 的 ITU-T 页面

ITU 提供的检索针对网页中所有内容，在页面右上方的检索框中输入检索词，点击【Search】按钮即可对网页中内容进行检索，也可使用 Google 进行检索。

在检索结果页面上点击【Advanced Search】进入高级检索界面，在系统提供的 Search for 检索框中，可以直接输入检索关键词或标准号码进行检索。可对输入的检索词进行一系列限定，并对检索范围进行选择，可选择“Recommendations and Publications”和“Telecommunication Standardization”等选项进行标准文献的检索。在此页面上也可点击【Search for recommendations】进入推荐标准检索界面，如图 5-84 所示。如检索有关多媒体通信的多路复用协议标准，可在【Search under title】输入框中输入“Multiplexing protocol AND multimedia communication”，点击【Search】即可进行检索。

ITU 标准可在线订购或通过网站上的电子书店购买，其他技术性文献可免费下载全文。

ITU 网站还提供出版物目录浏览，点击【Publications】下拉菜单中的出版物目录，可以按类浏览已发表的技术报告或推荐标准。

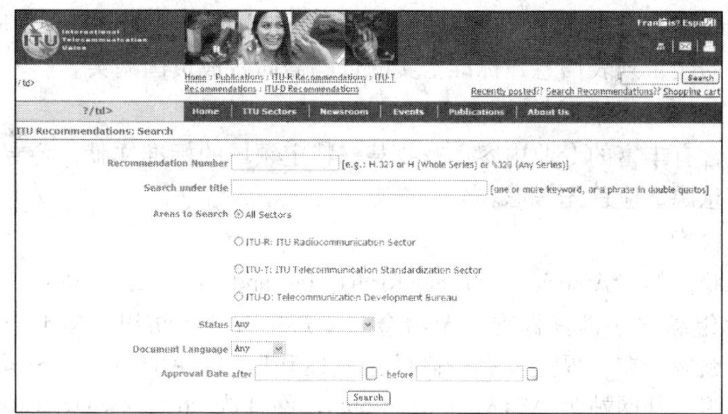

图 5-84　ITU 推荐标准检索界面

4. CEN 标准检索

欧盟一直把技术标准作为国际经济竞争的首选战略，对于制定国际标准一向积极主动，其负责主导制定的国际标准占国际标准总数的 50% 左右，极力提倡在世界范围内采用国际标准，倡导开展国际认证。欧盟成功地将本地区技术标准形成国际标准并通过国际标准的推行将本地区技术推向全世界，已形成世界上最大的经贸集团。检索欧洲标准的重要途径是通过欧洲标准化委员会的网站，网址为 http://www. cen. eu/cenorm/homepage. htm，首页如图 5-85 所示。

图 5-85　欧洲标准化委员会网站首页

点击网站右上方的【SEARCH STANDARDS】可进入标准检索界面，如图 5-86 所示。该界面提供按英文标题和标准号进行检索，并可进行文献类型、ICS、进展状态、技术委员会的选择，还可选择检索的范围和检索结果的排序方式。使用英文标题检索时，可输入一个或多个检索词，检索词不区分大小写，支持布尔逻辑运算、截词运算及短语检索，多个检索词之间默认为逻辑与的关系。如检索欧盟已颁布的造船方面的标准，只需在【Phase in English title】后的检

Extended search for standards and/or projects
Search criteria
Phrase in English title (e.g. chemical, chem*, "chemical tests")
Standard reference (e.g. prEN ISO 8185, EN 736-*, *12620)
Document type: All document types
ICS: All ICS
Warning: Since ICS codes are allocated at a rather late stage in the development of a standard, the result of a query based on an ICS code can be incomplete.
Progress status: All progress status
Committee: All Committees
Search scope: Catalogue (published standards only); Technical programme (standards under development only)
Display search results by: Work Item number; Standard reference; Committee
Search　Reset

图 5-86　CEN 标准检索界面

索框内输入“shipbuild＊”，选择【Catalogue（published standards only）】选项，点击【Search】按钮即可显示结果的题录列表信息，标准全文的订购需向各成员国购买。

5.5.4　专业学会/协会标准文献检索

标准文献通常含有丰富的专业内容，查找某一特定领域的标准文献，各专业学会/协会的标准文献是重要的信息源，应首先考虑。

1. ASTM 标准检索

美国材料与试验协会（American Society for Testing and Materials，ASTM）是美国最大、历史最悠久的标准化组织之一，其标准涉及冶金、建筑、石油、纺织、化工产品、电子、环境、核能、医疗设备等领域，在世界上具有较高的权威性和地位，ASTM 标准在全世界范围内得到了广泛的关注与应用。其网站为 ASTM International，网址为 http://www.astm.org/，该网站提供多语言界面，包括中文。据统计，现行的 ANSI 标准中约有 50% 为 ASTM 标准。利用该网站可检索到 ASTM 协会所出版的标准、标准年鉴及标准汇编等。

在 ASTM 主页上点击左侧上方的【Standards】进入此协会的标准检索界面，如图 5-87 所示。另外，通过中国标准服务网也可检索 ASTM 标准。

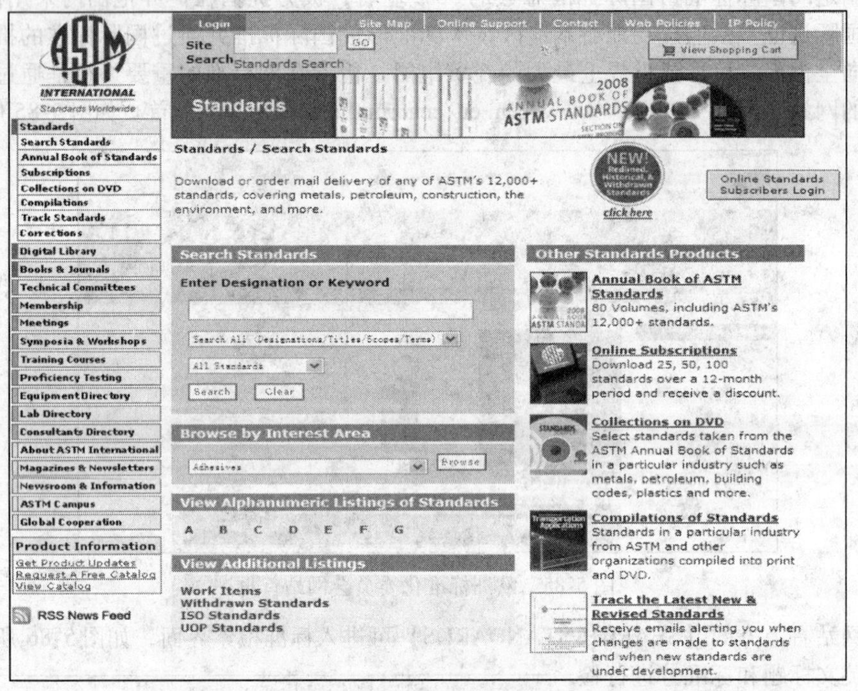

图 5-87　ASTM 检索界面

ASTM 提供 3 种检索方式：一是关键词检索，二是按类浏览检索，三是字顺检索。

- 关键词检索直接输入检索词，标准的检索范围可限定，如全部标准、现行标准、历史文献或作废标准，默认为全部标准。
- 浏览检索是按类进行的检索，ASTM 将所有的标准分为 30 个大类，用户可根据所选的类别进行浏览。
- 字顺检索是按照英文字母的排列顺序进行的检索，如果用户已知标准名称，可按标准名称的字顺序查找标准。

检索结果显示部分信息，如标准名称、技术委员会和此标准的范围等，如图 5-88 所示，若需原文可直接与 ASTM 联系。

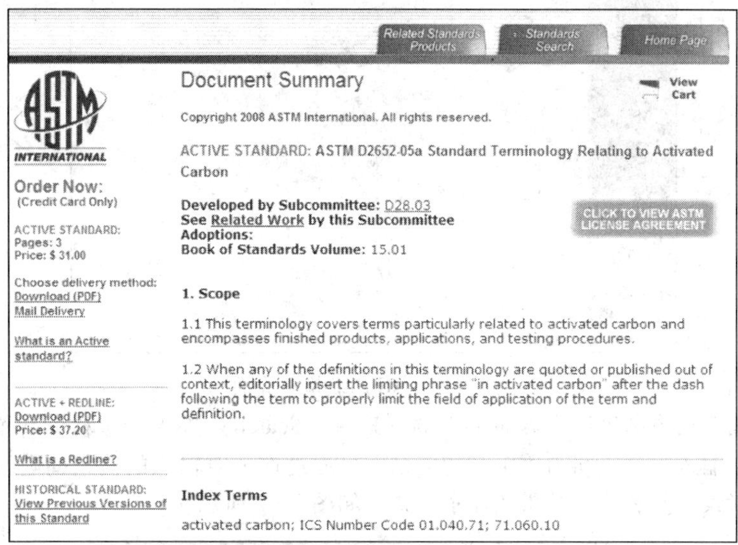

图5-88 ASTM检索结果

2. SAE标准检索

美国机动车工程师协会（Society of Automotive Engineers，SAE）成立于1905年，是国际上最大的汽车工程学术组织。研究对象是轿车、载重车及工程车、飞机、发动机、材料及制造等。SAE所制定的标准具有权威性，广泛地为汽车行业及其他行业所采用，并有相当部分被采用为美国国家标准。其网站为SAE International，网址为http://www.sae.org/，网站首页如图5-89所示。

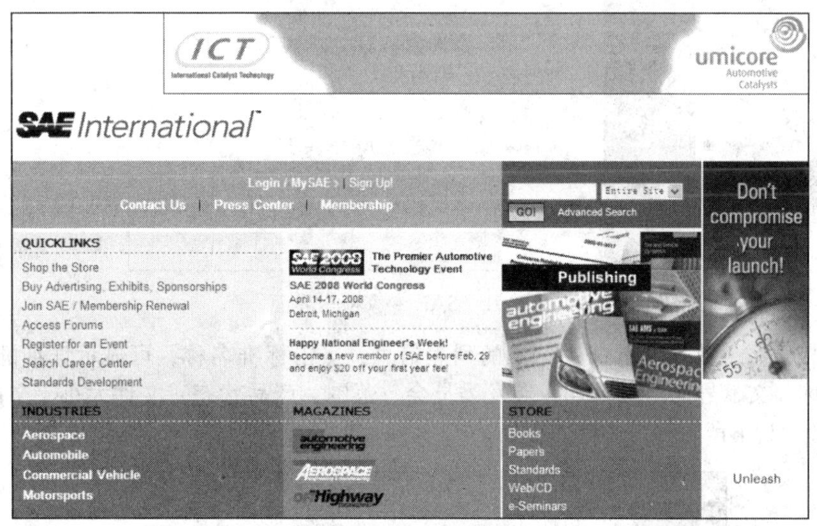

图5-89 SAE网站首页

在此网站上可检索到SAE制定的所有标准的文摘和订购信息，SAE提供快速检索、高级检索和专家检索方式。

- 快速检索：在主页右上方的检索框中直接输入检索词，选择检索范围“Standard”，即可。或者点击主页【STORE】下的【Standards】也可进入快速检索界面。
- 高级检索：点击快速检索输入框下的【Advanced Search】进入高级检索界面，如图5-90所示。可对输入的检索词进行多种设定，并限定检索时间范围和选择命中记录的最大数量。

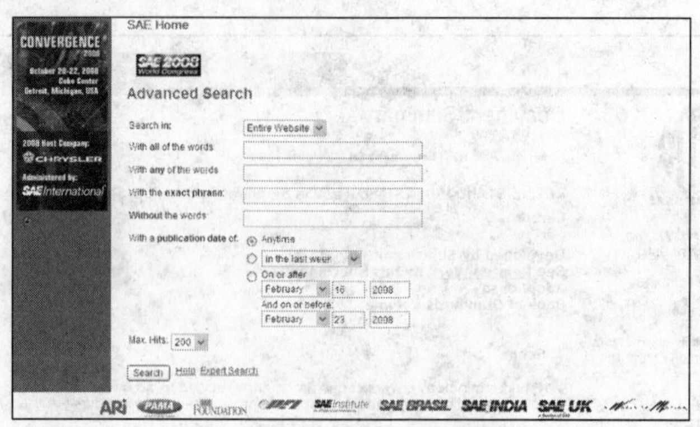

图 5-90　SAE 高级检索界面

- 专家检索：点击高级检索界面下方的【Expert Search】进入专家检索界面，该界面有 3 组检索词输入框，之间为逻辑与的关系，可通过选项对输入的检索词进行限定，同时也可限定检索时间和检索结果的显示方式，如图 5-91 所示。

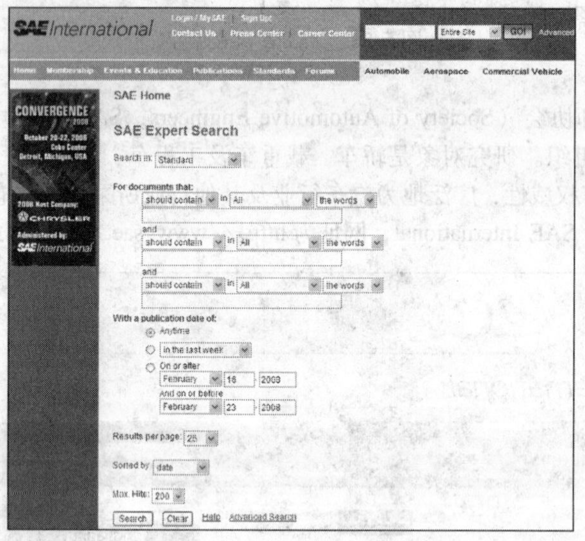

图 5-91　SAE 专家检索界面

SAE 的检索结果首先显示命中记录的列表信息，点击标准名称，可显示详细的题录信息，包含标准名称、文献号、出版日期、颁发委员会、范围、产品状态、文件大小、文摘及订购信息等，如图 5-92 所示。

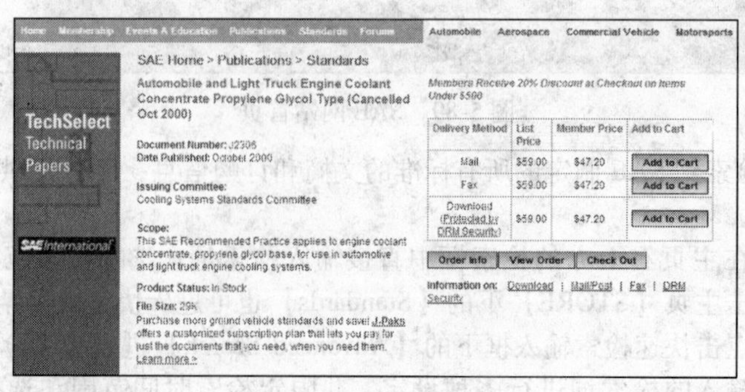

图 5-92　SAE 检索结果

3. 其他专业学会/协会标准检索

其他常见的专业学会/协会标准还有以下几个。

- 电气与电子工程师学会（IEEE），网址为 http://www.ieee.org/，给出了 IEEE 颁布的有关标准的信息，用户可免费加入查询，并可直接订购。
- 美国印刷电路学会（Institute Printed Circuits，IPC），网址为 http://www.ipc.org/。
- 美国机械工程师协会（American Society of Mechanical Engineers，ASME）创建于 1880 年，是一个非营利性的教育和技术组织，制定了许多工业和制造业标准。其网址为 http://www.asme.org/。
- 美国石油学会（American Petroleum Institute，API）是 ANSI 认可的标准制定机构，API 标准旨在解决石油和天然气行业涉及的几大关键问题，其中包括：勘探与生产、炼油、消防与安全、石油测量以及海运等。其网址为 http://api-ec.api.org/。

5.5.5 主要国家标准文献检索

1. 美国标准检索

检索美国标准可以通过美国国家标准学会（ANSI）和美国国家标准与技术研究院（NIST）的网站进行。

（1）美国国家标准学会（ANSI）

美国国家标准学会（American National Standards Institute，ANSI）是非营利性质的民间标准化组织，自愿性标准体系的协调中心，成立于 1918 年，总部设在纽约。ANSI 是美国国家标准化活动的中心，许多美国标准化协/学会的标准制定、修订都同它进行联合，ANSI 批准标准成为美国国家标准。但它本身很少制定标准，而是通过委任团体法和征求意见法从各专业团体制定发布的标准中，将其对全国有重大意义的标准经审核后提升为国家标准，并给以 ANSI 代号。ANSI 的网址为 http://www.ansi.org/，网站首页如图 5-93 所示。

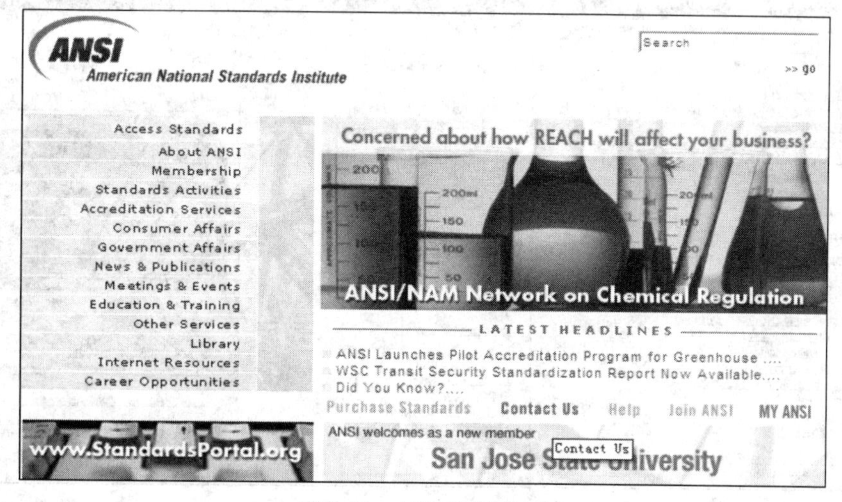

图 5-93 ANSI 网站首页

点击【Access Standards】/【eStandards Store】进入电子标准商店，页面如图 5-94 所示。在此页面上可进行标准的检索或浏览，并可进行标准的订购或下载。

点击【Access Standards】/【NSSN：Search Engine for Standards】或点击【Standards Activities】/【Search American National Standards】进入 NSSN 标准搜索引擎，可进行美国标准的检索，详见前文标准文献数据库中的 NSSN 数据库。

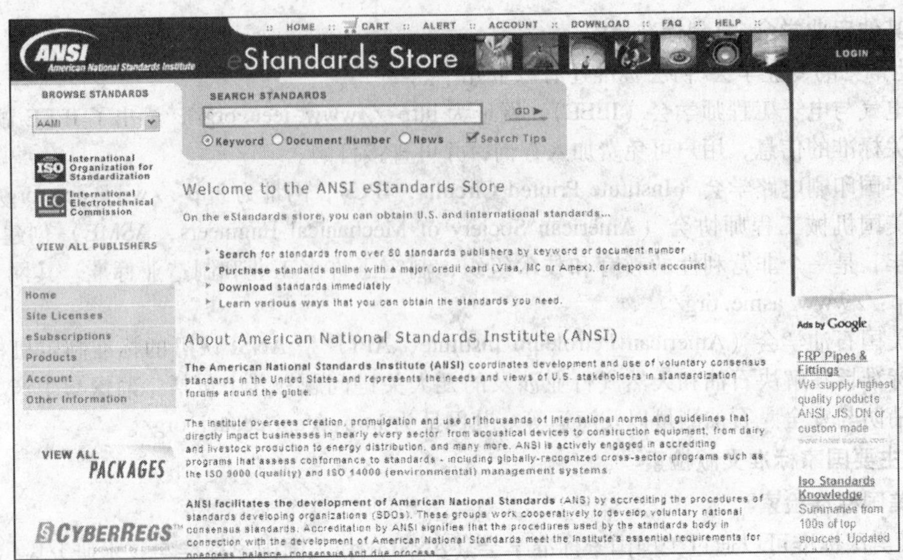

图 5-94 ANSI 的 eStandards Store 页面

（2）美国国家标准与技术研究院（NIST）

美国国家标准与技术研究院（National Institute of Standards and Technology，NIST）直属美国商务部，从事物理、生物和工程方面的基础和应用研究，以及测量技术和测试方法方面的研究，提供标准、标准参考数据及有关服务，在国际上享有很高的声誉。NIST 网址为 http://www. nist. gov/，首页如图 5-95 所示。

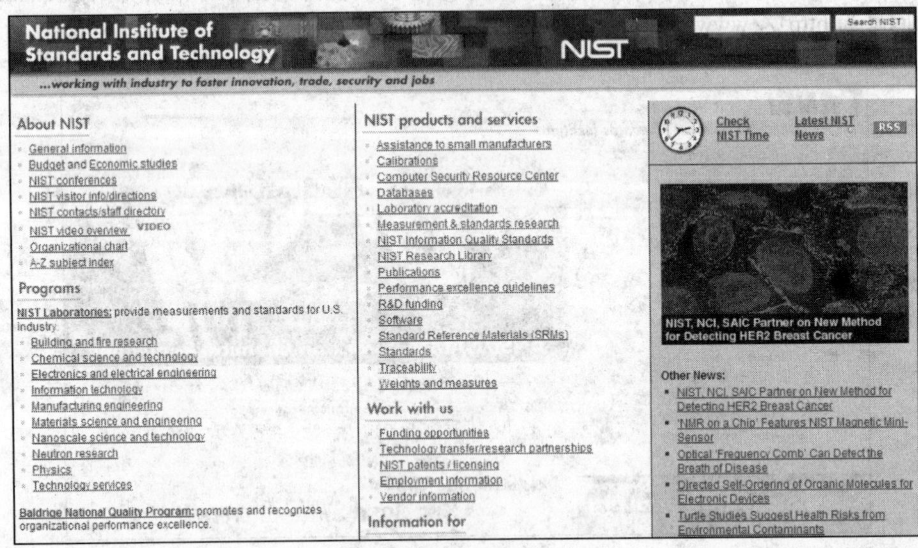

图 5-95 NIST 网站首页

在该主页上点击【NIST products and services】/【NIST Research Library】进入 NIST 的虚拟图书馆页面，如图 5-96 所示。在此页面上，点击【General Research】/【Standards】进入 NIST Virtual Library 的 Standards 页面，该页面上有 NIST 标准资源、标准数据库、标准化组织、标准出版物和参考书目、各国国家度量衡实验室和国际度量衡实验室等相关链接。通过此页面可以进行标准的检索。

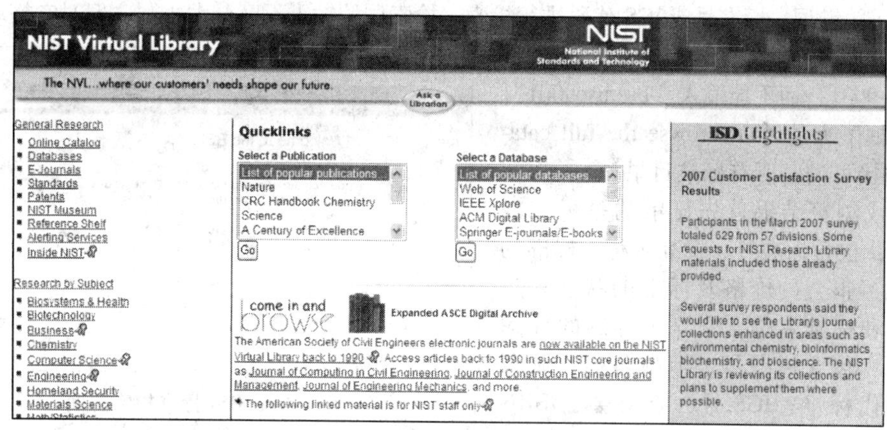

图 5-96 NIST Virtual Library 页面

2. 英国标准检索

英国标准由英国标准学会（British Standards Institution，BSI）负责制定，通过 BSI 网站可进行检索。BSI 网站网址为 http://www.bsi-global.com/，首页如图 5-97 所示。英国标准学会是世界上第一个国家标准化机构，英国政府承认并支持的非营利性民间团体。成立于 1901 年，总部设在伦敦。它不受政府控制但得到了政府的大力支持。BSI 机构庞大而统一，其下设有 300 多个技术委员会和分委员会。它的标准每 5 年复审一次。皇家宪章规定：英国标准学会的宗旨是协调生产者与用户之间关系，解决供与求矛盾，改进生产技术和原材料，实现标准化和简化，避免时间和材料的浪费；根据需要和可能，制定和修订英国标准，并促进其贯彻执行；以学会名义，对各种标志进行登记，并颁发许可证；必要时采取各种措施，保护学会的宗旨和利益。

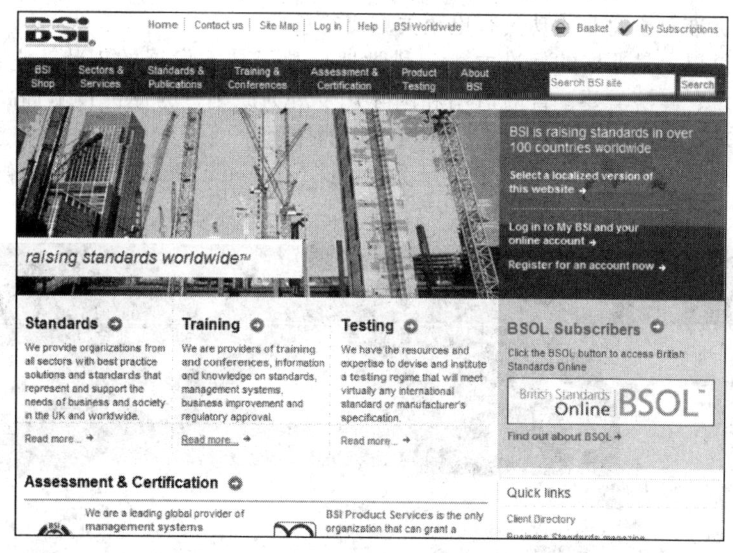

图 5-97 英国标准协会网站首页

英国标准在世界上有较大影响，因为英国是标准化先进的国家之一，它的标准为英联邦国家所采用，受到国际上的重视。

在 BSI 主页上点击左上方的【BSI Shop】进入 BSI 商店的页面，如图 5-98 所示。

在此页面上可进行标准的检索或浏览，注册用户还可直接在线订购标准。在页面中间的输入框内可输入关键词、标准号或ICS代码进行检索。检索词的输入不区分大小写，但对空格敏感，需要空格时要注意键入空格。例如，可输入"bs en iso 9001"而不能输入"bseniso9001"。点击检索框下方的【Or browse the full catalogue】链接可浏览所有标准目录。

检索或浏览结果首先显示的是标准的目录信息，包含标准号、标准名称、标准的会员价格、非会员价格及标准的状态。点击标准号和标准名称，会显示标准的详细题录信息，包含标准号、标准名称、颁布日期、替代标准、ICS号、委员会、ISBN号、出版者、可否传递、页数、文件大小、价格等。

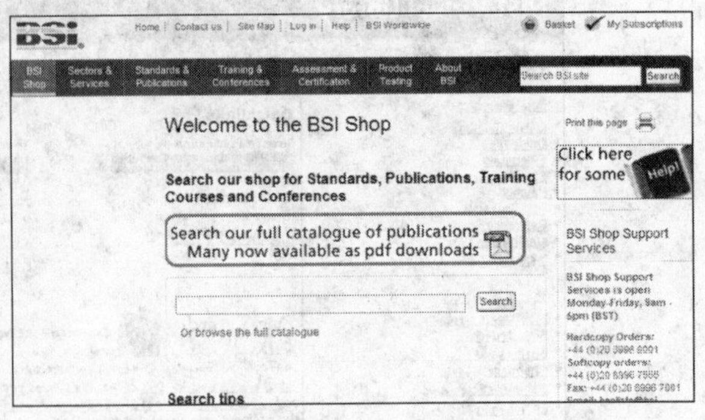

图 5-98　BSI 标准检索界面

3. 德国标准检索

德国标准协会（Deutsches Institut für Normung，DIN）是德国的标准主管机关，成立于1917年，总部设在柏林。从1975年起，德国政府就把DIN作为国家标准体系，在国际和欧洲范围内代表德国的利益。DIN主持着一个由制造工业、消费者组织、商业、贸易业、服务行业、科学界、技术审查员和政府代表们组成的论坛。代表们在此讨论和制定特定领域的标准化要求，并最终形成德国标准。

DIN所进行的标准化工作是要使整个社会受益，这一工作已经对无论是公司还是国家的经济发展都产生了显著的影响。大多数DIN标准都是为德国市场而制定的，但它们也在欧共体国家中广泛被采用，以及被向德国和欧共体出口的厂商们使用。并且，由于DIN标准的严格规范和广泛内容，它也在教学和产品研发中被全球相关人士使用。DIN标准的效益是显著的，每年为德国经济带来160亿欧元的利益，占德国GDP的1%，间接影响到经济增长的1/3，比起专利权和特许权来，标准对于商业成功具有更至关重要的意义。

DIN标准是世界上最严格的标准之一，科学地反映了技术发展的现状。它以自愿、公开、参与、统一、客观、经济需要、普遍适用和国际化发展为原则，为促进技术提高和国际贸易发展、推动经济全球化和国际化进程发挥了无可替代的作用。

德国标准可通过DIN进行检索，其网址为 http://www.din.de/，该网站提供德文和英文两种语言界面。其英文首页如图5-99所示。

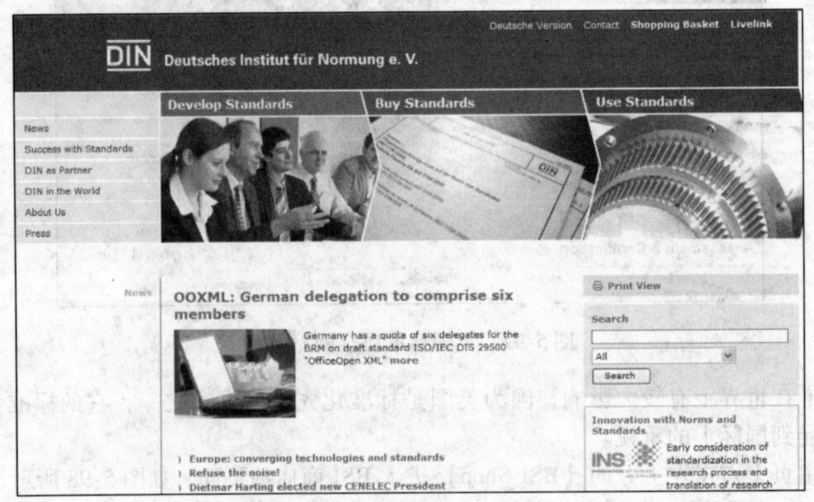

图 5-99　DIN 网站英文界面首页

在主页上方点击【Buy Standards】进入购买标准页面，点击此页面下方的网址链接 http://www.beuth.de 进入 Beuth Verlag 首页，可以对 DIN 数据库进行检索，如图 5-100 所示。

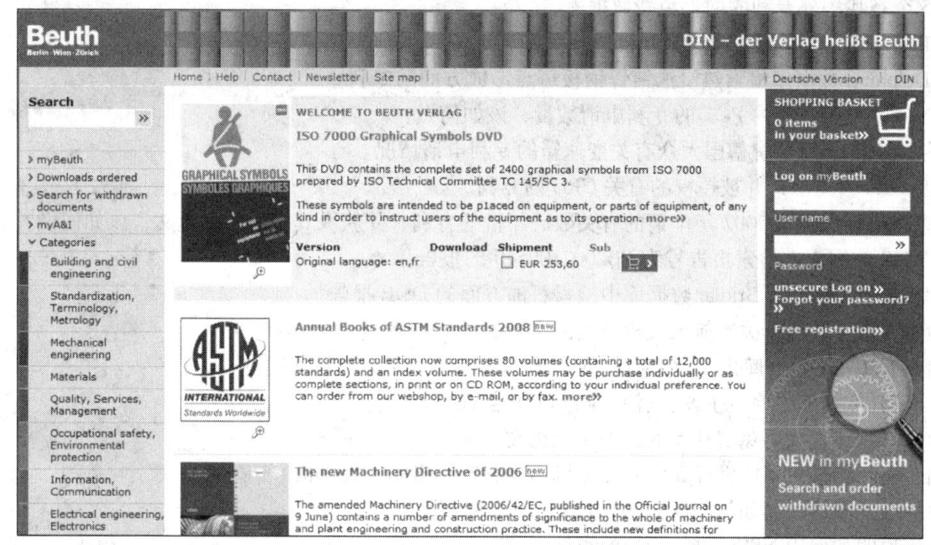

图 5-100　Beuth Verlag 首页

在 DIN 数据库中不仅可以查找 DIN 出版的标准，也可以查找 ISO、VDI 指南、DVS-M/R、ASTM、ASME、IEEE 和日本工业标准 JIS-Standards。检索 DIN 标准时应首先注册 MyBeuth 服务，可免费注册，否则只能进行最基本的检索。

检索结果首先显示检索到的记录条数以及标准号、标准类型、颁布时间、标准名称语种及订购价格等信息，还可免费看到标准的目录信息。

目前，DIN 标准已经在国内建立了镜像站，并以极优惠的价格向国内的学术用户提供这一丰富的、面向实际的学习、研究资源。用户可以从 DIN 标准数据库信息服务中获得完整的 PDF 格式的 DIN 标准全文。此镜像站设在清华大学图书馆，需要的用户可与清华馆联系。

4. 其他国家标准检索

（1）日本标准

日本标准可通过日本标准协会（Japanese Standards Association，JSA）的网站 http://www.jsa.or.jp/或者日本工业标准调查会（Japanese Industrial Standards Committee，JISC）的网站 http://www.jisc.go.jp/来进行检索，这两个网站均支持英文界面。在这两个网站的页面上除了可以检索 JIS 标准外，还可以进行 ISO 及 IEC 标准的检索。

（2）加拿大标准检索

加拿大国家标准体系以加拿大标准委员会（Standards Council of Canada，SCC）为领导核心，由国家标准的 4 个制定机构［加拿大标准协会（CSA）、加拿大通用标准局（CGSB）、加拿大保险商实验室（ULC）、魁北克省标准局（BNQ）］、275 个经 SCC 认可的实验室和 15 000 多名个人会员组成，开展标准制定、产品认证、校准和测试、质量管理体系认证以及审核员培训和认证等工作。加拿大国家标准体系为保证产品和服务的安全和质量、开拓国际市场做出了重要的贡献，从而确立了加拿大在国际标准化工作中的领导者地位。

加拿大标准的检索可通过加拿大标准委员会的网站进行，该网站支持英文和法文两种语言，其英文网址为 http://www.scc.ca/en/index.shtml。

习题

1. 列举 5 个查找国外专利的网上免费数据库。
2. 利用 DII 查找有关平板等离子显示器的相关专利。
3. 利用 Delphion 数据库检索热浸法镀锌钢板斑点形成方面的专利。
4. 想了解一下最近一周内 PCT 的专利申请数量，该如何做?
5. 请利用欧洲专利库了解德国大众有关变速箱的专利申请情况。
6. 请查询 Intel 公司申请并被授权的有关 CPU 的专利。
7. 如果想查找索尼公司 2007 年申请的有关数码相机的专利，并获取其中的部分全文，该如何做?
8. 请在 NTIS 数据库中检索报告号为 PB2002100540 的报告。
9. 请在 DOE information Bridge 数据库中检索石油方面的 DOE 报告。
10. 请检索 NTRS 数据库关于航天飞机方面的文献。
11. 请检索 STINET 数据库生物学方面的 AD 报告。
12. 请在 ISTP 数据库中检索主题含有并购的 ISTP 会议录。
13. 如何通过网络查找可免费获得的国外学位论文?
14. 目前，国际标准主要由世界 3 大标准化机构来制定，指哪 3 大机构?
15. 网络标准文献的全文如何获取?
16. 请举例说明如何用 NSSN 进行标准的查询。
17. 如何利用 Techstreet 工业标准库来检索有关桥梁设计的相关标准?
18. 查找有关食品安全的 ISO 标准。
19. 检索有关光电子器件的 IEC 标准。
20. 查询有关分组交换的 ITU 标准。
21. 查找有关建筑材料的欧洲标准。
22. 了解美国水泥、混凝土方面的行业标准。
23. 查找有关飞机引擎的标准。
24. 查找有关建筑用玻璃的美国标准。
25. 查找有关农药残留的英国标准和德国标准。

第 6 章 事实与数据检索

本章提示

本章介绍常用的事实与数据方面的数据库检索方法，内容涉及百科全书、手册、名录、统计资料及年鉴。通过本章的学习，学生应该熟练地掌握这些数据库的收录特点和检索技巧。

6.1 百科全书

6.1.1 Encyclopedia Britannica Online

1. 简介

Encyclopedia Britannica Online 中文名称是不列颠百科全书在线，又称为大英百科全书在线版。它是大英百科全书的网络版。大英百科全书，被认为是当今世界上最知名、最权威的百科全书，是世界三大百科全书之一。1994 年，大英百科全书公司推出大英百科全球网络版（Britannica Online），成为网络上的第一部百科全书。Encyclopedia Britannica Online 网址是 http://www. britannica. com。Encyclopedia Britannica Online 整合了三部百科全书：Encyclopedia Britannica、Britannica Student Encyclopedia、Britannica Concise Encyclopedia。它拥有 124 000 多篇文章；23 000 多篇传记；27 000 多篇的图解、地图、统计图等；3 300 多段动画、影片；可链接 150 多种期刊，如 Buddhist-Christian Studies、Education Digest、USA Today Magazine 等。Encyclopedia Britannica Online 收录范围如表 6-1 所示。

表 6-1 Encyclopedia Britannica Online 收录范围

知识分布	内容
生命科学	古生物、生物与生物学、藻类、植物、无脊椎动物、哺乳动物、鸟类、鱼类、爬虫类与两栖类、解剖、解剖与生理、医学、环境、农林渔牧、食品、人物小传
自然科学	物理、化学、天文、数学、地球科学、矿物与燃料、度量、人物小传
社会科学	人类学、考古学、社会、经济、政治、军事、教育、法律、心理、组织机构、人物小传
工程技术	通信、交通、电子与计算机、太空科技、军事科技、工程、机械与工具、人物小传
历史	古代史、美洲史、欧洲史、亚洲史、大洋洲史、非洲史、史学与历史事件、人物小传
地理	地理区、国家、行政区及其他、城市与乡镇、地形、山脉、水系与湖泊、海洋、岛屿、公园与保护区、探险、人物小传
哲学与宗教	哲学观念与流派、宗教、圣经、玄学、经籍、人物小传
人文艺术	建筑、绘画与书法、雕塑、摄影、工艺、艺术流派、语言、文学与创作、寓言与神话、音乐、舞蹈、戏剧、大众传播、文化机构、人物小传
运动与休闲娱乐	运动、游戏、休闲娱乐、民俗与节日、人物小传

2. 检索方式

Encyclopedia Britannica Online 提供了浏览与基本检索功能。

（1）浏览

Encyclopedia Britannica Online 浏览方式有三种：主题浏览、标题浏览、内容索引。

1）主题浏览（Subject Browse）：在首页上点击浏览【Browse】按钮后面的【Subject】按钮，即可进入主题浏览界面。主题浏览下面分为 10 个大主题类别，分别是：艺术与文学（Arts & Literature）、地球与地理（The Earth & Geography）、健康与医学（Health & Medicine）、哲学与宗教（Philosophy & Religion）、运动与休闲娱乐（Sports & Recreation）、科学与数学

(Science & Mathematics)、生活(Life)、社会(Society)、工程技术(Technology)与历史(History)。每个大的主题下面又分很多下位主题(subtopics)。

2)标题浏览(A-Z Browse):在首页上点击浏览【Browse】按钮后面的【A to Z】按钮,即可进入标题浏览界面。标题浏览是按照标题的首字母排序,用户可以根据英文 A~Z 排列浏览感兴趣的标题,点击进入获得与该标题有关的内容。

3)内容索引(The Index):在首页上点击浏览【Browse】按钮后面的【The Index】按钮,即可进入内容索引界面。在这里可以查找与一个主题相关的参考文献。以寻找“clay”为例,首先点选“C”,接着点选“Cla”,界面会出现所有“Cla”为前缀的英文字,依序寻找,即可找到“clay”。

(2)基本检索

在首页的【Search】文本框中输入所需检索的字、词或问题。然后选择所需检索的百科数据来源:可以有两个来源:一个是“在线不列颠”,一个是“字典与辞典”。最后点击【Go】即可。基本检索界面如图 6-1 所示。

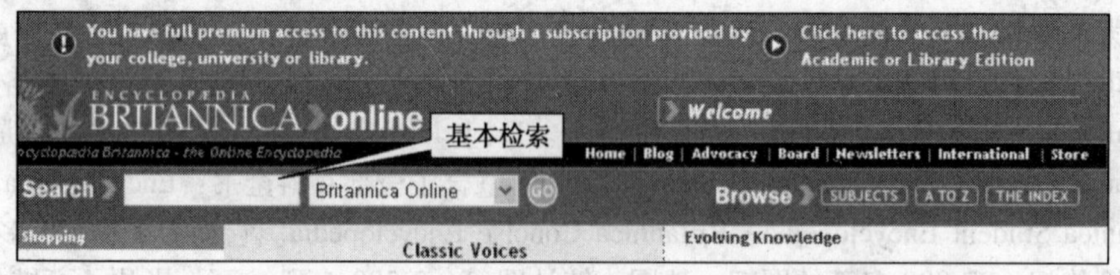

图 6-1 Encyclopedia Britannica Online 基本检索界面

【检索示例】在 Encyclopedia Britannica Online 检索“水污染”的相关资料。

该课题的具体检索步骤如下:

1)确定检索词。该课题的检索词为水污染,其对应的英文检索词为“water pollution”。

2)选择检索方式。由于该课题仅要求检索水污染的相关资料,可以选择基本检索。具体操作是:进入 Encyclopedia Britannica Online 首页,在下拉框中选择【Britannica Online】。

3)输入检索词进行检索。在【Search】按钮后方的输入栏中输入检索词“water pollution”,点击【Go】,即可完成本次检索。本次检索对应的检索结果界面如图 6-2 所示。

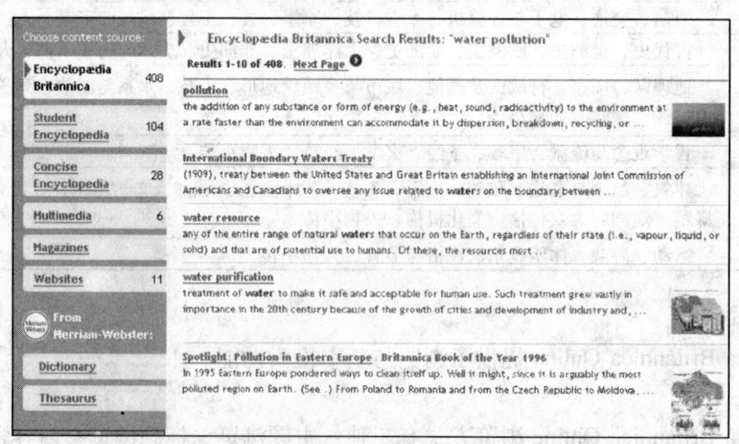

图 6-2 Encyclopedia Britannica Online 检索结果列表显示界面

3. 检索结果的处理

(1)检索结果的显示

检索结果以记录形式显示,按照相关性每屏显示 10 条记录,点击【next page】可以查看下一屏。检索结果界面如图 6-2 所示。

在检索结果界面左边的【Choose content source】标签下面，列出了：Encyclopedia Britannica（大英百科）、Student Encyclopedia（学生百科）、Concise Encyclopedia（大英简明百科）、Multimedia（多媒体）、Magazines（杂志）和 Websites（网站信息）6 个选项，其后面的数字表示这次检索在该数据源中的命中数目，点击各个数据源可以展开对应的结果。

（2）检索结果的处理

对于每条检索结果，可以点击打开，进一步查看具体的内容，如图 6-3 所示。

Encyclopedia Britannica Online 提供了四种方式来处理检索结果，分别是：

- 打印界面（Print Page）：可以将检索获得的整个界面全屏打印出来。

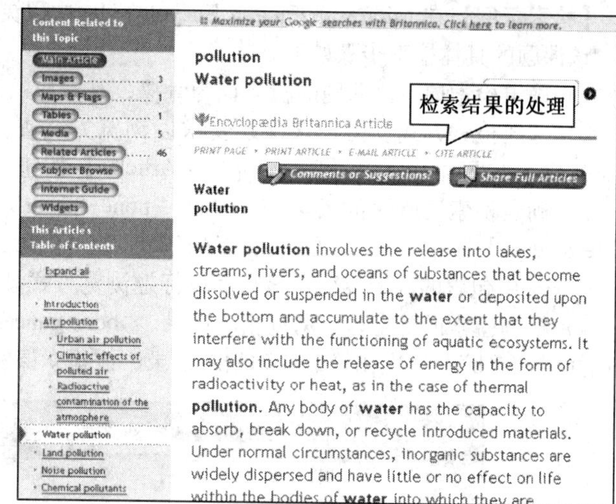

图 6-3　Encyclopedia Britannica Online 检索结果详细显示界面

- 打印文章（Print Article）：将该篇文章打印出来。
- 将文章发送到指定电子邮件（E-mail Article）。
- 引用文章（Cite Article）：可以在其他网站引用该文章。

用户对于检索的结果还可以进行评论或者对该结果提出建议，还可以把检索到的结果直接共享到用户指定的 blog 或者网站之中。

6.1.2　Microsoft Encarta

1. 简介

Encarta 是微软公司的一个每年更新的知识系列产品的名称。Microsoft Encarta Encyclopedia 是微软公司提供的免费百科全书，提供 16 000 篇文章、2 200 多幅相片、插图注释、地图和图表等。不提供版本日期，但提供 1996 年的数据，例如，美国总统选举。同时该站还提供付费服务，提供 42 000 多篇文章和 14 000 多幅图片。Microsoft Encarta 的网址是 http://encarta.msn.com/artcenter_/browse.html，用户可以免费获取其信息资源。

微软百科全书的知识体系如下：

- 百科文章（Encyclopedia Articles）：提供了从土豚到筝等 42 000 多篇文章。知识种类相当齐全。
- 工具条（Sidebars）：提供历史文件、著名的演说、文学文摘等。
- 文学指南（Literature Guides）：关于一些名著的作者、人物与主题的相关讨论。
- 档案（Archives）：提供从 1938 年至 1999 年每年重要事件的综合报导。
- 家庭作业起步（Homework Starters）：为学生准备论文、报告与更多的学业方面的内容提供一步一步的指导。

2. 检索方式

（1）浏览

Microsoft Encarta Encyclopedia 按照上述的知识体系，提供 5 个浏览路径。其中，第一个浏览方式为百科全书的文章。下分十大类，分别是文艺、艺术、语言和文学类、地理、历史、生命科学、表演艺术、自然科技、宗教与哲学、社会科学、体育、爱好与宠物。大类之下细分出 94

个子类，各子类按字母顺序列出所包含的具体内容，这种类似于树形的多级目录结构覆盖面广，内容具体而详尽且简单明了，易于广大用户接受。在浏览的时候只需要点开大类就可以看到子类。

【**检索示例**】在 Microsoft Encarta Encyclopedia 中以浏览方式查找骨癌的含义。

该课题的具体检索步骤如下：

1）确定检索词。该课题的检索词为骨癌，其对应的英文检索词组为“bone cancer”。

2）选择检索方式。由于该课题要求以浏览方式查找骨癌的含义。具体操作是：进入 Microsoft Encarta 网站，点击【Encyclopedia Articles】按钮，展开树形子目录。

3）确定检索词所属的大类与子类。“bone cancer”属于的类别应是生命科学大类，点击【Life Science】前的“⊞”，展开下面的子类目。子类目中点击【Medicine】，打开了【Medicine】子类中包含的内容界面。该界面以标题浏览方式排序。

4）根据检索词首字母，浏览相应记录。“bone cancer”首字母是“b”，因此在【Medicine】中选择字母“b”，依次浏览，找到相应记录。该检索课题的检索结果如图 6-4 所示。

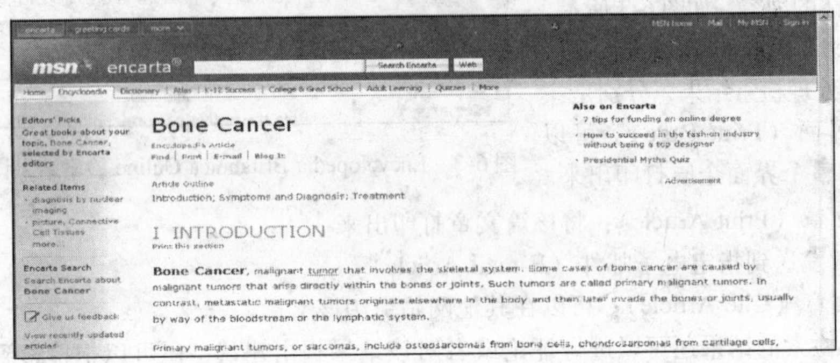

图 6-4　微软百科全书检索结果界面

其他 4 个检索路径的浏览方式与【Encyclopedia Articles】的浏览方式相同。

（2）快速检索

在首页的【Encarta】文本框中输入所需检索的字、词或问题，然后选择所需检索的百科数据来源：可以有两个来源：一个是“Encarta”，一个是“Web”。点选其中之一即可，如图 6-5 所示。

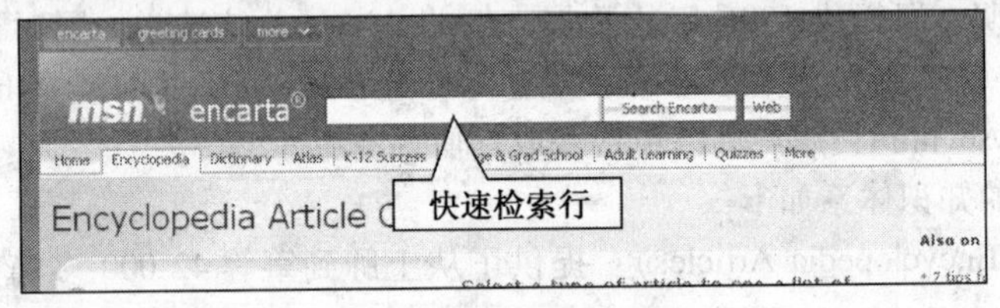

图 6-5　微软百科全书快速检索界面

3. 检索结果的处理

Microsoft Encarta Encyclopedia 对于检索结果的处理方式有如下 4 种：

- Find：可以以网页界面的方式阅读全文。
- Print：打印、输入全文。
- E-mail：发送到指定电子邮件地址。
- Blog It：可以引用到在 Windows Live Space 的个人博客之中。

6.1.3　The Merck Index

1. 简介

The Merck Index（中文名称叫做默克索引）是美国 Merck 公司出版的一本在国际上享有盛

名的化学药品大全。该索引目前有印刷版、光盘版和网络版三种出版形式。2001 年出版的《默克索引》的光盘版是目前国内高校图书馆较为收藏的一种版本。第 13 版的《默克索引》收集了 10 000 多种化合物，其中药物化合物 4 000 多种、常见有机化合物和试剂 2 000 多种、天然产物 2 000 种、元素和无机化合物 1 000 种、农用化合物 1 000 种。正文按药物名称的首字母排序，每一条目包括化合物的各种名称、商品代号、化学结构式、各种物理常数、性质、用途、毒性、来源及参考文献（首先是化合物制备的文献）等。《默克索引》是查找化学品、药物以及生物化学品信息的首选专业百科全书。本小节内容依据《默克索引》光盘版第 13 版来介绍。

2. 检索方式

《默克索引》光盘版第 13 版由 www. cambridgesoft. com 发行，数据库基于 chemfinder 7. 0，该软件提供了丰富的检索功能。

《默克索引》采用的是客户端访问服务器的方式，因此，用户需先下载、安装客户端软件，安装完毕后，在桌面就会出现【The Merck Index】的快捷方式图标，在计算机的安装文件中也会出现一个以【ChemOffice2002】为名称的文件夹。

（1）登录数据库

双击桌面上的【The Merck Index】快捷键启动程序，就会弹出一个对话框，如图 6-6 所示。

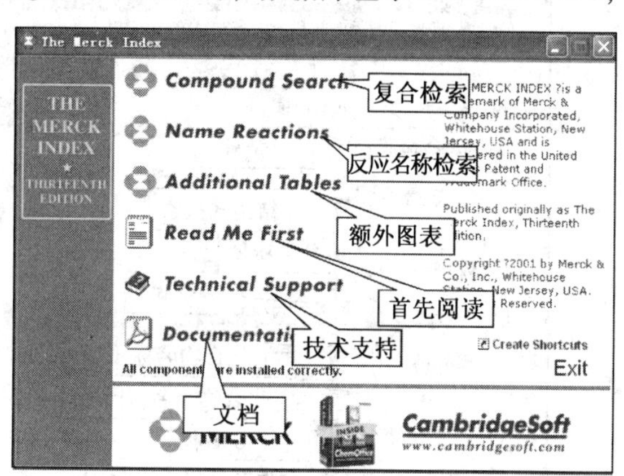

图 6-6 The Merck Index 数据库登录界面

（2）浏览数据库

点击【Compound Search】进入该数据库检索界面，如图 6-7 所示。

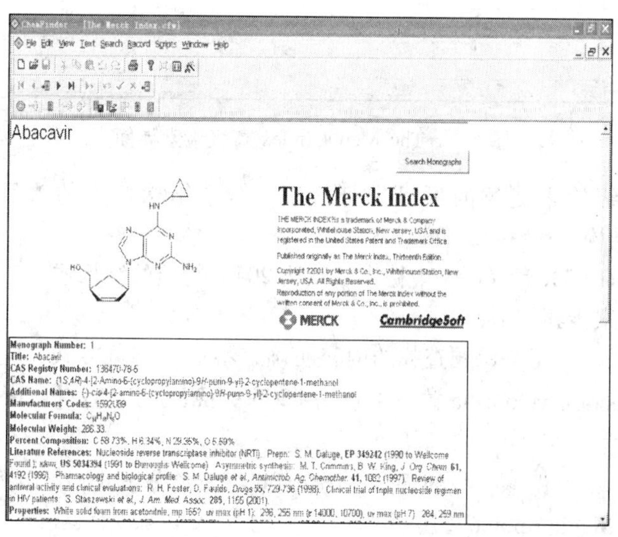

图 6-7 The Merck Index 复合检索界面

出现了该数据库中的第一条记录，若想浏览其他记录，则点击【工具栏】中的 ▶ 符号，依次浏览第二条记录。点击 符号，则弹出对话框，如图 6-8 所示，在【Goto】后输入所要查看的记录号码，即可见到相应的记录。

（3）高级检索

该数据库支持组配检索，点击 或工具栏中的【search】，进入高级检索界面，如图 6-9 所示。

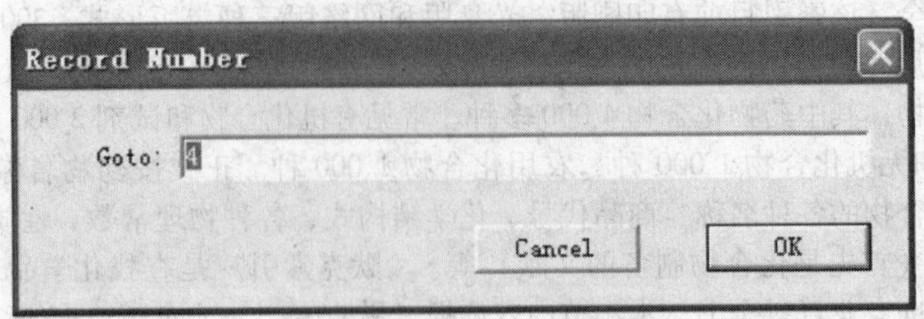

图 6-8 The Merck Index 按记录号浏览界面

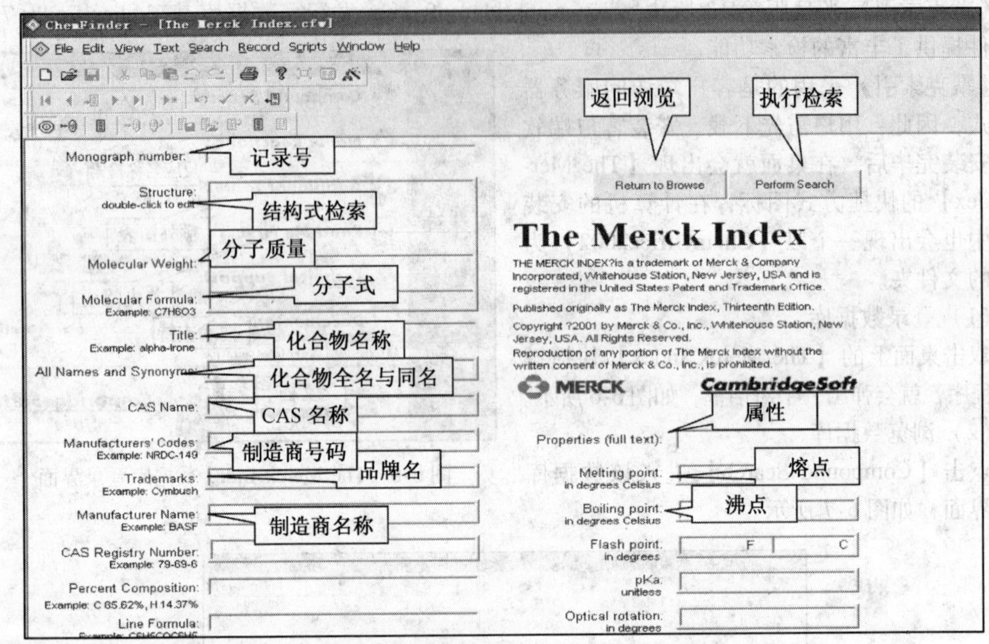

图 6-9 The Merck Index 高级检索界面

用户可以根据高级检索提供的项目进行检索，对于结构检索的项目可用物质的全结构（structures）或者亚结构（sub structures）检索。

【检索示例】 在 The Merck Index 中检索熔点为 204℃物质的结构式。

该课题的具体检索步骤如下：

1）确定检索方式。由于该课题查找的内容明确，不适合浏览方式，应选用高级检索方式。具体操作是：进入 TechEncyclopedia 首页，点击◎图标或【工具栏】/【search】/【Enter Query】进入高级检索界面。

2）确定检索入口。该课题查找的是熔点为 204℃物质的分子式，可以确定熔点为检索入口，熔点对应的英文为“Melting point”。

3）输入检索词进行检索。在【Melting point】后方的输入栏中输入检索词“204”，注意，此处数据库默认温度为摄氏度，在输入熔点温度时，无需再加入摄氏度的符号。点击【Perform Search】，即可完成本次检索。

4）查看结构式。由于本课题要求获取最终结果是物质的结构式，因此，在检索结果中找到该物质的结构式。本次检索到的物质的结构式如图 6-10 所示。

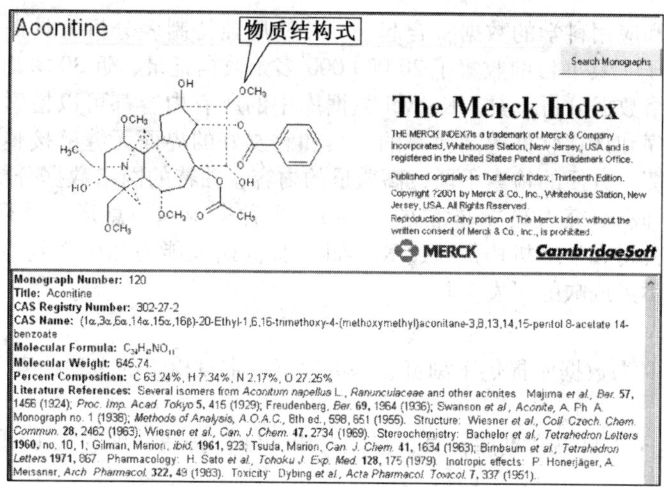

图 6-10　The Merck Index 检索结果条目显示界面

3. 检索结果的处理

检索结果如图 6-10 所示，显示界面分为上下两个部分，上面是物质的名称与物质的结构式。下面部分包括化合物的各种名称、商品代号、CAS 登记号、来源、各种物理常数、性质、用途、毒性及参考文献等。

对于检索的结果可以打印输出，点击【工具栏】/【File】/【Print】即可。

此外，The Merck Index 还有一个反应名称库（Name reactions），收集了 400 多个有机化学反应，该数据库以目录形式显示记录，用户可以按照首字母顺序依次浏览各反应式。也可以点击【搜索】，输入要查找的单词，检索相关的反应式。The Merck Index 反应名称库浏览界面如图6-11所示。

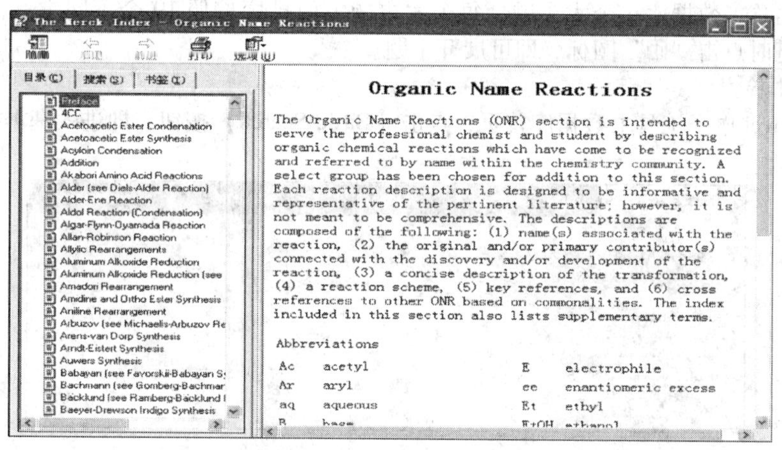

图 6-11　The Merck Index 反应名称库浏览界面

6.2　手册数据库

6.2.1　Knovel 电子工具书

1. 简介

Knovel 公司于 1999 年成立。它的出现让应用科学和工程学方面的资讯在传输和分析方式上产生了新的变革。Knovel 包含许多顶级科学和工程学参考工具书、数据库和会议录。Knovel 是唯一一家将工程学和应用科学的数据整合起来，并使用独特制表分析工具提供全球范围访问的供应商。Knovel 电子工具书目前收集了 20 000 000 多条数据记录，近 30 家出版社的近 700 种工具书，以及 7 种网络数据分析工具。Knovel 数据库中的所有内容都可以检索的全文资料。互动式的表格、制图程序和计算软件等高效率的工具和它友好的界面无缝链接整合，大大提高了它的生产效率。其快捷、方便的检索手段，高质量的内容，独特的网络数据分析工具与数据整合，使图书馆员、工程师和研究人员能非常方便地通过多种来源和信息形式获得尽可能多的信息。现在全世界有许多公司和学术机构都通过 Knovel 来提高研发能力和生产效率，并有效降低其研发成本。它已成为不可或缺的研发工具。

2. 检索方式

Knovel 电子工具书数据库提供了浏览、基本检索、字段检索的多种检索方式。

（1）浏览

进入 Knovel 电子工具书数据库首页，点击【Browse】按钮，即进入了浏览界面，如图 6-12 所示。

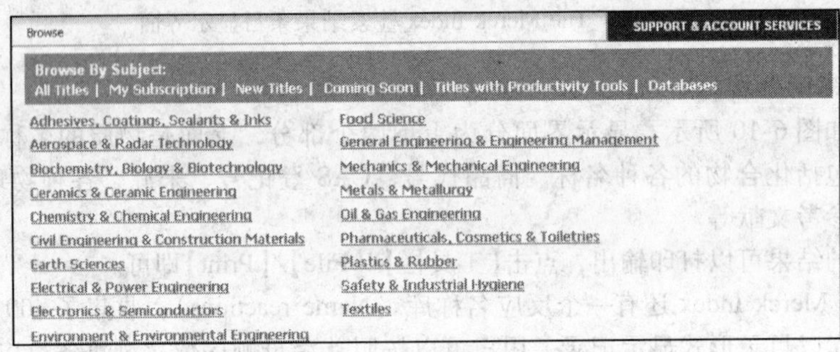

图 6-12　Knovel 电子工具书主题浏览界面

数据库提供了按主题浏览的方式，主题分为：所有名称、我的订阅、新名称、即将推出、生产力工具名称、数据库 6 个大主题。每个大主题下面排序按照 19 个不同主题范围首字母排序。用户浏览时点击“⊞”图标，即可展开主题。

（2）基本检索

进入 Knovel 电子工具书数据库首页，点击【Basic Search】按钮，即进入基本检索界面，如图 6-13 所示。

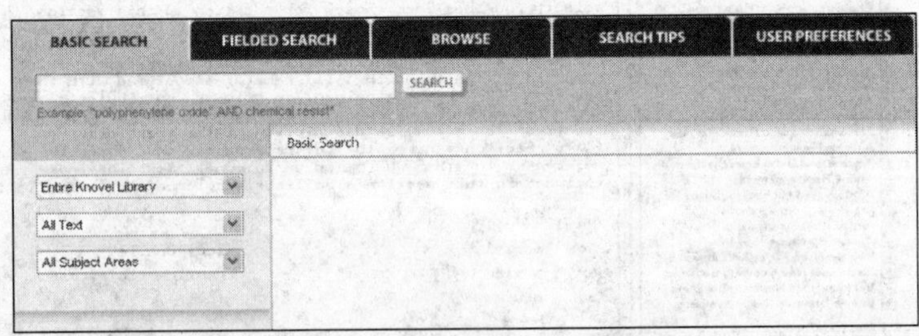

图 6-13　Knovel 电子工具书基本检索界面

在基本检索界面的输入框中输入需要查找的内容，检索词输入框下方是检索条件限制选择项：Entire Knovel Library（全部 Knovel 库）、All Text（全文）、All Subject Areas（所有主题领域）等。这些限制选择项可以对检索结果进行基本的限定。用户在检索输入框中输入检索词，点击【Search】即可完成检索。

（3）字段检索

进入 Knovel 电子工具书数据库首页，点击【Fielded Search】按钮即可进入字段检索界面，如图 6-14 所示。

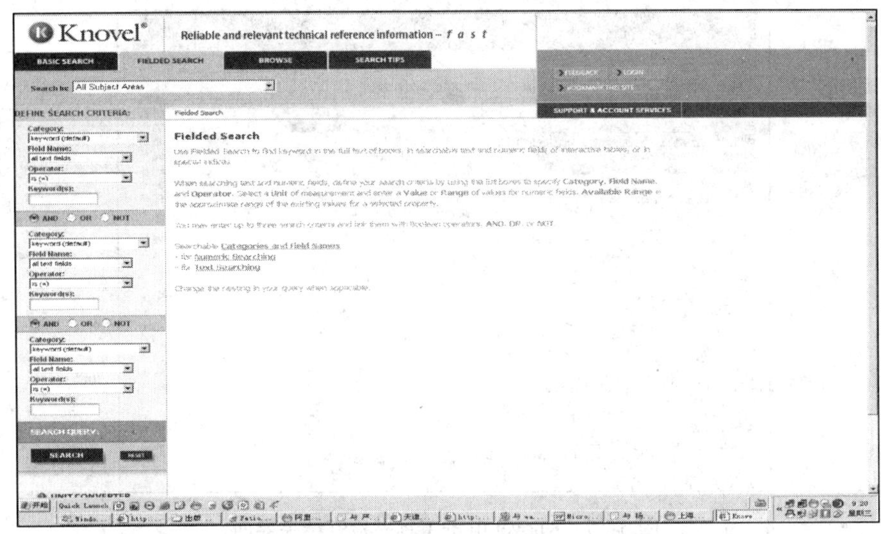

图 6-14 Knovel 电子工具书字段检索界面

使用字段检索方式可以通过关键词查找到全文，可以查找到交互式图表中的文本与数值字段，或者特定的索引。

在字段检索界面的左边【DEFINE SEARCH CRITERIA】栏目下面可以限制字段搜索的条件，可以把条件限制到种类（Category）、字段名称（Field Name）、运算符（Operator）、关键词（Keyword(s)）。限制搜索条件支持三种布尔逻辑算符：And、Or 与 Not。在进行相关的限定后，点击字段检索界面左边下方的【Search】即进行检索。

【检索示例】在 Knovel 中查找“聚亚苯基氧化物化学抵抗力”的出版物。

该课题的具体检索步骤如下：

1）确定检索词。本课题查找的是“聚亚苯基氧化物”的化学抵抗力，不是单个检索词，首先确定聚亚苯基氧化物，它对应的英文名称是“polyphenylene oxide”。化学抵抗力在英文中对应多个词组，可以为“chemical resistance”或者是“chemical resistant”，因此适当放大检索词的范围，可以使用通配符“*”，确定为“chemical resist *”。

2）确定检索方式。本课题非单词检索，因此选用字段组配检索方式。具体操作为：进入 Knovel 电子工具书首页，点击【Fielded Search】按钮进入字段检索界面。

3）输入关键词进行检索。在字段检索界面的【DEFINE SEARCH CRITERIA】栏目下面【Keyword(s)】中输入“polyphenylene oxide”，选择布尔逻辑算符“AND”，在下面的【Keyword(s)】中输入“chemical resist *”。这样对两个关键词进行“和”的运算。点击【Search】进行检索。

4）限定检索结果输出方式。

上述步骤完成后检索界面如图 6-15 所示，检索结果以条目的形式显示，用户可以按照不同的方式浏览检索结果。为了得到较为相关的全文，可在【Sort by】选项中选择【Relevancy】，即可按照相关度排序。

3. 检索结果的处理

（1）检索结果的显示

如图 6-15 所示，检索结果以记录所在的参考书名称、按照相关度排序显示。点击书名前的“⊞”图标，则可查看这本参考书的信息，如出版者、作者、ISBN 号、发布时间、描述、版权等。如果单击参考书名，则进入具体的记录。参考书中与检索命题相关的章节按照相关度排序，并提供了全文。

图 6-15　Knovel 电子工具书检索结果界面

（2）检索结果的处理

用户对于具体的检索结果的数据可以进行如下操作：查看题名的详细信息（Title Details）、引用（Citation）、订阅信息（Ordering Info）。此外，用户可以点击【text】直接阅读或者下载 PDF 格式的全文。

6.2.2　CRCnetBASE 系列数据库

1. 简介

广受业界称赞的 CRCnetBASE 是一系列专注于自然科学和工程技术等领域的在线数据库。它汇集了全球主要的参考出版物，其中 ENGnetBASE、CHEMnetBASE、ENVIROnetBASE 等是获奖出版物。该数据库现在收录的参考出版物有 1 200 多种，其中 CRCnetBASE 系列包括 14 个常用的数据库。用户可以在网上免费看到各个出版物的摘要、特征描述以及目次，提供网上订购服务，看全文的则需要订购。用户可以通过清华大学图书馆、上海交通大学图书、中科院上海有机所图书馆单位的 IP 地址进行访问。

2. 检索方式

（1）登录方式

在工具栏中输入 CRCnetBASE 的网址 http://www.crcnetbase.com/，即可进入数据库首页，如图 6-16 所示。

界面下方是检索区域，可以在下拉列表中选择所检索的 netBASE 范围，或在所有的 netBASE 中检索。点击【more options】，将出现一个功能更强的检索区域，可以选择具体的 netBASE 库。

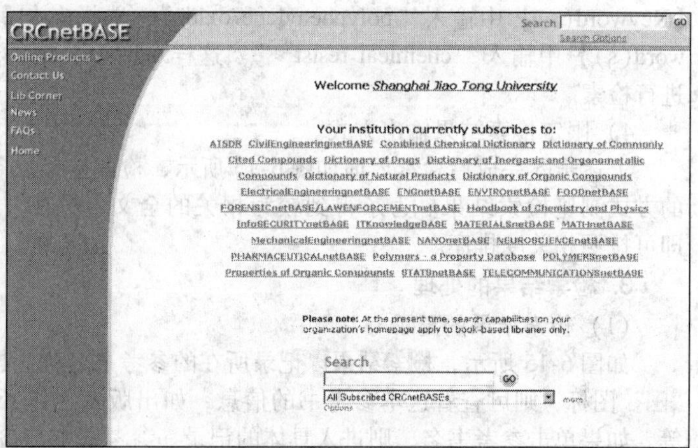

图 6-16　CRCnetBASE 系列数据库首页

（2）高级检索

CRCnetBASE 的高级检索界面如图 6-17 所示。高级检索字段包括文件、标题、主题、作者，用户可以对这些字段进行组配检索。在高级检索界面的下方有三个选项，可以在检索的时候进行选择，分别是：

- Fuzzy searching：模糊检索。选择此项，检索结果中将包含与用户输入的检索词拼写相近的词。
- Stemming：使得检索将包括检索词的各种衍生词。例如，对“Fish”的检索将同时包含对“Fishing”的检索。
- Phonic searching：检索将包含检索词的同音词。例如，对“Smith”的同音检索将包含对“Smithe”和“Smythe”的检索。

图 6-17 CRCnetBASE 的高级检索界面

3. 检索结果的处理

检索结果的显示如图 6-18 所示。

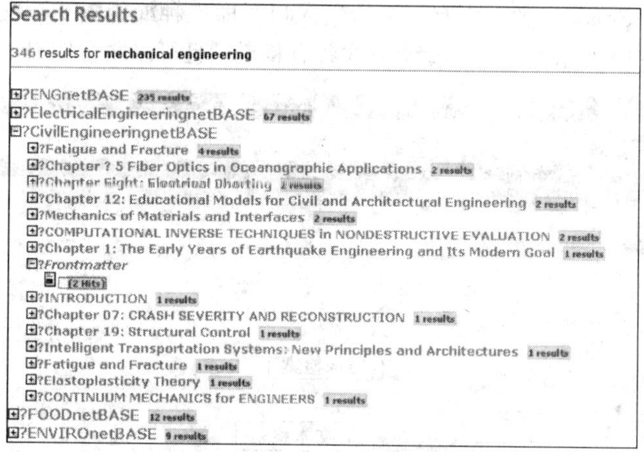

图 6-18 CRCnetBASE 的检索结果界面

每个 netBASE 后面会列出在此 netBASE 中查找到的记录数。点击“⊞”图标，将显示具体的检索结果。点击某个检索结果，将显示 PDF 图标。点击该图标，阅读全文。检索词会在文中突出显示。对于检索的结果可以保存或者打印。

6.2.3 Beilstein/Gmelin CrossFire 数据库

1. 简介

Beilstein/Gmelin CrossFire 由 Beilstein 和 Gmelin 两个数据库组成，现在由 MDL Information Systems 发行维护，编辑工作分别由德国 Beilstein Institute 和 Gmelin Institute 进行。Beilstein 是关于有机化学的数值和事实型数据库，收录了 1779 年至 1959 年 Beilstein Handbook 从正编到第四补编的全部内容，以及 1960 年以来的原始文献数据，文献最早可回溯到 1771 年。具体收录内容为：900 多万种包含了结构和参考文献的化合物信息；数千万条相关的化学性质和生物活性信息，其中包括药理学、环境病毒学、转移、分布及最终结果等一系列数据；1 000 多万条可供检索的化学反应信息、制备物质所需的详细资料以及特定的反应途径等；每年新增 550 000 种化合物。Gmelin 数据库是世界上最全面的有机金属和无机化学数据库，覆盖 1772 年至今的文献，该数据库的信息来源为 1817 年至 1975 年 Gmelin Handbook 主要卷册和补编的全部内容，以及 1975 年至今的百余种涉及无机、金属有机和物理化学的科学期刊。Gmelin CrossFire 数据库可检索的数据包括：超过 215 万种化合物（其中 47 万种配位化合物、5 500 种合金、1.4 万种玻璃和陶瓷、1.1 万种无机高分子和 3 200 种矿物）、130 多万种结构式（包括有机金属化合物的可检索结构式）及相关的理化性质、结构数据、制备过程，详细的药理学、环境病毒学、生态学等最全面的信息资源；超过 167 万种的反应式以及相关反应的各种数据；超过 114 万篇的引文、篇目及文摘信息。

2. 检索方式

与其他数据库不同，Beilstein/Gmelin Crossfire 采用的是客户端访问服务器的方式，因此用户需先下载、安装客户端软件，安装完毕后，重启计算机。

（1）登录服务器

双击桌面上的【MDL CrossFire Commander 7.0】快捷键启动程序，然后单击弹出窗口上方工具条中的【Connect】按钮，输入用户名和密码后系统即开始与服务器进行连接。连接成功后，【Connect】变为【Select Database】，此时可根据待检索的内容选择 Beilstein 或 Gmelin 数据库，或者二者同时选择。

（2）检索方法与技巧

Beilstein/Gmelin Crossfire 数据库有三个检索入口，即三种检索方式：文本检索、事实检索和结构检索，如图 6-19 所示。这三种检索方式各有特点，且可以联合使用。

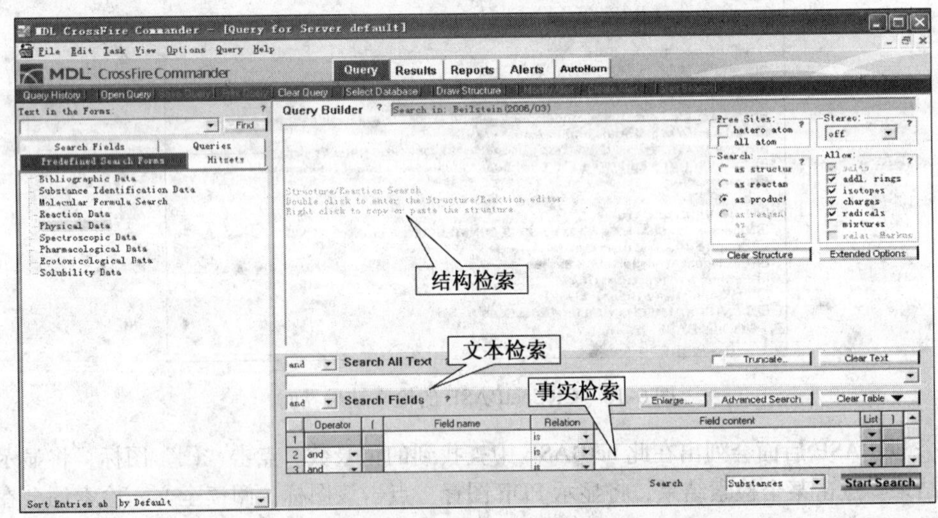

图 6-19 Beilstein/Gmelin Crossfire 数据库检索界面

1）文本检索。文本检索与其他网络数据库的检索方式相似，即在文本框中输入关键词，关键词间以逻辑运算符相连，通过点击【Truncate】按钮还可以对截词方式进行设置。相比之下，单纯利用文本检索并不利于发挥 Beilstein/Gmelin Crossfire 的强大作用，建议使用事实检索和结构检索这两种独特的检索方式。

2）事实检索。事实检索分为两种：表格式检索和高级检索。用户可以使用非常便捷的表格式检索。表格式检索又分为预定义表格检索和自定义表格检索。

- 预定义表格检索。预定义检索表格（Predefined Search Forms）位于检索窗口的左侧，它是为初学者或者限制条件非常简单的检索所设计。以 Beilstein 数据库为例，其预定义检索表格共有 9 个，检索时应首先根据已知条件选择合适的表格。例如，当检索“在硫酸中的溶解度大于 10 的物质”时，由于已知条件为物质的溶解性质，因此应选择其中名为“Solubility Data”的表格，双击弹出表格编辑窗口，在溶解度处选择“ > ”，填入数值 10，在随后的溶剂处填写“h2so4”，依次点击【Ok】、【Start Search】后，系统即开始执行检索。由此可见，一个复杂的检索提问通过表格可以很容易地转换成数据库检索语言。
- 自定义表格检索。预定义表格检索虽然很方便，但所含参数指标有限，当检索条件变得比较复杂时必须采用功能强大的自定义表格检索。填写自定义表格时需自行输入描述已知条件参数的字段代码，如化学名称的代码为 CN，沸点的代码为 BP 等。检索者可以记住常用的一些字段代码，以提高输入速度。对于比较复杂或首次遇到的字段代码，则可很方便地通过窗口左侧的“Search Fields”进行查询。例如，查阅“动力学粘度”的字段代码的方法为，先在窗口左上方的文本框中输入“dynamic”或仅输入“dyna”，然后点击【Find】键，此时光标即将树状字段代码表中第一个含有检索字符的字段以高亮显示，若该字段不符合要求，继续点击【Find】键，直至找到能确切描述检索条件参数的字段代码，双击后，系统即将其自动加入到表格中的字段代码输入框中，随后的数值输入等操作同预定义表格检索类似。例如，检索“1 个大气压下沸点低于 120℃的液体”，并查阅其动力学粘度和液体密度。该问题的自定义表格输入如图 6-20 所示。

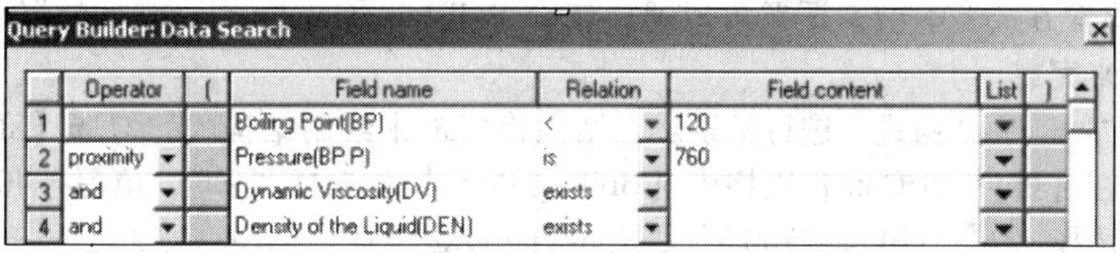

Query Builder: Data Search

	Operator	(	Field name	Relation	Field content	List	)
1			Boiling Point(BP)	<	120		
2	proximity		Pressure(BP.P)	is	760		
3	and		Dynamic Viscosity(DV)	exists			
4	and		Density of the Liquid(DEN)	exists			

图 6-20　定义表格检索

对于表格检索，字段的合理选择非常关键。由于 Beilstein/Gmelin Crossfire 数据库中收集了极其庞杂的事实数据，因此对应表征这些性质的字段列表即成为一个精细且复杂的系统，这就要求选择的字段代码应能准确描述问题中的指标参数。例如，字段列表中含有众多“Temperature”字段，但每个“Temperature”都代表不同的含义，适用于不同的对象，如表示反应温度、气体温度、液体温度等，在选择检索字段代码时需倍加小心，否则将造成检索失败。

3）结构检索。Beilstein/Gmelin Crossfire 数据库另一个突出的特点是能够通过绘制物质的结构式进行检索，这一功能不但使得检索结果更为准确，而且使多环、异构等不易用名称、分子式等描述和区分的物质的检索变得非常便捷。不同绘图软件可以通过【options】菜单中的【select structure edit】进行切换。

例如，要查询具有如下结构的物质的 CA 登记号、化学名称等信息。方法为双击位于窗口右上方的结构检索框的空白区域，打开绘图软件，绘制结构式，然后点击标志 Crossfire 的按钮，所绘结构式便自动载入结构检索框中。

要充分发挥出结构检索的优势，使检索结果更全面、准确，需根据具体问题，灵活利用检索框右上角的表单对所绘结构式进行限定，主要限制条件的含义如表 6-2 所示。

表 6-2　结构式限定条件的说明

界面显示		解释说明
Free sites：hetero atom/all atom		在杂原子或所有原子上设置自由基
Stereo	off	结构中的任何立体信息都将被忽略
	absolute	完全按照所绘的立体结构信息进行检索
	relative	按照所绘的立体结构相关信息进行检索
	recemic	外消旋结构
Search	as structure	作为物质检索
	as reactant	作为反应物检索
	as product	作为产物检索
Allow	salts	盐类
	addl. rings	附加环
	isotopes	同位素
	charges	变价
	radicals	自由基
	mixtures	混合物

对于此例，由于给出的是准确的结构式，因此应在“Free sites”处不加选择。又由于要查询的是物质信息，因此应选择“as structure”。

4）组合检索。在 Beilstein/Gmelin Crossfire 中，文本检索、事实检索和结构检索可以任意组合使用，这种强大的检索功能使其相比传统的只能通过关键词进行检索的数据库具有了无可比拟的优势。

【检索示例】查找含有“△̲”子结构，并且在 1atm 下沸点小于 40℃的物质。

该课题的具体检索步骤如下：

1）确定检索方式。本检索课题可以通过组合 Beilstein/Gmelin Crossfire 数据库中的结构检索和表格检索来完成。

2）绘制“△̲”结构式，进行检索。在结构检索框中绘制结构式。勾选【all atom】前的复选框，然后在【Physical Data】表格中【Boiling Point】处选择“<”，填写“40”，在随后的【pressure】处选择“=”，填写“760”，如图 6-21 所示。

3）明确数据库规定的数值单位。填写数值时应规定数值单位，操作方法是点击表格中的【List】（字段代码后的【List】相对于一个索引字典，其中包含了数据库就该字段内容所收集的全部信息）。点击【Boiling Point】后的【List】，弹出的窗口中将列出数据库中所收集的所有沸点值，且在列表上方显示对应该字段的单位，沸点的单位为℃。点击【Journal Title】一栏中的【List】，弹出的窗口中给出一列很长的刊名缩写列表，这些期刊即为数据库中所收集的所有期刊。

4）执行检索。点击【OK】保存检索式，并点击【Start Search】执行检索，本次检索课题完成。

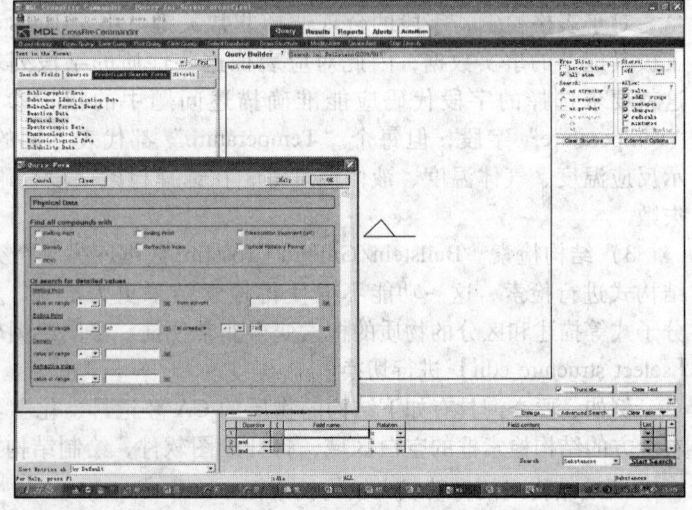

图 6-21　Beilstein/Gmelin Crossfire 数据库中输入检索式

5）查看检索结果。本课题的检索结果有三种显示方式，如图 6-22、图 6-23、图 6-24 所示。

3. 检索结果的处理

(1) 检索结果的显示

检索完成后，点击【View】按钮即可切换到检索结果窗口。检索结果在窗口中以左右两屏显示，左屏呈树形结构的是所检结果的条目信息，右屏则根据检索所限定的范围对应三种显示方式，分别是物质信息结果显示、反应信息结果显示、引文信息结果显示，如图 6-22、图 6-23、图 6-24 所示。

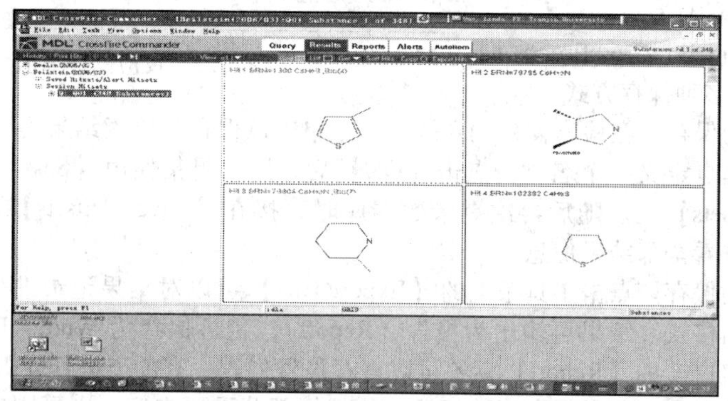

图 6-22 物质信息结果显示

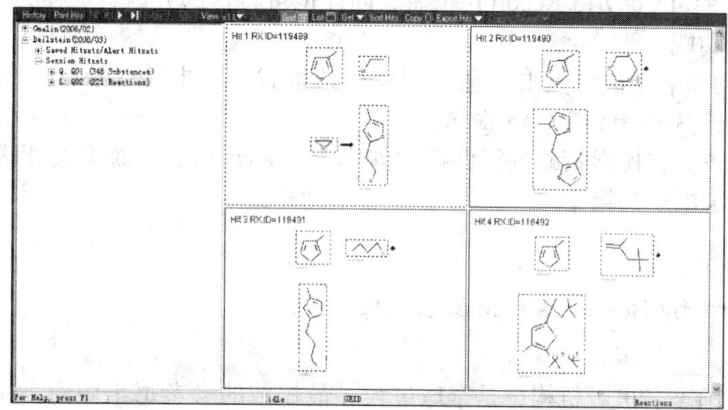

图 6-23 反应信息结果显示

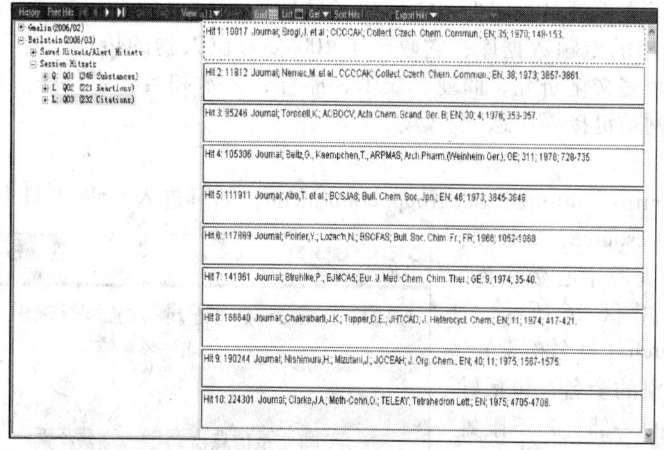

图 6-24 引文信息结果显示

双击图 6-24 中要查看的记录，系统弹出该记录的详细信息。以反应为例，其详细信息（片断）如图 6-25 所示。

从反应的详细信息中可以看出，Beilstein/Gmelin Crossfire 数据库为每一种物质、每一个反应、每一条引文均定义了序列号，分别以蓝色、红色和绿色显示，而这些序列号正是这三类数据间相互链接的桥梁，通过这些桥梁，用户可以在物质、反应及引文区域间快速切换。

Reaction	
Reaction ID	13555
Reactant BRN	1912834 1-methyl-2,4-dinitro-benzene
	102438 piperidine
	507540 nitrobenzene
	2452658 9,10-dioxo-9,10-dihydro-anthracene-2-carbaldehyde
Product BRN	3176150 2-(2,4-dinitro-styryl)-anthraquinone
No. of Reaction Details	1
Find similar reactions	click here

图 6-25　反应的详细信息

（2）检索结果的保存

在 Beilstein/Gmelin Crossfire 数据库中，检索结果有多种保存方式。

- 检索集合的保存。在检索窗口的左屏，右键单击欲保存的检索结果集，选择“另存为”，为此检索集自定义一个名称，点击【OK】后，该结果集便由【Session Hitsets】区变至【Saved Hitsets】区。随后再次登录数据库时直接在【Saved Hitsets】区点击该结果集，即可继续查看全部结果信息。
- 批量记录的保存。点击工具条上的【Export Hits】可以对结果记录进行批量保存，并可自定义输出格式。结果可输出为报告（Report），也可保存为 Word、Excel、Html 文件。点击检索窗口上的【Report】标签可以查看报告列表，有助于进行分析。
- 记录片断的保存。若只保存当前记录中的某一部分重要内容，则可刷黑这部分内容，点击工具条上的【Copy to Report】按钮，同样也可将这部分内容保存为 Word 文件。

（3）其他按钮功能

Autonum：自动命名功能。点击“🔍”图标画结构式，点击【Generate Name】按钮，系统自动根据结构式进行 Beilstein 或 CAS 命名。

Alert：通报服务。将检索策略进行保存，创建一个 alert 后，系统会按要求定时将符合检索策略的信息发到指定电子邮箱中。

6.3　名录数据库

6.3.1　Gale-Biography Resource Center 数据库

1. 简介

Gale 集团系美国著名出版机构，是全球最大、最权威的参考书出版商。Gale 集团隶属于全球最大的信息传媒集团之一 The Thomson Corporation（TTC）。Gale 集团多年来在出版人文科学工具书以及机构名录方面颇具权威性。Gale-Biography Resource Center 中文名称是人物传记资源中心，是 Gale 数据库的专题数据库，它收录了 100 多万位人物的传记。内容涵盖文学、科学、政治、政府、历史、多文化研究、商业、娱乐、体育、艺术和当今事件等。此外，还附有杂志论文全文、音像和网站链接等信息。

2. 检索方式

直接键入网址 http://infotrac.galegroup.com/menu，即可进入 Gale 工具书数据库选择界面，点击“Biography Resource Center”，即进入了人物传记资源中心数据库，该数据的检索界面如图 6-26 所示。

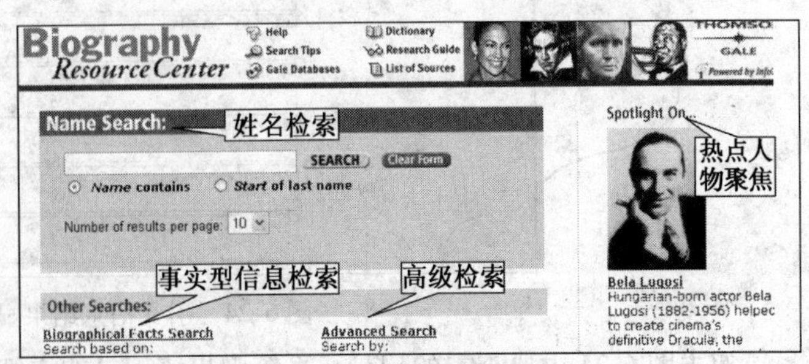

图 6-26　人物传记资源中心检索界面

（1）Name Search（姓名检索）

输入要查询对象的全名，包括姓氏、名字，或名字的一部分，不限姓名前后顺序。使用者可以选择“Name Contains”或“Start of Last Name”来限定检索词汇查询的模式。

（2）Biographical Facts Search（事实型信息检索）

以多重检索字段（如人名、性别、职业、种族、国籍、生卒日期和地点等）来缩小查询范围，检索符合限制条件的人物。事实型信息检索的界面如图 6-27 所示。

（3）Advanced Search（高级检索）

人物传记资源中心以及 Marquis 名人录的高级检索界面如图 6-28 所示。此处可以检索的字段有：Full Text（全文）、Keyword（关键词）、Source（来源），同时还可以用 Date of Publication（出版日期）和 Document Number（文献编号）来限定检索。

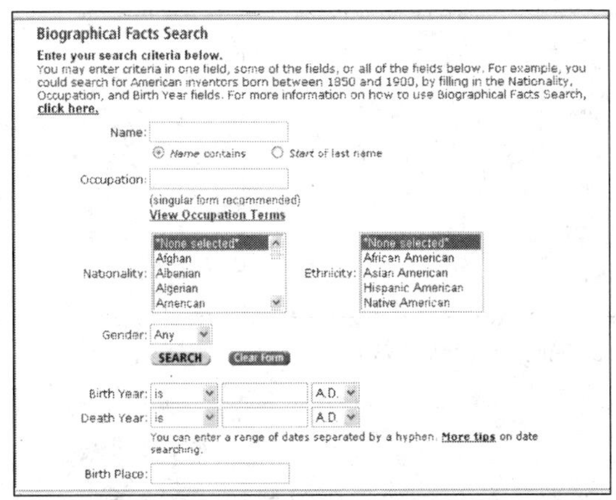

图 6-27　人物传记资源中心事实型信息检索的界面

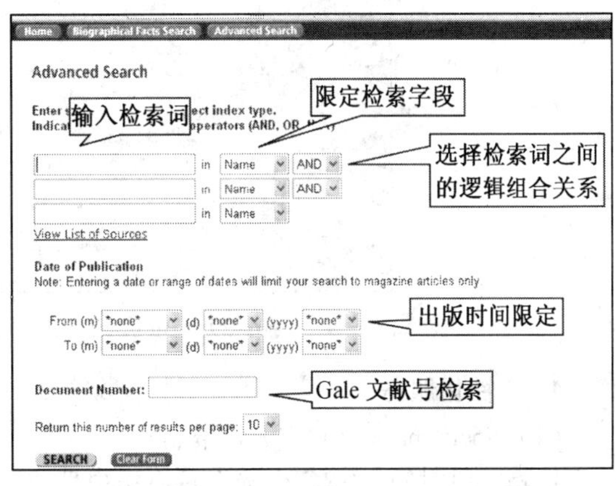

图 6-28　人物传记资源中心高级检索界面

3. 检索技巧以及检索结果处理

（1）逻辑算符与截词符号的使用

在 Biography Resource Center 数据库中逻辑运算符与截词符号的使用如表 6-3 所示。

表 6-3　Gale Online 数据库逻辑运算符与截词符号的使用表

算符与符号	检索示例	返回结果
AND	Mike AND Sandy	既包含 Mike 又包含 Sandy
OR	smith OR jones	包含 smith 或包含 jones
NOT	Asia NOT Australia	只包含 Asia 不包含 Australia
w	old w4 sea	可查到包含 old 与 sea，且 old 必在 sea 之前，中间相隔不超过 4 个字的资料
n	apples n4 bananas	可查到包含 apples 与 bananas，中间相隔不超过 4 个字，但不限先后顺序的资料
?	wom? n	可查到包含 woman 及 women 的资料
*	faith *	可查到包含 faith、faithful、faiths 的资料
!	analo!!	可查到包含 analog、analogs 的资料，但无法查到包含 analogous 的资料

（2）检索结果的处理

Gale-Biography Resource Center 检索结果列表显示，如图 6-29 所示。

Gale-Biography Resource Center 提供了 Mark List 的功能，当找到合乎需求的资料时，使用者可以把找到的资料暂时储存于其中，以建立个人的 citation list。具体操作：直接在结果界面上点击【Update Mark List】按钮，就把相关结果存储到了 Mark List 中，下次再使用时点击【View Mark List】就可以直接查看所存储的结果。

（3）检索结果的获取

Gale-Biography Resource Center 提供两种方式以获取检索结果：打印或以电子邮件传送。

- 打印：若选择画面左上方的【Print】按钮，系统会自动按文件的格式将资料输出。
- 电子邮件：可选择【E-mail】按钮，以 HTML 或纯文本格式寄出。

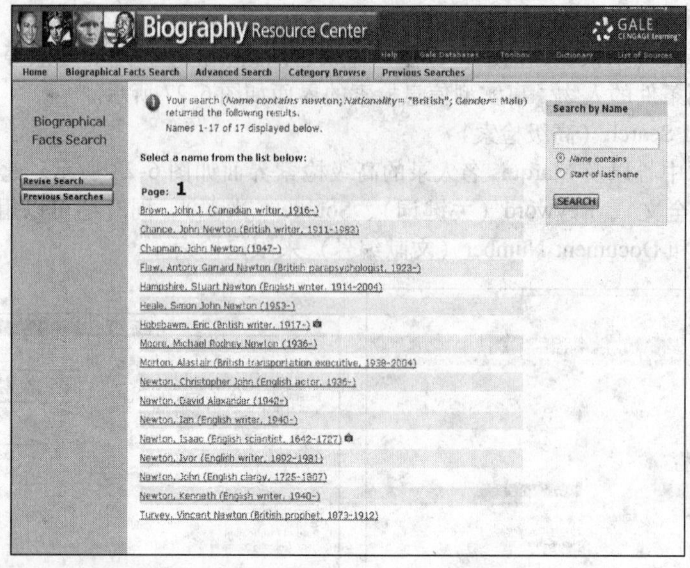

图 6-29 Biography Resource Center 检索结果界面

4. 个性化服务

（1）Spotlight on（热点人物聚焦）

每隔一段时间，BRC 会选出具有历史性或当代性的人物来介绍。使用者可直接点选人名来查看有关人物的传记与资料。

（2）Dictionary（在线字典）

使用者可以在这部分的字段中输入想查询的任何字符，系统会在 Marriam-Webster's Collegiate Dictionary 中检索符合的字符或字符串，可点选想查看的选项以查看其意义。

6.3.2 ProQuest Hoover's Company Records 数据库

1. 简介

Hoover's Company Records 是 ProQuest 系列数据库的子库。Hoover's Company Records 这个库涵盖了 40 000 多个公司、600 多个行业、225 000 企业高管的相关信息。Hoover 公司档案数据库收录 40 000 余家上市公司和非上市公司的档案资料，包括了美国本土公司及国际性公司的资料，内容实时更新，亦可查询数百家会计事务所、会计师及管理顾问公司的文件数据，这样读者可随时掌握最新的公司信息。包括：公司总体情况介绍、公司历史、领导与职员竞争者、产品与运作、财务、排名、相关行业信息、历史财务情况。

2. 检索方式

输入 ProQuest 数据库的网址 http://proquest. umi. com/login，即可登录到 ProQuest 数据库首页，ProQuest 数据库提供了中文检索界面，用户可以选择首页【Interface language】的下拉框，选择【Chinese（smiplified）】，进入中文检索界面。

（1）基本检索

点击首页上的【Database selected】选择数据库，用户选定 Hoover's Company Records 数据库，即可进入 Hoover's Company Records 数据库，该库的基本检索界面如图 6-30 所示。

在检索输入框内输入检索词、词组或检索式，点击【Search】进行检索。用于检索的词组超过三个词时须用引号把检索词组括起来。检索词之间可以用逻辑算符 AND、OR 或 AND NOT 和位置算符 Within、Not Within 等连接构成检索式。通过检索界面的【检索技巧】可以了解有关逻辑算符、位置算符和检索字段、检索式的详细介绍。

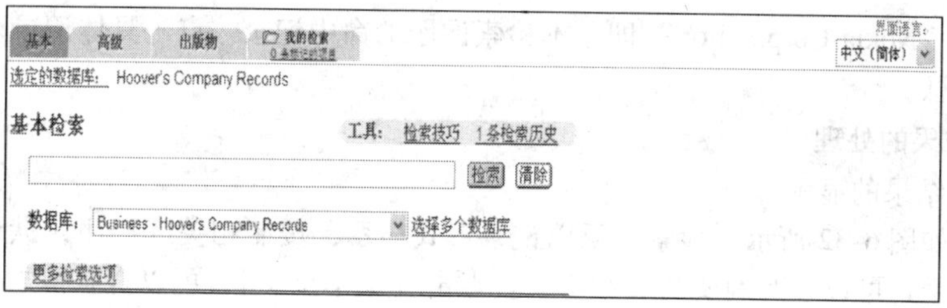

图 6-30 Hoover's Company Records 基本检索界面

（2）高级检索

在 Hoover's Company Records 数据库的基本检索界面中点击标签【高级】，即可进入高级检索界面。Hoover's Company Records 数据库的高级检索界面如图 6-31 所示。

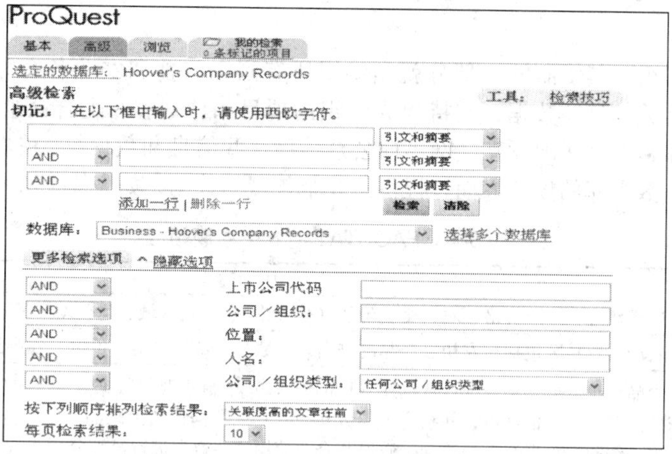

图 6-31 Hoover's Company Records 高级检索界面

高级检索界面中有三个检索词输入框，在输入框中输入检索词、词组或检索式，选择检索字段及检索文献类型、每组检索词之间的逻辑关系词和文献时间段，即可进行检索。每个输入框中的检索词、词组或检索式的构成与基本检索相同。

点击【更多检索选项】的标签，可以展开更多的检索入口：上市公司代码、公司/组织、位置、人名、公司/组织类型。可以对这些检索词进行组合检索。

【检索示例】 在 Hoover's Company Records 数据库中查找诺基亚公司的信息。

1）确定检索词。本课题查找的是诺基亚公司，其英文名称为 Nokia。

2）确定检索方式。Hoover's Company Records 提供了基本检索与高级检索两种方式。本课题已经知道所需查找的具体公司名称，因此采用基本检索方式。

3）输入检索词。在 Hoover's Company Records 数据库的基本检索界面的【基本检索】输入框中输入“Nokia”。点击【检索】，即进行相关查找。

4）查看检索结果，找到公司记录。检索出关于诺基亚公司的相关记录有 111 篇文档，如图 6-32 所示。其中排在

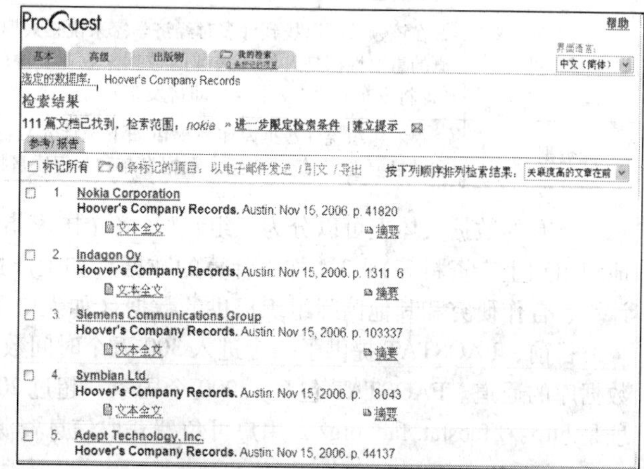

图 6-32 Hoover's Company Records 检索结果界面

第一位的记录"Nokia Corporation"即是本检索课题的命中记录。点击具体记录名称，可以进一步浏览详细信息。

3. 检索结果的处理

(1) 检索结果的显示

检索结果如图6-32所示，检索结果以记录形式显示，按照相关度排序，默认是关联度高的文章排在前，用户可以查看摘要与文本全文。点击【文本全文】，可以查看检索结果的全文。

(2) 检索结果的保存

检索结果可以进行打印，或者将文章的全文发送到电子邮箱中。

6.4 统计资料数据库

6.4.1 FAOSTAT 数据库

1. 简介

联合国粮农组织，其使命的一部分就是编辑所有国家粮食和农业各个方面的信息和数据。通过分析和解释有关信息和数据，支持粮农组织的项目和计划。为配合该组织的基本工作，通过出版物、多媒体、光盘和国际互联网等向公众传播这些信息和数据。"粮农组织统计数据库"(FAOSTAT)——数据库的读者界面，提供了8个领域的数据，如表6-4所示。

表6-4　FAOSTAT的8个主题领域

主题领域	内　容
生产	生产数量、生产价格、农场交货价值（建设中）、收获区域、每公顷产量
贸易	农产品贸易区包括粮农初级产品的进出口、数量、单位价格、价值、农产品贸易份额、净出口
消费	食品消费数据是粮农统计数据库（FAOSTAT）中最重要的数据之一。事实上，此数据是根据全球各国营养不足估计值，并结合了参数和一些其他数据评估出来的。本数据自最初生产出来之后，一直是编制粮食平衡表的基础。政府和企业使用这些数据进行经济分析和政策制定，学术界也使用这些数据。内容包括：数量、食品能量、蛋白质（即将发布）、脂肪（即将发布）、总量及人均量
供给使用账户/粮食平衡表	生产、贸易、饲料与种子、损耗、其他用途、消费、数量、卡路里（蛋白质、脂肪）
粮食安全	本统计域包含与粮食安全有关的一套合并的统计资料。所涉及的主要主题是粮食匮乏、粮食需要、粮食消费、生产和贸易、膳食构成、粮食的获取、粮食援助和儿童营养状况。它还包括关于实现世界粮食首脑会议（粮农组织，罗马，1996年）和千年宣言（联合国，纽约，2000年）所确定的减轻饥饿目标进展的国别统计报告
价格	现价生产者价格、实际生产者价格、出口单位价格、进口单位价格、相对价格
原料/投入	在该领域可以找到许多对经济学家来说感兴趣的数据。全国耕地、草原和其他土地的分布以及灌溉的重要性都是人们感兴趣的数据。农业资源领域包括：土地、劳动、机械（即将发布）、化肥（即将发布）、农业化学（即将发布）
元数据	粮农组织统计数据库体系提供如下统计元数据库：概念和定义、分类、参考数据（符号、单位和转换要素）、统计方法、数据发布和数据质量指标

所有的数据大体上可以分为三组：1）各个国家指标（如农业生产和贸易、生产者价格、土地利用和生产资料等）；2）加工计算的数据（如生产指数和贸易指数、食物供应等）；3）通过计算、合作研究和其他国际组织提供的数据（如人口和劳动力）。

目前，FAOSTAT提供了一个进入300万个时间数列和横截面数据的、与粮食和农业相关的数据库的通道。FAOSTAT包含了200个国家、超过200个初级产品和农业投入的数据。它的网址是 http://faostat.fao.org/，用户可免费获取信息资源。

2. 检索方式

(1) 登录数据库

直接输入网址可以进入 FAOSTAT 数据库首页，如图 6-33 所示。

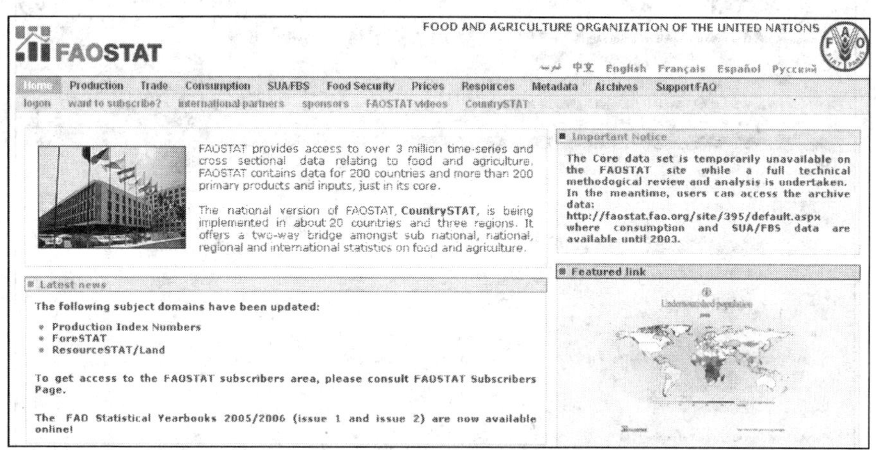

图 6-33　FAOSTAT 数据库首页

在首页的右上角有语种的标识，FAOSTAT 提供了 6 种语言界面，分别是阿拉伯文、中文、英文、法文、西班牙文与俄文。选择【中文】，即可进入中文界面的数据库系统中。

首页上方有生产、贸易、消费、供给使用账户/粮食平衡表、粮食安全、价格、原料/投入、元数据，档案资料、支持/FAQ 等。这里包括了 FAOSTAT 的 8 个主题库，点选这些数据库的名称，即可进入相应的主题数据库。

（2）数据库检索

FAOSTAT 数据库的主题数据检索方法是一致的，现以 FAOSTAT 的生产数据库为例，介绍 FAOSTAT 的检索方法。

点击首页上的【生产】进入生产数据库首页，如图 6-34 所示。其下包括 4 个模块，分别是 ProdSTAT（产量数据）、林业、FishSTAT（渔业数据）、production index numbers（产量索引数据）。

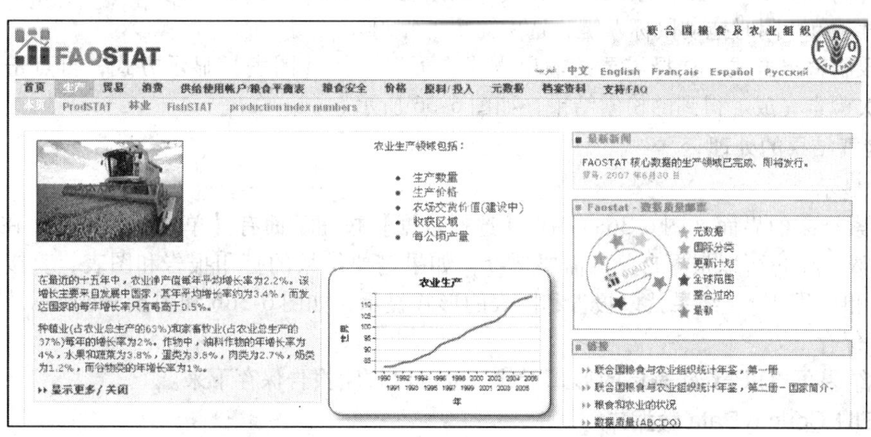

图 6-34　FAOSTAT 数据库生产主题库首页

点击【ProdSTAT】进入生产主题库的产量数据模块，产量数据（ProdSTAT）包括农作物、牲畜等的原始数据与处理过的数据。该数据库的检索界面如图 6-35 所示。

ProdSTAT 提供了组配检索方式，国家、年份、商品与科目相互之间可以组配，这样产生了国家/年份、商品/年份、科目/年份、科目/国家、商品/国家、商品/科目的组配项目。

【检索示例】在 ProdSTAT 中检索 2002 年至 2006 年丹麦的奶类产量。

该课题的具体检索步骤如下：

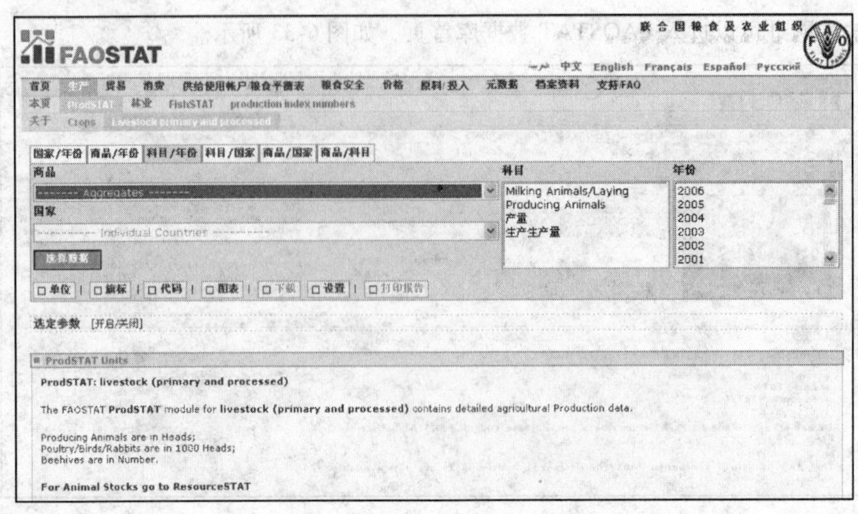

图 6-35 ProdSTAT 检索界面

1）确定检索词。本课题的检索关键词有三个：2002 年至 2006 年、丹麦、奶类产品产量。2002 年至 2006 年限定了检索的时间范围，丹麦限定了检索的地域范围，奶类产品限定了农产品的类型。

2）确定检索方式。本课题查找的是农产品的产量，因此选择 FAOSTAT 数据库生产子库中的 ProdSTAT 模块。具体的操作步骤如下：登录 FAOSTAT 网站，在网站的右上角点击【中文】，进入了中文界面。再点击【生产】/【ProdSTAT】/【Livestock primary and processed】。

3）选择组配方式。选择科目/年份的标签，这样科目与年份就显示在检索界面的右部，商品与国家就出现在检索界面的左部。

4）输入检索词。在【商品】下拉列表中选择“奶类”，在【国家】的下拉列表中选择“丹麦”。在【科目】栏中选择“产量”，在【年份】下拉列表中复选“2002～2006”，复选的操作方式是按住 Shift 同时拖动鼠标左键，选中需要的年份。

5）限制输出方式。选择需要的输出方式，可以选择【图表】显示方式，再点击【选择数据】，本次检索完成。得到的检索结果，如图 6-36 所示。

3. 检索结果的处理

（1）显示

在检索结果的界面（图 6-36a）中，【选择数据】按钮下面有【单位】等按钮。在显示检索结果的时候，用户可以根据自己的需要选择，如果需要结果的打印报告和图表，直接点击【打印报告】和【图表】，结果就以报告和图表的形式显示，如图 6-36b 和图 6-36c 所示。

（2）保存

检索结果可以以 excel 表格的形式下载，也可以打印报告保存下来。

6.4.2 EIU CountryData 数据库

1. 简介

EIU CountryData 是全面获取全球各国宏观经济指标的历史与未来预测值的著名经济类专业分析库，在全球宏观经济研究领域具有很高的权威性。CountryData 的数据涵盖 150 个国家与地区，并提供全球 45 个主要地区的各项宏观经济指标总量值（Regional Aggregates），其中将各国的全部指标分为 7 大类，总计 312 项变量系列（Series），以年度指标为主，并含季度、月份指标，各指标数值的时间跨度自 1980 年至 2008 年（含 5 年预测值），所有指标均明确标注数据定义、数据来源、更新时间及 EIU 分析师姓名。同时，EIU 基于对各国当前政治形势、经济走势及外部国际环境等因素的综合判断，在 CountryData 库中由 EIU 专职经济学家向全球用户发布 181 个国家与地区每月更新的经济展望分析报告（Outlook Report）。因此，CountryData 库中具有庞大、全面的全球宏观分析数据与各国最新的经济展望报告文献，是真正意义上的全球宏观经济指标资讯分析库，CountryData 在全球被很多著名的经济管理类大学与商学院长期订购使用。

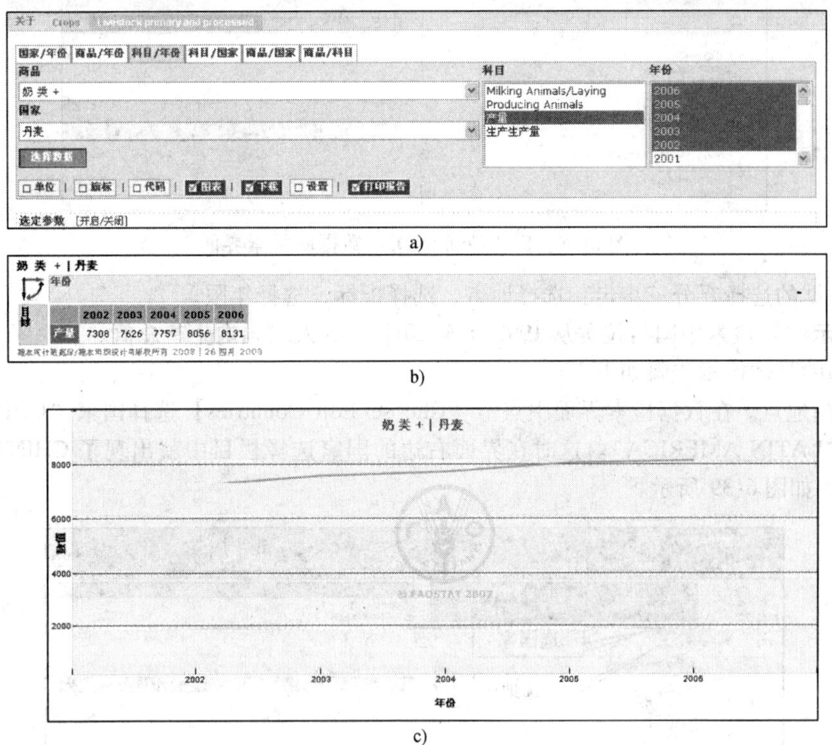

图 6-36　ProdSTAT 检索结果显示界面

2. 检索方式

（1）登录数据库

EIU CountryData 数据库有两种登录方式：IP 地址登录（https://eiu. bvdep. com/ip）；账号密码登录（https://eiu. bvdep. com）。由此即可进入 EIU CountryData 的主界面，如图 6-37 所示。

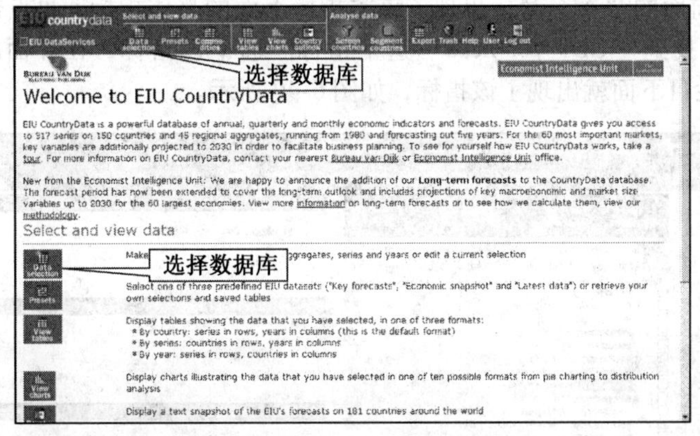

图 6-37　EIU CountryData 数据库界面

（2）数据检索

点击首页上端或者左侧【Data selection】按钮，进入数据检索界面，如图 6-38 所示。

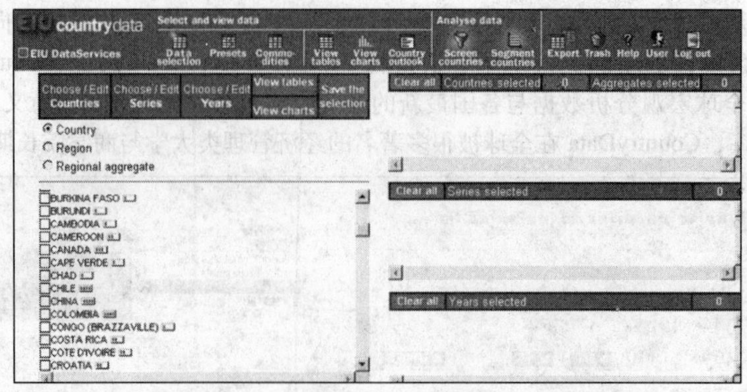

图 6-38　EIU CountryData 数据库检索界面

对于数据的选择要分三步走：选择地点、选择指标、选择年限。

【**检索示例**】检索中国与拉美从 1993 年至 2010 年的人均国内生产总值。

该课题的具体检索步骤如下：

1）选择地点。在数据检索界面中点击【Choose/Edit Countries】选择国家“CHINA”，然后选择地区“LATIN AMERICA”。这时在界面右边的国家选择栏目中就出现了 CHINA 和 LATIN AMERICA，如图 6-39 所示。

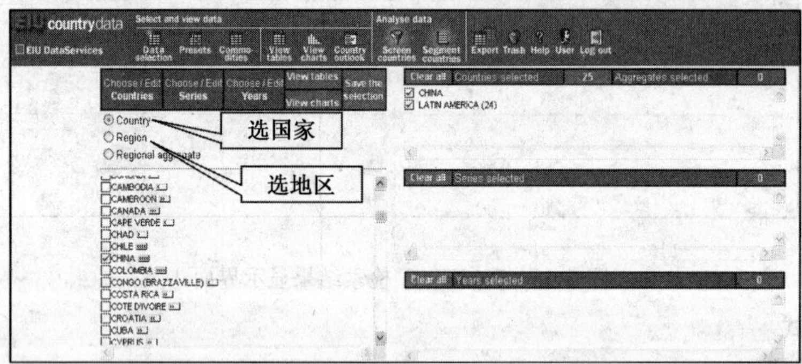

图 6-39　EIU CountryData 数据库中地点选择界面

2）选择指标。点击【Choose/Edit Series】，出现指标选择界面，首先选择“Demographics and income”点击前面的“＋”号，出现了该类指标下面的具体指标，再点击“Key indicators”前面的“＋”号，找到“GDP per head”这个指标。选中该指标，在界面的检索界面的右边【Series selected】栏目下面就出现了该指标，如图 6-40 所示。

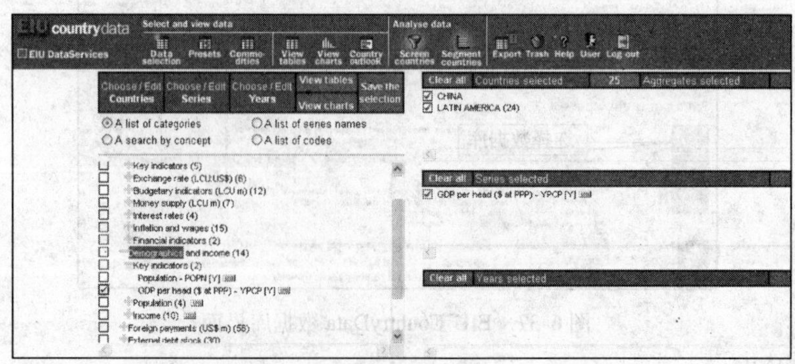

图 6-40　EIU CountryData 数据库中指标选择界面

3）选择年限。点击【Choose/Edit Years】，出现年度选择界面，按 Shift 键可以复选，选中 1993 年至 2010 年，点击【Select】，如图所示，在检索界面的右边【Years selected】下面就出现了 1993 年至 2010 年标志，如图 6-41 所示。

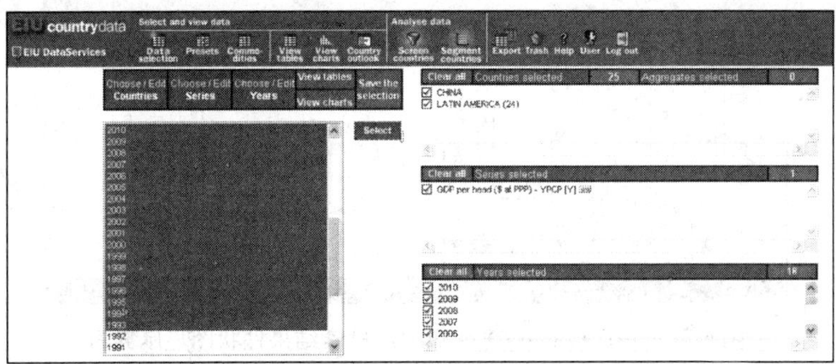

图 6-41 EIU CountryData 数据库中年限选择界面

4）点击【View tables】，出现检索的结果，如图 6-42 所示。

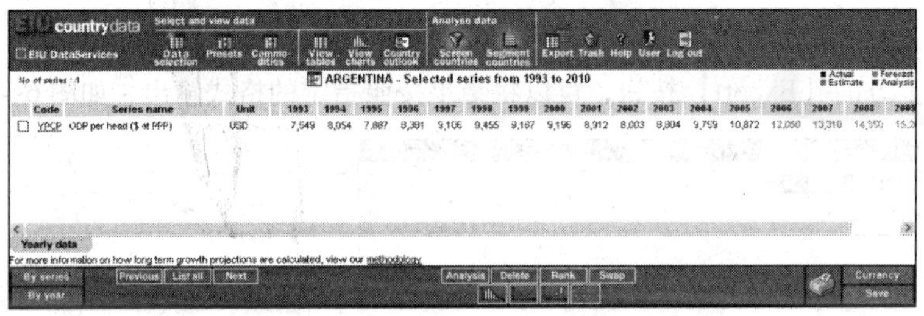

图 6-42 EIU CountryData 数据库检索结果界面

该结果按照所检索的国家与地区的首字母排序，点击【Previous】与【Next】可以翻看其他的国家，也可以按照国家与年度的列表显示，点击【By Series】显示，如图 6-43 所示。

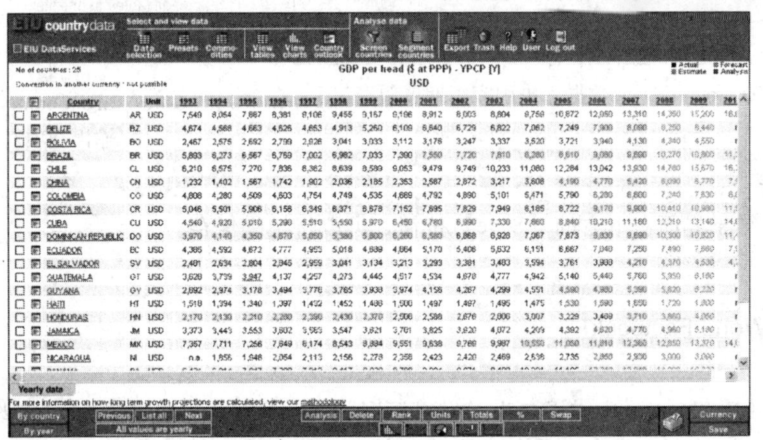

图 6-43 EIU CountryData 数据库检索结果列表显示界面

3. 检索结果的处理

（1）分析

EIU 可以对检索结果的数据进行进一步的分析，可以形成柱状图、线条图、饼状图、曲线图等一系列图表，用户只需点击检索结果界面最下列的 5 个图状标志即可。如图 6-44 显示的是 1997 年中国与拉美地区的人均国内生产总值的柱状图。

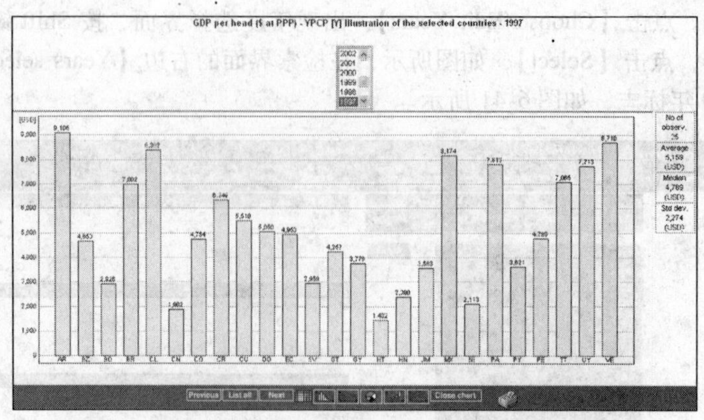

图 6-44　EIU CountryData 数据库检索结果柱状图显示界面

此外，EIU 数据库还可以预测短期走向，点击检索结果中每个国家前面的“▣”符号，则弹出一个国家短期展望的窗口，如图 6-45 所示。图 6-45 提供了 EIU 对于当前时期以后未来半年的趋势预测。

（2）输出

点击界面上方的【Export】按钮，可以将结果按照指定的格式输出，如图 6-46 所示。

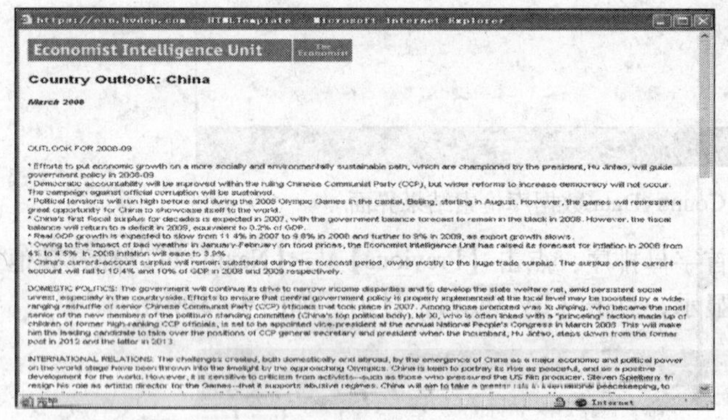

图 6-45　EIU CountryData 数据库中国家短期展望窗口

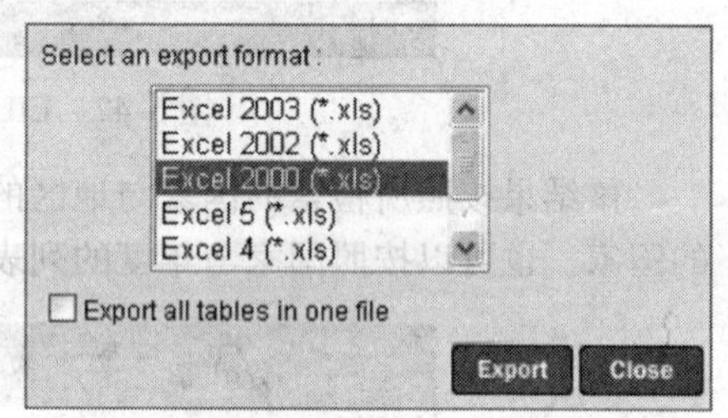

图 6-46　EIU CountryData 检索结果输出选项对话框

（3）保存

点击检索结果界面右下方的【Save】按钮，可以将结果保存。

6.5　年鉴

6.5.1　The World Factbook

1. 简介

The World Factbook（中文译名为《世界概况》，又译为《世界各国纪实年鉴》）由美国中央情报局（CIA）出版，发布世界各国及地区的概况，如人口、地势、政治及经济等各方面的统计数据。其资料格式、体例、内容力求配合美国政府的各方需要及立场，资料则是由美国国务院、人口统计局、国防部等部门及其辖下的相关单位提供。如同其他美国政府作品一样，其内容均属于共有领域。The World Factbook 提供每年更新一次的世界各国概况，目前已经更新到 2008 年的《世界概况》，在互联网上可以免费访问其首页，并提供了 2000 年至 2007 年的《世界概况》软件下载。

2. 检索方式

（1）登录网站

输入该网站的网址 https://www.cia.gov/library/publications/the-world-factbook/index.html，即可访问该网站。该网站首页如图 6-47 所示。

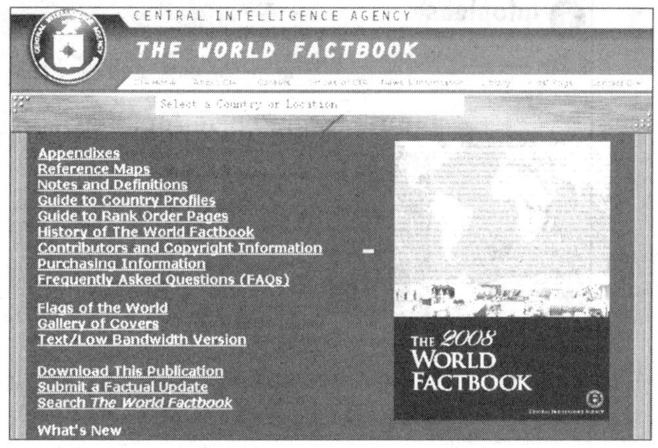

图 6-47　The World Factbook 网站首页

（2）快速检索

在首页的【Select a Country or Location】下拉菜单中找到想要查找的国家名称，即转到该国家的界面。

【检索示例】 在 The World Factbook 中查找玻利维亚概况。

该课题的具体检索步骤如下：

1）确定检索词。玻利维亚对应的英文检索词为“Bolivia”。

2）选择检索词。登录 The World Factbook 网站，在该网站的首页上有一个选择框，其中是全球各个国家按照英文字顺排列的下拉选择。本课题中查找的是“Bolivia”，选择“Bolivia”。

3）查看检索结果。选择后，网站自动跳转到结果界面，本课题的检索结果如图 6-48 所示。

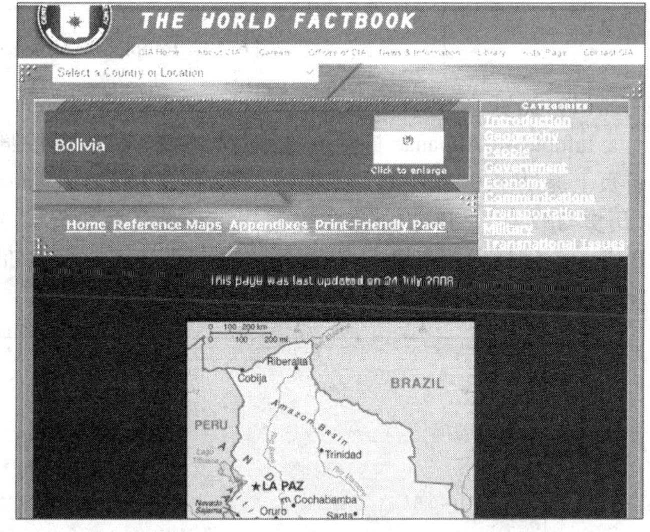

图 6-48　The World Factbook 检索结果显示界面

在界面上方出现了玻利维亚的国旗，在界面正中间是玻利维亚的地图。在界面的右上角是玻利维亚基本情况的分类，包括概况介绍、地理情况、民族、政府、经济、交流、运输、军事、历史变迁九大基本情况。点选任一项都可以进入该情况的详细介绍。

3. 检索结果的处理

对于查找到的某一个国家的基本情况，点击鼠标右键可以存储该检索界面。该网站并未提供专门的保存与输出的功能。

6.5.2　Infoplease Almanac

1. 简介

Infoplease Almanac 是《咨询年鉴》的网络版，也是一种综合性网络参考源。其网址是 http://www.infoplease.com/almanacs.html，它集成了 Columbia Encyclopedia、Webster College Dictionary、The Infoplease Atlas、The TIME Alamanac with information Please 和 The ESPN/Information please Almanac 等年鉴、地理资料、词典方面工具书的内容，通过一个统一的搜索引擎来检索。其中年鉴部分包括各种统计数据、事实性资料和历史记录。它还有一个独立的专供儿童使用的网站 Fact Monster，网址是 http://www.factmonster.com，用户可以免费使用。

2. 检索方式

用户输入该网站的网址进入 Infoplease Almanac，该网站首页如图 6-49 所示。

图 6-49　Infoplease Almanac 首页

（1）浏览

Infoplease Almanac 提供了两种浏览方式，一种是按照首页上提供的大类以及子类进行浏览，首页上提供了 9 个大类，分别是：World（世界）、United States（美国）、History&Government（历史与政府）、Biography（传记）、Sports（体育运动）、Arts&Entertainment（艺术与娱乐）、Business（财经）、Society&Culture（社会与文化）、Health&Science（健康与科学），如图 6-50 所示。

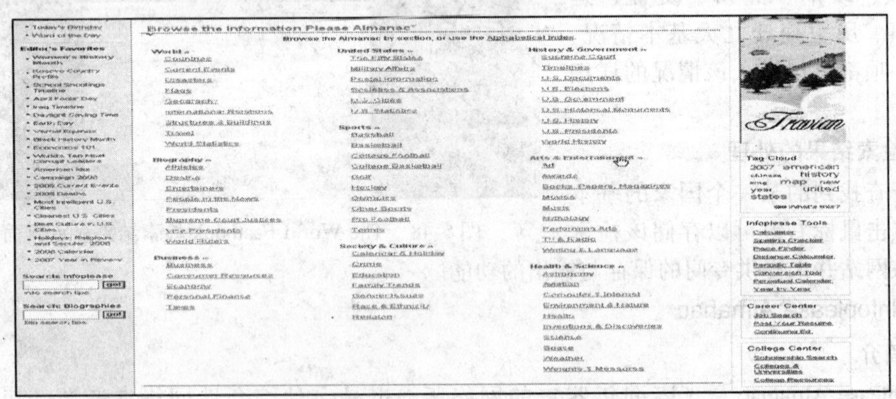

图 6-50　Infoplease Almanac 主题浏览界面

另一种是按照单词索引进行浏览，浏览界面如图 6-51 所示。

（2）快速检索

在 Infoplease almanac 首页中的输入框中输入检索词，然后点击【Go】按钮，就能找到所要查找的相关内容。

【检索示例】在 Infoplease almanac 中查找 2007 年人口数排名前 10 位的国家。

Almanac: Index

An A to Z keyword index of our general, entertainment, and sports almanacs. Or, search the almanacs, encyclopedia, or dictionary.

Abbreviations, State	Environment	Passports
Abortion	Ethnicity	Patents
Academy Awards	Explorations	People
AIDS		Personal Finance
Ambassadors	Family Trends	Planetary Phases
Animals	First Aid	Population, U.S.
Architecture	Firsts in America	Population, World
Associations	Flags	Postal Regulations
Astronomy	Football	Poverty Statistics
Auto Racing	Foreign Phrases	Presidents, U.S.
Aviation	Forms of Address	Pulitzer Prizes

图6-51 Infoplease Almanac 单词索引浏览界面

该课题的具体检索步骤如下：

1）确定关键词。本课题查找的是国家人口数据方面的内容，人口数据对应的英文检索词为"population statistics"。

2）确定检索方式。Infoplease Almanac 提供的检索方式有浏览方式和快速检索方式。因为本课题的检索词不是单一的检索词，因此可以选用浏览方式查找。

3）浏览查找。点击【World】/【World Statistics】/【Population Statistics】，打开人口数据中的内容，发现其中包括2007年国家人口数最多的前50个国家。检索结果如图6-52所示。

World > World Statistics > Population Statistics

World's 50 Most Populous Countries: 2007

Rank	Country	Population
1.	China	1,321,851,888
2.	India	1,129,866,154
3.	United States	301,139,947
4.	Indonesia	234,693,997
5.	Brazil	190,010,647
6.	Pakistan	169,270,617
7.	Bangladesh	150,448,339
8.	Russia	141,377,752
9.	Nigeria	135,031,164
10.	Japan	127,467,972
11.	Mexico	108,700,891
12.	Philippines	91,077,287
13.	Vietnam	85,262,356
14.	Germany	82,400,996
15.	Egypt	80,264,543

图6-52 2007年人口最多的国家排名

3. 检索结果的处理

(1) 检索结果的显示

在 Infoplease Almanac 中进行一次检索后，检索结果在窗口中以一屏15个结果显示出来。检索的结果按照与检索条件的相关性排序。双击要查看的记录，系统则弹出该记录的详细信息。

（2）检索结果的保存

Infoplease Almanac 网站中的检索结果有多种保存方式。

- Cite：引用。
- Print：打印。
- E-mail：电子邮件。
- Hotwords：对文本进行高亮处理。
- Bookmark：作为书签。

习题

1. 查找埃及 2007 年的人口数。
2. 查找与水产业相关的文献。
3. 查找三乙胺的特性。
4. 查找与航空雷达技术相关的出版物。
5. 查找机械工程领域的参考书。
6. 查看氯苯的物理性质。
7. 查找英国物理学家牛顿的生平事迹。
8. 查找法国施维雅制药公司的信息。
9. 查找中国、美国两国从 2001 年至 2005 年大豆的产品价格。
10. 检索澳大利亚与西方七国 1996 年至 2006 年 10 年间的消费者物价指数（CPI）。
11. 查找阿尔巴尼亚 2007 年国家的交通运输情况。
12. 查找日本 2007 年公共卫生支出比率（指占总 GDP 比率）。

第7章　联机信息检索

本章提示

本章概述联机信息检索的构成、检索方式、检索步骤等。详细介绍DIALOG、STN检索系统的基本检索指令、常用运算符和检索实例。并对国外其他重要的联机检索系统作了简要介绍。通过本章的学习，学生应较为熟练地掌握DIALOG、STN等检索系统的基本检索指令、常用运算符等，并学会利用这些检索技术制定不同课题的检索策略。

7.1　联机信息检索概述

7.1.1　联机信息检索系统的构成

所谓联机检索（Online Retrieval），就是指用户使用检索终端设备，通过通信设施（如通信网、调制解调器、自动呼叫器、通信控制器等），直接与中央计算机相连，检索远程数据库中的信息资源。在检索过程中采用的是人机对话方式，可随机或脱机浏览、传递所得信息，并可根据需求随机修改检索策略，具有检索功能强大、信息资源丰富且信息源可靠、质量较高、实时、快速、查准率高的特点，但检索费用较昂贵。

联机检索系统主要由联机检索中心、通信网、检索终端三大部分构成。

1. 联机检索中心

联机检索中心是联机检索系统的中心。它包括中央计算机及外部设备、联机数据库、数据库检索与管理软件三部分。

中央计算机（又称“主机”）是指多机系统或分布式网络中起主导和控制作用的计算机，是联机系统硬件的核心，其功能是在系统软件和检索软件的支持下完成情报的存储、处理和检索等操作，对整个系统的运行进行管理和控制。而外部设备则是一些必要的外部设备，如磁盘、磁盘阵列、光盘机及高速打印机等。

联机数据库是指联机检索系统所拥有的各种数据库，是存储文献和文档索引的地方。各种类型的数据库都是由数据库供应商提供，或由联机检索系统租用数据库供应商的机读数据来组成。同一个数据库可以在不同的联机检索系统中出现。

2. 通信网络

通信网络是连接检索终端与中央计算机的桥梁，其作用是确保信息传递的畅通。以大型信息单位的计算机为网络节点，每个节点有多个终端，各节点之间通过通信线路相互连接，从而构成纵横交错、互相利用的信息检索网络。

3. 检索终端

检索终端是一种连接在通信线路上的输入输出设备，是用户与中央计算机传递信息“进行人机对话”的装置。常用的检索终端有电传终端、微机终端，以及由显示器、键盘和打印机构成的标准终端。目前，主要采用的是微机终端。

7.1.2　联机信息检索系统的新发展

经过几十年的发展，国际联机以其先进的通信传递手段、功能强大的检索软件和全面准确、高效优质的信息服务，矗立在世界众多的信息提供商和服务商中，受到了世界广大用户的好评。但在信息技术日益进步和Internet迅速发展的今天，传统的联机检索系统已不再是人们获得电子信息资源的唯一和主要来源，这样，它必须采取对策以适应新的信息环境和需求。一些著名的联机信息服务商包括DIALOG、STN等都在利用自己业已形成的信息采集、加工、传递和服务体系，在保持传统服务的基础上，结合最新信息技术和 Internet 网络推出了一系列的信息产品，以满足各种层次和不同领域信息用户的需求，使国际联机系统在信息服务领域继续保持世界领先的优势。

1. 发展自己的特色

开发功能更强、应用方便的系统及软件，生产并购进更适用的数据库产品，同时也将自己的数据资源制成光盘销售。例如，DIALOG 公司投放市场的光盘就有 70 多种。

2. 形成综合业务

提供更为广泛的社会服务，将信息的加工、生产、存储、检索、传递和出版等业务综合成一体，开展书目检索、全文检索、原文定购、馆际互借、文献传递、定题服务、文字处理和文献出版等多种业务。

3. 推出优惠、便捷的服务

利用各种机会、场合展示和推销自己。提供一些优惠、免费服务，通过友好合作扩大市场。联机收费也采取多种方式：计时、计次或租赁。同时也开始在外建立一些镜像库，通过因特网，或租用专线等对口提供一些数据库的检索。

4. 合作与兼并

通过合作、联营或兼并来壮大各自与总体的实力，例如，DIALOG 先是被 KnightRidder 兼并，现又被 ThomsonCompany 收购；Ei 并入了 Elsevier；OBIT 和 BRS 由 MaxwellOnline 兼并和联营；STN 由美、日、德三家公司合作开发和联营。这些都是增强实力的举措。

5. 开发网络版本

为了顺应网络信息检索发展的趋势，世界上许多著名的大型商业联机检索系统 DIALOG、STN、BRS、ORBIT 纷纷上网，利用 internet 直接为终端用户服务。例如，DIALOG 于 1996 年至 1997 年先后推出了数个可供检索的 www 网站（如 Dialogselect、Dialogweb 等），这些网站针对不同用户的需要，采用不同检索界面和检索方法。特别是为非专业人员所设计的用户界面，简单易学。此外，这些联机信息服务商在网上建立的网站，除了提供数据库检索、全文信息、多媒体信息外，还扩展了许多功能，它通过超文本链接，将世界有关站点和信息链接到自己的页面上，提供全方位资源服务。这种基于 internet 网络推出的检索服务给众多用户提供了极大的方便和选择余地，联机检索开始面向越来越多的最终用户。

7.1.3 联机信息检索的步骤

在联机信息检索的过程中，一般要经历如下几个步骤。但由于每个检索课题不会完全相同，检索工作的步骤、先后顺序也就不会完全一样。

1. 明确检索目的

进行联机检索之前，首先明确检索的目的和要求。一是要明确是为了成果申报查新，还是为了调研某一专业技术在世界最新研究的进展；所需要的是题录、文摘还是全文；文献类型是技术报告、会议论文还是统计资料；是理论研究文章还是工艺技术成果等，还要对检索文献的年限作出具体限定。二是要明确检索的课题属于什么技术领域，该技术又包容哪些技术及其主要概念，经过充分研究，把那些能够反映该课题的实质性内容的主题词、关键词、近义词或词组等选择出来，以便进一步制定检索策略。

2. 选择数据库

当明确了检索目的之后，就要根据课题的检索要求、数据库的主题范围与课题的主题范围切合的程度、数据库的收录范围、收录时间、数据库的联机机时与打印费用等几方面情况来认真选择数据库。

3. 制定检索策略

制定检索策略是联机信息检索过程中的一个关键步骤。通过检索策略的制定，将检索需求转化为联机系统所能处理的检索语句。检索策略制定得是否合理，直接决定着检索结果的好坏和检索质量的高低。

要制定出科学合理的检索策略，需要在明确检索目的基础上，对检索课题进行概念分析，若课题概念复杂，就把复杂概念分解为若干个概念单元，再用逻辑运算符把表达概念单元的检索词组配起来，确定可行的检索策略，制定相应的检索步骤。此外，还要熟练并灵活掌握各种联机检索指令，使计算机能按照人脑的思维进行判断和推理，查找用户所需要的文献资料。

4. 机检前进行预检

随着互联网技术的发展和网络版数据库的不断增加，利用单个数据库、互联网以及联机检索系统所提供的免费总索引档进行课题的预检，是一个必不可少的环节。通过预检可以进一步明确检索需求，可以对所制定的检索策略进行检验，并根据预检结果对检索策略进行修改和调整，直到得到比较满意的检索结果。

5. 接通联机系统进行检索

在做好充分的检索准备后，即可开机与联机信息检索系统连接。灵活地利用联机系统提供的各种检索指令和特性功能，进行检索的人机对话过程，并得到相应的检索结果。同时还可根据检索结果修改检索策略，直到获得满意的检索结果。

6. 打印、输出检索结果

使用联机打印指令或脱机打印指令将命中的文献记录按系统规定的打印格式打印出来，最后关机。

7. 评价分析检索结果

在联机信息检索的人机对话过程中，要根据系统对检索式的反馈以及预定的检索策略，及时地调整检索式，以符合检索目的和要求。从理论上说，若有必要，必须重复前面的工作步骤，直至满意为止。当然，在检索实践中，联机的评价和调整要受检索费用的限制，这就对上机前的准备工作提出了更高的要求，应尽可能在联机之前仔细周密地分析各种可能的情况，并预先制定相应的调整策略。特别是要充分发挥互联网的作用，利用一切可以利用的方式，通过预检制定出满意的检索策略，以在能承受的费用范围内，获取最满意的检索结果。

传统的联机检索系统主要是为专业情报人员提供服务。随着互联网技术的普及与发展，越来越多的最终用户开始使用联机检索系统。但不论是专业人员还是普通用户，不论采用何种检索方式，一般都要遵循以上几个检索步骤。

7.2 DIALOG 系统检索

7.2.1 DIALOG 系统概况

1. DIALOG 基本情况介绍

DIALOG 系统是目前世界上最大的联机检索系统，创立于1965年。该系统原为美国洛克希勒导弹与宇航公司的一个情报单位，于1972年正式向公众提供联机检索服务。1981年，该公司宣布成立并独立经营。1988年，DIALOG 以3.5亿美元出售给 Knight Ridder 新闻公司，从而成为了 Knight Ridder 的子公司。2000年，KR DIALOG 又被 Thomson 公司购并，成为 Thomson Dialog。

经过40余年的发展，目前 DIALOG 系统拥有900多个数据库，其拥有的信息量是搜索引擎的500倍。共有25 000个既有客户遍及103个国家并拥有总数量超过200万的最终用户。DIALOG 系统平均每个月要处理超过700 000条的检索要求，传递1.7亿页文献供用户浏览。它是全球公认专业范围涉及面最广、最及时、最准确的在线信息系统。

DIALOG 系统收集的信息内容涉及自然科学、社会科学、工程技术、人文科学、时事报道和商业经济等各个领域。其中大部分数据库由专业数据库供应商提供。涉及的文献类型包括图书、期刊、学位论文、标准、会议录、科研报告、政府文件和统计数据等。其数据库类型主要有书目型、全文型、名录型、数值型和混合型。

2. DIALOG 系统的主要服务方式

为了跟上网络信息检索发展潮流，DIALOG 于 1996—1997 年开发出多个基于网络的检索网站。这些产品极大地推进了 DIALOG 与 Internet 的结合，也促进了 DIALOG 的网上应用。同时，DIALOG 根据不同用户的需求，提供了多种检索界面和联机方式，并制定了相应的收费办法。

DIALOG 系统的服务方式大致可分为专业检索人员使用的检索方式和非专业检索人员使用的检索方式。

（1）专业检索人员使用的检索方式

DIALOG 专门为从事图书馆、信息检索等的专业检索人员设计了功能强大的指令检索方式，可检索 DIALOG 系统所有数据库，从而获得更快捷、更精确、更全面的检索结果。

1）Dialogclassic Web：网址为 http://www. dialogclassic. com/，如图 7-1 所示。它采用纯文本界面，如图 7-2 所示，提供强大的指令语言检索功能。用户可以方便地使用、查看、编辑、分析和发布检索结果；并为编辑和修改 SearchSaves（保存的检索策略）、Alerts（定题跟踪）和其他存储的数据提供了简单直观的表格。它包含了超过 500 000 个信息源，主要涉及科学技术、医药、商业、知识产权等内容。它的检索速度快，检索过程每一屏幕均保留不丢失数据，便于存盘。

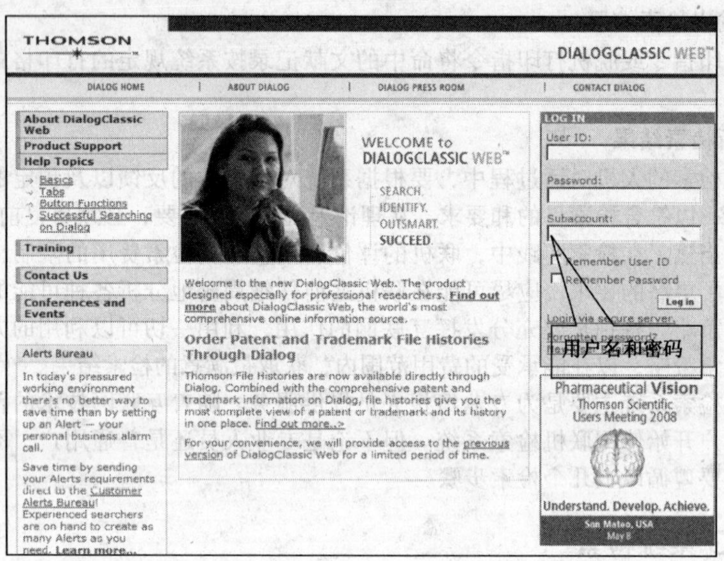

图 7-1　Dialogclassic 网站首页

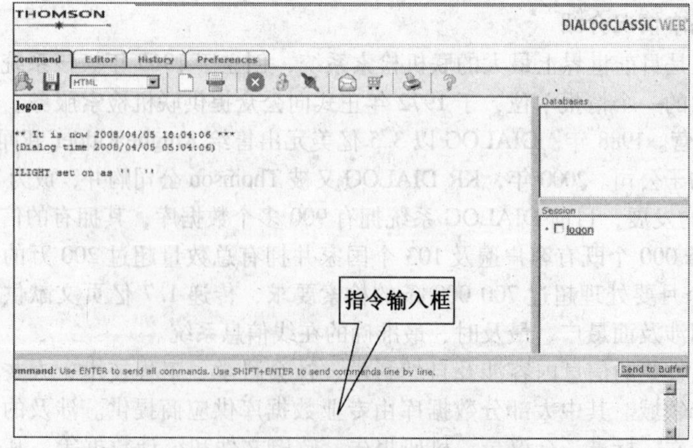

图 7-2　Dialogclassic 纯文本检索页面

2）Dialogweb：网址是 http://www. dialogweb. com，如图7-3所示。它是通过互联网检索到DIALOG系统中所有数据库的网站，是专业人员和初级用户都可以使用的页面。它既允许利用DIALOG强大的检索功能来制定复杂的命令检索，也可以通过方便、易学的引导式检索来完成数据库检索，并可以定制定题通报服务。检索结果可以用HTML或文本格式以在线、E-mail或传真等方式输出。

Dialogweb 提供两种检索方式：

- 指令检索方式（Command Search）：供具有检索经验的中高级检索人员使用，如图7-4所示。

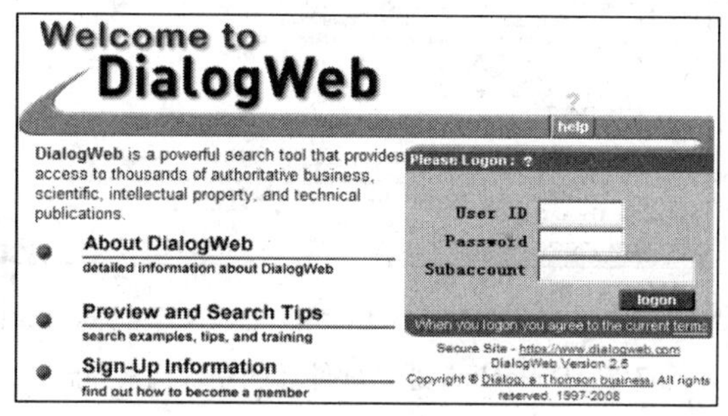

图7-3 Dialogweb 网站首页

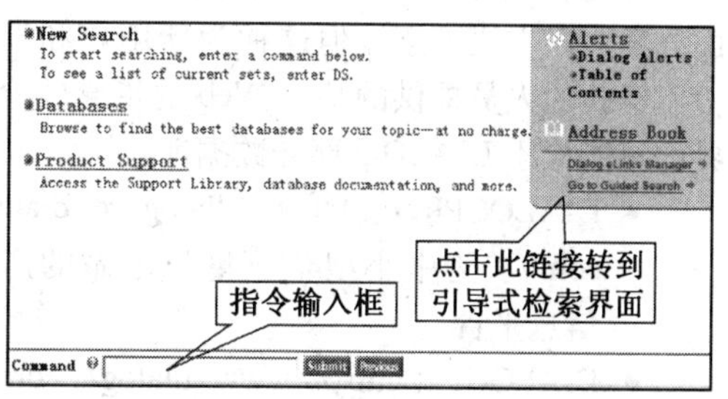

图7-4 Dialogweb 的指令式检索界面

- 引导检索方式（Guided Search）：供专业检索人员、非专业检索人员和初学者使用。用户可以根据系统设置的主题分类（如图7-5所示），一步一步地完成数据库选择、检索和结果浏览等全部过程，如图7-6所示。

图7-5 Dialogweb 引导式检索中的主题分类

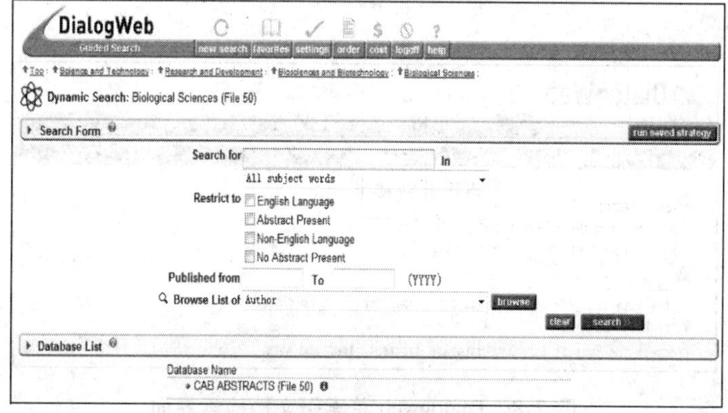

图7-6 Dialogweb 引导式检索界面

3）通过 DialogLink 通信软件（可免费下载），以远程登录方式检索 DIALOG，如图7-7所示。下载 DialogLink 的网址为 http://www. dialog. com/products/dialoglink/。

（2）供非专业检索人员使用的检索方式

DIALOG 为没有检索经验的非专业检索人员或初学者设计了多种检索界面，使得这些人员无需熟悉 DIALOG 数据库及检索指令即可进行检索。检索方式简单直接，只需点选所需信息类别，然后输入特定范围关键词，再连接到相关数据库中进行检索即可。

根据不同类别的检索需求（如化工、医药、专利和能源等），用户可以选择不同的界面方案，以方便检索。但这种为新用户和没有检索经验的人员提供的基于 Web 的指导性检索界面只能检索 DIALOG 部分数据库。

```
DialogLink - Dialog
File  Edit  Session  Accounting  Configuration  Window
1000K  : 0 mins  HOME  : [None]  Off
Banner display set LONG.
DETAIL set on
POSTINGS set ON
* * *                * * *
SYSTEM:HOME
Menu System II: D2 version 1.7.8 term=ASCII
                  *** DIALOG HOMEBASE(SM) Main Menu ***
 Information:
  1.  Announcements (new files, reloads, etc.)
  2.  Database, Rates, & Command Descriptions
  3.  Help in Choosing Databases for Your Topic
  4.  Customer Services (telephone assistance, training, seminars, etc.)
  5.  Product Descriptions
 Connections:
  6.  DIALOG(R) Document Delivery
  7.  Data Star(R)
   (c) 2000  The Dialog Corporation plc       All rights reserved.

     /H = Help           /L = Logoff          /NOMENU = Command Mode
Enter an option number to view information or to connect to an online
 service.  Enter a BEGIN command plus a file number to search a database
(e.g., B1 for ERIC).
Autoscroll On
Type-ahead
```

图 7-7 Dialoglink 通信软件远程登录检索界面

- DIALOGPRO（http://dialogpro. dialog. com）：为中小型企业量身定做的产业信息平台。
- DIALOG1（http://www. dialog1. com）：整合科技行业信息内容的简易检索平台。
- DIALOGSelect（http://www. dialogselect. com）：按行业细分建立的简易检索平台。
- ProFound（http://www. profound. com）：提供超过 10 万份专业且极具价值的全球市场报告。
- TradstatWeb（http://www. tradstatweb. com）：拥有全球约 90% 的贸易数据。
- DataStarWeb（http://www. datastarweb. com）：专注于生物技术、医药类和欧洲市场的信息检索平台。
- NewsRoom（http://www. DIALOGnewsroom. com）：提供全球最新、最快的新闻和商业信息、科技信息以及不同专业领域科技发展趋势的信息。

NewsEdge（http://dialog. newsedge. com）：提供全球最完整的实时新闻。

DIALOG Open Access（http://www. dialog. com/openaccess/）：提供投资银行及券商报告。

3. DIALOG 提供的几个常用功能

（1）Dialogweb 总索引文档（DIALINDX）的免费检索功能

该功能允许用户在某个主题范围内对所有相关的数据库进行扫描，系统显示用户给定的检索策略在各个数据库中的命中情况，便于用户确定调用哪些文档进行进一步检索。具体检索方法如下：

1）输入网址 http://www. dialogweb. com，输入用户名和密码，进入总索引文档的检索界面，如图 7-8 所示。

图 7-8 Dialogweb 总索引文档检索界面

2）点击【Datebases】链接。

3）从 8 个主题类别中选择与检索内容相关的主题类目，如图 7-9 所示。

图 7-9 Dialogweb 总索引文档中的8个主题类目

4）输入预先制定的检索式（或继续选择大类下面所列出的小类），如图 7-10 所示。

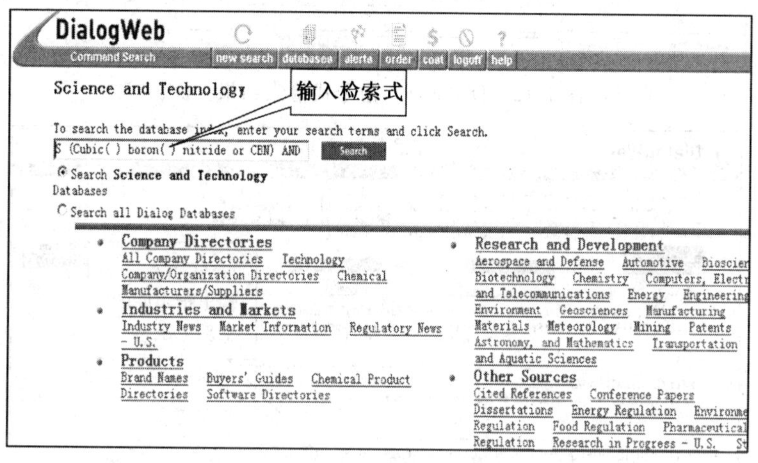

图 7-10 Dialogweb 总索引文档检索式输入页面

5）根据检索结果，选取合适的数据库，利用【Command Search】进行进一步检索和调取文献记录，如图 7-11 所示。

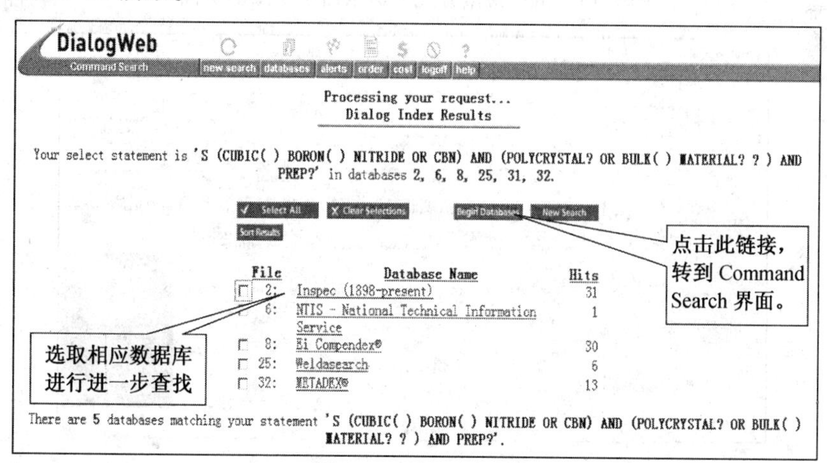

图 7-11 Dialogweb 总索引文档检索结果页面

6）利用【Command Search】指令，对所选数据库可进行进一步检索，如图 7-12 所示。

7）输出命中文献记录，如图 7-13 所示。

（2）DIALOG 蓝页功能

该功能提供详尽帮助功能，网址是 http://library.dialog.com/bluesheets/，如图 7-14 所示。DIALOG 所有数据库的介绍可以通过 DIALOG 蓝页（Bluesheets）查看。DIALOG 蓝页提供了

DIALOG 系统各数据库的详细介绍，包括数据库内容、信息来源、更新频率、记录样例、索引(可检索字段)、输出格式、输出价格和检索技巧等。

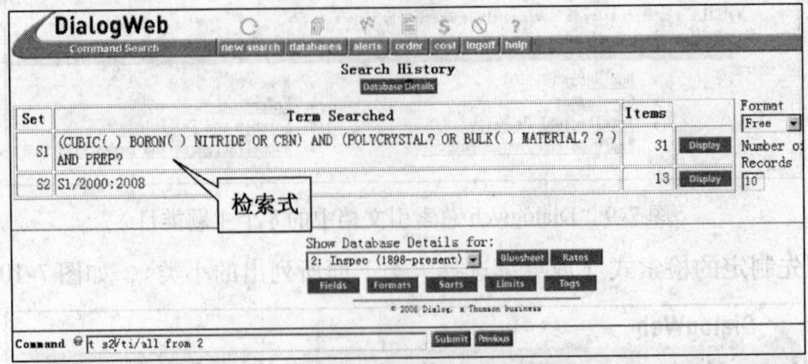

图 7-12　Dialogweb 指令式检索结果页面

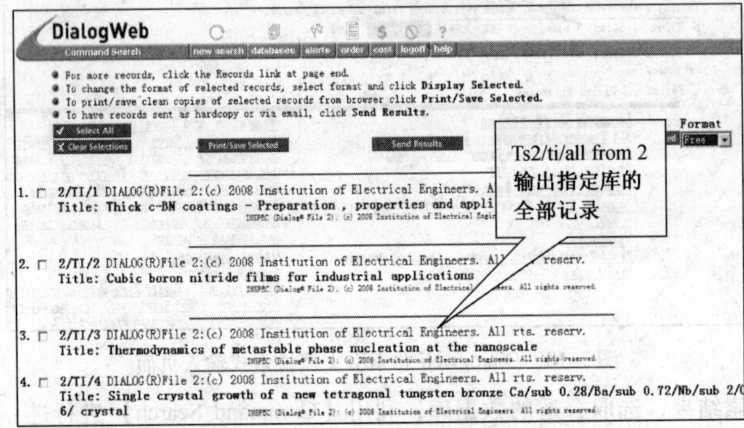

图 7-13　指令检索方式下显示命中文献的页面

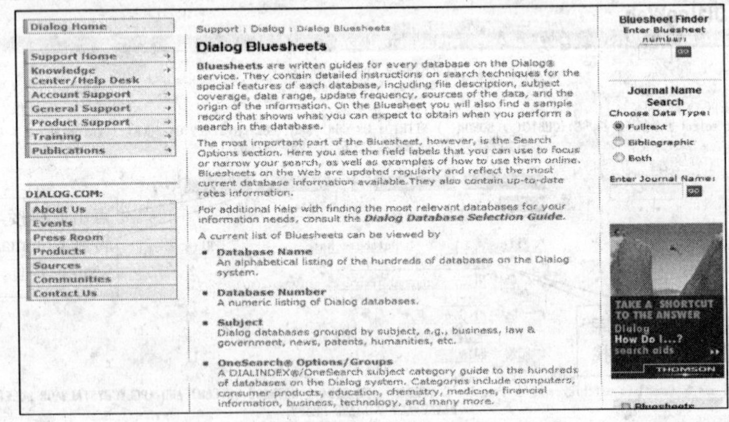

图 7-14　DIALOG 蓝页

(3) ONTAP 联机培训功能

该功能提供了专门的实习用数据库（ONTAP）和免费学习账号，网址是 http://training. dialog. com/sem_info/ontap_pw. html，如图 7-15 所示，鼓励用户上机实习。但它提供的免费数据库以及数据库中收录的文献量是非常有限的。DIALOG 系统在不同的时间会推出不同的免费用户名和密码，并列出免费文档一览表。

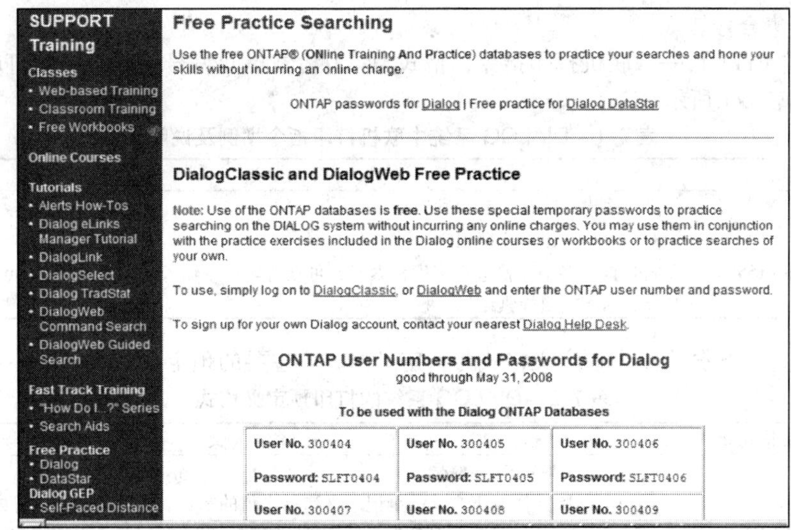

图 7-15　ONTAP 联机培训页面

（4）DIALOG Alert 定题服务功能

该功能可向用户提供最新资料报道，将文献通过 E-mail、FAX 或邮寄方式传递给用户。

7.2.2　DIALOG 系统的常用检索指令

1. DIALOG 系统指令的输入格式

DIALOG 系统指令的输入格式一般为

指令	空格	检索式	回车

或

指令	空格	检索式	；	指令	空格	检索式	；

2. DIALOG 系统的基本指令

B（BEGIN）、E（EXPAND）、S（SELECT）和 T（TYPE）这 4 个指令可以缩写成 B-E-S-T，它们是 DIALOG 联机检索中最常用、最重要的指令，称为 Best 指令。

1）B（或BEGIN）——选库指令，格式为：B n 或 BEGIN n。例如：

B 399　　　　表示进入 399 文档

B 2，6，8　　　表示进入 2、6、8 多个文档，文档间用逗号或空格隔开

其中 n 代表一个具体的文档号，在 BEGIN 指令后可以输入多个文档号，一次打开多个数据库。

BEGIN 命令可以消除以前存储在计算机中的所有检索步骤，同时显示前一文档使用的机时及费用的有关信息，且显示新文档的信息：文档名称和存储年限等。

2）E（或EXPAND）——扩词指令，格式为：E 检索词或 EXPAND 检索词。例如：

E au = brostoff，s　　表示在作者字段中扩词

其主要功能是查看检索词在数据库倒排文档词库中的标引方式和词频，以帮助用户选择合适的检索词。特别是找出某一词的所有同义词和相关词，从而提高查全率与查准率。这对初学者或对检索词不能确定者非常有用。

3）S（或 SELECT）——选词指令，格式为：SELECT 检索词/检索式或 S 检索词/检索式。例如：

S（air + water）（2W）pollut?　　　检索式中含有逻辑符、位置符、截词符

S（heat + thermal）/ti，de　　　检索式中用后缀进行组配

S PN = US 5445842　　　检索专利号

在该指令后输入检索词，系统就会从数据库中检出组配的文献记录，并将结果显示在终端上，

且赋予它一个集合号。

4）T（或 TYPE）——联机打印指令，格式为：T 检索提问编号/打印格式/打印记录范围。举例及说明如表 7-1 所示。

表 7-1 DIALOG 系统中联机打印指令举例及说明

检索指令	含 义
T S4/TI，AU，PY/1	仅打印输出篇名、作者和发表年 3 项
T S1/6/ALL	用格式 6 打印输出全部记录
T S4/7/ALL from 155	在同时打开多个文档进行多库检索时，可在打印指令输入项的最后用 From 指定从某个或某几个数据库输出检索结果

其中，打印格式分为用户预定义格式与自定义格式。主要的预定义格式如表 7-2 所示。

表 7-2 DIALOG 系统的打印预定义格式

预定义格式	含 义
1	DIALOG 存取号
2	除文摘及正文外的全记录（包括文献的题目、出处及标引词等内容）
3 或 MEDIUM	题录（包括文献的题目、作者、来源、出版时间及全文的字数等）
5 或 LONG	除正文以外的全记录
6 或 SHORT	DIALOG 存取号和题目
7 或 LONG	题录和文摘
8 或 FREE	题目和标引词
9 或 FULL	全记录，包括正文部分
K 或 KWIC	文中关键词（显示记录中含有检索词的那一部分内容）

自定义格式是用户根据自己的特定需求而自行定义的显示格式。例如，题名（TI）、作者（AU）、文献出处（SO）和文摘（AB）等。

3. DIALOG 系统的辅助检索指令

1）SS（或 SELECT STEP；S STEPS）——分步骤选词检索指令，格式为：SELECT STEP 检索词/检索式或 SS 检索词/检索式。例如：

SS information and education

检索结果如下：

S1 74 INFORMATION
S2 43 EDUCATION
S3 17 INFORMATION AND EDUCATION

该指令功能与 S 指令相同，不同的是系统给每一个检索词赋予一个集合号，以便用户在检索过程中修改检索策略和重新组配时使用。

2）DS（或 DISPLAY SETS）——回顾检索过程指令，格式为：DS 检索步骤集合号。例如：

DS S1-S5

它可回顾自 BEGIN 指令以来的检索过程。当输入此指令后，系统立即将各检索步骤的集合号、命中文献篇数及其检索式重新按顺序显示出来。该指令常用在使用的检索词或检索步骤较多，后面的检索式要用到前面使用过的检索词或检索式的情况，或在检索过程中因故发生中断需重新联机的情况。

3）SORT——排序指令，格式为：SORT 检索组号/记录范围/字段代码。排序指令的作用是按某一字段对记录进行排序，系统默认为升序，如果在末尾加上 D，则按降序排列，排序的结果生成一个新的检索。

4）RD——去重指令，格式为：RD Sn 或 IDPAT Sn（专利文献去重指令）。用于对来自不同数据库的文献进行“去重”，使同一篇文献只出现一次（同一篇文献可能被同时收入多个数据库）。RD 命令对避免重复输出、节省查询费用具有重要意义，值得重视。

5）SAVE 和 SAVE TEMP——保留检索指令。SAVE 是永久保留指令，需付费。而 SAVE TEMP 仅保留 7 天。所以一般情况下，用 SAVE TEMP 指令。当使用 SAVE TEMP 指令时，系统会自动分配一个以字母 T 开头的策略保存号。

6）EXS（或 EXCUTE STEPS）——执行保留检索指令。EXS 与 SAVE、SAVE TEMP 指令配套使用，用来执行保存的检索策略。

7）D（或 DISPLAY）——联机显示指令。其特色为分页显示，格式与 TYPE 相同。

8）P（或 PRINT）——脱机打印指令。该指令的作用在于用户可以将全部检索结果先存储在主机内，再由 DIALOG 中心集中处理，分批打印，并将结果邮寄给用户。脱机打印具有占用机时少、费用低的特点，一般适宜较大量的打印输出要求。

9）LOG OFF HOLD——暂停检索指令。允许用户在 30 分钟之内再次联机进入上次检索的文档中，并可调用上次的全部策略。如果执行时间超过 30 分钟，系统将自动断机，并结束检索。

10）LOG OFF——结束检索过程指令。执行后退出 DIALOG 系统，并在屏幕上显示用户使用情况的有关信息。

7.2.3 DIALOG 系统的常用运算符

1. 布尔逻辑算符

布尔逻辑算符的作用是将代表单一概念的一些检索词组配在一起形成检索式，表达信息需求的总体概念。在 DIALOG 系统中，“逻辑与”用单词“AND”或“ * ”表示，“逻辑或”用单词“OR”或“ + ”表示，“逻辑非”用单词“OR”或“ - ”表示。

2. 位置算符

DIALOG 系统的位置算符是用来规定词与词之间的位置关系的，从而使检索式更能准确表达检索课题。DIALOG 所使用的位置算符主要有：(W)、(N)、(F)、(S)。

DIALOG 系统位置算符的执行顺序为(W) - (N) - (S) - (F)。如果有括号，则优先执行括号内的位置算符。从这些位置算符的功能可以看出：按(W) - (N) - (S) - (F)的顺序，则查准率由高到低，而查全率由低到高；而按(F) - (S) - (N) - (W)的顺序，则查准率由低到高，而查全率由高到低。

当检索式中同时出现逻辑运算符、位置算符和括号时，系统执行运算的先后排列次序如下：

括号	先
(W) - (N) - (S) - (F)	↓
NOT	
AND	
OR	后

3. 截词算符

它是利用计算机固有的指定位的对比判断功能，使不完整词能与标引词进行比较、匹配的一种检索。在 DIALOG 系统中截词算符用“?”表示。它的截词有两种形式：右截词和中间截词，而右截词又包括有限截词和无限截词。使用截词符时要注意：无限截词时词干不能太短，以免造成误检。

例如，检索“CUT?”，相当于检索 CUT、CUTE、CUTLER、CUTTER、CUTTING 等词，其中 CUTE、CUTLER 等词与“切割”的含义无关。

4. 禁用词

在数据库中，有 9 个词不能作为检索词，它们是 an、and、by、for、from、of、the、with、to。在检索含有禁用词的词组时，可用位置算符来处理。

例如，检索 onLine and retrieval 这一主题，可用检索式：S online（1W）retrieval。

5. 字段检索

后缀代码用于对指定记录基本索引的某个字段进行检索，前缀代码用于辅助索引的检索（详见7.1.3节中字段检索的说明）。其区别在于，前者适用于各种数据库，而后者依据不同的数据库，字段和代码也不同。详细介绍可见数据库蓝页说明。

【检索示例】查找“立方氮化硼多晶材料制备”方面的文献。

确定的英文检索词如下：

立方氮化硼	Cubic boron nitride or CBN
多晶立方氮化硼	Polycrystalline CBN
制备	preparation

第1步：B 411——打开DIALOG总索引文档。

第2步：Sf allmater——进入所有的材料数据库。

第3步：S Polycrysta?（s）（Cubic（ ）boron（ ）nitride or CBN）and prep?——输入检索式。

第4步：SAVE TEMP——保存检索策略，方便以后用EXS指令直接调用，避免重复输入。

第5步：B 2，8，34——根据在411文档中扫描的结果，选择合适的数据库作为该课题的检索范围。

第6步：EXS［保留号］——执行保留的检索式。

第7步：S PY > 2003——输入新的检索式。

第8步：S S1 and S2——将检索课题的时间限定在2003年之后。

第9步：Rd S3——对检索结果进行去重。

第5~9步的检索步骤结果见表7-3。

表7-3 第5~9步的检索步骤结果

检索序号	检索策略	检索结果
S1	POLYCRYST?（S）（CUBIC（ ）BORON（ ）NITRIDE OR CBN）AND PREP?	74
S2	PY > 2003	9 255 781
S3	S1 AND S2	15
S4	RD S3（unique items）	8

第10步：T S4/6，K/ALL——用6、K格式联机显示第4组全部检索结果，如图7-16所示。

```
1. □ 2/TI/1 DIALOG(R)File 2:(c) 2008 Institution of Electrical Engineers. All rts. reserv.
     Title: Thick c-BN coatings - Preparation , properties and application tests
                    INSPEC (Dialog® File 2): (c) 2008 Institution of Electrical Engineers. All rights reserved.

2. □ 2/TI/2 DIALOG(R)File 2:(c) 2008 Institution of Electrical Engineers. All rts. reserv.
     Title: Cubic boron nitride films for industrial applications
                    INSPEC (Dialog® File 2): (c) 2008 Institution of Electrical Engineers. All rights reserved.

3. □ 2/TI/3 DIALOG(R)File 2:(c) 2008 Institution of Electrical Engineers. All rts. reserv.
     Title: Thermodynamics of metastable phase nucleation at the nanoscale
                    INSPEC (Dialog® File 2): (c) 2008 Institution of Electrical Engineers. All rights reserved.

4. □ 2/TI/4 DIALOG(R)File 2:(c) 2008 Institution of Electrical Engineers. All rts. reserv.
     Title: Single crystal growth of a new tetragonal tungsten bronze Ca/sub 0.28/Ba/sub 0.72/Nb/sub 2/O/sub
     6/ crystal
                    INSPEC (Dialog® File 2): (c) 2008 Institution of Electrical Engineers. All rights reserved.
```

图7-16 联机显示检索结果

第11步：LOGOFF——结束检索。

【检索示例】查找“孔雀石绿生物降解”方面的专利文献。

确定的英文检索词如下：

孔雀石绿	Malachite Green
生物降解	biodegradation

第1步：进入 Dialogweb 上的免费总索引文档（DIALINDX），网址是 http://www.dialog-web.com。

第2步：点击【Databases】→【Intellectual Property】链接，进入所有专利数据库。

第3步：S malachite( ) green and biodegrad? ——输入检索式，检索结果如图7-17所示。

Your select statement is 'S MALACHITE( ) GREEN AND BIODEGRAD?' in databases ALLIP.

Select All | Clear Selections | Begin Databases | New Search

Sort Results

File	Database Name	Hits
16:	Gale Group PROMT® (1990 - present)	1
45:	EMCare®	1
67:	World Textiles(TM)	2
73:	EMBASE® (1974-present)	11
240:	PAPERCHEM	1
345:	INPADOC/Family and Legal Status	1
348:	European Patents Fulltext	40
349:	WIPO/PCT Patents Fulltext	115
351:	Derwent World Patents Index®	3
352:	Derwent World Patents Index (for users in Japan)	3

图7-17 在 Dialogweb 总索引文档中的检索结果

第4步：B 351——选择合适的数据库作为该课题的检索范围。

第5步：S malachite( ) green and biodegrad? ——再次输入检索式。

第6步：Sort S1/ALL/PN——对 S1 全记录按照专利号排序。

第4~6步检索步骤的结果如图7-18所示。

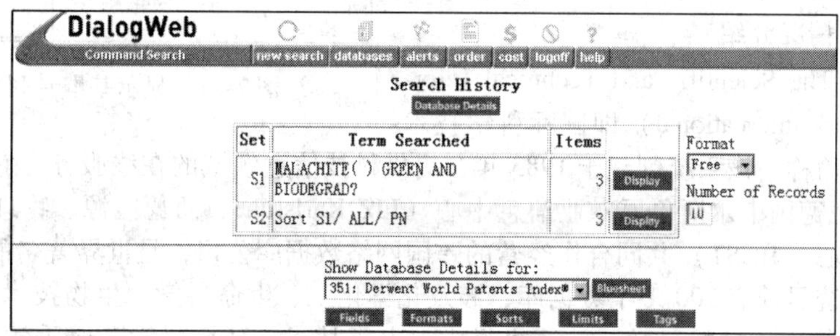

图7-18 第4~6步的检索结果

第7步：T S2/6/ALL——用格式6联机显示 S2 全部检索结果，如图7-19所示。

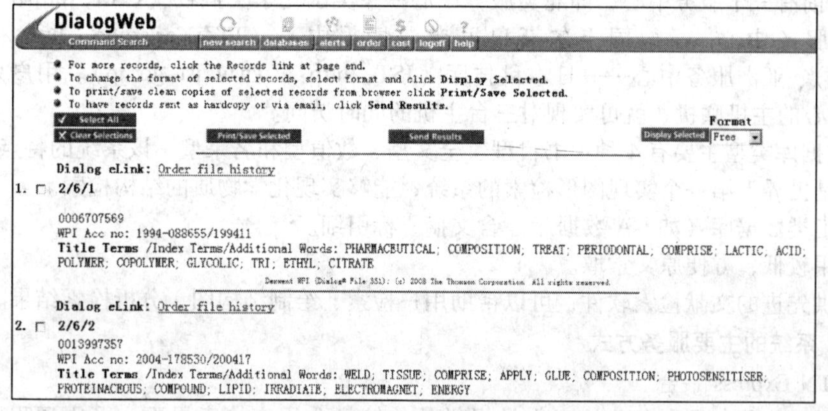

图7-19 联机显示检索结果

第 8 步：MAP PNPB（基本专利号）Temp S2——用 MAP Temp 指令保存专利号，如图 7-20 所示。

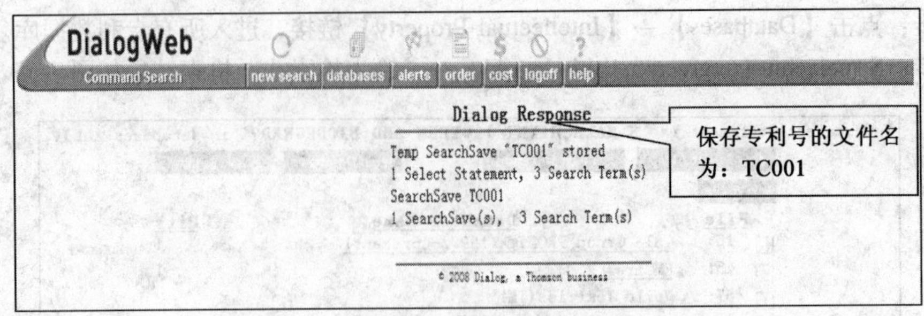

图 7-20　保存专利号文件的页面

第 9 步：B 280——用 280 文档可免费输出专利号。

第 10 步：RECALL TC001——用 MAP Temp 指令保存专利号的文件名，如图 7-21 所示。

第 11 步：LOGOFF——结束检索。

提示：因特网专利文献非常丰富，我们可以利用已获得的专利号到各免费专利数据库去获取原文。

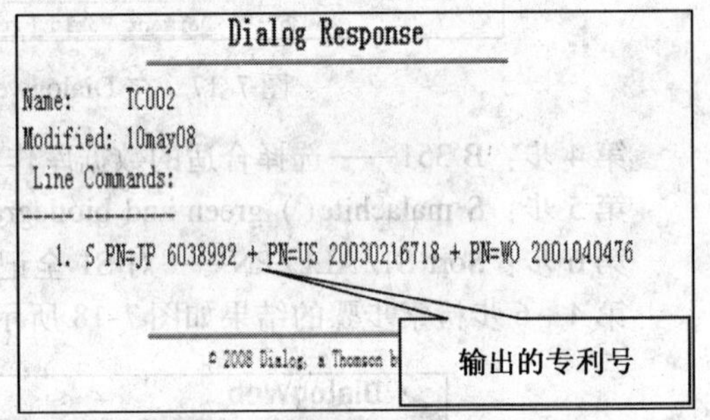

图 7-21　显示基本专利号页面

7.3　STN 系统检索

7.3.1　STN 系统概况

1. STN 基本情况介绍

国际 STN（The Scientific and Technical Information——Network international）即国际科学技术信息网络系统的简称。该系统创建于 1983 年，提供科技信息领域的在线服务。它是由美国化学文摘社（CAS）、德国卡尔斯鲁厄专业信息中心（FIZ-Karlsruhe，西德能源、物理数学中心）和日本科技信息中心（JICST）共同合作经营的跨国网络数据库公司，是世界著名的国际联机检索系统之一。该系统目前有 200 多个数据库，涉及化学化工、生命科学、生物技术、医药、农业、食品科技、工程技术、材料科学、计算机科学、电子技术、环境科学、地质学、数学、物理、能源、航空航天、人文科学和专利技术等，此外也有商情信息，如化工产品、医药、公司信息等。

STN 目前有三个服务中心，即北美服务中心——美国化学文摘社（CAS，http://www.cas.org）、欧洲服务中心——德国卡尔斯鲁厄专业情报中心（FIZ-Karlsruhe，http://www.fiz-karlsruhe.de）、亚洲服务中心——日本科技厅（JST，http://www.jst.go.jp）。用户只需与其中一个服务中心的主机联机，就可实现对三台主机的同时访问。

STN 数据库类型主要有 4 种：书目型、全文型、数值型和名录型。该系统的特点在于：

1）它是世界上第一个实现图形检索的系统，能够实现化学物质的结构检索。

2）化工类数据库（如 CA 数据库）含文摘、标引细。

3）费用较低，方便原文索取。

4）提供先进的文献检索软件，可以帮助用户检索、绘制结构图、分析检索结果。

2. STN 系统的主要服务方式

（1）STN Express 平台

STN Express 平台是为专业检索人员提供的传统指令语言检索界面，采用远程登录（STN Express 软件）方式，如图 7-22 所示。可使用各种指令检索 STN 所有数据库，如图 7-23 所示。

图 7-22　STN Express 软件远程登录界面

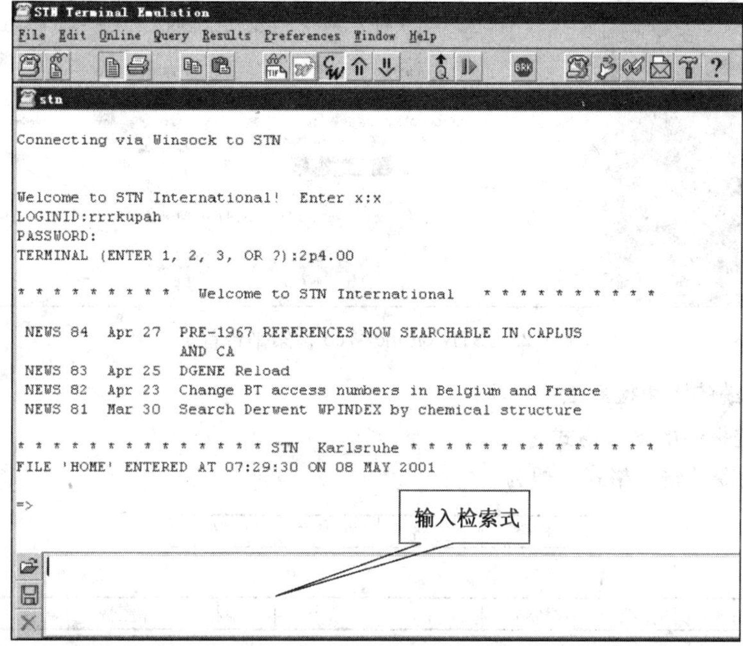

图 7-23　STN Express 检索界面

（2）STNEasy 平台

STNEasy 平台为新用户和没有检索经验的人员提供的指导性检索服务，优点是没有机时费，无须掌握检索语言，但只能检索 STN 中 80 多个数据库。网址是 http://stneasy. cas. org、http://stneasy. fiz-karlsruhe. de、http://stneasy-japan. cas. or，如图 7-24 所示。

图 7-24　STNEasy 检索平台首页

(3) STN on the Web 平台

STN on the Web 平台可以通过浏览器检索 STN 所有数据库。它是一种指令检索模式，供专业检索人员使用。它可以通过菜单获取数据库黄页、数据库索引字段、打印格式以及联机帮助信息等内容。网址是 http://stnweb. cas. org、http://stnweb. fiz-karlsruhe. de、http://stnweb-japan. cas. org，如图 7-25 所示。

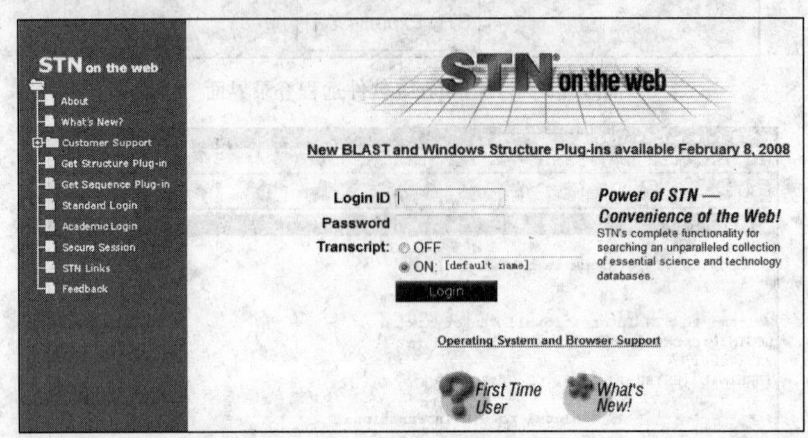

图 7-25　STN on the Web 检索平台首页

7.3.2　STN 系统的常用检索指令

1. STN 系统指令的输入格式

STN 系统指令的输入格式一般为

指令	空格	检索式	回车

或

指令	空格	检索式	;	指令	空格	检索式	;

2. 选择或打开数据库指令：Begin 或 B、File 或 Fil

功能：打开一个或多个数据库。

格式：该指令后可输入一个或多个数据库名称（中间用逗号或空格隔开），也可输入数据库类名，或选择某一类再加上某库，或从某一类中去掉某库。例如：

B ca，inspec，compendex　　同时进入这 3 个数据库

B patents inspec　　进入专利类和 INSPEC 数据库

B patent-ca　　进入专利类但排除 CA 数据库

注意：STN 系统中的数据库只有英文名称，无数字代码。

3. 选词指令：Search 或 S

功能：在数据库中检索感兴趣的词、词组。

格式：每使用一次检索指令，系统响应时会给出一个组号 L，它是数据库中包含该数据的所有记录的集合。STN 系统的组号为 L1、L2、…每打开一个新的数据库，组号连续给出。对组号或检索词可进行后缀限制。举例和说明如表 7-4 所示。

表 7-4　STN 系统中选词指令举例及说明

检索指令	含　义
S personal (W) computer#	在基本索引字段内查找此检索词的文献。此检索词之间的位置算符为 (W)，computer 采用了有限截词符号#
S L1 and L2/ti	对组号进行后缀限制时，如果该检索式中有布尔逻辑算符，则后缀对其限定的词起作用

（续）

检索指令	含义
S (heat or thermal)/ti	在题目字段中检索 heat or thermal
S 1994 - 2006/py	检索 1994 年到 2006 年出版的文献

注意：STN 系统中产生的组号为 L1、L2、L3、…

4. 扩展指令：Expand 或 E

功能：查看某检索词在某索引中是如何标引的。扩展指令主要是用来核实拼写、缩写及标引方式等，如公司名称、刊名、产品名称、作者姓名。例如：

E BROSTOFF，S/AU　　表示在作者字段中扩词

5. 联机显示打印指令：Display 或 D、Type 或 T

功能：在联机状态下，由系统连续显示或打印检索结果。不指定条数，系统只显示第一条记录；不指定格式，系统按内定默认格式打印；不指定组号，系统打印最后一组的记录。

格式：D Ln 格式　条数。

- 联机显示全部检索过程（包括检索费用等）。例如：

D HISTORY　　显示完整的全部检索过程

D HIS L3　　显示第 3 组号，仅限于同一文档内

D HIS L3 - L10　　显示第 3 ~ 10 组号的检索过程

- 联机打印文献，举例和说明如表 7-5 所示。

表 7-5　STN 系统中联机打印指令举例及说明

检索指令	含义
D L4	只打印第 1 条
D	按默认格式把最后一个组号的第 1 篇文献，也是最新一篇文献联机打印出来
D 2 - 6 ALL	按全记录格式联机打印检索过程最后一个组号的第 2 ~ 6 篇文献
D L3 5 - 7 TRIAL	按 TRIAL 格式联机打印第 3 组号的第 5 ~ 7 篇文献
D L3 BIB AB 1 - 4 FROM NTIS HCA	从 NTIS 和 HCA 数据库中联机打印第 3 组号的第 1 ~ 4 篇文献的摘要和题录记录

- STN 打印格式介绍。打印格式分两种：系统预定义格式和用户自定义格式。主要的预定义格式如表 7-6 所示。

自定义格式是用户根据自己的需求而自己定义输出格式。方法是用字段显示代码代替预定义格式，如题名（TI）、作者（AU）等。但格式是每个数据库特定的，随数据库内容的不同而有所差异。STN 黄页上列出了每个数据库可使用的打印格式及自定义格式，可供参考。

表 7-6　STN 系统的打印预定义格式

预定义格式	含义
TRIAL 或 SCAN	显示题目 + 标引词（免费，但无 AN 号）
BIB	显示题录信息
CBIB	显示压缩格式的题录信息（一行连打）
ALL	显示全记录
KWIC	显示命中词前后的各 20 个词
IND	规范词、非规范词和分类号

6. 脱机打印指令：PRINT 或 Pri

功能：此指令输完后，系统自动显示已注册好的邮寄地址，并向用户提出确认，询问是否要改变邮寄地址。如果不改变地址，则可输入指令，然后按回车键；如果要改变地址，则可输入 yes，然后顺序输入新的邮寄地址。

格式：PRI Ln 格式 条数 传递方式。例如：

PRINT L13 1—4 BIB IND　　按 BIB 和 IND 格式打印第 13 组号的第 1 ~ 4 篇文献

7. 暂时保留检索策略指令：SAVE TEMP 或 SAV TEMP

功能：暂时保存命令，免费保存 7 天，过后则自动取消。/q 保留检索策略，/a 保留某一组号的结果。例如：

SAVE TEMP L5 WANG/q　　免费保留 L5 这组的检索策略，保存为 WANG 这个文件名

SAVE TEMP ALL WANG/q　　免费保留所有组的检索策略，保存为 WANG 这个文件名

8. 调用保留检索策略指令：ACT 或 ACTIVATE

功能：调用保存的检索策略，在任意一个数据库中执行已保存的检索策略（除总索引文档外）。例如：

ACT WANG/q　　调用文件名为 WANG 的这组检索策略

9. 去重指令：DUP REM

功能：去重，用于多库检索，去掉检索结果中重复的文献。

格式：DUP REM Ln。

10. 结束检索指令：LOG Y 或 LOGOFF Y

功能：结束检索。

11. 暂时关机指令：LOGOFF HOLD 或 LOG H

功能：关机后 1 小时内重新联机，直接进入上次关机前所停留的文档中，原检索过程还存在，用 D HIS 可显示检索历史。重新开机时需通过同一网络接通主机。

7.3.3 STN 系统的常用运算符

1. 布尔逻辑算符

在 STN 系统中，“逻辑与”用单词“AND”表示，“逻辑或”用单词“OR”表示，“逻辑非”用单词“OR”表示。

2. 截词算符

STN 系统的截词有两种形式：右截词和中间截词，而右截词又包括有限截词和无限截词。有限截词用“#”表示，无限截词用“?”表示，中间截词用“!”表示。举例和说明如表 7-7 所示。

表 7-7 STN 系统中截词算符举例及说明

截词算符形式	含 义
S cat#	可检索到 cat、cats 等，“#”表示词干后最多允许加 0～1 个字符
S comput###	可检索到 compute、computer、computed、computing 等，词干后有几个有限截词符，则表示该词干后最多可加几个字符
S employ?	可检索到 employ、employer、employers、employment 等，“?”表示词干后可加 0 至任意多个字符
S wom! n	可检索到 woman、womens，在一个检索词中间插入一个或多个中间截词符，表示该词的中间截词符处必须有与中间截词符个数相同的字符存在

3. 位置算符

- （W）、（）或空格：表示词与词之间必须紧挨着，中间可有一空格或标点符号，但词序不可变。

  （nW）表示两词之间最多可插入 n（n 为 1，2，3…）个词，词序不可变。

  （xW）表示两词之间可插入任意多个词，且词序不变。

- （N）或（A）：表示两词必须紧挨着，中间有一空格或标点符号，但词序可变。

  （nN）/（nA）：表示两词之间最多可插入 n（n 为 1，2，3…）个词，词序可变。

  （xN）：表示两词之间可插入任意多个词，且词序可变。

- （S）：表示两词必须在记录中的同一个句子中出现，词序可变。

(nS)：表示两词出现在小于或等于 n（n 为 1，2，3，…）的句子范围内。

- (P)：主要用于全文数据库和数值数据库，表示在同一段落中。
  (nP)：表示两词出现在小于或等于 n（n 为 1，2，3，…）的句子范围内。
- (L)：表示两词必须出现在同一信息单元内（如同一个索引项、同一题目或同一关键词中等），词序可变。它与（S）最大的不同就是（L）可限制两词在一个字段，而（S）限制两词在一句话。

4. 禁用词

STN 系统有 15 个禁用词，它们是 an、and、as、at、by、for、from、in、not、of、on、or、the、to、with。

5. 运算次序问题

如果一个检索语句中同时含有位置算符、数字算符、布尔逻辑算符等，则系统在执行检索时，其优先运算次序为：

括号内的运算符 > 数字运算符 > (W) > (N) > (S) > (P) > (L) > NOT > AND > OR

如果要改变前面的运算次序，则应使用括号。

【检索示例】 查找有关“自调整模糊控制技术”方面的文献。

确定的英文检索词如下：

自调整	self adjust 或者 self regulation 或者 self adapt
模糊控制	fuzzy control

第 1 步：输入网址 http：//stnweb. cas. org，利用 STN on the Web 平台进行检索。

第 2 步：B inspec，compendex——在两个数据库中进行检索。

第 3 步：S（fuzzy( ) control?（S） self( ) （adjust? or regulation or adapt?)）/ti——输入检索式。

第 4 步：DUP REM L1——检索结果去重。

第 2 ~ 4 步的检索结果如图 7-26 所示。

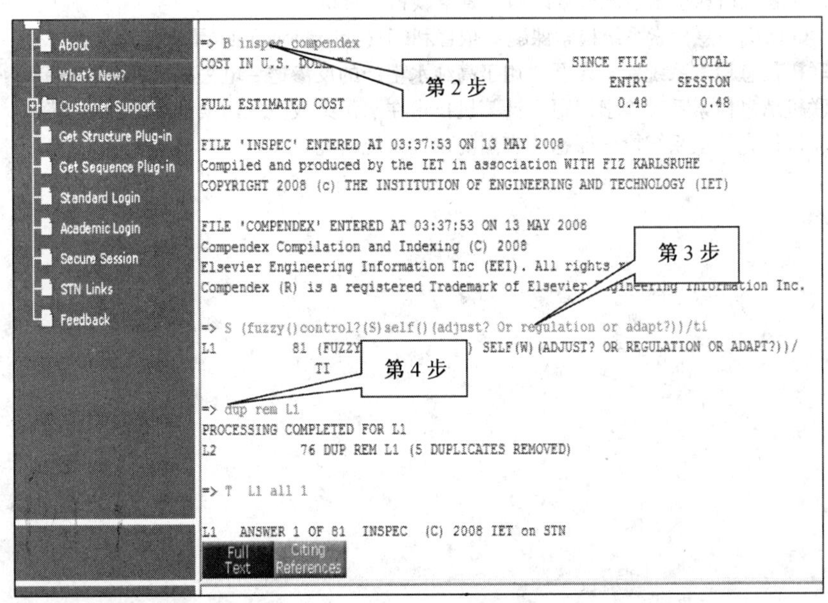

图 7-26　第 2 ~ 4 步检索结果界面

第 5 步：T L1 ALL 1——以全记录格式显示第一篇文献的记录，如图 7-27 所示。

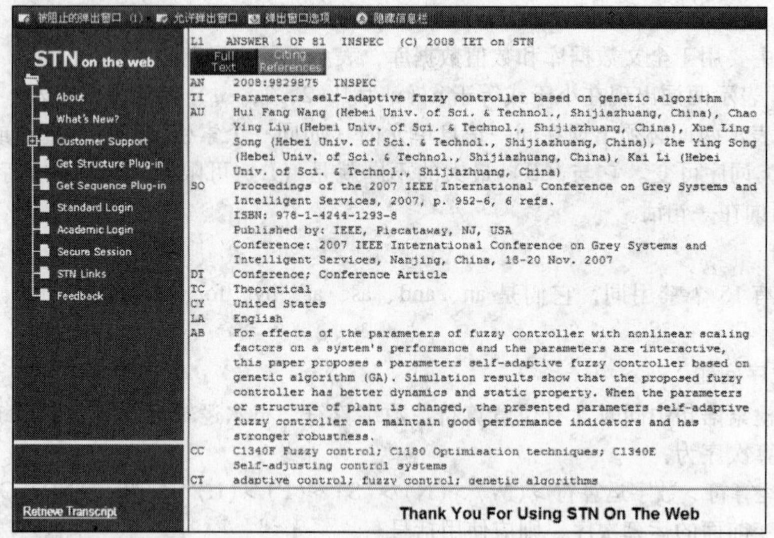

图 7-27 STN on the Web 全记录显示文献的页面

第 6 步：Log y——退出。

习题

1. 联机信息检索系统通常有哪些检索方式？
2. DIALOG 联机检索系统中最常用、最重要的指令有哪些？
3. “D L1 BIB AB 3－7 FROM NTIS HCA”这个检索指令在 STN 联机检索系统中代表什么含义？
4. 利用 DIALOG 联机信息检索系统检索课题“气升式生物反应器处理有机废气”。
5. 利用 DIALOG 联机信息检索系统检索课题“真空碳粉包装机”。
6. 利用 DIALOG 联机信息检索系统检索课题“依普利酮（eplerenone）结晶的相关专利”。
7. 利用 STN 联机信息检索系统检索课题“用于高纯水生产的反渗透－电去离子系统”。
8. 利用 STN 联机信息检索系统检索课题“计算机技术在水污染或空气污染处理中的应用”。
9. 利用 STN 联机信息检索系统检索课题“赤潮的预报系统研究”。

第 8 章　因特网信息检索

本章提示

本章介绍因特网信息检索的基本知识，各类因特网信息检索工具的特点、比较、评价、使用和检索方法。通过本章的学习，可培养因特网信息检索与利用的能力，提高在因特网环境下发现信息和利用信息的水平。

8.1　因特网信息检索概述

8.1.1　因特网信息检索的基本知识

21 世纪是信息高度发达的时代，能否快速而准确地获得必要的信息是个人、组织乃至社会存在和发展的必要条件。全球最有影响力的信息网络——因特网是一个开放型的巨大信息资源库，由于其信息的无限丰富，信息组织、信息表达的直观、生动以及信息服务的方便性和多样性，越来越多的检索者被其独特的魅力所吸引。实际上，因特网检索已成为最普及、最受关注、最常涉及的信息检索区域，每一个检索者都可以随时随地截取和输送最新的各种信息。面对这样一个庞大无比、动态变化的网络信息资源，要想获得某个用户所需的特定信息，必然还要依赖于因特网上的信息检索。

因特网信息检索是由众多站点、浏览器和搜索引擎及网络支撑组成的三角结构。其中的核心部分，不是众多站点，而是网络浏览器和具有收集、检索功能的搜索引擎。众多站点、网页上的信息是因特网上信息的基本组成部分。在因特网发展初期，浏览器和简单的搜索引擎即可帮助人们检索所需的文献信息。浏览器相当于提供了一个信息总目次，读者和用户可以直接点击、浏览网站，通过超文本链接，选择自己所需的信息。浏览虽然方法简易、直接，但随机性强，耗时量大，对于搜索因特网上的信息来讲，时间和费用较高，因此，更科学的方法是借助搜索引擎。

8.1.2　因特网信息检索的特点

1. 检索范围大

网络信息的检索空间比传统的情报检索大大拓宽了，它可以检索因特网上的各类资源。因特网是一个全球性的网络，信息资源分布在世界各地的服务器上，而通过因特网进行信息检索的检索者不必预先知道某种资源的具体地址即可访问和获取网络上的大量信息。可供检索的资源包括大量的主页、多种报纸、全文期刊、各种组织机构发布的信息、用户新闻以及原始技术报告等。

2. 超文本检索

因特网检索的结果是完全可以直接阅读和利用的 Web 页面文献全文，而且只需要简单地用鼠标点击，即可随意浏览。在多媒体的超文本中，不但有文字、图片，还可以有声音、动画、影视等形式的信息内容。

3. 交互式作业方式

所有的因特网信息检索工具都具有交互式作业的特点，能够从用户命令中获取指令，即时响应用户的要求，执行相应操作，并具有良好的信息反馈功能。用户可以在检索过程中及时地调整检索策略以获得良好的检索结果，并能就所遇到的问题获得联机帮助和指导。

4. 操作方便

因特网信息检索工具界面丰富友好，使用户的检索变得方便且易于操作。因特网信息检索途径较多，可按相关性程度对检索结果进行排序输出。检索时，只需按一定规则输入检索式，在发出检索命令后即可获得检索结果，通常检索结果包括文献页面的题名、内容简介和 URL 地址等，并可据此获得更详细的超文本页面。

5. 快速响应能力

因特网信息检索工具通常采用全文单词标引的方式，将因特网上的文本页面进行全文单词的自动倒排，建立庞大的索引数据库。这些索引数据库常常是 24 小时更新，大量基于全文单词的倒排工作通常是借助相关程序软件自动运行的，因而具有良好的信息反馈功能和快速响应功能。

8.1.3　因特网信息检索的方法

1. 基于超文本的信息查询

基于超文本的信息查询也称为浏览，在利用浏览法进行检索时，用户只需以一个节点作为入口，根据该节点的文本内容，嵌入其中链接指向的主题，然后选择自己感兴趣的节点进一步搜索。浏览又可以分为网上漫游和顺“链”浏览两种。

（1）网上漫游

一般是指基于超文本文件结构的信息浏览，即用户在阅读超文本文档时，利用文档中的超链接从一个网页转向另一个相关网页，国外称之为 Surfing（冲浪）。这是在因特网上发现、检索信息的原始方法。这种方式的目的性不是很强，其不可预见性、偶然性使检索过程具有某种探索宝藏的意味，也许会充满乐趣，但也可能一无所获。在搜索过程中，用户会发现许多相关节点的内容根本没被自己所预想到，而是在浏览过程中不断蹦出来，提醒用户注意它。

（2）顺“链”浏览

指用户在阅读超文本文档时追踪某个网页的相关链接，利用文档中的链接从一个网页转向另一个相关网页。这有些类似于传统文献检索中的“追溯检索”，即根据文献后所附的参考文献目录去追溯相关文献，一轮一轮地不断扩大检索范围。这种方式可以在很短的时间内获得大量相关信息，但也有可能在“顺链检索”中偏离检索目标，或迷失于网络信息空间中，因此，搜索的结果可能带有某种偶然性和片面性，而且找到合适的检索起点也并不容易。

2. 基于目录的信息查询

基于网上目录的网络资源指南（一般以主题方式组织，大主题下又包括若干小主题）用户只要一层一层地查下去，就可以得到具体的信息标题。目录存放在 www 服务器里，各个主题通过超文本的方式组织在一起，用户通过目录得到所需信息的网址后，即可到相应的地方查找信息。这种通过目录获得所需信息的网址，继而查找信息的方法称为基于目录的信息查询。

网络资源指南分为综合性和专业性两种类型，本章将在 8.3 节详细介绍目前常用的综合性网络资源目录检索工具和工程领域国外著名的学科门户资源检索工具。

3. 基于搜索引擎的信息查询

搜索引擎是因特网上的服务站点，是 www 上的一种信息检索软件，其工作原理是对信息集合和用户需求的匹配和选择。只要输入检索词以及检索词之间的逻辑关系，检索软件就根据输入的信息在索引库中搜索，获得因特网上的一系列节点地址并输出给用户，用户据此可再做下一步的检索。目前因特网上的搜索引擎层出不穷，比较有影响的英文搜索引擎有 Google、Yahoo 和 AltaVista 等。本章将在 8.2 节详细介绍目前常用的综合性搜索引擎和学术性搜索引擎的具体应用。

8.2　搜索引擎

8.2.1　搜索引擎概述

1. 搜索引擎的特点

搜索引擎是因特网信息的网上检索工具，可以帮助用户快速搜索所需信息及相关信息。它通过用户输入所需信息的关键词，经由检索服务器处理内部数据库，找到相关资料并整理后送出，然后通过网络传给用户使用的主机，其简单流程图如图 8-1 所示。

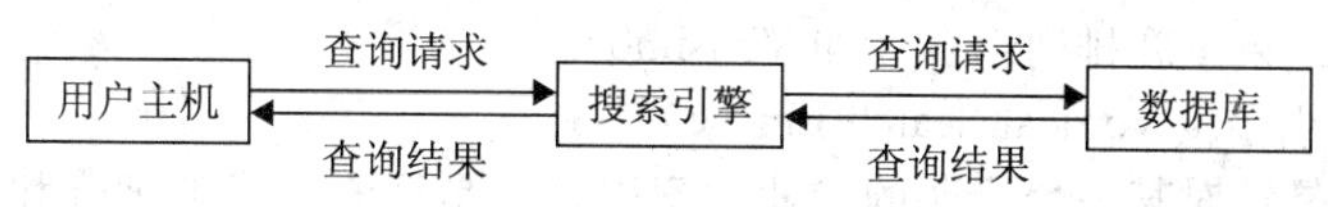

图 8-1　因特网信息检索简单流程图

搜索引擎作为较为常规、普遍的因特网信息检索方式，在因特网信息检索中具有重要的地位。它是提供给用户进行关键词、词组或自然语言检索的检索工具。用户提出检索要求，搜索引擎代替用户在数据库中进行检索，并将检索结果提供给用户。它一般具有布尔检索、词组检索、截词检索和字段检索等功能。

利用搜索引擎进行检索的优点是：省时省力，简单方便，检索速度快、范围广，能及时获取新增信息。其缺点是：由于采用计算机软件自动进行信息的加工、处理，且检索软件的智能化不是很高，从而造成检索的准确性不是很理想，与人们的检索要求及对检索效率的期望有一定的差距。

2. 搜索引擎的类型

针对不同方面，搜索引擎有不同的分类方法。按照组织信息的方式，可以将搜索引擎分为目录式搜索引擎、全文搜索引擎、分类全文搜索引擎和智能搜索引擎；按照语种分类，可以将搜索引擎分为单语种搜索引擎和多语种搜索引擎。常用的搜索引擎分类方法是按其工作方式分类，具体如表 8-1 所示。

表 8-1　搜索引擎的分类

搜索引擎类型	举　例
全文搜索引擎	Google、Fast/AllTheWeb、AltaVista、Baidu
目录索引类搜索引擎	Yahoo!、Open Directory Project（DMOZ）、LookSmart、About、搜狐、新浪、网易搜索
元搜索引擎	InfoSpace、Dogpile、Vivisimo、搜星
垂直搜索引擎	Deepdo、Macd

（1）全文搜索引擎（Full Text Search Engine）

全文搜索引擎是名副其实的搜索引擎，国外有代表性的是 Google、Fast/AllTheWeb、AltaVista、Inktomi、Teoma 和 WiseNut 等，国内著名的有百度（Baidu）。它们都是通过从互联网上提取各个网站的信息（以网页文字为主）而建立的数据库中，检索与用户查询条件匹配的相关记录，然后按一定的排列顺序将结果返回给用户，因此它们是真正的搜索引擎。

从搜索结果来源的角度，全文搜索引擎又可细分为两种：一种是拥有自己的检索程序（Indexer），俗称“蜘蛛”（Spider）程序或“机器人”（Robot）程序，并自建网页数据库，搜索结果直接从自身的数据库中调用，如上面提到的 7 家引擎；另一种则是租用其他引擎的数据库，并按自定的格式排列搜索结果，如 Lycos 引擎。

（2）目录索引类搜索引擎（Search Index/Directory）

目录索引虽然有搜索功能，但在严格意义上还算不上是真正的搜索引擎，仅仅是按目录分类的网站链接列表而已。用户完全可以不用进行关键词查询，仅靠分类目录就可找到需要的信息。目录索引中最具代表性的莫过于大名鼎鼎的 Yahoo!（即雅虎）。其他著名的还有 Open Directory Project（DMOZ）、LookSmart 和 About 等。国内的搜狐、新浪、网易搜索也都属于这一类。

(3) 元搜索引擎（Meta Search Engine）

元搜索引擎在接受用户查询请求时，同时在其他多个引擎上进行搜索，并将结果返回给用户。著名的元搜索引擎有 InfoSpace、Dogpile 和 Vivisimo 等，中文元搜索引擎中具有代表性的有搜星搜索引擎。在搜索结果排列方面，有的直接按来源引擎排列搜索结果（如 Dogpile），有的则按自定的规则将结果重新排列组合（如 Vivisimo）。

(4) 垂直搜索引擎（Vertical Search Engine）

垂直搜索引擎是针对某一个行业的专业搜索引擎，是搜索引擎的细分和延伸。它对网页库中的某类专门的信息进行一次整合，然后定向分字段抽取出需要的数据，进行处理后，再以某种形式返回给用户。

垂直搜索引擎和普通的网页搜索引擎的最大区别是，对网页信息进行了结构化信息抽取，也就是将网页的非结构化数据抽取成特定的结构化信息数据，然后将这些数据存储到数据库，进行进一步的加工处理（如去重、分类等），最后再以分词、索引等搜索方式满足用户的需求。

整个过程中，数据由非结构化数据抽取成结构化数据，经过深度加工处理后以非结构化的方式和结构化的方式返回给用户。垂直搜索引擎的应用方向很多，例如，企业库搜索、供求信息搜索、购物搜索、房产搜索、人才搜索、地图搜索、mp3 搜索、图片搜索……几乎各行各业各类信息都可以进一步细化成各类的垂直搜索引擎。

除了上述四大类搜索引擎外，还有以下几种非主流形式的搜索引擎：

1）集合式搜索引擎：如 HotBot 在 2002 年底推出的引擎。该引擎类似 META 搜索引擎，但区别在于，它不是同时调用多个引擎进行搜索，而是由用户从提供的 4 个引擎当中选择，因此叫它“集合式”搜索引擎更确切些。

2）门户搜索引擎：如 AOL Search、MSN Search 等，虽然它们提供搜索服务，但自身既没有分类目录也没有网页数据库，其搜索结果完全来自其他引擎。

3）免费链接列表（Free For All Links，简称 FFA）：这类网站一般只简单地滚动排列链接条目，少部分有简单的分类目录，不过规模比起 Yahoo 等目录索引来要小得多。

3. 搜索引擎应用中的策略和技巧

检索策略是为实现检索目的而制定的执行计划或方案，它对整个检索过程起运筹和指导作用。一般来说，检索策略包括检索课题的分析、搜索引擎的选择、关键词的选取和检索式的表达、检索结果的优化和个性化检索定制服务的使用等，如表 8-2 所示。其目的是广、快、精、准，省时、省力、省钱地获得所需信息。

表 8-2　检索策略制定的步骤及具体内容

检索策略制定的步骤	具 体 内 容
1）检索课题的分析	• 明确目的要求 • 突出检索重点 • 分析检索范围 • 选定语种地域
2）搜索引擎的选择	• 熟悉不同检索系统的特点 • 结合检索课题特点，选择与信息需求结合紧密的检索系统
3）关键词的选取和检索式的表达	• 使用精确查询功能 • 使用逻辑查询功能 • 搜索网址或标题

（续）

检索策略制定的步骤	具 体 内 容
4）检索结果的优化	• 扩大检索范围 • 缩小检索范围
5）个性化检索定制服务的使用	• 个人检索模板定制 • 检索工具定制 • 检索式表示方式定制 • 个人词表定制 • 检索结果处理定制 • 检索历史分析定制

（1）检索课题的分析

课题分析是检索策略的重点。做好了这一步，其余的就容易多了。课题分析的关键是明确目的要求、突出检索重点、分析检索范围、选定语种地域等。具体来说，就是确定需要的信息类型（全文、摘要、名录等，文本、图像、声音）、查询方式（浏览、分类检索、关键词检索）、查询范围（所有网页、标题、新闻组文章、FPT、软件、中文、外文）、查询时间（所有年份、最近几年、最近几周、最近几天、当天）等。

（2）搜索引擎的选择

选择适当的检索系统或网站是关键，它对检索的成功至关重要。首先要熟悉不同检索系统或网站的收录范围、内容、信息可靠性、检索方法、用户界面、检索效率等，然后是结合检索课题特点，尽量选择与信息需求结合紧密、学科专业对口、覆盖信息面广且量大、报道及时、揭示信息内容准确、有一定深度且检索功能完善的检索系统或网站。一般来讲，如果用户希望获得关于某个问题的广泛性信息，那么最好使用像 Yahoo！这样的目录式搜索引擎，而要获得关于该问题的细节性信息，则要利用像 AltaVista 这样的关键词检索工具。对搜索引擎的了解与选择，可以借助于各搜索引擎主页的介绍与联机帮助，或利用搜索引擎的集合与评价站点。

（3）关键词的选取和检索式的表达

关键词的选取是核心，选取时要遵循两个原则：一是提高其切题性，二是提高其匹配性。提高切题性可直接将课题名称中的主要概念作为检索标识，也可从专业、技术、学科的角度对研究内容进行仔细分析，找出确切的主题概念作为关键词。提高匹配性可使用同义词、近义词和相关词等。应尽量选专指词、特定概念或专业术语作关键词，避免使用普通词和太泛的词。像计算机、互联网、中国、世界等词，太多太泛，被称为检索“禁用词”。

选定关键词后还要构造恰当的检索提问式。构造检索式时，要充分利用搜索工具支持的检索运算（网上一流的搜索引擎几乎都支持布尔逻辑检索）、允许使用的检索标识、各种限定，这是进行有效检索的基础。许多搜索引擎都提供简单查询和高级查询。充分利用进阶检索（二次检索），在前一次检索产生的结果基础上作进一步的检索，使检索范围缩小。充分利用所选检索系统或搜索引擎的功能，必要时可借助其“帮助”。下面介绍一些比较通用的搜索语法：

1）使用精确查询功能。用户在通过搜索引擎查找资料时，有时并非只输入一个关键词，而可能是两个以上关键词的组合。常用的查找方法即为一种模糊查找方式，例如，直接输入“北京奥运会”，将找出包含“北京奥运会”、“北京”以及“奥运会”等资料说明的网站。如果用户要精确定位，即只找出包含“北京奥运会”的网站，那么就把输入的关键词用双引号括起来，这里的双引号不是中文的双引号，而是英文的"" 号（半角的双引号），这点务必请使用中文的用户注意，如" 北京奥运会"。

2）使用逻辑查询功能。搜索引擎中收录的网站非常丰富，当用户输入一个关键词后经常会返回大量的结果，其中有很多并不是用户需要的，这时可以采用逻辑查询方法。现在绝大部分的搜索引擎都支持逻辑查询功能。

使用加号（+）、字符（&）及英文“and”搜索，表示“且”的关系，同时匹配多个关键词。例如，查找北京奥运会的消息，用户可输入：“北京+奥运会”、“北京&奥运会”或“北京 and 奥运会”。

使用减号（-）、字符“!”及英文“not”搜索，表示“非”的关系，查询某个关键词的匹配内容，但又不包含其中的一部分。例如，查找奥运会，但不包含北京，则输入“奥运会-北京”、“奥运会! 北京”或“奥运会 not 北京”。

使用字符“ ”及英文“or”搜索，表示“或”的关系。例如，查询关于跳水或羽毛球方面的消息，则输入关键词“跳水 羽毛球”或“跳水 or 羽毛球”。注意：and、not、or 与关键词之间有空格，其他则没有。

利用“*”代替所有的字母，用来检索那些变形的关键字或者不能确定的关键字。例如，键入“电*”后的查询结果可以包含电脑、电影、电视等内容。其排列顺序一般是完全符合关键词的在最前边，相近的其后。这是模糊查询，亦称智能查询。

利用“()”可以把多个关键字作为一组，并进行优先查询。例如，键入“(电脑+网络)-(硬件+价格)”来搜索包含电脑与网络的信息，但不包含硬件与价格的内容。

3）搜索网址或标题。有时用户知道一个网站的网址的一部分，但记不清楚具体的网址，想通过搜索引擎找到它，那么这时可以在关键字前加“u:”表示只搜索网站的网址（URL，Uniform Resource Locator，即统一资源定位器），而不搜索其他部分。例如，键入“u：beijing”，会找出包含 beijing 的网址。同样，如果我们已经知道一个网站的标题中的一个部分，可以在关键字前加“t:”，表示只搜索网站的标题，例如：键入“t：奥运会”，会找出包含奥运会的网站名称。

(4) 检索结果的优化

当检索出来的结果不理想时，需要及时调整检索策略。

1）扩大检索范围。当检索结果为零或检索结果太少时，就需要扩大检索范围。

- 使用同义词、近义词、相关词，或者逐渐减少最不重要的概念词、使用较普遍的词、改用上位词。使用同义词或相关词时，用布尔逻辑操作符“OR”连接关键词。
- 使用某些搜索引擎的自动扩检功能进行相关检索。如果某些搜索引擎在检索结果页面上有“More like This”键，或“更多结果”或“相关结果”键，在此可获得与检索式相关的一些推荐性网址，而这些站点可能是上述检索出来的结果，借此扩大与丰富检索范围。
- 使用多个搜索引擎。没有哪两个搜索引擎是完全相同的，每个搜索引擎都有自己的检索特色，都有自己的索引，都以不同的方式在网上搜寻网址，出现不同的检索结果也就丝毫不足为奇。从不同的搜索引擎的检索结果中，可以综合出最符合要求的答案。
- 使用元搜索引擎。当用户已知检索词，但对独立搜索引擎不熟悉或想节省在多个搜索引擎之间的转换时间，可选用元搜索引擎作试探性的起始检索，了解网上是否有相关信息以及在哪里可以找到这些信息，再利用独立搜索引擎进行更全面、深入的检索。

2）缩小检索范围。如果检索时得到的结果太多，或检索结果不相关，则需要缩小检索范围。

- 使用逻辑“与”。用布尔逻辑操作符“AND”连接几个关键词，或增加概念词。
- 使用逻辑“非”。用布尔逻辑操作符“NOT”把不需要查找的关键词排除在检索结果之外。
- 使用缩写与全称。只用词组的缩写进行检索，会把那些和主题不相关的文献检索出来，产生误检，而使用全称则不会出现这一情况。
- 利用某些搜索引擎的进阶检索功能（二次检索），限制查询范围。搜索引擎提供的范围限制类型大体有：类目的分类范围、地域范围、时间范围、文件类型（文本、图形、声音等）。这些范围限制实现的方法不同，有些是通过在关键词前加特殊符号，有些是通过下拉菜单实现的。

(5) 个性化检索定制服务的使用

在因特网信息检索中，不同的用户由于其拥有的检索知识和所处的领域不同，往往其习惯也不同。初学者一般习惯用简单检索，专业人员习惯用高级检索。另外，不同用户可能用不同的词汇表达同一专业概念，不同用户对检索结果的选取原则和排序方法也可能不同。诸如此类，正是用户个性化的显著表现。搜索引擎提供的检索定制服务可以充分支持用户在检索策略、检索方法和检索结果处理上的个性化。这种检索定制服务一般包括：

1) 个人检索模板定制。用户可根据个人需要对所需信息的专业（用分类号或主题词、关键词确认）、应用目的（用文献类型区别，例如，期刊论文、专利、会议文献等）、深度、语言、地域、数量、时域等进行定制，从而内在地表达自己相对稳定的检索限制条件。

2) 检索工具定制。用户可根据个人习惯，选择常用的搜索引擎。

3) 检索式表示方式定制。用户可自定义默认检索方式是简单还是复杂方式，自定义布尔检索式中“与”、“或”、“非”的表示符号，系统还可为用户记录最近的特定数量的检索式，供用户选择使用。

4) 个人词表定制。可写入用户自定义的常用词汇的自定义规范词、通用限制词（检索时对所有检索式均加上此检索词）、特殊限制词（对某一个或几个词使用的限制词）以及同义词和近义词。当该用户使用这些常用词汇时，系统可根据个人词表调用相应词汇优化检索，或弹出相应词汇供用户选择使用。

5) 检索结果处理定制。可对检索结果的相关度计算标准、输出格式、排序方式、重复记录整合方式、分类组织、下载格式、传送地址等进行定制。

6) 检索历史分析定制。用户可要求系统动态追踪其检索过程，提取最常用的检索词和检索式，最经常选择的数据库、期刊、网站等资源，最经常排除的资源，相近用户最常用的检索词、检索式、数据库、期刊及网站等（但必须掩蔽“相近用户”实际身份）。当然，这种追踪必须事先得到用户的授权（包括是否同意作为“相近用户”被分析的授权），同时必须安全地保护这些历史数据，这些历史数据可用来自动修改用户的有关定制信息（如定题选报记录）。

8.2.2 常用综合性搜索引擎的应用

1. Google

Google（http://www.google.com/）成立于 1997 年，主要提供搜索服务，并向 AOL、CompuServe、Netscape 等其他门户和搜索引擎提供后台网页查询服务。Google 属于全文（Full Text）搜索引擎。

Google 检索页面如图 8-2 所示。

(1) Google 的功能和特点

Google 的成功得益于其强大的功能和独到的特点：

1) Google 数据库存有 42.8 亿个 Web 文件，每天处理的搜索请求已达 2 亿次，在搜索引擎中排名第一，而且这一数字还在不断增长。

2) Google 提供常规及高级搜索功能。在高级搜索中，用户可限制某一搜索必须包含或排除特定的关键词或短语。该引擎允许用户定制搜索结果页面所含信息条目数量，可从 8 ~ 100 条任选。提供网站内部查询和横向相关查询。Google 还提供特别主题搜索，如 Apple Macintosh、BSD Unix、Linux 和大学院校搜索等。Google 智能化的“I'm Feeling Lucky”（中文版中的为“手气不错”）功能，提供可能最符合要求的网站。高级搜索页面如图 8-3 所示。

3) Google 允许以多种语言进行搜索，在操作界面中提供 30 余种语言选择，包括英语、主要欧洲国家语言（含 13 种东欧语言）、日语、中文简繁体、朝语等。同时还可以在 40 多个国别专属引擎中进行选择。

图 8-2　Google 检索页面

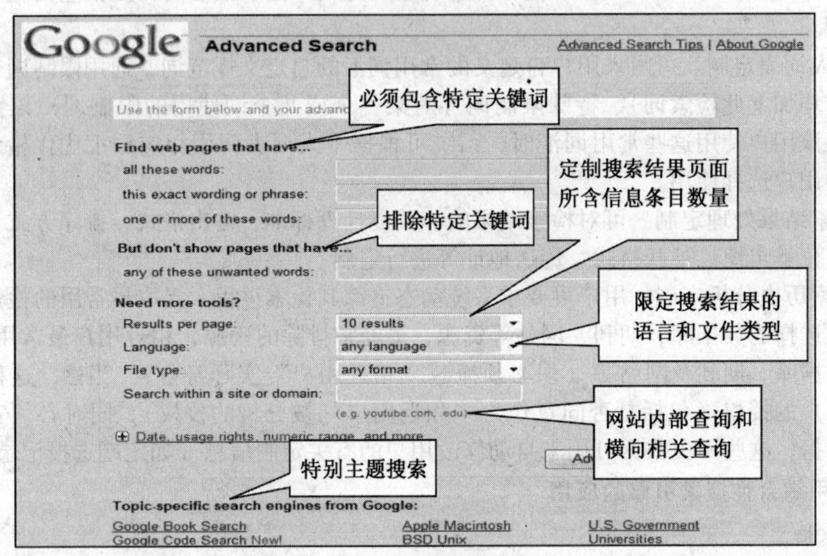

图 8-3　Google 高级搜索页面

4）搜索结果显示网页标题、链接（URL）及网页字节数，匹配的关键词以粗体显示。其他特色功能包括“网页快照”（Snap Shot），即直接从数据库缓存（Cache）中调出该页面的存档文件，而不实际连接到网页所在的网站（图像等多媒体元素仍需从目标网站下载），这样就方便用户在预览网页内容后决定是否访问该网站，或者在网页被删除或暂时无法连接时，查看原网页的内容（注：国内用户目前暂时无法使用 Google 的网页快照）。

5）Google 借用 Dmoz 的目录索引提供分类目录查询，但默认网站排列顺序并非按照字母顺序，而是根据网站 Page Rank 的分值高低排列。Google 的专利网页级别技术 Page Rank 能够提供准确率极高的搜索结果。

（2）Google 的搜索规则

1）对英文字符大小写不敏感，“GOD”和“god”搜索的结果是一样的。

2）对通配符支持有限，不支持单词多形态和断词查询，它目前只可以用“＊”来替代单个字符。

3）关键字可以是单词（中间没有空格），也可以是短语（中间有空格）。但是，用短语做关键字，必须加英文引号；否则空格会被当作“与”操作符。Google 对一些网络上出现频率极高的英文单词，如“I”、“com”、“www”等，以及一些符号（如“＊”、“.”等），作忽略处理。如果要对忽略的关键字进行强制搜索，则需要在该关键字前加上明文的“+”号。

4）对搜索的网站进行限制。“site”表示搜索结果局限于某个具体网站或者网站频道，如“www. sina. com. cn”、“edu. sina. com. cn”，或者是某个域名，如“com. cn”、“com”等。如果要排除某网站或者域名范围内的页面，只需用“-网站/域名”即可。

5）在某一类文件中查找信息。“filetype:”是 Google 开发的非常强大实用的一个搜索语法。也就是说，Google 不仅能搜索一般的文字页面，还能对某些二进制文档进行检索。目前，Google 已经能检索微软的 Office 文档（如 . xls、. ppt、. doc、. rtf、WordPerfect 文档）、Lotus1-2-3 文档、Adobe 的 . pdf 文档、ShockWave 的 . swf 文档（Flash 动画）等。

（3）检索示例

检索要求：在世界范围内的机构网站上查找包含“放射遗传学”但不包含“放射性皮肤炎”的英文资源，类型为 PDF 格式。

检索步骤：在 Google 检索主页点击【Advanced Search】，进入高级检索页面。首先在【all these words】后输入“Radiogenetics”，然后在【any of these unwanted words】后输入“Radiodermatitis”，在【Language】后选择“English”，在【File type】后选择“PDF”，在【Search within a site or domain】后输入“. org”，最后点击【Advanced Search】，检索结果如图 8-4 所示。

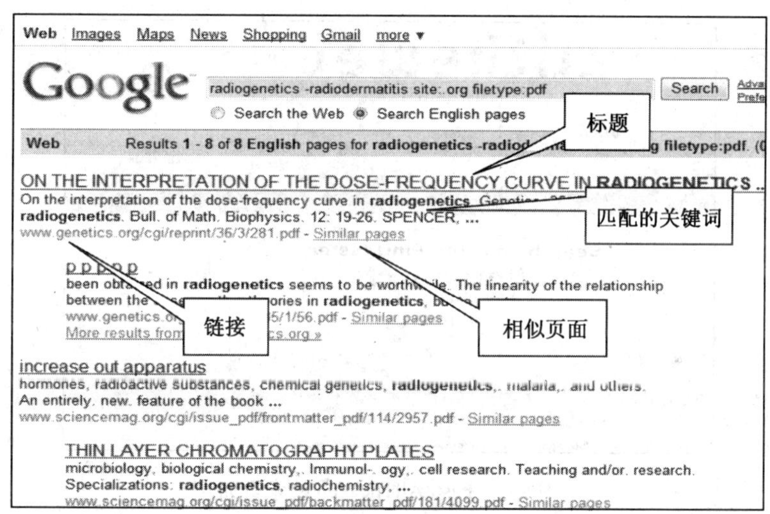

图 8-4　Google 检索结果

（4）Google 的特色服务

Google 除了提供常见的 Web 检索之外，还提供包括人物、图片、多媒体、商品检索以及在线股票等各种服务。Google 提供的服务有：

1）图像搜索功能。Google 的图像搜索功能是目前最优秀的，它采用先进的基于图像内容的检索技术，其用户界面简洁、友好，不足之处是除英语之外的其他语言不支持“安全搜索”。

2）新闻组搜索。Google 的四大功能之一是新闻组搜索，其新闻网络群连接了世界上全部著名的新闻网站，只要输入相应的检索词，Google 就会迅速在这些网站里查找。此外，新闻网站群还提供了各种主题的讨论区，点击可以直接进入参与讨论，不足之处是其内容以英文居多。

3）在线的英文活字典。Google 可以帮助查找英文单词的解释或用法，在检索栏空白处，只要输入要查找的单词，按检索按扭，浏览器就会显示出有关该单词的链接。

4）页面翻译功能。为了解决浏览器页面遇到的语言问题，Google 还提供页面翻译功能，如果搜索结果中出现了非英文结果，Google 会提供翻译或英文译本的链接，标题后出现“Translate this page”字样。

5）购物搜索。www. google. com/froogle 是 google 于 2002 年 12 月推出的搜索服务，它采用与 Google 一样的搜索引擎。该服务可以让用户按类别或产品名称进行搜索，向用户免费提供准确的商品信息。与专门购物网站不同，froogle 只提供用户和企业联系的渠道，本身并不提供商品。

6）在线答疑功能（www. google. com/answers）。近年来，很多网站都相继推出了专门的在线答疑栏目，例如，健康咨询等。Google 适时地推出了在线答疑栏目，雇佣专门的专业人员就用户提出的问题进行解答，当然这项服务是收费的。

7）旅游信息查询。用户想了解某地区的天气情况、飞机航班、火车车次等信息，只要输入相关的关键词，就可以知道你想要的信息。

8）地图检索功能、电话本服务功能等。

2. Fast/AllTheWeb

AllTheWeb（http://www. alltheweb. com/）是当今成长最快的搜索引擎，目前支持 225 种文件格式搜索，其数据库已存有 49 种语言的 31 亿个 Web 文件。而且以其更新速度快，搜索精度高而受到广泛关注，被认为是 Google 强有力的竞争对手。2003 年 4 月，AllTheWeb 被著名竞价排名服务商 Overture 收购；2003 年 7 月，Overture 又被 Yahoo 收归旗下。

Fast/AllTheWeb 检索页面如图 8-5 所示。

图 8-5　Fast/AllTheWeb 检索页面

（1）搜索应用

AllTheWeb 属于全文搜索引擎，目前提供常规搜索、高级搜索和主题搜索功能。

常规搜索支持普通关键词搜索，以及 +、-、括号（）等逻辑命令符号，及其分别对应的 AND、NOT、OR 等布尔逻辑命令，并且可使用引号"" 进行精确匹配搜索（此功能也可通过点选搜索框右侧的“Exact Phrase”实现）。此外，AllTheWeb 引擎还支持以下特殊搜索命令：

1）url. tld：domain。例如，“url. tld：cn”为限定查找顶级域名后缀带“. cn”（中国）的网页资料，而“url. tld：com”则是查找域名后缀为“. com”的商业网站资料。

2）link. all：URLtext。查找链接到某一网页的其他网页。例如，“link. all：www. nankai. edu. cn”将搜索指向南开大学主页的其他网页。

3）normal. title：text。搜索网页标题中含有某些特定文字的网页。例如，“normal. title：南开大学”即为查找所有标题中含“南开大学”字样的网页。

4）url. all：text。查询 URL 中含某些特定文字的网页。例如，南开大学的某一张网页的 URL 为“www. nankaimba. org”，那么在输入“url. all：nankai”时，就可以直接找到这张网页。

5）normal. titlehead：text。搜索标题或 HTML 代码 <head> 和 </head> 之间包含某些特定文字的网页。

6）url. domain：text。查找域名中包含某些特定文字的网页。

7）link. extension：text。例如，“link. extension：jpg”可查找包含“. jpg”后缀图像文件的网页。

高级搜索提供限定语言、关键词过滤、域名过滤、IP 地址过滤和指定网页大小等高级搜索功能，方便用户进行更精确的查询。尤其值得一提的是，AllTheWeb 允许按更新时间查询网页，这一功能甚至连 Google 也没有。

主题搜索包括新闻搜索、FTP 文件搜索、图像搜索、视频文件搜索、Macromedia Flash 搜索和 MP3 搜索。

（2）优势及不足

Fast/AllTheWeb 数据库容量大，更新速度快，搜索精度高，并且据反映可以查到其他搜索引擎都查不到的资料，因此是个非常不错的搜索工具。但是它也有不足之处，例如，对中文支持不是很好，而且在默认进行任意语言查询时，返回的中文结果有时是乱码，必须手动选择语言才能正常搜索。

3. AltaVista

AltaVista（http：//www. altavista. com/）是功能全面的搜索引擎，曾经名噪一时，但现在其地位已被 Google 取代。即便如此，它仍被认为是功能最完善、搜索精度较高的全文搜索引擎之一。截至 2002 年 6 月，AltaVista 宣称其数据库已存有 11 亿个 Web 文件，并且经过升级，其搜索精度已达业界领先水平。

AltaVista 检索页面如图 8-6 所示。

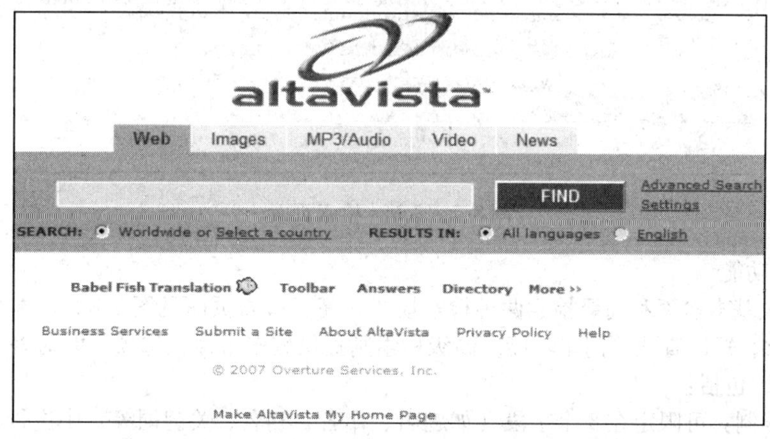

图 8-6　AltaVista 检索页面

AltaVista 允许以 25 种不同的语言进行搜索，并提供英、法、德、意、葡萄牙、西班牙语双向翻译。其他特色服务包括重大新闻（发生于 6 小时至 14 天之间）、新闻组及购物查询。

AltaVista 提供常规搜索、高级搜索和主题搜索，主题包括图像（Images）、MP3/Audio & Video 等。主页显示 Yahoo！的索引目录。高级搜索提供用户以日期、语种、布尔逻辑和近似条件搜索。常规及高级搜索均允许针对 Title、URL 或特定的域名进行检索。用户还可以在定制的搜索条件输入框中填入文字，包括 Title、URL、Host、Links（如 anchor、applet、image 和 text）等，以此为条件进行搜索。

搜索规则：进行精确匹配查询时可使用""，但多数时候即使不用""，AltaVista 也默认以精确匹配方式查询；不支持自动断词查询，但允许使用通配符“*”；区分字母大小写。当以大写字母查询时，默认为精确匹配，即查询结果不包括小写的关键词；而以小写字母查询时，则同时查找大写和小写。

搜索结果页面首先列出若干个“Sponsored Matches”，来源自 Overture 的付费网站。随后如果有与查询条件相关的新闻，则列出数条新闻链接。接着是从自己数据库中查到的网页。某些时候，页面下端于“Extend Your Search”标题下还会再列出 4 个来自 Overture 的付费网站。

8.2.3　常用学术性搜索引擎的应用

1. Scirus

(1) 检索范围及类型

Scirus（http://www. scirus. com/）覆盖生物科学、化学与化工、计算机科学、经济、金融与管理科学、工程、材料科学、医学、物理学、心理学等学科领域；搜索源包括 ScienceDirect、MEDLINE、IDEAL、BioMed Central、Beilstein、USPTO、NASA、ProjectEuclid、Scitation、E-Print、ArXiv 等世界顶尖的数据库以及超过 2 亿的科技网页，可检索到全文（包括同行评议文章）、文摘、技术报告、专利、电子文献、预印本、作者主页、大学网址、期刊、新闻等类型的资源。

Scirus 检索页面如图 8-7 所示。

图 8-7　Scirus 检索页面

(2) 检索功能

Scirus 提供基本检索和高级检索两种检索模式，高级检索页面见图 8-8。基本检索只提供数据源选择、词组/短语查找等简单功能。高级检索则提供较多个性化选项，能对多个检索条件进行组合和限定，包括：

1）字段限制：可限定在 8 个字段（如题名、作者、刊名、关键词等）中进行检索。

2）逻辑关系限定：用“All of the words”、“Any of the words”限定同一检索框中检索词的逻辑关系，用布尔逻辑（AND、OR、NOT）限定检索框之间的逻辑关系，用“Exact phrase”实现严格匹配的词组/短语检索。

3）检索时间段的限定：提供从 1900 年起到现在的搜索时间范围。

4）信息类型限定：可在 8 种信息类型中自由选择。

5）文件格式限定：可选择 html、PDF 和 Word 等文件格式进行检索。

6）内容来源限定：可以自由选择“Journal sources”和“Preferred Web sources”这两个数据源中的任意数据库进行检索。

7）主题范围限定：可选择在天文学、数学、物理、经济和法律等 20 个专业学科的全部或某几部分进行检索。

8）可直接在检索框中输入检索表达式：支持某些语法（如 author-au:、Title-ti:）、布尔逻辑及其他一些符号运算（如“+”、“-”、“?”、“*”、“""”等）。

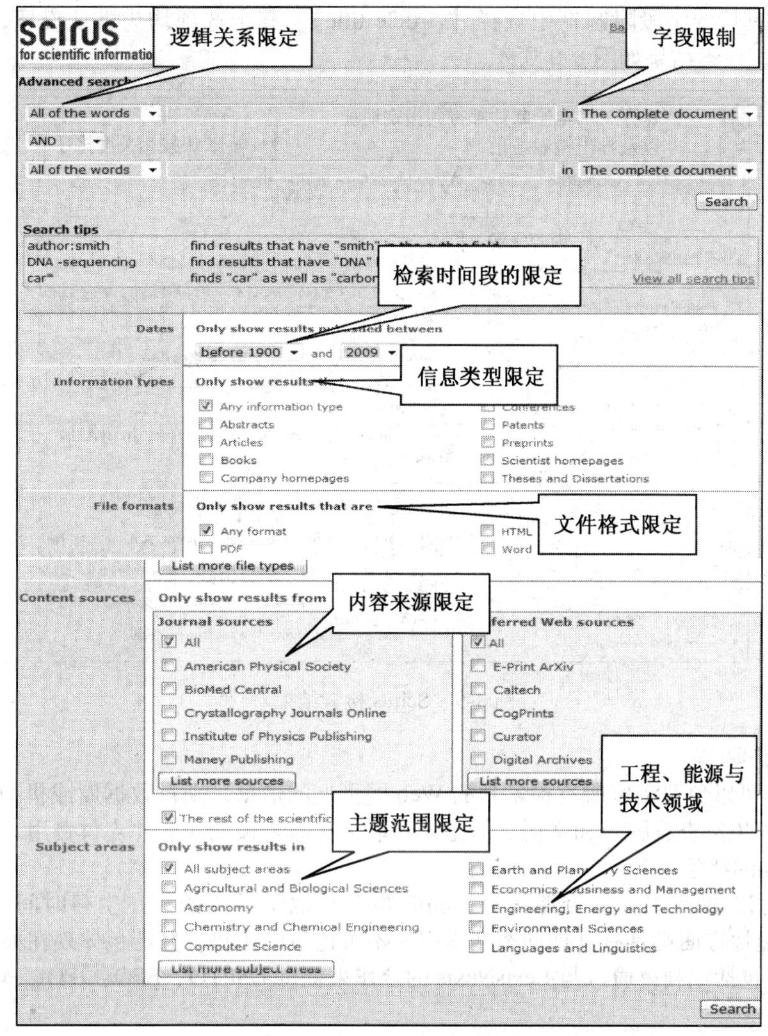

图 8-8 Scirus 高级检索页面

此外，Scirus 还使用一个特殊的、涵盖所有专业科学领域的叙词表。系统对每次搜索到的信息内容自动抽取反映主题内容的关键词，以列表的形式显示在搜索结果的右侧。点击列表中的某个词或在列表下的检索框内输入检索词，即可进行二次限制检索。

(3) 检索结果排序及输出

默认状态下，Scirus 对检索结果按相关度排序，用户可自行选择将检索结果按照日期或相关度排序。检索结果的输出有以下特点：

1）合并同一网站下的多个相关网页，通过点击“more hits from…”即显示同一网站下的更多匹配结果；同一数据库中的多个相关记录通过点击“view all xxx（记录数）results from xxx（数据库）”将集中显示；点击“similar results”可检索出类似结果，起扩检作用。

2）在检索结果中标明文献来源，用户很容易区分文献信息是来自 Web 网页还是来自某个数据库，如果是来自于数据库，检索的结果中除了给出文献的标题、作者、摘要等描述性信息，还在末尾显示“full text article available from xxxxx（数据库）”，即全文出处。

3）检索结果可以保存、用电子邮件邮寄到指定地址以及导出为文本文件。

【检索示例】 查找所有标题中含有“大气”的信息资源。

检索步骤：在逻辑关系限定框中选择【Any of the words】，并在其后输入“atmosphere or

ether”，接着在其后的字段限制框中选择【Article title】。其余选项均为默认设置，点击底部的【Search】按钮，检索结果如图 8-9 所示。

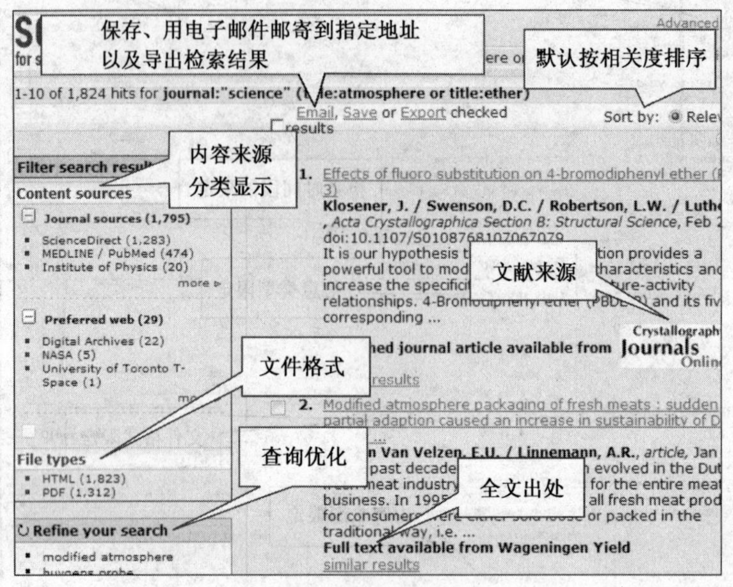

图 8-9　Scirus 检索结果

（4）原文获取

Scirus 用户可以免费浏览所有检索到的 Web 网页上的信息，来自数据库或机构的期刊资源、学术报告等可以免费查看题录和文摘。但是，获取全文需要预先注册并支付费用。

（5）Scirus 的特色

Scirus 依托 Elsevier 强大的资源优势，同时整合其他学术资源，在生存时间、资源覆盖范围、使用的便捷性方面都具有其他同类搜索引擎不可比拟的优势。其特色体现在如下几个方面：

1）资源中包括专利，通过与 LexisNexis 的合作来提供 USPTO、EPO、JPO、PCT、WIPO 授权的专利。

2）通过执行“Refine your search”来改善结果的排序及相关性。“Refine your search”被设计成可自动理解用户的目的，并通过重写查询式（如加引号，删除不必要的检索词）来实现更智能的检索。

3）提供提示性优化检索的功能，如自动分析结果（前 100 个）、抽取检索词；进行“Similar Results”检索，检索与当前记录相类似的资源。

4）对结果进行分类显示。按照来源期刊、推荐 Web 页面和其他 Web 页面对结果进行分类，并允许用户选择按不同类目显示分类结果。其他同类搜索引擎都是在检索之前限定在不同类型的资源来源中检索（如 BASE 在付费或免费资源中检索），鲜有对结果集进行分类显示的。

5）可以在 Scirus 服务器上保存检索结果，用 IP 识别，只能在保存该结果的机器上（IP 地址相同）才能调出该结果，或通过 E-mail 方式发送给指定邮件接收者，或通过导出方式导出到文件（文本或 RIS 文件）中。

6）若用户所属的图书馆订购了全文，则可直接链接到全文；否则只显示摘要，提供按照 pay-per-view 方式阅览全文。

2. Google Scholar

Google Scholar（http://scholar.google.com）是 Google 公司于 2004 年 11 月推出的一个免费学术搜索引擎。

Google Scholar 检索页面如图 8-10 所示。

（1）检索范围及类型

Google Scholar 涉及医药、物理、经济以及计算机科学等多个领域，搜索的文献类型包括学术性刊物文章、研究机构论文、技术报告、书籍、预稿以及摘要等。Google 中文学术搜索推出后，可帮助用户搜索到专家评审文献、学术论文、技术报告、书籍和摘要等中文学术资料。

（2）检索功能

Google Scholar 提供基本检索和高级检索两种检索模式。基本检索模式为默认界面，使用简单、快捷。高级检索提供更多的用户选项，如图8-11 所示。

1）通过四个检索框分别规定检索词在检索中出现的规律：全部出现、词组严格匹配、至少出现一个、禁止出现。

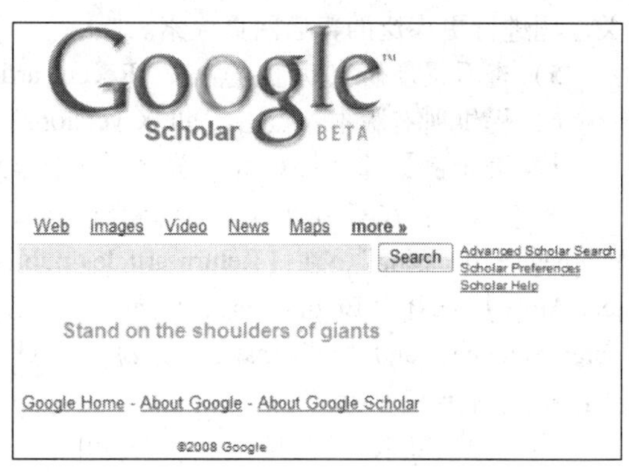

图 8-10　Google Scholar 检索页面

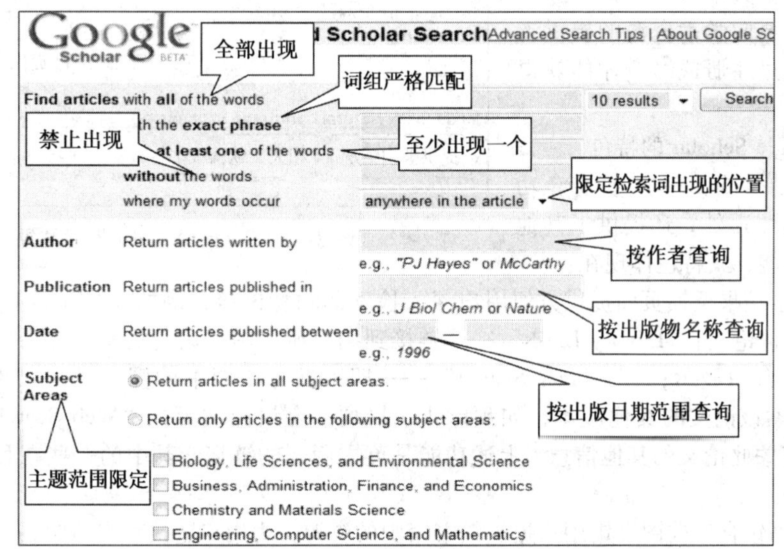

图 8-11　Google Scholar 高级检索页面

2）按作者查询：可以非常有效地获得特定学者的学术文献。

3）按出版物名称查询：可针对特定出版物检索相关主题。

4）按出版日期范围查询：适用于检索某一时间段或最新的学术文献。

5）限定检索词出现的位置：可限定在文章标题或全文中进行检索。

6）可直接在检索框内输入逻辑表达式：支持 AND、OR、NOT（＊/＋/－）等布尔逻辑算符及其他一些运算符号（如“＊”、“" "”、“author:”等）。

7）主题内容的限定：可限定在全部7个主题或其中某几个主题中进行检索。

（3）检索结果排序及输出

Google Scholar 的搜索结果根据相关性排序，同时考虑到每篇文献的全文内容、作者、发表刊物、出版者，以及该文章被其他学术著作引用的次数等要素。检索结果的输出具有以下特点：

1）输出格式规范：检索结果包含标题、作者、出版物名、出版年/期、出处、摘要等描述信息。如果是图书，还可通过“Library Search”检索世界范围内收藏该书的图书馆。

2）提供某文献被引情况：点击“Cited by…”自动搜索出引用文献。

3）搜索显示非在线文献：未在线发布的文献，只要被较多论文引用，其信息也会被提供。

4）扩大检索范围：对感兴趣而又无法看到原文的某篇文献，可以点击“Web Search”对相关主题进行更广泛的普通网页检索。

5）查看最新研究动态：点击“Recent articles”，可显示与搜索话题相关的最新研究进展。

6）提供所有版本：点击“all X versions”，显示被检文献所有版本。

【检索示例】检索计算机科学领域近十年来和“自然语言处理”有关的信息资源。

检索步骤：在Google Scholar高级检索页面，在【with the exact phrase】后面输入“natural language processing”，在【Return articles published between】后面输入“1998－2008”，在【Subject Areas】选择“Engineering，Computer Science，and Mathematics”，检索结果如图8-12所示。

图8-12　Google Scholar搜索结果

（4）原文获取

在可能的情况下，Google Scholar将搜索全文，但其本身并不提供原文服务，读者需要向学术资源的提供者索要原文，通过注册或缴费才能获得全文资料。

（5）Google Scholar的特色

它除了保持Google的一些特色功能（如网页快照）外，还提供了其他一些独特的功能，其特色体现在：

1）在检索结果反馈页面提供方便用户深入检索的独特链接，例如，“Cited By”——搜索引用该文的其他论文；“Library Links”——链接到用户所属图书馆的资源，如果用户处于校园网中，该链接自动显示；“Library Search”——搜索拥有该图书的图书馆；“Alternate Version”——搜索该论文的其他版本，如预印本、摘要、会议论文等；“Web Search”——通过Google搜索有关此论文的其他信息。上述功能是英文版上的链接，其中的一些在目前的中文界面中还不支持。

2）与图书馆合作向图书馆用户提供图书馆中的资源，为用户链接到本地图书馆中的资源提供了两种解决方案：若图书馆的资源可以通过链接解析器获得，Google Scholar在搜索结果中将包含一个到图书馆相关资源的链接，用户可以利用该链接访问所属图书馆的资源；若图书馆的馆藏加入了OCLC的Open WorldCat，Google Scholar将为搜索结果中的图书提供一个链接，指向Open WorldCat数据库，用户可以在那里找到本地图书馆的图书。

3. OAIster

OAIster（http://www.oaister.org/）是美国密歇根大学研究推出的数字图书馆服务产品，是著名的OA（Open Access，即开放存取资源）搜索引擎。

OAIster检索页面如图8-13所示。

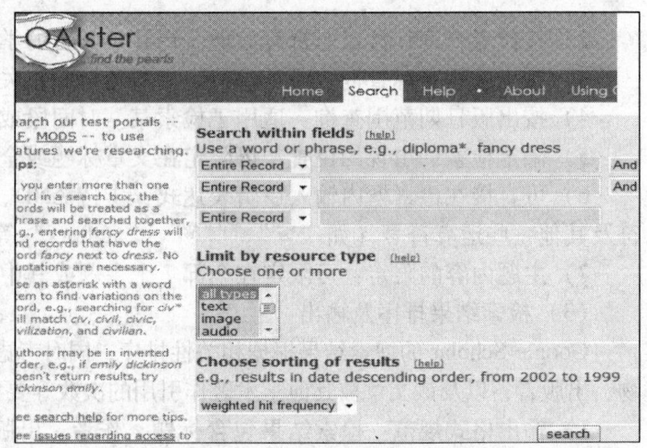

图8-13　OAIster检索页面

（1）检索范围和类型

OAIster 目前拥有来自全球 633 个机构（开放存取期刊出版商或开放存档机构）的7 319 121 万条记录，涉及农业、天文、生物、化学、计算机科学、地球科学、生态学、工程、医学、数学、物理和经济学等众多学科领域，提供电子图书、电子期刊、录音、图片及电影等数字化资料，数据每周更新。

（2）检索功能

OAIster 的检索是基于 OAI 协定（OA 数据提供者和服务提供者共同遵循之协定）的跨库检索，其界面简洁友好、方便易用，可实现以下功能：

1）按关键词、题名、创作者、主题或语言检索。

2）使用 AND、OR 和 NOT 来确定三个检索框之间的逻辑关系。

3）可限定 5 种资源类型：text、image、audio、video、dataset。

4）支持截词检索和词组/短语检索。

5）提供按字母顺序浏览机构的功能。

（3）检索结果排序及输出

1）检索结果可按用户设定排序，排序依据有：title、author/creator、date descending、date ascending、hit frequency 和 weighted hit frequency。

2）检索结果列出文献题名、作者、出版者、年代、资源类型、语种、主题、机构及全文链接等信息。

3）检索结果页面的右侧为“Results by Institution”栏，列出此次检索结果中，各机构分别提供的记录数。

4）可将检索结果加入个人书库管理系统“Bookbag”，方便用户管理检索记录。

（4）原文获取

OAIster 的目标是创建一个开放存取的学术性数字资源的收藏，检索结果中会提供一条或一条以上的全文链接，用户可以自由访问，免费获取其所有资源的原文。

8.3　网络资源目录

8.3.1　网络资源目录概述

1. 含义

网络资源目录，顾名思义就是将网站分门别类地存放在相应的目录中。为了对互联网这个无序的信息世界加以组织和管理，使大量有价值的信息纳入一个有序的组织体系，便于用户全面地掌握网络资源的分布，专业人员基于对网络信息资源的产生、传递与利用机制的广泛了解和对网络信息资源分布状况的熟悉，以及对各种网络信息资源的采集、组织、评价、过滤、控制、检索等手段的全面把握，开发出可供浏览和检索的网络资源指南。例如，著名的 Yahoo 目录、CALIS 重点学科网络资源导航库等。

网络资源目录上的站点列表通常按主题目录和子目录方式组织，用户查询时，首先访问分类目录站点，然后从顶层逐步向下查询子目录。当用户定位到一个有兴趣的分类目录时，只要点击它就可进入下一级子目录或者进入一组站点列表。当发现自己需要的站点时，只要点击站点的名字就可以按正常的方式连接到该站点了。

许多分类目录提供所列出的每个站点的简单介绍，还提供其他一些特性，如新建站点、最常访问的站点及推荐站点等的列表。它们还允许按关键字搜索，因此，用户在查询信息时，可选择关键词搜索，也可按分类目录逐层查找。如果以关键词搜索，返回的结果跟搜索引擎一样，也是根据信息关联程度排列网站，只不过其中人为因素要多一些。如果按分层目录查找，某一目录中网站的排名则是由标题字母的先后顺序决定（也有例外）。

2. 类型

网络资源目录分为综合性和专业性两种。综合性网络资源目录，如 Yahoo!、The WWW Virtual library 等受到普遍欢迎。其主要特点是根据网络信息的主题内容进行分类，并以等级目录的形式组织和表现。而专业性的网络资源目录也很普遍，几乎每一个学科专业、重要课题、研究领域的网络资源指南都可以在互联网上找到。这类网络资源指南类似于传统的文献检索工具，如书目之书目或专题书目。目前，国外有学者称之为 Web of Webs 或 Webliography，其任务是方便对互联网信息资源的智能获取。

3. 特点

与全文搜索引擎相比，网络资源目录有许多不同之处（如表 8-3 所示）。

表 8-3 网络资源目录与搜索引擎的比较

	搜索引擎	网络资源目录
提交方式	自动网站搜索	手工操作
收录要求	要求少，一般都能登录成功	要求高，登录困难
登录方式	不用考虑网站的分类问题	必须将网站放在一个最合适的目录下
网站信息	用户从网页中自动提取	要求手工另外填写网站信息

首先，搜索引擎属于自动网站搜索，而目录索引则完全依赖手工操作。用户提交网站后，目录编辑人员会亲自浏览你的网站，然后根据一套自定的评判标准，甚至编辑人员的主观印象，决定是否接纳你的网站。

其次，搜索引擎收录网站时，只要网站本身没有违反有关规则，一般都能登录成功。而目录索引对网站的要求则高得多，有时即使登录多次也不一定成功。尤其像 Yahoo! 这样的超级索引，登录更是困难。

此外，在登录搜索引擎时，我们一般不用考虑网站的分类问题，而登录目录索引时则必须将网站放在一个最合适的目录下。

最后，搜索引擎中各网站的有关信息都是从用户网页中自动提取的，所以从用户的角度看，我们拥有更多的自主权；而目录索引则要求手工另外填写网站信息，而且还有各种各样的限制。更有甚者，如果工作人员认为你提交网站的目录、网站信息不合适，他可以随时对其进行调整，而且事先不会和你商量。

目前，搜索引擎与网络资源目录有相互融合渗透的趋势。许多站点正在把分类目录和搜索引擎系统结合在一起，使它们之间的差别变得越来越模糊。有一些站点提供从该站点访问多个目录和搜索引擎的功能，这样的搜索系统甚至可以自动搜索多个站点，大大方便了用户，提高了搜索效率。原来一些纯粹的全文搜索引擎现在也提供目录搜索，例如，Google 就借用 Open Directory 目录提供分类查询。而像 Yahoo! 这些老牌目录索引则通过与 Google 等搜索引擎合作来扩大搜索范围。在默认搜索模式下，一些目录类搜索引擎首先返回的是自己目录中匹配的网站，如国内的搜狐、新浪、网易等；而另外一些则默认的是网页搜索，如 Yahoo!。（Yahoo! 已于 2004 年 2 月正式推出自己的全文搜索引擎，并结束了与 Google 的合作。）

8.3.2 常用网络资源目录检索

1. Yahoo!

Yahoo!（http://search.yahoo.com/dir）是搜索引擎之王，是最早的网络资源目录之一，也是目前最重要的搜索服务网站，在全部互联网搜索应用中所占份额为 36% 左右。除主站（Mother Yahoo）外，还设有美国都会城市分站（Yahoo Cities，如芝加哥分站）、国别分站（如雅虎中国）和国际地区分站（如 Yahoo Asia）。其数据库中的注册网站无论是在形式上还是内容上质量都非常高。

Yahoo！分类目录检索页面如图 8-14 所示。

Yahoo！属于目录索引类搜索引擎，可以通过两种方式在上面查找信息：一是通常的关键词搜索，一是按分类目录逐层查找。以关键词搜索时，网站排列基于分类目录及网站信息与关键字串的相关程度，包含关键词的目录及该目录下的匹配网站排在最前面。以目录检索时，网站排列则按字母顺序。Yahoo！于 2004 年 2 月推出了自己的全文搜索引擎，并将默认搜索设置为网页搜索。

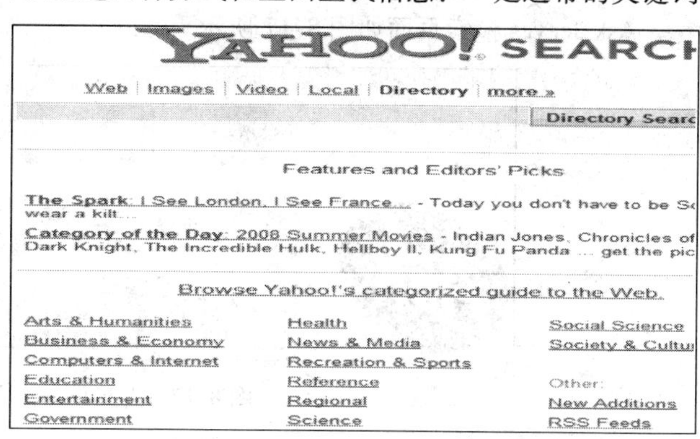

图 8-14 Yahoo！分类目录检索页面

【**检索示例**】查找与“Bioengineering”（生物工程）有关的网站。

检索步骤：在 Yahoo！分类目录检索框中输入“Bioengineering”，点击【Search】按钮，检索结果如图 8-15 所示。

2. Dmoz. com/ODP

Open Directory Project（ODP）（http://dmoz. org/）是仅次于 Yahoo！的人工操作目录索引类搜索引擎。与 Yahoo 不同的是，ODP 的编辑人员均为志愿者，而非其雇员。目前其志愿编辑人数已达数万人。

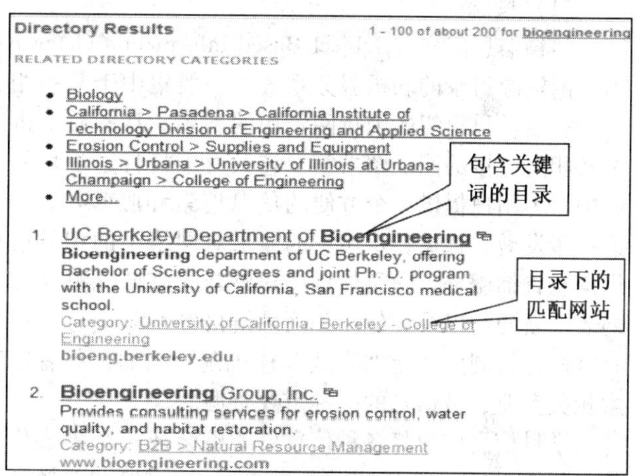

图 8-15 Yahoo！分类目录检索结果

ODP 在网站结构和内容上与 Yahoo 类似。除独立提供搜索服务外，还与包括 Google、Lycos、Ask Jeeves、AOL、Netscape Search、AltaVista、Fast/AllTheWeb 等在内的其他众多搜索引擎进行合作，这些引擎通常借用 ODP 向用户提供目录注册，有的更是把来自 ODP 的注册网站排在显要位置。

ODP 分类目录如图 8-16 所示。

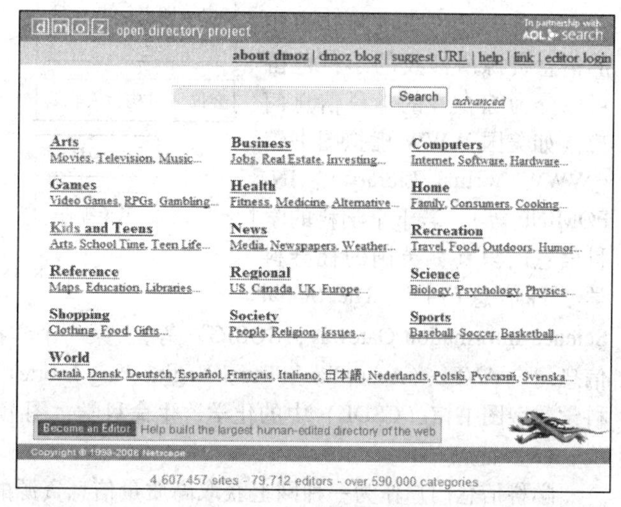

图 8-16 ODP 分类目录

3. Ask Jeeves

Ask Jeeves（http://www. ask. com/）是人工操作目录索引，规模不大，但很有特点。与其他关键词搜索引擎不同，Ask Jeeves 被设计成回答用户提问的自然语言引擎。搜索时，它首先给出的是数据库中可能存在的答案，然后才是网站链接。

Ask Jeeves 曾是著名搜索引擎 DirectHit（2002 年 4 月被关闭）的母公司，在 2001 年年末收购了全文搜索引擎 Teoma 并与之进行整合后，其搜索能力得到了进一步的加强。

2003 年，搜索引擎界发生了一系列兼并和重组，目前除 Yahoo 搜索集团和 Google 外，Ask Jeeves 成为硕果仅存的、拥有自主技术的独立一线全文搜索引擎。

Ask Jeeves 检索页面如图 8-17 所示。

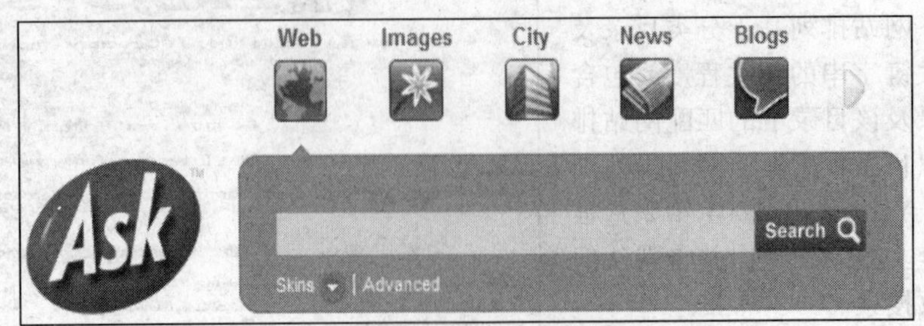

图 8-17　Ask Jeeves 检索页面

8.3.3　学科信息门户

1. 学科信息门户概述

(1) 概念

学科信息门户（Subject Based Information Gateways，SBIGs）是一种提供可检索和可浏览的因特网资源目录的联机服务系统，一般集中于某一相关的学术领域，提供对经图书馆工作人员遴选和按学科组织的因特网资源的利用。从本质上讲，学科信息门户是含有不同分类主题的网页及相关链接的网上图书馆。它致力于将特定学科领域的信息资源、工具与服务集成到一个整体中，为用户提供一个方便的信息检索和服务入口。它是主题指南、学科导航、指示数据库的进一步发展，根据特定用户的需求对网络中的相关信息进行了资源集成和更深入的揭示，并提供信息查询服务。学科信息门户整合的信息资源（如全文文献、书目、指南、电子图书、邮件列表、新闻组以及其他相关网站链接等）是信息工作者根据一定的标准严格筛选的，有的甚至有资源评价规则和定期测试审核机制，因而，具有准确性和可靠性较高的特点，是用户网上检索相关专业领域信息的一种重要资源。

学科信息门户将各种信息资源整合成一个集成化的信息系统，便于用户在一个资源丰富的信息超市（Information Supermarket）中浏览和选择自己所需的信息，并使用户获得对信息的一站式获取（one-stop Shopping of Information），如图 8-18 所示。

(2) 分类

学科信息门户按照其组织的信息资源所涉及的学科范围可以分为综合性的学科信息门户（如美国 WWW 虚拟图书馆（WWW Virtual Library）、INFOMINE 等）、若干个学科的学科信息门户（如英国的社会科学学科信息门户（The Social Science Information Gateway，SOSIG）等）、某一个学科的学科信息门户（如澳大利亚工程学科信息门户 AVEL（Australian Virtual Engineering Library）、农业学科信息门户 Agrigate、中国国家科学数字图书馆（CSDL）中的化学、生命科学、图书情报学等学科信息门户）。

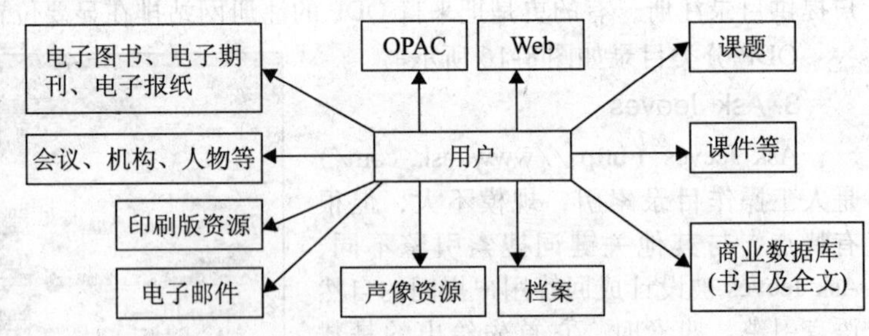

图 8-18　学科信息门户的资源集成

(3) 特点

学科信息门户作为一种网上获取高质量信息资源的方法，其主要特点包括：

1) 专业性：学科信息门户是根据特定用户群的信息需求，针对特定的专业领域，主要是针对学术研究信息。

2）集成性：将专业领域所需要的各种信息资源和服务集成到一个网络平台上。

3）知识性：根据知识内容及其关系的分析来选择、描述和组织信息资源与服务。

4）智能性：提供符合专业领域特征的检索浏览方式，并可在专业知识组织体系（分类法、词表等）支持下优化浏览和检索。

5）可靠性：学科信息门户有严格的资源选择、规范描述和持续的校验与更新，以确保导航信息的可靠性，保证为用户提供高质量的、可靠的信息。

2. WWW 虚拟图书馆

WWW 虚拟图书馆（http://vlib.org/Overview.html）又称万维网虚拟图书馆，是万维网上最早的目录体系，由 HTML 和 Web 的创始人 Tim Berners-Lee 创建。不同于其他商业化的编目组织，它由一个松散组合的志愿者联盟运行并维护，联盟中的每一位成员负责他所擅长的领域的网页编目工作。2000 年 1 月，一个新选举成立的理事会开始负责它的中心业务管理。WWW 虚拟图书馆另在英国、瑞士和阿根廷三地设有镜像站点，可同时为用户提供查询服务。

尽管 WWW 虚拟图书馆不是最大的万维网索引，但是它的标引质量很高。目前，这一大型虚拟图书馆的数据库由 312 个独立建立和维护的分支虚拟图书馆组成，这些分支虚拟图书馆的维护者大多是某一学科领域的科研单位或专家，由他们建立的网页索引资源放置在遍布全球的成千上万的服务器上，而链接这些网页、提供同一检索界面的一套目录网页及其数据库则由 http://vlib.org 站点负责维护。通过不断征集和开发新站点，向更多的分支单位开放，WWW 虚拟图书馆的学科覆盖范围日益增大，已成为以英语为主要语种的大型学术性网络信息资源指南。

WWW 虚拟图书馆索引的资源覆盖自然科学与人文社会科学的各个领域，包括农业、商业与经济、计算技术、通信与媒体、教育、工程、人文科学、信息与图书馆学、国际事务、法律、娱乐、区域研究、自然科学和社会等，采用分层、分类揭示的信息组织方式，并且，网站信息不定期进行更新。

用户可以在其主页上进行免费查询，如图 8-19 所示。一般通过两种方式使用 WWW 虚拟图书馆获得 WWW 上的相关资源，即分类浏览和主题检索。

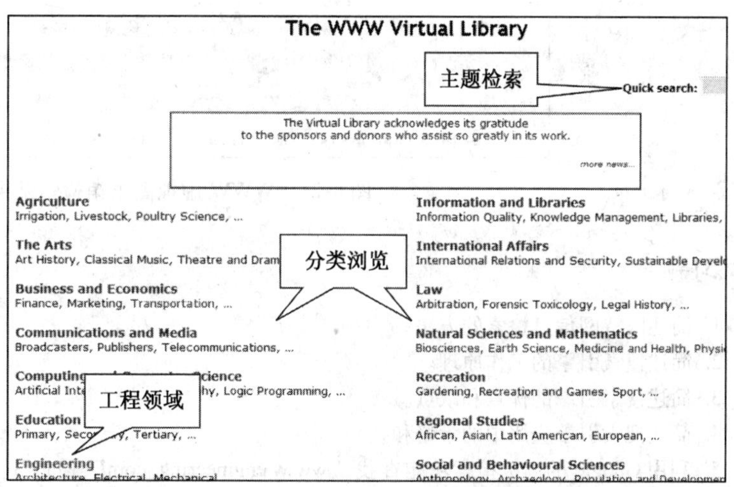

图 8-19　The WWW Virtual Library（UK）主页

系统的主题分类导航系统功能强大，用户在选择一个大的主题类目后，可以按照它的链接逐级访问，并且所有的访问都是免费的。该网站同时提供了更为详细的依字母顺序排列的类目列表，方便读者按照音序直接查找相关的主题链接。在主页点击“Engineering”，进入“The WWW Virtual Library Engineering”页面，如图 8-20 所示。

主题词检索也是常用的检索手段，WWW 虚拟图书馆的主题检索设置非常简单，通过 MATCH 项的参数选择“ALL”、“ANY”、“BOOLEAN”实现对逻辑检索式的支持；通过“Format”项的“Long”、“Short”选项控制检索结果的输出格式；通过“Sort by”项的参数

"Score"、"Time"、"Title"、"Reverse Score"、"Reverse Title"确定检索结果的排序规则。

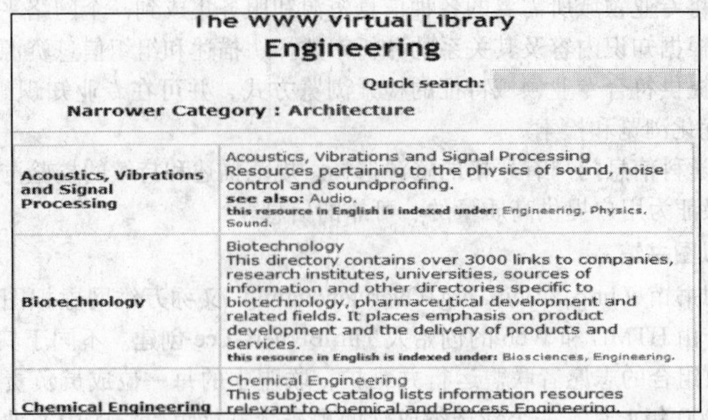

图 8-20　"The WWW Virtual Library Engineering"页面

【检索示例】查找世界范围内探讨"diabetes"（糖尿病）的网站并访问网站上的资源。

检索步骤：可通过主题检索的方式进行查找，在检索框中输入"diabetes"，检索结果如图 8-21 所示。

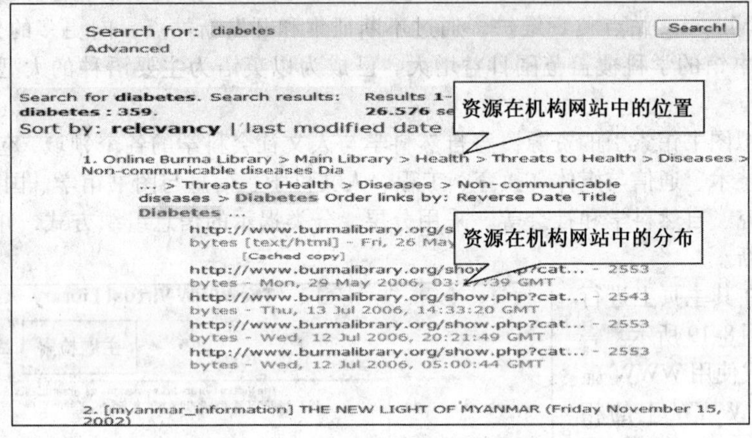

图 8-21　WWW 虚拟图书馆检索结果

习题

1. 简述因特网信息检索的方法。
2. 简述搜索引擎的工作原理。
3. 简述搜索引擎的优点和缺点。
4. 简述搜索引擎应用中的策略和技巧。
5. 利用 Google 的高级检索功能查找"www. engineering. com"最近 3 个月以来发表的关于"project management"的网页。
6. 用你所感兴趣的领域中的某个检索表达式，分别在综合性搜索引擎（如 Google）和学术性搜索引擎（如 Scirus）中进行检索，并比较两者得到的检索结果。
7. 分别通过 Yahoo！和 Open Directory Project 的网络资源目录检索体系查找出世界范围内的化工网站有多少个，并写出两者的目录路径。
8. 从 WWW 虚拟图书馆首页进入工程领域的页面，找到你感兴趣的分支领域，获取有用的资源。

第四篇　提　高　篇

第9章　综合检索实例

本章提示

本章通过一个检索实例演示了信息检索的基本过程，包括：确定检索目的，设计检索步骤；课题内容特征分析、信息源的选择、检索策略的制定；实施检索及策略调整；检索结果的整理；原文获取、文献阅读与分析等。通过本章的学习，学生应熟悉课题检索的整个过程及各步注意事项。

9.1　课题实例与检索设计

信息检索是一项有计划的活动，检索前应有一定的规划。事先明确检索目的并设计检索步骤是非常重要的基础性工作。

9.1.1　课题学术背景

甲壳素广泛存在于虾、蟹、昆虫的甲壳中，以及真菌、藻类及植物的细胞壁中，其自然界年生物合成量有近100亿吨之多，是自然界除蛋白质之外数量最大的含氮天然有机化合物。

壳聚糖由甲壳素制备而得（具体来说，是甲壳素脱去“C2乙酰基”的产物）。壳聚糖以其良好的生物相容性、可降解性和对人体安全无毒等特性，在生物医学领域（特别是药物载体材料研究方面）受到广泛关注。但是，作为药物载体，壳聚糖对某些药物的缓释作用比较差，难以达到缓释目的，从而限制了它的应用。研究表明，对壳聚糖分子进行“烷基化”改性，可改善壳聚糖对药物的渗透行为，从而获得良好的药物缓释载体材料。

本课题拟通过文献检索，了解壳聚糖“烷基化”改性方面的背景及现状，并跟踪最新研究进展（检索要求一）。同时，本课题在实验过程中要使用“溴乙烷”，需查找“溴乙烷”的物化性质及毒性数据等（检索要求二）。

9.1.2　检索目的

不同的检索课题有不同的检索需求，从而需要的信息类型、信息量不同，所运用的检索方式和检索途径也不相同。信息检索首先要通过对课题内容的分析与理解，明确检索目的。通常，检索目的可分为3种：

1）课题普查型　针对某一课题收集系统详尽的资料，要求查全。通常进行课题立项、学位论文开题时需进行此类检索，以全面了解课题的相关信息。

2）目标专指型　为解决研究或生产中的一些具体技术难题而进行的信息检索，往往只要求检出的信息对自己的研究有所帮助，而查找信息的范围不需要很广，只要找到合适的信息即可。

3）研究探索型　密切跟踪、了解国内外某一方面的最新成果，掌握最新科研动态；要求信息新颖、及时性强，定题检索，查找出最新的相关资料。

对于本课题，关于了解壳聚糖在“烷基化”改性方面的背景及现状，显然属于课题普查型检索，需要收集系统详尽的资料，要求查全；关于查询“溴乙烷”的物化性质及毒性数据等，则属于目标专指型检索，只要查到相关信息即可；关于跟踪最新研究进展，则为研究探索型检索，要求文献的时效性，查找最新的相关资料，这种检索可通过限制检索年限以及借助数据库的定题跟踪功能来实现。

9.1.3 检索设计

对于本课题，设计检索步骤如图9-1所示。

1）分析检索课题。课题分析是检索工作的起始一步，正确地分析检索课题有助于优化检索过程，取得最佳检索效果。课题分析涉及课题主要概念及分支概念的确定、概念间的逻辑关系组配等。

对于一个新课题而言，可以借助专著、百科全书、手册等文献作为分析课题的手段，获得对该领域研究的了解和把握，同时可以对背景知识和相关名词术语作以全面的了解。若查找不到相关书籍，可检索相关的中文综述性文献。

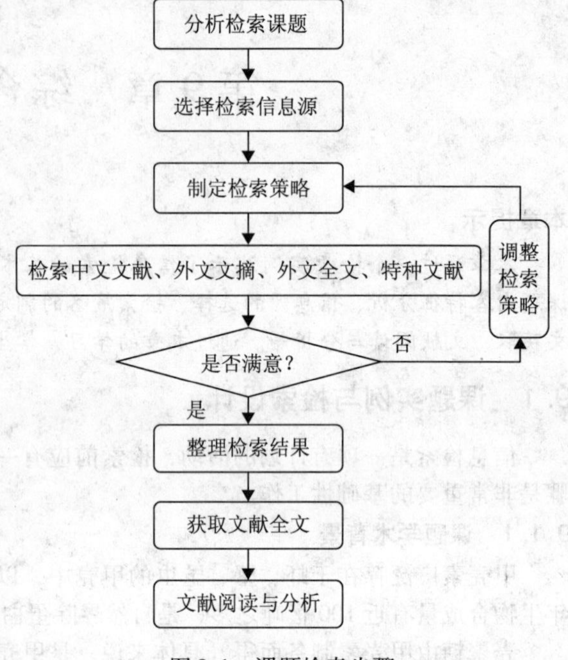

图9-1　课题检索步骤

2）选择检索信息源。在对一个课题进行了正确的分析后，还要正确选择适用的检索信息源。选择时应考虑其收录文献的学科、文献类型、语种以及收录的侧重点等。

3）制定检索策略。检索策略是检索过程的关键。检索词的选取要能准确、完整地表达课题的本质性内容，同时还要符合数据库的输入要求。编制检索式时要充分考虑各种有可能影响检索结果的因素，包括检索词是否遗漏、逻辑关系是否正确、是否使用了正确的截词方式等。

4）检索中文文献。鉴于语言关系，先查阅包括期刊、会议论文、学位论文、专利在内的中文文献资料，了解国内研究进展，同时修正检索词和英文拼写。

5）检索外文文摘。检索CA、EI Compendex和Web of Science等重要的文摘数据库，掌握国外研究进展。同时，利用EI Compendex和Web of Science的分析功能把握该领域的专家或优秀课题组及重要期刊等信息，便于及时关注。

6）检索外文全文。检索Elsevier SDOL和SpringerLink等全文期刊数据库，一方面补充文摘库的检索，一方面获得原文。

7）检索特种文献。包括专利、报告、会议论文和学位论文等在内的特种文献具有与期刊论文不同的特点与参考价值，是查全率的重要保证。

8）整理检索结果。利用文献管理软件建立个人的小型文献数据库，高效、方便地管理从各个数据库检索到的文献，使检索效率达到最大化。

9）获取文献全文。检索的目的就是获取具有参考价值的原始文献。原文可通过查询全文数据库、馆藏目录及免费网络资源的方式直接获得，或者通过文献传递服务等方式间接获取，甚至还可直接与作者联系。

10）文献阅读与分析。检索结果的阅读与分析是一个完整检索过程的重要步骤，通过这一步骤既可以总结得失，修正检索策略，改进检索效果，又可以为所获信息的实际应用打下基础。

文献检索是一个不断调整、不断完善的过程，检索策略会随着对课题理解的深入而改变，因此每执行一次检索后，都需要通过阅读检索出的文摘或全文，确定是否需调整检索内容及策略。

以上检索步骤是信息检索的一般步骤，由于具体检索时课题有大有小、有简单有复杂，不同检索课题所需获得的信息类型和信息量也不相同，因此检索策略、检索步骤或繁或简，可根据需要随时调整。具体检索步骤也可根据不同需要，或反复试验，或省略一二。

9.2 课题分析

实施检索前对检索课题进行全面分析是做好检索工作的重要基础。分析清楚检索课题的主要概念、概念之间的关系，选择合适的信息源，制定逻辑关系正确的检索策略是检索前的必备功课。

9.2.1 课题内容特征分析

1. 课题所属工程领域

把握课题所属的工程领域关系到检索信息源（尤其是专业性信息源）的选择。壳聚糖及改性壳聚糖为生物医药材料，改性过程属于化学反应，因此，本课题涉及材料、生物医药、化学化工领域。从本课题也可以看出，随着科技的发展，学科融合、学科交叉是一种趋势，因此应多方面对课题进行把握，以保证所选检索信息源的全面性。

2. 课题包含的主要概念及概念的分支

为了更为全面、准确地把握课题所涉及的概念，获得对壳聚糖更为系统的认识，首先利用超星数据库检索关于壳聚糖的书籍，结果有1个——蒋挺大编著的《壳聚糖》，该书详尽地总结了壳聚糖的研究成果和各种生产技术，对新开发的壳聚糖的下游产品从性能特点到制备技术做了具体的介绍。阅读相关章节得知，壳聚糖的“烷基化”实际上包括“N-烷基化”与“O-烷基化”，而“O-烷基化”也属于“醚化”反应，因此为了防止漏检，需把这一概念增加到检索中来。在此基础上，分析课题所包含的概念，并确定概念之间的关系。

对于检索要求一，主要概念包括壳聚糖、改性（又称为修饰）、烷基化、醚化，其中“烷基化”、“醚化”为“改性”的一种方式，因此是“改性”的分支概念。背景、现状，研究进展都是太泛指的词，很多研究性文献可能只是报道具体研究内容，而并不出现这样的词汇，因此一般不用作检索词，但是，上述词汇可用于综述性文献的检索。

对于检索要求二，主要概念为溴乙烷。需要注意的是，在检索过程中要留意某一概念的新的表达形式，应将此新的表达形式作为同义检索词进行补充检索。

3. 概念之间的关系

“改性”与“修饰”为同义词，逻辑关系为“或”；“烷基化”与“醚化”的逻辑关系为“或”；“改性（修饰）”与“烷基化”及“醚化”均为上下位关系。“壳聚糖”与“改性（修饰）”的逻辑关系为“与”，“壳聚糖”与“烷基化”及“醚化”的逻辑关系均为“与”。

4. 概念的英文表达形式

“壳聚糖”的英文单词为chitosan，“改性”的英文表达为modification，“烷基化”对应的英文为alkylation，“醚化”为etherification，“溴乙烷”为ethyl bromide。检索概念对应的英文表达形式可以从科技词典中获得，也可以参考中文文献中的英文摘要和关键词，而且同样要随时留意检索结果中出现的对同一概念的不同英文表达形式，需将新的表达形式作为同义词进行补充检索。

9.2.2 信息源调研与选择

在确定了检索目的和欲查找的内容之后，需要选择合适的参考信息源作为检索根据。信息源选择的准确与否关系到检索工作能否顺利完成，还关系到检索的效率，选择准确就能很快获得丰富而有价值的资料。要准确地选择信息源就要充分了解数据库的学科专业范围及各种性能参数，主要包括：

- 数据库的学科范围是否与检索课题的学科专业吻合。
- 数据库的类型（全文型或文摘型）是否能满足检索需要。

- 数据库收录的信息类型、信息收录的时间范围、更新周期是否符合检索要求。
- 数据库的基本索引及辅助索引提供的检索途经及检索标识的特点。

本课题涉及材料、生物、化学化工领域，因此，检索信息源选择为中外综合性数据库与材料、生物、化学化工专业数据库相结合，而且覆盖所有类型的文献。结合上述数据库选择标准，数据库选择方案如下：

中文信息检索选择维普资讯中文科技期刊全文数据库、清华同方中国知识资源总库（包括中国学术期刊全文数据库、中国博士学位论文全文数据库、中国优秀硕士学位论文全文数据库、中国重要会议论文全文数据库等）、万方数据资源系统（包括期刊、学位论文、会议论文等）和国家知识产权局中国专利数据库。从专业角度讲，上述数据库均为综合性数据库。

外文综合性数据库分为文摘型与全文型两种。文摘型数据库选择 EI Compendex、Web of Science、INSPEC 和 CSA；全文型数据库选择 Elsevier SDOL、SpringerLink、EBSCO 和 Wiley。这里需要强调指出的是，有很多读者经常只检索全文数据库，这是一种错误的做法。若要获得全面的信息资料，必须检索文摘型数据库，因为全文数据库中的数据往往局限于特定出版社的出版物，而文摘型数据库（如 EI Compendex、Web of Science）的数据来源于全球众多出版社，文献覆盖范围全。同样，全文数据库亦不只限于查找原文，其数据并非全部收录在文摘库中。

外文专业数据库选择 CA、ACS、Medline 和 RSC journals。综合性数据库中虽然包含了各专业的内容，但并非完全覆盖，而且有的专业数据库是必须要选择的检索源。例如，对于化学化工、材料及相关专业的课题，CA 是必须要检索的专业数据库。

要将与课题相关的信息查全，应当注意特种文献的检索。外文专利数据库选择 Derwent Innovation Index（DII，德温特创新索引）、European Patent Database（欧洲专利局专利检索）和 United State's Patent Database（美国专利检索）。外文会议数据库选择 ISI Proceeding（ISIP），政府报告选择 NTIS，学位论文选择 PQDD 及 UMI。

因特网信息是数据库的有效补充，选择学术性搜索引擎 Scrius 检索相关信息。

CROSSFIRE BEILSTEIN/GEMLIN 是著名的事实与数值型数据库，收录了众多化合物的性质及反应等，而且直接给出了性质数据及反应细节。选择 CROSSFIRE BEILSTEIN/GEMLIN 检索壳聚糖的烷基化反应以及溴乙烷的物化性质及毒性数据等。

为全面了解壳聚糖烷基化改性方面的背景及现状，各备选数据库的检索时限选为起始年至检索当日。对于最新研究，检索时限可选取最近 3 年或 5 年，由于其检索过程与前者相同，因此这里不再赘述。

9.2.3 检索策略的制定

根据当前掌握的信息，初步制定检索策略。

对于检索要求一：了解壳聚糖烷基化改性方面的背景及现状，并跟踪其最新研究进展。

1）选择检索词。

中文：壳聚糖、烷基化、醚化、改性、修饰。

英文：chitosan、alkylation、etherification、modification。

2）构造检索式。对于本课题，首先采用下述检索式进行中外文献试检索：

壳聚糖 * （烷基化 + 醚化）

chitosan AND （alkylation OR etherification）

若没有相关文献，则放宽检索条件：

壳聚糖 * （改性 + 修饰）

chitosan AND modification

此时，利用上述检索式获得的文献将涉及壳聚糖的各种改性方法，不仅仅限于烷基化这种方式。这里要特别强调的是，有的读者采用如下检索式进行壳聚糖烷基化改性文献的收集：

壳聚糖 * （烷基化 + 醚化） * （改性 + 修饰）

该检索式有可能影响查全率。原因是“烷基化”和“醚化”本身已是具体的改性方法，在关于这方面的检索记录中不一定会再同时出现“改性”或“修饰”这样的词语。此类错误比较常见，应引起注意。

对于检索要求二：查询溴乙烷的物化性质及毒性数据等。

利用 CROSSFIRE BEILSTEIN/GEMLIN 数据库进行检索：

1）选择检索词

ethyl bromide

2）构造检索式

chemical Name(CN) = "ethyl bromide"

9.3 检索过程与结果

检索是一项动态活动，在检索过程中应随时根据检索结果出现的各种情况对检索策略进行及时调整。

9.3.1 中文信息检索

1. 期刊

（1）维普资讯中文科技期刊全文数据库

1）初次检索。选择高级检索途径，采用系统默认设置。对于本课题，凡是相关文献，题目中应出现“壳聚糖”，因此检索策略为：题名=壳聚糖　并且　题名或关键词=烷基化+醚化。结果显示命中28条记录，其中的前10条记录如表9-1所示。

表9-1　维普资讯中文科技期刊全文数据库检索结果（节选）

序号	题名	作者	出处
1	壳聚糖的结构修饰及其应用	张敏　任慧霞	中国组织工程研究与临床康复，2007年48期
2	12-烷基化壳聚糖纳米粒-反义内皮素转换酶核酸表达质粒的制备及其性质研究	周雨田　徐军	中国生物工程杂志，2007年11期
3	新型改性壳聚糖微球的制备及其对氯酚的吸附研究	辛梅华　李明春	环境科学学报，2007年8期
4	12-烷基化壳聚糖纳米粒包裹反义内皮素转换酶核酸表达质粒在哮喘基因治疗中的特征	周雨田　徐军	中国组织工程研究与临床康复，2007年5期
5	N，N-双十二烷基壳聚糖/聚（L-乳酸）复合膜的氢键及相容性研究	廖耀祖　辛梅华	化工进展，2007年5期
6	N，N-双烷基壳聚糖结构对其自组装泡囊性质的影响	苏盛　辛梅华	化工进展，2007年3期
7	十二烷基化壳聚糖基因支架血管内基因转运的实验研究	金旭　朱敦皖	生物医学工程与临床，2006年6期
8	壳聚糖N-烷基化改性反应影响因素的研究	李作为　张立彦	食品工业科技，2006年8期
9	N，N-双十二烷基化壳聚糖的制备	孙晓丽　辛梅华	化工进展，2006年9期
10	油溶性N，N-双十二烷基壳聚糖的合成及与聚乳酸共混物的热行为	冯震　辛梅华	高分子材料科学与工程，2006年1期

2）策略调整。通过阅读文献可知，壳聚糖的化学名称为（1，4）-2-氨基-2-脱氧-β-D-葡聚糖，但文摘中基本都不提及该名称，因此可不补充到检索式中。注意到，有的文献的英文题目中出现 alkyl chitosan，因此应将 alkyl 补充到英文检索式中，与 alkylation 的逻辑关系为“或”，也可借助截词符的作用，用 alkyl * 代替 alkyl、alkylation 以及有可能出现的 alkylate、alkylated。同理，将原检索式中的 etherification 调整为 ether *，代表 ether、etherify、etherified、etherification。

相关文献中出现了“烷基壳聚糖”的提法，因此应将“烷基”与“烷基化”进行逻辑

“或”检索，但不必一一输入，只需输入公共部分“烷基”即可。调整后的策略为：题名 = 壳聚糖　并且　题名或关键词 = 烷基 + 醚化，结果检索到 43 篇文章，比初次检索时增加了 15 篇文献，且其中有 12 篇文献非常相关。

3）检索综述性文献。综述性的文章题目中经常会出现“进展”之类的词汇，因此采用“题名 = 壳聚糖　与　题名 = 改性 + 修饰　与　题名 = 进展”检索得到 17 篇综述，这些文献对于系统地理解课题具有重要作用，会起到事半功倍的效果，其中的前 5 篇记录如表 9-2 所示。

表 9-2　维普资讯中文科技期刊全文数据库综述性文章检索结果（节选）

序　号	题　名	作　者	出　处
1	壳聚糖共混改性的研究新进展	谢文娟　韩永生	中国包装工业，2007 年 9 期
2	壳聚糖的化学改性及其在生物医药领域的应用进展	王峰　赵士贵……	现代生物医学进展，2007 年 9 期
3	改性壳聚糖的研究进展	邵丽　谢文磊	精细石油化工进展，2007 年 8 期
4	改性壳聚糖在重金属离子吸附方面的研究进展	宋江选　梁兴泉……	化工时刊，2007 年 2 期
5	壳聚糖的化学改性及应用研究进展	汪源浩　隋卫平……	济南大学学报：自然科学版，2007 年 2 期

（2）清华同方中国学术期刊全文数据库

在维普资讯中文科技期刊全文数据库中，采用“题名 = 壳聚糖　并且　题名或关键词 = 烷基 + 醚化”与“题名 = 壳聚糖　并且　题名或关键词 = 烷基 + 烷基化 + 醚化”的检索结果相同，但在清华同方中国学术期刊全文数据库中出现了不同的情况，如表 9-3 所示。

从表 9-3 可以看出以下几点：

- 检索策略 1 与检索策略 2 的结果相差 31 篇，可见在清华同方中国学术期刊全文数据库中“烷基”不能涵盖“烷基化”，两词均需输入检索。
- 检索字段的选择是实现扩检与缩检的一条途径，主题包括篇名、关键词、摘要。若要缩小检索范围，进一步提高相关度，可加紧对检索字段的限制。
- 对于同样的检索策略，单从篇数上看，清华同方中国学术期刊全文数据库与维普资讯中文科技期刊全文数据库的检索记录也不相同，因此检索信息源的选择应全面，各个数据库的内容有交叉，但非包含关系。

表 9-3　清华同方中国学术期刊全文数据库检索策略及结果

序　号	检索策略	结　果
1	篇名 = 壳聚糖 并且 主题 = 烷基 + 醚化	75 篇
2	题名 = 壳聚糖 并且 主题 = 烷基 + 烷基化 + 醚化	107 篇
3	篇名 = 烷基 + 烷基化 + 醚化 或者 关键词 = 烷基 + 烷基化 + 醚化 二次检索 篇名 = 壳聚糖	76 篇
4	篇名 = 壳聚糖 并且 篇名 = 烷基 + 烷基化 + 醚化	24 篇

（3）万方数据资源系统数字化期刊全文数据库

将“聚糖”限制在论文标题字段中，在论文标题及关键词字段中分别输入“烷基”、“醚化”，检索得到 34 篇相关文献。

总结上述 3 个期刊库中检索到的文献，涉及烷基化壳聚糖的制备、应用、性质等，如果对某方面感兴趣，可进行二次检索。

2. 会议论文

会议文献传播信息及时、论题集中、内容新颖、专业性强、质量较高，往往代表某一学科或专业领域内最新学术研究成果，基本上反映了该学科或专业的学术水平、研究动态和发展趋势，因此会议文献是重要的信息源之一。关于会议文献的检索情况如表 9-4 所示。

表 9-4　会议论文检索策略及结果

序号	数据库	检索策略	结果
1	中国重要会议论文全文数据库（清华同方）	题名 = 壳聚糖 并且 主题 = 烷基 + 烷基化 + 醚化	18 篇
2	中国学术会议论文全文数据库（万方）	全部字段 = 烷基 或 全部字段 = 醚化 与 论文标题 = 壳聚糖	13 篇
3	中国学术会议论文文摘数据库（万方）	全部字段 = 烷基 或 全部字段 = 醚化 与 论文标题 = 壳聚糖	16 篇

阅读检索结果，中国学术会议论文全文数据库与中国学术会议论文文摘数据库的检索结果有 13 篇重复，而万方资源系统中的这 13 篇会议论文与中国重要会议论文全文数据库中检索的 18 篇会议论文只有 2 篇重复，显然两系统的论文来源不同，为保证查全率，应分别检索。

3. 学位论文

学位论文是对一项研究的系统性的总结，内容详尽，因此是重要的参考文献。清华同方与万方学位论文资源的检索结果如表 9-5 所示。

表 9-5　学位论文检索策略及结果

序号	数据库	检索策略	结果
1	中国博士学位论文全文数据库（清华同方）	题名 = 壳聚糖 并且 主题 = 烷基 + 烷基化 + 醚化	6 篇
2	中国优秀硕士学位论文全文数据库（清华同方）	题名 = 壳聚糖 并且 主题 = 烷基 + 烷基化 + 醚化	26 篇
3	中国学位论文全文数据库（万方）	论文标题 = 壳聚糖 与 全部字段 = 烷基	34 篇
4	中国学位论文文摘数据库（万方）	论文标题 = 壳聚糖 与 全部字段 = 醚化	31 篇

经阅读可知，中国学位论文全文数据库与中国学位论文文摘数据库的检索结果有 30 篇重复，不重复的记录分布在中国学位论文全文数据库中 4 篇，中国学位论文文摘数据库中 1 篇，可见两库并不完全重叠。万方资源系统中的这 35 篇学位论文与清华同方的 32 篇博/硕士论文只有 12 篇重复，显然二者均是重要的学位论文检索源。

4. 专利

登录中华人民共和国国家知识产权局中国专利数据库，在“名称”中输入“壳聚糖”，在“文摘”中输入“烷基 or 醚化”，检索到发明专利 19 条，其中 4 篇高度相关，如表 9-6 所示。

表 9-6　中国专利检索结果

序号	申请号	专利名称
1	200510022634. 8	可溶于有机溶剂的双亲性 N，N－双长链烷基壳聚糖的制备方法
2	200710040494. 6	一种两亲性壳聚糖衍生物及其制备方法和在药剂学中的应用
3	03112981. 1	壳聚糖衍生物及其制备方法与在制药中的应用
4	02121066. 7	烷基化壳聚糖转基因复合物微粒的制备方法

9.3.2　综合数据库检索

1. 文摘数据库

(1) EI Compendex 和 INSPEC

EI 是一份享有盛誉的工程技术领域的文摘类检索出版物，其涉猎范围几乎遍及各个工程技术学科。在我国学术界，它除用来作为检索工具以外，在 EI 中被收录论文的数量还用于作为评价科研机构或科研人员学术成就的一项客观指标。

EI Village2 检索平台可同时检索 EI Compendex 和 INSPEC 数据库，而且可以去除重复记录，平台所提供的分析功能可以实现对检索课题多角度的数据挖掘和可视化的全景分析。检索策略及检索结果如表 9-7 所示。

表 9-7　EI Compendex /INSPEC 数据库检索策略及结果

序　号	检 索 策 略	检 索 结 果	备　注
1	(((chitosan)WN TI)AND(((alkyl * or ether *))WN KY))	216 篇	
2	(((chitosan)WN TI)AND(((alkyl * or ether *))WN KY)), Applications only	3 篇	分别着重查看应用、实验、一般综述性及理论研究文献
3	(((chitosan)WN TI)AND(((alkyl * or ether *))WN KY)), Experimental only	182 篇	
4	(((chitosan)WN TI)AND(((alkyl * or ether *))WN KY)), General review only	1 篇	
5	(((chitosan)WN TI)AND(((alkyl * or ether *))WN KY)), Theoretical only	59 篇	
6	((chitosan)WN TI)AND((alkylation)WN CV)	28 篇	CV 为受控词，检索结果相关

对表 9-7 中检索策略 1 的结果进行分析，如表 9-8 所示。

表 9-8　EI Compendex /INSPEC 数据库检索结果分析

序　号	分 析 项 目	排名前三位	说　明
1	作者	Wang, Yuting (14) Yang, Zhikuan (8) Tang, Yurong (5)	核心研究人员
2	作者单位	Wuhan University (17) College Of Pharmacy, China Pharmaceutical University (4) Department Of Materials Science, Faculty Of Engineering, Tottori University(3)	核心研究机构
3	受控词	Synthesis (Chemical) (53) Chitin (47) Crosslinking (46)	涉及的研究内容
4	主题分类	Organic Compounds (140) Chemical Reactions (126) Chemical Operations (81)	涉及的研究方向
5	国家区域	China (85) Japan (35) United States (14)	核心研究国家区域
6	文献类型	ournal article (209) Conference article (6)	发表途径
7	语种	English (190) Chinese (21) Japanese (3)	语种
8	出版年	2007 (28) 2006 (26) 2005 (28)	发展趋势
9	出版商	Elsevier Ltd (47) John Wiley And Sons Inc. (31) American Chemical Society (10)	主要出版商

（2）Web of Science

Web of Science 收录了自然科学、工程技术和生物医学等 150 多个学科领域内的数千种核心期刊，是学术界公认权威的科学技术文献检索工具。数据库不仅可以从文献引证的角度评估文章的学术价值，还可以揭示过去、现在和未来科学研究之间的内在联系，揭示科学研究中所涉及的各个学科领域的交叉联系，协助研究人员迅速地掌握科学研究的历史、发展和动态。

本课题以“Title =（alkyl * or ether *）AND Title =（chitosan）”为检索策略得到 56 篇文献。为了充分利用 Web of Science 的分析功能了解课题全景，以“Topic =（alkyl * or ether *）AND Title =（chitosan）”为策略检得文献 227 篇，结果分析如表 9-9 所示。

表 9-9 Web of Science 数据库检索结果分析

序号	分析项目	排名前三位	说明
1	研究机构	WUHAN UNIV（24） TIANJIN UNIV（17） CHULALONGKORN UNIV（10）	核心研究机构
2	作者	WANG，YT（15） YANG，ZK（11） SHIGEMASA，Y（10）	核心研究人员
3	国家区域	PEOPLES R CHINA（80） JAPAN（50） USA（17）	核心研究国家区域
4	文献类型	ARTICLE（222） REVIEW（3） LETTER（1）	发表途径
5	语种	ENGLISH（219） CHINESE（5） JAPANESE（2）	语种
6	出版年	2005（30） 2006（27） 2007（27）	发展趋势
7	期刊标题	JOURNAL OF APPLIED POLYMER SCIENCE（30） CARBOHYDRATE POLYMERS（22） JOURNAL OF MEMBRANE SCIENCE（9）	常发表的期刊
8	学科分类	POLYMER SCIENCE（123） CHEMISTRY，ORGANIC（35） CHEMISTRY，APPLIED（34）	涉及的研究领域

除了 EI Compendex 和 Web of Science 的结果分析功能外，各数据库还提供了很多辅助功能，这些辅助功能对做好检索帮助很大，应充分加以利用。这里再着重强调其中的保存检索历史以及设置定题跟踪（Alert）服务。需要说明的是，在利用这些功能前，需事先建立个人账户。

检索策略的保存具有重要作用，因为有时检索不一定一次就能做完，有时一次需检索多方面内容，这时将检索历史保存下来，对于避免重复工作以及进一步优化检索策略、整理检索思路具有重要意义。

定题跟踪服务非常利于及时掌握课题的最新进展。系统会自动将数据库新增记录中符合检索要求的结果发至预定的 E-mail 中。例如，本课题在 EI Compendex 数据库中对检索式“(((chitosan) WN TI) AND ((alkyl * or ether *) WN KY))”设定了 Alert 服务，以跟踪壳聚糖“烷基化”改性的最新研究进展。

（3）CSA

CSA 中包含约 100 个数据库，可同时进行检索，分别将主题领域限定在自然科学领域及技术领域，检索策略及结果如表 9-10 所示。

表 9-10　CSA 检索策略及结果

数 据 库	检索策略 1 TI = chitosan and KW = (alky * or ether *)	检索策略 2 TI = chitosan and Q1 = (alky * or ether *)
AGRICOLA	18 篇	
Aqualine	1 篇	1 篇
ASFA 1：Biological Sciences and Living Resources	4 篇	1 篇
ASFA Marine Biotechnology Abstracts	2 篇	1 篇
Biological Sciences	31 篇	12 篇
Biotechnology and Bioengineering Abstracts	29 篇	12 篇
Biotechnology Research Abstracts	26 篇	11 篇
Conference Papers Index	3 篇	1 篇
CSA Illustrata：Natural Sciences	2 篇	1 篇
Environmental Engineering Abstracts	4 篇	—
Industrial and Applied Microbiology Abstracts（Microbiology A）	2 篇	1 篇
MEDLINE	69 篇	—
Oceanic Abstracts	1 篇	1 篇
Plant Science	1 篇	—
TOXLINE	14 篇	—
Water Resources Abstracts	2 篇	1 篇
CSA Technology Research Database	40 篇	—
NTIS	1 篇	—
CSA Illustrata：Natural Sciences	2 篇	—

2. 全文数据库

全文数据库选择 Elsevier、Springer、EBCSO 和 Wiley。对于 EBSCO，选择其中的 Academic Source Premier（ASP）数据库，由于该库数据内容既包括学术期刊的二次文献（文摘/目录），又包括全文学术期刊，因此，若只检索全文，需在精确检索处进行设定。各数据库检索结果如表 9-11 所示。

表 9-11　外文全文数据库检索策略及结果

数 据 库	检 索 策 略	检 索 结 果	备　注
Elsevier	TITLE（chitosan）and TITLE-ABSTR-KEY（alkyl * or ether *）	84 篇	需缩检
	TITLE（chitosan）and KEYWORDS（alkyl * or ether *）	25 篇	结果有 13 篇重复
	TITLE（chitosan）and TITLE（alkyl * or ether *）	24 篇	
Springer	ti：（chitosan）AND su：（alkyl *）	12 篇	Su 为摘要
	ti：（chitosan）AND su：（ether *）	8 篇	
EBCSO-ASP	TI chitosan and TX（alkyl * or ether *）	127 篇	其中 62 篇有全文，点击结果列表左侧主题词下的 alkylation 进行二次检索
	按主题检索：alkylation	8 篇	相关度好
	TI chitosan and AB ether *	33 篇	为防止漏检，补充检索
Wiley	chitosan in Article Titles and（alkyl * or ether *）in All Fields	63 篇	需缩检
	chitosan in Article Titles and（alkyl * or ether *）in Keywords	21 篇	结果不完全重复
	chitosan in Article Titles and（alkyl * or ether *）in Article Titles	22 篇	

一般来说，当检索词分别限制在摘要、关键词和题目中时，检索结果的相关度逐渐增大，但还要结合具体情况进行分析。以表 9-11 中的 Wiley 检索为例，以策略"chitosan in Article Titles and（alkyl * or ether *）in Keywords"检出的结果中有一篇非常相关的文献，题目为"Preparation of N-butyl chitosan and study of its physical and biological properties”，内容为N－丁基壳聚糖的制备及其物理和生物性质。该记录的关键词中含有alkylation，但题目中并没出现与烷基/烷基化（alkyl＊）对应的检索词，作者直接使用的就是butyl（丁基——烷基的一种）。因此在调整检索字段时，应根据上次检索结果的数量，同时结合具体的课题内容，考虑有可能出现的情况进行分析、确定。

9.3.3 专业数据库检索

1. 文摘数据库

（1）CA

CA（化学文摘）摘录了世界范围约98%的化学化工文献，内容几乎涉及有关化学的所有领域。CA不仅出版有印刷版，还有缩微版、机读磁带版和光盘版，近年来又推出了网络版产品SciFinder Scholar。这里采用各高校图书馆普遍订购的光盘版CA——CA on CD进行课题检索，首先检索壳聚糖的化学物质登记号为“9012-76-4”。课题检索策略为“（CAS RN）（9012-76-4）and（Word）（alkylation）”，检索结果如表9-12所示。

表9-12 CA on CD检索结果

序号	光盘年代	检索结果
1	1999	4篇
2	2000	8篇
3	2001	5篇
4	2002	9篇
5	2003	9篇
6	2004	10篇
7	2005	9篇
8	2006	7篇
9	2007	48篇

（2）Medline

Medline数据库是一个生物医学领域的网上免费学术资源，可以通过多个数据库平台检索，例如，ISI、EBSCO和CSA Illumina等，还可以通过生物医学方面的免费学术网站PubMed进行检索。本课题通过CSA数据库的Illumina平台检索Medline数据库，检索结果如表9-10所示。

2. 全文数据库

ACS及RSC journals全文期刊数据库的检索结果如表9-13所示。

表9-13 检索结果

数据库	检索策略	检索结果	备注
ACS	chitosan and（alkyl＊or ether＊）（in Title or Abstract）	14篇	相关文献5篇
RSC journals	Chitosan in title	33篇	—

9.3.4 特种文献检索

1. 国外专利

国外主要专利数据库检索策略及结果如表9-14所示。

表9-14 国外专利数据库检索策略及结果

数据库		检索策略	检索结果
Derwent Innovation Index		Title＝（chitosan）AND Topic＝（alkyl＊or ether＊）	22篇
esp@cenet	EP	chitosan and（alkyl＊or ether＊）in the title	—
	WIPO	chitosan and（alkyl＊or ether＊）in the title	—
	Worldwide	chitosan in the title AND（alkyl＊or ether＊）in the title or abstract	109篇
United State's Patent Database		ttl/（chitosan）and aclm/（alkyl $ or ether $）	48篇
		ttl/（chitosan）and abst/（alkyl $ or ether $）	13篇
		ttl/（chitosan）and ttl/（alkyl $ or ether $）	1篇

2. 外文会议

ISTP（Index to Science & Technical Proceedings）是重要的会议论文数据库，论文被ISTP收录也是对论文的一个重要评价指标。以“Topic＝（alkyl＊or ether＊）AND Title＝（chitosan）”进行检索，得到13篇文献。虽然该检索策略比较宽泛，但由于文献量不大，通过浏览即可选出感兴趣的文献，因此不必再调整策略。

3. 科技报告

科技报告是一种很重要的信息资源，注重详细记录科研进展的全过程，是科技人员交流其研究活动及成果的重要手段。很多大型综合性检索系统都将科技报告作为重要的文献类型加以收录，如EI、INSPEC等，通过这些数据库可以检索到部分科技报告。此外，还有一些科技报告专用检索工具。

NTIS（National Technical Information Service）是美国国家技术情报社出版的美国政府报告文摘题录数据库，以收录美国政府立项研究及开发的项目报告为主，少量收录西欧、日本及世界各国（包括中国）的科学研究报告。包括项目进展过程中所做的一些初期报告、中期报告和最终报告等，反映政府最新重视的项目进展。该库75%的文献是科技报告，专业内容覆盖科学技术各个领域。CSA数据库的Illumina平台上可进行NTIS数据库的检索，关于本课题在NTIS中的检索结果参见表9-10。

4. 国外学位论文

ProQuest Digital Dissertations（PQDD）是世界著名的学位论文数据库，收录欧美1 000余所大学文、理、工、农、医等领域的博士、硕士学位论文，是学术研究中十分重要的信息资源。

在“Title”字段中输入：chitosan，在“Citation and Abstract”字段中输入：alkyl * or ether *，检索到5篇文献，其中4篇相关，如表9-15所示。

表9-15 PQDD数据库检索结果

论文号	论文题目	作者	年代
AAT C648201	Studies on chitosan and its derivatives	Roberts, George Andrew Francis	1997
AAT 9618309	Synthesis and characterization of water soluble chitosan derivatives	Macossay, Javier	1995
AAT MM61553	Chemical modification of chitosan for microcapsule development and application in aquaculture	Dunn, Edward J.	1990
AAT 0563350	Chitosan modification: Toward the rational tailoring of properties	Holme, Kevin Ross	1987

上述论文有的能免费看到论文的前24页，若要获得全文，可采用以下方法：

首先检索ProQuest学位论文全文检索系统（Calis镜像站），该数据库由PQDD数据库中部分记录的全文构成，通过CALIS组织的“ProQuest学位论文全文数据库集团采购”建设而成，建设方式为各图书馆馆均购买一定数量的论文，然后放在UMI博士论文全文库中进行共享。很多图书馆每年在订购前均在全校范围内向广大师生进行论文全文需求征集。

对于检索不到的论文全文，可以通过本校图书馆的文献传递服务获得。

表9-15中，AAT 9618309这篇论文就在UMI博士论文全文库中检索到了原文。

9.3.5 事实与数据检索

在CROSSFIRE BEILSTEIN/GEMLIN数据库中，以“Reactant（RX. RCT）is chitosan and Reaction Basic Index（BIREA）contains alkylation”为策略检索壳聚糖的烷基化反应，得到15条记录。以Chemical Name（CN） = “ethyl bromide”检索到溴乙烷，数据库中给出了关于溴乙烷的74种性质。

9.3.6 因特网信息检索

利用科技检索引擎scirus检索网络信息，是数据库检索的有效补充。以“title：chitosan（keyword：alkyl * OR keyword：ether *）”检索得到133篇文献，其中80篇为Elsevier与MEDLINE中的数据，其余53篇文献中有51篇为专利。点击页面左侧的“alkylation”进行二次检索，得到42条记录，其中30条为Elsevier与MEDLINE中的数据，11条为专利。

9.4　结果处理与分析

对检索结果的组织整理与阅读分析是对一次检索活动的总结。任何一次信息检索活动都有其或大或小的目的，对检索结果的总结是进行下一步工作的开始。

9.4.1　检索结果的管理

查阅文献的工作量很大，而且随着科研的深入，检索到的文献量也会随之激增，此时合理地整理文献显得尤为重要。利用文献管理软件，可以自行建立对应检索课题的小型文献数据库，便于实现对检索结果的高效、系统管理，而且可自动生成文中和文后参考文献，为论文写作提供了便利。

本课题采用 EndNote Web 进行检索结果的管理。首次使用 EndNote Web 时需先注册，并下载插件。EndNote Web 具有参考文献的收集、管理、参考文献的格式化及写作引用等功能，而且可以实现对存储数据的检索，如图 9-2 所示。其中参考文献的收集方式包括手工输入、联机检索、从数据库直接导入、导入 txt 格式的文献。可见，利用 EndNote Web 可以管理从多种渠道检索到的文献。在检索过程中，可以建立对应不同检索源的文件夹，随时将检索结果保存到相应的文件夹中。

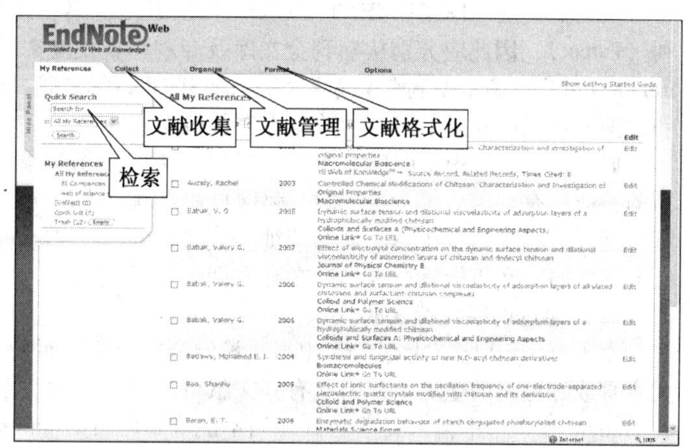

图 9-2　EndNote Web 的功能

在检索过程中发现，不同数据库间的检索结果有重复现象，利用 EndNote Web 的文献管理功能可以非常方便地实现文献的去重，大大节省了检索结果的整理时间。

EndNote Web 还是科研写作的辅助工具，利用其可以按照国际通行惯例及国家制定的各种规范，在正文中的指定位置添加相应的注释和说明，包括文中夹注、页下脚注或者文末尾注，进而根据行文中所添加的注释，按照一定的输出格式，自动生成所使用的参考文献或参考资料的索引，添加到指定位置（通常是文末）。

除 EndNote Web 外，文献管理工具还包括 NoteExpress 和 RefWorks 等。

9.4.2　原始文献的获取

获取相关文献的全文是文献检索过程中的重要一环，在获取过程中，可以遵循“先电子后印刷”、“先近后远”的原则，具体方法与步骤如下所述。

1. 获取电子版原文

（1）查询全文数据库

当检索的数据库为全文型数据库时，可以直接获得电子版的原始文献。现在对于某些文摘型数据库（如 Web of Science 等），若图书馆同时购买了检索结果所在的全文数据库（如 Elsevier SDOL 等），则从文摘型数据库亦可以直接链接其电子版全文。对于不提供与电子版原文有任何链接的信息源检索到的文献，在获取原文之前应先确定其文献类型，然后根据文献类型到相应的数据库中查询原文。对于外文期刊论文的查找，还可根据检索结果中提供的出版商线索，快速定位相应的期刊数据库。例如，欲获取从 CA on CD 上检索的 2 篇文献的全文，这两篇记录的信息如下：

- 136：216968

Chemical modification of chitosan 8：preparation of chitosan-dendrimer hybrids via short spacer. Sashiwa，H.；Shigemasa，Y.；Roy，R.（Department of Chemistry，University of Ottawa，Ottawa，ON K1N 6N5，Can.）. Carbohydrate Polymers，Volume Date 2002，47（2），191 - 199

(English) 2001 Elsevier Science Ireland Ltd. CODEN: CAPOD8. ISSN: 0144 - 8617. DOCUMENT TYPE: Journal CA Section: 33 (Carbohydrates) Section cross-reference (s): 35, 44

• 133: 90940

Process for preparing water soluble chitosan derivative. Wang, Aiqin; Yu, Xianda (Lanzhou Chemical-Physics Inst., Chinese Academy of Sciences, Peop. Rep. China). Faming Zhuanli Shenqing Gongkai Shuomingshu CN 1225923 A 18 Aug 1999, 7 pp. (Chinese). (People's Republic of China). CODEN: CNXXEV. CLASS: ICM: C08B037 - 08. APPLICATION: CN 1998 - 126756 29 Dec 1998. DOCUMENT TYPE: Patent CA Section: 44 (Industrial Carbohydrates) Section cross-reference (s): 35

从文献类型（DOCUMENT TYPE）可以看出，第一篇为期刊论文（Journal），第二篇为专利（Patent），因此应分别从期刊全文库及专利库查找全文，又根据出版商信息“Elsevier Science Ireland Ltd.”，确定期刊全文库为Elsevier SDOL，第二篇文献为中国专利，可以登录中华人民共和国国家知识产权局中国专利数据库进行检索。

如果检索结果中未明确指明文献类型，则要根据记录的著录方式进行判断。一般来说，期刊的特征是有刊名、年、卷、期、起讫页码和国际标准连续出版物号（ISSN）；专利的特征是有国别代号和专利号；会议录的特征是有“Proc.”、“Symp.”和“Conf.”等字样，另外，还有会议的届次和年份等；学位论文有“Diss.”字样。

（2）通过网络免费获取

由于Internet网络上存在着相当数量的全文资源，而且著者可能会将自己发表的论文放到个人主页或课题组的主页上，因此有些文献可以通过搜索引擎（如Google）检索到原文。方法是在Google检索框中输入文章题目（当不能确定题目的准确拼写时，可输入若干个题目中的关键词）等信息，也可同时限定文件格式为pdf，实施检索。

2. 获取印刷版原文

（1）还原缩写名称

EI Compendex和Web of Science等数据库中给出的期刊名和会议名均为全称，但有些数据库（如CA on CD）提供的往往是期刊名和会议名的缩略语，因此，首先需将缩略语转化为全称。对于期刊缩略语的还原，可参考《国外科技期刊刊名缩略语辞典》等工具书，还可利用搜索引擎进行全称的确定。

值得注意的是，无论EI Compendex、Web of Science，还是CA on CD，在给出期刊名称的同时，也给出了该刊的国际标准连续出版物号（ISSN）。该编号具有重要的作用，因为各种数据库一般均设有ISSN的检索入口，只要输入几个简单的数字，便可得到是否有该刊以及该刊的名称、馆藏状况等信息。更为重要的是，对于难以转化的日文和俄文缩略语刊名，利用期刊的ISSN进行检索，不仅省却了音译、意译的种种麻烦，可以直接得到馆藏状况，而且同时还能得到该刊的全称。

（2）确定馆藏地

查询本校图书馆的馆藏书目数据库，如果本馆收藏了所检期刊和会议录等文献，则可根据馆藏地和索取号到相应阅览室阅览、复印全文。

如果本馆没有收藏，则可拓展到检索本地附近图书收藏机构的目录。若仍查询不到，则可查询全国期刊联合目录、CALIS公共目录检索系统及各图书情报机构的公共目录等获得馆藏信息，然后可直接与馆藏机构联系获取原文，也可通过本馆或本地图书收藏机构的馆际互借/文献传递服务获得。

3. 通过馆际互借/文献传递服务获取原文

馆际互借/文献传递服务是图书馆为了共享信息资源，在馆与馆之间达成的馆际协议，当本馆的馆藏文献不能满足读者需要时，以借阅或复印等方式从对方馆获得本馆未收藏的文献资料。现在馆际互借/文献传递服务已成为原文获取的重要途径和方法。

当检索不到电子版原文，并且在本馆或本地检索不到印刷版原文时，即可委托馆际互借/文献传递服务进行原文获取。在提交委托前，应核实文献出处的准确性，并尽量提供全面的检索线索。关于馆际互借/文献传递服务的具体内容，可查询各馆主页。

4. 求助原文著者

如果以上方法均无法得到原文，那么还可以利用著者的 E-mail 地址等信息向著者直接索取。这也是比较有效的方法之一，同时也是进行学术交流的好途径，作者一般都愿意提供。索取原文的信件应该简洁明了，网络上有该类信件的模板，可作为参考。

9.4.3　文献阅读与分析

得到原文后，就进入文献阅读阶段。只有通过阅读文献，才能了解课题的国内外研究现状、存在的问题、解决的方法与原理，进而寻找进一步研究的创新点，调整与明确课题方向。

文献阅读是检索过程的最后一步，同时也是进一步检索的新起点、新平台。通过阅读文献，可以从引用的参考文献中得到其他极有启发的文献，这些参考文献与课题的相关性有时比用一般检索词得到的文献的相关性大得多。通过阅读文献，还可以了解该领域惯用的关键词表达，必要时需调整原来的检索策略重新检索。

在阅读文献时，可根据不同的研究阶段选择不同的段落进行重点阅读。例如，研究刚起步时，集中阅读不同文献的“简介”部分，获得课题的背景信息；进入实验阶段，集中阅读文献的“实验”部分，了解所用仪器、试剂和实验方法等细节；在分析结果阶段，集中阅读文献中的“讨论”部分，了解实验结果、原理解释及结论等。

在阅读了大量原文后，有时会发现，不同作者对于同一个问题会得出不同的结论；当严格按照文献叙述重复其实验时，却得不出预计的结果。那么究竟哪篇文章的数据更可信，更值得参考？这就需要对文献进行分析与评价，具体有以下几条原则供参考。

- 一般来说，文章所在期刊的影响因子越高，文章的被引用次数越多，可信度越大。可充分利用 Journal Citation Reports 数据库的影响因子查询以及 Web of Science 的被引次数两大功能进行分析。
- 通常，作者及所在课题组对该领域研究得越多、越深，可信程度也越大。关于核心研究人员及研究机构，可利用 EI Compendex 以及 Web of Science 数据库的分析功能结合综述性文献的阅读确定。
- 手册、百科全书、词典、学术专著和教科书等科技图书上的原理、数据比较成熟，可信度比较大。例如，CROSSFIRE BEILSTEIN/GEMLIN 中的数据都经过相关机构的重新验证，保证了准确性。

通过对原始文献的阅读、分析，取其精华，就可以使文献真正成为科研前进的有利保障。有时通过总结，检索思路甚至课题方向会有所调整，此时需要重新分析课题，走向新的循环。

总之，课题检索是一项需事先计划，同时又需不断调整的工作。实施检索前需明确检索目的、分析课题内容特征、选择合适的信息源、初步制定检索策略；检索过程中还需根据检索结果不断调整检索策略；最后应注重检索结果的整理与分析。若要达到信息检索的准、全、快，还需要在实践中不断探索、不断总结。

习题

1. 选择课题检索信息源时有哪些注意事项？
2. 如何调整检索策略？
3. 查找文献全文的途径有哪些？
4. 文献评价的主要原则是什么？
5. 如何快速了解薄膜太阳能电池研究领域的主要研究人员及该研究的发展历程？
6. 检索有关大跨空间结构的国内研究概况。
7. 检索利用转基因技术提高杨树生物抗性研究的国外最新进展。
8. 对“高速磁浮列车的紧急制动控制及其应用研究”进行检索前的课题分析。
9. 检索关于联合利用反渗透与纳滤技术进行海水淡化的最新研究动态。

第10章 科研能力拓展训练

本章提示

本章阐述与工程技术人员科研能力提高相关的基本知识，重点是学术论文撰写、科技查新委托、科技成果鉴定以及研究成果申请专利。通过本章的学习，学生应掌握科研活动的工作流程，了解科研能力、信息素质、学术规范的基本要求，理解研究课题申请的具体工作，学会研究报告、学术论文、学位论文的撰写，掌握科技查新委托、科技成果鉴定的方法，以及研究成果专利申请和专利实施的方式。

10.1 科研过程与科研能力

作为科研能力拓展训练的入门，本节先介绍科学研究的一般过程。同时，为了使读者对科学研究的总体要求有一个整体认识，本节还将介绍科研能力、信息素质和学术规范等基本概念。

10.1.1 科学研究的一般过程

1. 科学研究的三大阶段

科学研究是一项系统工程，一般来说，其整体过程可划分为三个阶段：

1）准备阶段。准备阶段包括选择研究课题、查新论证、撰写课题论证申请试验书和制订实验方案等。

2）实施阶段。实施阶段包括相关文献的梳理、实验计划的实施、实验过程的管理、实验数据的调查、实验结果的统计分析和研究报告的撰写等。

3）总结及应用阶段。总结及应用阶段包括论文编写、研究工作的验收、鉴定及推广应用等。

2. 科学研究的整体流程框架

根据以上一般过程的分析，可以认为科学研究的整体流程应包括如下11个工作环节。其中的每一个环节都关系到科研工作的成败，都必须认真对待，下面对它们进行分析阐述。

（1）确定研究课题

所谓课题，就是具有一定普遍意义而又具有可操作性的研究问题。科研工作能否取得成功，能否推动科技与生产的发展，很大程度上取决于能否正确选择课题。这种课题可以从大的研究方向中通过分解而建立，也可以从个案的积累中通过概括而形成。在科学研究中，应选择科研、生产中亟待解决的问题，课题的选取要有科学性、创新性、实用性，还要考虑实现的可能性。

（2）拟定实验计划

拟定实验计划的主要目的就是得到初步的实验计划书。实验计划书是科学研究全过程的蓝图，它应满足先进性、预见性和切实可行性等基本特征。

（3）论证

由项目主管部门或资助方组织专家论证，确定课题是否立项；并对实验计划进行把关，避免课题研究出现偏差。一般来讲，专家在进行课题论证时，主要对课题依据与意义、研究目标与范畴、研究方法与步骤、课题成果形式与构成以及课题研究保证措施等进行认真分析，最终确定该课题能否立项。

（4）制定实验方案

根据实验目的、要求，按照实验设计原理确定实验的内容、方法、调查项目和实施计划。

（5）实验实施

将实验方案具体实施。在实验实施过程中要确保实验环境的完备性和实验设备的先进性，对于相关实验结果要做好记录，保证各个实验处理环节能够准确无误地实施。

(6) 结果调查

利用合理的取样技术，对实验处理的结果及时调查、测定和记载。

(7) 统计分析

对试验结果采用相应的统计方法进行正确的统计分析，得出正确的结论。

(8) 总结报告

对实验结果进行分析总结，肯定科研成果，同时也从中发现一些新问题、新苗头，为进一步研究提供参考。其主要形式包括科研报告和研究论文两种形式。

(9) 成果鉴定

在项目主管部门组织下，由同行专家对研究工作完成情况及研究水平进行评价。

(10) 成果推广

对科研成果进行大面积推广，使科技转化为生产力，实现项目的研究经济价值。

(11) 成果报奖

一些能推动国民经济发展、取得重大理论成果和一定经济效益及社会效益的科研项目可获得有关部门给予的物质和精神奖励。

另外，对于一些有一定技术含量，容易尽快转化为技术生产力的科研成果，还需要在后续工作中考虑进行科研成功登记，以及进行专利申请和专利实施。

10.1.2 科研能力的概念及内容

1. 科研能力的定义

科研能力是指一个人在其所从事的专业中，以科学的思维和适当的方法，对未知领域进行科学探索的能力。它是一个人专业知识深度和广度的综合体现，可反映其发现问题、认识问题和解决问题的能力，以及在分析问题时，有所发明、有所创造的能力。

2. 科研能力的内容

科研能力是属于各学科领域研究者共同具备的一种能力，是从事具体科学研究工作的基本要求。具体来讲，科研能力应该包括文献分析能力、理论创新能力、问题观察能力、逻辑思维能力、实际操作能力、数据分析能力和文字表达能力等。

另外，科研能力还包括必须具有科学的思维方法、严密的科研设计，以及利用现代技术手段进行科学研究、实验操作和创造性劳动的技能。

从实践上来看，一个具有科研能力的人应该能够独立确定科研课题，设计实验方案，并按方案组织实施实验研究；还能及时收集整理实验资料，进行科学分析，得出正确结论。

10.1.3 科研工作的学术规范

科研工作必须要遵守一定的基本标准和规范，这就是学术规范。加强学术道德规范，对于加强学术研究，净化学术氛围，培养学术精神，防治学术腐败具有重要作用。

1. 学术规范的含义

所谓学术规范，是指人们在长期的学术实践活动中所逐步形成的、被学术界公认的一些基本道德规范和行为规则。学术实践活动大体可包括学术研究、学术写作、学术评价和学术管理等形式，与之对应，学术规范也体现在学术实践活动的方方面面和全过程，并集中表现为道德规范、法律规范和技术规范三个基本组成部分。

2. 学术规范的内容体系

学术规范有其自身的一套内在体系结构，下面从学术道德规范、学术法律规范、学术写作技术规范和学术评价规范四个方面对基础层次学术规范的内容体系进行概括与分析。

(1) 学术道德规范

学术道德规范是对学术工作者从思想修养和职业道德方面提出的应该达到的要求，它是学术规范的核心部分。学术道德规范的具体内容包括如下几个方面。

第一，作为一项艰巨复杂的创造性活动，科研工作者应在学术研究中不怕困难，刻苦钻研，顽强拼搏，解决难题，获取科学成果。要坚决反对急功近利，贪图捷径，甚至不劳而获，在他人成果上轻易署名，换得个人名利的做法。

第二，应发扬爱国主义精神，增强政治责任感和历史使命感，自觉把学术事业与社会主义祖国的前途和命运联系起来，努力创造精品力作。无论何时何地都不能有任何损害国家和人民利益的行为。

第三，应遵守社会公德，弘扬团结协作的集体主义精神。在科研活动中要注意互相尊重，主动配合，联合攻关，力戒文人相轻，避免不利于团结协作的现象发生。

第四，学术批评应坚持科学精神，尽力做到客观、全面与准确。反对以偏概全，无原则的吹捧、赞扬，也反对抓住一点、不及其余，采用刻薄的语言进行讽刺、挖苦以至歪曲、谩骂、进行人身攻击。要坚持与人为善，以平等、真诚的态度待人，摆事实，讲道理，以理服人，而不盛气凌人，不武断压制，不互抓辫子，互相攻击。要以宽容的气度，宽阔的胸怀对待他人的批评，虚心接受有益意见，不断修正错误。

第五，学术评价应坚持实事求是，以对社会负责的态度，遵循客观、公正、准确的原则，如实反映成果水平。相关评价结论要在充分的国内外对比数据或检索证明材料的基础上，全面分析评判，不可滥用"国际领先"、"国内首创"、"填补空白"等词语。应坚决反对在学术评价中掺杂个人情感因素，以至弄虚作假的行为。

第六，学术论著的写作，应坚持创新性与科学性的有机统一。要充分尊重前人劳动成果，在论著中要明确交代本课题关键性的学术背景，说明前人已做了哪些工作，还有哪些问题未能解决，自己要解决什么问题；应明确交代本著作（或论文）中哪些是借鉴引用前人成果，哪些是自己的发明创见。应按国内外学术界通行的规矩，在学术成果中附加必要的注释并列出足量的参考文献，以标明本成果对前人理论、观点、材料和方法等的参考与借鉴。

第七，人文社会科学的学术研究应以探索科学真理、服务人类为根本目的。要解放思想，实事求是，大胆探索，勇于创新，追求真理，捍卫真理，矢志不渝，即使身处逆境也不动摇。要坚决反对学术研究上的见风使舵、投机钻营，借学术研究以谋取个人私利的现象。

（2）学术法律规范

学术法律规范是指在学术活动中必须遵循国家法律法规的要求。根据我国宪法、著作权法及保密法等有关法律法规的条款，在学术活动中应严格遵守的法律规范主要包括：

第一，必须遵守著作权法。特别注意做到以下几点：未经合作者许可，不能将与他人合作创作的作品当作自己单独创作的作品发表；未参加创作，不可在他人作品上署名；不允许剽窃、抄袭他人作品；禁止在法定期限内一稿多投；合理使用他人作品的有关内容，使用他人作品必须符合3个条件（引用的目的仅限于介绍评论某一作品或说明某一问题；所引用的部分不能构成引用人作品的主要部分或者实质部分；不得损害被引用作品著作权人的利益）。著作中引用他人作品的总量，不得超过本人作品篇幅的1/10。

第二，必须保守党和国家秘密，维护国家和社会利益。按《中华人民共和国保守国家秘密法》的规定，不得在学术活动中泄露国家事务重大决策中的秘密事项、国防建设和武装力量活动中的秘密事项、外交和外事活动中的秘密事项以及对外承担保密事务的事项、国民经济和社会发展中的秘密事项、科学技术中的秘密事项、维护国家安全活动和追查刑事犯罪中的秘密事项，以及其他经国家保密工作部门确定应当保守的国家秘密事项，以维护国家的安全、民族的团结和社会的稳定。对学术成果中涉及国家重大决策、党的文献和档案、国防建设和武装力量情况、国家外交政策和对外宣传工作、国家经济和社会发展中的统计资料和数据、尖端科技成果情况、测绘和地图、国家安全活动和追查刑事犯罪活动以及其他不宜公开的重大事项，均应严格执行送审批准后才可公开出版（发表）的制度。

第三，应遵守其他适用法律法规。按《中华人民共和国民法通则》规定，不得借学术研究以侮辱、诽谤方式损害公民法人的名誉。按《中华人民共和国统计法》规定，必须对属于国家机密的统计资料保密；未经本人同意，不得在科研成果中泄露属于私人、家庭的单项调查资料。从事学术研究、发表学术作品，要遵守有关民族、宗教的法律、法规，不得以学术研究伤害信教群众的宗教感情，不得丑化侮辱少数民族。在学术研究及学术作品中使用标准、目录、图表、公式、注释、参考文献、数字和计量单位等应遵守国家标准化法、计量法等法律法规的规定。

（3）写作技术规范

写作技术规范是指在以学术论文、著作为主要形式的学术写作中必须遵守的有关形式规格的要求。根据国家和国际有关文献编写与出版的标准、法规文件的规定，借鉴近年学术研究与学术写作研究的成果，写作技术规范的主要内容应包括：

第一，科研选题应新颖独特，或开拓新领域，或提出新观点，或发掘新资料，或运用新方法，具有一定理论深度和较大学术价值。

第二，论文内容应观点明确，资料充分，论证严密。观点必须科学、准确且有创新性。资料必须真实、可靠、翔实。论证必须概念清晰一致，判断准确无误，推理逻辑严密。

第三，学术论文的内容应与形式完美统一，达到观点鲜明、结构严谨、条理分明、文字通畅，并且形式要素要齐全、完整。

（4）学术评价规范

学术评价涉及课题项目的立项、学术成果的鉴定或评价、各级各类优秀成果的评奖、职称评定中对科研成果的考核认定以及教学、科研人员工作考核考评等诸多方面，是一项复杂而细致的学术工作。学术评价规范包括如下几个方面：

第一，学术评价要坚持正确的思想指导。学术评价的目的是根据一定的评价原则和指标体系，对某一学术成果做出准确的价值判断。学术评价必须坚持正确的指导思想：通过评价要引导学术活动坚持正确的政治方向；通过评价要倡导形成优良的学术风气；通过评价要调动科研工作者学术研究的积极性和主动性，激发其科研活动的创造力。

第二，学术评价应坚持科学的评价原则。实施学术评价，应制定出科学合理的评价方案，尤其要设计出一个符合导向性、科学性、可行性原则的评价指标体系。

第三，制定学术评价指标体系应实现学术性评价与管理性评价的结合。其中：学术性评价由专家权威按照成果的意义与研究难度、科学性与系统性、学术及理论创新性与先进程度、对学科的影响、社会效益与经济效益等指标评判。管理性评价由科研管理部门按成果来源、成果出版、发表、应用的级别、社会反响、被公开评价、引用、应用情况等指标评判打分。

3. 科学研究中学术失范的原因及其对策分析

（1）学术失范及其表现

所谓学术失范，就是指学术规范的缺失，也就是各项学术活动未能按照学术规范的要求去做。目前这个问题在我国科学研究领域乃至全球都是一个非常严峻的问题。仅以我国研究生教育和培养中的科研活动为例，其中的学术失范现象就非常普遍，在学术研究的各个阶段均有具体表现。例如，在开展研究的准备阶段，没有科技查新环节，也没有对即将展开的领域进行全面、深入的文献调研，不了解前人的工作基础导致重复研究，或者课题设计不合理、技术路线不清晰，直接影响研究结果的准确性和可信度；在研究进行阶段，不尊重调查、实验结果而随意篡改数据以支撑自己的论点，甚至无中生有地捏造数据；在研究成果形成阶段，论文写作不严谨，参考文献引用不实，不正当署名，以剽窃或直接翻译外文文献的形式将他人的研究成果据为己有，学位论文没有综述，有意无意中抹煞前人工作从而达到夸大自己研究的创新性和学术价值的目的等。

（2）学术失范的危害

学术失范的危害主要体现在两个方面：第一，它阻碍中国学术事业的繁荣发展，不讲学术规范，就不能提高学术水平，这就像不懂体育比赛规则就不能提高竞赛水平一样；第二，学术失范败坏社会风气。人们通常将科学研究称为“神圣殿堂”，科学家、学者、教师是“社会精英”，是科学思想和人文精神的传播者和教育者。如果学术失范现象不能遏制，甚至导致所谓学术腐败，它就会从上层建筑向社会基础传播渗透，毒化整个社会空气、侵蚀我们据以屹立于世界之林的民族精神，造成整个社会的诚信危机。

(3) 加强学术规范建设的对策

在加强学术规范建设方面，当前科研管理部门以及科研院所、高等院校有许多工作要做。据目前高等院校进行研究生培养方面来说，加强研究生的学术规范可从以下方面入手：

第一，加强法律教育和学术道德规范教育，强化科研工作人员（包括研究生）的科学研究责任意识。在高校针对研究生的自身特点，制定符合研究生学术研究特点的学术规范，使学生懂得抄袭与引用的区别。在研究生的课程设置中，要专门安排专利法、著作权法和知识产权法等法学课程，务求使研究生懂得学术失范不仅仅是学术道德层面的问题，学术研究要在法律允许的框架内展开，自觉保护知识产权，尊重他人的劳动成果。

第二，加强对研究生学习和研究各主要环节的监管，加大对研究生学术失范行为的处理力度。各高校研究生院（处）作为负责研究生学术规范建设的部门，必须采取强有力的监管措施和教育手段，建立具有约束力和可操作性的规范体系，在制度层面上促使研究生遵守学术规范。当前，具体应做好以下工作：建立学位论文外审盲评制度，开题报告、论文答辩环节必须有外校专家参与；各类评优活动应包括材料公示阶段，特别是研究生的学术成果应受到各方面的监督；建立健全研究生学术失范的惩处机制，要以惩前毖后、治病救人为出发点，对于发现的不端行为不掩盖，同时完善相关申诉机制，允许研究生有自我申辩的机会。

第三，完善导师队伍建设，强化导师的示范和监督作用。导师不但要以渊博的知识教会学生如何做学问，更要以严谨的治学态度、高尚的人格和对社会强烈的责任感潜移默化地影响学生。必须注重导师队伍的师德建设，在遴选导师时，不但要考查申请人的学术水平，还要增加对其学术道德的考核，对存在严重学术失范者要实行一票否决。

第四，努力培养研究生的创新能力。培养创新能力对于研究生的学术规范建设可以起到固本强基的作用，具有创新能力的研究生可以自觉抑制抄袭、剽窃等学术失范行为的诱惑。

10.2　研究课题申报

10.2.1　研究课题申报的一般程序

研究课题申报的程序大致可概括为文件（指南）研究、课题选择、申请书填写和课题报送四个阶段。前三个阶段可按顺序进行，也可交叉或同时进行。

1. 文件（指南）研究

无论是国内还是国外的各种科研资助机构，都有其各自资助的宗旨、性质、范围及申请条件等，在申报项目时，应认真研究项目申报指南及相关文件，必须搞清楚下列几个问题：

(1) 资助宗旨

不同的资助机构其资助宗旨是不同的，即使同一类机构，其不同计划或项目资助宗旨也有很大差别。例如，国家自然科学基金与国家“攀登计划”均以资助基础研究为主要对象，前者包括面上项目、重点项目和重大项目 3 个层次和 8 种基本类型，其中面上项目的宗旨是资助自然科学基础研究和应用基础研究，促进国家科技进步与繁荣；重点项目则侧重于学科的发展；重大项目虽也强调学科的发展，但更突出研究国家经济发展亟待解决的重大科技问题或有重大应用前景的基础性问题。“攀登计划”是国家基础性研究重大关键项目计划，包括 A、B 两类。A 类项目是为了加强国家对自然科学基础性工作的领导与支持而设立的；B 类项目是为了加强国家对工程与技术科学基础性研究的支持，为迅速发展工程技术提供强有力的支撑而设立的。可见各类项目计划的性质宗旨差异较大，只有吃透了拟申报项目计划的文件精神，才有可能选择与自己研究基础和专长相适应的项目计划来申报。

(2) 资助的对象与范围

各类项目计划都有自己的资助对象。例如，高等学校博士学科点专项科研基金仅资助中央有关部委重点高校的博士生导师、博士学科点上的正教授和年龄在 45 岁以下的副教授。国家自然科学基金的面上项目则面向全国，不分年龄大小，只要有能力、有条件的科技人员均可申请，但申请人通常需具有副高级及其以上职称；否则，必须有两名高级职称人员推荐。

各类项目计划都有资助范围，多以项目指南方式公布。例如，国家自然科学基金项目指南，每年 11 月份前后公布，项目指南上列出“资助的主要范围”和“鼓励研究领域”等，还列出拟资助的重点项目和重大项目的名称及主要研究内容、目标和要求等。

（3）规定的申报条件

仔细研读有关项目计划的管理办法和申报条件，从而根据自身条件选择对口渠道申请。

（4）资助方式和资助强度

资助方式常有拨款、贷款、自筹和拨、贷、自筹相结合等几种形式。拨款方式主要资助基础性研究和公益性研究项目；贷款方式主要资助开发研究项目；拨、贷、自筹相结合主要资助应用与开发相结合的项目。另外，有些国家级科技计划要求和鼓励地方匹配及单位自筹，例如，国家科技攻关计划项目、“863”计划中试项目要求项目实施所在地方政府给予一定比例的经费配套。国家自然科学基金和国家“攀登计划”主要采用拨款方式予以资助。

不同项目计划资助强度不同，“十五”期间国家科技攻关项目平均资助强度约 3 000 万元/项，国家自然科学基金面上项目资助强度 12 ~ 18 万元/项。各省、市、自治区设置的各类科技计划资助强度差异较大，例如，河北省自然科学基金资助强度约为 6 万元/项。

在课题申报时，一定要了解相关项目的资助方式和资助强度，以便使做出的经费预算与拟申报项目可能资助的经费大体相当，其支付方式与期望的方式相吻合。

（5）申报限定时间和程序

不同的项目计划申报时间和程序不尽相同。有的已经规范化、正常化，如国家及省、市、自治区自然科学基金；有的并不固定申报时间，而是根据计划编制和项目论证来确定申报时间，如国家科技攻关计划、“攀登计划”等专项计划。

2. 选择课题

科研选题是科学研究中一个具有战略意义的步骤。选题恰当，在课题申请中就能得到同行专家的高度评价，并能得到有关科技计划部门的认可，从而获得经费资助，且研究工作进展快、成效大，能取得可喜成绩或重大突破。相反，选题不当，则难以获得资助，即使获得资助，也会影响科研工作，有的甚至半途而废，造成人力、物力、财力和时间上的浪费。

选择科研课题应从实际出发，根据自身及所在单位的人力、物力和科研状况，有选择地申请承担科研课题。另外，选题不能偏离拟申报项目计划的资助范围。申报基础研究类项目计划，就应选择具有重要的学术意义，并有应用前景的基础问题或应用基础问题申报；申报科技成果推广计划项目时，应选择新产品、新技术的推广应用作为课题。

3. 填写申请书

选好科研课题后，关键的工作就是填写好申请书。通过申请书将自己的学术思想、研究思路充分表达出来，争取同行专家和项目主管部门的认可。不同类型的项目均有其相应的申请书格式，申请书中的每一项都应认真填写。有关内容详见后面课题申请书的撰写部分。

4. 项目报送

我国现有科技项目，一般只受理申请者所在单位的申请，不直接对申请者个人。因此，项目申请是申请者和所在单位科技管理人员共同的任务，包括正确选择报审学科和及时将申请书送达指定的申请受理处。而一些国际科技项目可由申请者直接寄送，或由国际组织驻我国办事处或机构寄送，也可由我国有关政府部门报送。申请者应根据各机构具体要求及所申请项目类别选择规定的一种途径呈报，否则申请书将视为无效。

10.2.2　科研选题的原则与依据

1. 科研选题的原则

科学研究的目的性和应用性要求很强，在选定研究课题时应遵循以下原则：

（1）科学性原则

所选择的课题必须有事实依据或科学理论依据，或源于生产实际，或其立论已具有必要的科学理论知识和实验方法、手段等。科学性原则是保证科研方向正确和取得成功的关键。

（2）创新性原则

选择的科研课题应是前人没有解决或没有完全解决的问题，或是对前人已经解决的问题提出新的解决办法。其研究成果应是前人未曾获得过的成就，它可以是理论上的新发现、新结论或新见解，也可以是新技术、新产品、新工艺、新方法。

（3）需要性原则

研究课题应着眼于社会生产实践和科技发展的需要，选择当前科技发展和生产实践中最急需、最重要的问题作为研究课题，以求推动社会科技和生产的发展。

（4）可行性原则

科研选题不仅要考虑立题的必要性，还应考虑完成任务的可行性，即实际已具备或经过努力可以达到的条件，包括问题已经成熟到可以解决的程度；已具备解决问题所需的研究条件和技术；科研人员具有完成该课题所应有的研究能力、知识结构、业务素质和学术水平等。

（5）经济合理性原则

科研选题及研究设计上应尽可能做到投入最少的财力、物力，用最短的时间，取得最理想的科研成果。

2. 科研选题的依据

选定科研课题依据有以下几个方面：

（1）根据各级政府部门下达的科研任务选定科研课题

各级政府部门根据某一时期国家和地区的经济建设、科技发展需要，围绕某些重大问题，经过科学论证，统筹规划，制定出攻关任务和研究方向，内容逐级下达，如科技攻关计划项目、攀登计划、科技扶贫计划等。科技研究人员可根据项目指南或所列研究发展项目进行选定。

（2）通过调查研究，找出当前社会生产实践中急需解决的问题作为科研课题

很多科研问题，特别是工程技术领域的实际问题，大多来自于社会生产实践活动。因此，广泛加强与工业、农业以及其他各个行业实践部门的直接接触，了解他们的实际问题和实际需要，也是获得科研课题的一个主要渠道。

（3）阅读文献，掌握研究进展，找出科学研究中急需解决的问题作为科研课题

各种期刊、资料集中了最新科研成果，最能反应当前研究的前沿。在广泛收集国内外资料的基础上，经阅读并进行综合分析，深入了解前人研究了哪些问题，还没有研究哪些问题，解决了哪些问题，还有哪些问题尚未得到肯定的结果，有何分歧，哪些问题需进一步探索。以此作为选定科研课题的依据。

（4）根据科研过程中发现的新问题确定研究课题

随着研究的深入，许多科技工作者都会从自已或前人的研究中不断发现新问题，并以此确定下一个研究课题。例如，一位果树研究技术专家，在对前人进行的苹果无毒苗快繁技术研究中，发现了苹果组培苗存在严重的玻璃化现象，且是制约苹果无毒苗快繁的关键因子之一，他认为这是一个新的问题，由此确立了新的研究课题：苹果组培苗玻璃化机制的研究。

10.2.3　研究课题的类型与获取渠道

1. 研究课题的类型

从大的方面来看，研究课题可以分为纵向课题和横向课题两种类型。所谓纵向课题，是指

由国家的各级科技计划部门、科研管理机构、各行业主管部门、各行政职能部门以及其他科技组织所下达的研究课题。所谓横向课题，是指由各级各类企业提供的研究课题。

2. 科研课题的获取渠道

横向课题的申请渠道主要靠研究人员与相关企业开展合作，双方互相提供便利合作，开展理论与实践的合作。由企业提供设备、资金以及用于研究的实验环境；而科技人员提供技术和人才。横向课题的研究一般时间较多，容易成功，但是其产生的社会效益较低。

高校以及科研院所的科技人员更多的是参与纵向课题研究。在纵向课题研究方面，目前国内外课题项目申报的主要渠道有以下几种（这里说的主要是自然科学研究）。

（1）国家自然基金委员会

国家自然基金委员会成立于 1986 年，其研究课题每年公开申请一次。目前已形成面上项目、重点项目和重大项目三个层次，课题申请基本类型共包括自由申请、青年科学基金、地区科学基金、重点项目、重大项目、主任基金、专项基金和国际合作与交流项目 8 种。

1）自由申请项目。所在单位正式在编人员，具有中级（含中级）以上职称，且申报期间尚未退休者均可申报。根据国家自然基金委员会每年发布的《国家自然科学基金项目指南》提出的主要范围，鼓励研究领域和定向研究课题，结合自己的研究工作积累和所在单位的优势，可自由选题。

2）青年科学基金项目。受理申请人须为至当年 1 月 1 日时年龄在 35 周岁以下（含 35 岁），并获博士或具有同等水平的青年科技工作者。在读博（硕）士不能申请，但博士后可以申请。

3）地区科学基金项目。仅接受内蒙古、宁夏、青海、新疆、西藏、广西、海南、云南、贵州、江西 10 省、自治区和延边朝鲜自治州所属单位科技工作者的申请。

4）重点项目。重点资助学科前沿和新的生长点、学科发展中关键问题，以及针对我国自然资源特点和有重要意义的基础研究。重视学科的交叉和渗透，但不强调跨部门、跨单位的联合研究，注重发挥国家重点实验室的作用。

5）重大项目。根据重大项目指南要求，定向受理申请，受理时间也根据重大项目申请指南中的规定而定。其资助特点是鼓励各申请单位联合申请。

6）专项基金项目。专项基金是考虑我国基础性研究的特点和我国具体国情而采取的一项政策性措施，以满足学科发展的不同层次需要。随着情况的变化，专项基金的类型也会作出适当调整。目前设立的专项基金有国家杰出青年科学基金、人才培养基金、新概念新构思探索研究项目、优秀研究成果专著出版基金、国家重点实验室研究项目基金和数学天元基金等。

（2）科技部归口管理项目计划

科技部是组织、协调全国科学技术研究、开发、推广工作的职能部门，目前管理的相关计划有攀登计划、国家科技攻关计划、“863”计划、国家科技成果重点推广计划、星火计划、国家火炬计划、社会发展科技计划和软科学研究计划、国家工程技术中心建设计划等。

1）攀登计划。攀登计划为我国基础性研究重大关键项目计划，以指令方式推动实施，分为 A、B 两类。A 类项目是基础性研究中对国家发展和科技进步具有全局性和带动性，需要国家有组织、有计划开展的重要项目；B 类项目是服务于我国经济建设，针对经济、科技、社会发展中的重大工程与技术科学的基本问题而开展的基础性研究项目。

2）国家科技攻关计划。国家科技攻关计划是国民经济和社会发展计划的重要组成部分，是以政府投资为主的指令计划。例如，“十一五”国家科技攻关计划主要由国家科委同相关部门编制、组织与实施，主要选择各行业、各领域经济发展中亟需解决的关键性、战略性和综合性技术问题。

3）“863”计划。“863”计划是一项由中央财政单列专款支持的国家指令性科技计划，其宗旨是瞄准国际高技术发展方向，在一些重要领域赶上国际先进水平，力争在我国有优势的领域中有所突破。

4）国家科技成果重点推广计划。国家科技成果重点推广计划是一项促进科技转化为生产力的、以指导性方式推动实施的重点科技计划。由国家科委成果管理局负责论证、立项并组织实施。

5）星火计划。星火计划是依靠科技进步，发展中小企业，特别是乡镇企业，推动村镇全面建设，促进地方经济振兴，起引导、示范作用的、以指导性方式推动实施的全国性科技计划。申请者可到单位所在省、市科委相关业务处申报，并由其再向国家科委农村科技司转报。

6）国家火炬计划。国家火炬计划是经国务院批准，由国家科委火炬高技术产业开发中心负责组织实施的，旨在促进我国高技术成果商品化、产业化和国际化，推动我国高技术产业发展的一项指导性计划。申请者可向单位所在省市科委相关处室或国家科委科技管理中心成果推广处申请。

（3）国家发改委归口管理的项目计划

由国家发展与改革委员会直接组织实施的科技计划主要有国家级重点新产品试产计划、国家重点工业性试验项目计划、国家重点实验室建设计划和国家工程研究中心建设计划。申请者一般可向省（市、区）科委申请并向国家发改委转报。

（4）人事部归口管理的项目计划

目前为教育科研单位提供的研究经费的渠道有留学回国人员科研启动基金、中国博士后科学基金等。前者由国家教育部和人事部分头负责组织实施；后者由中国博士后科学基金会组织实施，每年6月和12月接受两次申请。

（5）国家教育部归口管理的项目计划

国家教育部归口管理的项目计划主要有优秀年轻教师基金、留学回国人员科研启动基金、跨世纪优秀人才计划、高等学校博士学科点专项科研基金等。

（6）地方政府科委、有关厅局及企事业单位和民间社会团体

地方政府科委及有关厅局也为科学研究、技术推广提供了相应的经费渠道。这些渠道有的是基金制，有的是专项计划，大多数是与国家科技计划体系相衔接或相对应，例如，“××省自然科学基金”、“××省重点科技（攻关）计划”、“××省火炬计划”等。

另外，全国许多科研单位和高等院校，在各自的事业费和计划外收入中会拿出一部分经费，设立单位自选课题研究计划，资助本单位科学研究和开发。资助的类型包括专门资助刚步入教学、科研单位的博士、硕士、年龄在35岁以下的青年科技基金；资助有苗头的创新项目或有应用开发前景的应用基金研究项目等。近年来各单位倾向性地重点支持青年人的申请，为青年学者的发展提供了良好的条件和支持。

随着改革开放的深入，有越来越多的社会团体、民间组织设立科技基金，例如，中国科协振华基金会、霍英东教育基金会、物宝天华国际基金会等，符合其资助条件的也应积极申请。

另外，我国的科技工作者还可以积极申请国际项目。下面介绍的是国际项目的申报渠道。

（7）国家自然科学基金委员会国际合作局提供的对外合作渠道

该机构资助的项目主要有国际合作研究项目、出国参加国际学术会议项目、国内举办的国际学术会议项目、接待来华学术交流项目、出国考察项目、留学人员短期回国工作、讲学专项基金、国家重点实验室国际合作与交流专项基金等。

（8）其他课题来源

除了以上课题来源外，还有一些国际课题来源，例如，联合国开发计划署、联合国粮食与农业组织、世界卫生组织、国际原子能机构、国际农业研究磋商小组等每年也都提供很多相关的研究项目，其他国际经济组织（如欧盟和国际科学基金会等）也提供了一定的合作渠道。

10.2.4　课题申请书的撰写

课题申请书是课题申请的书面性材料，其撰写的好坏直接决定了课题申报能否成功。

1. 申请书的内容和格式

不同类型的科技计划其项目申请书格式不尽相同，编写内容和侧重点也有差异。但从总体上来看，各类科技计划项目申请书的格式内容又是基本相通的。现以国家自然科学基金项目为例，申请书包括封面、简表、理论依据、研究方案、研究基础、经费预算、申请者正在承担的

其他研究项目、申请者承担（负责或参加）国家自然科学基金资助项目的情况、申请者承诺、推荐意见、申请者所在单位（包括合作单位的）审查与保证等内容。

2. 申请书基本内容的表述与填写

在上述内容中，立项依据、研究方案和研究基础是申请书的主体，这三项内容填写是否得体，表述是否清楚直接关系到课题能否得到资助。以下主要介绍这三项内容的表述与填写。

（1）立项依据

立论依据是项目申报能否获准立项的首要问题，必须要下功夫认真填写。

1）充分论述项目的理论意义和应用价值。理论意义方面，对于一些老学科始终未解决的理论或技术问题，在叙述其研究背景时应多做一些文字说明，诸如拓宽某学科领域的理论框架，丰富某学科的理论体系或澄清理论上的模糊观点，完善学科理论等；对于国内外尚未开展或鲜为人知的新学术课题，首先应做一些科普介绍，把项目中提出的概念、理论、规律一一陈述清楚，以便专家对该项目能有个“入门了解”，并认同立论依据。还要阐明申请项目学术上的新颖性与学术深度，分析项目完成后可为某学科发展提供的新实验数据或创造新方法、新技术或全新理论等。

应用价值方面，基础研究结果的应用价值可能是间接地推动科技发展，也可能是直接用于指导生产实际，产生较大的效益；应用研究的应用价值多以技术经济指标来判定。要说明成果应用后所产生的经济效益、社会效益和生态效益，对于效益的推算要科学、客观、实事求是。

2）认真分析国内外研究现状。这部分要求分析国内外与本课题相关的研究所取得的进展及所采用的研究方法与手段等。通过对研究进展的归纳、总结和分析，指出目前存在的不足，本研究课题与已取得的研究结果的关系等；通过对相关研究采用的方法、手段分析，阐明其优点和不足之处，提出自己将要采用的新的或较成熟的方法和手段，从而有可能获得更准确、科学、先进的结果，以获得专家的认可。

3）列出主要参考文献，以便同行专家评审时查阅。

（2）研究方案

在研究方案的表述中，要重点注意以下几个方面：

1）研究目标、研究内容和拟解决的关键问题。研究目标是本项目经过几年研究之后，在理论、方法或技术上所要达到的结果，这部分应尽可能写得清晰、明确，涉及技术、经济指标的应量化。研究内容是申请书的核心，表达一定要具体、明确、重点突出、层次分明，要与研究目标紧紧相扣，使同行专家对申请者拟做的工作，完成后能否达到预计的研究目标有一个肯定的看法。拟解决的关键问题是指完成了研究任务和取得预期结果之后，预计可以解决的科学理论或技术上的某些关键问题。

2）研究方法、技术路线、实验方案及可行性分析。研究方法是课题研究所采用的具体方法，包括试材、技术和方法等，技术路线是项目研究过程中的基本步骤或基本流程，可用文字叙述，也可用框图表述。实验方案是项目实施的具体技术细节，是整个实验的具体安排，因此实验方案一定要具体可行。

3）创新和特色。创新是科技进步的动力。所谓创新，是指项目与当时国内外同领域内或同行之间在研究内容、技术路线、研究方法、技术以及研究材料上的不同或独到之处。一个项目是否有创新之处和自己的特色是能否得到资助的最重要的衡量指标之一。因此应在阐明立论依据、研究内容及技术路线之后，概括介绍自己研究工作的创新之处与特色，突出项目在采用的理论、技术、方法、材料等方面与他人的不同和新颖之处，以使专家明白项目新在何处。

4）预期研究进展和成果。研究进展安排，不同的计划要求不尽相同，大多数计划要求将拟研究的内容分解到每个年度工作计划之中，并注意年度之间的交叉与衔接，以便立项以后项目主管部门检查和督促。

成果可分为理论性成果和技术性成果。理论性成果多以论文、论文集或专著形式发表；技术性成果多以方案设计、新技术、新方法、新产品、电脑软件等形式表达，提供成果采取什么形式，因研究项目性质而定。

（3）研究基础

研究基础是项目申请者本人及其研究集体和申请者所在单位综合研究实力的表现。

1）研究工作积累和已取得的研究工作成绩。研究工作积累是拟申请课题的研究工作基础，例如，目前的拟申请课题是本研究小组以往研究工作中发现的“新苗头”，经进一步研究，就有可能产生更有科学价值或有广泛应用前景的新理论、新技术或新方法等。研究工作成绩是与本课题有关的研究工作成绩，要实事求是地反映，以便同行专家了解本研究组申请课题申请的坚实基础。

2）研究基础条件。申请者首先要阐明所在单位已具备的研究条件，其次说明尚缺少的技术环境条件，接着提出解决这些短缺条件的途径、措施。如果研究条件基本满足，或仅需添置少量仪器设备，所需资金在资助资金范围内，那么将有可能获得资助。

3）申请者与项目组主要成员简介。这一条可全面衡量申请者及项目组主要成员的学术水平、业务素质及实际研究能力。要简明扼要地分别介绍主持人、课题组主要成员的学历、研究工作经历及近期发表与本项目有关的论文、论著和获奖情况，并说明各自在申请项目中分担的任务等。

10.3　研究报告与论文撰写

在科研活动中，用来反映科研成果的形式很多，包括一般研究课题都有的学术论文、科研专著、研究报告以及计算机应用研究领域的电脑软件、材料科学或者生物化工方面的新产品、农业或者园艺方面的新品种以及管理科学与工程方面提出的新方法、新方案、新流程等。

本节重点介绍研究报告和学术论文的撰写。另外，本章对学位论文的撰写方法以及需要注意的主要问题也进行了说明，供读者借鉴。

10.3.1　课题研究报告的撰写

1. 研究报告的含义与类型

（1）含义

研究报告是一种专门用于科研课题结题、验收，并将其研究结果公诸于世的实用性报告类文体。它是研究者在课题研究结束后对科研课题的研究过程和研究成果进行客观、全面、实事求是的描述，是所有课题研究材料中最主要的材料，也是科研课题结题验收的主要依据。

（2）类型

在科研活动中，研究报告的类型有很多。按照科学研究活动的整个周期来分，有在课题研究申请阶段作为课题申报材料撰写的开题报告；在个案研究、观察研究、调查研究、实验研究以后撰写的个案研究报告、观察报告、调查报告、实验报告；在课题研究中间用来应付课题研究中期检查的阶段性研究报告；还有在整个课题研究结束以后，用来对整个研究过程进行经验总结的结题报告等。根据上述类型的划分，上面给出的研究报告的含义其实仅指结题报告，一般来说，可以认为狭义的课题就仅仅指的是结题报告。

本节后面讨论的研究报告都是指课题研究结束后的结题报告，下面不再具体说明。

2. 撰写研究报告的意义

撰写研究报告的意义主要体现在以下两个方面。

（1）总结研究工作，提高研究水平

研究报告的撰写是对研究工作的全面总结。在研究报告中，研究者不仅要表明研究成果，还要说明研究者的观点、立场、方法，这些其实都是对研究者专业水平、创造力和研究能力的考验。由此可见，研究报告的撰写过程又是一个对问题进行理性思考的过程。通过撰写研究报告，可以训练和提高研究者的分析和综合能力，从而提高研究者自身的综合科研素质。

（2）交流研究成果，体现研究价值

撰写研究报告不但是研究者对整个研究工作的全面总结，更主要的是通过各种途径（如刊登于专业报刊、打印散发、学术会议交流等形式）将自己的科研成果公之于众。这样，读者就可以通过阅读研究报告来了解研究者所提出的新课题，关注研究者使用的研究方法，了解研究所获得的结论，从而体现科学研究的价值。研究报告为理论及实际工作者提供了参考资料或研究基础。研究者可以找出研究中存在的不足，提出新的研究课题，甚至对研究提出质疑，从而带动该领域学术的争鸣和不断进步，推广研究成果。

3. 撰写研究报告的基本要求

研究报告的撰写应该满足以下四点基本要求。

（1）科学性

科学性是科研成果的生命所在。科研成果的表达必须观点正确、材料可靠，论证必须以事实为依据，无论阐述因果关系、结论的利弊和价值、结论的实用性和可行性，都必须从事实出发，推理合乎逻辑，不可无根据地臆断。

（2）创造性

创造性是衡量科研成果质量水平高低的重要依据。别人没有发现的新产品、新设备、新技术，或者别人没有提出过的新理论、新概念、新方案、新方法等都是创造性的科研成果。

（3）规范性

科研成果的表述虽无定法，但有常规可循。在撰写研究报告时，要按照一定格式进行（本节稍后将详细介绍研究报告的基本格式）。写作之前要有明确的计划和提纲，要根据研究的结构特点和逻辑顺序、研究课题的任务和内容，来考虑表达的形式和表述方式。

（4）可读性

为便于传播和交流，研究报告的表述要具有可读性。科研成果的语言阐述要精确、通俗。专门的名词术语可以用，但不能故弄玄虚，一般不用比喻、拟人、夸张等修辞方法，不可把日常概念当作科学概念，不宜采用经验总结式的文字，应力求做到科学与美学的最佳结合。

4. 研究报告的基本结构

一篇规范、合格的研究报告，需要回答好三个问题：第一个问题是“为什么要选择这项课题进行研究?”即这项课题是在怎样的背景下提出来的，研究这项课题有什么理论意义和现实意义。第二个问题是“这项课题是怎样进行研究的?”要着重讲清研究的理论依据、目标、内容、方法、步骤，讲清研究的主要过程。第三个问题是“课题研究取得哪些研究成果?”要详细说明经过研究，得到了什么新结论，发明了什么新的物品，发现了什么新的规律。

一般情况下，研究报告最后还要说明一下课题研究的局限性、不足之处、存在的主要问题以及今后的进一步研究设想。按照以上内容要求，一份规范报告应包括以下 8 个部分。

1）课题提出（说明课题提出的背景、理论意义和现实意义）。这一部分着重回答上面提出的第一个问题“为什么要选择这项课题进行研究?”

2）课题的界定与研究的理论依据。

3）课题研究的目标与研究内容。

4）课题研究的方法。

5）课题研究的步骤。

6）课题研究的主要过程。

第 2）~6）部分，回答上面提出的第二个问题“这项课题是怎样进行研究的?”

7）课题研究成果。这一部分是回答上面提出的第三个问题“课题研究取得哪些研究成果?”

8）课题研究存在的主要问题及今后的设想。

10.3.2　学术论文的撰写

1. 学术论文及其特点要求

学术论文是某一学术课题在实验性、理论性或观测性上具有新的科学研究成果或创新见解和知识的科学记录；或是某种已知原理应用于实际中取得新进展的科学总结，用以提供学术会议上宣读、交流、讨论、在学术刊物上发表，或作其他用途的书面文件。

学术论文分为理论创新或应用创新型论文、综述型论文、应用介绍型论文三类。

学术论文应提供新的科技信息，它要么能够增加人类知识库的内容，要么对经济建设有所贡献。其内容应有所发现、有所发明、有所创造、有所前进，而不是重复、模仿、抄袭前人的工作。从这个意义上来说，学术论文应具备以下四个特点。

(1) 科学性

学术论文的科学性，要求作者在立论上不得带有个人偏见，不得主观臆造，必须切实地从客观实际出发，从中引出符合实际的结论。在论据上，应尽可能多地占有资料，以最充分、确凿有力的论据作为立论的依据。在论证时，必须经过周密的思考，进行严谨的论证，内容必须要可靠，数据必须要准确，实验应该可重复。

(2) 创造性

科学研究是对新知识的探求。创造性是科学研究的生命。学术论文的创造性在于作者要有自己独到的见解，能提出新观点、新理论，不能重复别人工作，可以改进，但不能照抄。没有创造性，学术论文就没有科学价值。

(3) 理论性

学术论文在形式上是议论文，但它与一般议论文不同，它必须有自己的理论系统，不能只是材料的罗列，应对大量的事实、材料进行分析、研究，使感性认识上升到理性认识。一般来说，学术论文具有论证色彩或论辩色彩，要对事务进行抽象概括和论证，描述事务本质，表现内容的专业性和系统性。不同于科技报道和科普文章，学术论文要用书面语言论述精炼。

(4) 平易性

论文的平易性指的是要用通俗易懂的语言表述科学道理，不仅要做到文从字顺，而且要准确、鲜明、和谐、力求生动。

另外，在逻辑结构方面，学术论文还要求必须思路清晰、结构严谨、推导合理和编排规范；在有效性方面，学术论文要能够公开发表或经同行答辩。

2. 学术论文的整体组成结构

学术论文的组成包括标题、作者姓名和单位、摘要、关键词、目录、术语表、引言、方法、结果、讨论、结论、致谢、参考文献以及附录等要素。其中标题、作者姓名和单位、摘要、关键词、引言、方法、结果、讨论、结论和参考文献是必不可少的，其他内容根据具体需要而定。在这 8 项内容中，读者最先关注的是标题、摘要和引言三个部分，读者会根据这些内容来决定是否阅读全文。也就是说，一篇研究论文赢得读者的多少，在很大程度上取决标题、摘要和引言写得好坏，所以在这三个方面作者必须下一定的工夫。

3. 学术论文的写作流程

学术论文的整体写作流程可以分为选题、研究和写作三个阶段。下面分别进行介绍。

(1) 选题阶段

选题是撰写学术论文时首先遇到的问题。好的选题是论文成功的一半。但是，选题不是一项简单的工作，它是在掌握科学研究的前沿动态，了解热点问题等各种信息的基础上，结合工作实践，通过科学归纳、逻辑判断和理性思维，提炼出高度概括或高度抽象的命题。

因此，不能只凭经验和感觉，必须以科学的态度和方法，遵循知识创新的基本规律，选择论文写作的题目。只有研究有意义的课题，才能获得好的效果，对科学事业和现实生活有益处；而一项毫无意义的研究，即使研究得再好，论文写得再美，也是没有科学价值的。

在进行论文选题时，应该注意以下问题：

1) 要把握科学研究的前沿、热点和动态。学术论文首先是立足于创新，而要创新就要从科学研究的前沿上去选题。因此，应了解分析本学科研究的热点与前沿动态，掌握与自己选题相同或相似的课题研究状况、难点及研究方法等信息，做到心中有数。在此基础上，结合自己的实践，对信息进行综合分析，寻找新的切入点，确定自己的选题方向。

2）要了解课题研究信息。应更多地了解本专业的课题研究信息，掌握研究动态，以供选题时参考。首先，要了解国家和省、市的社科研究规划信息；其次，要注意了解各级学会的课题研究信息；最后，要了解专业杂志刊载的有关课题研究征文信息。

3）选题要具有科学性。科学性的选题包括：急待解决的课题；科学上的新发现，新创造；学科上短缺或空白的填补；通行说法的纠正；前人理论的补充；等等。

4）选定的问题要有利于展开。这指的是要有浓厚的兴趣；能发挥业务专长；先易后难，大小适中；已占有一定的资料；能得到导师指导；在一定时间内能完成；对题目加以限定。

5）在选题的方法上，论文选题还需要注意以下几个主要的原则：

- 需求性原则——工作、事业上需要解决的问题是最好的选题。
- 求无性原则——探索新领域，研究新问题，要有所创新。
- 无穷性原则——课题不能穷尽，文章永远也写不完。
- 实践性原则——在工作实践中得出的经验总结是得心应手的选题。
- 可行性原则——不搞“永动机”式的选题。
- 创新性原则——在新领域选取前人和别人没有研究、没有涉猎的课题，使选题具有开拓性和独创性，要注意从新的切入角度选题，使其具有新颖性。
- 相悖性原则——在任何学科中都存在“悖论”，发现它，解决它。

在论文的具体选题过程中，包括了选题点的选择和选题面的选择两个方面。

选题点的选择包括如下几种情况：

- 研究重点——在学科和事业发展中地位比较重要，有较多研究者进行了长期而有效研究，并且已产生较多论著的领域。
- 研究热点——大多数从业人员特别关注的热门话题。
- 研究焦点——热门话题中的集中点，争论观点的交叉点。

选题面的选择包括如下几种情况：

- 自己长期实践（包括工作、研究、教学和事业管理）且已较为熟悉的领域。
- 自己长期跟踪并且知识储备较为充足的领域。
- 自己力所能及且已经写过的“传统”领域。
- 线索较多、已有灵感且易于翻新的领域。
- 资料积累较为丰富或便于收集且自己有浓厚兴趣的领域。

在上述可能的选题范围内，要选准切入点，选好问题面，力求翻新，写出与众不同的新作。

(2) 研究阶段

科学研究从选题时已经开始。这里的研究是指选题确定之后的集中研究，包括以下内容：

1）搜集资料。凡是与课题有关的资料都应尽可能搜集齐全。

2）整理资料。使散乱的资料条理化，具有可用性。

3）调查材料。材料是科研的基础，除了查阅资料、搜集材料外，有时还要进行调查。调查分为实地调查和书信调查两种，实地调查可用开会、查勘和个别访问等方法进行。在调查中要注意搜集原始材料，有时要绘图，或者摄影，或者录音，或者翻印。

4）观察实验。这主要是自然科学使用的研究方法，社会科学中的某些学科也要用到。通过观察、实验，可以取得重要的数据和材料，经过分析、综合，使感性认识上升到理性认识，从而检验和发展科学理论。

5）思维创造。这是研究中的最富有创造性的阶段。它由一系列既相互区别又密切联系着的方法所组成，主要方法有归纳和演绎，分析和综合，从具体到抽象，再从抽象到高级的理性认识。这种科学的逻辑思维方法就是辩证逻辑。

(3) 写作阶段

这里的写作是指正式执笔，进行论文内容的书写。在具体操作时，一般按照以下顺序进行。

首先，拟制论文写作提纲。对于写作短小的文章，可以用“打腹稿”的办法，而写作学术论文则必须要通过拟制提纲，使论文架构视觉化，便于研究全篇文章的论点、材料的组合关系，局部与整体的逻辑构成是否均衡、严谨。论文写作提纲应包括以下项目：题目（包括摘要、关键词）、文章的基本论点、内容纲要。其中内容纲要包括大项目（上位论点）、中项目（下位论点）、小项目（段中一个个支持材料）等不同的层次，以便后面便于快速展开。

其次，根据论文提纲执笔起草。有两种方法：一是按照提纲排列的顺序从绪论写起，接着写本论、结论；二是从本论入手，写好本论、结论后，再写绪论。起草时，较短的论文可以在充分准备的基础上一气呵成。对于长篇论文，可以先分成几部分，一部分一部分地写，然后合成一篇。在执笔写作的过程中，应注意以下基本要求：从已知的到未知的；从亲近的到较疏远的；从简单的到复杂的；从预备知识到本题论旨；从概说到分论；从具体到抽象；从读者容易赞成的到不大同意的；从与读者有关的到关系不大的；从读者兴趣浓厚的到兴趣淡薄的；语言尽量写得简洁、精炼，避免烦冗、罗嗦；表和图的运用有助于论文的变化，可以增强文章的表达效果；引文尽量要少，引用时不可断章取义，要尽量直接引用第一手资料，确保信息核对无误；引文的出处要加注，方法有夹注、脚注、章（节）附注和尾注等方法，对于期刊投稿论文要严格按照相应期刊的排版格式规范。

最后，推敲修改，誊清定稿。论文的初稿写成之后，还要再三推敲，反复修改，认真誊清。论文的修改，一般包括观点的订正、材料的增删、结构的调整和语言文字的润色等几个方面。修改的方法因人而异，因文而异，但不论用什么方法都应该注意以下三个原则：第一，要主动听取别人的意见；第二，要再查阅、再研究，然后动笔修改；第三，要学会“冷处理”，即把初稿搁上若干天，然后广泛地浏览有关的资料，让头脑冷静下来，再行修改。这样修改，往往容易突破原来的框框，发现问题，产生新的看法，使论文质量得到明显的提高。

4. 标题拟定

标题是能反映论文中特定内容的、恰当而简明的词语的逻辑组合。论文题目是一篇论文给出的涉及论文范围与水平的第一个重要信息，也是必须考虑到有助于选定关键词和编制题录、索引等二次文献可以提供检索的特定实用信息。

(1) 标题的拟制原则

- 紧密联系中心论点，揭示、启示、暗示或限定中心论点。
- 标题大小要适宜，不可题目过大而表达不充分，或题目过小而论述有余。
- 学术论文的题目要简洁、醒目，既要概括论文的中心内容，又能引人注意，为了更好地揭示论点，也常常用副标题，作为对正标题的补充。
- 题名用词应恰如其分地表述议题的新颖程度和研究内容的深度；避免用烦琐、冗长的形容词和不必要的虚词；要选用本学科领域中最易概括、词义单一、通俗易懂、便于记忆和引用的规范术语。
- 不得使用非公知公用和同行不熟悉的外来语、缩写词、符号、代号等；为便于数据库收录，尽可能不出现数学式和化学式。
- 中文正题名一般不超过20个汉字；外文题名应与中文题名含义一致，一般以不超过10个实词为宜。
- 标题以“浅谈”、“初探”、“试论”和“刍议”等形式标出，是标题命名的常规写法。

(2) 标题的拟订秘诀

有人将论文标题的拟订概括为“32字秘诀”：标题精练，论点鲜明；简洁醒目，围绕中心；贴切严谨，生动新颖；反复推敲，如名已婴。总体来说，标题拟定应满足如下要求：

1) 内容具体，贴切恰当。论文的标题必须有内容，这是对论文标题的最基本要求。而且其内容应该是具体的，必须契合论题，贴切恰当，如果不够贴切，可以采取加副标题的方法，以准确恰当地表现论题。

2）简洁醒目，独创新颖。论文的标题应该言简意赅，高度概括。标题简洁才会醒目，因此最好不要超过 20 字。还应该独创新颖，富有艺术性、哲理性，可以使用对仗和设问等方式。

3）反映成果，体现主旨。标题与中心论点在内容上应该是完全一致的，在语言形式上，也往往借助于主旨的措辞。不仅论文的标题重要，拟订各章节段落等小标题同样也是重要的。

（3）标题拟订的“十忌”

标题的拟订有“十忌”，分别是：一忌题不对文；二忌态度暧昧；三忌拖泥带水；四忌含糊其词；五忌陈词滥调；六忌深涩难懂；七忌矫揉造作；八忌虚无飘渺；九忌言语轻浮；十忌面目可憎（白润生《写作趣闻录》）。

5. 作者姓名和单位

作者姓名和单位这一项属于论文署名的问题。论文的署名有三大功能：一是为了表明文责自负，二是记录作者的劳动成果，三是便于读者与作者的联系及文献检索（作者索引）。

6. 摘要

摘要是论文内容不加注释和评论的简短陈述，其作用是不阅读全文即能获得必要信息。

（1）摘要的组成要素

学术论文的摘要应包含以下基本要素：

1）研究目的：准确描述该研究的目的，表明研究的范围和重要性。

2）研究方法：简要说明研究课题的基本设计，结论是如何得到的。

3）结果：列出该研究的结果，有什么新发现，说明其价值和局限。叙述要具体、准确。

（2）摘要的类型

常见的论文摘要包括三种类型：

1）报道性摘要。报道性摘要是指明一次文献的主题范围及内容梗概的简明摘要，相当于简介。报道性摘要一般用来反映学术论文的目的、方法及主要结果与结论，在有限的字数内向读者提供尽可能多的定性或定量的信息，充分反映该研究的创新之处。

2）指示性摘要。指示性摘要是指明一次文献的论题及取得的成果的性质和水平的摘要，其目的是使读者对该研究的主要内容（即作者做了什么工作）有一个轮廓性的了解。

3）报道－指示性摘要。报道－指示性摘要是以报道性摘要的形式表述论文中价值最高的那部分内容，其余部分则以指示性摘要形式表达。

以上 3 种摘要都可供作者选用。一般来说，向学术性期刊投稿，应选用报道性摘要形式；只有创新内容较少的论文，其摘要可写成报道－指示性或指示性摘要。论文发表的最终目的是要被人利用，如果摘要写得不好，在当今信息激增的时代论文进入文摘杂志、检索数据库，被人阅读、引用的机会就会少得多，甚至丧失。一篇论文价值很高，创新内容很多，若写成指示性摘要，可能就会失去较多的读者。

（3）摘要的撰写要求

1）摘要应具有独立性和自明性，并拥有一次文献同等量的主要信息，即不阅读文献的全文，就能获得必要的信息。因此，摘要是一种可以被引用的完整短文。

2）用第三人称。作为一种可阅读和检索的独立使用的文体，摘要只能用第三人称而不用其他人称来写。有的摘要出现了“我们”、“作者”作为摘要陈述的主语，一般来讲，这会减弱摘要表述的客观性，有时也会出现逻辑不通的问题。

3）排除在本学科领域方面已成为常识的或科普知识的内容。

4）不得简单地重复论文篇名中已经表述过的信息。

5）要客观如实地反映原文的内容，要着重反映论文的新内容和作者特别强调的观点。

6）要求结构严谨、语义确切、表述简明、一般不分段落；切忌发空洞的评语，不作模棱两可的结论。

7）要采用规范化的名词术语。

8）不使用图、表或化学结构式，以及相邻专业读者尚难于理解的缩略语、简称和代号。

9）不得使用一次文献中列出的章节号、图号、表号、公式号以及参考文献号。

10）要求使用法定计量单位以及正确地书写规范字和标点符号。

11）要求对众所周知的国家、机构、专用术语尽可能用简称或缩写。

12）长度要在杂志要求的下限与上限之间。

（4）摘要写作的注意事项

在进行摘要写作时，要注意以下基本事项：

- 摘要中应排除本学科领域已成为常识的内容；切忌把应在引言中出现的内容写入摘要；一般也不要对论文内容作诠释和评论（尤其是自我评价）。
- 不得简单重复题名中已有的信息。
- 结构严谨，表达简明，语义确切。摘要先写什么，后写什么，要按逻辑顺序来安排。句子之间要上下连贯，互相呼应。摘要慎用长句，句型应力求简单。每句话要表意明白，无空泛、笼统、含混之词，摘要不分段。
- 要使用规范化的名词术语，不用非公知公用的符号和术语。新术语或尚无合适汉文术语的，可用原文或译出后加括号注明原文。缩略语、略称、代号，在首次出现时必须加以说明。
- 除了实在无法变通以外，一般不用数学公式和化学结构式，不出现插图、表格。
- 不用引文，除非该文献证实或否定了他人已出版的著作。

（5）英文摘要写作的相关问题

英文摘要（Abstract）是 SCI、ISTP 和 EI 等索引工具收录的依据。写作时需要注意：

- 一般要写成“信息型”摘要，内容包括论文的研究目的、所用方法、结果及结论。
- 不强求与中文摘要完全相同。不要将结论译成英文作为摘要。
- 文章题目第一词切不可用冠词 The、A、An 和 And（单位名称也不用 The Institute…）。
- 各大索引题名与文摘是连排的，所以文摘第一句话一定不要与文章题名重复。
- 题名少用缩写词，必要时需在括号中注明全称，也尽量少用特殊字母和希腊字母。
- 叙述用第三人称（被动语态），不得用第一人称作主语。
- 文摘尽量简单，不用长句，尽量用简单句。例如，at a temperature of 250℃ to 300℃就不如 at 250℃ ~300℃。
- 用事实开头，避免用从句开头；用过去时叙述工作，用现在时态说明作者结论。例如，The corresponding changes was detected…，The pointing accuracy is 0. 1 arc-seconds。
- 不宜使用口语省略式词 doesn’t，shouldn’t 等。
- 不用不常见的词汇，主语与动词应尽量靠近。
- 可用动词的情况不要用动词的名词形式，例如，“Thickness of plastic sheets was measured ”要比“Measurement of thickness of plastic sheet wasmade”好一些。

7. 关键词

关键词是从其题名、层次标题和正文中选出来的，能反映论文主题概念的 3 ~8 个词或词组。关键词包括叙词和自由词。所谓叙词，是指收入《汉语主题词表》等词表中可用于标引文献主题概念的（即经过规范化的）词或词组。而自由词是反映该论文主题中新技术、新学科尚未被主题词表收录的新产生的名词术语或在叙词表中找不到的词。

在关键词选取时，要避免使用“分析”、“特性”、“发展”和“趋势”等普通词组。

另外，关键词中各词的先后顺序也有一定的讲究。一般情况下，第一个为本文主要工作或内容，或二级学科名字；第二个为本文主要成果名称或若干成果类别名称；第三个为本文采用的科学研究方法名称，综述或评论性文章应为“综述”或“评论”；第四个为本文采用的研究对象的事物或物质名称。

8. 引言

引言（Introduction）又称前言，其目的是给读者一个论文的全貌，属于整篇论文的引论部分，主要回答研究工作的意义和价值。其写作内容包括：研究的理由、目的、背景、前人的工作和知识空白、理论依据和实验基础、预期的结果及其在相关领域里的地位、作用和意义、新成果和问题解决的程以及论文的导航结构。关于引言写作，需要注意以下几点：

- 引言中一般不要出现图表。
- 引言的内容选择不必过于分散、琐碎，措词要精炼，要吸引读者读下去。
- 引言的篇幅大小并无硬性的统一规定，需视整篇论文篇幅的大小及论文内容的需要来确定，长的可达 700 ~ 800 字或 1 000 字左右，短的可不到 100 字。

9. 正文

正文包括方法（Method）、结果（Result）、讨论（Discussion）三个部分。方法主要描述研究课题的具体内容、方法，研究过程中所使用的设备、仪器、条件；结果公布有关数据和研究结果；讨论对结果进行相关讨论和分析。

10. 结论

论文的结论（Conclusion）是对全文内容或有关研究课题进行的总体性讨论。它具有严密的科学性和客观性，反映一个研究课题的价值，同时提出以后的研究方向。

11. 致谢

致谢（Acknowledgment）是对在本文写作的选题、构思、实验或撰写等方面给以指导、帮助或建议的人员所表示的感谢。致谢语句可以放在正文后，体现对下列方面致谢：国家科学基金、资助研究工作的奖学金基金、合同单位、资助和支持的企业、组织或个人；协助完成研究工作和提供便利条件的组织或个人；在研究工作中提出建议和提供帮助的人；给予转载和引用权的资料、图片、文献、研究思想和设想的所有者；由于论文作者不能太多，所以部分次要参加者可不列入作者，表示致谢；其他应感谢的组织和个人。

如果是课题研究论文，则资助单位和课题编号一般应在文章首页下脚加注，不再致谢。

12. 参考文献

对于一篇学术论文，参考文献（Reference）的著录是必不可少的工作。科学的发展是一种接力，前人已经解决的问题，后人不必再花力气去做重复劳动。同样，已在期刊上公开发表的科技论文或出版社出版的学术著作中论述的观点数据或材料，不容许在其后的论文中重复阐述。在论文编写过程中凡是引用前人或他人的观点、数据和材料等，只对它们进行简单的交代，并在文中出现的位置用方括号予以标明，在文末按顺序列出参考文献即可。有经验的编辑，从作者标引的文献中就可以评估论文的起点和深度。

总体而言，论文参考文献的著录有三个目的：第一，为了能反映出真实的科学依据；第二，为了体现严肃的科学态度，分清是自己的观点或成果还是别人的观点或成果；第三，为了对前人的科学成果表示尊重，同时也是为了指明引用资料出处，便于检索。

撰写学术论文过程中，可能引用了很多篇文献，是否需要全部列出？回答是否定的。事实上，只需要将引用的最重要和最关键的那些文献资料列出即可。

13. 附录

附录（Appendix）不是文章的必要组成部分，但可以为深入了解本文的人员提供参考；附录主要提供论文有关公式推导、演算以及不宜列入正文的数据和图表等。

14. 其他注意事项

在进行学术论文写作时，还需要注意以下几个问题：

1）缩写词及外文字母。

- 摘要和正文中的缩写词第一次出现都必须写出全称。
- 外文字母必须分清大小写、正斜体和上、下角。
- 正体：计量单位（cm、kg）。
- 斜体：物理量、坐标、函数符号（R、L、C）。

2）量、单位量和单位。

- 使用国际标准和国家法定计量单位。
- 一篇文章不要用一个符号表示两个或多个物理量，例如，用C同时表示常数和电容就不正确。
- 首次出现（公式）的符号应在其后说明物理意义。

3）图、表图、表。

- 图、表内容及含义、坐标名称量纲要清楚。
- 图和表内容不应重复，一种数据用图或表中的一个表示即可。
- 应按顺序连续编号，例如，图1、图2……（Fig. 1、Fig. 2…），表1、表2……（Table 1、Table 2…）。
- 图框宜细，曲线应粗。
- 表格应用三线表。

4）绝不做有违知识产权的事。

- 抵制社会上不良风气的影响，绝不做抄袭、剽窃、侵权的事。
- 加强法制意识，仔细、慎重，防止无意识侵权事情的发生。
- 重视参考文献的引录和标识，要一一对应，不要遗漏，格式要规范。
- 不要一稿多投。

10.3.3 学位论文的撰写

学位论文是大学生、研究生教育教学过程中的最后一个重要环节。学位论文的撰写就是大学生或研究生用文字符号把研究思考的问题、过程记录下来，使之可视化的过程。

学位论文与学术论文相比，在选题新颖性、结构完备性、格式规范性、内容科学性、条理清晰性和语言流畅性等方面要求一样，但是由于它们的应用目的、面向对象和审核程序不同，二者的撰写工作也有一些不同之处。本节以工程技术领域学位论文为例，介绍与学位论文撰写相关的几个主要方面，包括学位论文的结构、选题、开题、写作、检查、评审和答辩等主要工作环节。

1. 工程技术领域学位论文的结构

概括地说，工程技术领域学位论文大体上包括三个部分。第一部分“引言”，要说明三个问题：一是把握目前同类研究或相近研究在国内外的现状，尤其是要指明需要进一步加以深化研究的问题；二是梳理出自己研究该问题的理由、目的和意义；三是研究方法和内容的说明。第二部分“正文”，在借鉴前人研究的基础上，拿出鲜明的论点，通过实际调查和实验研究，掌握充分的论据，并依靠严谨的论证过程和实验结果，解决工程实践中的实际问题。第三部分“跋”，首先对自己的研究成果进行恰当地概括；同时指出存在的问题或不足；最后提出今后需要研究尚未弄清的问题，即提出今后的课题。

当然以上只是总体性的概括，在实际论文撰写中，学位论文需要分为多个章节，每个章节的先后顺序以及章节文字、段落、图表、图形的格式规范，研究生单位都有统一的规定。

2. 工程技术领域学位论文的选题

学位论文选题工作是研究生培养工作的重要内容，是培养研究生综合运用知识发现问题、分析问题和解决问题能力的重要环节。好的选题是论文成功的关键。选题是否恰当以及是否具有科学价值、社会价值和经济价值，不仅直接关系到论文的成效，也是评价学位论文的重要标准之一。工程技术领域研究生培养方案中明确指出，学位论文的选题应直接来源于生产实践或者具有明确的生产背景和应用价值，选择学科前沿领域课题或对我国经济和社会发展有重要意义的课题作为其论文研究内容，学位论文应该观点鲜明，理论正确，思路清晰，突出学位论文的创新性和先进性。论文选题应在导师的指导下，通过广泛的文献阅读以及自己以往工作的总结基础上确定。

3. 工程技术领域学位论文的开题

论文开题工作是确保学位论文质量的重要措施。通过论文开题报告，研究生可以在导师和学科点专家的共同指导下，做到选题准确、合理、恰当，明确论文要达到的学术水平，发现选题中存在的问题，使论文研究工作避免或少走弯路。论文开题报告会既是确定论文题目、补充和完善研究内容的过程，又是一个学术交流过程。

一般来讲，学位论文开题之前，研究生为论文开题均做了大量的文献调研和资料的收集与整理工作，但是，由于研究生个人知识、经验和能力所限，论文的研究题目与研究内容、研究深度与研究广度，需要导师与专家把关，这是非常重要的一个环节。通过论文开题报告，可以使论文的完成少走弯路，并且可以站在一个较高的起点上进行。做好学位论文开题报告，可以使学院、学科点的有关人员了解研究生的选题情况，以便创造条件，更好地协助导师完成论文指导工作。

4. 工程技术领域学位论文的写作

工程技术领域学位论文的写作，与学术论文的写作方法类似，此处不再赘述。

5. 工程技术领域学位论文的中期检查

工程技术领域学位论文研究工作周期一般为1~2年。由于工程硕士研究生大多在职或半脱产学习，学位论文研究工作大多是在其所在单位完成。加强工程技术领域学位论文的监督与管理是保证学位论文质量的关键，其中一种主要手段就是进行中期检查。

论文中期检查是为保障论文质量所采取的重要措施之一。中期论文检查，一方面使学校对学院的论文工作有了较全面的了解，及时发现学员在论文工作中的问题；另一方面，学科的专家们针对每个学员的具体情况提出修改意见，指出存在的问题，使学员进一步明确方向。可以说，中期检查是学员论文工作的一个“加油站”，对论文的顺利完成和最终质量发挥了监督和促进作用。论文中期检查还具有承上启下地作用，它既能进一步完善开题报告的内容，又能为论文的预审和答辩起到决定性的作用。

6. 工程技术领域学位论文的评审

按照教育部以及各个研究生培养单位的培养方案要求，工程技术领域学位论文在进行正式答辩之前，必须要经过导师对论文初审、学科点专家和校外专家对论文终审的过程。

工程技术领域学位论文的评审着重审核作者综合运用科学理论、方法和技术手段解决实际问题的能力；审核学位论文工作的技术难度和工作量；审核其解决工程实际问题的新思想、新方法和新进展；审核其新工艺、新技术和新设计的先进性和实用性；审核其创造的经济效益和社会效益。学位论文评审是保证学位论文质量的重要措施。其一般包括如下工作环节：

（1）指导教师初审

论文初审工作一般由校内外指导教师负责，导师就研究生学位论文的内容、结构、格式、图表和文字等进行审核，对学位论文内容中存在的问题提出具体的修改意见，并决定论文是否能够提交学科点专家审核。

（2）学科点专家审核

学科点专家指导小组审核，有时也称为预答辩工作。工程技术领域论文在正式答辩前一般要进行学位论文预答辩工作。预答辩由学科点学位分委员会主席负责。学科点专家审核学位论文时要求该学科点的教授和导师所在教研室的教师参加，指导小组就研究生论文研究工作、论文质量作出综合评价。学科点专家审核后，要给出能否进入正式答辩的结论。

（3）校外专家审核

学位论文最终能否提交答辩会，还要看校外专家对论文的总体评价结论。为了保证公平、公正，论文校外评阅目前很多高校开始采用“匿名盲审”制度。大部分学校都开始要求，学位论文必须先经两位评审导师“盲审”，若有一人提出异议，再由第三位导师“盲审”；若盲审还有异议，该学位论文则被认定为“盲审”不合格，该生即不能取得专业硕士学位。

论文盲审无疑将极大地促进我国工程技术领域学位教育事业的发展。使大部分研究生入校不久就在导师的指导下进行学位论文的选题、资料准备工作，做到早着手、早准备，论文写作力求严谨、科学、经受得起各个评审环节的检查。

7. 工程技术领域学位论文的答辩

在上述工作全部结束之后，工程技术领域学位论文的最后一个环节就是论文答辩。在论文答辩中，由5~7名领域专家组成答辩委员会，其中指定一名来自外单位的具有较高资历的专家作为委员会主席，另外还设置答辩秘书一人，负责相关材料的分发和有关内容的记录工作。

在答辩过程中，答辩程序一般为：首先由学生通过PPT演示，说明自己论文的主要研究内容、研究方法和研究结论等，时间一般15~20分钟；然后，由答辩委员会成员对学生提问题，学生一般不需要当时直接回答，但要做好记录，待思考一段时间（下一个学生演示的时间间隔）后回答问题；最后，专家根据该学生论文的演示情况和问题的回答情况进行讨论表决，以确定该学生论文是否通过委员会的答辩；若通过，主席就以公开方式告知该学生。

10.4　科技查新与成果登记

科研项目完成之后，需要委托专业的机构进行科技查新，并组织相关专家进行成果鉴定，以便确定研究成果的先进性和应用价值，并且给出成果能否验收通过的结论。对于通过验收和鉴定的科研成果，可以向国家有关的科技管理部门申请科技成果登记和备案。

10.4.1　科技查新的委托

科技查新委托就是指科技查新委托人将查新任务委托、交付给科技查新机构，供其完成后续的具体查新工作，并提供合格的查新报告。在进行查新委托时，查新委托人需要索取并按照详细要求填写相关的查新委托书，交纳相关的费用，并签订正式的查新合同。

科技查新委托具有一定的工作流程。可以简单描述如下。

1. 选择委托的查新机构

查新机构是指具有查新业务资质的信息咨询机构，目前主要形式就是分布在各级科技信息咨询机构和各大高校的科技查新工作站。查新委托人应该按照就近、权威、方便、快捷的总体要求，选择一个科技查新工作站，以便完成后续的查新委托服务。

2. 领取“科技查新委托书”

科技查新委托书是双方建立委托关系的一种凭证式文档资料。查新委托人可登录科技查新机构的网站下载电子版的查新委托书，也可直接到查新机构直接领取纸质的查新委托书。

3. 填写“科技查新委托书”

“科技查新委托书”应由课题负责人或掌握课题全面情况的研究人员填写，委托书签字应当使用钢笔或者碳素笔，然后加盖委托者所属单位公章。填写时候，需要注意：

1）查新项目名称：应与立项书或鉴定书上的项目名称一致，国外查新需填英文名称。

2）查新目的：可分为立项查新和成果查新等。立项查新包括申报各级、各类科技计划和科研课题开始前的资料收集等；成果查新包括成果鉴定和申报奖励等。

3）查新点与查新要求：查新点即项目的新颖性，是指需要查证的内容要点。查新要求是指查新委托人对查新提出的具体愿望。详见10.4.1节中提到的科技查新要求。

4）查新项目的科学技术要点：研究课题的概要，重点表述查新项目的主要技术特征、技术参数或指标、应用范围、查新委托人自我判断的新颖性等。

5）参考文献：是指委托人列出的与查新项目密切相关的国内外文献（应当尽可能注明文献

的著者、题目、刊名、年、卷、期、页)。

6) 查新委托人提供的资料目录：与查新项目密切相关的国内外同类科学技术和相关科学技术的背景材料、该项目成员在国内外已发表的相关文献，并尽可能提供各种立项申请书、立项研究报告、项目申报表、可行性研究报告、项目研制报告、技术报告、总结报告、实验报告、测试报告、产品样本、用户报告、奖审申报书及有关报奖材料等的一种或多种，以供查新机构在处理查新事务中参考（这些材料由查新站妥善保管，结题后归还）。

7) 保密要求：应当包括当事人对技术内容和资料保守秘密的内容、期限和泄露科学技术秘密应当承担的责任。

8) 关键词：关键词（含规范词、同义词、缩写词、相关词）应从查新项目的查新点中抽出，同时应属于查新项目所属专业的文献常用词汇。化学物质除提供化学名称外，应尽可能提供其商品名、俗称、分子式、结构式及 CA 登记号。

4. 接收查询报告

等到约定的委托期限，委托人就可以向查新工作站索取查新工作报告，并向查新机构支付全部的查新工作费用。

10.4.2 科技成果的鉴定

对于利用国家经费开展的科学研究，在研究工作结束之后，必须对其科技成果进行鉴定。科技成果鉴定由科技主管部门聘请同行专家按照规定的形式和程序，对科技成果进行审查和评价，并作出相应的结论。

1. 科技成果鉴定的内容与形式

(1) 科技成果鉴定的含义

科技成果鉴定是各级政府科技主管部门的一种行政行为，它由科技行政管理机关组织同行业专家，按照规定的形式和程序，对科技成果进行审查和评价，并做出相应的结论。科技成果鉴定可以正确判别科技成果的质量和水平，有助于调动广大科技工作者的积极性和创造性，并可加速科技成果的推广和应用；同时，它也是表彰奖励优秀科技成果的重要依据。

按照规定，列入国家和省、自治区、直辖市以及国务院有关部门科技计划（以下简称科技计划）内的应用技术成果，以及少数科技计划外的重大应用技术成果，都需要进行鉴定。

(2) 科技成果鉴定的内容

科技成果鉴定的主要内容包括如下几个方面：

1) 是否完成合同或计划任务书要求的指标。

2) 技术资料是否齐全完整，并符合规定。

3) 应用技术成果的创造性、先进性和成熟程度。

4) 应用技术成果的应用价值及推广的条件和前景。

5) 存在的问题及改进意见。

(3) 科技成果鉴定的形式

科技成果鉴定分为会议鉴定、检测鉴定和函审鉴定三种形式，三种形式具有同等效力。

1) 会议鉴定：对于需要组织同行专家进行现场考察或演示、测试和答辩的科技成果，可以采用会议鉴定形式。组织专家鉴定单位根据被鉴定科技成果的技术内容，可聘请 7～15 名同行专家组成鉴定委员会。鉴定委员会到会专家不得少于 7 名，被聘请专家不得以书面意见或委托代表的形式出席会议。组织鉴定单位或主持鉴定单位不得临时更换鉴定委员。鉴定结论必须到会专家的四分之三以上通过才有效。不同意见应在鉴定结论中明确记载。

组织鉴定单位在确定鉴定委员会专家名单后，即可发文组织召开鉴定会。鉴定意见应明确该研究成果所达到的技术水平与改进意见和建议，技术水平有四个层次：国际领先水平、国际先进水平、国内领先水平和国内先进水平。

2）检测鉴定：凡通过国家、省和国务院有关部门认定并授权的专业技术检测机构检验、测试，性能指标可以达到鉴定目的的科技成果（如计量器具、仪器仪表、新材料等），组织鉴定单位应采用检测鉴定形式。专业技术检测机构出具的检测报告是检测鉴定的主要依据。

3）函审鉴定：不需要组织同行专家到现场进行考察、测试和答辩，由专家通过书面审查有关技术资料即可进行评价的科技成果，组织鉴定单位可以采用函审鉴定形式。函审鉴定由组织鉴定单位聘请7～9人组成函审组。鉴定结论必须依据函审专家四分之三以上的意见形成。不同意见应在结论中明确记载。

2. 科技成果鉴定的条件和应提交的材料

（1）科技成果鉴定的条件

申请科技成果鉴定，应具备下列条件：

1）科技计划内的应用技术成果，申请鉴定必须完成计划任务书或合同约定要求。

2）不存在科技成果完成单位或者人员名次排列异议的权属方面的争议。

3）技术资料齐全，并符合档案管理部门的要求。

4）有经科技部或者省、自治区、直辖市科技厅（委、局）或者国务院有关部门认定的科技信息机构出具的查新结论报告。

（2）科技成果鉴定应提交的材料

总体来讲，科技成果鉴定需要提供的材料包括：计划任务书或合同书（自选项目不需提供）、正式发表的论文、论文引用材料（应用基础成果），以及应用性成果的推广应用情况。

3. 科技成果鉴定的申请与审批流程

在科技成果正式鉴定之前，科技成果完成单位需要先向科技成果管理机构提出鉴定申请。然后，科技成果管理机构对申请成果进行审查，符合条件的才能进入鉴定程序。

科技成果申请鉴定的程序如下：

1）凡符合申请条件的科技成果，由科技成果完成单位按照规定格式的要求填写《科学技术成果鉴定申请表》，并起草《科技成果鉴定证书》初稿（一般要求为Word文档、A4纸、仿宋字体），经其主管部门和计划下达部门审查并签署意见后向组织鉴定单位提交申请。

2）申请鉴定单位应在其建议的鉴定日期前一个月将《科学技术成果鉴定申请表》、起草的《科技成果鉴定书》、技术资料原件以及相应的电子文档一套同时报送组织鉴定单位。

3）组织鉴定单位接到科技成果鉴定申请后，应及时、认真地进行形式审查和技术性审查，并在10天内批复审查意见。形式审查由组织鉴定单位的科技成果管理机构负责，技术性审查由科技成果管理机构负责或者指定有关鉴定技术审查专家进行。

4）组织鉴定单位在完成审查后，应及时作出批复，批复的内容包括两种情况：

第一种情况：同意组织鉴定。同意鉴定的，应该确定两项内容：第一，确定主持鉴定单位，可分为两种情况——一种是由组织鉴定单位组织主持鉴定，另一种由组织鉴定单位委托有关单位主持鉴定；第二，确定鉴定形式，采用检测鉴定时，根据被鉴定科技成果所属专业，确定专业技术检测机构，并同时下达《科技成果检测鉴定委托书》；采用会议鉴定时，确定鉴定委员名单及正、副主任委员（鉴定审查专家作为主任委员），需现场测试的，确定测试专家组名单；采用函审鉴定时，应确定好专家组名单及正、副组长。

第二种情况：不同意进行组织鉴定。对于不同意进行鉴定的，应说明不同意的理由。

10.4.3 科技成果的登记

1. 科技成果登记的目的

科技成果登记的主要目的是增强财政科技投入效果的透明度，保证及时、准确和完整地统计科技成果，为科技成果转化和宏观科技决策服务。在当前情况下，科技成果登记应当以客观、准确、及时为原则，充分利用现代信息技术，促进全国科技成果信息的交流。

科技成果登记机构对已经登记的科技成果时，还会及时登录到国家科技成果数据库，并在国家科技成果网站或者科学技术研究成果公报上公告。

2. 科技成果登记的范围和条件

执行各级、各类科技计划（含专项计划）产生的科技成果应当登记；非财政投入产生的科技成果自愿登记；涉及国家秘密的科技成果，按照国家科技保密的有关规定进行管理。凡申报科技进步奖的科技成果，必须首先进行科技成果登记，取得登记号后方能申请报奖。

凡通过了有效的技术评价（包括鉴定、验收以及国家法律、法规规定的由专门检测机构进行审定的科技成果等），如果不存在成果权争议的科技成果，均需要进行成果登记。

科技成果完成人（含单位）可按直属或属地关系向相应的科技成果登记机构办理科技成果登记手续，不得重复登记。两个或两个以上完成人共同完成的科技成果，由第一完成人办理登记手续。凡存在争议的科技成果，在争议未解决之前，不予登记；已经登记的科技成果，发现弄虚作假，剽窃、篡改或者以其他方式侵犯他人知识产权的，注销登记。

科技成果登记时，应当同时满足三个条件：第一，登记材料必须规范、完整；第二，已有的评价结论持肯定性意见；第三，不得违背国家的法律、法规和政策。

3. 办理科技成果登记应当提交的材料

我国《科技成果登记办法》第8条规定，办理科技成果登记必须填写由科学技术部统一制定的《科技成果登记表》，并根据科技成果类型的不同应提交下述材料。

（1）应用技术成果

应用技术成果应提交相关的评价证明（鉴定证书或者鉴定报告、科技计划项目验收报告、行业准入证明、新产品证书等）和研制报告，或者知识产权证明（专利证书、植物品种权证书、软件登记证书等）和用户证明。

（2）基础理论成果

应提交学术论文、学术专著、本单位学术部门的评价意见和论文发表后被引用的证明。

（3）软科学研究成果

应提交相关的评价证明（软科学成果评审证书或验收报告等）和研究报告。

10.5 专利申请与专利实施

对科技成果申请专利，既可以保护自己的科研成果，同时也有利于科技进步和经济发展。另外，科技人员选择合适的专利实施方式，可以占据新技术及其产品的市场空间，并通过生产、销售专利产品，转让或许可专利技术，或者通过专利入股等方式获得相应的经济利益。

10.5.1 科技成果申请专利的意义

专利是一种独占权，是指国家专利审批机关对提出专利申请的发明创造，经依法审查合格后，向专利申请人授予的，在规定时间内对该项发明创造享有的专利权。它具有独占性、时间性和地域性。独占性是指专利的所有权、使用权和处分权等归专利申请人所有；时间性是指专利权在法定的时间内受保护；地域性是指某国所确认的专利权在该国领域内受保护。

在生产实践中，任何人发明创造了具有创新性及实用性的工艺、方法、机器、产品或材料，或者对它们的改进，都可以申请专利。

科技工作者对自己的科研成果申请专利，具有以下几个方面的重要作用：

第一，保护科研成果不受侵害，防止科研成果流失，防止他人剽窃后抢先申请或使用。

第二，在企业技术竞争中，对重要科技成果申请专利保护后，可以限制对手的发展。

第三，对研究成果申请专利也是对个人业绩的一种认可，并有利于科技进步和经济发展。

第四，专利持有人通过合适的专利实时方式可以占据新技术及其产品的市场空间，获得相应的经济利益（如通过自己研发、生产、销售专利产品获得直接受益；通过专利转让、专利许可技术获得一定的专利授权费用；另外，还可以通过以专利技术入股的方式与其他人合伙创办企业，并在企业经营管理中获得一定的决策权）。

10.5.2　专利申请前的准备工作

在申请专利之前，当事人必须学习和熟悉专利法及其实施细则。详细了解专利的含义、类型与特点，谁有权申请并取得专利，如何申请和取得专利。同时，也应了解专利权人的权利和义务，取得专利后如何维持和实施专利等。具体来讲，在一项科技成果决定申请专利之前，需要做好以下基本工作：检索相关专利文献，以确保专利具有新颖性；分析专利申请的可行性；熟悉专利类型和专利申请的方式；了解专利申请的整体流程；熟悉各种专利文件的内容格式和具体要求；掌握在专利审查中以及专利授权后应该如何进行全力保护。

1. 检索相关文献，了解现有技术

申请专利前，先要进行文献检索，充分了解现有技术的状况，对明显没有新颖性或创造性（或独创性）的，就不必再提出申请。另外，在专利申请之前要注意技术保密工作。不要在专利申请前以出版物、会议、销售和展览等方式将申请内容公开，以免丧失新颖性。

2. 分析专利申请的可行性

可行性包括必要性和可能性两个方面。申请专利，尤其是以单位名义申请的职务发明，必须进行认真的可行性分析，确定一个合理、优化、高效、经济的专利申请策略。

（1）必要性分析

一项技术在准备申请专利之前，必须考虑其必要性，只有非常有必要的技术，才需要申请专利。例如，对于企业来说，一项技术发明根据不同的技术发展战略需要，可以采用文献公开、申请专利以及作为技术秘密保护几种方式。一项发明创造并不一定要申请专利，有些技术成果以技术秘密形式存在，更有利于发挥它的价值；有些成果则采取文献公开战术，阻止其他企业申请专利。因此，在专利申请前必须充分论证专利申请的必要性。

另外，从发明的经济角度考虑，由于一项专利申请要支付申请费用，授予专利权后还要缴纳年费，同时还花费不少的精力、时间。在获得专利权后，不论自己实施还是转让他人，还要费力推广应用。因此，提出专利申请不仅要考虑其技术的先进性，还要考虑其市场前景。

（2）可能性分析

可能性分析研究技术成果是否具有获得专利授权的可能性，它是专利申请的基础工作。

首先，要审查所申请的项目是否符合申请国专利法规定的授权条件。

按照专利法规定，授予专利权的发明和实用新型，应当具备新颖性、创造性和实用性。

其次，依据申请国的专利法审查技术成果是否属于可授予专利权的范围。

需要说明的是，并不是任何发明都可以申请专利，这需要认真分析。例如，我国《专利法》第5条规定：对违反国家法律、社会公德或者妨害公共利益的发明创造，不授予专利权。

另外，我国《专利法》第25条规定：对下列各项，不授予专利权。

1）科学发现：它属于阐明自然现象或规律，是事物固有属性或自然存在，不是人为创造，不授予专利权。如果发现某些物质具有超导性质，是不能授予专利权的，但利用超导物质制造产品或设备，则属于发明，可以授予专利权。发现自然界的一个新物质，属于发现，不授予专利权，而将这种物质分离的方法则属于发明，是可以授予专利权的。

2）智力活动的规则和方法：如数学理论、计算方法、语言学习方法、交通规则、一般的计算机程序等许多智力活动规则和方法，不能授予专利权，可以通过著作权保护或版权保护。如果计算机程序能与硬件结合在一起，或计算机程序是完成工业自动化控制过程的一种技术方案，则可以申请专利保护。

3）疾病的诊断和治疗方法：人和动物疾病的诊断和治疗方法，例如，各种传染病、艾滋病、癌症等的诊断和西医疗法、中医疗法、理疗、化疗等不授予专利权，但治疗疾病的各种药物和医用设备、仪器、试剂和材料等则可以申请专利保护。

4）动物和植物品种：基本属于生物方法培育出的动、植物新品种是不能申报专利的，但动、植物新品种的培育、生产方法则可以申报专利；对微生物、微生物方法及其产品可以申请专利保护，涉及微生物、微生物方法或产品的专利申请，应在申请日前将微生物菌种提交国家知识产权局指定的微生物菌种保藏单位保藏。在申请文件中，应提供有关微生物菌种的资料，写明该微生物的分类命名（注明拉丁文名称）等。

5）用原子核变换方法获得的物质不给予专利保护，但实现核变换的仪器、设备及零部件，可申请专利保护。

3. 专利的三种类型及其申请时的选择策略

根据专利法的规定，我国目前有三种专利：发明专利、实用新型专利和外观设计专利。

（1）发明专利

发明专利是指对产品、方法或者其改进所提出的新的技术方案，它是专利中的“精品”和最高阶段，即原创性发明。发明可以是有形产品，例如，医疗器械、电子元件；也可以是无形产品，例如，药品配方、基因序列、化合物结构式；还可以是各种方法，例如，检测方法、制备方法、种植方法；还可以是用途，主要指药品的新适应症。

（2）实用新型专利

实用新型专利是指对产品的形状、构造或者其结合所提出的适于实用的新的技术方案。与发明专利相比，实用新型是“小发明”，属于改进性创新。实用新型专利只保护产品，而且必须是具有一定形态和结构的有形产品，例如，复合层状材料、机械、家用电器等。

（3）外观设计专利

外观设计专利是指对产品的形状、图案或者其结合以及色彩与形状、图案的结合所作出的富有美感并适于工业应用的新设计。外观设计可见于任何工业制造的商品，例如，食品、药品、计算机、手机、电视、运动器械、卫浴器材、首饰、钟表和服装鞋帽等。

10.5.3　我国专利申请的步骤

以委托专利代理机构申请专利为例，我国申请专利一般要经过以下几个步骤。

1）问题咨询。向专利代理机构进行问题咨询，主要目的是确定发明创造的内容是否属于可以申请专利的内容；确定发明创造的内容可以申请哪一种专利类型（发明、实用新型、外观设计）。

2）签订代理委托协议。签订代理协议的目的是明确申请人和专利代理机构之间的权利和义务，主要是约束专利代理人对申请人的发明创造内容负有保密的义务。

3）撰写技术交底书。技术交底就是专利申请人将专利的技术资料等文件交付给专利代理机构。专利技术交底书的内容包括发明创造的名称、所属技术领域、背景技术、发明的具体内容、委托检索的有关文献等。通过技术交底书，申请人详细介绍发明创造的内容，帮助专利代理人充分理解。

4）确定申请方案。代理人在对发明创造的理解基础上，会对专利申请的前景做出初步的判断，对专利授权可能性很小的申请将建议申请人撤回，此时代理机构将会收取少量咨询费，大部分申请代理费用将返还申请人。若专利授权前景较大，专利代理人将提出明确的申请方案、保护的范围和内容，在征得申请人同意的条件下开始准备正式的申请工作。

5）准备申请文件。代理人在确定申请方案后，将认真撰写专利申请文件；制作申请书文件；然后提交专利申请，拿到专利受理通知书并获取专利申请号。

6）接受审查。收到专利申请后，国家专利局会依照专利法规定的程序对专利申请文件进行审查。其中，发明专利先进行初步审查，等专利申请信息公布后，还需要进行实质审查；而实用新型和外观设计只进行初步审查。这里的初步审查是指对专利申请是否符合专利法及其实施细则规定的形式要求以及明显的实质性缺陷进行审查；而实质审查主要是对专利申请是否符合授予专利权的实质性条件所进行的审查。在审查过程中专利代理人会进行专利补正、意见陈述、答辩和变更等工作。如果有需要，专利申请人还应该配合专利代理人完成以上工作。

7）审查结论。国家专利局根据审查情况将会作出授权或驳回审查结论，这一过程的时间一般为：外观设计6个月左右，实用新型10～12个月左右，发明专利2～4年。

8）办理专利登记手续或复审请求。如果专利申请被授权，则根据专利授权通知书的要求办理登记手续，客户缴纳相关费用，并领取专利证书。如果专利申请被驳回，则根据具体的情况确定是否提出复审请求。

至此，专利申请过程即结束。之后，按照国家的规定，申请人还需要按时缴纳专利年费。

10.5.4　专利实施的方式与方法

研究成果申请专利之后，下一步就是要进行专利实施，也就是将专利技术投入生产之中。

1. 专利实施的基本概念

专利实施是指把已经获得专利权的发明创造应用于工业生产实践之中，即指在生产实践上应用专利技术的行为。具体来讲，不管是专利权人自己还是许可他人应用，只要把该项专利技术真正应用于工业生产中，即认为该项专利已实施。世界上许多国家的专利法都规定，专利权人负有义务实施其已获得专利权的发明创造，也具有实施其专利的权利。

一般来讲，专利权人总是希望自己获得专利权的发明创造能够充分地实施，因为只有专利的实施，才能使专利权人从中得到相应的物质上和经济上的利益。如果只单纯地持有一项专利权而不实施，专利权人只能消极地防止他人擅自利用，却不能主动增加财富，还要缴纳各种专利费用，这是不合算的。尽管世界上绝大多数国家都十分重视专利的实施，但实际上各国专利的实施率都不高。我国也存在着实施率不高的问题。

2. 专利实施的主要方式

专利权人除了自己实施专利外，还可以通过一定方式，允许他人实施其专利。据此划分，专利实施的方式主要包括自行实施、专利权转让、专利权许可和非自愿许可四种。

（1）自行实施专利

自行实施专利是指专利权人自己制造、使用、销售其专利产品或使用其专利方法。

根据我国《专利法》第11条规定，从防止侵权的角度，明确肯定了专利权人有制造、使用、销售专利产品或使用专利方法的权利，也就是明确了专利权人有实施其专利的权利。

自己实施专利时，专利费可打入产品成本，有利于产品提价，向用户收取专利使用费。

另外，以拥有的专利技术入股，与他人合伙创业，也是一个不错的自行实施专利方式，很多人采取这样的方式实施专利，公司有了自己的知识产权可在融资等方面占一定的优势，还可在发展中以专利为基础寻找合作者。

（2）专利权转让

我国《专利法》第10条规定，专利权可以转让。转让是专利权人处分专利权的一种权利，也承担专利权人应承担的义务，包括承担其实施专利的义务。专利权人把其专利所有权转让给受让人后，原专利权人就不再拥有该专利权了。由于专利权是一种知识产权，专利权的“转让”必须到法定的行政管理部门办理登记等有关手续，才能使其行为合法有效。

（3）专利许可证贸易

专利许可证贸易也称为专利权许可，它是指许可方（专利权人）与被许可方签订协议，允许被许可方在一定条件下使用其专利的一种交易，也就是专利权人在一定条件下出售其专利使用权。按照专利许可的权限和许可范围，专利权许可可以分为以下5种类型：

1）独占许可。独占许可是指被许可方在一定的地域范围和一定的期限内，对许可方的专利技术享有独占使用权的专利许可方式。也就是说，在合同规定的地域和期限，被许可方是该专利技术的唯一许可使用者，连许可方本身也不得在该地域和期限内使用该专利技术，但专利权仍属许可方。根据这种许可方式，虽然专利权人可以获得较高的专利技术使用费，但也束缚了专利权人自己的手脚，所以在实践中这种许可方式较少使用。

2）独家许可。独家许可（也称为排他许可）是指许可方在一定地域和期限内只允许被许可方独家使用其专利，而不再许可任何第三方使用其专利。许可方仍然保留在该地域和期限内使用该专利，许可方与被许可方可以共同占有市场，通过专利技术的实施，获得经济利益。

独家许可与独占许可的区别就在于独家许可中的专利权人自己仍然享有实施该专利的权利，而独占许可中的专利权人自己也不能实施该专利。

3）普通许可。普通许可也称为非排他许可，是指在规定的地域和期限内允许被许可方使用其专利技术，许可方有权再许可第三方使用其专利技术，并保留自己的使用权。在这种专利许可方式下，在同一地域、同一期限内，被许可人同时可能有若干家，专利权人自己也可以实施。

4）分售许可。分售许可，也称为转售许可，它是针对基本许可而言的，即在被许可人与专利权人订立实施许可合同的基础上，被许可人依照与专利权人的协议，作为许可人再许可第三人实施同一专利，被许可人与第三人之间的实施许可就是分售许可。

5）互惠许可。互惠许可（也称交叉许可）是指两个专利权人以互惠的方式，互相许可对方实施自己的专利。互惠许可中，两个专利权人拥有的各自专利价值大体是相等的，所以一般是免交使用费的，但如果二者的技术效果或者经济效益差距较大，双方也可以签订合同，在合同中约定由合同一方当事人给予另一方当事人以适当的补偿。

（4）非自愿许可

非自愿许可也就是在专利权人不资源情况下进行的专利权许可，包括如下两种：

1）强制许可。强制许可是指国家主管专利的机关（如国家知识产权局、国家专利局）在一定的条件下，不经专利权人同意，通过行政手段和程序允许第三方使用该专利的一种措施。

实行强制许可的目的是维护国家和公众的利益。从各国的专利实践来看，强制许可的情况很少见的。我国自1985年实施《专利法》以来，尚未采用过强制许可。因此可以说，强制许可的规定是一种威胁性手段，是为了促使专利权人自己实施或者许可他人实施专利。

2）国家征用。有些国家的专利法规定，国家有权将专利权人对专利的所有权强制转让给国家所有。国家征用专利权后，通常给予原专利权人合理的经济补偿。国家征用专利通常是国家为维护其国防、国家经济或公共利益的需要而采用的一项极端措施。

我国《专利法》中没有规定国家征用专利的条款，但实际上即使在规定有征用条款的国家，采用国家征用专利的情况也是极为罕见的。

一般来说，专利权人在考虑实施其专利时，应该根据当时的实际情况，包括专利技术的成熟程度、市场预期、自身的条件等，综合考虑采用哪种方式。在签订合同时，应采用国家规范的文本，或咨询专业人士，以避免因合同规定不完善日后出现纠纷。

习题

1. 说明科研活动一般过程所包括的三个阶段以及每个阶段中各个步骤的主要工作。
2. 什么是科研能力？请说明工程技术人员科研能力结构所包含的主要能力要素。
3. 请说明学术规范的含义和内容体系，并请说明当前加强学术规范建设应该采取的对策。
4. 请描述课题申报的一般程序。以你自身专业为例，调查都有哪些课题来源渠道？
5. 请描述研究报告的主要内容框架以及撰写的基本要求。
6. 学术论文与学位论文在写作上有什么相同点和不同点？
7. 请描述科技查新委托的工作流程。
8. 请描述目前我国科技成果鉴定的主要方法。
9. 科技申请专利有何意义？请说明委托专利代理机构申请专利的整体工作流程。
10. 专利实施有哪些方式？各有什么特点？

参考文献

[1] Hitchcock D Internet 专利检索指南 [M]. 何绍华，王非，赵春明，译. 沈阳：辽宁科学技术出版社，2003.
[2] 包忠文. 文献信息检索概论及应用教程 [M]. 北京：科学出版社，2007.
[3] 柴雅凌. 网络文献检索 [M]. 天津：天津大学出版社，2004.
[4] 陈惠兰. 信息检索与利用 [M]. 上海：东华大学出版社，2004.
[5] 陈树年. 大学文献信息检索教程. 上海：华东理工大学出版社，2006.
[6] 陈雅芝. 信息检索 [M]. 北京：清华大学出版社，2006.
[7] 陈燕，陈冠华. 研究生学术论文写作方法与规范 [M]. 北京：社会科学文献出版社，2004.
[8] 董慧茹，等. 化学化工期刊图书的检索与利用 [M]. 北京：化学工业出版社，2004.
[9] 樊爱国，薛德钧. 现代信息检索 [M]. 北京：北京大学出版社，2006.
[10] 冯凯，王筱明. 信息检索与利用 [M]. 上海：华东理工大学出版社，2005.
[11] 符绍宏. 信息检索 [M]. 北京：高等教育出版社，2004.
[12] 高祀亮. 科技信息检索 [M]. 北京：国防工业出版社，2005.
[13] 关志英，郭依群. 网络学术资源应用导览（科技篇）[M]. 北京：中国水利水电出版社，2006.
[14] 洪全. 信息检索与利用 [M]. 北京：清华大学出版社，2007.
[15] 柯以侃，周心如. 化学化工特种文献及其检索 [M]. 北京：化学工业出版社，2005.
[16] 李建蓉. 专利信息与利用 [M]. 北京：知识产权出版社，2006.
[17] 李四福. 信息存储与检索 [M]. 北京：机械工业出版社，2006.
[18] 李跃珍. 信息检索与利用 [M]. 杭州：浙江大学出版社，2006.
[19] 刘阿多. 科技网络信息资源 [M]. 南京：东南大学出版社，2005.
[20] 刘功成. 论文写作通论 [M]. 大连：大连理工大学出版社，1990.
[21] 刘绿茵. 电子信息检索与利用 [M]. 北京：机械工业出版社，2007.
[22] 刘廷元. 数字信息检索教程 [M]. 上海：华东理工大学出版社，2006.
[23] 刘映国. 科技写作 [M]. 北京：国防工业出版社，2003.
[24] 刘振西. 实用信息检索技术概论 [M]. 北京：清华大学出版社，2006.
[25] 罗敏. 现代信息检索与利用 [M]. 重庆：西南师范大学出版社，2007.
[26] 孟连生. 科技文献信息溯源—科技文献信息检索教程与学科资源实用指南 [M]. 北京：高等教育出版社，2006.
[27] 彭奇志. 信息检索与利用教程 [M]. 北京：中国轻工业出版社，2007.
[28] 祁延莉，赵丹群. 信息检索概论 [M]. 北京：北京大学出版社，2006.
[29] 裘玉平. 专业技术论文及科研报告撰写（汽车维修专业技师教材）[M]. 北京：人民交通出版社. 2007.
[30] 石传良. 科技写作原理与方法 [M]. 大连：大连海运学院出版社，1993.
[31] 宋如忆. 科技信息检索与利用 [M]. 上海：同济大学出版社，2003.
[32] 孙济庆，等. 现代信息检索教程 [M]. 上海：华东理工大学出版社，2006.
[33] 孙丽芳. 信息资源检索与利用 [M]. 北京：电子工业出版社，2004.
[34] 田质兵. 科技情报检索 [M]. 北京：清华大学出版社，2004.

[35] 吴贤奇. 现代文献信息检索 [M]. 南京：东南大学出版社，2007.
[36] 吴新博. 现代信息检索简明教程 [M]. 北京：清华大学出版社，2006.
[37] 肖珑. 数字信息资源的检索与利用 [M]. 北京：北京大学出版社，2003.
[38] 谢德体，陈蔚杰，徐晓林. 信息检索与分析利用 [M]. 北京：清华大学出版社，2007.
[39] 徐天秀. 信息检索 [M]. 北京：科学出版社，2006.
[40] 叶继元. 信息检索导论 [M]. 北京：电子工业出版社，2003.
[41] 叶鹰. 信息检索：理论与方法 [M]. 北京：高等教育出版社，2004.
[42] 张海涛. 信息检索 [M]. 北京：机械工业出版社，2006.
[43] 张厚生. 信息检索 [M]. 南京：东南大学出版社，2006.
[44] 章云兰，万跃华，舒炎祥. 数字资源检索教程 [M]. 北京：科学出版社，2007.
[45] 赵静. 现代信息查询与利用 [M]. 北京：科学出版社，2004.
[46] 赵乃瑄，冯新. 化学化工电子文献检索与分析策略 [M]. 北京：化学工业出版社，2007.
[47] 周理盛. 信息资源检索实务 [M]. 北京：化学工业出版社，2007.

教师服务登记表

尊敬的老师：

您好！感谢您购买我们出版的 ________________________ 教材。

机械工业出版社华章公司本着为服务高等教育的出版原则，为进一步加强与高校教师的联系与沟通，更好地为高校教师服务，特制此表，请您填妥后发回给我们，我们将定期向您寄送华章公司最新的图书出版信息。为您的教材、论著或译著的出版提供可能的帮助。欢迎您对我们的教材和服务提出宝贵的意见，感谢您的大力支持与帮助！

个人资料（请用正楷完整填写）

<table>
<tr><td>教师姓名</td><td></td><td>□先生
□女士</td><td>出生年月</td><td></td><td>职务</td><td></td><td colspan="2">职称：□教授 □副教授
□讲师 □助教 □其他</td></tr>
<tr><td>学校</td><td colspan="2"></td><td>学院</td><td colspan="3"></td><td>系别</td><td></td></tr>
<tr><td rowspan="2">联系
电话</td><td colspan="3" rowspan="2">办公：
宅电：
移动：</td><td>联系地址
及邮编</td><td colspan="4"></td></tr>
<tr><td>E-mail</td><td colspan="4"></td></tr>
<tr><td>学历</td><td></td><td>毕业院校</td><td></td><td colspan="2">国外进修及讲学经历</td><td colspan="3"></td></tr>
<tr><td>研究领域</td><td colspan="8"></td></tr>
<tr><td colspan="3">主讲课程</td><td colspan="2">现用教材名</td><td>作者及
出版社</td><td>共同授
课教师</td><td colspan="2">教材满意度</td></tr>
<tr><td colspan="3">课程：
□专 □本 □研
人数： 学期：□春□秋</td><td colspan="2"></td><td></td><td></td><td colspan="2">□满意 □一般
□不满意 □希望更换</td></tr>
<tr><td colspan="3">课程：
□专 □本 □研
人数： 学期：□春□秋</td><td colspan="2"></td><td></td><td></td><td colspan="2">□满意 □一般
□不满意 □希望更换</td></tr>
<tr><td colspan="9">样书申请</td></tr>
<tr><td>已出版著作</td><td colspan="4"></td><td>已出版译作</td><td colspan="3"></td></tr>
<tr><td colspan="4">是否愿意从事翻译/著作工作 □是 □否</td><td>方向</td><td colspan="4"></td></tr>
<tr><td>意见和建议</td><td colspan="8"></td></tr>
</table>

填妥后请选择以下任何一种方式将此表返回：（如方便请赐名片）

地 址：北京市西城区百万庄南街1号 华章公司营销中心 邮编：100037

电 话：(010) 68353079 88378995 传真：(010)68995260

E-mail:hzedu@hzbook.com markerting@hzbook.com 图书详情可登录http://www.hzbook.com网站查询